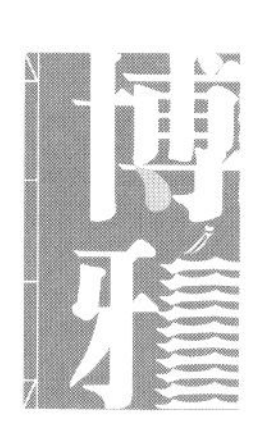
博雅

U0326481

知识产权法学

（第八版）

Intellectual Property Law

主　编　吴汉东
撰稿人（按撰写章节为序）
吴汉东　曹新明　张　平　张　今
董炳和　熊　琦　肖志远

北京大学出版社
PEKING UNIVERSITY PRESS

图书在版编目(CIP)数据

知识产权法学/吴汉东主编. —8版. —北京:北京大学出版社,2022.3
21世纪法学规划教材
ISBN 978-7-301-32856-9

Ⅰ. ①知… Ⅱ. ①吴… Ⅲ. ①知识产权法学—中国—高等学校—教材 Ⅳ. ①D923.401

中国版本图书馆CIP数据核字(2022)第020432号

书　　名	知识产权法学(第八版) ZHISHI CHANQUAN FAXUE(DI-BA BAN)
著作责任者	吴汉东　主编
责 任 编 辑	邓丽华
标 准 书 号	ISBN 978-7-301-32856-9
出 版 发 行	北京大学出版社
地　　址	北京市海淀区成府路205号　100871
网　　址	http://www.pup.cn
电 子 邮 箱	编辑部 law@pup.cn　总编室 zpup@pup.cn
新 浪 微 博	@北京大学出版社　@北大出版社法律图书
电　　话	邮购部 010-62752015　发行部 010-62750672　编辑部 010-62752027
印 刷 者	北京溢漾印刷有限公司
经 销 者	新华书店
	787毫米×1092毫米　16开本　34.25印张　876千字
	2000年5月第1版　2002年7月第2版
	2005年8月第3版　2009年2月第4版
	2011年8月第5版　2014年1月第6版
	2019年9月第7版
	2022年3月第8版　2025年4月第12次印刷
定　　价	86.00元

作者简介

吴汉东　法学博士，中南财经政法大学文澜资深教授，博士生导师，教育部人文社科重点研究基地、国家保护知识产权工作研究基地——中南财经政法大学知识产权研究中心名誉主任，校学术委员会主席，兼任教育部社会科学委员会法学学部委员、中国法学会知识产权法学研究会名誉会长、最高人民法院特约咨询专家、最高人民检察院特约咨询专家，中国国际经济贸易仲裁委员会仲裁员。著有《著作权合理使用制度研究》《无形财产权基本问题研究》《知识产权总论》等著作10余部，另在《中国社会科学》《法学研究》《中国法学》等刊物发表文章130余篇。专著和论文曾获首届全国优秀博士论文奖、司法部优秀科研成果一等奖、首届中国出版政府奖图书奖、教育部人文社科优秀科研成果二等奖、全国法学教材与科研成果二等奖、首届中国法学优秀成果奖专著类二等奖等，并入选2011年度国家哲学社会科学成果文库。2006年5月在中央政治局第三十一次集体学习上为国家领导人讲授"我国知识产权保护的法律和制度建设"。2009年、2011年两次被评为"年度十大全国知识产权保护最具影响力人物"，并于2009年、2011年两度被英国《知识产权管理》(MIP)杂志评为"全球知识产权界最具影响力五十人"，2020年获评"中国版权事业终生成就者"。

曹新明　法学博士，中南财经政法大学教授，博士生导师。现任中南财经政法大学知识产权研究中心主任，中国法学会知识产权法学研究会副会长，中国版权协会理事。独著或合著《中国知识产权法典化研究》《西方诸国著作权制度比较研究》等著作；在《法学研究》《法学》《法商研究》《法制与社会发展》等期刊上发表论文50余篇；论著、论文曾获湖北省自然科学优秀学术论文二等奖、武汉市社会科学优秀成果奖、中国法学会征文二等奖等奖励多项。

张　平　法学博士，北京大学法学院教授，博士生导师，兼任中国科技法学会副会长兼秘书长，北京大学互联网法律研究中心主任，北京大学科技法研究中心主任，国家知识产权战略实施研究基地(北京大学)主任，国家数字版权研究基地主任。重点研究领域为知识产权法、互联网法律。曾参加国家知识产权战略研究项目，主持10余项国家级研究课题，在核心期刊发表10余篇论文。

张　今　法学博士，中国政法大学法学院教授，中国法学会知识产权法学研究会常务理事、副秘书长，中南财经政法大学知识产权研究中心兼职研究员。独著或合著《著作权法》《版权法中私人复制问题研究》《知识产权新视野》《市场竞争法概论》《知识产权基本问题研究》等著作多部，在核心期刊发表数十篇文章；论文、著作曾获中国知识产权研究会第三届全国代表大会暨2000年学术年会"优秀奖"及其他奖项；主持并完成省部级、厅级知识产权科研项目10余项。

董炳和 法学博士，苏州大学王健法学院教授，硕士生导师，东吴比较法研究所副所长，中南财经政法大学知识产权研究中心兼职研究员，中国知识产权法学研究会理事。独著或合著《地理标志知识产权制度研究》《技术创新法律保障制度研究》等著作，在《中国法学》《法商研究》《知识产权法研究》等刊物发表论文40余篇。著作、论文多次获山东省社科优秀成果奖。

熊 琦 法学博士，华中科技大学法学院教授，博士生导师，中国法学会知识产权法学研究会理事，国家版权局国际版权研究基地研究员，腾讯互联网法律研究中心专家委员会委员，中国著作权法第二次、第三次修改专家建议稿起草课题组成员，主持国家社科基金与教育部人文社会科学基金等多个项目。著有《著作权激励机制的法律构造》《知识产权国际化问题研究》(合著)等著作，并在《中国法学》《政法论坛》《法学》《法律科学》《法学家》等法学类核心刊物上发表论文30余篇。曾获第五届佟柔民商法优秀博士论文奖，第二届人民大学学术新星，湖北省法学会民法研究会优秀论文奖，武汉市社会科学优秀成果奖等。

肖志远 法学博士，中南财经政法大学副教授，法学院副院长，知识产权研究中心专职研究员，中国法学会知识产权法学研究会理事，国家版权局国际版权研究基地研究员，集成电路联盟知识产权咨询专家。独著或合著《知识产权权利属性研究：一个政策维度的视角》等著作多部，在国内外发表论文20余篇。

第八版修订说明

自从本书第七版问世以来，我国知识产权事业面临的国际国内环境发生了深刻变化。在习近平法治思想的科学指引下，《中华人民共和国民法典》颁行，这是新中国成立以来第一部以“法典”命名的法律，是新时代我国社会主义法治建设的重大成果。此外，我国知识产权保护政策和相关法律有了重大调整，例如中共中央办公厅、国务院办公厅印发了《关于强化知识产权保护的意见》，全国人大常委会适时修订了《商标法》《反不正当竞争法》《专利法》和《著作权法》等法律，相关制度的变化和相关理论研究成果需要及时反映到第八版之中。

第七版原撰稿人为吴汉东（第一编和第六编）、曹新明（第二编）、张平（第三编）、张今（第四编）、董炳和（第五编）、熊琦（参编第一编、第二编、第四编和第六编）、肖志远（参编第二编和第三编）。第八版修订稿由主编吴汉东统稿，肖志远副教授为统稿做了许多工作。

主编　吴汉东

2021 年 6 月

第七版修订说明

自从本书第六版问世以来，我国知识产权事业面临的国际国内环境发生了深刻变化。《国家知识产权战略纲要》实施十周年来的知识产权立法和司法经验有待系统梳理和总结。此外，《中华人民共和国商标法实施条例》修订，《民法总则》、专利法司法解释等诸多相关规定出台，知识产权规则的动态变化需要在理论层面予以阐释。我们对第六版进行了修订，力争全面系统地在教材中为读者呈现最新的规则体系。同时，我们增加了背景材料和典型案例等内容，以便读者加深对相关制度的理解。

第六版原撰稿人为吴汉东（第一编和第六编）、曹新明（第二编）、张平（第三编）、张今（第四编）、董炳和（第五编）、熊琦（改写和补写第一编、第二编、第四编和第六编）。全书由主编吴汉东统稿，詹映、何华和肖志远三位副教授为统稿做了许多工作。

主　编

2019 年 8 月

第六版修订说明

自从本书第五版问世以来，我国知识产权立法再次出现新的变化，2013 年 8 月 30 日，自 2003 年启动的《中华人民共和国商标法》修订经第十二届全国人大常委会第四次会议审议并通过，标志着我国《商标法》第三次修改圆满完成。《著作权法》的第三次修改草案也多次公开征求意见，相关立法动向已成为近期的立法争议的热点。同时，《植物新品种保护条例》《信息网络传播权保护条例》《著作权法实施条例》和《计算机软件保护条例》也进行了少许调整。基于上述新的立法动态，我们对第五版进行了修订，力争全面系统地在教材中为读者呈现最新的立法内容。同时，根据近年最新的学术成果，也更新了各章后附录的“深度阅读”，供愿意深入学习的读者参考。

修订版撰稿人为吴汉东（第一编和第六编）、曹新明（第二编）、张平（第三编）、张今（第四编）、董炳和（第五编）、熊琦（改写和补写第一编、第二编、第四编和第六编）。全书由主编吴汉东统稿，熊琦副教授为统稿做了许多工作。

主　编

2013 年 12 月

第五版修订说明

自从本书第四版问世以来，我国知识产权立法又发生了新的变化。为深入贯彻《国家知识产权战略纲要》并辅助新订《专利法》的实施，我国在 2010 年先后颁布了《专利法实施细则》《专利权质押登记办法》等专利法规。刚刚完成第二次修订的《著作权法》也于 2010 年 4 月 1 日起实施。在商标权领域，为更好地审理商标授权确权行政案件，进一步明确和统一审理标准，最高人民法院也于 2010 年发布了《关于审理商标授权确权行政案件若干问题的意见》。基于上述新的立法动态，我们再次组织本书原作者对第四版进行了修订，力争全面系统地在教材中为读者呈现最新的立法内容。同时，根据近年最新的研究成果，也增加了“深度阅读”中有代表性的学术文献，供愿意深入学习的读者参考。

修订版撰稿人为吴汉东（第一编和第六编）、曹新明（第二编）、张平（第三编）、张今（第四编）、董炳和（第五编）。全书由主编吴汉东统稿，熊琦博士为统稿做了许多工作。

作　者

2011 年 3 月

第四版修订说明

我等来自不同高校，但志同道合，长期从事知识产权法教学和研究，先后编写过本专业课程的各类教材（包括高等政法院校法学主干课程教材、全国法院法学培训教材、全国高等教育自学考试教材、“十五”国家级规划教材等）。2001 年初，我们应北京大学出版社之邀，参加了“21 世纪法学系列教材”的编写工作。《知识产权法学》问世至今，已经印刷多次，受到读者欢迎。2005 年，以本书为授课教材，由主编主持的“知识产权法课程”获国家级精品课程称号；2008 年，所在教学团队被评为国家级优秀教学团队。

自从本书第三版问世以来，国际国内形势发生了较大的变化。在知识产权领域，许多国家都积极调整本国的知识产权制度，为下一轮的科技与文化创新提供法律保障。2008 年，以鼓励创新、建设创新型国家为导向，我国颁布了《国家知识产权战略纲要》并且第三次修订《中华人民共和国专利法》，其他相关法律制度的修改与配套也随之提上日程，可以认为，中国知识产权法制建设已经步入一个新的重要历史时期。基于这样的大背景，我们精心组织长期从事本专业教学研究的专家学者，对原教材进行修订，力争比较全面系统地反映知识产权法领域的新变化。呈现给读者的这部教材，既是我们进行知识产权研究的成果，也是二十年来教学经验的总结。

为了帮助读者更好地理解知识产权制度及相关理论，此次修订后的教材新增若干栏目，在“深度阅读”中选择有代表性的学术文献名称，为有兴趣的读者提供深入思考的学术地图；“法条导航”的设置，旨在方便读者快捷查找和理解相关章节所涉及的现行有效法律、法规和司法解释。

本书新版的修订，对相关篇章的撰稿人作了适当调整，且在编写体例方面有了些微变动。修订版撰稿人为吴汉东（第一编和第六编）、曹新明（第二编）、张平（第三编）、张今（第四编）、董炳和（第五编）。全书由主编吴汉东统稿，肖志远博士为统稿做了许多工作。

作　者

2009 年 1 月

目　　录

博雅

第一编 | 总论

总 论

［内容提要］ 知识产权是由人类智力劳动成果依法产生的专有权利，有广义和狭义之分，具有独占性、地域性和时间性的特点；知识产权的客体是知识产品；侵犯知识产权行为的归责原则是在采用过错责任原则的基础上补充适用过错推定原则。通过这一编的学习，明确知识产权与所有权在权利本体、权利主体、权利客体、权利保护等方面的差异，理解知识产权法的概念、体系以及与民法的关系。

［关键词］ 知识产权 知识产品 知识产权法

一、知识产权的概念和范围

1. 知识产权的概念及其由来

在民事权利制度体系中，知识产权的用语是与传统的财产所有权相区别而存在的。在知识产权的相关语境中，英文“intellectual property”、法文“propriété intellectuelle”、德文“geistiges eigentum”，其原意均为“知识（财产）所有权”或“智慧（财产）所有权”。将一切来自知识活动领域的权利概括为“知识产权”，最早见于17世纪中叶的法国学者卡普佐夫的观点，后为比利时著名法学家皮卡第所发展。皮卡第认为，知识产权是一种特殊的权利范畴，它根本不同于对物的所有权。“所有权原则上是永恒的，随着物的产生与毁灭而发生与终止；但知识产权却有时间限制。一定对象的产权在每一瞬息时间内只能属于一个人（或一定范围的人——共有财产），使用知识产品的权利则不限人数，因为它可以无限地再生。”[①]知识产权学说后来在国际上广泛传播，得到世界上多数国家和众多国际组织的承认。1893年，欧洲部分国家为了统一对各国知识产品的界定和保护，成立了保护知识产权联合国际局（BIRPI），旨在联合1883年《保护工业产权巴黎公约》（以下简称《巴黎公约》）和1886年《保护文学和艺术作品伯尔尼公约》（以下简称《伯尔尼公约》）成立的两个国际局，成为首个统一在国际上使用“知识产权”作为名称的国际组织。自此，知识产权作为国际通行的概念，开始在各国普遍使用。知识产权在我国立法中的确立，始于1986年的《民法通则》。《民法通则》第一次将知识产权作为民事权利的一种加以规定，这既是对国际通行称谓的引进，也奠定了知识产权的私权属性，与后来《与贸易有关的知识产权协议》（以下简称《TRIPS协议》）对知识产权属性的界定是一致的。

---

① 〔苏联〕E. A. 鲍加特赫等：《资本主义国家和发展中国家的专利法》，中国科学技术情报所专利馆编译，载《国外专利法介绍》，知识出版社1980年版，第2页。

我国法学界主要采取“概括主义”方法来说明知识产权的概念。20世纪90年代中期以前，学者们基于知识产权保护对象即为智力成果的抽象认识，多将知识产权定义为人们对其智力成果所依法享有的权利。20世纪90年代中期以后，有些学者认为，以知识产权名义统领的各项权利，并不都是基于智力成果产生的，因此对定义对象作了新的概括。这些定义虽然表述不一，但反映了知识产权的概念特征：第一，知识产权是区别于传统所有权的另类权利，是产生于精神领域的非物质化的财产权。第二，以知识产权名义所统领的各项权利并非都是来自知识产权领域。从权利来源看，知识产权主要产生于智力创造活动和工商业经营活动。从权利对象看，则由创造性成果、经营性标记、信誉以及其他知识信息所构成。第三，知识产权是法定之权，其产生一般须由法律认可，并非所有的知识产品都可以成为知识产权的客体。基于上述分析，我们认为，知识产权是人们对于自己的智力活动创造的成果和经营管理活动中的标记、信誉所依法享有的专有权利。

2. 知识产权的范围

知识产权作为一种以无形财产为客体的私权类型，其基本范畴一直随技术的发展而不断改变。如今的知识产权范畴，早已超越了著作权、专利权与商标权的传统限制，成为多种智力成果权与经营标记权的统称。一般来说，各国对知识产权范畴的界定，遵循的是几个主要的知识产权国际公约，并有广义与狭义之分。

广义的知识产权包括著作权、邻接权、商标权、商号权、商业秘密权、地理标记权、专利权、植物新品种权、集成电路布图设计权等各种权利。广义的知识产权范围，目前已为两个主要的知识产权国际公约所认可，1967年签订的《成立世界知识产权组织公约》将知识产权的范围界定为以下类别：关于文学、艺术作品的权利（即著作权）；关于人类的一切领域的发明的权利（即发明专利权及科技奖励意义上的发明权）；关于科学发现的权利（即发现权）；关于工业品外观设计的权利（即外观设计专利权或外观设计权）；关于商标、服务标志、厂商名称和标记的权利（即商标权、商号权）；关于制止不正当竞争的权利（即反不正当竞争权）；以及一切在工业、科学、文学或艺术领域由于智力活动产生的其他权利。1994年《关税与贸易总协定》缔约方签订的《TRIPS协议》，划定的知识产权范围包括：著作权及其相关权利（即邻接权）；商标权；地理标记权；工业品外观设计权；专利权；集成电路布图设计权；未公开信息专有权（即商业秘密权）。我国1986年通过的《民法通则》第五章“民事权利”，分列“所有权”“债权”“知识产权”“人身权”四节，其中第三节“知识产权”第94—97条明文规定了著作权、专利权、商标权、发现权、发明权以及其他科技成果权。

从上述规定可以看出，《TRIPS协议》关于知识产权的范围，大抵与1886年《伯尔尼公约》及1883年《巴黎公约》总括的类别相当；而《成立世界知识产权组织公约》所规定的知识产权范围较为宽泛，特别是包括了科技奖励制度中的发明权、发现权。我国《民法通则》所规定的知识产权基本类型同于《成立世界知识产权组织公约》。对此，我国学者存有异议。一种观点认为，上述发明权、发现权已为国际公约所承认，且我国民事立法专门对上述权利给予保护，因此将一切智力创造活动所产生的权利列入知识产权并无不当。[①] 另一种观点认为，科学发现不宜作为知识产权的保护对象，世界上绝大多数国家的法律及国际公约都没有对科学发现授予私权性质的财产权利。[②] 还有一种观点认为，该类发明权、发现权以及其他

① 参见刘春茂主编：《中国民法学·知识产权》，中国人民公安大学出版社1997年版，第2—4页。
② 参见刘春田主编：《知识产权法教程》，中国人民大学出版社1995年版，第3页。

科技成果权并非是对其智力成果的专有使用权,而是一种取得荣誉及获取奖励的权利,该项制度应归类科技法。[①] 我们认为,《TRIPS协议》在其序言中宣示“知识产权为私权”,以私权名义强调了知识产权即是知识财产私有的法律形式。我国《民法通则》在“知识产权”一节中所确认的发现权、发明权以及合理化建议、技术改进和科技成果推广的权利,都不具有“知识所有权”的专有财产权利性质。因此,在将来的民事立法中,有关知识产权的保护范围以不包括上述科技成果权为宜。2017年通过的《中华人民共和国民法总则》第五章“民事权利”中第123条规定民事主体依法享有知识产权,并明文规定了知识产权的客体,包括:作品;发明、实用新型、外观设计;商标;地理标志;商业秘密;集成电路布图设计;植物新品种以及法律规定的其他客体。可以看到,《民法总则》从原来的知识产权保护范围里删除了上述科技成果权,与我们的观点相一致。2020年通过的《中华人民共和国民法典》延续了上述规定。

狭义的知识产权,即传统意义上的知识产权,应包括著作权(含邻接权)、专利权、商标权三个主要组成部分。一般来说,狭义的知识产权可以分为两个类别:一类是文学产权(literature property),包括著作权及与著作权有关的邻接权;另一类是工业产权(industrial property),主要是专利权和商标权。文学产权是文学、艺术、科学作品的创作者和传播者所享有的权利,它将具有原创性的作品及传播这种作品的媒介纳入其保护范围,从而在创造者“思想表达形式”的领域内构造了知识产权保护的独特领域。工业产权则是指工业、商业、农业、林业和其他产业中具有实用经济意义的一种无形财产权,确切地说,工业产权应称为“产业产权”。以工业产权一词来概括产业领域的智力成果专有权,最初始于法国,即法文中的“propriété industrielle”。1789年的法国《人权宣言》将思想作为精神财产,视为“自然和不可废除的人权”并确认“自由传达思想和意见是人的最高的权利之一”。根据《人权宣言》的精神,法国国民议会于1791年通过该国第一部专利法。在此以前,英国和法国都称专利权为“特权”或“垄断权”。当时《法国专利法》的起草人德布孚拉认为,“特权”或“垄断权”的提法可能会遭到资产阶级革命时期立法会和反封建特权人民的反对,因而提出了“工业产权”的概念。德布孚拉的工业产权理论在1791年的《法国专利法》中得到充分的反映,“工业产权”一词后来为世界各国所接受,并逐渐成为专利权、商标权等各种专有权的统称。文学产权(或称著作权)与工业产权的区分是知识产权传统的基本分类。自20世纪60年代起,由于工业产权与著作权(版权)长期渗透和交叉的结果,又出现了给予工业产品以类似著作权保护的新型知识产权,即工业版权。[②] 工业版权的立法动因,始于纠正工业产品外观设计享有专利法和著作权法重叠保护的弊端。后来,一些国家为了填补某些工业产品无法保护的空白和弥补单一著作权保护的不足,遂将集成电路布图设计等纳入工业版权客体的范畴。工业版权突破了以往关于著作权与工业产权的传统分类,吸收了两者的部分内容,形成了亦此亦彼的“交叉权利”。这种权利的主要特点是:受保护对象必须具有新颖性(专利法要求)和独创性(著作权法要求);实行工业产权法中的注册保护制和较短保护期;专有权人主要享有著作权法中的复制权和发行权,但没有著作权主体的那种广泛权利。

随着科技的进步与社会的发展,如今具有经济意义的创造性劳动成果已经远远超出了

---

① 参见吴汉东主编:《知识产权法》,中国政法大学出版社1999年版,第2页;张玉敏主编:《知识产权法教程》,西南政法大学2001年印行,第14页。

② 郑成思:《版权法》(修订版),中国人民大学出版社1997年版,第63页。

上述范围,而且原本局限于文学艺术领域的作品范畴也扩大到了与产业相关的软件等客体上,导致文学产权与工业产权的分类方式难以维系。因此,有学者提出广义的无形财产权体系。无形财产权(或无体财产权,intangible property)是知识产权的另一称谓。1875 年,德国学者科拉率先提出"无形财产权"的概念,批判了以往的学说将无形物品的权利说成是一种所有权的错误,而将其概括为区别于有形财产所有权的另类权利,即"无形财产权"(immaterial giiterrecht)。[①] 在一些西方国家,相关立法与学说曾以无形财产权来概括有关智力创造性成果的专有权利。自 1967 年签订《成立世界知识产权组织公约》后,知识产权的概念开始在国际上广泛使用,但有些西方学者仍继续沿用无形财产权的说法。以客体的非物质性为权利分类标准,概括出区别于一般财产所有权的精神权利,"无形财产权"较之"知识产权"似乎具有更大的包容性。法律制度意义上的无形财产权可以包括以下三类,以涵盖日益增多的知识产权类型:一是创造性成果权。包括著作权、专利权、商业秘密权、集成电路布图设计权、植物新品种权等。该类权利保护的对象都是人们智力活动创造的成果,一般产生于科学技术、文化等知识领域,其客体具有一定程度的创造性是其取得法律保护的必要条件。二是经营性标记权。包括商标权、商号权、地理标记权、其他与制止不正当竞争有关的识别性标记权等。该类权利保护的对象为标示产品来源和厂家特定人格的区别标记,主要作用于工商经营活动之中。可区别性是该类客体的基本特征,法律保护的目的即是防止他人对此类标记的仿冒。三是经营性资信权。包括特许经营权、信用权、商誉权等。其权利保护的对象系工商企业所获得的优势及信誉,这种专营优势与商业信誉形成了特定主体高于同行业其他一般企业获利水平的超额盈利能力。该类权利客体所涉及的资格或信誉,包括明显的财产利益因素,但也有精神利益的内容。[②]

在当代信息社会,知识产权的范围有向"信息产权"扩充的趋势。以网络技术、生物和基因技术为主流的新技术革命,将人类社会推进到一个信息化时代,信息本身成为促进经济、技术及社会发展的重要资源,也成为人们不可或缺的无形财产。知识产权所涉及的对象可视为非物质形态的知识信息。专利法保护的"新的技术方案"提供了某一领域最新技术的信息;商标法保护的"识别性标记",本身即是区别不同商品或服务的信息;而著作权法保护的"独创性表达",通过报刊、书籍、广播电视、网络等各种媒介的传播,成为人们最主要、最广泛的信息源。从这个意义上说,知识产权法可以称为信息保护法。[③] 但是,知识产权并不能简单地等同于信息产权。在信息财产中,有三种类型:一是作为著作权、专利权、商标权而保护的知识信息;二是原处于非专有领域的公共信息;三是未公开披露而通过保密实现其价值的商业信息。后两种类型是以往的知识产权法不加以保护的。随着新的传播技术的出现,国际社会日益重视对各种信息财产的保护。1994 年《TRIPS 协议》明确将"未公开的信息"纳入知识产权保护体系;1996 年欧盟《关于数据库法律保护的指令》提出了保护无独创性的数据库的立法设想。这意味着一部分原属于公共领域的信息和依靠保密维系利益的信息,现在可以处于新的专门法的保护之下(前者的权利主体系信息的收集人,后者的权利主体系信息的所有人)。这种着力于信息财产的保护已经突破了传统的知识产权的制度框架。

---

① 参见〔日〕吉藤幸朔:《专利法概论》,宋永林、魏启学译,专利文献出版社 1990 年版,第 405 页。

② 吴汉东:《论财产权体系》,载《中国法学》2005 年第 2 期。

③ 参见〔日〕中山信弘:《多媒体与著作权(一)》,张玉瑞译,载《电子知识产权》1997 年第 5 期。

以上只是描述精神领域权利范畴的演变，无意褒贬“知识产权”“无形财产权”与“信息产权”这几类用语的优劣。鉴于相关国际公约、国内立法的规定与我国法学界的约定俗成，我们主张沿用“知识产权”的概念，但不要拘泥于传统权利体系的狭隘理解。

背景材料

知识产权的兴起[①]

知识产权的概念——关于某种思想可以为人所有的观念——是欧洲启蒙运动之子。只有当人们开始相信知识来自于运用感觉的人类头脑——而不是借助阅读古老的篇章，从神那里获得知识时，才可能把人当作新思想的创造者，并因而成为其所有人，而不只是作为永恒真理的传播者。除了具有明显的现代性，知识产权还是一个浓缩的概念，它至少由三个复杂的法律范畴交织而成：著作权、专利和商标，其中每一个范畴都有其自身前现代的习惯和法律渊源，并且在我们今天的时代中各具发展轨迹。

在古希腊时期，古希腊人并不认为知识是某种可以为人所有或者出售的东西。抄写员可因其劳动而获得报酬，作者也可因其所做出的成就而得奖，但是，神的礼物却是免费给予的。因此，古代学院的图书馆是不出售的，而是作为礼物转交给教师的最杰出的继任者。在我国前现代文明时期，也明显缺乏所有权观念。《论语》所著：“述而不作，信而好古”。儒家所推崇的则是自我完善和道德革新，而非利益所驱使。同样作为文明古国，伊斯兰对于知识的保护更为缺乏，偷窃者若偷盗一本图书，其窃贼的目的则升华为窃取书中思想，而书中思想并不属于有体财产。《新约全书》在《马太福音》一节中，认为知识是“你们白白地得来，也要白白地舍去”。可见，在前现代世界，实际上普遍禁止将思想归为私人所有，当然，这并不意味着在前现代体制内，思想是自由流动的。在严密的等级制度下，全世界范围内均利用特许垄断，从而控制出版行业的发展，在我国唐朝（公元 618—907 年），法律即禁止抄录传播一大批文学典籍，旨在保护皇帝的特权利益。最早为人所知的调整出版的法令，出现于公元 835 年的唐文宗时期，它禁止私人出版历书。随着宋朝（公元 960—1279 年）印刷业的发展，更大范围的调整措施被制定出来，实行政府专营特权。随着印刷术的发展以及意识形态分裂状况的扩大，印刷管制增强，1469 年威尼斯首次推行印刷特许权。同时，还有英格兰作为典型例证，以表明图书中的利益仅为皇室的“恩赐”，而非思想的财产。

这种状况持续到 18 世纪的欧洲，当文化水平有了巨幅提升时，印刷物的需求呈井喷式增加。在当时的英国开始出现了一批作家想以写作为谋生手段，并认为作者理当分享从其创造性劳动中所获得的利润。当作家的认知出现变化，市场需求与市场供给出现不协调之时，盗版标榜着“公共利益”的捍卫者随之产生。18 世纪中期，传统出版体制陷入混沌状态，随之而来的则是欧洲出版业的改革。百科全书派的德尼·狄德罗主张，相比于通过耕作而取得的土地，智力成果更是其创作者独一无二的财产。当然，仍有反对者主张，书籍并不是一个理想的客体，法国数学家和哲学家孔多塞声称，思想不只是由一个脑子创造，其为自然之作，应平等、同时地向所有人开放。因此，从这些相互竞争的哲学理论中，形成了功利主义

---

① 〔美〕卡拉·赫茜：《知识产权的兴起：一个前途未卜的观念》，金海军、钟小红译，载《科技与法律》2007 年第 1 期；《知识产权的兴起：一个前途未卜的观念(二)》，载《科技与法律》2007 年第 2 期。

论和自然权利论，充斥着18世纪每一个欧洲国家，直到1774年Donaldson v. Backet案中明确确立某一思想的独一无二的表达上的“有限财产权”的妥协性概念。最具历史意义的当属“法国大革命”，其宣布“出版自由”，文学的特权废除。1793年，国民大会通过了对西耶斯法律稍加修改的“天才权利宣言”，同时这部法律也成为德意志邦国所借鉴的基础。

根据《牛津英语词典》，“Intellectual Property”这一词汇最早出现在1845年，是因为一种公共利益和知识产权所有人之间达成平衡的共识。但作为调整知识产权的现代法，很容易遭到学理基础和新技术革命的挑战，职是之故，现代知识产权概念的核心之处所存在的哲学紧张关系，在一种越来越全球化的范围内被宣泄出来了，通常是以全新的方式，重新寻求私权与公共利益之间的平衡。而这种博弈通常掺杂着法律与政治。极具代表性的当属美国。20世纪伊始，随着美国成为在知识财产国际商业活动中一位羽翼渐丰的竞争者和知识财产的净出口国，美国的法律原理也开始发生变动，转向越来越多地承认独一无二的著作权植根于创作者人格的神圣性中，而不是简单地植根于为功利主义目的而拓展的商业特权中。其最重要的依据在于1903年霍姆斯大法官所判的Bleistein v. Donalson案，以及《数字千年版权法》，持续增强了作者所有权。

当然，知识产权制度至此并未抵达终点，伦理的紧迫性，自然权利观的主导，自由主义政治的一系列因素都将被纳入知识产权演变的考量。

背景材料

知识、公共政策经济学与知识产权[①]（节选）[②]

经济学家对待知识产权权利的保护这个问题，像对待许多其他问题一样，试图使它符合公共政策决定的通用公式（见Besen和Raskind，1991:5），不太精确地说，政策的目的是把新的信息固定财产的社会效益的剩余对其产品的社会成本极限化，即把“纯社会效益”极限化。更进一步的目的是推动公共和私有资源的分配，在知识和其他种类的生产资产投资的社会纯回报率方面加以平衡。这一共识引出了下列三类问题。

第一，新的足够数量的信息可否在恰当的时候被创造出来？这种忧虑是，在缺乏公共干预的情况下，私人的积极性是否足以产生科技知识库存最佳流动的增加。现代经济分析承认，信息独特的“公共利益”的性质作为一种商品，在竞争的市场体系中造成严重的资源分配问题。另外，还确定了在知识产权中，私有制度可作为抵消国家分配调整市场竞争不足的措施之一。

第二，创造新的信息可否用于生产？即是否可以为生产者和产品与服务的消费者产生社会效益的最大流动？除非知识的创造可以传播给他人作为消费品来享受或者直接或间接地用于生产其他的产品和服务，否则，就不能期望它们促进生产力和经济福利。所以，经济学家讨论的核心问题是可能的效益，即公共政策的措施促进知识的增长和扩散并为商业所

---

① 〔美〕Paul A. David:《知识产权制度和熊猫的拇指:经济理论和历史中的专利、版权与商业秘密》，谷彦芳译，载《科技与法律》1998年第4期。

② “背景材料”基本为节选，以下不再一一注明。

利用。

第三，在新知识被创造的条件下，在生产中所需的社会成本是否会降至最低限度？通过科学发现、发明活动、小说的思想表达对知识的进步提供了资源的机遇成本。公共政策的目标不能仅仅造成私有商或政府部门以空前的规模进行这些追求，而无视他们所追求的效益。必须要对知识产权制度产生新知识的社会成本的含义进行评估，还要评估利用现有知识库存的含义。

二、知识产权的性质与特征

知识产权是一种新型的民事权利，是一种有别于财产所有权的无形财产权。从价值目标和制度功能的多维角度出发，可以对知识产权的本质进行不同的描述。在私人层面，知识产权是知识财产私有的权利形态。

权利本体的私权性是知识产权归类于民事权利范畴的基本依据。私权是与公权相对应的一个概念，指的是私人（包括自然人和法人）享有的各种民事权利。知识产权是一种界定知识财产权利形态的制度安排，它以私权的名义强调了知识财产私人所有的法律性质。这一定性分析说明：知识产权是“私人”的权利，即使国家在某种情况下作为权利主体出现，也与其他民事主体处于相互平等的关系；同时，知识产权也是“私有”的权利，即采取私人占有的产权形式。知识产权的产生、行使和保护，适用民法的基本原则和基本制度。离开了民事权利体系，知识产权制度就会面目全非、无法存在，私的主体就会失去获取知识财产的民事途径。现代各国关于知识产权的立法例有所不同，或归入民法典（如1995年《越南民法典》），或单独编纂知识产权法典（如1992年《法国知识产权法典》），或采取单行立法。尽管如此，法律却并不讳言知识产权的民事权利或私人财产权利的基本属性。正因如此，《TRIPS协议》在其序言中强调有效保护知识产权的必要性时，要求各缔约方确认知识产权是一项“私权”。

权利客体的非物质性是知识产权区别于财产所有权的本质特性。知识产权的客体即知识产品（或称为智力成果），是一种没有形体的精神财富，客体的非物质性是知识产权的本质属性所在。有的学者认为，知识产权与其他财产权利的根本区别在于其本身的无形性，而其他法律特征即独占性、时间性、地域性等皆由此派生而成。[①] 严格地讲，权利作为主体凭借法律实现某种利益所可以实施行为的界限和范围，概为无外在实体之主观拟制。正是在这个意义上，从罗马法学家到现代民法学家都将具有一定财产内容的权利（除所有权以外）称为无体物。因此，知识产权与相关权利的本质区别，不是所谓该项权利的无形性，而在于其权利客体即知识产品的非物质性特征。对此，我国台湾地区学者曾世雄先生有相同看法：财产权之有形或无形，并非指权利而言，而系权利控有之生活资源，即客体究竟有无外形。例如，房屋所有权，其权利本身并无有形无形之说，问题在于房屋系有体物；作为著作权，亦不产生有形无形问题，关键在于作品系智能产物，为非物质形态。[②] 知识产品之无形是相对于动产、不动产之有形而言的，它具有不同的存在、利用、处分形态：第一，不发生有形控制的占有。由于知识产品不具有物质形态，不占有一定的空间，人们对它的占有不是一种实在而具体的

① 郑成思主编：《知识产权法教程》，法律出版社1993年版，第45页。
② 曾世雄：《民法总则之现在与未来》，台湾三民书局1983年版，第151页。

占据，而是表现为对某种知识、经验的认识与感受。知识产品虽具有非物质性特征，但它总要通过一定的客观形式表现出来，作为其表现形式的物化载体所对应的是有形财产权而不是知识产权。第二，不发生有形损耗的使用。知识产品的公开性是知识产权产生的前提条件。由于知识产品必须向社会公示、公布，人们从中得到有关知识即可使用，而且在一定时空条件下，可以被若干主体共同使用。上述使用不会像有形物使用那样发生损耗，如果无权使用人擅自利用了他人的知识产品，亦无法适用恢复原状的民事责任形式。第三，不发生消灭知识产品的事实处分与有形交付的法律处分。知识产品不可能有实物形态消费而导致其本身消灭之情形，它的存在仅会因期间（即法定保护期）届满产生专有财产与社会公共财富的区别。同时，有形交付与法律处分并无联系，换言之，非权利人有可能不通过法律途径去"处分"属于他人而自己并未实际"占有"的知识产品。基于上述特征，国家有必要赋予知识产品的创造者以知识产权，并对这种权利实行有别于传统财产权制度的法律保护。

关于知识产权的基本特征，学者们多有阐述，这些特征的概括在各种著述中虽多少不等，但其基本特征概为"独占性""地域性"和"时间性"。其实，这些特征的描述，是与其他财产权特别是所有权相对而言的，并非都是知识产权所独有的。

（一）知识产权的独占性

知识产权是一种专有性的民事权利，它同所有权一样，具有排他性和绝对性的特点。正是在这个意义上，一些法国学者认为知识产权就是"知识所有权"；而多数法国学者怀疑知识产权是否为真正的所有权，他们根据该项权利标的及内容的特点，将知识产权称为一种垄断权或独占权。[①] 日本学者亦认为，知识产权是一种"全新的特殊权利"，它分为独占权（如著作权、专利权等）和禁止权（如商品形象权、商誉权等）。[②] 我们认为，独占性即排他性和绝对性，虽是知识产权与所有权的共同特征，但其效力内容及表现形式是各不相同的。由于知识产品是精神领域的成果，知识产权的专有性有其独特的法律表现：第一，知识产权为权利人所独占，权利人垄断这种专有权利并受到严格保护，没有法律规定或未经权利人许可，任何人不得使用权利人的知识产品；第二，对同一项知识产品，不允许有两个或两个以上同一属性的知识产权并存。例如，两个相同的发明物，根据法律程序只能将专利权授予其中的一个，而以后的发明与已有的技术相比，如无突出的实质性特点和显著的进步，就不能取得相应的权利。知识产权与所有权在独占性效力方面也是有区别的。首先，所有权的排他性表现为所有人排斥非所有人对其所有物进行不法侵占、妨害或毁损，而知识产权的排他性则主要是排斥非专有人对知识产品进行不法仿制、复制、假冒或剽窃。其次，所有权的独占性是绝对的，即所有人行使对物的权利，既不允许他人干涉，也不需要他人积极协助，在所有物为所有人控制的情况下，且无地域和时间的限制。而知识产权的独占性则是相对的，这种垄断性往往要受到权能方面的限制（如著作权中的合理使用、专利权中的临时过境使用、商标权中的先用权人使用等），同时，该项权利的独占性只在一定空间地域和有效期限内发生效力。

（二）知识产权的地域性

知识产权作为一种专有权在空间上的效力并不是无限的，而要受到地域的限制，即具有严格的领土性，其效力只限于本国境内。知识产权的这一特点有别于有形财产权。一般来说，对所有权的保护原则上没有地域性的限制，无论是公民从一国移居另一国的财产，还是

---

① 参见尹田：《法国物权法》，法律出版社 1998 年版，第 86 页。

② 参见〔日〕小岛庸和：《无形财产权》，日本创成社 1998 年版，第 5—9 页。

法人因投资、贸易从一国转入另一国的财产，都照样归权利人所有，不会发生财产所有权失去法律效力的问题。而知识产权则不同，按照一国法律获得承认和保护的知识产权，只能在该国发生法律效力。除签有国际公约或双边互惠协定的以外，知识产权没有域外效力，其他国家对这种权利没有保护的义务，任何人均可在自己的国家内自由使用该知识产品，既无需取得权利人的同意，也不必向权利人支付报酬。

早在知识产权法律制度的雏形时期，地域性的特点就同知识产权紧密地联系在一起。在欧洲国家的封建社会末期，原始著作权与专利权都是君主恩赐并作为特许权出现的，因此这种权利只可能在君主管辖地域内行使。随着近代资产阶级法律的发展，知识产权才最终脱离了封建特许权形式，成为法定的精神产权。但是，资本主义国家依照其主权原则，只对依本国法取得的知识产权加以保护，因此地域性作为知识产权的特点继续保留下来。在一国获得知识产权的权利人，如果要在他国受到法律保护，就必须按照该国法律规定登记注册或审查批准。

从 19 世纪末起，随着科学技术的发展以及国际贸易的扩大，知识产权交易的国际市场也开始形成和发展起来。这样，知识产品的国际性需求与知识产权的地域性限制之间出现了巨大的矛盾。为了解决这一矛盾，各国先后签订了一些保护知识产权的国际公约，成立了一些全球性或区域性的国际组织，在世界范围内形成了一套国际知识产权保护制度。在国际知识产权保护中，国民待遇原则的规定是对知识产权地域性特点的重要补充。国民待遇原则使得一国承认或授予的知识产权，根据国际公约在缔约国发生域外效力成为可能。但是，知识产权的地域性并没有被动摇，是否授予权利、如何保护权利，仍须由各缔约国按照其国内法来决定。至 20 世纪下半叶，由于地区经济一体化与现代科学技术的发展，知识产权立法呈现出现代化、一体化的趋势，由此使得知识产权的严格地域性特征受到挑战：第一，跨国知识产权的出现。为了实现经济一体化的目标，某些国家和地区正努力建立一个共同的知识产权制度，其中最典型的即是拟议中的全球专利制度和已经实施的欧盟统一商标注册制度。这就使得知识产权跨出一国地域的限制，从而在多个国家同时发生效力。第二，涉外知识产权管辖权与法律适用的发展。由于现代传播技术的发展，涉及知识产权的侵权行为可能在几个甚至十几个国家发生。为了便利诉讼和有效保护权利人利益，一些国家正在酝酿跨地域管辖和新准据法原则。[①] 涉外知识产权纠纷的非专属管辖与知识产权法律适用的多元化，都会对这一权利的地域性特点带来重大影响。

总之，在当今社会，知识产权在全球范围内依然保留有地域性特征，但已受到挑战，这一自封建法到现代法固有的法律特征是否会被完全打破，尚有待继续观察和研究。

（三）知识产权的时间性

知识产权不是没有时间限制的永恒权利，其时间性的特点表明：知识产权仅在法律规定的期限内受到保护，一旦超过法律规定的有效期限，这一权利就自行消灭，相关知识产品即成为整个社会的共同财富，可为全人类所共同使用。这一特点是知识产权与有形财产权的主要区别之一。众所周知，所有权不受时间限制，只要其客体物没有灭失，权利即受到法律保护。依消灭时效或取得时效所产生的后果也只涉及财产权利主体的变更，而财产本身作为权利客体并不会发生变化。关于所有权的这一特征，罗马法学家将其概括为“永续性”，即

---

① 参见刘家瑞等：《知识产权地域性冲突法评述》，载《中央政法管理干部学院学报》1998 年第 6 期。

"所有权命运与其标的物之命运相终始"。[1] 其实,所有权的永续性在许多情况下存在着"事实不能",这是因为所有权的永续状态是以其标的物的存在为前提的,倘若该物发生灭失、毁损,原所有人就可能无所有了。相反,知识产权的标的,是一种非物质形态的智力产物,不可能发生灭失、毁损。其权利本体之所以不具有永续性,概因国家规定了保护期限,是为"法律不能"。

知识产权在时间上的有限性,是世界各国为了促进科学文化发展、鼓励智力成果公开所普遍采用的原则。建立知识产权制度的目的在于采取特别的法律手段调整因知识产品创造或使用而产生的社会关系,这一制度既要促进文化知识的广泛传播,又要注重保护知识产品创造者的合法利益,协调知识产权专有性与知识产品社会性之间的矛盾。知识产权时间限制的规定,反映了建立知识产权法律制度的社会需要。根据各类知识产权的性质、特征及本国实际情况,各国法律对著作权、专利权、商标权都规定了长短不一的保护期。著作权的保护期限,主要是对作者的财产权而言的,即作者只能在一定期限内享有对作品的专有使用权和获得报酬权。而对作者的人身权,有的国家规定为无限期永远存在(如法国),有的国家则规定其人身权与财产权保护期相同(如德国)。关于专利权的保护期限,各国专利法都作了长短不一的具体规定,其规定依据主要有二:一是社会利益与权利人利益的协调;二是发明技术价值的寿命。关于商标权的保护,各国也规定有不同的有效期间。其中,采取"注册原则"的国家,商标权有效期自注册之日起算;采取"使用原则"的国家,只有在商标使用后才能产生权利,因此其有效期自使用之日起算。在知识产权的时间性特点中,商标权与著作权、专利权有所不同,它在有效期届满后可以续展,通过不断的续展,商标权可以延长实际有效期。法律之所以这样规定,原因就在于文学艺术作品和发明创造对于社会科学文化事业的发展有着更重要的意义,因此必须规定一定的期限,使智力成果从个人的专有财产适时地变为人类共有的精神财富。

知识产权的上述特征,是与其他民事权利特别是所有权相比较而言的,是具有相对意义的概括和描述。这并不意味着各类知识产权都具备以上全部特征,例如,商业秘密权不受时间性限制,地理标记权不具有严格的独占性意义。从本质上说,只有客体的非物质性才是知识产权所属权利的共同法律特征。

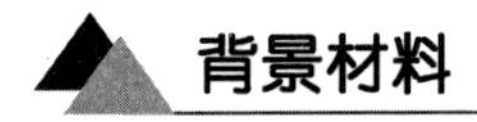

背景材料

非稀缺世界的知识产权[2]

近代经济学理论将财产定义为劳动的结果,智力劳动的结果理所应当成为财产。知识产品作为知识产权的客体,其经济动因应当具备稀缺性和有用性。但一系列正在变革的技术让我们所知的大量种类的物品变得不再稀缺。互联网便是最明显的例证,因为互联网的变化是最为深远的。互联网让信息内容的生产和传播成本降为零。最近,新技术开始对各种实体物品乃至服务产生互联网曾对信息产生的影响。在这样的环境中知识产权扮演的角

① 参见周枏:《罗马法原论》(上册),商务印书馆 1994 年版,第 324 页。

② 〔美〕马克·A. 莱姆利:《非稀缺世界的知识产权》,杨安舒、乔妮、林佩、袁媛译,载《智合东方》2015 年 6 月 13 日;https://www.zhihedongfang.com/2015/06/11142,访问日期:2017-5-16。

色既富有争议又极为重要。利用知识产权去封锁互联网的努力并未阻止未授权信息的传播。但与知识产权理论的预测相反,这种失败的结果并未导致创造力的降低。相反,尽管缺乏有效的知识产权执行力,创造力在互联网上前所未有地繁荣。这是知识产权理论中的一个问题,即知识产权不再是一个创造、复制和发行成本极为便宜的世界里主要的创造力驱动。这一趋势在我们所生活的世界将越来越明显。

最近,新技术开始对各种实体物品乃至服务产生互联网曾对信息产生的影响。3D打印机可以将任何数字化设计制造成实体物品。合成生物学不仅可以自动化制造现有基因序列的复制,还可以自动化制造客户定制的基因序列。机器人被设定了程序以实现各种复杂的功能。在这样的环境中知识产权扮演的角色既富有争议又极为重要。知识产权的目的就是在稀缺本不存在时人为地再现稀缺。最简单的方式是,知识产权法取走原本人人皆可接触的公共物品并人为地限制它们的发行。但这种方式并没有实质性用处,我们需要重新考虑在一个没有稀缺性的世界下的经济。

互联网的教训是,成本低廉、面向大众的创作虽然激发而非减少了创造,但这也可能会改变创造本身的性质。如果没有知识产权,我们可能会看到更多由业余爱好者和学者创作的作品,而由专业的创造者创作的作品则会相应变少,这既是一件好事又是一件坏事:可以想象,在其他领域,为3D打印机而创作的新产品设计将会越来越多,而专业设计公司的数量则会越来越少。在合成生物学领域,至少有一些产品,如病毒和由美国食品及药物管理局(FDA)控制的化学物质,可能会受到严格监管,而此领域的监管带来的相关成本与迟延可能需要采取一些处理手段以收回投资。

知识产权法律创立于一个稀缺的世界。他们试图把本质上并不稀缺的公共物品,通过指定由某人享有的方式,人为地使其变得稀缺。然而,这并不意味着它将永远发挥作用。在版权法存在限制和例外的地方,我们都看到了创新环境发展的强劲势头。即使是知识产权提供保护的领域,人们也排除了此种保护的适用或者变通了保护规则以适应其需求。实则,知识产权本质上是政府监管的一种形式。为了服务于有价值的社会目的,政府监管市场准入,或者控制市场准入价格。总的来说,监管不应当消失,但某些对特定行业的监管已经成为了不假思索就条件反射去做的事,有时候我们做一些事只是因为我们长久以来都是这样做的,以至于我们无法想象如果没有了监管,该行业市场将如何运作。同样,我们必须积极在后稀缺经济时代向知识产权发问。变化中的经济特征可能会破坏知识产权的理论基础,同时也可能破坏知识产权是一种创造激励手段的经典理论。一旦创造变得足够廉价,人们可能不需要任何知识产权激励。这表明,我们应该更加注重可以鼓励创作的替代性手段,而非假定知识产权制度具有优越性。互联网给我们带来了一种预兆,预示着大量新事物的到来,预示着一系列新兴技术得以将创造与生产和销售相分离,减少三者的成本。这些技术挑战着我们的知识产权体系基础,更确切地说是在挑战我们的整个经济基础。互联网历程给我们带来的经验教训令人惊诧也令人鼓舞:一有机会人们就会去创造,即使没有有效的知识产权保护。这些经验之于专利、外观设计和版权同样相关,因为后稀缺时代的技术正在日益将我们的经济朝着互联网的模式进行重塑。

这种重塑带来的再造的前景引发许多人担心中产阶级面临消亡,以即将不复存在的稀缺资源为基础的经济体制行将崩溃。我们面临着切实存在的瓦解,对于下个世纪的人们会将时间花费在哪里或者他们将如何获得回报的问题,我尚无法给出一个明确的答案。但我觉得历史给了我们乐观的理由。迄今为止,对此类问题的探索还主要是在科幻小说作家的笔下，不过，了解后稀缺时代的经济会是何种面貌将会是下个世纪经济学领域研究的重要任务。

三、知识产权的主体

从权利的角度来看，知识产权的主体即为权利所有人，包括著作权人、专利权人、商标权人等；从法律关系的角度来看，知识产权关系的主体则为权利人及与权利人相对应的义务人。本书所称的权利主体即是各类知识产权的所有人。这里所说的人，既可以是自然人，也可以是法人，在一定条件下还包括非法人单位以至国家。与一般民事主体制度不同，知识产权法中关于"人"的用语，都是自然人和法人的统称，所谓"著作权人""专利申请人""商标注册人"等，实际上都是指享有此类权利的自然人和法人。

知识产权的主体需具备何种资格，他们享有何种权利，这是由国家法律直接规定的。与一般财产权主体制度相比较，知识产权的主体制度具有以下特点：

（1）知识产权的原始取得，以创造者的身份资格为基础，以国家认可或授予为条件。

原始取得，是指财产权的第一次产生或者不依靠原所有人的权利而取得财产权。一般财产所有权的原始取得，有生产、孳息、先占等方式。其原始取得概无主体的特定身份要求，除不动产及个别动产外，亦无需国家机关特别授权。

知识产权的原始取得则不同，其权利产生的法律事实包括创造者的创造性行为和国家机关的授权性行为。在知识产品的生产、开发活动中，创作行为或发明创造行为在本质上属于事实行为，任何人都可以通过自己的智力劳动取得知识产品创造者的身份。知识产权主体制度的身份原则具有两个特点：第一，创造者的身份一般归属于直接从事创造性智力劳动的自然人，但在有的情况下也可能归属于组织、主持创造活动并体现其意志或承担相应责任的法人；第二，创造者的身份与一般身份所依存的血缘关系、婚姻关系或其他社会关系无涉，它既是智力创造活动这一事实行为的结果，又是行为人取得知识产权的前提。此外，在知识产权的原始取得中，国家机关的授权行为是知识产权主体资格最终得以确认的必经程序。授权行为从其性质而言，是一种行政法律行为。它与创造性行为一样，对权利的原始取得具有重要意义。美国学者认为，创造性活动是权利产生的"源泉"（source），而法律（国家机关授权活动）是权利产生的"根据"（origin）。[①] 知识产权需要由国家机关依法确认或授予而产生，是由其客体的非物质性所决定的。由于知识产品不同于传统的客体物，不可能进行有形的控制或占有，容易逸出创造者的控制范围而为他人利用。因此知识产品所有人不可能仅凭创造性活动的事实行为而当然、有效、充分地取得、享有或行使其权利，必须依靠国家法律的特别保护，即通过主管机关审批后授予专有权。当然，并非所有知识产权的原始取得都必须依据国家授权性行为，诸如著作权、商业秘密权等就无须经过国家机关的审查与批准，而是适用自动保护原则。

（2）知识产权的继受取得，往往是不完全取得或有限制取得，从而产生数个权利主体对同一知识产品分享利益的情形。

在民法学理论上，继受取得区别于原始取得有两个标准：一是意志特征，即继受取得须

---

① L. Ray Patterson, Stanley W. Lindberg, *The Nature of Copyright: A Law of Users' Right*, The University of Georgia Press, 1991, pp. 49-55.

根据物(或知识产品)的原所有人的意志才能发生;二是权利来源,即继受取得是以原所有人的权利为根据并通过权利移转方式才能发生。在财产所有权制度中,根据一物一权的原则,不能在一个物件上设立两个或数个内容相同的所有权。就继受取得来说,一方让渡了权利,即意味着丧失了权利主体资格;另一方继受了权利,则标志着其成为新的财产所有权人。此外,根据这一原则,一物之上虽可以存在数个物权(如用益物权或担保物权),但各个物权之间不得相互对抗。换言之,就一个物件或该物件的某一部分而言,不能设定数个性质相同且彼此冲突的物权。

在知识产权领域,基于继受取得的原因而在同一知识产品之上存在若干权利主体的情形却普遍存在:第一,某类知识产权具有人身权和财产权双重属性,在发生权利转移时,继受主体不能继受专属于创造者的人身权利,而只能享有该类知识产权的财产利益,即人身权与财产权为不同主体所分享。第二,某类知识产权仅是不完全转让的,继受主体只能在约定的财产权项上享有利益,如同所有权与其权能分离一样,在原始主体依然存在的情况下,还会产生一个或数个拥有部分权利的不完全主体,即财产权的诸项权能为不同主体所分享。当然,这种权利与权能的分离,在知识产权与所有权中有着完全不同的意义。所有权的标的物概为独立的特定物,在一定时空条件下只能为某一特定主体所控制利用。所有权与其权能的分离,意味着占有人(即非所有人)是物件的实际支配者,而所有人只能是不直接控制物件的"空虚权利主体"。但知识产权的客体是非物质形态的精神产物,在一定时空条件下可能被多数主体利用,包括原始主体的自己使用与多个继受主体的授权使用。第三,某类知识产权的转让是同时在不同地域范围进行的,若干受让人只能在各自的有效区域内行使权利。原知识产权所有人虽丧失主体资格,但在不同的地域却可能产生若干相同的新的知识产权所有人,即各个继受主体彼此独立地对同一知识产品享有同一性质的权利。

(3) 知识产权法对外国人的主体资格,主要奉行"有条件的国民待遇原则",有别于一般财产法所采取的"有限制的国民待遇原则"。

民事主体依国籍情况可以分为本国人和外国人。关于外国人的民事地位,古代国家采取不承认主义,即不认为他们享有本国人的权利能力。古罗马法认为,凡未沦为奴隶的外国人,虽然有自由人的身份,但不能享有市民法规定的各种权利。只是随着国际贸易的发展,各国才逐渐采取相互主义,即根据两国间的条约或法律,彼此相互承认对方的公民享有本国公民在对方国家所享有的权利。最早以国内法形式确定外国人享有平等民事地位的是1804年《法国民法典》,它规定:"外国人,如其本国和法国订有条约允许法国人在其国内享有某些民事权利者,在法国亦得享有同样的民事权利。"1829年,在古典自然法学派的影响下,《荷兰民法典》也转而采用平等主义,即对外国人原则上给予与本国人同等的待遇。此后,各国法相继确认了国民待遇原则,但对外国人所享有的权利范围则有所限制,例如,外国人不准取得土地权、采矿权、捕鱼权,不准从事只有本国公民才能从事的某种职业。这即是有限制的国民待遇。

各国知识产权法对于外国人的主体资格有不同的规定。著作权法的通行规定是,外国人创作的作品在一国境内首先发表的,应当享受与该国公民作品同等的保护;不在该国境内首先发表的,则根据国家之间的双边条约或共同参加的国际公约,或在互惠基础上给予保护。工业产权法的通行规定是,在本国境内有经常居所或营业所的外国人享有与本国人同等的待遇;在境外的外国人,依照其所属国与本国缔结的双边条约或共同参加的国际公约,或按照互惠原则办理。这些规定说明,知识产权法主要采用有条件的国民待遇原则。只要符合上述规定的情形之一，外国人即可与本国人享有同等的权利，而在权利的范围和内容上不加限制。

国民待遇原则是国际知识产权制度的基本原则。这一原则包括两个方面的含义：一是在知识产权的保护上，国际公约的成员国必须在法律上给予其他成员国的国民以本国国民所享有的同样待遇；二是对非成员国国民，只要其作品在该国境内首先发表（著作权法），或在该国有经常居所，或有实际从事工商业活动的营业场所（工业产权法），也应当享有同该成员国国民相同的待遇。国民待遇原则打破了知识产权地域性效力的限制，使一国的权利人在其他国家也得到保护。允许外国人与本国人享有同等的民事地位，旨在保护本国人在国外的知识产权利益不受侵犯，同时也是为了吸引外国先进技术和优秀文化，因此，这一原则得到世界各国的确认。

四、知识产权的客体

（一）知识产权客体的含义

知识产权的客体，是人们在科学、技术、文化等知识形态领域中所创造的精神产品，即知识产品。知识产品是与物质产品（即民法意义上的物）相并存的一种民事权利客体。

关于知识产权的客体是学术界存在争议的一个问题。一种观点认为，知识产权的客体与对象是不同范畴，前者是指基于对知识产权对象的控制、利用和支配行为而产生的利益关系或社会关系；“知识产权的对象就是知识本身”。[①] 另一种观点认为，知识产权的客体与对象是同一范畴。在多数民法著作中，权利的客体、标的、对象都是作为相同概念来使用的。[②] 基于此，学者们对知识产权的客体作了不同的概括，较具代表性的说法有“智力成果”“知识产品”“知识信息”等。

民法学理论认为，民事客体是民事权利和民事义务共同指向的事物。究竟何为事物，对此有不同看法，但学者一般不将抽象的、理性的社会关系作为客体看待。作为民事客体的事物，应该具备以下条件：一是客观性。客体应为体现一定物质利益或精神利益之事物。物的客观性表现为客观实在性，即它是客观化的物质实体；知识产品的客观性表现为可认识性、可再现性，即它是可以客观化的知识体系。二是对象性。客体必须与民事主体的权利、义务相联系。在知识产权领域，没有知识产品作为权利义务指向的对象，权利义务关系就无从产生。三是可支配性。客体应为主体所控制和利用的事物。这种事物，无论是物质形态还是知识形态，都有一定的价值和使用价值，前者是天然存在或人工制造的物质财富，后者则是智力劳动创造的非物质财富。我们认为，可以在同等概念意义上来认识知识产权的客体与对象，并将其概括为可认知的、可利用的知识形态产物。

（二）知识产品的概念

权利客体的范畴，或者说法律对何种对象予以保护，是由统治阶级的国家意志以及一定社会的物质生活条件所决定的。在民法发展过程中，最初只有动产才可以作为私有权利的客体。早期罗马的“克里维特”所有制，保留土地公有制的外壳，个人财产权利的客体仅限于妻子、儿女、奴隶、牲畜以及世袭住宅。这些东西在当时被人们视为重要的财产，因此也被法律规定为权利客体。随着奴隶制经济和私有制的发展，不动产诸如土地、森林、牧场等重要

---

① 刘春田主编：《知识产权法》，高等教育出版社 2000 年版，第 4 页。

② 靳宝兰等主编：《民事法律制度比较研究》，中国人民大学出版社 2001 年版，第 64 页。

的生产资料也逐渐被确认为私权的客体。

民事客体制度在资本主义条件下得到充分的发展。为了加速生产的集中和资本的积累,使财产的流转更为简便,人们创造了股票、票据等有价证券,将其作为一种特殊的种类物,列入客体物的范围;为了刺激科学技术的发展,调整知识形态的产品在生产和使用过程中的社会关系,他们把这种科学技术成果也作为民事权利的另类保护对象。一言以蔽之,社会经济关系的发展促使民法日益拓宽其传统权利客体的范围。

西方学者在述及民事权利客体时,往往将财产分为有形财产和无形财产,或者分为动产、不动产和知识财产,并把它们统一概括到"物"的概念中。他们认为,"凡能构成财产的一部分并可占为己有的财富即为物"。[①] 这种物既可以是有形物,即具有实体存在、可以被人们感知的物,包括一切动产和不动产;也可以是无形物,即没有实体存在、而由人们主观拟制的物,包括与物有关的各种权利(如用益权、地役权)和与物无关的其他权利(如著作权、工业产权)。

知识产权是知识财产关系在法律上的反映。在知识产权保护期限内,权利人可以独占使用其作品或发明,或是通过许可合同将作品与发明的使用权转让给他人,以取得财产利益。这说明,知识产权本身也是财产的一部分,从而构成所有权或债权的客体。从广义的物(财产)的概念来说,知识产权即是一种无形物,在财产关系中可以作为客体物来占有或转让。

知识产权是一种新型的民事权利,是近代商品经济和科学技术发展的产物。对于该项权利的客体,是难以采用罗马法以来客体物的理论作出诠释的。近代德国法哲学家黑格尔曾说,诸如精神技能、科学知识、艺术以及发明等都可以像物那样进行交易并缔结契约,但它又是内部的精神的东西,所以理智上对于它的法律性质感到困惑。[②] 现代法学者已在财产意义上将"知识"与表达这种知识的"载体"区别开来。他们认为,智力劳动的创造物之所以称为"知识"财产,在于该项财产与各种信息有关。人们将这些信息与有形载体相结合,并同时在不同地方进行大量复制。知识财产并不包含在上述复制品中,而是体现在所反映出的信息之中。[③] 与知识财产相类似的说法是无形财产。如前所述,在20世纪60年代以前,知识产权尚未成为国际上广泛使用的法律概念,人们一般将基于创造性精神产品所取得的权利称为无形财产权,因此,诸如作品、发明等客体均被视为无形财产。在我国曾有一段时期,许多学者基于"智力成果权"的理论,相应地将其客体归结为"智力成果",并且强调其价值不能用货币衡量。

自20世纪80年代以来,随着我国技术商品化的发展和知识产权制度的建立,许多学者主张建立"知识产品"的理论范畴,即把知识产权的客体概括为知识产品。[④] 1982年中共中央《关于经济体制改革的决定》和1984年《关于科学技术管理体制改革的决定》,不仅对我国现阶段存在着的商品经济作出了正确的说明,而且第一次明确承认"技术已成为独立存在的

---

① 法国《拉鲁斯大百科全书》(第三卷),转引自《国外法学知识译丛·民法》,上海社会科学院法学研究所编译,知识出版社1981年版,第168页。

② 〔德〕黑格尔:《法哲学原理》,范扬、张企泰译,商务印书馆1982年版,第43节附释;吕世伦:《黑格尔法律思想研究》,中国人民公安大学出版社1980年版,第32页。

③ 世界知识产权组织编:《知识产权纵横谈》,张寅虎等译,世界知识出版社1992年版,第4页。

④ 吴汉东、闵锋:《知识产权法概论》,中国政法大学出版社1987年版;钱明星:《物权法原理》,北京大学出版社1994年版;张和生:《知识经济学》,辽宁人民出版社1992年版。

知识形态的商品”。1986年,《民法通则》颁布,正式使用“知识产权”这一概念以取代“智力成果权”的传统说法。以上论断和规定为知识产品范畴的建立提供了理论基础和法律依据。在国外,已有学者对知识产权的客体作出过精辟的概括和表述。“知识产权”概念的倡导者、比利时法学家皮卡第曾将知识产权称为“使用知识产品的权利”。[1] 我们认为,知识产品的用语,描述了知识形态产品的本质含义,强调这类客体产生于科学、技术、文化等精神领域,是人类智力活动的成果与经营管理活动的结晶,明显表现了客体的非物质性;同时,知识产品的本质内涵,突出了它是精神劳动的产物,以及在商品经济条件下具有的商品意义,从而反映了知识产权所包含的财产权性质。

(三)知识产品的类别

知识产品是概括知识产权各类客体的集合概念。传统教科书曾笼统地将知识产权客体说成是智力创造性成果,已有许多学者指出这一表述的不足,他们认为,知识产权的客体应分为两类:一类是智力成果,另一类是经营标记。[2] 考虑到现代社会无形财产的发展状况,我们建议建立一个有别于传统客体范围的新的知识财产体系,即把知识产品具体地分为三类:一是创造性成果,包括作品及其传播媒介、工业技术;二是经营性标记;三是经营性资信。其中,第一类发生于科学技术及文化领域,第二、三类产生于工商经营领域。现分别述之:

作品及其传播媒介,泛指文学艺术领域中以不同表现形式出现并且具有原创性的创造成果(著作权客体),以及在传播作品过程中产生的与原创作品有关联的各种产品、物品或其他传播媒介(邻接权客体)。作为著作权客体的作品,可以概括地分为文学作品、艺术作品和科学作品;作为邻接权客体的作品,主要包括艺术表演、音像录制品、广播节目。这类知识产品的共同特点是:它们都是文化领域中的知识创作成果,其成果与创造者的创作活动和传播活动有关;它们都是创造者思想结晶的客观表现形式,包括文字或符号形式、形象形式、音像形式以及其他有关的技术表现形式。

工业技术,一般是指在工业、农业、商业等产业领域中能够物化在物质载体上的知识和技能。它是根据科学原理和生产实践经验而发展形成的工艺操作方法与技能,以及与这些方法和技能相适应的生产工具和其他物质设施。工业技术与科学成果不同,科学成果是对人类实践经验和认识的概括与总结,是关于自然、社会和思维的各种理论知识和研究成果。科学和技术都表现为知识形态,属于社会的精神财富。科学的职能在于对自然界(社会或思维)和技术可能性的理解,更具有预见性和深远性;而技术则直接联系生产过程,其职能在于对自然界的控制和利用,更具有实践性和应用性。在法律上,工业技术可以表现为取得工业产权的各类专利技术,也可以表现为取得其他知识产权的技术秘密以及受到新型知识产权即工业版权保护的工业产品。

经营性标记,一般是指在工业、农业、商业等产业领域中能够标示产品来源和厂家特定人格的区别标记。包括商标、商号、产地名称等在内的工商业标记,是人们生活中所见最多的标志。它具有标志艺术的一般特点:(1)标记性。经营标记的主要职能在于区别商品和生产商品的厂家,使人们易于识别,防止误认。(2)宣传性。经营标记主要作用于工商业活动中,以实现其对特定商品、厂家或产地的宣传效果。(3)适应性。经营标记能在多种场合

---

① 〔苏联〕E. A. 鲍加特赫等:《资本主义国家和发展中国家的专利法》,中国科学技术情报所专利馆编译,载《国外专利法介绍》,知识出版社1980年版,第12页。

② 参见刘春田主编:《知识产权法教程》,中国人民大学出版社1995年版,第1页。

使用，不但可以注明于商品或包装材料上，还能使用于多种宣传媒介的制作。经营性标记作为工业产权和其他知识产权的客体，是企业重要的无形财产。

经营性资信，泛指工商企业在经营活动中所具有的经营资格、经营优势以及在社会上所获得的商业信誉，包括特许经营资格、信用及商誉等。从经营性资信的构成来看，其内在因素是主体的经营能力。经营能力是一个很广泛的概念，包括经济状况、生产能力、产品质量、市场占有份额等[①]，这种经营能力形成了特定主体高于同行业一般企业获利水平的超额营利能力；其外在因素表现在两个方面，或是来自某一组织或机关授予的资格，或是来自社会公众给予的评价和信赖。该类权利客体所涉及的资格、能力与信誉，包含有明显的财产利益内容，但也有精神利益的成分。与文学艺术作品、工业技术、经营性标记不同，经营性资信的财产价值尚未完全为人们所认识，相关立法保护明显不足。正因为如此，有学者将此类客体称为正在开发的无形资产。[②]

(四) 知识产品的基本特点

知识产品具有文学艺术创作、发明创造以及经营性标记等多种表现形式，但它们都具有以下基本特点：

(1) 创造性。知识产品与物质产品不同，它不可能是现有产品的简单重复，而必须有所创新、有所突破。创造性是知识产品取得法律保护的条件，而一般财产法并不要求这样。在这里，强调知识产品具有创造性的特点，并不是说物质产品没有创造性。问题的关键在于，创造性是知识产品构成知识产权客体的条件，而物质产品构成有形财产所有权客体时并没有创造性的一般要求。就某类具体的知识产品来说，其创造性程度的要求是各不相同的。一般来说，专利发明所要求的创造性最高，它必须是该项技术领域中先进的科学技术成就，它所体现的技术思想、技术方案必须使某一领域的技术发生质的飞跃。著作权作品所要求的创造性次之，它要求作品必须是作者创造性劳动的成果，但任何作品只要是独立构思和创作的，不问其思想内容是否与他人作品相同或类似，均可取得独立的著作权。而商标所要求的创造性仅达到易于区别的程度即可，即商标应当具有显著特征，便于识别，其文字、图形、字母、数字、颜色或其组合应避免与他人的商标构成混同。可见，受保护的对象不同，其要求的创造性也有所不同，依照西方学者的说法，专利权要求发明具有"技术先进性"(或称为"非显而易见性")，著作权要求作品具有"独创性"(或称为"原创性")，而商标权则要求商标具有"可识别性"(或称为"易于区别性")。

(2) 非物质性。知识产品与物质产品不同，它是知识形态的精神产品，虽具有内在的价值和使用价值，但没有外在的形体。非物质性是知识产品区别于有形财产所有权客体的主要特征。所谓非物质性，即是知识产品的存在不具有一定的形态(如固态、液态、气态等)，不占有一定的空间。人们对它的"占有"不是一种实在而具体的控制，而表现为认识和利用。某一物质产品，在一定的时空条件下，只能由某一个人或社会组织来实际占有或使用，所有人能够有效地管领自己的有形财产，以排除他人的不法侵占。而一项知识产品则不同，它可以为若干主体同时占有，被他们共同使用。知识产品一旦传播，即可能为第三人通过非法途径所"占有"。知识产品虽然具有非物质性特点，但总是要通过一定的客观形式表现出来，使知识产品创造者以外的人能够了解，这种客观表现形式是对其进行知识产权保护的条件之

① 参见杨立新：《人身权法论》，中国检察出版社 1996 年版，第 638 页。

② 参见曾世雄：《民法总则之现在与未来》，台湾元照出版有限公司 2005 年版。

一。例如,作品表现为文字著述、舞台表演、绘画、雕塑、音像制品等;发明创造表现为文字叙述、设计图表、形状构造等;商标表现为图案、色彩、符号、文字等。这些客观形式的载体,是知识产品的物化。必须明确,作为知识产品表现形式的载体,绝不是知识产品的本身。知识产品是精神产品,它的效能和价值是载体所难以全部包括和体现的。

(3) 公开性。知识产品与物质产品不同,它必须向社会公示、公布,使公众知悉。公开性是知识产品所有人取得知识产权的前提,而有形财产所有人并无将其财产公开的义务。在各项知识产权中,其客体都表现了公开性特征。作者创造作品的目的之一,就是使之传播,并在传播中得以行使权利、取得利益;发明创造者要划定自己的权利范围,就必须公布专利的技术内容,"专利"(patent)的拉丁文"patere"之原意,就有"公开"或"打开"的意思,这个语源表明专利的技术内容必须是公开的;商标所有人为了将自己的商品同他人的商品区别开来,就要使用自己的商标标志,无论是在实行"使用在先原则"的国家,还是在实行"注册在先原则"的国家,要取得商标权,或是首先使用商标,或是首先申请商标注册,这些行为无一不同公开性相联系。一般认为,知识产权的产生条件是:知识产品所有人将自己的作品、发明创造等公布出来,使公众看到、得到其中的专门知识;而公众承认他们在一定时期内有使用、制造其知识产品的专有权利。知识产品是公开的,但任何人都无权擅自加以使用,否则即构成侵权。西方法学家将这一现象解释为契约关系,即以国家面貌出现的社会同知识产品创造者之间签订的一项特殊契约:创造者有义务将知识产品加以公开,从而取得一定时期的独占使用权。需要指出的是,属于知识形态产品的技术秘密并不具有公开性,它是依靠保密来维持其专有权利的。在西方民法理论中,专利技术是一种法定专有权,在保护期内一直发生效力;而技术秘密是一种自然专有权,视权利人保密时间的长短来决定其权利效力。在法律制度中,技术秘密并不受传统知识产权的保护,仅由合同法或侵权法调整。但技术秘密权具有无形财产权的本质特征,现代立法趋势表明,技术秘密现已成为知识产权的保护对象。

(4) 社会性。知识产品的社会属性表现在它的产生、使用和归属等各个方面。从它的产生来看,一项知识产品,特别是创造性成果,都是人类智力劳动的结晶。与物质生产那种重复再现型劳动不同,精神生产是以依靠前人积累的知识为劳动资料,以抽象的知识产品为劳动对象的生产活动,劳动者的知识拥有量与创造性思维在劳动过程中紧密结合。从它的使用来看,一项知识产品可以同时为若干主体所"占有",为许多人所共同利用。在人类创造性劳动的动态流程中,每个人将会因吸取前人的知识信息而"收益",也会因替后人提供知识营养而"支出"。从它的归属来看,知识产品既是创造者个人的精神财富,同时又是社会财富的一部分。因此,法律总是在一定时期内赋予创造者个人以垄断权利,而一旦保护条件或期限失效,知识产品即成为整个社会的共同财富,为全人类所共同使用。

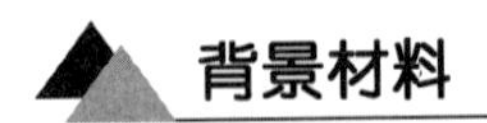

背景材料

人工智能生成物与知识产权客体[①]

2017 年 5 月,AlphaGo 击败世界排名第一的棋手柯杰。10 月 25 日,沙特阿拉伯授予机

① 关琳琳:《2017 年知识产权法研究综述》,来自超凡知识产权研究院,2018 年 3 月 15 日:https://mp.weixin.qq.com/s/jMp63aZl-7XzbIWemJoArA,访问日期:2018-5-16。

器人索菲娅公民身份。我国国务院也在7月份印发了《新一代人工智能发展计划》，提出了人工智能发展的指导思想、战略目标、重点任务和保障措施，部署我国在人工智能方面发展的先发优势。随着计算机程序AlphaGo战胜人类顶级的围棋高手，以及机器人绘画、写作和谱曲的出现，知识产权客体产生了扩张的趋势，人工智能在表面上缩小了纯粹机械活动与人类思维之间的差距，利用人工智能生成的内容似乎就有了智力创作的痕迹。那么，人工智能生成物能否成为知识产权客体？它们能否作为著作权法意义上的作品受到保护？这些仍是要研究的内容。

目前针对人工智能创造物的法律属性，学者有不同的看法：易继明教授认为人工智能创作物可以被视为职务作品或委托作品，人工智能虽然不是人，但其创作物却构成版权法意义上的作品，权利应归属于所有者，当然，约定优先的除外。王迁教授的观点与此不同，他认为迄今为止的人工智能是按照人类预先设定的算法、规则和模板进行计算并生成内容，由于其生成过程不具有个性特征，该内容不符合独创性的要求，不能构成作品。熊琦教授则认为，人工智能的生成物是否能成为作品，可以适用独创性判断标准，在满足的前提下，以代表所有者意志创作为理由将著作权归属于人工智能所有者享有。刘影教授的观点是按照人工智能创作过程对人的依赖程度，将其分为两类生成物，是否构成作品则要区别对待。

但不可否认的是，随着新兴技术产品的出现，知识产权客体面临挑战，知识产权客体的扩张是一项国家政策以法律制度作为保护的手段，其立法制定与国家知识产权战略计划密不可分。

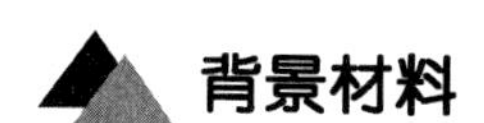

背景材料

传统知识、遗传资源与知识产权客体[①]

一、关于传统知识保护

传统知识是传统部族在千百年来的生产、生活实践中创造出来的知识、技能、经验的总称。按照世界知识产权组织的说法，传统知识是指基于传统所产生的文学、艺术或科学作品，外观设计，标记、名称及符号，以及一切来自产业、科学、文学艺术领域内的智力活动所产生的基于传统的创新和创造。所谓基于传统，即通常附属于特定的民族或地区，世代相传且为适应环境而不断发展。传统知识的具体类型包括农业知识，科学知识，技术知识，有关生物多样性的知识，民间文学艺术表达以及其他未固定的文化财产，几乎囊括了《成立世界知识产权组织公约》中的一切知识财产形式。长期以来，以民间文学艺术为代表的传统知识一直被简单地归属于公有领域，忽视了对文化与知识多样性保护的原则，导致应有权利的丧失。

目前传统知识的保护有两种模式：一是现行制度，二是专门制度。对传统知识的保护，应是在国内保护完善的基础上，开拓国际保护。从当下来看，传统知识的利用者和受益者主要是发达国家的商业机构和商业性研究者。故对于传统知识这一客体应当寻求国内法和国际法机制的衔接。

① 吴汉东：《知识产权总论》(第三版)，中国人民大学出版社2015年版。

二、关于遗传资源保护

按照《生物多样性公约》,遗传资源是指具有实际或潜在价值的遗传材料,包括来自植物、动物、微生物或其他来源的任何含有遗传功能单位的材料,例如植物遗传资源、动物遗传资源、人类遗传资源等。遗传资源与传统资源相区分,它作为一种"人类自然遗产",则是传统部族独有的、稀缺性的物质资源,因此可纳入知识产权客体的保护范围。遗传资源往往是利用传统资源下的物化载体,应当成为社会财富的重要组成部分。

2003年,世界知识产权组织召开会议,提出"关于与遗传资源和传统知识有关的公开要求问题的技术研究报告草案"。该草案明确指出:"生物技术日益重要,与生物相关的发明的专利授权数量不断增加,由此可见,遗传资源及相关传统知识作为原材料对某些生物技术发明具有潜在的价值;因此其重要性和价值不仅限于生物技术本身。"诚如学者所言,谁掌握了有限的地球资源,谁就掌握了新的财富,故对于遗传资源的保护应当开展更为重要的保护模式。目前保护机制主要建立在国际公约的基础上,但至少有两点值得考虑:第一,符合知识产权保护条件的遗传资源及有关的传统知识本身能受保护。第二,遗传资源及有关的传统知识,对生物技术发明或新品种培育有重要价值,就其产权链接来说,遗传资源权或农民权往往是某些知识产权的在先权利,可在相关法律框架内,对该类权利进行学理研究和制度构建。

五、知识产权的保护

知识产权一经国家机关授予,即受法律保护。由于知识产权及其保护对象的特殊性,传统的财产权保护制度已不能完全适用,因此知识产权法在保护范围和侵权行为方面往往作出一些特殊规定。

(一)知识产权的保护范围

对于一般财产所有权来说,其客体为有形的动产或不动产,该类客体本身即构成权利的保护范围,法律保护所有权人对其有形财产进行占有、使用、收益和处分的权能,无需作出特殊规定。一般而言,有形动产之大小、形状,有形不动产之位置、外观,即可表明此物与彼物的区别,展示本权与他权的界限。不问客体物的内容、性能、用途、价值、表现形式如何,所有权人对各个客体物所拥有的基本权能是一样的,所有权制度一般没有所谓限定保护范围的特别条款。

作为知识产权客体的精神产品则是一种无形财产,它的保护范围无法依其本身来确定,而要求法律给予特别的规定。在限定的保护范围内,权利人对自己的知识产品可以行使各种专有权利,超出这个范围,权利人的权利失去效力,即不得排斥第二人对知识产品的合法使用。例如,专利法规定,专利权人的专有实施权的范围以专利申请中权利要求的内容为准,即是根据专利权所覆盖的发明创造的技术特征和技术幅度来确定的;商标法规定,商标权人的使用权范围,以核准注册的商标和核定使用的商品为限,但商标权人对他人未经许可在同一种商品或类似商品上使用与其注册商标相同或近似的商标,均享有禁止权。这说明,知识产权专有性只在法定范围内有效。关于知识产权保护范围的规定,其特点不仅表现为权项范围的"界定",而且表现为效力范围的"限制"。为了防止创作者、创造者的专有权成为公众获取知识和整个社会发展科学文化事业的障碍,知识产权法还允许权利人以外的其他人在一定条件下自由使用受保护的知识产品，例如，著作权法中的“合理使用原则”“法定许可使用原则”，专利法中的“专利权用尽原则”“临时过境使用原则”“先用权人使用原则”等，都是在知识产品的使用中对专有权利行使的限制，即是法律对知识产权保护范围的限定。

（二）侵犯知识产权行为的基本特征

侵犯知识产权的行为与一般侵权行为有着相同的法律性质，又有着相似的法律后果。但由于其侵害对象的不同，侵犯知识产权行为表现出自己独有的基本特征：

（1）侵害形式的特殊性。侵害一般财产所有权的行为，主要表现为侵占、妨害和毁损。这些行为往往直接作用于客体物的本身（如将他人的财物毁坏、强占他人的财物等），与客体物之间的联系是直接的、紧密的；侵权行为的具体内容，涉及占有、使用、收益和处分各个方面。而侵害知识产权的行为主要表现为剽窃、篡改和仿冒，其施加影响的对象是作者、创造者的思想内容或思想表现形式，与知识产品的物化载体无关。与对有形财产的侵权行为不同，对知识财产的侵权行为在形式上似乎并不影响知识产权所有人的权利行使。例如，他人对作品的非法“占有”，并不意味着权利人同时失去这种“占有”；对作品的非法使用，也不影响权利人对其作品继续使用。这种行为之所以构成侵权，在于它是对权利人“专有”“专用”权的侵犯，是对知识产权绝对性、排他性的违反。

（2）侵害行为的高度技术性。由于科学技术的不断发展，生产方式的不断革新，使公众消费能力大大提高，社会生活内容呈现出科技化、现代化的趋势。在这种情况下，出现了一些新型的侵权行为。这些新型的侵权行为多为侵犯知识产权的行为。侵害知识产权行为与具有智力创造性特征的知识产品的利用相联系，往往有相当程度的“技术含量”。该类侵权性的使用行为一般要凭借相应的技术手段，因而较之一般财产权侵害行为更具有隐蔽性和欺骗性，并由此在侵权行为之防范、侵权责任之认定、侵害后果之避免等方面带来相当的困难。

（3）侵害范围的广泛性。由于知识产品的非物质性和公开性特征，合法使用与侵权使用通常在同一时空条件下产生。在知识产品利用极为便利的条件下，使用行为极有可能构成侵权行为，且受侵害的对象往往不是某一单项权利。普遍存在的侵害行为有两个重要表现：一是个体侵权行为“普及化”。静电复印技术与电子录制技术的推广与运用，使得非法复制行为日趋盛行。二是高科技侵权行为“国际化”。在国际互联网络空间里，知识产品可以极快、极方便地在全球范围内传播，为不同国家的不同主体所接受和利用（包括合法使用和非法使用），跨国侵权行为成为一件容易的事情。

（4）侵害类型的多样性。在立法例上，侵害知识产权有直接侵权行为与间接侵权行为之分，法律对此规定有不同的过错条件及处罚标准。所谓间接侵权，有两种含义：一是指行为人的行为本意并不包含侵害他人知识产权的主观内容，但其行为帮助和导致了直接侵权的发生，因而对知识产权所有人造成了损害，亦称“二次侵权”，例如，出售、出租、进口不知是侵权复制品的行为。二是指“行为人”并没有从事任何侵权行为，但由于特定社会关系的存在，依法须对他人的侵权行为承担一定的责任，例如，雇主对雇员因完成本职工作而实施的侵权行为应承担的责任。上述间接侵权人与直接侵权行为人应承担共同侵权责任。可见，在侵权损害方面，知识产权法较之一般财产权法的规定更为严格。

（三）侵犯知识产权行为的归责原则

归责原则是确认不同种类侵权行为所应承担民事责任的标准和规则，它决定着一定侵权行为的责任构成要件、举证责任的负担、免责条件、损害赔偿的原则和方法等。在侵权行为法中，责任有着特定的意义，往往被赋予侵权之债、侵权损害赔偿等规范性内容。德国学者拉伦茨(Larenz)认为，“归责是指负担行为之结果，对受害人而言，即填补其所受之损害”。归责原则应为侵权赔偿之归责原则。[①] 在我国，有的知识产权专家对归责原则的“责”作扩大解释，将停止侵害与赔偿损失都归结为无过错责任之后果。[②]

归责原则是侵权损害赔偿责任的核心问题。关于侵害知识产权的赔偿责任，学术界与司法界普遍主张采取二元归责原则，即在采用过错责任原则的基础上补充适用其他归责原则。其中有代表性的观点主要是两种：一是以无过错责任为补充原则[③]，二是以过错推定责任为补充原则[④]。

无过错责任原则是随着工业革命的完成而产生的，其重要使命在于处理现代化大生产中诸如高度危险作业、环境污染等致人损害的赔偿责任问题。无过错责任的基本思想在于对“不幸损害的合理分配”，而不是制裁“反社会性”之行为。[⑤] 一般认为，企业的经营、交通工具的使用、产品的产销等，概为现代社会之必要经济活动，其本身不具有“反社会性”；而侵犯知识产权行为本质上应为“反社会性”行为，不能归类于社会之必要经济活动。侵犯知识产权的赔偿责任意在制裁不法行为人，而并非是“不幸损害的合理分配”。

国外相关立法例未明确规定无过错责任。有学者引用《德国著作权法》第 97 条、《德国商标法》第 14 条的规定：“受侵害人可以对有再复发危险的侵权行为，即刻就采取下达禁令的救济；如果侵权系出于故意或过失，则还可以同时诉请获得损害赔偿”，认为这一条款是对无过错责任的确认。其实不然，对于有再次复发危险的侵权行为，行为人虽无过错，但侵权行为仍得以成立，而侵权赔偿责任并不当然成立。德国法的上述规定表明，损害赔偿责任当以侵权人主观上有过错为构成条件。至于要求停止侵害的禁令救济，不属于侵权赔偿之债的范畴，亦无需以过错为构成要件。以其保护方法来看，应归类于“物上请求权”的范畴。

《TRIPS 协议》是否规定了无过错责任，尚有争议。《TRIPS 协议》第 45 条第 1 款规定：“司法机关应有权责令侵权者向权利所有人支付适当的损害赔偿，以便补偿由于侵犯知识产权而给权利所有人造成的损害，其条件是侵权者知道或应该知道他从事了侵权活动。”第 2 款规定：“司法部门应有权责令侵权者向权利所有人支付费用，其中可以包括合理的律师费。在适当的情况下，即使侵权者不知道或没有正当理由应该知道他从事了侵权活动，缔约方也可以授权司法部门，责令其返还所得利润或支付预先确定的损害赔偿费。”关于第 1 款将过错责任作为知识产权侵权赔偿的基本归责原则，学者并无歧见。第 2 款是否可以作为无过错责任原则适用的国际法依据，对此却看法不一。有的学者主张将其作为某些侵犯知识产权行为的归责原则，以此提高保护水平。多数学者认为，返还所得利润概为不当得利之债；支付法定赔偿金，亦为补充过错责任不足的公平责任原则。对上述情形都不宜作出无过错责任原则的理解，重要的是，《TRIPS 协议》的上述规定是一个选择性条款，不应作为国内相

---

① 引自王泽鉴：《民法学说与判例研究》(第 5 册)，中国政法大学出版社 1998 年版，第 258—259 页。

② 郑成思：《民法与知识产权》，载《中国知识产权报》2001 年 5 月 23 日。

③ 郑成思：《侵害知识产权的无过错责任》，载《中国法学》1998 年第 1 期。

④ 相关学说参见吴汉东：《知识产权保护论》，载《法学研究》2000 年第 1 期；董天平等：《著作权侵权损害赔偿问题的研讨会综述》，载《知识产权》2000 年第 6 期；蒋志培：《TRIPS 肯定的知识产权侵权赔偿的归责原则和赔偿原则》，载《法律适用》2000 年第 10 期。

⑤ 王泽鉴：《民法学说与判例研究》(第 2 册)，中国政法大学出版社 1997 年版，第 162 页。

关立法的当然选择。我们认为,在采用过错责任原则的基础上补充适用过错推定原则较为适宜。过错推定责任较一般过错责任严格。一旦损害发生,法律推定行为人有过错并要求其提出无过错抗辩,若无抗辩事由,或抗辩事由不成立,即确认行为人有过错并应承担责任。实行这一归责原则,可以使知识产权权利人免除举证责任而处于有利地位,有助于制裁那些虽无主观过错但缺乏抗辩事由的侵权行为人。

归责原则是侵权行为法的核心问题,知识产权的侵权损害赔偿究竟采取何种归责原则,有待于学术界的深入研究和相关立法的确认。

(四)对侵犯知识产权行为的法律救济

法律对于知识产权的保护是多层次、多角度的。《TRIPS协议》详细地规定了侵权救济措施及防止侵权的措施。我国相关法律也规定了权利救济的各种途径。

1. 民事救济措施

民事救济措施具有维护权利状态或对权利人所受损害给予补偿之作用。一般来说,民法对所有权的保护是通过赋予权利人以请求确认所有权、排除妨害、恢复原状、返还原物、赔偿损失等请求权的方法来实现的。这就是物权之诉和债权之诉的保护方法。而知识产权的民事救济,主要采取请求停止侵害和请求赔偿损失的方法。由于客体的非物质性特征,在物权之诉中,知识产权主体并不能援用请求恢复原状、返还原物之传统民事救济方法。在知识产权的民事救济措施中,请求停止侵害是一种物权之诉,既包括请求除去已经发生之侵害,也包括除去可能出现之侵害。由于知识产品的特性所致,停止侵害是排除对权利人行使专有权利之“妨碍”,而不可能是制止对权利客体即知识产品之“侵害”。请求赔偿损失则是一种债权之诉,其填补损害的方式即是金钱赔偿。[①] 侵犯知识产权的损害赔偿额,主要有两种计算方法:一是按侵权人在侵权期间因侵权行为所得之利润计算;二是按权利人在被侵权期间因被侵权所受到的损失计算。如果权利人的实际损失和侵权人的非法所得不能确定的,则可以适用法定赔偿的有关规定。

2. 刑事救济措施

关于侵犯知识产权罪的类型,《TRIPS协议》对各缔约方作了最低要求的规定,即至少应制裁假冒商标或剽窃版权作品的犯罪,但其适用条件有二:一是侵权使用达到一定的商业规模,二是非法使用人主观上出于故意。实际上,各国立法关于侵犯知识产权罪名的规定,一般都超出了《TRIPS协议》的最低要求。我国《刑法》在“侵犯知识产权罪”与“扰乱市场秩序罪”的章节中,规定了侵犯著作权罪、假冒专利罪、侵犯商业秘密罪、损害商誉罪等各种犯罪行为,其罪名涉及侵犯知识产权的主要领域。同时,对上述各罪,规定了有期徒刑、拘役、管制、罚金等各种刑事处罚。

3. 行政救济措施

关于行政救济措施,《TRIPS协议》要求各缔约方加强司法机关的权力,以建立一种对侵权行为的有效威慑。其内容包括:在不给任何补偿的情况下,有权命令对侵权的商品进行处理,禁止其进入商业渠道,或者将上述侵权商品予以销毁;此外,还有权命令,将主要用于制作商品的材料和工具进行处理,禁止其进入商业渠道,以尽可能地减少进一步侵权的危险。

---

① 关于侵犯所有权的损害赔偿,其填补损害以恢复原有权利状态为依归。损害某物,即购置相同之物,以达填补损害之目的。当此种损害填补不能时,代之以金钱赔偿。显见与侵犯知识产权的填补损害方式不同。参见曾世雄:《损害赔偿法原理》,台湾三民书局1996年版,第16页。

此外,《TRIPS协议》还规定了海关中止放行制度:当受害人发现有侵权复制品经由海关进口或出口,则可向有关行政或司法机关提供书面申请和担保,由海关扣押侵权复制品,中止该类商品的放行。如果海关查实被扣商品系侵权复制品,则予以没收;如果扣押错误,则申请人应赔偿被申请人的合理损失。我国相关立法所采取的行政救济措施与《TRIPS协议》相当,具体说来,有训诫(警告)、责令停止制作和发行侵权复制品、没收非法所得、没收侵权复制品和侵权设备以及罚款等措施。

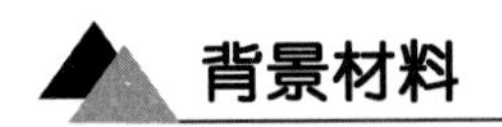

背景材料

知识产权的"物上请求权"①

归责原则作为确认不同种类侵权行为所应承担民事责任的标准和原则,在当事人之间有着不同的法律意义。对于侵权人来说,是一种赔偿损害的责任;而对于权利人而言,则是一种请求赔偿的权利。债的请求权是知识产权所有人寻求法律救济的重要方法,但不是唯一的方法。知识产权意即"知识所有权",是一种无形财产权,与传统意义上的所有权有着相同的专有权属性。相对债权而言,上述两类权利都具有排他性和绝对性的特点,都是一种"排他地、独占地支配其客体的权利"。基于这一属性,知识产权如同所有权一样,在效力上存在着"物上请求权"。

"物上请求权"与支配权相联系而存在,从这个意义上说,知识产权与所有权同为支配权,因此可以产生并使用物权意义上的请求权。有学者认为,物上请求权本为物权所独有,但对于以支配为内容的其他权利也可以准用。在德国民法中,排除妨害、消除危险的效力除及于所有权外,姓名权、占有权、商号权、商标权、特许权、著作权、渔业权、矿业所有权等权利亦被认为有此效力。在《中华人民共和国民法通则》(以下简称"《民法通则》")中,对知识产权和人身权的侵害规定了停止侵害、排除妨害等责任形式,其内容与某些物权之请求权是相似的。在《中华人民共和国民法典》(以下简称《民法典》)中则直接概括性规定了承担民事责任的方式如停止侵害、排除妨碍等。这说明,无论在学理上还是在立法例上,知识产权领域是可以采用"物上请求权"制度的。知识产权的"物上请求权",具有维护权利状态或消除侵权危险之作用。知识产权的"物上请求权"主要包括排除妨害请求权与消除危险请求权,这是一种请求停止侵害的物权之诉。请求停止侵害,既包括请求除去现实已经产生之侵害,也包括预防将来可能出现之侵害。当知识产权受到或可能受到侵害时,权利人可以请求侵权人停止侵害,也可以请求法院责令侵权人停止侵害。知识产权所适用的排除妨害、消除危险的"物上请求权",具有以下基本特点:第一,该项请求权基于知识产权而产生。它虽然是要求他人为一定行为或不为一定行为的请求权,但不同于以给付为内容的债的请求权。"物上请求权"自物权法领域引进知识产权领域,来源于知识产权自身的支配内容,由于"物上请求权"可以使知识产权恢复圆满状态和支配力,因此,它是知识产权效力的体现。"物上请求权"与侵权损害赔偿请求权、返还不当得利请求权等形成了对知识产权保护的制度体系,上述各类请求权在性质上是不同的,其功能和作用也是不能相互取代的。第二,该项请求权与

① 吴汉东:《试论知识产权的"物上请求权"与侵权赔偿请求权——兼论〈知识产权协议〉第45条规定之实质精神》,载《法商研究》2001年第5期。

知识产品的利用相联系而存在。它是一种防止或排除他人非法利用知识产品的请求权,因此不同于针对有体物保护而设定的物权请求权。所有权的客体系有体物,在一定时空条件下只能为特定主体所单独使用,物权之请求权针对实物的保护,设定了返还原物、恢复原状、排除妨害、消除危险等各种保护方法,以排斥非所有人对其所有物进行不法侵占、妨害或毁损。知识产权的客体系精神产物,在一定时空条件下可以被若干主体共同使用,包括合法使用与非法使用。知识产权之请求权针对知识产品的上述特征,规定了排除妨害、消除危险的保护方法,以排斥非权利人对知识产品进行不法仿制、假冒或剽窃。由于知识产权与所有权在客体方面的差异,其侵权行为的类型不同,因此请求权的内容也有所不同。第三,该项请求权在构成条件上不考虑行为人的主观过错。它是一种旨在恢复权利圆满状态的"物上请求权",与债权之诉中以填补损害为己任的侵权赔偿之请求权有所不同。知识产权的"物上请求权"之提起,只需证明侵权人已实施了侵犯或妨碍其知识产权的行为,便可以行使排除妨害、消除危险的请求权,不必就行为人是否有故意与过失的问题举证。这是"物上请求权"与侵权赔偿请求权的显著差别。

"物上请求权"是以物权(或知识产权)的存在为前提的,是一种附属性而不是独立性的权利。这是因为:"物上请求权"不可以与其本权相脱离,因此无法独立地转让给第三人;"物上请求权"只为保障本权的完满状态而存在,仅在本权的积极权能在行使中受到妨害时才得以行使。"物上请求权"虽不是一项独立的权利,但在大陆法系许多国家的民法中,却是一种得到普遍承认的民事法律制度。在我国,《民法典》并没有将"物上请求权"作为物权和知识产权所附设的请求权,而是将返还原物、停止妨害等作为民事责任形式加以规定的。这即是说,"物上请求权"与侵权赔偿请求权合并为民事责任,物权保护方法与债权保护方法简化为一种请求权形式。对于这种立法例,学术界颇生争议。笔者认为,承认和确立"物上请求权"制度是必要的,也是可行的。第一,在民事立法中,责令返还原物、停止侵害等固然是侵权人依法所必须承担的民事责任,但请求返还原物、停止侵害等也是权利人依法所享有的救济权利。民事责任与救济权利是相应的法律概念。在民事法律关系中,原来的权利人因其权利受到侵害而取得救济权,而原来的义务人因其违反义务而依法承担民事责任。"物上请求权"制度有助于权利人明确自己享有哪些救济权,如何通过物权之诉取得保护。因此,为了保障知识产品的独占权归属于某人,有必要在法律上确认知识产权所有人享有"物上请求权"。第二,在私权救济手段中,物权保护方法与债权保护方法在构成条件方面有着明显的区别。在侵犯知识产权行为发生或可能发生时,停止妨害请求权的行使,不考虑相对人主观上是否有过错,不以确定的损害后果为前提;而请求损害赔偿,各国立法例大抵规定了过错的主观要件,填补损害的侵权之债须以一定的损害事实存在为条件。两种请求权可以同时提出,也可以只提出其中的一种。需要指出的是,针对侵犯知识产权的行为,只要妨害或危险存在,权利人即可行使"物上请求权",要求制止上述不法行为。但构成侵权行为并不一定构成侵权赔偿责任,侵权人只有在符合责任构成要件的情况下,才负赔偿之责。有了上述区别,权利人即可根据一定的侵权事实,行使一定的请求权,选择一定的诉讼保护办法。第三,在侵权诉讼中,物权之诉与债权之诉的当事人有不同的举证责任。如果权利人行使的是"物上请求权",举证责任应由其承担,即权利人须证明侵权人已经实施了妨害行为或者将要给权利人造成妨害;如果权利人行使的是侵权赔偿请求权,举证责任应由侵权人承担,即侵权人须证明自己利用他人的知识产品在主观上没有过错。例如,侵权人使用了侵权产品,只要权利人证明该使用事实存在,善意使用侵权产品的行为也构成侵权行为。但是,侵权人要免除自己的赔偿责任,则要由自己证明其使用的侵权产品有合法来源。这种举证责任的分配,不仅明确了当事人在不同种类的侵权行为与侵权行为的不同阶段中所应承担的举证责任,而且有助于在举证不能的情况下正确界定行为的性质和相应的法律后果。

"物上请求权"与侵权赔偿请求权是知识产权所有人寻求法律保护的两种不同救济手段。上述请求权利的具体运行模式是:法律授予作为原告的权利人一种选择权,即假定权利人是自己利益和侵权事实的最佳判断者,他可以选择"物上请求权"或是选择侵权赔偿请求权,也可以两种请求权并用。在行使"物上请求权"时,应由权利人举证,其举证内容系妨害事实而与侵权人过错无关;在行使侵权赔偿请求权时,应由侵权人举证,其举证不能的,推定侵权人有过错,即由其承担赔偿责任。

六、知识产权法的概念、体系及地位

知识产权法是调整因知识产品而产生的各种社会关系的法律规范的总和,它是国际上通行的确认、保护和利用著作权、工业产权以及其他智力成果专有权利的一种专门法律制度。

知识产权法是近代商品经济和科学技术发展的产物。自17、18世纪以来,资产阶级在生产领域中开始广泛利用科学技术成果,从而在资本主义市场中产生了一个保障知识产品私有的法律问题,资产阶级要求法律确认对知识产品的私人占有权,使知识产品同一般客体物一样成为自由交换的标的。他们寻求不同于以往财产法的新的法律制度,以作为获取财产权利的新方式:在文学艺术作品以商品形式进入市场的过程中出现了著作权;在与商品生产直接有关的科学技术发明领域出现了专利权;在商品交换活动中起着重要作用的商品标记范畴出现了商标权。这些法律范畴最后又被扩大为知识产权。

知识产权法是私法领域中财产"非物质化革命"的结果,在罗马私法体系中,所设定的财产权制度概以有体物为核心展开。罗马人以"物"为客体范畴(包括有形的物质客体——有体物,也包括无形的制度产物,即除所有权以外的财产权利——无体物),并在此基础上设计出以所有权形式为核心的"物权"制度,建立了以物权、债权为主要内容的"物法"体系。可以说,传统的财产权制度是基于一种物质化的财产结构。随着近代商品经济的发展,在社会财产构成中,出现了所谓抽象化、非物质化的财产类型。以知识、技术、信息为主要内容的"知识财产"有别于以往物质形态的动产、不动产,是区别于传统意义的物的另类客体。质言之,以知识产品作为保护对象的知识产权是与有形财产所有权相区别的一种崭新的私权制度。

几百年来,根据智力劳动成果和社会关系性质的不同,各国立法者先后建立了专利法、著作权法、商标法等一系列法律制度。这些法律规范相互配合,构成了调整有关知识产品的财产关系和人身关系的法律规范体系——知识产权法。一般认为,知识产权法在立法框架上应包括以下基本制度:(1)知识产权的主体制度。知识产权的主体,是知识形态商品生产者和交换者在法律上的资格反映。什么人可以参加知识产权法律关系,享有何种权利或承担何种义务,是由国家法律直接规定的。(2)知识产权的客体制度。知识产权的保护对象即知识产品是一种有别于动产、不动产的精神财富或无形财产,什么样的知识产品能够成为权利客体而受到保护,通常需要有法律上直接而具体的规定。(3)知识产权的权项制度。

知识产权是知识财产法律化、权利化的表观。由于知识产品的类型不同,其权利的内容范围也有所区别。除少数知识产权类型具有人身与财产的双重权能内容外,大多数知识产权即是知识财产权。(4) 知识产权的利用制度。知识形态商品关系的横向联系,即知识产品的交换和流通在法律上表现为知识产权的转让及使用许可等。法律承认文化交流、图书贸易、技术转让等各种流转形式,保护知识产品的创造者、受让者、使用者等各方的合法权益。(5) 知识产权的保护制度。知识产权的侵权与救济是知识产权保护制度的核心内容。知识产权法明文规定权利的效力范围,制裁各类直接侵权行为和间接侵权行为,并提供民事、行政及刑事的多种法律救济手段。(6) 知识产权的管理制度。知识产权的取得、转让及消灭,必须遵照法律的规定,并接受主管机关的管理。法律一般规定有相关管理机关的职责,并赋予其对有关知识产权问题进行行政调解、管理和处罚的权力。

知识产权法律制度产生的时间不长,自英国于1624年制定世界第一部专利法(《垄断法规》)、1709年制定世界第一部著作权法(《为鼓励知识创作而授予作者及购买者就其已印刷成册的图书在一定时期内之权利的法》,即《安娜法令》),法国于1857年制定第一部商标法(《关于以使用原则和不审查原则为内容的制造标记和商标的法律》)算起,知识产权法的兴起至今只有二三百年的时间,但它对于推动现代科学技术进步和国民经济发展的作用却是不可忽视的。在当今世界,一个国家知识产品的生产数量和占有容量,往往成为衡量这个国家经济、文化、科技水平高低的标志之一。因此,凡是科学技术和文化教育事业发达的国家,都较早地建立和健全了他们的知识产权法律制度,通过法律的形式授予智力成果的创造者及所有者以专有权,确认智力成果为知识形态的无形商品,促使其进入交换和流通领域。知识产权法已经成为各国法律体系中的重要组成部分。

我国知识产权的立法始于清朝末年,北洋政府与国民党政府也颁布过有关知识产权的法律,但这些法律在当时的社会条件下并未起到应有的作用。中华人民共和国成立后,由于种种原因,知识产权法制建设被长期搁置。近三十几年来,随着国家工作重心的转移,我国先后颁布了一系列知识产权法律、法规,迅速建立了知识产权的法律体系,在知识产权保护方面取得了举世瞩目的成就。1982年8月23日,全国人大常委会审议通过了《商标法》(1993年、2001年、2013年、2019年修正);1984年3月12日,全国人大常委会审议通过了《专利法》(1992年、2000年、2008年、2020年修正);1990年9月7日,全国人大常委会审议通过了《著作权法》(2001年、2010年、2020年修正);1993年9月2日,全国人大常委会审议通过了《反不正当竞争法》(2017年修订、2019年修正);1997年3月20日,国务院发布了《植物新品种保护条例》(2013年、2014年修订);2001年3月28日,国务院发布了《集成电路布图设计保护条例》;1986年4月12日,全国人大审议通过的《民法通则》还专节规定了知识产权;2017年出台《民法总则》,在民事权利部分专门规定了知识产权的对象,进行了体系化梳理。2020年5月18日,第十三届全国人大第三次会议通过了《民法典》,自2021年1月1日起施行。

为建设创新型国家,《民法典》总则编"民事权利"一章中对知识产权作了概括性规定,以统领各个单行的知识产权法律。侵权责任编"损害赔偿"一章增加规定,故意侵害他人知识产权,情节严重的,被侵权人有权请求相应的惩罚性赔偿,以加强对知识产权的保护,提高侵权违法成本。婚姻家庭编规定,婚姻关系存续期间的知识产权收益为夫妻共同财产。合同编中有关知识产权的规定包括商业秘密的保密义务与赔偿责任、买卖合同中的知识产权归属、技术合同与知识产权,等等。通过《民法典》的实施,进一步加强对私权利的保护。此外,我国还加入了《世界知识产权组织公约》(1980年)、《巴黎公约》(1985年)、《商标国际注册马德里协定》(以下简称《马德里协定》)(1989年)、《关于集成电路知识产权条约》(1990年)、《伯尔尼公约》(1992年)、《世界版权公约》(1992年)、《保护唱片制作者防止唱片被擅自复制日内瓦公约》(1993年)、《专利合作条约》(1994年)等。2001年12月11日,我国正式加入世界贸易组织,并成为《TRIPS协议》的缔约方。在这之后又加入了《视听表演北京条约》(2014年)和《TRIPS协议和公共健康多哈宣言》(2016年)。中国知识产权制度的建设虽然起步较晚,但是,从20世纪70年代末至今的短短四十几年间,中国做了大量卓有成效的工作,走过了一些发达国家通常需要几十年甚至上百年时间才能完成的立法路程,建立起了比较完整的知识产权法律体系。

根据我国现行立法,参照国外有益经验和国际通行做法,我们认为,知识产权法律体系一般包括以下几种法律制度:(1)著作权法律制度。以保护文学、艺术、科学作品的创作者和传播者的专有权利为宗旨,其客体范围除一般意义上的作品外,还应包括民间文学艺术和计算机软件。(2)专利权法律制度。以工业技术领域的发明创造成果为保护对象,其专有权利包括发明专利权、实用新型专利权、外观设计专利权。(3)工业版权法律制度。兼有著作权、专利权双重因素的新型知识产权,表现为集成电路布图设计权等。一般采取独立于著作权法和专利法之外的单行法形式。(4)商标权法律制度。一种主要的工业产权法律制度,其保护对象包括商品商标和服务商标。(5)商号权法律制度。对工商企业名称或字号的专用权进行保护的法律制度。其立法形式可采取单行法规形式,也可采取与商标权合并立法形式。(6)地理标记权法律制度。以货源标记或原产地名称为保护对象,禁止使用虚假地理标记的法律制度。其立法形式一般规定在反不正当竞争法中,也可制定单行法。(7)植物新品种权法律制度。一种新型的创造性成果权,以人工培育植物或开发野生植物的新品种为保护对象,其立法形式可采取单行法体例,亦可归于专利法。(8)商业秘密权法律制度。以未公开的信息(包括经营秘密和技术秘密)为保护对象的法律制度,可以制定单行法,亦可列入反不正当竞争法中。(9)反不正当竞争法律制度。制止生产经营活动中不正当损害他人知识产权行为的专门法律制度,适用于各项知识产权制度无特别规定或不完备时需要给予法律制裁的侵害事实。

知识产权法的地位,是指它在整个法律体系中所处的地位,即它是否为一个独立的法律部门或是归类于何种法律部门。从世界范围来说,知识产权法基本上采用单行法的立法体例。在英美法系国家,少有法典编纂的传统,知识产权法历来是一个独立的法律制度。在大陆法系国家,由于知识产权立法在晚近发生,传统的民法典也没有知识产权的内容,但这并不妨碍将知识产权作为民事权利的组成部分。1804年的《法国民法典》甚至明文规定,商标权与其他财产权受到同样的保护。在我国的法律体系中,知识产权法属于民法的范畴。对此,多数学者并无异议。至于我国民法典是否应包容知识产权制度,却存有不同看法。有的学者以个别国家的立法例为由,主张在民法典的框架内,整合一个包括知识产权在内的大一统财产权体系。对此,我们有不同看法:第一,相关立法例并非民事立法之范式。1942年《意大利民法典》将作品权与工业发明权列入民法典的劳动编,1994年《蒙古民法典》及1995年《越南民法典》所规定的"知识产权编"并未涵盖现代知识产权的全部内容。1992年《荷兰民法典》拟在第9编专门规定知识产权,后来由于种种原因而放弃。这说明,世界上尚无一个在民法典中成功规范知识产权的立法例。第二,现代知识产权法尚处于急剧变革之中。知识产权是一个发展的、变化的、动态的权利制度体系,受一国乃至国际的科技革命、经济发展、社会文化变革等影响甚大，总处于不断修订更迭的状态之中。例如，法国自1992年颁布《知识产权法典》后，不到四年即修改两次，我国《专利法》颁布三十余年也四次加以修订。因此，将一项频频变动的法律制度置入需要保持相对稳定、注重系统化的民法典中是不妥当的。第三，知识产权法的规范内容与其他法律制度规范不相协调。知识产权法本为保护创造者权利之实体法，但在立法中一般规定有权利取得程序、权利行使程序、权利维持程序、权利变动程序、权利救济程序等，即在实体法中规定了程序法规范，程序法依附实体法而存在；知识产权本为规范民事权利之私法，但在立法中多设有行政管理、行政处罚以及刑事制裁等公法规范，具有公法与私法相结合的立法特点。知识产权法规范的上述特点决定了它是不宜整体移植入民法典的。我国《民法典》制定过程中，在确定哪些内容应纳入《民法典》各分编时，遵循了以下的原则：内容具有基础性、普遍性、稳定性和平等自愿性。目前我国《民法典》没有独立的知识产权编，一是因为我国知识产权一直采用民事特别法的立法方式；二是知识产权制度仍处于快速发展变化之中，国内立法、执法、司法等需要不断调整适应。在当前知识产权相关立法、修法已处于活跃的阶段，为保持《民法典》的稳定性，暂不设知识产权编具有一定的合理性，待知识产权领域立法发展到相对稳定的阶段，借鉴《民法典》立法"两步走"的策略，制定《中华人民共和国知识产权法典》也不失为一种好办法。

此外，我国一些知识产权学者认为，知识产权法是一种综合性的法律制度。上述主张似有不妥。我们认为，知识产权法的调整对象是平等主体因创造或使用智力成果而产生的财产关系和人身关系，其调整手段和适用原则主要是民法的手段和原则。至于行政法和刑法性质的规范，在知识产权法中占的比例很小，不足以影响该法的性质。从现代立法通例来看，除刑法典、民法典等基本法外，单行法律、法规一般都是采用多种法律调整手段。因此，确定某一法律制度的性质应主要看该制度中占主导地位的法律规范的属性。也有学者主张，知识产权法是一个独立的法律部门，因为各项知识产权的制度已经构成一个相对完整的族系。我们认为，前述看法难以成立。知识产权是民法对知识形态的无形财产法律化、权利化的结果，是从物的所有权中分离出来的新的、独立的财产权形态。客体的非物质性固然是知识产权的本质特性，但其民事权利的属性与物权、债权等并无实质性差别。可以说，知识产权法并没有独特的、仅属于它自己所有的调整对象和调整手段，因而不具有成为独立法律部门的条件。

背景材料

新时代中国知识产权制度建设的思想纲领和行动指南——试论习近平关于知识产权的重要论述[①]

习近平知识产权论述具有丰富的创新内涵和明确的实践导向，是新时代知识产权法制建设和事业发展的行动指南。当下，中国知识产权界的重要任务，就是对上述思想观点进行学习、领会和贯彻，使之成为谋划知识产权强国战略的思想武器。党的十九大作出了中国特色社会主义进入新时代的重大判断，为我国发展明确了新的历史方位。站在新的历史起点

① 吴汉东：《新时代中国知识产权制度建设的思想纲领和行动指南——试论习近平关于知识产权的重要论述》，载《法律科学》2019年第4期。

上，要准确把握党和国家事业发展的新目标，认真谋划好知识产权事业的未来发展。[①] 从知识产权大国走向知识产权强国，新时代中国知识产权制度建设，即要从自身发展需要出发，加强知识产权的规范建构、环境治理和文化养成；围绕完善产权制度、支撑创新发展、促进对外开放、保障国家安全等工作重点，制定和实施知识产权强国战略。遵循习近平新时代知识产权论述，我们应把握好新一轮知识产权战略实施的目标、方位和重点。

战略目标。我们正在建设的知识产权强国应该具有两个方面的基本品质，它既是创新型国家，也是法治化国家。习近平提出的新发展理念，是统领当代中国发展全局的指导思想。新发展理念以创新发展为首要，知识产权强国战略是国家为推动创新发展而作出的全局谋划和顶层设计。在国家创新体系中，知识产权作为一种产权化的制度创新，构成创新发展过程的内驱动力；同时，知识产权作为一种产权化的知识创新，成为智力创新成果的外在表现；习近平新时代法治思想，则为践行知识产权法治提供了重要指针。强国战略中的知识产权保护，是全面依法治国战略的重要组成部分。知识产权强国建设的法治任务，包括构建“系统完备、科学规范”的知识产权法律体系，塑造“健康有序、公平开放”的知识产权市场环境，营造“尊重知识、崇尚创新”的知识产权文化氛围。总体说来，知识产权强国战略作为创新驱动发展战略和全面依法治国战略的重要构成，应是以社会主义现代化强国建设为目标的发展战略。

战略方位。知识产权是现代各国特别是创新型国家的战略选择。从空间方位而言，知识产权战略既是国内发展战略，也是国际外交战略。就本土强国建设而言，中国崛起有其特殊性，它不仅蕴含巨大的发展力量，也会产生非常的治理难题，这就决定中国知识产权的法制建设和事业发展，必然是对以往大国崛起模式的跨越，而不可能是简单的模仿和复制。知识产权强国应有相应的治理能力和发展实力：对于前者，即是营商环境的法治化塑造和政策规范的科学化约束；对于后者，即是表现为科技、文化、经济的综合实力和竞争力。就全球治理体系建构而言，中国从国际规则的接受者转变为有影响力的建设者和贡献者。“负责任大国”的外交政策，正在由“韬光养晦、有所作为”转向“奋发有为、积极有为”。在知识产权国际事务方面，我们应秉持加强合作，避免对抗的原则，与美欧发达国家“求同存异”；以“真、实、亲、诚”[②]的理念，与新兴共同体“合作共赢”，对欠发达国家“普惠包容”。在知识产权国际保护方面，争取发展中国家在规则制定中的代表权、发言权，更多提出中国方案、贡献中国智慧；促进南北对话和南南合作，妥善解决知识产权国际争端。

战略重点。习近平在党的十九大报告中指出：“强化知识产权创造、保护、运用”。这是影响我国创新发展的三大关键重要节点，也是未来知识产权强国建设的主要攻坚难点。第一，知识产权的有益创造是创新发展的基本内涵。我国经济发展道路正从传统的资源、资本驱动走向创新驱动。在创新导向阶段，产权化的创新成为经济增长的主要驱动力。2011年，世界知识产权组织发布《2011年世界知识产权报告——不断变化的创新面貌》，强调“拥有知识产权已成为创新企业的战略核心”。可以认为，知识产权本身就是一种产权化的创新，构成经济发展的原动力，创新驱动在某种意义上就是知识产权创造。强化知识产权创造，就是贯彻落实中央关于“稳中求进”和“高质量发展”的要求，努力培育更多优秀的知识产

---

① 申长雨：《一项兴国利民的国家战略》，载国务院知识产权战略实施工作部际联席会议办公室：《一项兴国利民的国家战略——〈国家知识产权战略纲要〉颁布实施十周年纪念文集》，知识产权出版社2018年版。

② 习近平：《永远做可靠朋友和真诚伙伴——在坦桑尼亚尼雷尔国际会议中心的演讲》，载《人民日报》2013年3月26日第2版。

权产品,包括核心专利、版权精品、知名品牌,"实现知识产权创造由多向优、由大到强的转变"。第二,知识产权的高水平保护是创新发展的制度保障。习近平总书记强调:"加强知识产权保护工作顶层设计","提高知识产权保护工作法治化水平","强化知识产权全链条保护","深化知识产权保护工作体制机制改革"。知识产权保护事关国际经贸领域的法律秩序,也是本国创新发展的制度基础。中国企业和产业要"走出去"和"走上去",都离不开知识产权保护。提高知识产权保护水平,需要完善知识产权保护制度,增强知识产权司法效能,提高知识产权行政执法的能力,建立遏制侵权的长效机制,提高知识产权保护工作法治化水平,营造有利于创新发展的法治环境。第三,知识产权的高效益运用是创新发展的重要路径。知识产权本身只是一种独占性的法律授权,只有与市场经济相结合并进行转化和运用,才能产生经济效益和社会效益。要实现"大幅提高科技成果转移转化成效"的目标,一方面,需要形成知识产权运用的基本方式,如应用于生产经营活动的产业化、进行产权交易活动的商品化、作为投资运营活动的资本化;另一方面,应着眼于提升创新型国家所必须具备的科学技术竞争力、文化产品软实力和品牌经济影响力,实现知识产权运用以单一效益向综合效益的转变。

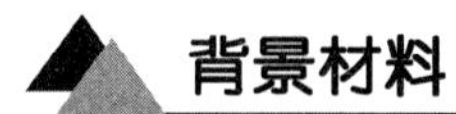

背景材料

知识产权司法需求与民法典的回应①

从知识产权司法需求的角度考虑,我国的民法典很有必要设立知识产权编。在立法的过程中,可以梳理、审视已有的知识产权规则与民法典的相容性。例如著作人身权与人身权的关系,著作人身权是否具有专属性,对于著作人身权的特别规定如何做出合理的解释。

把知识产权纳入民法典,会深刻地影响司法者的裁判思维,引导司法者体系性地找法,并且在概念与规则运用方面受到体系约束。同时,针对新技术带来的挑战,司法者也会逐渐养成从体系中推演新知的良好习惯。以下结合我国当前大力推动的案例指导制度,重点谈谈民法典对于知识产权裁判统一性的意义。

案例指导制度的主要目的是尽量消除裁判的不统一,增强裁判的说服力与可预见性。作者认为,仅靠司法部门内部通过评选指导性案例等方法来实现裁判统一,效果是非常有限的。一个案子是否与指导性先例一致,是需要识别的。对案件所涉的法律问题本质的识别,归根结底还是要依赖法官的认知,即法官是否将自己审理的本案识别为与指导性先例类同的案件。此外,如果司法者之间的价值观分裂,即便某个案件被最高人民法院评选为指导性案例,在后案件的法官还是有可能因为内心的不认同而刻意将本案"识别"为与先例不同的情形。因为援引先例是为了增强裁判的说服力,没有人愿意去援引一个自认为没有说服力的先例来增强说服力。

因此,裁判思维与裁判语言的统一,才是促进裁判统一的根本途径,而这一目标的达成,最终要仰仗法教义学的成熟。法教义学的主要任务是"认识现行法,体系化地整理现行法和

① 李琛:《从知识产权司法需求论我国民法典的编纂》,载《法律适用》2016年第12期。

现行法规范背后的道理,用其来沟通和交流,以指导法律实践”。现实中立法的体系化程度越高,法教义学的建构就越容易,各种法学理论之间的分歧也就越小。受过成熟的法教义学熏陶的法官之间,话语与思维的一致性程度也较高。《民法典》的体例必将影响民法与知识产权教科书的编纂体例以及民法与知识产权法课程的讲授模式,经由法学教育而塑造法官的话语体系与思维模式。另一方面,不被主流教科书与法学理论接纳的指导性案例或经典案例,起不到太大的影响作用。英美法系被公认的经典判例,不仅在实务中被尊崇,也在教科书中被传递。那些随意运用概念、创设所谓新规则的案例,即便被评选为经典案例或指导性案例,在法学教育和法学研究中也只能作为批判对象而存在,无法通过法教义学的认可而真正地获得权威性。换言之,越是有立法体系依归、符合体系化语言规则与思维规则的先例,也就是与立法、学说契合度最高的先例,才能真正地发挥指导作用。裁判统一的达成,不是司法部门可以单独完成的。

知识产权裁判已经出现了比较严重的不统一现象。通过在民法典中设置知识产权编,推进知识产权法教义学的发展,深刻影响裁判者的思维方式与表达习惯,缩小立法、司法与学术之间的语言分歧,引导裁判者在体系依托中寻求裁判的正当性与说服力,节制无根基的所谓“司法创新”,才能从根本上推进知识产权裁判的统一性。

[深度阅读]

1. 吴汉东:《关于知识产权本体、主体与客体的重新认识——以财产所有权为比较研究对象》,载《法学评论》2000 年第 5 期。

2. 吴汉东:《知识产权的私权与人权属性》,载《法学研究》2003 年第 3 期。

3. 吴汉东:《知识产权本质的多维度解读》,载《中国法学》2006 年第 5 期。

4. 吴汉东:《知识产权损害赔偿的市场价值基础与司法裁判规则》,载《中外法学》2016 年第 6 期。

5. 曹新明:《知识产权法哲学理论反思——以重构知识产权制度为视角》,载《法制与社会发展》2004 年第 6 期。

6. 〔苏丹〕卡米尔·伊德里斯:《知识产权:推动经济增长的有力工具》,曾燕妮译,知识产权出版社 2008 年版。

7. 〔英〕克里斯汀·格林哈尔希、马克·罗格著:《创新、知识产权与经济增长》,刘劭君、李维光译,知识产权出版社 2017 年版。

[思考题]

1. 什么是知识产权?
2. 如何把握知识产权的体系范围?
3. 如何理解知识产权客体的本质属性?
4. 什么是知识产权客体的非物质性特征?
5. 如何理解知识产权法与民法的关系?

第二编 | 著作权

第一章

著作权概述

［内容提要］ 本章是著作权制度的基础，主要介绍著作权的基本范畴以及著作权法的基本问题。通过本章的学习，了解著作权概念及其基本含义的演变，领会著作权的特征以及自动取得原则，熟悉著作权制度的历史发展概况，掌握我国《著作权法》的修订要点。

［关键词］ 著作权　著作权法　自动取得

第一节　著作权概念及其特征

一、著作权的定义

著作权，是指自然人、法人或者非法人组织对文学、艺术和科学作品依法享有的财产权利和精神权利的总称。

在我国，著作权即版权。[①] 在国际上，与著作权概念相近的还有法国法所用的“作者权”(Droit de Auteur)。从逻辑学的角度看，著作权、版权与作者权之内涵是基本相同的。但是，其外延却有较大的差异：版权是英美法系的概念，来源于“copyright”一词，是复制权的演进结果，它着重于财产性权利，基本不考虑精神性权利；而作者权是以人为本哲学理念的体现，它着重于精神性权利，同时兼顾财产性权利。著作权则是“版权”与“作者权”折中的结果，将财产权利与精神权利同等对待，偏向性不明显。在著作权制度的演进过程中，版权体系的适应性强于作者权体系，即当科学技术发展到一定程度，作者从其创作的作品中应当获得更多的新型权利(即应当给作者增加新型权利)时，版权体系能快速适应，而作者权体系则反应较迟缓。当然，这两个平行的制度演绎至今，特别是在著作权国际公约的框架中，彼此之间的差异已逐渐缩小，有相互融合的趋势。

我国使用的“著作权”一词，是清朝立法者从日本引入的，《大清著作权律》中使用的就是著作权。从本源角度看，著作权体系更接近于作者权体系，而与版权体系有一定的距离。当我国在 20 世纪 80 年代起草《著作权法》时，虽然有两种完全不同的意见，但立法者最后以折中方式协调了两者的分歧，将法律名称定为《著作权法》，而在第 51 条规定“著作权与版权系同义语”。

---

① 参见我国现行《著作权法》第 62 条的规定，即：“本法所称的著作权即版权。”1990 年《著作权法》第 51 条规定的是“著作权与版权系同义语”。显然，在对著作权与版权两者之关系上，现行法比原法的规定更为明确。

二、著作权的外延

不同国家或地区使用的“著作权”概念，所具有的内涵尽管也存在一定的差别，但大体一致，都是指“由文学、艺术和科学作品”依法产生的专有权利。《伯尔尼公约》和《TRIPS协议》[①]对此作了肯定性规定。如《伯尔尼公约》第2条第1款规定：“‘文学和艺术作品’包括文学、科学和艺术领域的一切创作成果，不论其表现形式和表达方式如何……”

但各国对于著作权外延的界定却存在较大差距，归纳起来大体有三种：(1) 仅指著作财产权。采用这种体制的代表是《日本著作权法》。它使用的“著作权”“人格权”和“邻接权”三个概念，相互平行，互不包含。(2) 同时包含著作财产权和著作人身权。采用这种体制的国家非常多，如法国、德国和俄罗斯等。它们使用的著作权与邻接权是平行的。(3) 既包含著作财产权，又包含著作人身权，还包含“邻接权”内容。采用这种体制的国家不多。因此，应当看到，在不同的国家或者地区，著作权的外延是有差异的。

三、著作权的特征

除具有知识产权的共有特征外，与专利权、商标权等其他种类的知识产权相比，著作权的主要特点表现为权利内容的双重性。著作权内容的双重性，是指由文学、艺术或者科学作品能依法同时产生财产权和人身权两个方面的权利。著作权的这一特性，是专利权、商标权等不具有的，其中著作财产权旨在让权利人通过控制作品的利用而获取经济利益，著作人身权则是指与作品的创作者的身份密切相关的权利，且在多数情况下只能由创作者本人行使，不得让与他人。同理，由于著作人身权具有人格属性，因此在保护期限上也不同于著作财产权。为了使公众得以更为便利地接触作品，各国著作权法都对著作财产权规定了不同的期限，但对著作人身权的保护期限却一般不作规定。但这一特征也不是绝对的：第一，在我国，著作人身权中的发表权与财产权的保护期相同，具有时间限制；第二，英美法系国家版权法规定的人身权也具有时间限制，有的权利保护期与财产权保护期相同，有的甚至比财产权的保护期短；第三，《伯尔尼公约》规定著作人身权的最短保护期与财产权利相同。[②]

四、著作权的取得

著作权的取得，是指著作权法规定的由作品产生著作权的制度。一般意义上，著作权的取得可分为原始取得和继受取得。但此处所指的“著作权取得”，主要是原始取得，不包括继受取得。

(一) 著作权取得的原则

根据我国《著作权法》的规定，著作权自作品创作完成之日起产生，法律没有规定必须办理的手续。该原则与《伯尔尼公约》和《TRIPS协议》的规定相一致。

著作权自动取得原则，也可称创作主义，与非自动取得原则相对。著作权非自动取得原

---

① 《TRIPS协议》第9条第1款规定：“全体成员均应遵守伯尔尼公约1971年文本第1条至第21条及公约附录……”

② 例如，英国1988年《版权、外观设计与专利法》(第一编版权法)第86条规定：“(1) 第77条、第80条及第85条规定的权利在作品版权存续期内有效。(2) 第84条所赋予的权利延续至一个人死后20年。”这分别是对作者身份权、保护作品完整权、隐私权和作者反对虚假署名权之保护期的规定。《伯尔尼公约》第6条之二第2款的规定，即“根据以上第1款给予作者的权利，在其死后至少保留到作者经济权利期满为止，并由被要求给予保护的国家本国法所授权的人或机构行使之……”

则，是指作品创作完成后，作者或者其他相关人必须依照法律规定办理相应手续后，才能取得著作权。如修改前的美国《版权法》曾经规定，作品创作完成后，必须首先在美国出版，而且必须将该版本中两本最好的样书向国会图书馆交存，办理相应的交存手续后方能取得版权。又如《世界版权公约》规定，作品出版后，应当在该作品的每一本复制件上做上版权标记，才能取得版权。此外，也有国家规定采用其他手续才能取得著作权的。但是，凡是世界贸易组织成员或者《伯尔尼公约》成员国，无论对其本国国民取得著作权提出什么样的要求，对其他成员或者成员国的国民，只能实行自动取得原则，否则就与《TRIPS 协议》和《伯尔尼公约》的要求不符。

我国实行的著作权自动取得原则，并不是著作权的无条件取得原则。换言之，既不是任何人的作品都能在我国自动取得著作权，也不是任何种类的作品都能在我国自动取得著作权。具而言之，适用著作权自动取得原则，应当符合以下条件：(1) 作品要求：能够依我国《著作权法》取得著作权的作品，首先须属于我国《著作权法》第 3 条规定的作品范围，并且不属于《著作权法》第 5 条规定的不适用著作权法的对象。(2) 作者国籍：根据我国《著作权法》规定，能够在我国获得著作权的人是指：作者是中国公民、法人或者非法人组织；《伯尔尼公约》成员国国民或者世界贸易组织成员之国民，无国籍人以其经常居住地国作为标准。(3) 作品国籍：根据《著作权法》第 2 条第 3、4 款规定，其他的外国人或者无国籍人，以其作品的首次出版地国与中国的关系为标准，即其首次出版地国为《伯尔尼公约》成员国或者世界贸易组织成员的，其作品可以在中国自动取得著作权；否则不然。

(二) 著作权自动取得与作品登记的关系

根据著作权自动取得原则，在我国，作品自创作完成之时起自动产生著作权，不必进行登记。但是，如果作者或者其他著作权人愿意进行作品登记的，则可以根据国家版权局制定的《作品自愿登记试行办法》(以下简称“《办法》”)进行登记。该《办法》明确规定：“作品实行自愿登记。”而且无论是否依据本《办法》进行作品登记，不影响作者或其他著作权人依法取得的著作权。也就是说，作品进行登记，既不是作品产生著作权的条件，也不影响著作权本身的保护期限。但是，实行作品登记也有许多好处：

(1) 作品登记证可作为确权的初步证据。当其著作权受到侵害时，若著作权人提起诉讼，或者与侵权行为人进行协商，首先需要证明自己的作者或者著作权人身份，而作品登记证则可以作为证明自己的作者或者著作权人身份的初步证据。当然，如果被告或者侵权人对该项登记证有异议，可以通过举证来否定其效力。作品登记证对胜诉有一定的帮助作用。

(2) 对计算机软件而言，软件登记证所具有的作用更大。

(3) 作品登记证还是作者或者著作权人进行著作权海关保护登记的必要文件。

(4) 对某些作品，如视听作品，作品登记证还可以作为证明其保护期起算点的证据。根据《著作权法》的规定：视听作品，其发表权的保护期为 50 年，截止于作品创作完成后第 50 年的 12 月 31 日；本法第 10 条第 1 款第 5 项至第 17 项规定的权利的保护期为 50 年，截止于作品首次发表后第 50 年的 12 月 31 日，但作品自创作完成后 50 年内未发表的，本法不再保护。因此，对这样的作品进行登记，对确定保护期很有好处。

在有些国家，虽然也实行自动取得原则，但是，却以作品登记作为维持著作权的条件。如果在规定的期限内未进行作品登记的，则著作权自动终止。对于以作品登记作为取得著作权条件的国家，进行作品登记就更是不可缺少的手续。

（三）著作权自动取得与作品固定的关系

我国《著作权法》第3条对作品的定义是："文学、艺术和科学领域内具有独创性并能以一定形式表现的智力成果"，并未以"固定"作为作品创作完成的条件。因此，我国著作权法所保护的对象，可以是已固定在某种有形物质载体上的作品，也可以是未固定下来的口述作品、即兴表演等。但美、英等国的版权法却将作品固定作为作品已创作完成的条件。[①] 按照它们的规定，固定作品的时间即是作品创作完成的时间，但这并不影响版权的自动取得原则。也就是说，作品的固定不是取得著作权应当具有的条件，而是判断作品是否创作完成的条件。

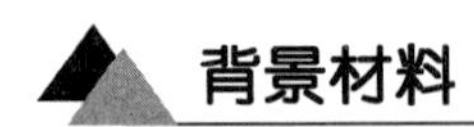

背景材料

著作权国际保护的基本原则[②]

参照目前著作权国际保护的双边、多边协定和国际版权公约的内容可以把著作权国际保护的基本原则概括为四条：

（一）国民待遇原则（National Treatment Principle）

《伯尔尼公约》第5条第1款规定："就享受本公约保护的作品而论，作者作品起源国以外的本同盟成员国中享受各该国法律现在给予和今后可能给予其国民的权利，以及本公约特别授予的权利。"《世界版权公约》第2条第1款规定："任何缔约国国民出版的作品及在该国首先出版的作品，在其他各缔约国中，均享有其他缔约国给予其本国国民首先出版之作品的同等保护，以及本公约特许的保护"，同时第3款还有"为实施本公约，任何缔约国可依本国法律将定居该国的任何人视为本国国民"的规定。由此可见，国民待遇原则实行"人身标准"和"地点标准"的双重标准，在一定程度上打破了版权保护的地域限制，扩大了受保护作品的范围和作品保护的地域范围。

这里的"人身标准"在《伯尔尼公约》中适用于其成员国国民和在成员国有惯常居所的非成员国国民。这里的"非成员国国民"作者也包括无国籍人。在《世界版权公约》中，其适用于公约成员国国民和住所地在某成员国的非成员国国民。这里的"非成员国国民"也包括无国籍人及流亡者。依"地点标准"非成员国国民的作品首先在成员国出版或首次出版同时发生在某成员国及其他非成员国的，其作品应在一切成员国享有相关公约最低要求所提供的保护。这方面的规定在《伯尔尼公约》和《世界版权公约》中都有明确的记载。

国民待遇原则仍然保留了传统知识产权的某些地域性特点。例如，大多数国家都承认知识产权只能适用其依法产生并依法受到保护的那个国家的法律。这一点，要求维护自己在国外应享有版权的作者必须了解有关外国的版权法。

（二）版权独立保护原则（Copyright Independent Protection Principle）

《伯尔尼公约》第5条第2款规定："享受和行使这些权利不需要履行任何手续，也不论作品起源国是否存在保护。因此，除本公约条款外，只有被要求给以保护的国家的法律才能

---

① 英国1988年《版权、外观设计与专利法》（第一编版权法）第5条第2款规定："在以书写或其他方式记录下来以前，任何文学、艺术、戏剧或音乐作品都不享有版权；凡本编中的作品创作时间均指该作品被记录下来的时间。"

② 陈晓峰等著：《知识产权读本》，中国传媒大学出版社2007年版，第86页。

决定保护范围以及为保护作者的权利而向其提供的补救方法。”同样在《世界版权公约》第2条、第4条第1款和第4条之二第2款等处，都有反映版权独立保护原则的内容。这使作品在任何成员国得到的保护，不依赖作品在来源国受到的保护。在符合相关公约最低要求的前提下，版权受保护的水平和司法救济方式等，完全适用提供版权的成员国的法律。例如，我国与哥伦比亚同为《伯尔尼公约》成员国，我国作者在哥伦比亚享有的是“哥伦比亚版权”，依照其1971年《版权法》第91条，对文字作品保护期为作者有生之年加死后80年，而不是依我国《著作权法》只享有其有生之年加死后50年的版权保护。同样，《世界版权公约》第4条第1款明确规定在作品保护期问题上“适用权利要求地法”。再如，在西班牙以及多数拉丁美洲国家，法律规定已发表的作品必须在一定时间内（从半年到两年不等）在政府的管理部门注册，否则就“进入公有领域”。我国与西班牙同为《伯尔尼公约》成员国，西班牙作者在我国要求版权保护时，我国不能因其本国要求履行手续而专门要求他们也履行手续。

（三）最低限度保护原则（Principle on the Minimum Protection）

一些版权国际保护的公约制定出一系列标准，使版权国际保护必须达到一些最低限度的要求。

例如，《伯尔尼公约》规定受保护的作品起码包括文学、科学及艺术领域的如下内容：书、小册子及其他文字作品；讲演、布道及其他同类作品；戏剧作品；哑剧；配有或不配有文字的音乐作品；电影作品；绘画、雕刻等艺术品；摄影作品；实用艺术品；地理学、解剖学、建筑学或科学方面的图表、图示及立体作品。作者对其作品享有以下几项专有权利：以任何方法和形式复制作品的权利；翻译作品的权利；公开表演戏剧、戏剧的音乐和音乐作品的权利以及公开传播此类表演的权利；广播作品的权利和以任何方法公开传播其他组织利用他的作品制作的广播节目的权利；将作品摄制成电影作品的权利；改编作品的权利。公约成员国依本国法律给予作者的专有权利至少为以上6项，但可以多于以上6项内容。

再如，《世界版权公约》规定具体受保护作品应包括文字作品、音乐作品、戏剧作品、电影作品、绘画作品、雕刻作品和雕塑作品。但公约不排除有的成员国将口头作品列入受保护对象。虽然公约只保护经济权利，但许多成员国还把精神权利列为作者权利的重要内容。

关于保护期限，以《世界版权公约》规定为例，公约保护作品的保护期不得少于作者有生之年加死后25年，如果从作品发表日算起，则不少于25年。摄影作品或作为艺术作品保护的实用美术作品的保护期，由各成员国自行规定，但不能少于10年。

（四）形式上的互惠原则（Formal Principle of Reciprocity）

该原则以国民待遇原则和版权独立性原则为基础，并无多少实质性内容。它指缔结版权条约的双方或各方，只要求对方或其他各方给予版权保护就行，至于保护的范围和水平并不十分重要。

现实情况是，作品输出国一般为发达国家，而作品输入国一般为发展中国家或不发达国家。双方的双边版权协定总是有利于输出国而不利于输入国。虽然版权公约制定了一系列对发展中国家优惠的条款，但从其实施情况来看，两个主要版权公约的发展中国家成员国有几十个，而颁发的强制许可证总共不到10个。

第二节 著作权法及其演进

一、著作权法的概念

著作权法，是指国家制定或者认可的调整由文学、艺术和科学作品所产生之社会关系的法律规范的总和。形式的著作权法，就是由国家立法机关依照立法程序制定的《著作权法》；实质的著作权法，包括一切调整著作权法律关系的法律规范，如《著作权法》《著作权法实施条例》《计算机软件保护条例》《作品自愿登记试行办法》等法律、法规、条例、规章等。

我国《著作权法》于1990年9月7日通过，2001年10月27日经由第九届全国人大常委会第二十四次会议通过了对《著作权法》的第一次修正，2010年2月26日，第十一届全国人大常委会第十三次会议通过了对《著作权法》的第二次修正，2020年11月11日第十三届全国人大常委会第二十三次会议通过了对《著作权法》的第三次修正。修正后的《著作权法》共6章67条，分别是：总则，著作权，著作权许可使用和转让合同，与著作权有关的权利，著作权和与著作权有关的权利的保护，附则。最新修订的《著作权法》自2021年6月1日起施行。随着我国版权产业的不断发展，著作权立法已经从被动接受进入主动变革阶段，著作权法的修订也不再是为了回应国际社会和国际公约的要求，而更多地是为了满足本国社会发展的需要。

二、著作权制度的历史发展

著作权法因传播技术的普及而生，随传播技术的发展而变，但从法律属性上看，历史上的著作权制度经历了一个从垄断特权到私权的变革过程。印刷术的应用，使得出版业开始逐步走向商业化运营，成为一种营利的手段。此时，作品本身的价值已经超越复制的成本，在图书的市场价格与印刷成本之间出现了获取商业利润的空间。[①] 从国家的角度来说，出版业既是政府新的税收增长点，也是新思想的传播渠道，这使其成为了政府控制的对象；从商业的角度来看，图书贸易使出版商作为一个新兴产业的投资者出现了。当时的英国为了打破欧洲出版行业协会对印刷技术的垄断，增加本国税收，伊丽莎白女王以"特许专营"为条件引进欧洲大陆的印刷工人和印刷技术，促进英国工业的发展。根据女王的政策，英国王室在16、17世纪期间授予了印刷工会特许出版权，在引进技术的同时，也实现了对言论的钳制。[②] 到了17世纪末期，印刷术在两百多年的岁月中得到逐步发展和普及，开始有更多的商人想进入出版行业，通过特许经营权来垄断出版业逐渐出现诸多问题。到了1694年，英国国会开始反抗王室，通过拒绝修订许可法案的方式使王室丧失了对言论自由的限制，印刷工会所剩下的仅仅是向盗版商请求损害赔偿的民事权利。[③] 印刷工会在苦求特许审查特权而不得之后，开始改变策略，强调保护作者的权利，主张赋予作者财产权，以此激励作者的创作。在经历三年的游说后，国会终于在1709年通过了《安娜法令》。

---

① 具体参见赖文智：《数位著作权法》，台湾翰芦图书出版有限公司2003年版，第7页。

② See L. Ray. Patterson, *Copyright in Historical Perspective*, Vanderbilt University Press, 1968, pp. 92-112.

③ 当时的出版商抱怨道："出版商自己几乎不可能确定实际受损金额。如果盗版商印制了一千本盗版书，这些书很可能被英国各地成百上千的人购买，出版商甚至无法追回其中的十本。"参见 Paul Goldstein, *Copyright's Highway: From Gutenberg to the Celestial Jukebox* (Revised Edition), Stanford University Press, 2003, pp. 31-37。

第二次工业革命之后，传播技术的更新速度逐步加快。从19世纪末开始，音乐作品开始以唱片的形式传播，电影技术也使小说和戏剧能以电影的面目出现，录音机、复印机和录像机等设备陆续普及，这些都使原来专属于出版商的复制技术开始被大众分享。在新技术促生了新客体类型和新交易模式的同时，也使著作权人对著作权交易的控制能力不断减弱。为了从新的著作权市场中获利，著作权人一方面通过诉讼与谈判建立了强制许可制度和补偿金制度，另一方面借助集体管理组织向广播组织等商业机构收取发行、广播和公开表演作品的版税。在产业化的氛围中，著作权的客体被更多地看成是一种商品，而不是以往印刷术时代将其视为作者劳动的结晶或者精神或人格的表达。因此，版权企业在争取以自己的意愿修改著作权法时，更多地从实用主义的立场出发，运用功利主义和经济学的理论武器来解释著作权制度的正当性。另外，使用者一方也因复制技术的普及而开始形成利益集团，并在立法问题上与著作权人对抗。至此，著作权制度进入了"世俗化"时代，各方正式将真正代表其利益需求的理论摆上了历史舞台。[①]

到了信息时代，随着网络和数字技术的成熟与普及，作品的传播方式产生了根本性变化。网络使数字化的作品不再依附于载体，因此著作权人也无力承担针对私人复制的监督成本。著作权人为了防止因私人复制泛滥而导致的"搭便车"行为，再次寄希望于通过修法阻止私人复制。一方面著作权人通过自力救济的方式，利用技术措施来禁止他人未经许可接触作品；另一方面强烈要求国家通过立法提出有效的保障措施。但使用技术措施需要付出高昂的成本，更会面临新技术手段的突破。为了避免因陷入技术比拼而无谓地增加成本，著作权人更多地将希望寄托于通过立法手段来维护自身的利益。1996年《世界知识产权组织著作权公约》(WCT)和《世界知识产权组织表演与录音制品公约》(WPPT)的通过，标志着著作权保护进入了以技术措施控制作品使用和传播的阶段。

三、我国著作权制度的产生背景

中华民族具有五千年的文明历史，在人类文明史上留下了光辉灿烂的篇章。早在印刷术发明以前，我国的文人墨客就创作了许许多多的优秀作品。但是，在刀刻、手抄、口传的时代，几乎不可能出现大规模复制、销售复制件而获利的情况，因此，客观上没有产生著作权制度的可能，主观上没有保护其作品权利的需求。及至宋代，印刷术、造纸术的发明，使得书籍的印制渐趋精美，出版、传播变得快捷，不仅价格低廉，而且数量众多，随之便出现了为追求利润而冒名盗印他人作品的现象。以寻求特许或讼争为途径，作者、出版商提出了自己的权利主张，由此产生了封建专有的出版权制度。直到清朝末年，西学东渐，政府循西方法例，于1910年颁布了我国的第一部著作权法，即《大清著作权律》。此时，世界上第一部著作权法(英国《安娜法令》)已施行了200年。

《大清著作权律》颁布不久，清王朝便退出历史舞台，因此，这部法律未能实施。1915年，北洋政府以《大清著作权律》为基础制定了我国的第二部《著作权法》；1928年，民国政府制定了我国历史上的第三部《著作权法》。

中华人民共和国成立后，长期未能制定《著作权法》，但《宪法》和其他一些法规、规章、条例等对公民的著作权含有保护性规定。1950年9月，全国出版工作会议通过了《关于改进和发展出版工作的决议》，强调出版单位要尊重著作权和出版权，不得有翻版、抄袭、篡改等行

① 参见熊琦：《著作权法中投资者视为作者的制度安排》，载《法学》2010年第8期。

为。1953年,国家出版总署公布《关于纠正任意翻印图书现象的规定》,要求“一切机关、个人不得擅自翻印出版的书籍、图片,以尊重版权”。1958年,文化部颁发《关于文学和社会科学书籍稿酬的暂行规定(草案)》。1961年,文化部对上述规定进行了修改。1984年6月15日,文化部颁发《图书、期刊版权保护试行条例》,1985年1月1日,文化部颁发《图书、期刊版权保护试行条例实施细则》等,都是对著作权保护的重要规定。1986年4月12日,第六届全国人大第四次会议通过的《民法通则》,以法律的形式首次规定“公民、法人享有著作权”[①],标志着我国著作权法律制度建设进入了一个新的历史时期。

1990年9月7日,第七届全国人大常委会第十五次会议通过了《中华人民共和国著作权法》,并于1991年6月1日开始实施。这是中华人民共和国历史上的第一部《著作权法》,也是我国历史上的第四部《著作权法》。

四、我国《著作权法》的修改历程

(一)《著作权法》第一次修改的动因与主要内容

我国《著作权法》自1991年6月1日施行后,国际、国内发生了一系列影响著作权法律制度的重大事由,诸如我国正在从计划经济向市场经济转变、我国即将加入世界贸易组织、网络技术的飞速发展以及许多新的国际条约的缔结等,使《著作权法》在许多方面显见不足。正是在这样的条件下,我国自1996年5月正式启动《著作权法》的修订工作。由于《著作权法》的修改涉及面广,所涉问题比较复杂,经过五年多的讨论,至2001年10月27日通过修正案。

此次修正案有53条之多,涉及原法(即修改前的《著作权法》)的绝大多数条款。本次修正的主要内容有:

1. 财产权的扩张与增改

关于财产权,原《著作权法》只有第10条第5项一个条款作了规定,即“使用权和获得报酬权,即以复制、表演、播放、展览、发行、摄制电影、电视、录像或者改编、翻译、注释、编辑等方式使用作品的权利,以及许可他人以上述方式使用作品,并由此获得报酬的权利”。这与现代社会对著作权保护的要求不符。此次修正案在充分考虑我国国情和《TRIPS协议》基本要求的前提下,对财产权进行了较合理的扩、增、改:(1) 扩张的权利有表演权、广播权等;(2) 增加的权利有信息网络传播权、出租权、转让权以及图书出版者的版式设计权、表演者的许可录制及获酬权和信息网络传播表演的权利等;(3) 修改的权利有复制权、发行权、放映权、汇编权、摄制权等。

2. 作品形式的修改与增添

关于作品的种类,《著作权法》修正案与原法并无二致,但对作品的形式进行了适当的修改与添加。(1) 修改的作品形式有“电影作品和以类似摄制电影的方法创作的作品”“工程设计图、产品设计图、地图、示意图等图形作品和模型作品”。(2) 增加的作品形式有“杂技艺术作品”“建筑作品”和“模型作品”。

3. 权利主体的明晰与周全

关于权利主体,即作者或著作权人,原法所作的规定比较模糊,并有明显缺漏。《著作权法》修正案不仅将外国人在我国取得著作权的情形作了非常明确的规定,而且还对原法中未

---

① 参见我国《民法通则》第94条的规定。

予规定的“无国籍人”作了增补。另外,修正案将原法使用的“公民、法人或者非法人组织”修改为“公民、法人或者其他组织”,该用语更加规范。修改后《著作权法》关于权利主体的规定既明晰又周全。

4. 集体管理组织的定位与定性

原法没有关于著作权集体管理组织的规定,应当是一个明显的缺漏。在原法的施行过程中,尽管设立了“中国音乐著作权协会”和“版权使用费收转中心”等著作权集体管理组织,该类组织也起到了一定的作用,作出了一定的贡献,但由于缺乏应有的法律地位,运作时并不尽如人意。2001 年《著作权法》修正案不仅明确了著作权集体管理组织的法律地位,而且还明确将它定性为“非营利性组织”,“可以自己的名义为著作权人和与著作权有关的权利人主张权利,并可以作为当事人进行涉及著作权或者与著作权有关的权利的诉讼、仲裁活动”。

5. 限制制度的调整与归位

著作权限制是著作权法律制度中的一项重要制度,不仅关乎著作权人和与著作权有关的权利人利益的维护,而且也关乎社会公众汲取精神营养、进行社会主义精神文明建设的社会利益。恰如其分地构建该项制度所具有的意义十分重大。修正案既合理地调整了原法关于“合理使用”的规定,又取消了广播电台、电视台免费使用他人已出版的录音制品的规定,使其回归到适当的位置,而且还增加了“义务教育和国家规划教材”编写者的法定许可使用权、录音制作者对已合法录制为录音制品和音乐作品的法定许可使用权、广播组织对已出版的录音制品的法定许可使用权等。

6. 侵权行为的重组与增加

原法用两条(第 45 条和第 46 条)规定了 15 种侵权行为。这样的规定似乎并无太多的问题,但其归类存在明显的不足,如将“抄袭、剽窃”行为划归第二类侵权行为,就不太合理。修正案对原法规定的 15 种侵权行为进行重组,就立法技术而言更为科学;同时还增加了修改后第 46 条的第 8 项和第 47 条的第 1、3、6、7 项,使侵权行为达到了 19 种之多,有利于保护著作权人和与著作权有关的权利人的利益。

7. 司法程序的完善与效益

原法规定的司法程序相对比较单调,权利人寻求司法救济时,难以达到预期效果。修正案增加了证据保全和财产保全措施、定额赔偿制度和过错推定责任制度,并完善了损害赔偿计算办法,为权利人通过诉讼程序获得法律保护提高了效益。

第一次修订后的《著作权法》,与《TRIPS 协议》对其成员关于版权与相关权保护的要求全面接轨,也使我国的著作权保护水平上了一个新的台阶。

(二)《著作权法》第二次修改的动因与主要内容

《著作权法》第一次修订完成后,我国又先后颁布《著作权行政处罚实施办法》《著作权集体管理条例》《互联网著作权行政保护办法》《信息网络传播权保护条例》和《广播电台电视台播放录音制品支付报酬暂行办法》等法规和规章,并通过完善著作权集体管理组织的相关规定促进了著作权的利用,也大大加强了网络环境下的著作权保护力度。2010 年 2 月 26 日,为履行对世贸组织的承诺,第十一届全国人大常委会第十三次会议通过了第二次修改《著作权法》的决定。本次修改幅度较小,主要涉及两个条文:

第一,将原《著作权法》第 4 条修改为:“著作权人行使著作权,不得违反宪法和法律,不得损害公共利益。国家对作品的出版、传播依法进行监督管理。”删除了“依法禁止出版、传播的作品,不受本法保护”的条款。对该条文的修改,一方面是回应 2009 年 3 月 20 日世界贸易组织针对美国诉中国知识产权保护与执法措施案作出的裁决,另一方面则是繁荣发展文化产业,建设创新型国家的政策在立法上的体现。

第二,在原《著作权法》中增加1条,作为第26条:“以著作权出质的,由出质人和质权人向国务院著作权行政管理部门办理出质登记。”该条文的修改旨在使著作权法适应我国版权产业日益发展的现实需求。随着版权产业的繁荣,作品价值不断增加,因而使得著作权的质押成为一种必要。1996年国家版权局出台的《著作权质押合同登记办法》中,已经明确规定著作权可以进行质押,并且质押合同可以进行合同登记。此次将质押及其登记写入《著作权法》,为我国全面开展著作权质押工作提供了明确的法律依据。

(三)《著作权法》第三次修改的动因与主要内容

2020年11月11日,第十三届全国人大常委会第二十三次会议通过了第三次修改《著作权法》的决定。本次修订是基于国际形势与国内产业作出的主动回应。与前两次为回应国际公约和世贸裁定的修订不同,本次《著作权法》修改是我国在深化文化体制改革、推动社会主义文化大发展大繁荣背景下作出的主动选择;是适应本国版权产业迅速崛起,回应产业制度需求的现实需要;是基于国际经验与国内条件进行的合理取舍。此次修正案共有42条,考虑到了我国版权产业的发展现状,在吸收已有著作权行政法规、条例和司法解释中相对成熟的部分之外,并未一味追求与发达国家看齐的高保护标准,而是基本保留了我国著作权法的制度框架和设计,采取了渐进式的立法步骤,保证了制度与产业的协调与适应。

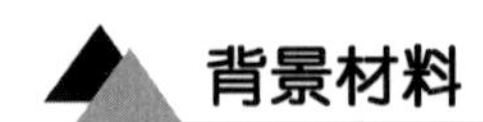

背景材料

我国著作权立法的历史沿革①

著作权立法制度在我国的起源,可以追溯到宋代。在宋代发明活字印刷术之后,出现了保护刻印出版者的朝廷禁令,经申请批准,可禁止他人复版。如南宋光宗年间,《东渡事略》一书的目录页上就刻印着“眉山程舍人刊行,已申上司,不许复版”,这与现代版权保护的“版权所有,不得翻印”是一个意思。但建立现代意义的通行全国的著作权保护制度,则始于清朝末年。

1910年,清政府制定颁布了我国历史上第一部著作权法《大清著作权律》。该法分为通例、权利期限、呈报义务、权利限制、附则等五章,共55条。它采用登记注册制度,规定著作物完成后,作者要履行登记注册手续,经批准发照,才给予保护。同时规定有关继承变更也要办理相应手续。

1915年,北洋军阀控制下的民国政府颁布了《著作权法》。该法以1910年《著作权法》为范本,只是将登记主管机关从民政部改为内务部,同时拓展了受保护的作品范围,并将对侵权行为的处罚从四种不等的罚金细分为五种,其余的几乎未做什么改动。

1928年国民党政府颁布了一部“著作权法”,并颁布了其实施细则。该法在前两部著作权法的基础上作了一些修订,主要是拓宽了受保护的著作权范围,由过去仅有的出版权与复制权拓展到包括出版权、复制权、公演权、翻译权,并规定在对等原则下保护外国人的作品。该法在1944年、1949年做过修订,后来台湾地区在此基础上于1963年又颁布了一部“著作

① 洪彬、徐松林主编:《知识产权法的理论与实务》,华南理工大学出版社1996年版,第13页。

权法”,并于1985年进行了一次全面修订,主要一条是将强制注册制改为任意登记制。

1949年中华人民共和国成立后,在很长一段时期没有颁布过全面保护著作权的法规,只是陆陆续续颁布了一些著作权保护的规定。从20世纪50年代初期到70年代末期,主要采取政策保护;从20世纪80年代初起,我国的著作权保护开始走向法制化。

1982年颁布的《宪法》第47条规定:“中华人民共和国公民有进行科学研究、文学艺术创作和其他文化活动的自由。国家对于从事教育、科学、技术、文学、艺术和其他文化事业的公民的有益于人民的创造性工作,给以鼓励和帮助。”这是我国制定《著作权法》的最高法律依据。1985年制定的《继承法》规定遗产包括公民的著作权中的财产权利;1986年制定的《民法通则》中规定:“公民、法人享有著作权(版权),依法享有署名、发表、出版、获得报酬等权利。”并规定了侵犯著作权应当承担民事责任。这些都为制定我国著作权法奠定了基础。

[深度阅读]

1. 吴汉东:《著作权法第三次修改草案的立法方案和内容安排》,载《知识产权》2012年第5期。
2. 郑成思:《版权法》,中国人民大学出版社1997年版。
3. 熊琦:《著作权的法经济分析范式》,载《法制与社会发展》2011年第5期。
4. 〔法〕阿兰·沙塔尼奥尔:《著作权和版权保护——概念的区别与适应数字时代》,于平安译,载《中国出版》2005年第2期。
5. 李雨峰:《枪口下的法律:中国版权史研究》,知识产权出版社2006年版。

[法条导航]

1.《中华人民共和国著作权法》第一条至第八条
2.《中华人民共和国著作权法实施条例》第一条至第四条

[思考题]

1. 什么是著作权?
2. 如何理解著作权的双重性?
3. 著作权自动取得就是无条件取得吗?
4. 如何理解著作权的专有性?

第二章

著作权的主体

[内容提要] 著作权主体是著作权制度的重要组成部分。通过本章的学习，了解著作权主体的概念及其基本分类，领会作者（原始主体）及其他著作权人（继受主体）的相关规定，明确特殊作品著作权归属的认定方法。

[关键词] 作者 著作权人 特殊作品 著作权主体

第一节 著作权主体概述

一、著作权主体的概念

著作权主体，也称著作权人，是对文学、艺术或者科学作品依法享有著作权的自然人、法人或者非法人组织。

与其他民事权利主体一样，著作权人首先应当具有相应的民事权利能力，即享受由作品产生的权利和承担由此产生的义务的资格。自然人的民事权利能力始于出生，终于死亡；法人的民事权利能力始于成立，终于消灭；非法人组织虽然不具有法人资格，但是能够依法以自己的名义从事民事活动，其著作权人资格始于其成立，终于其消灭。

一般情况下，自然人死亡后，其依法享有的著作财产权由其继承人继承，基本不会发生特殊问题。但是，因为精神权利不可转让，不能被继承，只能由作品之第一著作权人（或称原始著作权人，initial owners of copyright）终生享有，且其保护期不受限制。因此，自然人死亡后，其生前依法享有的精神利益仍然存在，并受保护。在这种情况下，著作权人虽然已没有了民事权利能力，但生前享有的著作权仍能受法律保护。

自然人依法享有的著作人身权，终生受保护；自然人死亡后，其生前对作品已经获得的人身利益仍然受保护，但不应当再是著作人身权。如果自然人死亡后仍能享有著作人身权，与民法上的权利能力制度相矛盾。当然，也许可以这样理解：相对于民法，著作权法是民事特别法。根据特别法优于普通法的原则，著作权主体的权利能力应当优先适用著作权法。只有在著作权法没有规定的情况下，才适用民法。然而，到目前为止，尚无国家或地区的著作权法明确规定，自然人死亡后仍然享有精神权利。著作权法所规定的只是“作者的署名权、修改权、保护作品完整权的保护期不受限制”，并未规定作者死亡后仍然享有署名权、修改权、保护作品完整权,但审判实践却有这样的观点。[①]

二、著作权主体的产生

自然人、法人或者非法人组织,可以通过创作作品或者组织自然人创作作品,依法获得原始著作权,成为原始著作权人;也可以通过受让、继承、受赠与或者受遗赠而成为著作权人。

由于著作权实行自动取得原则,作品的创作者或者组织创作作品的法人或者非法人组织,不必办理任何手续,即可成为著作权主体。但是,为了明确其著作权主体身份,便于今后行使其著作权,著作权人也可以进行作品登记,取得作品登记证,从而确立自己的著作权人地位。

通过继受方式取得著作权的自然人、法人或者非法人组织,只需有合法的著作权转让合同,或者有证明其继承者的身份、受赠与或者受遗赠的证明文件即可,不必办理相应的登记、公告手续。但是,自然人、法人或者非法人组织作为受让人取得著作权的,可进行著作权转让合同公证,以防止出现不必要的纠纷。

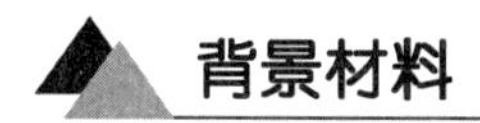

背景材料

作者地位的历史演变[②]

著作权既是商品经济发展的产物,又深受科学技术(尤其是印刷技术)发展的影响。商品经济的发展促使人们思想观念发生变化,产生了现代著作权观念;科学技术的发展使作品的价值在更大范围内实现,产生了保护著作权的客观要求。这两大因素交互作用,使著作权制度得以产生和发展。但在著作权制度萌芽、诞生之初,作者并不是当然的著作权权利主体,首先受保护的却是刻印出版者。在我国,印书商业化可以追溯到南宋。随着我国活字印刷术的发明与应用,作品得以广泛传播。出版者为了制止他人翻版盗印,获取更多利益,便寻求法律保护。史料记载,官府具状禁止翻刻在《东都事略》《方舆胜览》中就有了。晚清版本学家叶德辉所著《书林清话》中也指出:翻版有禁例始于宋人。一直到清末以前,我国都是以"禁例"形式保护刻印出版者权益的。这与欧洲统治者授予图书出版者以"皇家特权"可谓有着惊人的相似。这种保护主要是对作品复制权的保护。尽管它的直接受益者并非作者,但这一保护最终使作者的作品得以完整地保存,便于作者出版权的正确行使,因而仍应视为著作权制度的雏形。从时间跨度上看,我国对作品著作权的禁例保护比欧洲的"特许权制度"要早四五百年,但是确立作者在著作权法中的法律地位却比欧洲整整晚了二百年:当我国第一部保护作者权利的著作权法——《大清著作权律》于 1910 年颁布时,世界上第一部在法律上确认作者是法律保护主体的著作权法——英国《安娜女王法》已颁布整整两百周年了。这一反差的存在自然"事出有因"。我国长期处于封建统治之下,统治者利用封建专制手段严格控制作品的传播,扼杀了作者的创作积极性,最终造成漠视作者权利的后果。再

① 2002 年 7 月 25 日新华网刊载的文章《歌曲〈解放区的天〉著作权侵权纠纷案今天审理判决》称,北京市第二中级人民法院审理认为,被告未能给创作者正确署名,侵害了刘西林对作品的署名权。但是,刘西林已于 1998 年去世。"侵害了刘西林对作品的署名权"的观点,显然与民法的基本理论不符,即死者还享有权利。正确的说法应当是"侵害了刘西林对作品的署名利益"。

② 冯晓青:《试论著作权法中的作者》,载《湘潭大学学报(哲学社会科学版)》1995 年第 3 期。

则，中国的封建土壤上没有产生资本主义生产关系中占主导地位的自由商品经济，而以保护作者权益为主的现代意义的著作权概念的出现和著作权法律制度的形成，与社会经济、文化的发展，特别是商品经济的发展又息息相关。因为商品经济的发展，才会导致印刷出版物作为作者智力劳动成果的商品化，作者要求保护作品的权益，调整作者、印刷出版者和作品使用者之间关系的要求才成为一种客观需要。这样，我国正式保护作者权利的著作权法就自然“姗姗来迟”了。欧洲情况则大不相同。资产阶级革命推动了商品经济的发展，也带来了“天赋人权”的思想，著作权作为一种无形财产权日益受到人们重视。此时要求废除封建法令，保护作者的呼声与日俱增，终于在18世纪初即明确了作者对其作品的支配权，实现了由主要保护印刷出版者到主要保护作者的飞跃。

毋庸指出，由“皇家特权时代”到“作者权利时代”，这是著作权法律制度上的一次“革命”，也是人类文明进步的一个重要标志。在当代，作者应成为著作权法保护的主要受益者的观点已成为绝大多数国家著作权立法的基础。

背景材料

“媒体融合”与著作权主体制度的调整[①]

在推动著作权法律制度发展的诸多因素当中，媒体形态变迁的推动作用是非常显著的。正如学者所言：“传播技术是传媒产业的重要驱动力，同时也在塑造着现代著作权法律制度。”传统媒体与新兴媒体的融合发展是当下媒体产业发展的基本形态，也是媒体发展进程中具有革命意义的关键环节。媒体融合发展极大地解放了媒体生产力，改变了现有的版权利益格局，也对著作权法律制度提出了变革要求。

媒体融合发展对著作权法律制度具有极强的渗透力，著作权主体、著作权权利内容和著作权客体都在媒体融合的推动下发生着主动或被动的变化，需要法律制度作出回应。

著作权主体制度主要解决作品的归属问题，只有作品的权属明确，才能实现高效便捷利用。媒体融合发展最为直接的体现就是作品在异质媒体之间的转换。例如，纸质媒体、广电媒体创作并传播的作品，通过网络媒体或自媒体进行二次传播。网络媒体和自媒体主要通过作品数量的海量化和作品推送的个性化来吸引受众。面对来自传统媒体的海量作品，如何保证其权利无瑕疵是新兴媒体必须解决的问题。对批量作品进行集中授权是实现授权合法化的有效途径，但同时必须保护作者的著作权不受侵害，著作权归属制度必须在著作权集中行使和作者权利保护之间寻求平衡。笔者认为，应当完善《著作权法》中的“职务作品”制度，将媒体职务作品作为普通职务作品对待，并突出合同优先原则，以媒体和作者签订的著作权归属合同为基础确定著作权的归属。媒体通过合同方式获得作者的授权，并按照职务作品的使用规则进行集中授权，以实现高效授权与权利保护的统一。

① 王国柱：《著作权法律制度发展的“媒体融合”之维》，载《出版发行研究》2016年第10期。

第二节　著作权主体的种类

一、原始主体与继受主体

按自然人、法人或者非法人组织成为著作权主体的权利基础分类，可以将著作权主体分为原始主体和继受主体。具而言之，在作品创作完成时，直接享有著作权，成为著作权主体的自然人、法人或者非法人组织，为原始著作权人，或者称原始主体，亦称第一著作权人。实际上，著作权原始主体就是根据法律规定或者合同约定，在作品创作完成时，即刻享有著作权的人。其他著作权人则为继受主体，或称继受著作权人。

划分原始著作权人与继受著作权人的意义在于：两者所享有的权利并不完全相同，保护方式也不完全相同。根据著作权法的规定，原始著作权人可能享有全部著作权，也可能只享有部分著作权，但只有原始著作权人才能享有著作人身权；继受著作权人虽可享有著作财产权之全部，但肯定不能享有著作人身权，所以继受主体只是财产权利所有人。

根据我国《著作权法》的规定，自然人、法人或者非法人组织成为著作权原始主体的方式有三种：(1) 创作。创作是指直接产生文学、艺术或者科学作品的智力活动。一般情况下，自然人可以运用自己的智力、资金、财产和劳动，创作出文学、艺术或者科学作品，而成为第一著作权人。但法人或者非法人组织自己不能进行创作，只能组织自然人进行创作，所以法律将其视为作者，从而成为原始著作权人。(2) 法律规定。我国《著作权法》第 17 条第 1 款、第 2 款规定："视听作品中的电影作品、电视剧作品的著作权由制作者享有，但编剧、导演、摄影、作词、作曲等作者享有署名权，并有权按照与制作者签订的合同获得报酬。前款规定以外的视听作品的著作权归属由当事人约定；没有约定或者约定不明确的，由制作者享有，但作者享有署名权和获得报酬的权利。"依此规定，视听作品中的电影作品、电视剧作品的"制片者"就是电影等作品的原始著作权人。又如我国《著作权法》第 18 条第 2 款规定："有下列情形之一的职务作品，作者享有署名权，著作权的其他权利由法人或者非法人组织享有，法人或者非法人组织可以给予作者奖励：(一) 主要是利用法人或者非法人组织的物质技术条件创作，并由法人或者非法人组织承担责任的工程设计图、产品设计图、地图、示意图、计算机软件等职务作品；(二) 报社、期刊社、通讯社、广播电台、电视台的工作人员创作的职务作品；(三) 法律、行政法规规定或者合同约定著作权由法人或者非法人组织享有的职务作品。"这一规定使法人或者非法人组织成为"特殊职务作品"除署名权之外的著作权原始主体。(3) 合同约定。我国《著作权法》第 19 条规定："受委托创作的作品，著作权的归属由委托人和受托人通过合同约定。合同未作明确约定或者没有订立合同的，著作权属于受托人。"此规定允许委托人与受托人就委托作品的著作权归属进行约定。通过约定取得的著作权，是著作权原始取得的一种方式，而不是著作权转让的方式。通过此方式获得著作权的人，是原始主体，而非继受主体。

自然人、法人或者非法人组织以其他方式取得著作权的，均为继受主体。

二、完整主体与不完整主体

根据著作权人所享有著作权的完整性分类，可以将著作权主体划分为完整主体和不完整主体。

著作权完整主体，就是依法享有著作财产权与著作人身权之全部的自然人、法人或者非法人组织。与此相对，著作权不完整主体，就是依法享有著作财产权或者著作人身权之部分的自然人、法人或者非法人组织。

划分著作权完整主体与不完整主体的法律意义在于：完整主体有权全面支配其著作权的行使和利用，决定著作权的命运；而不完整主体在行使其著作权时，一是要注意自己的权利范围和种类，二是要注意尊重他人的著作权，不得因行使自己的权利而侵犯他人的权利。如《著作权法》第 14 条第 3 款规定："合作作品可以分割使用的，作者对各自创作的部分可以单独享有著作权，但行使著作权时不得侵犯合作作品整体的著作权。"第 29 条还规定，转让合同中，著作权人未明确转让的权利，未经著作权人同意，另一方当事人不得行使。

由于著作人身权不得转让，所以，只有原始主体可能成为完整主体，继受主体为不完整主体。但是，著作权原始主体并不一定都是完整主体，如《著作权法》第 18 条第 2 款规定：有下列情形之一的职务作品，作者享有署名权，著作权的其他权利由法人或者非法人组织享有……在此，创作作品的自然人，是原始主体，该作者所属单位也是原始主体，但作者和其所属单位都是不完整主体。

三、本国主体、外国主体与无国籍主体

按著作权主体所属国籍分类，可以将著作权主体划分为本国主体、外国主体和无国籍主体。就自然人而言，本国主体就是具有其主张著作权保护国之国籍的自然人；外国主体就是其所具有之国籍不是主张著作权保护国（有的人可能具有多重国籍）的自然人；无国籍主体就是在其主张著作权保护时，不具有任何国籍的自然人。就法人或者非法人组织而言，本国主体就是依据其所主张著作权保护国法律设立的法人或者组织；外国主体就是依据其所主张著作权保护国之外的法律设立的法人或者组织。法人或者非法人组织没有无国籍的情形。

划分本国主体、外国主体和无国籍主体的法律意义在于：在著作权保护方面，尽管有关国际公约规定了"国民待遇原则""不歧视原则"等，但是，本国主体、外国主体与无国籍主体总是存在着一定的差距，如取得著作权的方式有所不同、享受权利的内容有所不同、保护的期限与其所属国有关等。我国《著作权法》第 2 条规定，中国公民、法人或者非法人组织在著作权的取得方面有某些不同；在保护"追续权"的国家，我国国民就不能获得这项权利，这是内容的不同；由于《伯尔尼公约》实行的是短期保护规则，当两个国家著作权法规定的保护期不相同时，外国主体所获得的保护期为两者之中的较短者。但是，就无国籍主体而言，因为他们是以其经常居住国为标准，所以，如果某一无国籍人在其经常居住国主张著作权保护，则可能作为本国主体对待；若在其经常居住国以外的国家主张著作权保护，则依其经常居住国与主张著作权保护国的相互关系而定。

四、自然人主体、法人或者非法人组织主体与国家

以著作权人之体征为标准划分，可以将著作权主体划分为自然人主体、法人或者非法人组织主体（以下将它们简称为"法人主体"）。自然人主体就是依法享有著作权的自然人，法人主体就是依法享有著作权的法人或者非法人组织。

划分自然人主体与法人主体的法律意义在于：客观上讲，只有自然人才是作品的真正创作者，因此，一般情况下，自然人应为著作权主体；法人或者非法人组织为继受主体，因为法

人或者非法人组织并无创作能力。但是,从保护投资者利益出发,同时考虑到在某些作品中法人或者非法人组织意志的支配力,法律也允许法人或者非法人组织成为原始主体。尽管如此,只有在法律明确规定或者当事人明确约定的情况下,法人或者非法人组织才能成为著作权原始主体。其他情况下,应推定创作作品的自然人为原始主体。

依我国《著作权法》的规定,虽然法人或者非法人组织可以成为著作权主体,但只有三种情况可以成为原始主体:一是对法人作品的原始著作权;二是对特殊职务作品享有的原始著作权;三是作为委托作品中的委托方,根据委托创作合同约定而享有的原始著作权。

一般情况下,国家不享有著作权,因为"法律、法规,国家机关的决议、决定、命令和其他具有立法、行政、司法性质的文件,及其官方正式译文"不适用著作权法,即不能产生著作权。但是,在某些特殊情况下,国家也能成为著作权主体,如我国《著作权法》第 21 条第 2 款规定:著作权属于法人或者非法人组织的,法人或者非法人组织变更、终止后,其本法第 10 条第 1 款第 5 项至第 17 项规定的权利在本法规定的保护期内,由承受其权利义务的法人或者非法人组织享有;没有承受其权利义务的法人或者非法人组织的,由国家享有。此外,国家也可能通过继受方式取得著作权。

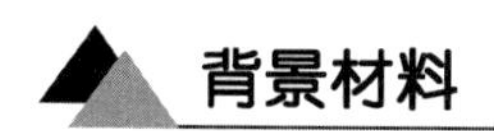

背景材料

作者权体系的崩溃与重建①

英美法系的版权法和大陆法系的著作权法均产生于20世纪工业革命前夕,以作品系个人独立创作为立法前提。进入19世纪后,著作权法和版权法逐渐分道扬镳,分别演变成作者权体系和版权体系。20世纪初随着科学技术的发展,西方工业社会出现了大量超出以往立法前提的雇佣作品。在如何保护雇佣作品的问题上,英美人深切地感到传统的"创作人为作者原则"无法继续适用,或者其继续适用将会导致极不公平的结果。因此他们从实用主义出发,利用法律拟制技术,创制出"视为作者原则"作为例外。

对于现代社会出现的大量的雇佣作品,大陆法仍坚持适用传统的"创作人为作者原则",只是为了公平起见才采用法定转让形式以期平衡雇主和雇员之间的利益。但是,法定转让又受到了著作人格权不得转让的法理的掣肘,转让的结果只能导致著作人身权与著作财产权主体分离,受让著作财产权的雇主的头上始终倒悬着一把"达摩克利斯之剑"。20世纪80年代,这把"利剑"终于落在了影视业的头上。后兴起的计算机软件业接受此前车之鉴,以产业特殊、软件作品特殊为由拒不接受法定转让,要求不受限制地享有软件作品的著作权。大陆法系著作权法遂陷入困境:若继续坚持"创作人为作者原则",则无法适应保护软件作品著作权的客观要求;若保护软件作品的著作权,则必须放弃"创作人为作者原则"。经过一番纠结和再三权衡,作者权体系终于放弃了"创作人为作者原则"。

然而与版权体系不同,作者权体系放弃"创作人为作者原则"时,既未采行"视为作者原则"作为例外,自己亦未创制新的规则作为替代,即虽破未立。因此,只能规定:软件作品的作者权不属于作者而属于开发人。丧失了逻辑支撑的作者权体系顿时轰然崩塌。

本文以为"视为作者原则"亦绝非什么理想的原则,但颇具讽刺意味的是,少数大陆法国

① 孙新强:《论作者权体系的崩溃与重建——以法律现代化为视角》,载《清华法学》2014 年第 2 期。

家(如日本、荷兰和土耳其等国)正因为继受了这一并不理想的原则,作者权体系才得以在那里“幸存”下来。因此,就重建作者权体系而言,目前,除了借鉴它们的成功经验以外,人们至今尚未发现有更佳的途径可循。

背景材料

法人作品的制度功能[①]

中华人民共和国民法一直确认法人可得享有著作权,《著作权法》承袭之,规定了法人作品(见《著作权法》第 11 条第 3 款)、特殊的职务作品(见《著作权法》第 16 条第 2 款)、委托作品(见《著作权法》第十七条)等作品类型。此类规范,有其拟实现的功能。具体而言,即,将经由创作产生的作品著作权初始地配置给法人的功能。

分析我国《著作权法》规定的法人作品、特殊的职务作品、委托作品等制度,可知,上述将作品著作权初始地配置给法人的功能,其实现途径有二:其一是通过确认“法人视为作品的作者”,再经由“作者是作品的著作权人”这一逻辑理路实现上述权利初始配置功能。其二是直接规定某种情形下,法人虽非作者,仍能够初始地获得著作权(但有时著作权中的署名权存在例外)。鉴于前者需要经过“作者”这一法律事实的中介,可谓之间接配置模式,我国《著作权法》中关于法人作品的规定即属于此;后者可谓之直接配置模式,我国《著作权法》中关于特殊的职务作品以及委托作品的规定即属于此。

关于法人作品的立法理由,立法部门组织编写的释义书略谓:为了更好地保证我国法人作品的相关权利不受侵害,需要制定专门的法律法规进行约束和规范。这主要是因为以下两个方面的原因:第一,一些作品在其作者进行创作过程中,并不是按照作者自己的思想进行撰写的,而是由法人单位在进行一些活动和项目的情况下主持进行的,并且法人单位对作品的真实性负有主要责任,比如公司的年终总结报告等相关作品。第二,一些作品在创作的过程中,由于各种数据资料的整理和优化,需要大量的人力和资金,所以要对这类作品的法人权利进行保护和规范。1991 年的《著作权法实施条例》第十二条明确提及百科全书、辞书、教材、大型摄影画册等编辑作品的整体著作权归法人所有,但在实际上,法人作品更多地表现为用法人名义发表的职务作品,如政府机关工作报告,学术团体的研究报告,企业法人的产品或服务宣传资料,社会团体的章程或活动计划等。

学者在承认客观上只有自然人是唯一的文学艺术和科学作品的事实作者的基础上,指出“在特定情况下,为了满足某种利益需求,在法律上也可以把自然人以外的其他民事主体视为作者”,例如,“《中国的人权状况》白皮书就属于这种情况,解决了在经济、政治、外交和文化实践中的特殊署名的利益需求问题”。上述学者的观点可以理解为:在著作权初始配置这层功能之外,法人作品制度尚有配置特殊署名利益之功能。

---

① 姚邢:《揭开法人作品的面纱——兼论〈著作权法〉修法应当废除法人作品制度》,载《电子知识产权》2015 年第 12 期。

第三节 著作权主体的确定

著作权主体的确定,实际上就是关于著作权原始主体的确定。著作权继受主体虽然也有如何确定的问题,如乙主张自己是甲之著作权的继受者,就应当向有关当事人提供相应证据(如转让合同书、继承权证明文件等),但相对比较容易。主张者若能举出相应证据,则可确定为继受者,否则,其主张难以成立。然而,关于著作权原始主体的确定,绝非易事。

著作权原始主体的确定应考察两个标准,即实质标准和形式标准。此处所指的"实质标准",就是"作者身份"或者取得原始著作权的法律依据或合同依据。此处所指的"形式标准",就是有关作品原件或者复制件上是否有其以作者身份的署名。如果著作权原始主体的主张者能证明"有关作品原件或复制件上有自己作为作者身份的署名",又能证明自己的确创作了该作品,且自己所创作的作品不属于特殊职务作品,也未在委托创作合同中约定著作权不属于自己的,才可能成为原始著作权主体。

一、确定著作权主体的实质标准

如上所述,确定著作权原始主体的实质标准,就是确认原始主体主张者的"作者身份"或者符合享有原始著作权条件的法律依据或合同依据。除特殊情况外,作品创作者是该作品著作权的原始主体。此处所指的"特殊情况",就是《著作权法》关于著作权归属的特殊规定。

(一) 作者的确定

我国《著作权法》第 11 条第 2 款规定:"创作作品的自然人是作者。"依此规定,一般情况下,作品的创作者就是作者。[①] 如有特殊规定,创作作品的自然人可能不是作者,如"由法人或者非法人组织主持,代表法人或者非法人组织意志创作,并由法人或者非法人组织承担法律责任的作品,法人或者非法人组织视为作者"。

就具体作品而言,如果能确定某自然人对该作品所为的行为是创作,那么就可以初步证明该自然人就是作者。解决问题的关键在于:该自然人所为的行为是否"创作"?

著作权法所称的创作(create),是指直接产生文学、艺术或者科学作品的智力活动。实际上,创作就是自然人运用其智慧,将文字、数字、符号、色彩、光线、音符、图形等要素按照一定的规律、规则和顺序有机地组合起来,以表达其思想、情感、观点、立场、方法等综合理念之形式的活动。由此活动所产生的结果,即综合理念的表达形式,就是作品。创作者之于作品具有不可替代的地位。

因此,确定作者有以下要素:(1) 作者所为之行为是智力活动,而非其他活动。如收集资料的行为,就不是智力活动,因为这种行为是可替代的。(2) 作者所为之智力活动是对作品构成要素的选择活动。尽管各种作品所用的构成要素都是文字、数字、符号、色彩、光线、音符、图形等,但对构成要素的选择却因人而异。(3) 作者所为之智力活动是将其所选择的作品构成要素按照一定的规律、规则和顺序组合起来的活动。即使两个或者两个以上的人偶然选择了相同的构成要素,但因其所利用的规律、规则和顺序不同,所组合的结果也是不

---

① 作品的创作者与作者不是同一概念。作品的创作者只是实际进行了创作活动的自然人,但它并不一定是法律上的作者。法律意义上的作者,是依法享有署名权,即有权决定在作品原件或者复制件上署上其真名、假名或者不署名的人。

同的。(4) 作者所为之智力活动是表达其思想、情感、观点、立场、方法等综合理念的活动。如有哲学家认为“存在先于本质”,另有哲学家却认为“本质先于存在”。同样的六个字,因其所排列组合的顺序不同,所表达的观点就大异其趣。

前述四要素是并列关系,必须同时具备,缺一不可。就某自然人而言,如果他所为之行为符合上述四个要素,就可以确定其为作品的作者。为他人创作进行组织工作,提供咨询意见、物质条件或者进行其他辅助工作,均不视为创作。

(二) 视为作者的情形

视为作者的情形,就是法律规定,将法人或者非法人组织视为作品之作者的情形。根据我国《著作权法》第 11 条第 3 款可知,将法人或者非法人组织视为作者应符合三个条件:(1) 法人或者非法人组织是创作作品的组织者;(2) 创作者所创作的作品须代表法人或者非法人组织的意志;(3) 由作品所产生的法律责任由法人或者非法人组织承担。此三条件为并列关系,须同时具备。如某大学对外发布的“招生简章”,就是将该大学视为作者的作品。在创作该“招生简章”的过程中,该大学是组织者,它所代表的是该大学的意志,所产生的责任由该大学承担。

法人或者非法人组织视为某作品的作者,即成为原始著作权主体,享有完整著作权,创作者不享有任何权利。

但应特别注意“将法人或者非法人组织视为作者的作品”(简称为“法人作品”)与“特殊职务作品”的区别,不要将两者相混淆。职务作品,是自然人为完成法人或者非法人组织工作任务所创作的作品。职务作品分为“普通职务作品”和“特殊职务作品”。两者的区别主要是:创作普通职务作品的自然人是作者,享有完整著作权;而创作特殊职务作品的自然人只享有署名权,由作品产生的其他著作权归法人或者非法人组织所有。区别普通职务作品与特殊职务作品的关键点见《著作权法》第 18 条第 2 款,其规定,有下列情形之一的职务作品,作者享有署名权,著作权的其他权利由法人或者非法人组织享有,法人或者非法人组织可以给予作者奖励:(1) 主要是利用法人或者非法人组织的物质技术条件创作,并由法人或者非法人组织承担责任的工程设计图、产品设计图、地图、示意图、计算机软件等职务作品;(2) 报社、期刊社、通讯社、广播电台、电视台的工作人员创作的职务作品;(3) 法律、行政法规规定或者合同约定著作权由法人或者非法人组织享有的职务作品。即此款规定的对象为特殊职务作品;否则即为普通职务作品。然而,法人作品与特殊职务作品的区别虽然有法律规定,但实际判断却比较困难。进行判断时应注意:(1) 隶属关系不同:特殊职务作品的创作者与法人或者非法人组织具有某种隶属关系;而法人作品的创作者与法人或者非法人组织不一定具有隶属关系。(2) 创作起因不同:法人作品的创作一般由法人或者非法人组织主动发起,或者事先征得了其同意;而特殊职务作品的创作既可以是法人或者非法人组织发起的,也可以是创作者自己发起的。(3) 作品理念不同:法人作品所表达的或者代表的只能是法人或者非法人组织的意志,不能是创作者自己的意志;而特殊职务作品所代表的就是创作者自己的意志,基本不代表法人或者非法人组织的意志。(4) 作品种类不同:法人作品可以是任何种类的作品;而特殊职务作品只能是法律明确规定的工程设计图、产品设计图、地图和计算机软件等作品,以及报社、期刊社、通讯社、广播电台、电视台的工作人员创作的职务作品,少有其他作品。前述“招生简章”肯定是法人作品,而不可能是特殊职务作品。法人作品与职务作品不可能发生重合,即某作品不可能既是法人作品,又是职务作品。

（三）合同约定的情形

某些特殊情况下，创作作品的自然人可能不是作者。此处所指的“特殊情形”主要是委托创作合同的约定。我国《著作权法》第19条规定：“受委托创作的作品，著作权的归属由委托人和受托人通过合同约定。合同未作明确约定或者没有订立合同的，著作权属于受托人。”依此规定，委托创作合同当事人双方可以约定著作权就归委托人所有，或归受托人所有，委托人在约定的使用范围内享有使用作品的权利；双方没有约定使用作品范围的，委托人可以在委托创作的特定目的范围内免费使用该作品。在某些情况下，当事人双方也可以约定某些权利归属于委托人，另一些权利归属于受托人。在此情形下，委托人虽然并未直接创作作品，但却能够成为委托作品著作权原始主体。

在此应特别注意：通过委托创作合同约定作品著作权归属享有的著作权，不是著作权的继受取得，而是著作权的原始取得。由此获得著作权的自然人、法人或者非法人组织，是著作权原始主体，不是继受主体。明确这样的基本原理，才可能理解为什么委托人能够享有委托作品的完整著作权；否则会产生这样的谬误：著作权中的人身权可以在特殊情形下转让。

此外，对于当事人双方合意以特定人物经历为题材完成的自传体作品，当事人对著作权权属有约定的，依其约定；没有约定的，著作权归该特定人物享有，执笔人或整理人对作品完成付出劳动的，著作权人可以向其支付适当的报酬。

二、确定著作权主体的形式标准

我国《著作权法》第12条第1款规定：“在作品上署名的自然人、法人或者非法人组织为作者，且该作品上存在相应权利，但有相反证明的除外。”该项规定即是确定著作权主体的形式标准。

一般情况下，创作作品的自然人就是作者，有权在作品原件或者复制件上署真名、假名等。因此，法律明确规定“在作品上署名的自然人、法人或者非法人组织为作者，且该作品上存在相应权利，但有相反证明的除外”，这就是确定著作权主体的形式标准，同时也是关于作者地位的推定制度。

简而言之，作者的认定既是事实问题，也是法律问题。在法学理论上，创作作品的行为是一种事实行为，而非法律行为。一般情况下，创作作品的自然人就应依法成为作者，享有著作权。然而，在某些特殊情况下，创作作品的自然人却不是作者。前面所指的“事实”，是作品的原件或者复制件上是否有某人的署名。尽管作品原件或者复制件上的署名可能不真实，但法律将它初步认定为“真实”的，进而由此推定署名者就是作品的作者。

如果有关当事人对这样的“事实”持有怀疑，法律允许异议者以举证方式，证明自己的主张。如果异议者所举之证据是真实的，得到了法庭或有关著作权主管部门的认可，那么原有事实将被否定，以所证明的事实为准，法律再依该事实，肯定新的法律关系。如某作品的复制件上有“张三”的署名，而张三并不是该作品的作者。该作品的作者“李四”对张三的作者地位表示怀疑，故请求人民法院否定张三的作者地位。在此诉讼中，李四须负举证责任，证明自己的主张。如果李四的主张成立，法院在否定张三作者地位的同时，还要肯定李四的作者身份。

一般情况下，异议者所提出的主张大体有两种：一是肯定性主张，即未在作品原件或者复制件上署名的人提出自己是作者的主张。肯定性主张可分为肯定自我的主张和肯定他人的主张。肯定自我的主张，就是异议者虽未在作品原件或者复制件上署名，但通过“相反证明”,肯定自己是该作品的作者。肯定他人的主张,就是异议者认为第三人虽未在作品原件或者复制件上署名,但通过“相反证明”,肯定第三人的作者身份。二是否定性主张,即否定已在作品原件或者复制件上署名的人是作者的主张。否定性主张也可分否定他人的主张和否定自我的主张。否定他人的主张,就是被异议者虽已在作品原件或者复制件上署了名,但被异议者既不是作品的创作者,也没有能够作为作者的法律根据或者合同依据,或者被异议者虽然是作品的创作者,但依据法律的规定或者合同的约定不享有署名权,从而否定其作者身份。否定自我的主张,就是作品原件或者复制件上虽然有异议者的署名,但异议者既不是作品的创作者,也没有能够作为作者在作品上署名的依据,从而否定自己的作者身份。

三、某些作品著作权主体的确定

上述两部分所讲述的是确认著作权主体的一般原则,而本部分所讲述的则是某些具体作品著作权主体的确定。

(一) 演绎作品著作权主体

演绎作品(derivative works),是对现有作品进行改编、翻译、注释、整理而产生的作品。创作演绎作品的自然人为演绎者,即演绎作品的作者。判断演绎作品的作者,也应当遵循以上两部分讲述的确定著作权主体的一般原则。

如无特殊规定,演绎作品的著作权归演绎作者享有。所以,演绎作品的创作者为著作权主体。演绎作品著作权人只能对其演绎作品享有著作权,对被演绎作品不享有任何权利。因此,演绎作品著作权人不仅要尊重被演绎作品著作权人的权利,而且不得无故阻止他人对同一作品进行同样的演绎。

(二) 合作作品著作权主体

合作作品(co-operation works),是两个以上的人合作创作的作品。判断某作品是否为合作作品,应当把握以下要素:(1) 合作作品的创作者须为两个或者两个以上的人,一个人单独创作的作品不是合作作品。(2) 两个或者两个以上的人相互须有共创作品的合意。如果两个或者两个以上的人之间没有共创作品的合意,其所创作的作品就不是合作作品。如对毛泽东诗词《七律·长征》谱曲而创作的歌曲,不是合作作品,而是组合作品,因为谱曲者与毛泽东没有共创作品的合意。在有数人的情况下,只需各创作者与主要组织者有共创作品的合意即可,各创作者彼此是否有共创合意无关紧要。(3) 两个或者两个以上的人须有共创作品的行为。合作作品的创作者与个人作品的创作者所进行的创作行为,在本质上是一致的,但存在一定的差异。但无论如何,每个人都必须有创作作品的行为。此处所指的创作行为包括:对作品的完成进行了实质性的构思;对作品的完成提出了实质性的建议;对作品的完成进行了实质性的表达;对作品的完成进行了实质性的修正或增删。(4) 各创作者的贡献形成一件完整的作品。此处所指的“贡献”,包括各创作者对作品的完成所作的构思、建议、表达、修正或增删等。“形成一件完整的作品”是指最终结果就是各创作者所作之贡献的融合或结合,而不是简单的组合。

合作作品的创作者称为合作作者,没有参加创作的人,不能成为合作作者。合作作品的著作权由合作作者共同享有。因此,合作作品的创作者是著作权主体。合作作品的著作权由合作作者通过协商一致行使;不能协商一致,又无正当理由的,任何一方不得阻止他方行使除转让、许可他人专有使用、出质以外的其他权利,但是所得收益应当合理分配给所有合作作者。但是,合作作品可以分割使用的,作者对各自创作的部分可以单独享有著作权。由此可知,合作作品的创作者可能享有两个方面的著作权:一是整体作品的著作权,二是自创部分的著作权。如二人合作创作一首歌,他们不仅共同享有歌曲的著作权,而且词作者和曲作者又分别对自己创作的词、曲享有独立的著作权。但各创作者对自创部分行使著作权时,不得侵犯合作作品整体的著作权。

(三) 汇编作品著作权主体

汇编作品,是将若干作品、作品片段或者不构成作品的数据或者其他材料,对其内容的选择或编排体现独创性的作品。我国原《著作权法》称这种作品为编辑作品,但2001年修改后的《著作权法》将它称为汇编作品。《著作权法》规定的汇编,包括由整体作品构成的汇编、由作品片段构成的汇编、由不构成作品的数据或其他材料编纂的汇编以及由作品、作品片段、不构成作品的数据或其他材料等构成的汇编。无论哪一种汇编,要成为《著作权法》所称的作品,都必须符合作品构成的实质条件,即独创性。无论哪一种汇编,若能成为《著作权法》所称的作品,就能依法产生著作权。

进行汇编行为的人,称为汇编人。汇编作品著作权由汇编人享有。如无特殊情况,汇编人就是汇编作品的著作权主体。汇编人行使其汇编作品著作权时,仅能及于自己具有独创性的汇编作品本身,不能及于被汇编的资料。即汇编人无权禁止他人对相同的资料进行汇编,在行使其著作权时也不得侵犯被汇编资料的著作权。

对于无独创性的汇编,我国《著作权法》没有明确的授权。但是,《欧盟数据库保护条例》给予无独创性汇编的汇编人自公开之日起15年的特别权利(special rights)保护。其目的在于保护投资者的利益。通常情况下,编制一项大型的数据资料,虽不能构成著作权法所称的作品,但企业或者公司是需要投资的。如果不保护这样的汇编,投资者就难以收回其投资,相应的投资就会受到影响。因此,对特殊汇编资料(数据库)给予特别权利保护,是非常明智的选择。

(四) 职务作品著作权主体

职务作品,是自然人为完成法人或者非法人组织工作任务所创作的作品。它可分普通职务作品和特殊职务作品。普通职务作品,就是自然人为完成法人或者非法人组织的工作任务所完成的作品,但是,自然人在创作作品的过程中,没有或者基本没有利用法人或者非法人组织的物质技术条件,或者不必由法人或者非法人组织承担责任。普通职务作品的创作者是职务作品的完整著作权主体,其所属法人或者非法人组织则有权在其业务范围内优先使用。其优先使用时间为自作品交付之日起的两年。一方面,在优先使用期限内,未经作者所属单位的同意,作者不得许可第三人以与其所属单位使用作品的相同方式使用作品。但是,在此期限内,经单位同意,作者许可第三人以与单位使用的相同方式使用作品所获得的报酬,由作者与单位按约定的比例分配。另一方面,即使在单位的优先使用期限内,作者也可以许可他人以与单位不相同的使用方式使用其作品。特殊职务作品,是指自然人主要利用法人或者非法人组织的物质技术条件创作,并由法人或者非法人组织承担责任的工程设计图、产品设计图、地图、示意图、计算机软件等职务作品,报社、期刊社、通讯社、广播电台、电视台的工作人员创作的职务作品,或者法律、行政法规规定或者合同约定著作权由法人或者其他组织享有的职务作品。这种职务作品的著作权主体有两个:一个是作品的创作者,另一个是创作者的所属单位。作品创作者仅享有署名权,著作权中的其他权利由法人或者非法人组织享有。

在实务中,还有一类特殊的作品,即由他人执笔,本人审阅定稿并以本人名义发表的报告、讲话等作品，此类作品的著作权归报告人或者讲话人享有。著作权人可以支付执笔人适当的报酬。

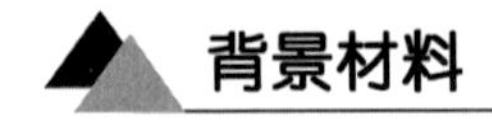

背景材料

民间文学艺术作品著作权的行使主体①

民间文学艺术作品的著作权主体为其来源地的群体，这个群体小可以是一个民族，如掌握着表演艺术“侗族大歌”的侗族；大可以是一个国家，如“木兰从军”的故事属于整个中华民族。这样就带来一个问题，即由于这样的群体是一个抽象的客观集合体，且处于不断的变化之中，它本身是不可能来行使有关著作权权利的；那么，谁来行使民间文学艺术作品的著作权呢？如果拥有著作权的群体中的每一个成员都可以行使权利，那么该群体拥有的民间文学艺术作品在对外交流时要么变得无序、混乱，要么增加相对人交易成本和难度。无论何种情况，久而久之，都会对民间文学艺术作品带来伤害，直至权利丧失。而且从许可、使用的角度来看，如果要取得该民间文学艺术作品的著作权授权许可，理论上，需要得到拥有权利的群体中的每一个成员的同意，但这在实际操作中显然不可能。从维权的角度看，如果发生侵害民间文学艺术作品著作权行为，应该由谁代表这个群体作为原告来提出维权要求和诉讼呢？

因此，从民间文学艺术作品著作权行使和保护的实践层面来看，确定权利归属是一回事，而如何真正享有并行使这种权利是另一回事；相对而言，确权容易而行使权利较为困难。为便于权利的行使，我们认为民间文学艺术作品的著作权主体与权利行使主体应当剥离，以更好地维护权益，促进民间文学艺术的发展；其中来源地地方政府、群体的代表组织及特定情形下的国家是较为常见的行使权利主体。

（一）来源地地方政府作为权利行使主体

民间文学艺术作品来源地往往与行政区划相吻合，尤其是少数民族的民间文学艺术作品，因为这些少数民族通常聚族而居，而我国的民族区域自治政策规定应当在少数民族聚居地建立自治政府。因此，由来源地政府作为其权利行使主体是一个很好的做法。“示范条款”规定，在确定有权授权使用民间文学艺术的实体时，可以在“主管部门”和“有关居民团体”中进行选择。我国在司法实践中已经出现了相关案例，2003年《乌苏里船歌》著作权纠纷案就是由当地乡政府行使权利，法院判决当地乡政府是适格的权利行使主体。

如果某种民间文学艺术作品的著作权群体的居住地出现了跨地区的情形，如苗族山歌，在这种情形下可由所跨地区的上级政府作为权利行使主体。

（二）群体的代表组织作为权利行使主体

如果来源地群体有足够的自发性和良好的组织能力，可以成立自己的代表组织即民间组织或协会行使权利。既然群体本身有很好的组织，能够对民间文学艺术作品的使用进行有效的管理，完全可以实现自我管理。这对于民族自治、行业自治都是很好的选择，尤其是对于《格萨尔王传》这样流传于藏族、蒙古族的民间传说。如果由其上级政府行使权利就应该是国家了，但这样显然会增加国家的管理负担，因为这并不是一个全国性的民间文学艺术

① 马忠法、宋秀坤：《论民间文学艺术作品的著作权主体及其权利行使主体》，载《民俗研究》2012年第4期。

作品。美洲和非洲的很多土著部落就建立了这种代理制度,任何人要想使用该部落的文学艺术作品都必须取得部落代表组织的授权。

(三)国家作为权利行使主体

民间文学艺术作品由于历史久远,流传地域广泛,可能达到了普及全国的程度,或者具有重大意义和价值,这时候国家应作为权利行使主体出现。《伯尔尼公约》第 15 条第 4 款(a)规定:“对于作者不明的未发行作品,如果有充分理由推定作者是本联盟成员国国民,该国的法律可以指定一主管当局作为作者的代理人,并有权在本联盟成员国保护和执行作者的权利。”加纳共和国就规定,该国的民间文学艺术作品的输出应与加纳共和国订立合同,取得加纳共和国批准。一般情况下,国家都会设立专职部门行使权利,或者将该权利授予文化部门。

[深度阅读]

1. 曹新明:《我国著作权归属模式的立法完善》,载《法学》2011 年第 6 期。
2. 熊琦:《著作权法中投资者视为作者的制度安排》,载《法学》2010 年第 9 期。
3. 〔法〕弗洛朗斯马里·皮里乌:《作者享有知识产权的合法性》,陆象淦译,载《第欧根尼》2005 年第 1 期。

[法条导航]

1.《中华人民共和国著作权法》第九条至第二十一条
2.《中华人民共和国著作权法实施条例》第九条至第十八条
3. 最高人民法院《关于审理著作权民事纠纷案件适用法律若干问题的解释》

[思考题]

1. 如何确定作品的作者?
2. 确定著作权主体的实质条件是什么?
3. 著作权主体的推定原则是什么?
4. 如何区别法人作品与特殊职务作品?

第三章

著作权的客体

［内容提要］ 著作权客体是关于著作权保护对象的专门制度。著作权客体主要是指作品。通过本章的学习，了解著作权作品的概念、条件、种类及它与相关范畴的区别等，熟悉著作权客体的排除领域，了解各种作品的异同。

［关键词］ 著作权作品　独创性　排除领域

第一节　著作权客体概述

一、作品的概念

作品(works)，是文学、艺术和科学领域内具有独创性并能以一定形式表现的智力成果。“独创性”和“以一定形式表现”是一个具体对象成为著作权法所称的作品的实质条件。

从学理上讲，作品应当是自然人运用其智慧，将文字、数字、符号、色彩、光线、音符、图形等作品构成要素按照一定的规则和顺序有机组合起来，以表达其思想、情感、观点、立场、方法等综合理念的形式。换言之，作品是由构成要素按某种规则和顺序结合起来表达某种综合理念的形式。所以，作品是综合理念与表达形式的有机结合体。如“诗”是作品，其构成要素是文字，综合理念是作者对情、景、人、物等所表达出来的情感、观点等。

对作品的理解应掌握：(1) 作品必须是已经表达出来的形式。在作者大脑中形成而没有以任何方式表达出来的东西，就不是著作权法所称的作品。(2) 作品必须是文学、艺术或者科学领域内的表达形式。(3) 作品必须表达出作者的综合理念。如“三个人”这个数量词，未能表达出作者的综合理念，所以，它不是著作权法所称的作品。总而言之，没有任何意义的表达形式，常用的标语、口号等，都不是著作权法所称的作品。

二、作品与有关对象的关系

（一）作品与外观设计的关系

外观设计(designs)，也称工业品外观设计，是指对产品的形状、结构及其结合以及色彩与形状、结构的结合所作出的富有美感并适于工业应用的新设计。外观设计如果与某种产品相结合，并且符合专利法规定的专利条件，就可能获得外观设计专利权。有些国家规定，外观设计只需进行注册，即可获得保护。

目前，国际上对外观设计的保护，大体有三种体例：(1) 单一保护制，即外观设计在被授予专利权或者注册为外观设计权之前，其本身就是一件以线条、图形、色彩和符号等要素构成的图形作品或美术作品，自其被创作完成时起，就能自动取得著作权；但外观设计一旦取得专利权或者被注册为外观设计权，其著作权保护就自动终止。也就是说，对某一具体对象而言，要么依著作权法获得著作权保护，要么依外观设计法或专利法获得专有权保护，但不能同时受双重保护。(2) 双重保护制，即作为作品的外观设计，可依著作权法规定获得著作权保护；与此同时，作为实用物品之装饰的外观设计，如能获得专利权或登记注册，又可以获得专利权或专项权利保护，两者并不相互排斥。如加拿大 1988 年版权法修正案规定，在不考虑作者创作意图的前提下，将受版权保护的外观设计与受工业品外观设计法保护的外观设计区别开来，使其能获得其中的任何一种保护。(3) 转换保护制，即外观设计在获得专利权或专项权保护前，可以获得著作权保护；一旦获得专利权或登记为专项权，则著作权保护临时中止；此后，由于专利权或者专项权的保护期较著作权短，所以，在专利权或专项权保护终止后，再给予著作权保护。

不论哪一种保护制度，都承认外观设计与作品之间存在着密切联系。我国没有对外观设计与作品之间的关系作明确规定，既没有肯定双重保护，又没有否定双重保护。因此，符合作品构成条件的外观设计，可自动获得著作权保护；同时又符合专利性、提出申请并获得批准的，也可同时获得外观设计专利权。当该外观设计专利权保护期届满后，其著作权保护仍可持续至其保护期届满止。当然，外观设计只符合专利性而不符合作品条件的，则只能依法获得专利权保护；反之亦然。

(二) 作品与商标图案的关系

商标图案本身就是一件由文字、图形、颜色、数字、符号、字母或者其组合构成的作品。无论商标图案是否被核准为注册商标，都不会影响其作为作品受著作权法保护的可能性。

当然，有些商标图案因不具有独创性而不能取得著作权。不论是注册商标还是未注册商标，只要符合作品的实质条件，其所有人就能利用著作权来禁止他人擅自使用该商标图案。但是，采用著作权来阻止商标图案被他人利用，其效力范围较狭窄，因为著作权人只能禁止他人对其作品进行复制、抄袭、剽窃和翻译等，而不能禁止他人进行相似的创作。

由此可见，尽管商标图案可以获得著作权保护，但因其局限性太大，所以，进行商标注册保护是企业经营中不可缺少的重要方面，切莫过分借重著作权来保护其商标图案，而只能将著作权保护作为对商标保护的一种辅助手段。

(三) 作品与作品标题的关系

作品标题就是作品的名称。作品标题大体可分为以下几种：(1) 通用标题，如“知识产权法学”等；(2) 一般标题，即标题本身只是一种基本事实的概括，无独创性，如“第十届广交会开幕”；(3) 特色标题，即标题本身就具有作品之特征，具有典型特色，如“聊斋志异”。有些报纸上的标题，非常具有新意，具有明显的独创性，符合作品构成要件，应属于作品。例如，“恢宏巨笔刷新荆楚画卷，江城建设频添秀美文章”。

如果说作品标题都能作为独立作品受著作权保护，显然是不准确的；反过来，如果说作品标题都不能作为独立作品受著作权保护，显然也是不准确的。正确的说法应当是：一方面，具有个性特色和典型特征的作品标题，应当作为独立作品受保护。另一方面，不论作品标题是否独立作为作品受保护，他人都不得擅自修改或更换。我国《著作权法》对此未作明确规定。有些国家或地区的著作权法有此规定，如《日本著作权法》第 20 条(保持完整性权)第 1 款规定：“著作人有权保持其著作物的完整性和标题的完整性，不接受违背著作人意志的修改、删改或其他改动。”

(四) 作品与角色的关系

作者在作品中所创作的角色,是作品的重要组成部分。角色,就是作者在作品中描述的人物。如鲁迅笔下的“阿Q”“孔乙己”,曹雪芹笔下的“林黛玉”“贾宝玉”等。作品中的角色可分为:(1) 现实角色和虚构角色;(2) 普通角色和典型角色;(3) 生活角色和艺术角色。受保护的角色,只能是“虚构角色”“典型角色”或者“艺术角色”。符合作品构成条件的角色可作为独立作品受保护,例如,迪斯尼塑造的卡通角色“米老鼠”和“唐老鸭”等。否则,只能与作品整体受保护。角色商品化权中的角色,是独立于作品而受保护的特例。

第二节 著作权客体的条件

一、作品条件概述

如上节所述,作品是文学、艺术和科学领域内具有独创性并能以一定形式表现的智力成果。此规定并未要求作品必须以某种有形媒介固定下来。也就是说,我国《著作权法》并不以固定作为作品创作完成的标志。但美国、英国等明确规定“固定”(fixation)是作品创作完成的标志。

作品的条件可分为形式条件和实质条件。作品的形式条件,就是著作权法所规定的作品的种类。如我国《著作权法》第3条列举了八类作品,并规定了一个兜底条款,即“符合作品特征的其他智力成果”。凡不符合此形式条件的作品,即不适用《著作权法》。作品的实质条件,就是独创性和能以一定形式表现。不符合实质条件的对象,同样不受著作权保护。

二、作品的实质条件

作品受著作权保护的实质条件是独创性和能以一定形式表现。

(一) 独创性

独创性,是指作品是作者独立创作出来的,不是或者基本不是对现有作品的复制、抄袭、剽窃或模仿。对作品的独创性要求具有以下两个意义:

第一,独创性是一个比较性的概念,独创意味着只要作品是作者独立创作完成,即使与他人在先创作的作品存在相似性,但只要具备可以被客观识别的差异,就不会被排除于著作权法保护范围之外。由不同作者就同一题材创作的作品,作品的表达系独立完成并且有创作性的,应当认定作者各自享有独立著作权。如某人在某个角度拍了一张人民英雄纪念碑的照片,另一人紧接着在同一角度也拍了一张人民英雄纪念碑的照片。后者所拍的照片虽然晚于前者,而且与前者拍摄的照片基本相同,但是,因为后者所拍的照片也具有独创性,所以,对其照片也能享有著作权。然而,如果后者以前者的照片为底版,翻拍一张照片,那么后者的翻拍行为就是对前者照片的复制,其行为所产生的结果(照片)因不具有独创性,不能产生相应的著作权。

第二,从智力创造的水平上看,独创性虽然不同于专利法上的新颖性标准,但仍然要求作品具备一定程度的智力创造。在创作作品时,作者应独立运用自己的智力和技巧,选择作品的构成要素,按照自己确定的规则和顺序进行组织,表达出自己内心真实的体验和感受、真实的立场和观点、真实的思想和情感。同时需要注意的是,独创性不是艺术性,不能将两者混为一谈。艺术性是对作品质量的评价标准。作品的艺术性越高,其生命力越强。但无艺术性或者艺术价值不高的作品,与艺术性高的作品一样能产生著作权。

侵权作品与独创性的关系,也是应当注意的基本问题。侵权作品,是指自然人通过侵犯他人的著作权而独立创作的作品。一般而言,判断侵权作品的独创性应分别情况讨论:复制、抄袭或剽窃行为所产生的结果,不具有独创性;擅自演绎他人现有作品而产生的改编作品、翻译作品、整理作品、注释作品,具有独创性,可依法取得著作权,但侵权演绎作品的创作者,在取得著作权人的合法授权前,不得擅自行使其著作权。

(二) 能以一定形式表现

以一定形式表现的规定,突破了有形形式的限制,拓展了"表现"的范围,摆脱了传统作品定义中的固定条件,体现了以对作品的复制为核心的印刷时代向更关注作品创作与传播的数字网络时代的转变。

由上可知,著作权法所称的作品须同时满足法律规定的形式要件和实质要件,但是,反之则不成立。

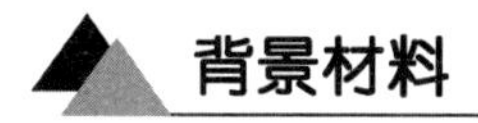

背景材料

域外对作品独创性的判定标准[①]

(一) 以英国为代表的"投入技巧、劳动或判断"的标准

英国 1988 年《著作权、外观设计和专利法》令明确规定,只有原创的文学、戏剧、音乐或艺术作品才能受到保护。

英国法院在很多案件中对独创性进行了解释。在 University of London Press 案中,法官认为:"著作权法并不要求思想具有独创性,而是要求思想的表达形式具有独创性。著作权法也不要求这种表达必须是原创的或唯一的,但它不能是对另一作品的复制或者抄袭。"[②]相似地,在 Ladbroke (Football) Ltd 一案[③]中独创性被定义为作品必须来源于作者,而不是对另一作品的复制,并要求有"工作、技巧或者资金"的投入。在英特莱格案中,法官认为临摹美术作品并不产生新的作品,尽管作者投入了很高超的技巧,因为它仅仅是对原作的复制,在视觉上也没有任何新的感受。在其他一些案件中,法官还要求作者有"技巧、判断或劳动""选择、判断和经验""劳动、技巧和资金"投入。[④] 尽管法官们在判决中的措辞有所不同,但其观点是基本一致的。这些解释最终被确定为两个基本原则:一是该作品并非对他人作品的抄袭,二是该作品必须投入了个人的技巧、劳动或者判断。

尽管英国的司法实践对判断独创性所要求的技巧、劳动或者判断投入的程度并不高,但是也必须达到一定的标准。[⑤]

(二) 以法国为代表的"反映作者个性"的标准

法国只保护具有独创性的作品。1992 年《法国知识产权法典》第 L. 112-2 条中列举了受

---

① 姜颖:《作品独创性判定标准的比较研究》,载《知识产权》2004 年第 3 期。

② University of London Press Ltd v. University Tutorial Press Ltd, [1916]2 Ch 601, p. 608.

③ Ladbroke(Football) Ltd v. William Hill(Football) Ltd,[1964]1 WLR 273, p. 291.

④ Sterling J. A. L. , *World Copyright Law*, London Sweet & Maxwell, 1998, p. 262.

⑤ Ladbroke (Football) Ltd v. Willian Hill (Football) Ltd, [1964] 1 WLR 273, p. 287.

保护的作品类型,但是并未要求所列举的每一类作品都必须具备独创性,只在关于标题和演绎作品的第 L.112-3 条和 L.112-4 条中涉及了独创性的要求。

法国将作者权作为联系作者和其智力创作的纽带。传统的法国观点很简单:独创性是指作者个性的反映。独创性最早被最高法院解释为"表现在作者所创作作品上的反映作者个性的标记"。[1] 尽管每个案件中法官对独创性的解释所使用的表达方式不同,如"作者个性的烙印"[2],"作者个性的反映"[3]等,但这些定义的意义是基本相同的,即独创性源自作者在创作过程中有创造性的选择。但利用已有作品创作的作品并不意味着不受保护。通常,在被告不提出异议的情况下,原告不需要证明其作品具有独创性。只有在那些涉及特殊类型如科学或技术作品案件中,这个问题才显得很棘手。[4]

(三)以美国为代表的"少量创造性"的标准

美国 1909 年《著作权法》提出了作品独创性的要求,但是并没有对独创性进行具体的解释。司法实践中,法院于 1903 年在 Bleistein 案中首次对独创性进行了定义:只要一件作品是由作者独立完成的,它就具有独创性。[5]

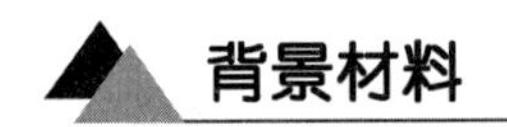

背景材料

思想、表达二分法[6]

思想、表达二分法是版权法上的一项基本制度。它意味着版权法只保护作者具有独创性的表达,而对于思想,无论是否具备独创性,都不予以著作权保护。

版权法不仅不保护思想概念范畴之类,当思想与表达密不可分之时,或者说,当某种思想观念只有一种或者有限的几种表达时,版权法不仅不保护思想,而且也不保护表达。

为什么不保护思想?这要从版权本身的性质说起。版权是一种基于作品而产生的权利。但版权本身不是物、不是作品;相反,它是一种基于作品而产生的人与人之间的关系。法律理论上,权利都对应于一定的义务。无论是私法的绝对权还是相对权,就内容而言,它保护的是权利主体的利益;就权能而言,它反映的是人与人之间的一种关系。一如康德告诉我们的,作为一种人与人之间的关系,财产权不能从人对物的单边的行为(如劳动)中推延而来[7]。按此,从权利的角度看,版权反映的就不是作者与作品之间的关系,而是作者与他人之间的关系。概言之,它侧重的是人与人之间的主体间性(intersubjectivity)。这种主体间性既包括作者与后续作者之间的关系,也包括作者与公众(包括其他作者)之间的关系。就作者与后续作者之间的关系而言,思想/表达二分法将思想置于公共领域,而给了不同的作者重新表达的机会,充分体现了现代私法要求的机会平等精神。就作者与公众之间的关系而

---

① Sterling J. A. L., *World Copyright Law*, London Sweet & Maxwell, 1998, p. 255.

② Mediafusion v. Sorayama,该案中,机器人产品的外观设计留下了原告个性的烙印,因此受到保护。

③ Media(Ste)v. Scher,法官在该案中认为,视听作品中声音和图像的选择和编排,体现了作者的个性,因此具备独创性。

④ 参见 M. B. Nimmer, *Nimmer on Copyright Law*, New York Matthew Bender, 1997.

⑤ 参见李伟文:《论著作权客体之独创性》,载《法学评论》2000 年第 1 期。

⑥ 李雨峰:《思想/表达二分法的检讨》,载《北大法律评论》2007 年第 2 期。

⑦ Immanuel Kant, *Metaphysics of Morals*, Cambridge University Press, 1996, pp. 49-86.

言，思想/表达二分法侧重的是表达的私有与公众接触信息之间的不同向度，构成了版权法与信息自由之间紧张关系的安全阀。

著作权法不保护思想的一个原因在于，思想并没有把作者置于与他人的交流之中，没有反映主体间性。一个作者，既是一个思想者，也是一个表达者，没有表达、没有交流形式，思想就永远处于作者的个体范围之内。在这个意义上，版权法不保护思想的理由在于：只有借助于表达这样的交流形式，作者的内在情感才能外显，才能体现作者的个性。这也就是《美国版权法》要求作品必须固定在一定的介质上的原因。如果说当思想处于作者一个人的内心世界时不受保护是因为对赋予其权利无法反映主体间性，或者用一句显白的话说，是因为无法确定保护的对象，那么当思想表达出来以后，如果另一个人的作品利用了他的思想，版权法为什么不予禁止呢？答案在于思想的普遍性。

不保护思想的另一层含义意味着不同的人都可以就相同的主题、思想重新进行描述，只要这种表述具有原创性或者独创性，是作者独立创作的。首先，原创性或者独创性表明表达来源于作者，而不是属于作者。因为，如果一个表达属于作者，那么他人就同样的思想而独立创作的相同的表达也构成了侵权。显然，独立创作暗示的是，他人就相同主题或者思想进行表达的权利。在这个意义上，版权保护的不是一般的物，而是表达，或者更严格地说，是作者与其表达之间的那种关系。这种关系不仅存在于先前的作者与作品之间，也存在于表达了同样思想的后续作者与作品之间。

第三节　著作权客体的种类

根据我国《著作权法》第 3 条的规定，本法所称的作品，是指文学、艺术和科学领域内具有独创性并能以一定形式表现的智力成果，包括：(1) 文字作品；(2) 口述作品；(3) 音乐、戏剧、曲艺、舞蹈、杂技艺术作品；(4) 美术、建筑作品；(5) 摄影作品；(6) 视听作品；(7) 工程设计图、产品设计图、地图、示意图等图形作品和模型作品；(8) 计算机软件；(9) 符合作品特征的其他智力成果。

关于《著作权法》的作品类型，需要注意以下三点：第一，不同作品类型，权利人享有的著作权范围可能存在差异，例如，对于计算机软件、视听作品来说，权利人享有出租权，但在其他类型的作品上却不存在。第二，不同作品类型，著作权的归属可能存在差别，例如，包含词曲的音乐作品可能因词曲作者的共同创作成为合作作品，由双方共同行使著作权，但如果歌词并非与乐谱共同创作，则歌词可能单独成为文字作品，归属于词作者。视听作品中的电影作品、电视剧作品的著作权归属于制片人，但其中的剧本和音乐等可以单独使用的作品，著作权仍然归属于创作者。第三，我国《著作权法》对作品类型的划分，彼此之间并不完全相互排斥。如"文字作品"是以文字、数字、字母等要素构成的作品，而"口述作品"只不过是用口述方式表达出来的"文字作品"，因此，文字作品与口述作品所用之要素基本相同。文字作品并未排除以口头方式表达的作品，所以这种分类并非不兼容。《著作权法》第 3 条的分类不是逻辑分类，而只能算是以法律形式规定的受保护之作品种类。

一、文字作品

文字作品，指小说、诗词、散文、论文等以文字形式表现的作品。它是文学、艺术或者科学领域内最广泛的一种作品形式，几乎与文字的发明同步诞生。其构成要素主要是各国或各民族文字、数字、符号、字母等，能为普通民众所认知、理解。

二、口述作品

口述作品，是指即兴的演说、授课、法庭辩论等以口头语言形式表现的作品。口述作品实际上是文字作品的一种特殊形式，所不同的只是文字作品已经被人们固定在某种有形物质载体上，而口述作品是未以任何物质载体固定的作品。

我国《著作权法》明确规定口述作品受保护，但如果口述作品没有以文字、录音或录像等方式以特定载体保留，那么即使存在口述作品，在保护上也存在诸多困难。

三、音乐、戏剧、曲艺、舞蹈、杂技艺术作品

（一）音乐作品

音乐作品，指歌曲、交响乐等能够演唱或演奏的带词或不带词的作品。音乐作品就是以音符、节奏、旋律等要素构成的作品。它可以是不带词的纯乐曲作品，也可以是带词的歌曲作品。

（二）戏剧作品

戏剧作品，是指话剧、歌剧、地方戏剧等供舞台演出的作品。需要注意的是，戏剧作品中存在对白、配乐等构成部分，因此可能与文字作品和音乐作品存在一定程度上的交叉，但戏剧作品不能等同于文字作品和音乐作品，其中作为文字作品的剧本仅为戏剧作品的组成部分，而音乐作品则是戏剧作品为表达感情的辅助安排。

（三）曲艺作品

曲艺作品，是指相声、快板、大鼓、评书等以说唱为主要形式表演的作品。这种作品是我国特有的，在其他国家的版权法中很少有规定。曲艺作品不是曲艺表演艺术家进行曲艺表演所产生的结果，而是曲艺作家运用其特殊的创作手法编创的、适于以说唱等方式表演的文字作品。曲艺作品产生的是著作权，而曲艺表演艺术家对曲艺作品进行表演所产生的是邻接权。

（四）舞蹈作品

舞蹈作品，是指通过连续的动作、姿势、表情等表现思想情感的作品。舞蹈作品包括哑剧表演和普通的舞蹈表演等。舞蹈作品与舞谱不同。前者是以动作、姿势、表情表现思想情感的作品，是未经固定的现场表现的作品。舞蹈表演艺术家按照舞谱进行的表演，是对舞谱作品的表演，所产生的是表演者权，而不是舞蹈作品。后者是舞谱创作者编创的由文字、图形、符号等构成的作品。舞蹈作品所产生的是著作权，舞谱作品产生的也是著作权，但舞蹈表演艺术家根据舞谱作品进行表演所产生的则是邻接权。

（五）杂技艺术作品

杂技艺术作品是我国 2001 年修正的《著作权法》增加的一种作品。它是指杂技、魔术、马戏等通过形体动作和技巧表现的作品。杂技艺术主要是一种表演艺术形式，是杂技艺术家身手技艺的现场展现，具有复杂的、熟练的、高难度的技巧，同时也是一种艺术创作形式。《著作权法》将杂技艺术作为一种作品给予著作权保护，很有必要。受著作权保护的杂技艺术作品，实质上是对杂技中艺术成分的保护。杂技中表现的动作难度和技巧难度，并不受著作权保护。类似的竞技项目如滑冰、体操、跳水、柔术等也是同样，因为这类竞技项目的动作

设计本质上与著作权保护的作品不同,前者旨在鼓励演员、运动员等模仿,并达到新的难度;后者一旦被法律确定为著作权保护的主题,则意味着禁止他人模仿、复制、表演等。

四、美术、建筑作品

(一)美术作品

美术作品,是指绘画、书法、雕塑等以线条、色彩或其他方式构成的有审美意义的平面或立体的造型艺术作品。在此要注意美术作品与图形作品的异同。一方面,美术作品与图形作品所运用的要素基本相同,都是线条、色彩、文字、符号等,都是诉诸人之视觉的作品。另一方面,美术作品着重于其所具有的"审美意义",而图形作品则着重于其所具有的指示性。如地图,其基本价值在于其所具有的指示性,而不在于其是否具有审美意义。所以,地图是图形作品,而不是美术作品。

关于美术作品的载体问题,应当引起足够的注意。如"人体彩绘"是近年来深受绘画艺术家青睐的艺术形式。人体彩绘是美术作品,载体是人身,但这并不影响作品的著作权。再如冰雕作品,其载体是冰块,同样不影响冰雕作品的著作权。但要注意,具有特殊造型艺术的"生日蛋糕""菜肴""发型"等,能否作为美术作品取得著作权,是应讨论的问题。有学者认为,这样的特殊造型应作为外观设计申请专利。也有学者认为,它们应作为美术作品受著作权保护。还有学者认为应当对这样的特殊造型给予可选择性保护,即造型创作者申请外观设计专利的,取得专利权后受专利权保护;不申请专利的,可以作为实用美术作品获得著作权保护。我们认为,这种特殊的造型艺术就是实用美术作品,应给予相应的著作权保护。如果造型创作者希望获得专利保护,只要符合条件也是可以的。

(二)建筑作品

建筑作品,也称为"建筑物作品",是指以建筑物或者构筑物形式表现的有审美意义的作品,包括任何固定结构,以及建筑物或固定结构的一部分。建筑作品不包括建筑物设计图、建筑物模型等。建筑物设计图是一种图形作品,建筑物模型是一种模型作品,在著作权法中分别适用于相应种类作品著作权的保护。由于建筑作品具有不可移动、置于露天、供人居住或使用等特点,所以建筑作品主要按其所在地国的法律规定为标准来确定其保护,依使用者的需要而修缮、改建等。

五、摄影作品

摄影作品,是指借助器械,在感光材料上记录客观物体形象的艺术作品,也称照片。关于照片能否作为一种形式的作品受著作权保护,在19世纪末20世纪初,国际上进行过激烈的争论。直到1928年6月2日在罗马修订《伯尔尼公约》时,才正式将照片作为摄影作品纳入,使其受著作权保护。到现在为止,各个国家或地区的著作权法给摄影作品或照片提供的保护有很大差异。但对摄影作品的保护有一点是相同的,即对摄影作品保护期与一般作品保护期的计算方法不同。一般作品的保护期为作者有生之年加上死亡后若干年,而摄影作品的保护期则为首次发表后若干年。

六、视听作品

这是我国2020年修正的《著作权法》规定的一种作品。我国2001年修正的《著作权法》第3条第6项规定的是"电影作品和以类似摄制电影的方法创作的作品",1990年《著作权法》第3条第6项规定的是“电影、电视、录像作品”，显然是2020年修正的《著作权法》的规定更可取一些，因为它不仅与《伯尔尼公约》的规定相一致，而且比“电影作品和以类似摄制电影的方法创作的作品”“电影、电视、录像作品”所具有的外延更丰富。

七、工程设计图、产品设计图、地图、示意图等图形作品和模型作品

这是我国2001年修正的《著作权法》整合原法后形成的一类作品。原法第3条第6、7项分别规定了“工程设计图、产品设计图及其说明”和“地图、示意图等图形作品”。这两种作品虽然具有某些差异，但其共同点是明显的，即它们都是以其“指示性”为主要特征的作品。前者是对工程施工和产品制造的指示性，后者是对风景名胜、行政区域、疆土国界、有关资源信息的指示性。将两者整合为一类，为求大同存小异的典型，无碍大局。此外，2001年修正的《著作权法》又加入了“模型作品”，使三者共成一类。实际上，模型作品是指为展示、试验或者观测等用途，根据物体的形状和结构，按照一定比例制成的立体作品。如“圆明园模型”，就是向人们指示该园各局部建筑所处的方位，与整体建筑的关联等。因此，2001年修正的《著作权法》将此三种作品归于一类，是正确的。

工程设计图、产品设计图，指为工程的施工和产品的生产绘制的图样。地图、示意图，是指地图、线路图、解剖图等反映地理现象、说明事物原理或者结构的图形或模型。模型作品，是指为展示、试验或者观测等用途，根据物体的形状和结构，按照一定比例制成的立体作品。

1990年《著作权法》第52条第2款规定：“按照工程设计、产品设计图纸及其说明进行施工、生产工业品，不属于本法所称的复制。”但2001年修订时将此款删除。此项修改意味着，未经著作权人许可，任何人擅自按照工程设计图、产品设计图进行施工、生产工业品，就是对著作权人复制权的侵犯。但修订后的《著作权法》第五章“著作权和与著作权有关的权利的保护”并未规定这种施工、生产行为是侵权行为。

八、计算机软件

计算机软件，是指计算机程序及其有关文档。计算机程序是指为了得到某种结果而可以由计算机等具有信息处理能力的装置执行的代码化指令序列，或者可被自动转换成代码化指令序列的符号化指令序列或符号化语句序列。文档是指用来描述程序的内容、组成、设计、功能、规格、开发情况、测试结果及使用方法的文字资料和图表，如程序设计说明书、流程图、用户手册等。①

计算机软件虽然是一种作品，但由于其所具有的特殊性，国务院专门制定了《计算机软件保护条例》对其进行保护。计算机软件与一般作品有许多不同，如一般作品的创作者称作者，而计算机软件的创作者称开发者；一般作品的登记实行自愿原则，而计算机软件的登记实行强制原则；法律对一般作品著作权的限制与对计算机软件著作权的限制有许多差异，等等。

九、符合作品特征的其他智力成果

一方面，随着时代的发展和科学技术的进步，人们创作出的作品也会不断地丰富。历史已经证明了这一点。如随着电影技术的发明，诞生了视听作品；随着照相术的发明，诞生了

① 参见我国《计算机软件保护条例》第2条、第3条的规定。

摄影作品;随着电子技术的发明,诞生了掩膜作品和计算机软件。《著作权法》第3条第9项的规定,正是为了适应这种与时俱进的需要而设立的弹性条款。另一方面,由于著作权具有法定性,即法律未明确规定可享受著作权保护的对象,不能依法产生著作权。因此,如果没有这样的弹性条款保底,《著作权法》要么常显缺漏状态,要么须不断修改。有了这样的条款,其稳定性和适应性就可以同时兼顾。

当然,这个弹性条款并不是张力无限,而是仅扩及于"符合作品特征的其他智力成果"。这是法律严谨性的体现。

除了《著作权法》的这种分类外,还可以按其他标准对作品进行分类,如按作品是否公之于众为标准划分,可以将作品分为已出版作品和未出版作品;按作品创作者所属之国籍划分,可将作品分为本国人作品、外国人作品和无国籍人作品;按作品创作者人数的多少,可以将作品分为单一作者作品、合作作品和多数人作品;按作品的创作方式,可以将作品分为原创作品、演绎作品和再创作品。各种不同的分类,都是从某一角度对作品的性状进行研究,以便最大限度地保护其著作权。

体育赛事节目是作品吗?[①]

北京新浪互联信息服务有限公司(简称"新浪公司")经合法授权,获得在授权期限内在门户网站领域独家播放中超联赛视频的权利。新浪公司认为,中超联赛赛事节目构成以类似摄制电影的方法创作的作品,天盈九州公司未经其许可,在其网站设置中超频道,非法转播2012年至2014年两个赛季的中超联赛直播视频,严重侵害了新浪公司享有的著作权,且构成不正当竞争。故起诉至法院,请求判令天盈九州停止侵权,赔偿经济损失并赔礼道歉。

北京市朝阳区人民法院经审理认为,涉案体育赛事节目构成以类似摄制电影的方法创作的作品,乐视公司、天盈九州公司以合作方式转播的行为侵害了新浪公司的著作权。因被诉行为已通过我国《著作权法》进行了调整,无需再以反不正当竞争法进行规制。据此,判决天盈九州公司承担停止侵权、赔偿损失和消除影响的民事责任。

天盈九州公司不服一审判决,提起上诉。北京知识产权法院于2018年3月30日作出二审判决,认为涉案体育赛事节目未构成电影作品,撤销一审判决并驳回新浪公司全部诉讼请求。

网络游戏直播画面是作品吗?[②]

原告上海耀宇文化传媒有限公司(下称"耀宇公司")。

---

① 由作者改写自相关新闻报道。
② 由作者改写自相关新闻报道。

被告广州斗鱼网络科技有限公司(下称“斗鱼公司”)。

2014年4月,耀宇公司与DOTA游戏权利人通过合同约定了由双方合作举办DOTA2亚洲邀请赛,耀宇公司在中国大陆地区对该赛事享有独家的视频转播权。耀宇公司投入大量资金举办了DOTA2亚洲邀请赛,并通过其经营的“火猫TV”网站对该赛事进行了实时的网络直播,播出内容为计算机软件截取的游戏自带的比赛画面以及耀宇公司制作的对游戏主播和直播间的摄像画面、解说、字幕、灯光、照明、音效等内容。斗鱼公司未经授权,在其经营的“斗鱼”网站对涉案赛事进行了实时的视频直播,播出画面来源于涉案游戏的旁观者观战功能,并在视频播放框上方突出使用了“火猫TV”标识。耀宇公司诉称:斗鱼公司的行为构成著作权侵权及不正当竞争,请求判令斗鱼公司停止侵权,赔偿经济损失800万元、合理开支21.1万元,消除影响。

上海市浦东新区人民法院认为,耀宇公司主张的视频转播权不属于法定的著作权权利,比赛画面不属于著作权法规定的作品,耀宇公司关于斗鱼公司侵害其著作权的主张不能成立。但被告行为构成不正当竞争,应承担相应法律责任。斗鱼公司不服判决并上诉,上海知识产权法院判决维持原判。

第四节 不受著作权法保护的对象

一、超过保护期的作品

著作权有时间性。任何作品,只有在法律规定的保护期内,才能受著作权保护。超过法律规定的保护期,就不再受保护了。在我国,因为著作权包括财产权利和人身权利,且人身权的保护期(除发表权外)不受限制,所以,超过法律规定的保护期后,作品就不再受保护;但由该作品产生的人身权利仍受保护。

二、不适用著作权法的对象

《伯尔尼公约》第2条第1款规定:“‘文学艺术作品’一词包括文学、科学和艺术领域内的一切作品,不论其表现形式和表达方式如何……”即《伯尔尼公约》所保护的文学艺术作品具有广泛性,当然各成员国也就应当对“文学、科学和艺术领域内的一切作品”给予保护。然而,该条第2款又规定:“本同盟各成员国得通过国内立法规定文学艺术作品或其中之一类或数类作品如果未以某种物质形式固定下来即不受保护。”第8款规定:“本公约的保护不适用于日常新闻或纯属报刊消息性质的社会新闻。”

显然,《伯尔尼公约》本身也没有给一切作品以著作权保护。鉴于此,《伯尔尼公约》各成员国在自己的国内法中基本上都规定了不适用著作权法或版权法的对象。我国也不例外。我国《著作权法》第5条规定了三种不适用的对象。

(1) 法律、法规,国家机关的决议、决定、命令和其他具有立法、行政、司法性质的文件,及其官方正式译文。

此类对象,单纯从作品的构成条件上看,完全符合独创性和能以一定形式表现。第一,任何一件法律、法规,都是国家立法机关或地方立法机关根据本国、本地现阶段的实际情况,由专门人员花费很长时间、很多精力制定、编纂出来的,而且其中所用的每一个字、词、句都须经过斟酌和锤炼。第二，国家机关的任何决议、决定、命令和其他具有立法、行政、司法性质的文件，及其官方正式译文，是国家机关针对某具体事项、具体人员、具体行为、具体案件等作出的，更是经过字斟句酌产生的结果。然而，法律明确将这样的对象排斥于著作权保护之外，是由这些对象的性质所决定的，其目的就是让它们最大限度地向广大公众传播，最大限度地为广大公众所知晓，最大限度地被广大公众所利用。

应注意，由本项所列对象汇编而成的汇编作品，只要符合作品的实质条件，可依法产生著作权，且汇编者为著作权人。但汇编者只能对汇编作品本身享有著作权，其权利不及于被汇编之对象。

(2) 单纯事实消息。

(3) 历法、通用数表、通用表格和公式。

历法，就是人们通常用于计年计月计日的方法。如 2006 年 8 月 6 日，就是公元计年方法之结果；若按我国农历计年方法，应该是丙戌年七月十三日。这样的计年方法不是作品；由此方法产生的结果，就是日历表，因无独创性，故不能适用著作权法。

通用数表，是我国 2001 年修正的《著作权法》规定的概念，原法所用的是"数表"。显然，"数表"这个概念所包含的外延太宽，不仅包括通用数表，而且还包括有独创性的数表。因此，《著作权法》仅将"通用数表"排除于著作权保护外，是正确的。

通用表格，就是人们在日常生活、工作活动中使用的一般表格。如某人为解决某实际问题，专门设计制作的表格，因其具有独创性并能以一定形式表现，可获得著作权保护。

公式，如正方形的周长等于边长的四倍($c=4a$)、正方形的面积等于边长乘以边长($s=a*a$)、正方体的体积等于边长的立方($v=a*a*a$)，等等，不论其是否具有独创性，都不能受著作权保护。

三、违禁作品

违禁作品，是指利用方式或内容违反法律或损害公共利益的作品。我国《著作权法》第 4 条规定："著作权人和与著作权有关的权利人行使权利，不得违反宪法和法律，不得损害公共利益。国家对作品的出版、传播依法进行监督管理。"

根据著作权自动取得原则，任何作品自创作完成之日起，都能依法自动产生著作权。如果著作权人以违反宪法和法律的方式行使著作权，或者作品的内容违反宪法和法律，国家有权禁止该作品的出版与传播。违禁作品是一个事后概念，且具有明显的时代痕迹。即当作品被创作完成时，其是否为违禁作品，有待国家相关著作权管理部门或司法机关的认定。因此，《著作权法》第 4 条一方面明确了任何作品在创作完成后都统一享有著作权，使著作权人和与著作权有关的权利人的权利得以保证，另一方面禁止了违禁作品的出版与传播，实现了公共利益的保护。

四、作品所表达的综合理念

著作权法所称的作品，不仅需要具有独创性和能以一定形式表现，而且还必须表达出作者的某种综合理念。否则，单纯的表现形式也不是著作权法所称的作品。能产生著作权的对象，既不是作品的表现形式，也不是作者在作品中所表达出来的综合理念，而是具有综合理念的表现形式。

一般情况下，如果某人机械地复制了某作品的表现形式，可能也同时复制了其中所表达的综合理念，该行为人肯定构成了侵权。但是，在某些特殊情况下，对作品表现形式的复制并不一定就利用了该作品所表达的综合理念。例如，胡戈创作的《一个馒头引发的血案》复制了陈凯歌电影作品《无极》中的部分表现形式(即电影镜头)，但并没有复制其内容。此外，只是借用作品所表达的综合理念，并不复制其表达形式的，其行为是正当的，不构成侵权。

[深度阅读]

1. 吴汉东、王毅:《著作权客体论》，载《中南政法学院学报》1990年第4期。
2. 傅鼎生:《版权保护的是作品的表现形式》，载《法学》1988年第1期。
3. 金渝林:《论作品的独创性》，载《法学研究》1995年第4期。
4. 黄玉烨:《我国民间文学艺术的特别权利保护模式》，载《法学》2009年第8期。
5. 李伟文:《论著作权客体之独创性》，载《法学评论》2000年第1期。

[法条导航]

1.《中华人民共和国著作权法》第三条至第六条
2.《中华人民共和国著作权法实施条例》第二条至第四条
3. 最高人民法院《关于审理著作权民事纠纷案件适用法律若干问题的解释》

[思考题]

1. 著作权法所称的作品是什么?
2. 作品的构成要素主要有哪些?
3. 作品的实质条件及其基本含义是什么?
4. 独创性与新颖性、艺术性有何关系?
5. 将作品划分为已出版作品和未出版作品有何法律意义?

第四章

著作权的内容

［内容提要］ 著作权的内容在著作权制度中具有重要地位。在本章学习中，应注意了解著作权的内容构成，掌握著作人身权与著作财产权的各个权项，明确著作权的保护期限。

［关键词］ 著作人身权　著作财产权　著作权保护期

第一节　著作权内容概述

著作权的内容，是指法律赋予著作权人之专有权利的总和，其中包含精神权利和经济权利两种类型，其中精神权利即著作人身权，是指创作者对作品中体现的人格和精神利益所享有的权利；经济权利即著作财产权，是指权利人以特定方式利用作品的权利。正是因为著作权的内容同时包括著作财产权和著作人身权，因此有学者将权利的“双重性”视为知识产权的特征之一。

在不同的著作权法系中，对著作权的内容存在不同解读。作者权法系国家的立法者，一般将著作权制度的正当性建立在人格利益的基础上，重视作品中所包含的创作者人格，因此将著作人格权放在极为重要的地位；版权法系的立法者，则更多地将著作权制度的正当性建立在出版者的财产权基础上，重视的是作品能够带来的经济利益。

从著作权内容的法律构造来看，著作权法并未建构完整的排他权，而是按照作品类型与使用方式的不同，分别进行权能设计，因此不同于民法中的物权制度。物权法一般以“物”设权，所有类型的物权皆有排他性，并存在一个具有最高效力位阶的所有权。同时，物权法坚持“一物一权”，权利效力位阶分明，权利类型明晰，任何相冲突的排他性权利都不能同时存在于一个物上，不构成冲突的物权类型则按排他效力的强弱排序。相比之下，著作权法更多地是以“用”设权，即以作品的利用方式创设权利类型，相当于按著作权客体利用方式设计不同的“权能”，且权能的法律范畴不尽相同，权能之间也没有明显的效力位阶，更缺乏传统物权法中具有整体性和最高排他性效力的所有权。因此，著作权的内容是与时俱进的。随着时代的发展和科技的进步，著作权的内容在不断地丰富。最初著作权的主要权项仅有复制权、翻译权、表演权等，这种状态一直持续了近两个世纪。20 世纪上半叶，随着传播技术的不断发展，作品的利用方式和范围不断增加，各项新的著作财产权也相继出现。随着广播技术用于传播载有节目的信号，产生了以传送广播与电视节目为内容的“广播权”；随着留声机、录像机、录音机的发明，产生了以机械光学电磁为技术特征的“机械复制权”；随着摄影机、放映机以及活动照相技术的出现，产生了摄制电影、电视、录像的“制片权”；随着电子技术、网络技术的发明和应用,数字化权、信息网络传播权等应运而生。

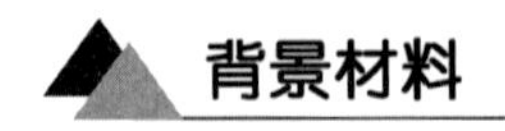

背景材料

“著作权二元制”[①]

著作人身权和著作财产权是“著作权二元制”下的法律概念。综观各国著作权法,著作权主要有三种内部结构:一元制,二元制和多元制。“二元制”以法国著作权法为代表,认为在与作品相联系的著作权之外,还存在一种人格权,保护作者对作品享有的人格利益。虽然这两种权利彼此联系,但并非同一权利。“一元制”区别于“二元制”,以德国著作权法为代表,既不承认“著作人身权”,也不承认“著作财产权”,其认为作者的物质利益与精神利益紧密联系,著作权混合人格利益与财产利益,是统一的一个权利,具有人格权能和经济权能。多元制是指“版权体系”,其认为版权是一系列财产权利组成的“权利束”,不承认作者对作品存在特殊人格利益而可享有“著作人身权”:作者对作品享有的人格利益与普通人格利益别无二致,可以通过当事人协议或禁止诽谤予以保护。

我国基本上是著作权二元制国家。我国《著作权法》第10条规定著作权包括“著作人身权”和“著作财产权”。尽管如此,司法实践存在分歧。有意见认为,《著作权法》第10条规定了著作权的多项“权能”,采用一元制构架;也有意见认为,该条规定了著作人身权和著作财产权两个权利,各自包含多项“权能”。然而,“权能”是权利的具体表现,不能独立于权利转让,但《著作权法》第10条第3款明文规定:著作权人可以全部或者部分转让本条第1款第(5)项至第(17)项规定的权利。据此,著作权人同他人协商电视剧“复制权”许可协议时,没有义务披露该电视剧信息网络传播权转让给第三人的事实。可见,“著作权能”和著作权一元制不符合我国《著作权法》。

第二节 著作人身权

一、著作人身权概述

(一) 著作人身权的定义

著作人身权,又称为著作人格权,是作品创作者依法享有的与其人身不可分离的非财产性权利。《法国知识产权法典》第一卷著作权部分第L121-1条规定:“作者对自己的姓名、作者身份及作品享有受尊重的权利。该权利系于作者人身。该权利永远存在、不可剥夺且不因时效而丧失。”与民法中的人身权相比,著作人身权的保护范围要更为宽泛,其保护的是作者本人与作品之间的精神和人格联系,因此在发生某种篡改行为而损害作者精神利益的情况下,即使不一定牵涉作者本人,著作权法也会对作者提供保护。[②]

作者权体系下的国家更为重视著作人身权的保护,国际上最早给作者授予著作人身权

① 何怀文:《我国著作人身权与著作财产权协调的法律原则》,载《知识产权》2015年第9期。

② 参见〔德〕雷炳德:《著作权法》,张恩民译,法律出版社2005年版,第267页。

的是法国。而在版权体系下,直到 20 世纪末,英国版权法才首次明确规定“精神权利”。它授予的精神权利是与版权平行的权利,并不包含在版权之中。国际公约中对著作人格权的保护首次出现在 1928 年的《伯尔尼公约》会员国在罗马的修订会议中,会议增加了第 6 条第 1 款,将著作人身权界定为“独立于著作财产权,即使著作财产权转让给他人,创作者仍然得以主张的权利,创作者据此有权阻止他人歪曲、割裂、篡改或其他足以损害其名誉和声望的行为”。

(二) 著作人身权的基本特征

1. 无期限性

著作人身权的无期限性,是指法律对著作人身权的保护没有时间限制。我国《著作权法》第 22 条规定:“作者的署名权、修改权、保护作品完整权的保护期不受限制。”我国《著作权法》给作者授予的四项人身权,除发表权外,其余三项权利的保护期不受限制。《法国知识产权法典》第 L121-1 条规定作者精神权利“永远存在”,即是无期限性。

此处所指的“无期限性”,首先,是针对著作人身权的;其次,是以我国或大陆法系法律的规定为基础的;最后,是针对部分精神权利的。例如,所有权是永恒的,当然是无期限的;又如,英国版权法授予的四项精神权利都是有时间限制的,其中前三项权利的保护期在作品版权的存续期内有效,第四项权利延续至权利主体死亡后 20 年;再如,发表权的保护期与财产权的相同。

2. 不可分离性

著作人身权的不可分离性,是指作者依法享有的精神权利为作者终生享有,不得与作者相分离。《法国知识产权法典》第 L121-1 条规定该权利系于作者人身。这就是著作人身权不可分离性的法律依据。实际上,不可分离性也可以理解为不可转让性。我国《著作权法》虽然没有直接规定著作人身权不得转让,但可以根据《著作权法》第 10 条第 3 款的规定,从反面推知这个结论是成立的。英国 1988 年《版权、外观设计与专利法》第 94 条明确规定,第 4 章所赋予的精神权利不得转让。精神权利虽不能转让,但可以依法移转于合法继承人等,保护其不受侵犯。

3. 不可剥夺性

著作人身权的不可剥夺性,是指随着作品的创作完成,著作人身权即归作者享有,任何人不得以任何理由剥夺作者的这种权利。特殊情况下,著作人身权可能不归属于作者,或者不全部归属于作者。《法国知识产权法典》第 L121-1 条规定:“该权利永远存在、不可剥夺且不因时效而丧失。”虽然我国《著作权法》对此未作明确规定,但根据民法人身权的一般原则,同样可以认定著作人身权不可剥夺。

二、著作人身权的类型

(一) 发表权

发表权,即决定作品是否公之于众的权利。它包括四个方面的基本含义:(1) 决定作品公之于众的权利;(2) 决定作品不公之于众的权利;(3) 决定作品公之于众的方式的权利;(4) 决定作品公之于众的时间和地点的权利。这里所说的“公之于众”,是指著作权人自行或者经著作权人许可将作品向不特定的人公开,但不以公众知晓为构成条件。

发表权的行使方式,主要为作者自行或授权他人以发行、广播、表演、展示或信息网络传播等方式将作品公之于众。例如在网络环境下将自己的作品上传至网络,使之处于他人可浏览的状态，至于他人是否关注到作品的存在，并不影响发表权的行使。授权他人行使发表权可分为直接授权、间接授权和默示授权三种。例如作者与出版社签订出版合同；与表演者签订表演合同；与展览会组织者签订展览合同；直接向报社、杂志社投寄稿件等，可视为直接授权。间接授权主要表现为授权他人根据其尚未发表的作品创作演绎作品，演绎者将自己创作的演绎作品公之于众后，原作品则视为已发表；又如美术作品、书法作品、模型作品作者将其未发表作品的原件出卖给他人，买受人同时获得该作品的展览权。在这种情况下，买受人公开展览作品原件的，视为被展览作品已发表，我国《著作权法》第20条第2款规定：作者将未发表的美术、摄影作品的原件所有权转让给他人，受让人展览该原件不构成对作者发表权的侵犯。默示授权则一般表现为作者生前未发表的作品，如果作者未明确表示不发表，作者死后50年内，其发表权可由继承人或者受遗赠人行使；没有继承人又无人受遗赠的，由作品原件的所有人行使。然而，发表权的行使，也可能受到他人其他人身权的限制。例如摄影师在无特别约定的情况下，可取得对其摄影作品的著作权，如果被摄影的对象未经摄影师同意以任何方式将作品公之于众，将侵犯摄影师的发表权。但如果摄影师未经摄影对象的同意而发表其摄影作品，却可能侵犯该对象的隐私权和肖像权。

需要注意的是，发表权作为著作人身权的一种，其行使方式具有特殊性。发表权只能行使一次，这意味着一旦作品公之于众，该项权利即已行使完毕。之后即使他人未经权利人许可利用作品，也只能根据侵犯著作财产权来处理。同时，发表权中的发表也不同于我们日常生活中所提到的出版。出版可视为是复制和发行的结合，即把作品载体的复制件向不特定公众提供。而对于发表而言，出版仅仅是作品公之于众的方式之一。

（二）署名权

署名权，是指作者在作品上标示其身份和资格的权利。其目的在于表明作者与作品之间的关联，使得作品创作者的身份为公众所知晓。署名权主要包括五个方面的内容：(1) 决定在作品原件或者复制件上以真实姓名署名的权利。(2) 决定在作品原件或者复制件上以假名或者笔名署名的权利。(3) 决定在作品原件或者复制件上不署名(即匿名)的权利。此时，作者决定在作品上不署名，实际上是一种署名方式，是作者行使署名权的一种形式，不是放弃署名权。(4) 变更署名方式的权利。当作者选择了一种署名方式后，未经作者同意，其他人不得擅自更改作者已采用的署名方式，在可能的情况下，作者自己可以随时变更其署名方式。因此造成他人损失的，作者应当负赔偿责任。(5) 同意他人在自己创作的作品上署名的权利。一般情况下，只有作者有权在作品原件或者复制件上署名，其他人无权署名。但是，在某些特殊情况下，作者有权许可他人在作品上署名。因作品署名顺序发生的纠纷，有约定的按约定确定署名顺序；没有约定的，人民法院可以按照创作作品付出的劳动、作品排列、作者姓氏笔画等确定署名顺序。

与署名权相关联又非常接近的一项权利是“作者身份权”。有人认为署名权就是作者身份权。这种观点值得商榷。署名权可以在一定的程度上表明作者身份，但并不是总能表明作者身份。如当“沈雁冰”第一次以笔名“茅盾”在作品上署名时，可能很少有人知道“茅盾”就是沈雁冰。这种情况下，沈雁冰已经行使了署名权。如果有人对署名茅盾的作品构成侵权，且“沈雁冰”要行使其诉权，其首要的任务就是证明茅盾就是沈雁冰，否则，其原告地位就难以成立。这种主张茅盾即为沈雁冰的权利，就是作者身份权，而不是署名权。即使是以真实姓名署名的作品，也需要行使作者身份权，主张署名者就是权利主张者。如某作品上的署名是“张山”，而姓名为“张山”的人有若干。要确定此“张山”是作者，而其他的“张山”都不是作者，就是作者身份权的表现形式。我国《著作权法》第 53 条第 8 项规定的“制作、出售假冒他人署名的作品的”行为是一种侵犯著作权的行为。那么，该行为究竟侵犯了被署名者的什么权利？有人认为是对被署名者姓名权的侵犯，也有人认为是对被署名者署名权的侵犯。这两种观点都不正确。这种行为既不是对被署名者姓名权的侵犯，更不是对被署名者署名权的侵犯，它是对被署名者作者身份权的侵犯。被署名者可以指控行为人将不是自己创作的作品以作者身份在作品上署名，侵犯了“作者身份权”。被署名者的指控行为属于行使“免于受虚假署名”的权利，是作者身份权中的一个权能。

（三）修改权

修改权，即修改或者授权他人修改作品的权利。作品是作者品格、性格、风格和人格的综合体现。同样的构成要素，由不同的作者来组合，能够产生出完全不同甚至相反的结果。作者通常会根据自己的经历、体验、情感、观点和方法来选择构成要素并安排其排列顺序，从而产生出符合自己“四格”的作品。如情绪低落者看夕阳，会选择“日暮途穷”；心情舒畅者看夕阳，定会选择“夕阳无限好”。因此，除作者之外，其他的人对于作者为什么要在此选择这样的字、词、句，为什么要作如此的编排、组合，可能会有不同的理解，甚至是不能理解。法律将修改权当作一项人身权授予作者，正是为了保证作品能够体现作者的“四格”。

从我国著作权法对著作人身权的设定来看，除修改权外，还存在一个保护作品完整权，在司法实践中，两者的区别难以清晰认定，导致在司法实践中将两者同时视为对“禁止他人修改作品权”的保护。事实上，从各国立法例和相关国际公约来看，修改权往往与作品收回权同时规定，修改权乃是在收回作品后行使的权利。我国单独设立修改权，且将之规定为“修改或者授权他人修改作品的权利”，在解释上会与保护作品完整权存在重复。因此，为了在司法实践中与保护作品完整权相区别，有必要借鉴国外著作权法的规定，将修改权界定为保证作者自己修改作品的权利，在我国尚无作品收回权的情况下，将修改权适用于作品发表或许可他人使用之后，作者有权修改其作品，而作品的实际著作权人无权阻止。

（四）保护作品完整权

保护作品完整权，是指禁止他人歪曲或篡改作品的权利。所谓歪曲和篡改，是指对作品内容的修改，达到了改变作者原本要表达之原意的程度。保护作品完整权的目的，在于维护作品中所表现出的作者人格利益。对于歪曲和篡改的界定，许多国家采取了与界定侵犯名誉权相同的标准，即对作品内容的改变损害了作者的声誉，这也与保护作品完整权的立法目的是吻合的。同时，为了保证使用者对作品的正常利用，有必要在解释上对保护作品完整权加以限制，只要修改并未从根本上改变作者的本意，且属于必要修改，则不应视为侵犯保护作品完整权，以免干扰正常的创作行为。

著作人身权的转让与放弃[①]

关于著作人身权是否可以进入商业性流转，郑成思教授曾经在考察诸多著作权立法例之后概括指出：“几乎一切国家均不允许精神权利作为财产或其他有价标的在贸易活动中转

① 吴小评：《著作人身权问题探疑——为促进著作财产权交易》，载《重庆理工大学学报（社会科学）》2018 年第 4 期。

让，也不允许以之设定质权。”就是说，几乎没有任何国家的著作权法规定著作人身权可以像著作财产权那样进行转让。

相比之下，关于著作人身权可否放弃的问题则较为复杂，各国著作权法的规定很不一致。其中，有明文规定不可放弃的，例如巴西《著作权法》第27条规定：著作人身权不可放弃。也有明文规定是可以放弃的，例如英国《版权法》第87条规定：作者通过签署书面法律文件的形式，可以就其具体作品、某一类特定作品放弃精神权利，也可以就其所有作品，甚至将来的作品放弃；放弃可以附条件或不附条件，或明示可以撤销。再如，美国《版权法》第106条第2款规定：作者以其签署的书面文件明示同意放弃的，此类权利可以放弃。该书面文件应特别载明该权利放弃所适用的作品及其使用方式。如此明文规定者属少数，大多数保护著作人身权的国家如法国、德国、日本等，对作者是否可以放弃这种权利都没有明文规定。日本著作权法专家中山信弘先生10年前曾这样谈到著作人身权的放弃问题：“如果可以事前放弃其权利，那么事实上利用、流通中的许多不便也会消除。”但同时他又介绍说，在日本，既然“是人格权就不能放弃，这样的观点也很强势”。在没有明文规定可放弃的国家里，这种矛盾的认识还是颇具代表性的。此外，在属于作者权体系的瑞典、芬兰等北欧国家，虽然在著作权法中没有规定著作人身权可以放弃，但按照这些国家的司法实践，作者在谈判作品使用时，可以表示在某段时间或在某种使用方式实施过程中不行使著作人身权，但不承认永久、全部的放弃行为是有效的。

在各国关于著作人身权是否可以转让与放弃的规定中，英美两国的后来者身份及其令人耳目一新的制度移植与创设颇为引人注目。作为最具代表性和影响力的版权体系国家，英国于1988年通过《版权、外观设计与专利法》设置了包括署名权、保护作品完整权和隐私权等3个权项的著作人身权制度，并通过2006年《表演者(著作人格权等)法规》实现了著作人身权保护立法的最新发展；美国也通过1990年《视觉艺术家权利法案》完成了从州法到联邦法的制度升级，设置了包括署名权和保护作品完整权两个权项的颇具美国特点的著作人身权制度。

正当英美两国移植与创设著作人身权制度的时候，法德两国则对传统著作人身权作出了种种限制性的规定，如《法国知识产权法典》规定：尽管使用权已转让，甚至该转让作品已经出版，作者对受让人仍享有追悔或收回的权利，但法典对追悔或收回权的限制是：第一，作者必须在事先赔偿因追悔或收回给受让人造成的损失后才能行使该权利；第二，在行使该权利后作者决定发表其作品的，必须优先将作品的使用权向最初选定的受让人以最初确定的条件报价；第三，软件作者及履行职务或依接收指令创作作品的公务人员不得行使追悔或收回权。在《法国知识产权法典》中，也对著作人身权作出了其他的限制，也许这种限制的力度尚有不足，但其保障著作财产权交易的价值取向和具体经验还是值得研究和借鉴的。

第三节　著作财产权

一、著作财产权概述

著作财产权，是指著作权人依法以特定方式利用作品并获得报酬的权利。与一般民事权利体系中的财产权相比，著作财产权存在以下特点：第一，著作财产权的保护具有期限性。

为了保证公众接触和获取作品的便利，并促进文化的传承和发展，各国著作权法都对著作财产权的保护期限作出了长短不一的限定。第二，著作财产权的设定具有针对性。与民法中的物权不同，著作财产权没有一个一般性、完全性的所有权统摄针对客体物的所有利用方式，而是根据作品的不同利用方式来逐一设计“子权利”，子权利之间没有明显的效力位阶，也不存在一个如同物权法中具有整体性和最高排他效力的所有权。例如，著作财产权中的复制权、表演权、广播权和信息网络传播权等，都是针对传播技术带来的特定利用方式所设定。因此可以认为，著作财产权乃是一系列针对作品利用方式所设定的“权利束”，并且随着科学技术的发展而不断丰富。[①]

二、著作财产权的具体类型

我国《著作权法》对著作权人共授予了 13 项财产性权利，即复制权、发行权、出租权、展览权、表演权、放映权、广播权、信息网络传播权、摄制权、改编权、翻译权、汇编权和应当由著作权人享有的其他权利。与美国和德国等发达国家的著作权法相比，我国的著作财产权数量较多，但并非意味着我国与其他国家在著作权保护范畴上存在差别，只是在权利划分方法和设定范畴上存在差别，例如美国著作权法中的公开表演权，我国著作权法就在表演权、广播权、放映权和信息网络传播权等多种权利类型中体现。同时，我国著作权法对著作财产权的规定属于不完全列举，在最后规定了“应当由著作权人享有的其他权利”，避免了因传播技术发展而出现超出现有权利范畴的作品利用方式无法得到法律保护。

（一）复制权

根据我国著作权法的定义，复制权是指以印刷、复印、拓印、录音、录像、翻录、翻拍、数字化等方式将作品制作一份或多份的权利。复制权是最早的著作财产权类型，应对的是印刷术带来的图书贸易，随后伴随传播技术的发展而不断将新的复制行为纳入其中。从上述定义看，我国立法采取了不完全列举的方式，旨在应对新技术带来的复制方式。

从复制权的特征看，并非所有再现作品的行为都被视为复制。德国著作权法将作品的利用方式划分为有形利用与无形利用，而复制正是属于有形利用，即在有形载体上稳定地再现作品。上述有形利用的界定将公开表演、广播等行为与复制加以有效区分。

从复制行为的范畴看，复制权所涵盖的行为类型，主要是在不同载体之间的转换：第一，平面载体之间的直接复制，即把作品固定在平面载体之上；第二，将平面载体转化为立体载体的复制，即将平面载体上的作品以三维载体固定复现，如今利用“3D 打印”技术制作的产品，同样可能涉及这种从平面到立体的复制；第三，将立体载体转化为平面的复制，即将三维载体上的作品复现在二维载体上；第四，立体载体之间的直接复制，即将三维载体上的作品同样以立体的方式复现[②]；第五，从无载体到有载体的复制，即把没有固化于载体的作品稳定地再现于载体上；第六，从有形载体到数字载体的复制，即通过数字扫描等方式将原本记载于有形载体的作品转化为数字格式；第七，数字载体之间的直接复制，即通过上传、下载等方式在不同服务器或计算机之间复制数字作品。

---

① 在著作权内容的立法体例上，我国著作权法类似于美国著作权法，以“权利束”设定著作财产权。而德国《著作权法》仍然遵循了类似民法中物权法的设定，规定了整体性和全面性的著作财产权，即在第 15 条第 1 款规定“作者享有以有形方式利用其作品的排他性权利”；第 2 款则规定“作者享有以无形方式向公众再现其作品的排他性权利”。

② 具体分析可参见罗明通：《著作权法论（第一卷）》，台北台英国际商务法律事务所 2005 年版，第 466 页。

（二）发行权

发行权，是指以出售或者赠与方式向公众提供作品原件或者复制件的权利。与前述复制权相同，发行权所规制的，也是对作品的有形利用，发行权中的发行行为，意味着有形载体的转让；而与复制权不同的是，发行权不再是控制对作品内容的再现，而是保证权利人能够从作品有形载体的传播中获得收益。发行不是复制，而是向不特定公众提供作品原件或复制件。

发行权的出现，是著作权市场不断发展的结果。随着作品传播上的分工日趋细化，作品的复制与发行环节分开，特别是针对盗版作品，权利人在维权过程中往往难以直接向隐匿的非法复制者行使权利。发行权的设立，使得权利人得以针对市场中销售盗版作品的发行者行使权利，从而保证了其收益不受损失。

另外，发行权还是著作权领域中唯一可“穷竭”的权利。所谓发行权穷竭，又称为“发行权一次用尽”或“首次销售”原则，即无论是作品原件或复制件，首次向公众销售或赠与后，著作权人即无法控制载体的所有者对作品载体的再次销售。发行权穷竭的意义，在于以限制著作权人的方式，保证使用者对作品载体的自由处分，避免权利人对使用者的不当干预和对作品的不当控制。需要注意的是，发行权穷竭的合理性，也是建立在前网络时代作品与载体难以分离的情况下，作品与载体难以分离的结果。进入网络时代后，作品不再依赖有形载体存在，与有形载体的分离也日趋简单，因此发行权以及发行权穷竭皆不在网络环境下适用。

（三）出租权

出租权，是指有偿许可他人临时使用视听作品、计算机软件的原件或复制件的权利，计算机软件不是出租的主要标的的除外。

关于适用出租权的对象，我国《著作权法》的规定与《TRIPS协议》的规定基本相同，即出租权的适用对象是：视听作品、计算机软件的原件和复制件。其他形式的作品都不是出租权的客体。但要注意：计算机软件不是出租的主要标的的，不适用出租权。如电脑所有人向他人出租电脑，但该电脑已经装有 Windows XP、Office XP 等软件。在这种情况下，出租人所出租的标的是电脑，不是计算机软件，所以，Windows XP、Office XP 等软件著作权人不得主张出租权。当然，此处所指的 Windows XP、Office XP 等软件，必须是电脑出租者合法拥有使用权的软件。如果电脑出租者出租之电脑上安装的 Windows XP、Office XP 等软件是盗版或非法安装上去的，且承租人知道或者应当知道该软件是盗版的或非法安装上去的而承租，该出租人和承租人可能都要承担侵权责任。

（四）展览权

展览权，即公开陈列美术作品、摄影作品的原件或者复制件的权利。具体表现为著作权人自己展览或者许可他人展览作品原件或复制件而获得报酬的权利。在其他一些国家的著作权法中，展览权的对象涉及几乎所有类型的作品，而不仅限于美术作品和摄影作品，但我国著作权法只列举了美术作品和摄影作品，说明在我国展览权的对象仅适用于上述两类作品。

关于作品载体所有权与作品著作权的关系，我国《著作权法》第20条作了明确规定，作品原件所有权的转移，不改变作品著作权的归属，但美术、摄影作品原件的展览权由原件所有人享有。作者将未发表的美术、摄影作品的原件所有权转让给他人，受让人展览该原件不构成对作者发表权的侵犯。由此规定可知，展览权是一项特殊的权利，它与美术等作品原件所有权相伴。事实上，如果美术等作品原件所有权转移，而展览权不随之转移，那么，作品原件所有者购买作品原件就没有任何意义。除展览权外，著作权中的其他权利都仍然归著作权人所有。

（五）表演权

表演权，即公开表演作品，以及用各种手段公开播送作品的表演的权利。表演权所控制的表演行为有两类：第一类为现场表演，即以表演者的动作或声音来再现作品；第二类为机械表演，即通过机械设备公开播放作品。

因此，根据现行《著作权法》的规定，不仅任何人未经著作权人许可不得擅自公开以声音、表情、动作等方式再现版权作品，而且任何人未经著作权人许可，也不得以任何方式直接或者借助某种技术设备公开播送“作品的表演”。如车站、码头、机场、旅店、餐厅、商场、超市、卡拉 OK 厅、夜总会等未经许可，擅自播放录制了的歌曲、相声、小品、曲艺等，就是对著作权人之表演权的侵犯，应当承担相应的法律责任。前述各种场所花钱购买的音像磁带、VCD、DVD、唱片等，只是取得了该载体的所有权，并未获得著作权中的表演权，因此，不得擅自播放音像磁带、VCD、DVD、唱片等。

（六）放映权

放映权，是指通过放映机、幻灯机等技术设备公开再现美术、摄影、视听作品等的权利。

放映权所针对的对象主要是美术作品、摄影作品、视听作品等；放映借助了放映机、幻灯机等技术设备。任何人需要放映美术、摄影、视听作品的，应当获得有关作品的著作权人的许可，并支付适当报酬，否则，其行为可能构成侵权。也有部分国家将放映权纳入表演权的范围内，将放映视为机械表演的一种。

（七）广播权

广播权，即以有线或者无线方式公开传播或者转播作品，以及通过扩音器或者其他传送符号、声音、图像的类似工具向公众传播广播的作品的权利。

根据我国著作权法关于广播权的定义，广播权的范畴包括以下三个方面的内容：(1) 有线或者无线方式公开传播或者转播作品；(2) 通过扩音器或者其他传送符号、声音、图像的类似工具向公众传播广播的作品的权利；(3) 但不包括《著作权法》第 10 条第 1 款第 12 项规定的信息网络传播权。

我国对广播权范畴的界定，主要源自《伯尔尼公约》的规定。根据《伯尔尼公约》产生和修订的背景，上述权利范畴符合当时的传播技术条件。但在如今直接的有线广播已经成为主要广播方式的情况下，我国广播权仍然将权利范畴限定于有线转播，而未将有线广播纳入其中，显然无法满足实践需要。

（八）信息网络传播权

信息网络传播权，是指以有线或者无线方式向公众提供作品，使公众可以在其个人选定的时间和地点获得作品的权利。信息网络传播权是我国应对网络环境下的作品利用行为所设定的一项权利，其来源于 1996 年“因特网条约”中的《世界知识产权组织版权公约》，该条约旨在弥补《伯尔尼公约》中公开传播权无法涵盖网络环境下传播行为的缺陷，其中第 8 条规定：“著作权人有权许可其作品以有线或无线的方式向公众传播，包括将其作品对公众提供，使公众在其个人选定的地点和时间可以获得该作品。”这一定义使得“因特网条约”中的公开传播权包含了《伯尔尼公约》所没有涵盖的“交互式传播”。我国《著作权法》没有直接借鉴公开传播权的概念，而是在原有广播权的基础上，引入上述第 8 条定义的后半段，即增加信息网络传播权，专门规制交互式的作品传播。但由于我国广播权未能涵盖有线广播，导致广播权与信息网络传播权之间出现了未能涉及的传播行为。

信息网络传播权的特点,在于规制网络环境下产生的交互式传播行为。所谓交互式传播,是指网络环境下作品传播由单向转化为双向。前网络时代的传播行为,是单纯由传播者向使用者的传播,使用者只能在特定的时间和地点获取作品。网络技术改变了作品的传播方式,使用者只要链接到网络,即可以在自己选定的时间和地点通过网络获取作品。另外,信息网络传播行为的实现并非意味着使用者实际取得了作品,而仅需使作品处于可获取的状态即可。

（九）摄制权

摄制权,即以摄制视听作品方法将作品固定在载体上的权利。具而言之,就是著作权人自己以摄制视听作品的方法将作品固定在载体上,或者许可他人这样做并获得报酬的权利。

任何人未经著作权人许可,不得擅自将他人版权作品以摄制视听作品的方法固定在载体上。获得摄制权的人,通常需要按照摄制的目的和方法对相应的作品进行改编,以便完成摄制工作。

（十）改编权

改编,就是改变现有作品,创作出具有独创性的新作品。因此,改编是一种创作方式。如将小说改编成电影文学剧本,改编成戏剧,改编成连环画等;反之亦然。改编权,即改变作品,创作出具有独创性的新作品的权利。改编权是一种系列权,每一种改编方式,都会产生一项子权利。如将小说改编成电影文学剧本,是一项子权利;小说之著作权人同时还可以许可他人将其小说改编成戏剧作品,改编成连环画等。

改编是对现有作品的改变,那么,改编者对现有作品所改变的究竟是什么:是作品的表现形式,还是作品的综合理念,还是两者都进行了改变?这是著作权理论界普遍关心的问题。实际上,改编者对现有作品所作的改变,首先,是作品构成要素的改变,如将文字改变为图像,将此文字改变为彼文字、此图像改变为彼图像等;其次,是构成要素结合规律、规则或顺序的改变,如将小说改编为戏剧等;最后,可能涉及少数内容的改变,这主要是由作品构成要素的改变引起的必然效果。如在小说中,作者可以通过文字的运用,将作者所要表达的观点、情感等,进行很细腻的描述,但在电影中,导演、摄影师利用图像构成要素,无论如何也难以达到文字所表达的程度。这种情况下,法律允许导演、制片人对原作的内容作适当改变。但是,不论在什么情况下,改编者都不能对原作所表达的综合理念作过大的改变,否则可能会破坏作品的完整性,构成对著作权人之修改权、保护作品完整权的侵犯。

（十一）翻译权

翻译,是将作品从一种语言文字转换成另一种语言文字。翻译者对原作进行翻译时,要尽量做到信、达、雅,既不能改变原作的表现形式,也不能改变原作所表达的综合理念。翻译权,即将作品从一种语言文字转换成另一种语言文字的权利。翻译权也是一种系列权,涉及一种语言文字,就产生一项子权利。如著作权人可同时许可不同的人将中文作品翻译为英文作品、法文作品、日文作品、德文作品等。

（十二）汇编权

汇编,就是将若干作品、作品的片段或者不构成作品的数据或者其他材料,对内容进行选择、编排,汇集成新作品。汇编权,即将作品或者作品片段通过选择或编排,汇集成新作品的权利。

著作权人依法享有的汇编权,就是自己汇编其作品,或者许可他人将其作品或者作品之片段进行汇编,创作出新作品并获得报酬的权利。

(十三)应当由著作权人享有的其他权利

众所周知,著作权的具体权项,是随着科学技术的发展而发展的,是与时俱进的。又由于著作权法相对具有稳定性,不可能频繁修订,因此,当科学技术的发展使作品能够被以新的方式利用时,相应的权项就可能产生了。在这种情况下,著作权人就应当享有这样的权利。著作权人依法获得报酬的权利,法律虽然未将其单独作为一个权项列举出来,但它是著作权人应当享有的权利。

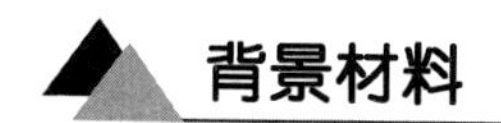

背景材料

追 续 权[①]

2012年7月6日,国家版权局公布了《著作权法》修订草案第二稿,其中规定:“美术、摄影作品的原件或者文字、音乐作品的手稿首次转让后,作者或者其继承人、受遗赠人对原件或者手稿的所有人通过拍卖方式转售该原件或者手稿享有分享收益的权利,该权利不得转让或者放弃,其保护办法由国务院另行规定。”(草案第12条第1款)。这项新增设的权利,通俗地说,就是“艺术作品转卖提成费”,也叫“追续权”。通常而言,艺术品原件的首次销售为作者做出,追续权是创作者基于原件再次销售(艺术品原件首次从作者手中转让之后发生的所有销售活动)而获得收益的权利。纵观国际知识产权法制度,各国对追续权态度不一,或长久接纳体系完备,或批判警惕拒之门外。

追续权源于法文“droit de suite”,含义为“跟随作品的权利”。在英文中,追续权被表述为“resale right”,即艺术家就其作品原件的再次销售所享有的收益权。追续权源于19世纪末期的法国,私人赞助与国家资助体系式微,艺术家被迫转向公开市场出卖画作以求生存。大多数艺术家在交易中处于信息与议价能力的弱势,不可避免地将作品以较低价格卖与强势收购方。由于艺术品原件的出卖往往是一次性的,交易时买卖双方地位悬殊,艺术品原件价格的飙升仅惠及中间商,艺术家无法享有,有失公平。基于此,利益分配的悬殊使得法律制定者思考改变分配利益的砝码,于1920年规定追续权制度,即艺术家享有在作品再次销售时从价款中获益之权利。其后以德国制度最为典型完备,因而成为他国追续权建立之必要参照。

德国最初采用“潜在的、本质的价值”理论作为追续权基础,而后随着世界各国理论交融与欧盟统一化指令颁布,采用公平价值理论基础,即赋予处于弱势的艺术家追续权以期公平。德国追续权的适用范围为美术作品原件与摄影作品原件,权利主体为作者且可为共同作者分享,义务主体为出卖人。追续权的行使需满足一定条件,包括交易为再次出售,即转售;艺术商或拍卖人作为买受人、出卖人或中间人参与买卖活动,属公开交易;出售所得达到法定最低额,如未达到则不负有这一义务,等等。德国追续权制度的收益方式在2007年前为按固定比例提取收益,后依据《欧盟追续权指令》更改为按照交易价格分级后所设不同比例提取收益。同时,德国法规定追续权不可放弃、不可转让。为实现追续权,德国法设计配

---

① 杨舒皓:《追续权何去何从——价值与规则中的追续权制度构建》,http://stlaw.pku.edu.cn/hd/kjflt/kjcxyfl/3626.htm,访问日期:2018-05-18。

套制度，权利人享有咨询权与查阅权，以便作者充分了解交易详情，实现权利。法规对于作者的知情范围作出明确规定。同时，这两项请求权只能通过著作权集体管理组织行使。

整体上，追续权逐渐成为一项立法趋势。1948年《伯尔尼公约》规定追续权，但保护标准宽松，可由成员国自行决定。欧盟以《欧盟追续权指令》推动追续权制度的区域统一。各国对待追续权态度差异，讨论激烈，理论性探讨与利益争端兼而有之。如英国担忧指令的执行导致伦敦这一世界上最发达的艺术品销售市场交易萎缩。长久争论后，欧共体“建立单一市场和消除各国法律上的障碍，促进自由流动”的压倒性宗旨使得追续权的区域性统一最终建立。但共同体为成员留有调整空间，制度大体相似而细节规定可异。同时，欧共体的追续权统一与《伯尔尼公约》在内容上不尽相同，可见追续权统一为趋势，但各国特色的保留不可避免。

普通法系国家崇尚财产的自由流动，对追续权持保留态度。如美国认为此制度将阻碍艺术品流通与效率提升，与财产自由流转的基本原则相背离，因而排斥。加州将追续权纳入《加州追续权版税法案》，在2012年被认定为违宪。追续权仍未在美国受到认可。而追续权在我国的立法仍处在讨论之中。

第四节 著作权保护期

一、著作人身权保护期

我国《著作权法》将著作人身权的保护期分为两种：一是发表权的保护期与著作财产权的保护期相同；二是署名权、修改权和保护作品完整权的保护期不受时间限制，即此三项权利为作者终生享有。作者生前，依法享有此三项权利；作者死后，由此三项权利所产生的人身利益仍然受保护。

但是，其他国家著作权法或版权法的规定与我国《著作权法》的规定有所不同。法国著作权法规定精神权利“永远存在”，包括发表权在内。《英国版权法》则规定精神权利的保护期都是有限的，均不超过版权的保护期，其中某些照片或影片的隐私权的保护期甚至短于财产权的保护期。

二、著作财产权保护期

(一) 著作财产权保护期的一般原则

财产权保护期的一般原则是：作者有生之年加上死后若干年。我国的规定是作者有生之年加上死亡后50年，合作作品著作权的保护期是最后生存作者死亡后50年，截止于作者死亡后第50年的12月31日。例如，某作者于1998年3月19日去世，那么其著作权的保护期将于2048年12月31日届满，2049年1月1日起不再受保护。

(二) 著作财产权保护期的特殊规定

著作财产权保护期的特殊规定是法律规定不可适用或者不便适用上述一般原则的情况。具体情形有：(1) 法人作品、特殊职务作品的著作权保护期；(2) 视听作品的著作权保护期；(3) 作者身份不明作品的著作权保护期。

应当注意:(1) 适用特殊规定的作品,自创作完成之日起 50 年内未发表的,不再受著作权法保护。这样的作品即使以后再发表,也不再受著作权法保护。(2) 作者身份不明的作品,包括假名作品和匿名作品。假名作品,是指作者以假名方式在作品原件或者复制件上署名的作品。匿名作品,是指作者未在作品原件或者复制件上用真名或假名署名的作品。就假名作品而言,如果作者所署之假名为公众所知,其作品为作者身份明确的作品;如果作者所署之假名不为公众所知,其作品即为作者身份不明的作品。就匿名作品而言,因为作者未在作品原件或复制件上署真名或假名,所以,作者身份不明。由于这样的假名或匿名作品的作者身份不明,无法适用一般原则,所以只能适用特殊规定。(3) 特殊保护期截止于作品首次发表后第 50 年的 12 月 31 日。

背景材料

著作权的历史发展及在各国的不同保护期限①

世界上第一部著作权法《安娜女王法》即规定了著作权的保护期限。该法将保护期定为 14 年,从出版之日起算。在 14 年届满后,如果作者还健在,还可以另外享有 14 年的保护期,已经被转让出去的权利则重新归作者所有。在当前两个主要的国际公约(即《伯尔尼公约》和《TRIPS 协议》)中,均规定最低应为作者有生之年加死后 50 年。这一标准已经为世界上大多数国家所采纳,中国也于 1990 年颁布《著作权法》时采纳了上述最低期限标准。然而,从 20 世纪末开始,上述期限在一些国家逐渐出现了一种延长的趋势,并且这一延长的趋势还在不断地向其他国家蔓延。

美国 1790 年《著作权法》也将著作权的保护期规定为可重新延续 14 年。在 1909 年《著作权法》中,作者的著作权保护期限为自作品发表之日起 28 年,另外可以延续 28 年。这一为期 56 年的著作权期限的规定一直延续到 1976 年《著作权法》之前。1976 年的《著作权法》将著作权保护期限规定为作者终身及其死后 50 年。1998 年美国国会又通过《著作权期限延伸法》,将普通个人作品的著作权保护期延长至作者死后 70 年,而且,该法案还同时将其他组织(团体)的著作权保护期限延长至作品公开发表之日起 95 年。2003 年 1 月 15 日美国最高法院作出的一项裁决,即体现了对 1998 年国会通过的延长书籍、电影、音乐和卡通人物著作权期限的法律支持。

德国 1837 年的《著作权法》规定的保护期为作者有生之年加死后 30 年,虽然联邦德国早在 1965 年就突破了上述期限,将普通个人作品的著作权保护期延长至作者死后 70 年,但这在当时并没有形成广泛的影响。直到 1993 年,鉴于当时欧共体中已经有很多成员将著作权保护期延长,欧共体才通过了《协调著作权和某些邻接权保护期的指令》(1995 年 7 月 1 日生效),这一指令将成员国的普通个人作品的著作权保护期统一延长到作者死后 70 年。

根据统计,除欧盟及美国外,目前已经有 25 个国家的普通个人作品的著作权保护期超过了两大公约(即《伯尔尼公约》和《TRIPS 协议》)所规定的最低期限(即作者有生之年加死后 50 年),相关国家及其当前的具体保护期限如下:墨西哥,作者有生之年加死后 100 年;哥伦比亚和几内亚,作者有生之年加死后 80 年;危地马拉和洪都拉斯,作者有生之年加死后 75

① 程松亮:《著作权保护期延长的合理性探究》,载《湖北社会科学》2012 年第 7 期。

年;阿尔巴尼亚、阿根廷、巴西、保加利亚、哥斯达黎加、克罗地亚、厄瓜多尔、埃及、加纳、冰岛、以色列、列支敦士登、马其顿、尼加拉瓜、尼日利亚、巴拉圭、秘鲁、波兰、新加坡、土耳其,作者有生之年加死后70年;印度和委内瑞拉,作者有生之年加死后60年。

[深度阅读]

1. 何炼红:《网络著作人身权研究》,载《中国法学》2006年第3期。

2. 李莉:《论作者精神权利的双重性》,载《中国法学》2006年第3期。

3. 常青:《应正确把握署名权和保护作品完整权的含义》,载《中国出版》2005年第8期。

4. 熊琦:《论"接触权":著作财产权类型化的不足与克服》,载《法律科学》2008年第5期。

5. 李雨峰:《精神权利研究——以署名权和保护作品完整权为主轴》,载《现代法学》2003年第2期。

[法条导航]

1.《中华人民共和国著作权法》第九条,第十条,第二十二条,第二十三条

2.《中华人民共和国著作权法实施条例》第十七条,第十八条

3. 最高人民法院《关于审理著作权民事纠纷案件适用法律若干问题的解释》

[思考题]

1. 如何理解著作权内容的双重性?

2. 著作人身权是人格权还是身份权?

3. 死者能享有著作人身权吗?

4. 署名权与作者身份权是什么关系?

5. 如何理解保护作品完整权?

6. 临摹是复制吗?

7. 如何理解电脑终端显示是复制?

8. 试论述作品载体所有权与作品著作权的关系。

9. 试述信息网络传播权与广播权的关系。

第五章

相　关　权

［内容提要］ 相关权是与著作权有关但又与其平行的权利。在本章的学习中，应了解相关权的概念及其与著作权的关系，理解出版者权、表演者权、唱片制作者权以及广播组织权的有关规定。

［关键词］ 相关权　出版者权　表演者权　唱片制作者权　广播组织权

第一节　相关权概述

一、相关权的概念

相关权(related rights)，是《TRIPS 协议》使用的一个概念。此前，国际上通用的概念是邻接权(neighboring rights)。最早给予相关权以特别法保护的国家是意大利，它于 1941 年率先制定了《相关权法》，授予表演者、照片拍摄者等以异于著作权的保护。我国《著作权法》既未使用"相关权"的概念，也未使用"邻接权"的概念，而是独创性地使用了"与著作权有关的权利"(rights relating to copyrights)。这个概念虽然字数较多，但所包含的内容最丰富，既可包括邻接权的内容，也可包括相关权的内容，还可以包括新产生的与著作权有关的权利。1961 年 10 月 26 日在意大利罗马缔结的《保护表演者、录音制品制作者与广播组织罗马公约》(以下简称《罗马公约》)，标志着邻接权保护正式得到国际社会承认。《罗马公约》保护表演者权、录音制品制作者权和广播组织权，其主体主要是作品的传播者，因此也有人将邻接权称为"传播者权"(rights to disseminators)。

根据大陆法系的著作权理论，相关权是指传播者或其他在传播作品过程中添加创造性劳动成果的主体，对其传播行为的成果享有的专有权利。相关权存在的目的，旨在保护未达到作品独创性标准，但又具备特定价值的客体。上述客体一般在传播的环节中形成，例如录音制品、表演者对作品的表演等。

相关权只是大陆法系国家授予的权利，其原因在于大陆法系国家认为，相关权的对象，是服务于已有智力成果的客体，因此不符合作品的独创性，表演者的表演、录音制品制作者制作的录音制品和广播组织制作的广播电视节目不应视为作品。[①] 但是，英美法系国家并未使用相关权的概念，而是将表演者的表演、录音制品制作者制作的录音制品和广播组织制作

---

① 参见〔德〕雷炳德：《著作权法》，张恩民译，法律出版社 2005 年版，第 495 页。

的广播电视节目等作为第二类作品授予版权，既有别于普通作品，又不至于增加新的权利种类。尽管《TRIPS协议》将“版权与相关权”作为世界贸易组织成员必须保护的对象，但它并未规定具体的保护措施，因此，英美法系国家的做法仍是可行的。大陆法系的相关权制度与英美法系的第二类作品做法的优劣并不明显，各自都运行得很好。所以到目前为止，尚未出现谁融合谁的迹象。

二、相关权的特点

与著作权相比，相关权有以下基本特点：

(1) 相关权主体以法人或者非法人组织为主，以自然人为辅。一般情况下，著作权主体是自然人——创作作品的自然人；只有在少数特殊情况下，著作权主体才是法人或者非法人组织。而相关权主体则正好相反，一般情况下是法人或者非法人组织，只有在特殊情况或者少数情况下，才是自然人。

(2) 相关权主体通过传播现有作品获得权利，而著作权主体则是通过创作作品获得权利。

(3) 相关权的客体是通过传播行为所产生的智力创造性成果，而著作权的客体是通过创作行为所产生的独创性智力成果。众所周知，著作权的客体为作品，而相关权的客体没有一个明确的概念。

(4) 相关权的保护范畴小于狭义的著作权。例如相关权中不包含广播权，除表演者权外，其他相关权也没有著作人身权的内容。

(5) 相关权的保护期的计算方法，是自传播成果公开之日起的若干年，因为其主体主要是法人或者其他组织，故不宜采主体有生之年加上死亡后若干年的办法。

第二节 出版者权

一、出版者权的概念

出版者权，是图书出版者或者报刊出版者对其编辑出版的图书或者报刊依法享有的专有权利。出版者权可分为图书出版者权和报刊出版者权。根据我国《著作权法》的规定，图书出版者所享有的权利比报刊出版者所享有的权利要充分一些。

根据《出版管理条例》的规定，在我国，报纸、期刊、图书、音像制品和电子出版物等应当由出版单位出版。出版单位包括报社、期刊社、图书出版社、音像出版社和电子出版物出版社等。法人出版报纸、期刊，不设立报社、期刊社的，其设立的报纸编辑部、期刊编辑部视为出版单位。出版单位的设立，由其主办单位向所在地省、自治区、直辖市人民政府出版行政主管部门提出申请；省、自治区、直辖市人民政府出版行政主管部门审核同意后，报国务院出版行政部门审批。设立的出版单位为事业单位的，还应当办理机构编制审批手续。设立出版单位的主办单位应当自收到批准决定之日起60日内，向所在地省、自治区、直辖市人民政府出版行政主管部门登记，领取出版许可证。登记事项由国务院出版行政主管部门规定。出版单位领取出版许可证后，属于事业单位法人的，持出版许可证向事业单位登记管理机关登记，依法领取事业单位法人证书；属于企业法人的，持出版许可证向工商行政管理部门（现为市场监督管理部门。——笔者注)登记,依法领取营业执照。[①] 因此,无论是图书出版者还是报刊出版者,只能是法人或者非法人组织,不能是自然人。没有取得出版资格的法人或者非法人组织,擅自从事出版业务的,属于非法行为,其出版的图书、报刊,属于非法出版物。对于这样的非法出版物,出版者不仅不能享有相关权,还要承担相应的法律责任。

二、出版者权的权源

与其他的相关权相比,出版者对其出版的图书、报刊享有的专有权利,分两个方面:一方面来自著作权人的授权,另一方面来自法律的规定。尤其是图书出版者对其出版的图书享有的专有出版权,就是来自著作权人的授权。如我国《著作权法》第33条规定:“图书出版者……按照合同约定享有的专有出版权受法律保护,他人不得出版该作品。”著作权人未授予图书出版者专有出版权的,图书出版者对其出版的图书就没有专有出版权。图书出版者出版改编、翻译、注释、整理、汇编作品的,除了应获得该演绎作品著作权人的授权外,还应当取得被演绎作品著作权人的许可(被演绎作品已超过著作权保护期或者被演绎的材料不适用于著作权法的除外),还要向演绎作品著作权人和被演绎作品著作权人支付报酬。

报刊社出版发行的报纸或期刊,本身是一种汇编作品,依我国《著作权法》第15条的规定,可依法享有著作权。由于这种权利是著作权,不是相关权,所以,法律未规定报刊社对其出版发行的报纸或期刊享有专有权利。

出版者对其出版的图书或期刊的版式设计享有的版式设计权,也是出版者权的一项内容。该权利是法律赋予的,与著作权人的授权无关。

图书出版者和报刊社取得对作品的出版权和发行权的途径主要有三种:(1) 通过与著作权人签订出版合同,而取得出版权、发行权;(2) 由著作权人主动向出版社或报刊社投稿取得对所投之作品的出版权和发行权;(3) 通过向作者约稿,取得对所约作品的出版权和发行权。

三、出版者权的内容

依据出版合同的约定,图书出版者获得的专有出版权包括以下内容:(1) 在合同约定的期限和地域范围内,图书出版者有权出版并发行约定的作品。(2) 在合同约定的期限和地域范围内,图书出版者享有以同种文字的原版、修订版出版图书的专有权利。但该图书脱销后,图书出版者拒绝重印、再版的,著作权人有权终止合同。(3) 图书出版者对其出版的图书的版式设计,享有专有使用权,即有权许可他人使用其版式设计,有权禁止他人使用其版式设计。

报刊社对其编辑发行的报刊享有汇编作品著作权。在编辑作品时,依法可以对所编辑的作品作文字性修改、删节,但对作品内容的修改,应当经作者许可。对其发行之报刊的版式设计享有专有使用权,即有权许可他人使用其版式设计,有权禁止他人使用其版式设计。

图书出版者、报刊社对图书、报刊的版式设计权的保护期为10年,截止于使用该版式设计的图书、期刊首次出版后第10年的12月31日。

---

① 参见《出版管理条例》第9条、第12条和第15条的规定。

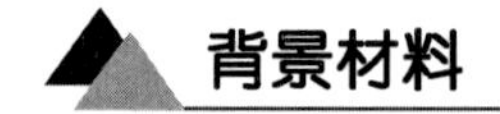

背景材料

出版者权利的产生与历史沿革[①]

印刷术的产生和广泛的应用,使得图书可以为人们随心所欲地复制和使用,此时图书的复制流通就很难再受到原始著作者和编纂者的控制,而保护这些人的权利成为经济文化发展的必需一环。所以,在印刷技术产生后的几个世纪,作者的权利得到了前所未有的重视和保护,而对于出版活动的保护最早是15世纪末至16世纪中期,在西方国家是以"禁止翻印的特许权(Privilege)"的形式体现出来的。出版者与印刷者只有在他们的版本得到被禁止重印法令的保障时,才会愿意冒投资上的风险而在出版上付出劳力和资本,这就是他们获得的印刷特权。……这些特权是政府赋予印刷商和书商的有一定期限的垄断权。例如,威尼斯共和国1469年授予在威尼斯领土上引进印刷术的让·德斯皮尔为期五年的特权。出版者的特许权经历了四个阶段的形式变化:从印刷特许权,到概括的特许权、保护思想利益的特许权和属地特许权。很显然,此时的关于印刷商和书商的特权并不是现在我们所说的出版者权,也不具有邻接权的性质,其本质上是一种皇家赋予的封建垄断性权利,必然会遭到作者和著作权所有者的强烈反对,因为,就像在现代的著作权法中体现的那样,为了鼓励创作和科学文化的发展,作者必然要享有其作品的印刷或支配图书复制品的专有权利。但是,从统治者的角度来说,这段时期对于印刷商和书商的特权保护,确实起到了促进文化传播,增强国家经济科学实力的作用,也正因为如此,印刷出版行业才能够不断地发展和壮大起来。可以这样认为,此时的出版者特权是对出版者权利进行保护的历史源头。

由于出版者特权持续遭到作者和著作权享有者的反对,在英国1710年实施的世界上第一部版权法《安娜·斯图亚特法》首次取消了图书出版者的这种特权,而承认了作者在这方面的权利,实际上是把出版者控制作品出版的特权交还给了作者手中。在此后的很长一段时间,出版者只有通过作者的让渡,才能享有图书出版复制中的一些权利。而在法国,享有特权的出版商和没有特权的各省书商关于出版者特权的争论却持续了很长一段时间,最终导致了路易十六政府于1777年8月颁布了六项法令,首次明确规定了出版者的特权:这六项法令中规定了作者对于其作品的出版权和销售权,也规定了出版者作为作品传播者的特权,这样的特权与出版者的成本投入呈现一定的比例,并且是有期限的。而法令中规定的作者的特权是基于他们的创作的没有期限的权利。之后的十几年时间中,作者和出版者的权利斗争一直没有停息,终于在1789年,法国也从制度上废除了出版者的特权,转而承认作者和表演者的权利。在此后的很长一段时间,出版者的权利都在很大程度上依附于作者的权利,这也是此后出现的邻接权对于著作权有一定的从属性的重要原因。

在中国,宋代出现了世界上最早的版权保护实例:南宋王称《东都事略》的刻印本上有牌记:"眉山程舍人宅刊行,已申上司,不许覆板",共十五个字。根据《东都事略》的刻印本上的牌记来看,此时出版者的权利是由作者赋予并必须经过政府的批准,也由政府来进行保护的。这样既保护了作者的作品不被其他未授权的刻书作坊翻印,也保护了在先的刻书作坊

---

① 贺湘君:《论出版者权》,湘潭大学2010年硕士学位论文,第18—20页。

的劳动成果不被其他作坊所侵犯。毫无疑问，此处的出版者权也是附属于作者的出版权的，但是又强调了对出版者保护的必要性，因为二者在出版环节中是密不可分的。

第三节 表演者权

一、表演者权概述

（一）表演者权

表演者权是表演者对其表演依法享有的专有权利。表演者，是指演员、歌手、音乐演奏者、舞蹈者以及以表演、歌唱、演说、朗诵、演奏或其他方式表演文学艺术作品的人。我国《著作权法》没有规定具体的表演者。法人或者非法人组织成为表演者的条件是：(1) 以自己的名义进行了表演活动的组织工作；(2) 有自然人作为表演者进行了表演活动；(3) 以自己的名义对表演活动承担法律责任。只有同时具备此三个条件，法人或者非法人组织才可能成为表演者。在我国，体育运动员所进行的体育活动，不是表演活动，运动员或者体育活动的组织者也就不是表演者，不能取得表演者权。因为我国《著作权法》已经将杂技艺术作品列入著作权法的保护对象，所以，杂技演员是表演者，他们能对其杂技艺术表演享有表演者权。

具而言之，表演者就是公开表演文学、艺术作品的自然人、法人或者非法人组织。进行其他表演活动的人不是表演者。如某人在朋友联欢会上即兴朗诵了一首诗，那么该朗诵者所进行的是口头创作，结果是一首口述诗歌作品，而不是表演。如果他朗诵的是李白的一首诗，他所进行的就是表演，而不是创作。

另外，表演者所进行的表演必须是公开的，在家庭范围内、在私人聚会上、在单位内部进行的表演，不产生表演者权。

（二）表演者权的权源

如上所述，表演者权以表演权为其产生的法律基础，即表演者权以表演权作为其权利的来源。具而言之，表演者权的权源有：

(1) 使用他人的原创作品演出，表演者应当取得著作权人的许可，并支付报酬。如果他人的原创作品已经超过了著作权保护期，当然就不需取得他人的许可了。被表演的原创作品，不论是否已经出版或发表，表演者都应当取得著作权人的许可。

(2) 表演者使用他人的演绎作品进行演出，应当同时取得原创作品著作权人的许可和演绎作品著作权人的许可，即应当取得双重许可，并支付双重报酬。

（三）表演者权与表演权的比较

表演者权与表演权虽然只有一字之差，但两者的含义相差甚远。

(1) 权属不同。表演者权是一种相关权，而表演权是一种著作权。

(2) 主体不同。表演者权的主体是表演作品的人，而表演权的主体是创作作品的人（不包括著作权的继受主体和特殊作品的著作权主体）。

(3) 客体不同。表演者权的客体是表演者为再现已有作品所进行的表演，而表演权的客体是作品。

(4) 内容不同。表演者权是一束权利，包括表演者人身权和表演者财产权；而表演权只是著作权的一个权项，仅仅是一种财产权。

(5) 保护期不同。表演者人身权的保护期不受限制,表演者财产权的保护期为50年,截止于表演发生后第50年的12月31日;而表演权的保护期根据作者和作品的不同而不同,或者为作者有生之年加上死亡后50年,或者为作品首次发表后50年。

(6) 权源不同。表演者权以表演权为其产生的法律基础,即以表演权作为其权利的来源;而表演权来源于作品的创作,作品一经创作完成,表演权就随著作权的产生而产生。

表演者权随表演的发生而产生,不需办理任何手续。外国表演者或者无国籍的表演者在中国境内进行的表演,受我国著作权法保护。

二、表演者权的内容

表演者对其表演依法享有以下权利:

(一) 表演者人身权

1. 表明表演者身份的权利

表明表演者身份,就是表演者有权以适当的方式指明自己的真名、艺名等,表明自己是该表演的表演者。具体包括以下内容:

(1) 在进行表演前,表演者有权要求表演主持人向观众或听众报告自己的真名或艺名等;

(2) 在将表演录制成录音制品或视听制品时,表演者有权要求录制者在录音制品或者视听制品上,或者其包装上,标明自己的真名或艺名等,以表明自己的表演者身份;

(3) 在播放录制有表演的录音制品或视听制品时,表演者有权要求录音制品或视听制品的播放者以适当方式标明自己的真名或艺名,以表明自己的表演者身份;

(4) 在发行、销售或者出租录制有其表演的录音制品或者视听制品时,表演者有权要求有关人员在广告中、宣传材料或合同书上,以适当方式标明自己的真名或艺名,以表明自己的表演者身份。

2. 保护表演形象不受歪曲的权利

表演形象,是表演者在表演活动中向观众或听众展现出来的艺术形象,包括形体形象和声誉形象。保护表演形象不受歪曲的权利,就是表演者禁止他人以任何形式或方式捏造不实之词,歪曲、篡改其表演,诋毁、诽谤其声誉,损害、破坏其艺术形象的权利。对表演者而言,表演形象是其艺术生命。德艺双馨,是其追求的目标。任何人不得歪曲表演者的表演形象。

(二) 表演者财产权

1. 对表演的现场直播许可权

广播电台、电视台或者其他组织未经表演者许可,不得对其表演进行现场直播。经表演者许可,包括两种情况:(1) 由演出单位组织的表演,虽然演出单位和表演者个人都是表演者,但以该演出单位为主。欲进行现场直接的广播电台、电视台或者其他组织只需取得演出单位的许可,就可以进行现场直播。(2) 由表演者个人进行的表演,欲进行现场直播的广播电台、电视台或者其他组织须取得表演者个人的许可。

现场直播许可权包括两个方面的内容:(1) 许可他人从现场直播其表演的权利;(2) 许可他人公开传送其现场表演的权利。

2. 对表演进行录音录像许可权

录音制品制作者或者视听制品制作者需要对表演者的表演进行录音录像的,应当取得表演者的许可。

3. 音像制品复制、发行、出租许可权

此处所称的音像制品，是指录制有表演者之表演的录音录像制品。任何单位或个人需要对该音像制品进行复制、发行、出租的，应当取得表演者的许可。在此应当注意：需要复制、发行、出租该音像制品的单位或个人，不仅要取得所录制的表演之表演者的许可，同时还要取得该音像制品制作者的许可，可能还要取得表演者所表演之作品的著作权人的许可。因此，该音像制品复制者、发行者、出租者应当取得多重许可。

4. 信息网络传播许可权

该项权利的基本含义是：任何单位或者个人需要将表演者的表演，通过互联网向公众传播的，应当取得表演者的许可。此处所指的表演，包括现场表演和录制在音像制品上的表演。将表演现场经由网络向公众传播的，可以适用第2项许可权；将录制在音像制品上的表演通过互联网向公众传播的，实际上也是复制、发行的一种方式，也可以适用第3项许可权。《著作权法》将信息网络传播许可权单独作为一项进行规定，主要是为了突出信息网络传播许可权。

表演者行使上述4项许可权时，都有权获得相应的报酬。

三、表演者权的保护期

表演者权的保护期分两种情况：(1) 表演者身份权的保护期不受限制。(2) 表演者财产权的保护期为50年，截止于该表演发生后第50年的12月31日。

背景材料

表演者权与《罗马公约》[①]

表演者权的产生首先源于《罗马公约》。1928年，《伯尔尼公约》在罗马修订，主要解决作者的精神权利和广播组织权两大问题，没有就表演艺术家是否应享有类似于作者权利达成一致意见。一些国家认为表演者没有参与创作，仅仅依靠作者的作品“进行呼吸”；另一些国家则认为，表演者表演作品的过程就是参与创作的过程，与作者的写作或作曲相比，并不缺少任何艺术性。其实，1925年无线电技术国际机构(International Body for Wireless Telegraph, TSF)曾要求为广播组织从所有表演者那里获得广播他们表演的授权提出解决方案，后来TSF改变了立场，不再支持表演者从其表演中获得公平补偿权。于是，1928年的《伯尔尼公约》修订版没有为表演者提供任何权利。但其他国际机构积极争取对表演者权利的保护，如知识工作者国际联盟(the International Confederation of Intellectual Workers)在海牙举行会议，坚持表演艺术家应当享有就其表演的无线传播获得许可的权利。TSF在1935年仍坚持1928年在罗马的立场，认为表演者的权利不是著作权的内容，而是一种专门权利(suigeneris)，表演者根本没有权利控制、广播他的作品，除了通过私人协商的合同。20世纪30年代，国际劳工办公室(International Labour Office, ILO)开始介入推动表演者权的保护，但一直未获成功，直到1950年与伯尔尼联盟合作，设立一个专家委员会为“邻接权”公约草案进行准备，1951年的公约草案失败。ILO与伯尔尼联盟以及来自联合国教科文组织

---

① 李菊丹：《表演者权保护研究》，载《知识产权》2010年第2期。

联合国教科文组织(UNESCO)的工作组于1955年举行会谈,出现了两个公约草案:摩纳哥草案(Monaco draft)和日内瓦草案(Geneva draft)。伯尔尼联盟与UNESCO同意执行ILO提出的日内瓦草案,经过多次争执后,于1961年10月在罗马缔结《保护表演者、录音制品制作者和广播组织的国际公约》,即《罗马公约》,于1964年5月正式生效,为封闭性公约,只有《伯尔尼公约》或《世界版权公约》的成员国才允许参加。这是版权邻接权国际保护中第一个世界性公约,也是有关表演者权保护的第一个国际公约。

《罗马公约》规定,表演者就其表演活动享有以下三项权利:第一,防止未经许可广播或向公众传播其表演实况,但专为广播或向公众传播的表演,以及根据已授权录制的表演进行广播或转播的除外;第二,防止他人未经许可录制其表演活动;第三,防止他人未经许可复制录有其表演的录音制品,但原版录制已获授权,或者复制目的没有超出表演者同意的范围,以及复制行为属于合理使用的除外。此外,公约还规定如果为商业目的发行的唱片或此类唱片的复制品直接用于广播或任何向公众的传播,表演者应当获得一笔总的合理报酬,并且缔约国可将标明主要表演者,或者标明拥有相关表演者权人的姓名作为保护条件。同时公约规定,如果若干表演者参加同一项表演,相关表演者的权利行使可由缔约国根据本国法律和规章进行规定。公约还规定不管本公约有什么规定,一旦表演者同意将其表演录像或录音录像,第7条就不再适用。由上可见,《罗马公约》所保护的表演仅仅指对于文学艺术作品的表演,而不包括其他表演,如电影演员的表演,公约明确这种表演由各缔约国国内法规定。同时,公约也仅为表演者提供了"'第一次利用'其表演的权利",表演者许可他人就其表演活动进行广播或向公众传播、进行录音录像以及复制录有其表演的录音制品,其权利都是一次性用尽的,一旦表演者同意将其表演录音录像,那么后续权利皆为终结。表演者无权就已获授权的录音制品进行广播、转播、向公众传播以及复制等获得报酬。

《罗马公约》的产生过程就是表演者权的产生过程,从这一过程中,我们可以看到两种力量以两种理由进行的斗争。一种力量代表表演者的利益,包括表演者、知识工作者国际联盟以及ILO等,他们坚持应当为表演者的表演确立独立的知识产权保护而不仅仅只是通过合同进行。理由是表演活动本身就是一种创作,表演者应当获得类似作者的保护地位。另一种力量代表的是作者以及那些利用表演进行营利的组织,典型的如录音制品制作者和广播组织,他们坚持表演缺乏独创性,关于表演的报酬问题只能通过合同解决。《罗马公约》既是作者与表演者、录音制作者和广播组织者之间利益较量的结果,同时也是表演者与录音制品制作者、广播组织者之间较量的结果。在以作者权为保护核心的大陆法系国家,无论相对于作品的创作者还是作为投资者的录音制品制作者和广播组织者,表演者(从事表演工作的人)的权利保护都处于弱势,即使在《罗马公约》中也是如此。

第四节 录音录像制作者权

一、录音录像制作者权概述

录音录像制作者权,是指音像制作者对其制作的录音录像制品享有的专有权。该权利的客体有两类,即录音制品与录像制品。根据我国《著作权法实施条例》的规定,录音制品是指任何对表演的声音和其他声音的录制品;录像制品是指电影作品和以类似摄制电影的方法创作的作品以外的任何有伴音或者无伴音的连续相关形象、图像的录制品。与多数国家不同的是，我国同时将录音制品和录像制品视为相关权客体，而大多数国家只规定了录音制品制作者权，其原因在于录像制品与电影作品的界限难以明确区分，涉及相关权保护的1961年的《罗马公约》和1970年的《日内瓦公约》，也都只规定了对录音制品的保护。

二、录音录像制作者权的内容

(1) 音像制品复制、发行权。录音录像制作者享有许可他人复制、发行其音像制品的权利。任何人未经唱片制作者许可，不得复制、发行其制作的音像制品，但法律另有规定的除外。

(2) 音像制品出租权。音像制品所有人不得擅自以营利为目的出租其所购买的音像制品。这样的做法将对音像制品的销售市场造成影响。为了保护音像制品制作者的合法利益，《著作权法》给录音录像制作者授予了音像制品出租权。因此，音像制品所有人只有取得了音像制品制作者的许可和表演者许可，才能从事出租音像制品的活动。

(3) 音像制品信息网络传播权。只有取得音像制品制作者的许可，网络经营者才可以将音像制品上录制的内容通过信息网络向公众传播，否则就是对音像制品制作者的侵权。

需要注意的是，一方面音像制品制作者行使上述三项许可权时，可以获得相应的报酬；另一方面被许可人复制、发行、通过信息网络向公众传播音像制品，应当同时取得著作权人、表演者的许可，并支付报酬。

三、录音录像制作者权的保护期

录音录像制作者权的保护期为50年，截止于音像制品首次制作完成后第50年的12月31日。

第五节 广播组织权

一、广播组织权概述

广播组织权是广播组织对其制作的广播、电视节目依法享有的专有权利。

广播组织权的主体是有线或无线广播电台、电视台。根据我国有关法规的规定，广播电台、电视台必须依照规定的程序进行审批。经批准设立的广播电台、电视台才能从事广播活动。现代广播，不仅包括有线广播，而且包括无线广播；不仅包括声音广播，而且包括声音和图像的广播。

广播组织权的客体是广播组织制作的广播电视节目。如中央电视台对其制作的“新闻联播”节目、“焦点访谈”节目等享有广播组织权。

英国版权法将“广播”规定为一种作品，依法享有版权。它规定“广播”系指用无线电系统对可视影像、声音或者其他信息的传输，这种传输应当：(1) 能够被公众成员合法地接收；或者(2) 为向公众成员呈现而进行。它将有线系统传输的节目称“电缆节目”(cable programs)，受版权法保护。

二、广播组织权的来源

(1) 来源于著作权。广播组织播放他人未发表的作品，应当取得著作权人的许可，并支付报酬;播放他人已发表的作品,可以不经著作权人的许可,但应当按照规定支付报酬。

(2) 来源于录音制品制作者权。广播组织播放他人未出版的录音制品,应当取得录音制品制作者的许可,并向其支付报酬;播放他人已出版的录音制品,可以不经录音制品制作者许可,但应当支付报酬。

(3) 来源于视听作品、录像制品的权利。电视台播放他人的视听作品、录像制品,应当取得视听作品著作权人或者录像制作者许可,并支付报酬。

(4) 自作节目。广播组织对其自作节目,例如,新闻采访、实况录像、专题报道、实事记录等享有相应的权利,但相关制作、编创、采访人员应当享有的著作权除外。

三、广播组织权的内容

(1) 转播权。广播电台、电视台有权禁止他人未经许可,将其播放的广播、电视以有线、无线方式进行转播。

(2) 录制、复制权。广播电台、电视台有权禁止他人未经许可,将其播放的广播、电视录制以及复制。

(3)信息网络传播权,广播电台、电视台有权禁止他人未经许可,将其播放的广播、电视通过信息网络向公众传播。

四、广播组织权的保护期

广播组织权的保护期为50年,截止于广播、电视节目首次播放后第50年的12月31日。

除了出版者权、表演者权、录音录像制作者权、广播组织权外,是否还有新的相关权?目前尚无肯定性意见。但值得讨论的是:网站经营者对其经营之网站能否享有权利?享有什么权利?有人认为,网站经营者对其经营的网站享有著作权;对其在网站上发布的所有信息,也享有著作权。这种意见当然有其合理性。但是,网站经营者对于在其网站上建立的电子图书馆、公告板以及其他许多链接方式,并不能享有著作权。可是如果对网站付出了巨大成本、智力和代价创建的图书馆、公告板和链接方式等不给予保护,显然是不公平的。对此,应当授予什么类型的权利给予保护最符合其实际效果呢?我们认为,将网站经营者作为一种新的相关权主体,将其所创建的网站作为其权利的客体,授予其相关权保护,可能是一种较好的选择。

[深度阅读]

1. 〔法〕克洛德·科隆贝:《世界各国著作权和邻接权的基本原则——比较法研究》,高凌瀚译,上海外语教育出版社1995年版。

2. 〔西〕德利娅·利普希克:《著作权和邻接权》,联合国教科文组织译,中国对外翻译出版公司2000年版。

3. 胡开忠:《网络环境下广播组织权的法律保护》,载《当代法学》2010年第5期。

4. 董皓:《论邻接权制度的正当性基础——兼论"信息网络传播者权"的虚无》,载《科技与法律》2007年第6期。

[法条导航]

1.《中华人民共和国著作权法》第十七条,第二十四条,第二十五条,第三十二条至第四十八条

2.《中华人民共和国著作权法实施条例》第二十六条至第三十五条

3.《出版管理条例》

4.《广播电台电视台播放录音制品支付报酬暂行办法》

[思考题]

1. 如何理解相关权与著作权的关系?

2. 图书出版者权应以多长期限为宜?

3. 使用他人的原创作品演出的表演者,如果事先未取得著作权人的许可,其表演构成侵权。此种情况下,表演者对自己的表演能否取得表演者权?

4. 录音录像制作者对其制作的音像制品享有出租权吗?

5. 我国《著作权法》第46条规定,广播电台、电视台播放他人已经发表的作品,可以不经著作权人许可,但应当支付报酬。你认为广播电台、电视台应当取得著作权人的许可吗?

第六章

著作权的限制

［内容提要］ 著作权限制是著作权制度中的重要组成部分。它直接关系到著作权人、作品的使用者和社会公众三者之间的利益。通过本章的学习，了解著作权限制的各种具体情形，领会和掌握合理使用、法定许可使用、著作权穷竭的适用条件及认定方法。

［关键词］ 著作权限制　合理使用　法定许可　著作权穷竭

第一节　著作权限制概述

一、著作权限制概述

著作权限制，是指民事主体可以在法律规定的范围内，不经著作权人许可而利用其作品或受相关权保护之对象，且不构成侵权的制度。简而言之，著作权限制的目的，实际上就是对著作权人依法享有的许可权或者获得报酬权给予适当的限制，以便利著作权人之外的其他人对其版权作品或者受相关权保护之对象的使用，让社会公众分享由该作品所带来的精神利益和文化利益，以实现著作权法促进社会文化发展的目的。

二、著作权限制的理论基础

根据权利哲学理论，任何权利都不是绝对的，而是相对的。民事权利体系中的所有权被称为绝对权，实际上它也是相对的。如某块土地归集体所有，如果国家需要征用该地建设公共设施，例如，公路、军事设施、公园等，那么，该集体作为该土地所有人不得以物权人的身份来对抗。

作为著作权客体的文学、艺术和科学作品，虽然是创作者独创的，但却是在现有文化财富基础上创作的，没有前人给我们留下的宝贵文化遗产，任何人都无法进行创作。同样的，任何人创作的文学、艺术和科学作品也应为当代人和后代人的学习、欣赏等服务。所以，法律不允许任何人绝对垄断其所创作的作品。具而言之，著作权限制就是为了平衡、协调和均衡著作权人、作品的使用者和社会公众之间的利益而设立的制度。从著作权人的角度看，权利的强度越大越好，范围越宽越好；从作品使用者的角度看，利用途径越多越好；从社会公众的角度看，作品保护的时间越短越好，可利用的作品越多越好，文学价值、艺术价值越高越好，而著作权限制在一定的程度上使此三者的利益得到了平衡和协调。

三、著作权限制的对象

根据著作权基本理论,受著作权限制的权利,既可以是著作财产权,也可以是著作人身权,还可以是相关权。对著作财产权和相关权中的财产权给予适当的限制,应当是符合上述限制缘由的。同样的,对著作人身权和相关权中的人身权(主要是表演者人身权)(以下统称为"著作人身权")进行适当限制也是必要的。

首先,从理论的角度看,权利不是绝对的,而是相对的,著作人身权也不例外。如果让著作人身权绝对化,著作权人、作品使用者和社会公众三者之间的利益可能会发生倾斜,作品使用者的利益,尤其是社会公众的利益就会遭受损失。如果不限制著作权人的发表权,某些人就会故意编创、制作一些危害社会公众的低级庸俗作品,制造文化垃圾。其次,从绩效的角度看,对著作人身权给予适当限制,有利于人们的学习、生活和工作。如老师修改学生的作品、家长修改孩子的作品、报刊社对其编辑出版的作品作文字性修改等,就是这方面的体现。因此,受著作权限制的对象不只是著作财产权,而且还包括著作人身权。

四、著作权限制的种类

法律规定的著作权限制包括合理使用、法定许可使用、著作权穷竭、强制许可和公共秩序保留等。此外,著作权的保护期限制、地域限制、权项种类限制等,也属于限制形式,但理论上通常不将此三种限制与前五种限制相提并论。前五种限制是法律对著作权在权能上的限制,而保护期和地域范围的限制,被认为是知识产权区别于物权的基本特征。著作权权项种类的限制,因国家而异,因时代而异,因经济发展水平而异。如有的国家对作者授予了收回权、追续权,而有的国家则未授予。

在我国,《著作权法》明确规定的限制有三种,即合理使用、法定许可使用和公共秩序保留。关于著作权穷竭,虽然事实上得到了认可,但法律并未作规定,即著作权穷竭为习惯上的限制,而非法律上的限制。有的国家著作权法对著作权穷竭给予明确规定,如俄罗斯联邦《著作权与邻接权法》第 16 条第 3 款、英国 1988 年《版权、外观设计与专利法》第 18 条第 2 款对此作了规定。关于强制许可,我国《著作权法》未作规定,但也只有少数国家有此种限制。

无论是著作权限制的种类,还是限制的具体条件、范围等,都得有法律规定。否则,任何人不得以著作权限制作为侵权之抗辩事由。未经著作权人许可,实施他人著作权,利用他人的作品,若想不承担相应的侵权责任,可以著作权限制为由进行抗辩。抗辩成立的,则不必承担侵权责任。

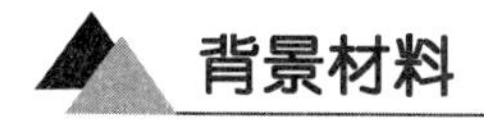

背景材料

网络环境与著作权限制[①]

在网络环境下,数字技术创造了人类活动的新领域,它不仅缩短了人们之间进行交流的距离和时间,也使人类获取和传播信息更加方便。在最广泛的含义上,数字环境中的参与者具有生产者、消费者和当事人等多种身份。数字技术支撑的网络环境甚至产生了一个新的

---

① 冯晓青:《网络环境下的著作权保护、限制及其利益平衡》,载《社会科学》2006 年第 11 期。

文化氛围,具有媒体交互功能。数字技术和因特网技术的迅猛发展深刻地改变了模拟环境下作品的创作、使用和传播方式,并对著作权法中传统的著作权人的利益和公共利益的平衡产生了深远影响。

著作权在网络环境中的扩张对传统的著作权的概念和范围乃至整个著作权法律制度提出了挑战。事实上,信息网络环境的出现也给著作权法政策与著作权法理论研究提出了很多新的课题和挑战。一方面,因特网高效、便捷的传播手段能够使数字化作品在很短的时间内传遍全球,公众接近著作权作品更加方便。另一方面,著作权人对其在网络空间传播的作品却难以控制,擅自下载、传输、复制其作品的行为十分普遍。这一现实使得一些著作权强保护主义者将电脑空间看成是"更广泛的信息盗版源"而主张强化信息网络空间的著作权保护。各国立法机关也开始对传统著作权法在网络空间的适用加以规范,如对数字环境中合理使用问题进行立法。

著作权法的基本精神是通过赋予作者或其他著作权人对作品的专有权利而鼓励作品的创作与传播,促进科学、文化和艺术的进步与繁荣。维护著作权人与传播者和社会公众利益之间的平衡是著作权法制度安排的基本出发点。在网络环境下,著作权法的这一精神并没有发生变化。对网络环境下出现的使用、传播作品以及技术措施保护行为,在处理著作权保护与信息传播的关系上,利益平衡仍然是基本的适用原则。

第二节 合 理 使 用

一、合理使用的概念与特征

合理使用(fair use 或 fair dealing),是指自然人、法人或者非法人组织根据法律规定,可以不经著作权人许可,而使用他人已发表的作品,不必向著作权人支付报酬的制度。与其他著作权限制制度相同,合理使用的目的是在著作权人利益与公共利益之间作出取舍,使得公众得以按照一定方式,在一定范围内自由使用作品。理解合理使用制度应注意其以下特点:

(1) 合理使用人不特定。即任何自然人、法人或者非法人组织都可以根据法律的规定,合理使用他人已发表的作品。

(2) 被合理使用的客体为已发表作品。一般情况下,他人尚未发表的作品不能被合理使用。我国《著作权法》第 24 条第 1 款规定了 12 种合理使用的情形,除第 8 项规定的"六馆"为陈列或者保存版本的需要,复制本馆收藏的作品未明确为已发表的外,其他有 10 种情形明确使用了"已发表的作品"的字样。第 10 项未使用"已发表的"字样,但却是针对"设置或陈列在公共场所的艺术作品"的,而这种设置或陈列,本身就是发表的形式。其他国家的法律也有类似的规定。但在特殊情况下,他人尚未发表的作品也可以成为被合理使用的对象。如"六馆"为陈列或保存版本的需要,可以复制本馆收藏的作品。这些作品可以是已发表的,也可以是未发表的。

(3) 合理使用必须有法律依据。由于合理使用者使用他人的版权作品,既不必经著作权人许可,也不必向著作权人支付报酬,所以,应当严格以法律规定为依据。否则,其使用作品的行为可能构成侵权。

(4) 合理使用目的是非营利性的。一般情况下,非营利性地使用他人的版权作品,都可能是合理使用,而营利性地使用,则肯定不是合理使用。但是,非营利性使用并不一定就是合理使用。如为教学需要,给成千上万的学生复制某作品,供其学习之用。此种复制之目的显然是非营利性的,但其行为却并不是合理使用。

(5) 合理使用者使用他人的版权作品,既不必经著作权人许可,也不必向著作权人支付报酬。

(6) 合理使用他人的版权作品时,使用者应当指明作者姓名或者名称、作品名称,并且不得影响该作品的正常使用,也不得不合理地损害著作权人的合法权益。

二、合理使用的适用条件

判断合理使用的条件,世界各国主要采取了两种立法例:第一种来自《伯尔尼公约》第9条第2项提供的三步检验法。"三步检验法"认定合理使用的适用应符合以下三项要求,即(1) 在特殊情况下使用作品;(2) 不妨碍作品的正常使用;(3) 未对作者的合法利益造成不当影响。第二种源自《美国著作权法》第107条,该条将合理使用的判定标准设定为以下四个方面:(1) 利用行为的目的与性质,包括该利用是否为商业性质或为非营利性的教育目的;(2) 被利用作品的性质;(3) 所利用部分相对于作品整体,在数量与重要性上的比例;(4) 利用行为对作品潜在市场与价值的影响。根据美国国会立法说明所述,本条对合理使用制度的界定,并无意将此原则冻结于法条中,尤其是处于科技发展迅捷的时代,法院应根据个案的特殊情况适用本条的原则。①

我国《著作权法》第24条规定的合理使用,事实上更加类似于大陆法系国家著作权法中的法定例外,即对限制著作权的行为类型加以列举,而非对合理使用的适用标准加以规定。这种立法模式的优势,在于使司法裁判机关在适用合理使用时能够明确合理使用的范围,但其缺点在于无法根据社会的发展将合理使用运用于新问题中。因此我国《著作权法实施条例》增加了"不得影响该作品正常使用"和"不得不合理地损害著作权人的合法利益"两项合理使用的适用条件,但由于《著作权法实施条例》用于对《著作权法》的解释和适用,所以并不意味着我国《著作权法》就增加了类似于三步检验法的适用条件,而只能视为对既有列举的解释和限定。

三、合理使用的种类

我国《著作权法》列举了12种适用合理使用的情形,分别如下:

(1) 为个人学习、研究或欣赏,使用他人已发表作品。个人学习、研究或欣赏他人已发表作品,之所以被规定在合理使用的第一位,是因为这样的使用行为是人类文化传播的重要方式。但需要注意的是,这种个人学习、研究或欣赏必须纯粹限定在个人领域,既不得涉及商业目的,也不能在使用数量和方式等方面超出个人使用范围。

(2) 为介绍、评论某一作品或者说明某一问题,在作品中适当引用他人已发表作品。对某一作品进行评介而适当引用该作品,应当是评介行为本身决定的。若评介某作品而不引用该作品,那么该评介就属于无的放矢,没有针对性。为了说明某一问题,适当引用他人的已发表作品,是以理服人或以事实服人的需要。但引用必须是适当的。关于"适当"的标准,1985年原文化部颁布的《图书期刊版权保护条例实施细则》曾有规定,但我国现行《著作权

① 关于美国国会对合理使用的立法解释,可参见 H. R. Rep., No. 1476, 94th Cong., 2d Sess. (1975), p. 66。

法实施条例》对此没有规定，应根据上述的合理使用构成条件来衡量。

(3) 为报道新闻，在报纸、期刊、广播电台、电视台等媒体中不可避免地再现或者引用已发表作品。除了此处列举的四种媒体外，还应当包括网站。如果已发表作品与某时事新闻具有密不可分的关联，且在报道时事新闻时有关媒体又无法将它与其他事实相分离，或者分离后无法产生应有的效果，或者分离之成本过巨等，而再现或者适当引用该作品，则为合理使用。如为了报道某画展，有关媒体，尤其是电视台，在报道该画展时，不可避免地要播放某些参展作品。有关媒体的这种使用行为，就是合理使用。

(4) 报纸、期刊、广播电台、电视台等媒体刊登或者播放其他报纸、期刊、广播电台、电视台等媒体已经发表的关于政治、经济、宗教问题的时事性文章。这样的使用方式有其合理性，但也有其弊端，因为转载之媒体可能影响被转载之媒体的潜在市场。正因为如此，《著作权法》第 24 条第 1 款第 4 项的"但书"，给被转载媒体以支配权，即"但著作权人声明不许刊登、播放的除外"。

(5) 报纸、期刊、广播电台、电视台等媒体刊登或者播放在公共集会上发表的讲话。此种合理使用形式与上一种合理使用形式类似，所以《著作权法》也作了"但书"规定，即"作者声明不许刊登、播放的除外"。

(6) 为学校课堂教学或者科学研究，翻译、改编、汇编、播放或者少量复制已发表作品，供教学或者科学研究人员使用，但不得出版发行。这种合理使用有四个限制条件：一是为学校课堂教学或者科学研究的目的。此处所指的"学校"应当限于依据我国《教育法》和《高等教育法》等法律设立的全日制学历教育学校，如幼儿园、小学、中学、大学等。其他一些虽然有"学校"的名称，但不是进行全日制学历教育的，则不属于此。如"某某美容美发学校"等。二是使用行为仅限于翻译、改编、汇编、播放或者少量复制。为课堂教学而对某已发表作品进行翻译、改编、汇编、播放，没有数量限制；若进行复制，则只能是少量的。如何确定"少量"，应视具体情况而定。三是供教学或科研人员使用，即限定了使用人员的范围。除有关的教学或科研人员外，其他人不得使用。四是不得出版发行。如果将其翻译、改编、汇编、播放的材料用于出版发行，其行为就不是合理使用，而是翻译、改编、汇编、播放行为。对他人作品进行翻译、改编、汇编、播放，应取得著作权人的许可，否则其行为构成对著作权的侵犯。

(7) 国家机关为执行公务在合理范围内使用已发表作品。一般情况下，国家机关使用他人已发表作品，也应当取得著作权人的许可，并按规定支付报酬。但是，国家机关为执行公务，在合理范围内使用已发表作品，就是合理使用。

(8) 图书馆、档案馆、纪念馆、博物馆、美术馆、文化馆等为陈列或者保存版本的需要，复制本馆收藏的作品。与其他各种合理使用相比，此种合理使用最特别之处在于被使用的对象可以是已发表作品，也可以是未发表作品。如某著名大师将手稿赠送给某博物馆，该手稿就是未发表作品。根据此项规定，该博物馆可以复制该手稿，以供陈列或保存。

(9) 免费表演已发表作品，该表演未向公众收取费用，也未向表演者支付报酬且不以营利为目的。我国《著作权法》第 38 条第 1 款规定，表演者使用他人作品进行演出，应当取得著作权人许可，并支付报酬。但是，免费表演已发表作品，则为合理使用。"免费表演"是指表演组织者不向观众、听众收取费用，也不向表演者支付费用，表演组织者也不得收取广告费、赞助费等。免费表演的作品只能是已发表作品，不能对未发表作品进行免费表演。某些单位组织的扶贫义演、赈灾义演、慈善义演等，并不是免费表演。表演者或者表演组织者应当取得著作权人的许可，并支付报酬。

(10) 对设置或者陈列在公共场所的艺术作品进行临摹、绘画、摄影、录像。这种合理使用的对象是针对艺术作品的,且艺术作品被设置在公共场所或者陈列在公共场所。使用者对这种艺术作品进行临摹、绘画、摄影、录像而产生的结果,是一种复制品,因无独创性而不能产生自己的著作权。这里所说的"公共场所的艺术作品"是指设置或者陈列在社会公众活动处所的雕塑、绘画、书法等艺术作品。艺术作品的临摹、绘画、摄影、录像人,可以对其成果以合理的方式和范围再行使用,不构成侵权。

(11) 将中国公民、法人或者非法人组织已经发表的以国家通用语言文字创作的作品翻译成少数民族语言文字作品在国内出版发行。这种合理使用有四个基本要素:一是被合理使用的对象是中国人的作品,即对外国人或者无国籍人的作品不得进行这种合理使用。二是被合理使用的对象是中国人的国家通用语言文字作品,即对中国人的非国家通用语言文字作品不能进行这种合理使用。如中国人以藏文、回文等少数民族文字创作的作品,不能以合理使用形式翻译成另一种少数民族语言文字作品。三是被合理使用的对象只能被翻译成我国少数民族语言文字作品,不是指由少数民族同胞将国家通用语言文字作品翻译成外国语言文字作品。至于翻译者是否用自己民族的语言文字进行翻译,无关紧要。如壮族人将中国人的国家通用语言文字作品翻译成蒙古语言文字作品,也是合理使用。四是翻译作品仅限于在中国境内出版发行,不得在其他国家或地区出版发行。

(12) 以阅读障碍者能够感知的无障碍方式向其提供已经发表的作品。这种合理使用是针对特殊群体而言的。因为盲人存在视力障碍,无法正常阅读,但有些盲人能够"阅读"盲文。法律允许人们将已发表作品改成盲文出版,就是给少数能够"阅读"的盲人以扶助。一方面,能够阅读盲文的人很少;另一方面,能够书写盲文的人也很少。如果法律不规定这种合理使用,将无人有能力来做盲文改作之工作,盲人的"阅读"也就成了无源之水。此种合理使用的对象可以是任何已发表作品。

上述 12 种合理使用形式,可适用于对相关权的限制。但应当如何适用,则要视具体情况而定。

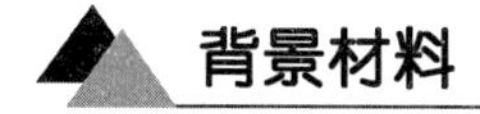

背景材料

我国合理使用司法认定标准何去何从?①

我国著作权法中被习惯称为合理使用的条款其实是一个穷尽式的权利例外列举,从比较法的角度考察,其更接近于大陆法系著作权法中的权利限制与例外(limitations and exceptions),即由立法者创制著作权例外类型,司法机关只能基于法定类型进行法律解释。相比之下,英美版权法则是通过法官在个案中对一般判定要件的解释界定权利例外范围。严格来说,这种基于一般判定要件决定未经许可使用行为合法性的认定标准才应被称为合理使用(fair use)。基于判例法传统,在历史上著作权合理使用还不断通过法官造法为一般判定要件补充新的含义,以适应传播技术与社会发展的需求。长期以来,我国各界一直采用著作权合理使用的概念,而实际立法模式又是典型的法定"著作权限制和例外",可见两者的指称对象在我国著作权法中具有同一性。虽然这种概念上的混用不会有实质性影响,但如

① 熊琦:《著作权合理使用司法认定标准释疑》,载《法学》2018 年第 1 期。

果延伸到在法律适用上也杂糅不同法系和法域内容的判定标准，则必然危害著作权合理使用制度的可预期性。遗憾的是，我国著作权合理使用的司法认定标准正面临这种法源混乱的局面，不同法院对著作权合理使用的不同解释方法，导致合理使用制度在适用上缺乏起码的稳定性。我国法院不但在审判中不加区分地综合考量《著作权法》对合理使用类型的具体列举与《著作权法实施条例》提供的一般判定要件，而且在两类判定要件的适用顺序和关系处理上存在任意性。这种因缺乏统一解释标准而只能在个案中根据情况灵活处理的做法，显然背离了成文法系的法律解释规则。

与此同时，在著作权合理使用应对网络时代的修法方向选择上，作为我国借鉴对象的美国和欧盟也出现了不同观点。欧盟国家鉴于传统的著作权法定限制和例外缺乏灵活性和解释空间，因此希望改造"三步检验法"，在法律解释方面借鉴《美国版权法》上合理使用一般判定要件的包容性，并选择更能平衡所有适用对象利益的"三步检验法"解释路径。然而，以灵活性和包容性著称的美国《版权法》合理使用一般条款却因过于灵活且缺乏预见性而被其本土学者广泛批评。美国学者在论及本国版权法改革时，提出以类型化的方式将合理使用一般判定要件以具体条款的方式表现出来，最终形成统一的适用标准，避免不同法院各自解释造成的混乱。这说明发达国家在应对传播技术变革时也对著作权法定例外的立法选择存在争议，由此间接导致我国著作权法缺乏稳定的和成熟的可借鉴对象，也变相鼓励了我国法院频频突破既有法源体系而任意借用判例法国家的造法成果解决本土问题的做法。近年来，我国法院在著作权立法和司法解释皆无先例的情况下多次将转换性使用这一美国法官造法的产物直接作为判决理由，认定构成对原告作品转换性使用的行为不会不合理地损害原告的合法利益。此外，以美国《版权法》上的"合理使用四要件"解释甚至替换我国著作权合理使用条款的现象也时常出现，显然有脱离本土法源进行不当法官造法的嫌疑。

数字图书馆使用作品片段案①

本案原告王莘（笔名棉棉）为涉案作品《盐酸情人》的作者。被告谷歌公司为谷歌数字图书馆的制作者，其在制作该数字图书馆的过程中全文复制了原告涉案作品。此后，被告谷歌公司将该作品提供给其在中国的关联公司被告北京谷翔公司，由该公司在其经营的谷歌中国网站上向网络用户进行片段式提供，所提供页面中仅显示相关页内容的两三个片段，每个片段约有两到三行，该页面中并不显示图书页面的全部内容。王莘诉至北京市第一中级人民法院，主张两被告未经其许可全文复制其作品并在谷歌中国网站上进行传播的行为构成对其复制权及信息网络传播权的侵犯，要求两被告停止侵权并赔偿损失。

被告北京谷翔公司则认为，因谷歌中国网站仅提供图书的搜索链接服务，并不直接提供

① 王莘与北京谷翔信息技术有限公司等作品信息网络传播纠纷上诉案，一审：(2011)一中民初字第1321号，二审：(2013)高民终字第1221号，www.pkulaw.cn/case/pfnl_a25051f3312b07f322015936987fbd6e1ddb1ae18f72b649bdfb.html?keywords=%E8%B0%B7%E6%AD%8C%E6%95%B0%E5%AD%97%E5%9B%BE%E4%B9%A6%E9%A6%86&match=Exact，访问日期：2017-05-16。

作品，且网站内容中仅涉及作品片段，被告对此亦无主观过错，故作为该网站的经营者，其不应承担侵犯信息网络传播权的责任。

一审法院认为，因被告北京谷翔公司并无证据证明其实施的是搜索链接行为，故可以认定其提供的是信息网络传播行为。虽然被告北京谷翔公司实施这一行为并未经过原告许可，但鉴于该行为符合合理使用行为的实质条件，构成合理使用行为，故被告北京谷翔公司实施的这一行为并未构成对原告信息网络传播权的侵犯。对于被告谷歌公司实施的全文复制行为，法院则认为，因全文复制行为会与原告作品的正常使用相冲突，且对原告作品的市场利益会造成潜在危险，将不合理损害原告的合法权益，故这一全文复制行为不构成合理使用，在被告谷歌公司未经过原告许可的情况下，该行为构成对原告复制权的侵犯。宣判后，被告谷歌公司不服一审判决，提起上诉，二审驳回上诉，维持原判。

第三节 法定许可

一、法定许可使用概述

法定许可使用，是指特定的自然人、法人或者其他组织根据法律规定，可以不经著作权人许可而使用其版权作品，但应当按照规定支付报酬的制度。

法定许可使用与合理使用相比有以下区别：(1) 使用者不同：合理使用者是不特定的任何人，但法定许可使用者只能是特定的人。法定许可使用者包括：义务教育和国家规划教材的编写者；报刊社；录音制作者；广播电台、电视台。1990 年《著作权法》还规定表演者可以法定许可使用他人已发表作品进行表演，但 2001 年修正后的《著作权法》取消了这种使用。九年制义务教育和国家规划教材的编写者是 2001 年修正的《著作权法》增加的法定许可使用者。(2) 被使用的对象不同：合理使用可涉及任何作品，而法定许可使用仅涉及少数种类的作品：文字作品、音乐作品或者单幅美术作品、摄影作品；报刊上登载的作品；合法录制在录音制品上的音乐作品；已经出版的录音制品。(3) 目的不同：合理使用以非营利为目的，而法定许可使用则以营利目的为主，个别使用可能不是营利目的，如广播电台的使用等。(4) 付费与否不同：合理使用者不必支付报酬，而法定许可使用者应当支付报酬。

因此，判断法定许可使用有以下标准：(1) 使用者以营利目的使用作品；(2) 使用者不必经著作权人许可而使用他人的版权作品；(3) 使用后应当向著作权人支付报酬。

法定许可使用制度的作用主要在于：根据某些特定主体不仅使用作品的需求量大，而且特别强调时效性和紧迫性的特点，保证其使用作品时不增加一些不必要的成本，且不损害著作权人的合法利益。

二、法定许可使用的种类

我国法律共规定了六种法定许可，即《著作权法》中规定的“报刊转载”“录音制品制作”“播放作品”“播放录音制品”“教科书编写”，以及《信息网络传播权保护条例》中规定的“课件制作”。

(一) 关于报刊转载的法定许可

《著作权法》第 35 条第 2 款规定的报刊转载法定许可，是指作品在报刊上刊登后，除著作权人声明不得转载、摘编外，其他报刊在按规定向著作权人支付报酬的前提下，可以转载或作为文摘、资料刊登。报刊转载的法定许可旨在限制文字作品著作权人的复制权，为优秀文字作品的传播提供法律上的便利条件，以避免层层许可阻碍作品的传播。

同时，我国《著作权法》对报刊转载的法定许可也进行了严格的限制，首先，报刊转载法定许可仅限于报刊与报刊之间，其他类型的作品，如图书等不得适用。其次，适用报刊转载法定许可的使用者不得侵犯著作权人的其他权利。最后，网络环境下的转载和摘编行为，并不能适用法定许可。最高人民法院曾在2001年《关于审理涉及计算机网络著作权纠纷案件适用法律若干问题的解释》中试图将报刊转载的法定许可扩展到网络环境下，但2006年的《信息网络传播权保护条例》并未吸收这一司法解释。

（二）关于录音制品制作的法定许可

根据《著作权法》第42条第2款的规定，关于录音制品制作的法定许可，是指录音制品制作者使用他人合法录制为录音制品的音乐作品来制作录音制品时，在按照规定支付报酬的前提下，可以不经过著作权人的许可，但著作权人声明不许使用的除外。需要注意的是，能够适用录音制品制作法定许可的音乐作品，必须是已经被合法录制为录音制品的音乐作品。从文义解释的角度看，我国录音制品制作的法定许可条款仅允许在“制作”新录音制品的环节适用，这意味着一方面制作者不得直接翻录已有的录音制品，否则构成对录音制品制作者复制权和发行权的侵犯，另一方面制作者在制作新录音制品后，无法发行其制作的录音制品。如果适用法定许可制作的录音制品无法发行，那么本条法定许可就无任何意义可言，因为录音制品制作者制作录音制品的目的，显然是为了发行该录音制品。鉴于对本条文义解释的不足，我国司法机关采取了扩大解释的方法，将被制作之音乐作品的发行也涵盖在本条的范围内。

（三）关于播放作品的法定许可

根据《著作权法》第46条第2款的规定，广播电台、电视台播放他人已经发表的作品，可以不经著作权人许可，但应当按照规定支付报酬。需要注意的是，在随后的第48条中，《著作权法》又特别列举了视听作品、录像制品，规定上述作品不适用播放作品的法定许可，应当取得视听作品著作权人或者录像制作者许可，并支付报酬。

（四）关于播放录音制品的法定许可

与上述播放作品的法定许可相同，播放录音制品的法定许可的目的同样是限制著作权人的广播权，根据《著作权法》第46条的规定，广播电台、电视台播放他人已经出版的录音作品，可以不经著作权人许可，但应当按照规定支付报酬。当事人另有约定的除外。2009年5月6日，国务院第62次常务会议通过了《广播电台电视台播放录音制品支付报酬暂行办法》，并于2011年修订，具体规定了在不同条件下广播电台、电视台播放录音制品的付酬办法。

（五）关于编写出版教科书的法定许可

编写出版教科书的法定许可，是指为实施义务教育和国家教育规划而编写出版教科书，可以不经著作权人许可，在教科书中汇编已经发表的作品片段或者短小的文字作品、音乐作品或者单幅的美术作品、摄影作品、图形作品，但应当按照规定向著作权人支付报酬，指明作者姓名或者名称、作品名称，并且不得侵犯著作权人依照《著作权法》享有的其他权利。该法定许可旨在促进国家规划教育的实施，同时作品不限于文字作品，而且对出版者、表演者、录音录像制作者、广播电台、电视台的权利同样适用。

（六）关于制作课件的法定许可

根据《信息网络传播权保护条例》第8条的规定，为通过信息网络实施九年制义务教育或者国家教育规划,可以不经著作权人许可,使用其已经发表作品的片段或者短小的文字作品、音乐作品或者单幅的美术作品、摄影作品制作课件,由制作课件或者依法取得课件的远程教育机构通过信息网络向注册学生提供,但应当向著作权人支付报酬。该法定许可可视为是为了促进网络环境下的国家规划教育所设。同时,《条例》第10条第4项也对该法定许可作出了限制,即要求制作和提供课件的教育机构必须采取技术措施审核学生的身份,不得任意扩大课件使用的范围。

老孙文化(北京)有限公司诉毛宁等侵犯著作权纠纷案[①]

2008年,国际文化交流音像出版社出版了歌手李健演唱的音乐专辑《似水流年》,其中收录了《传奇》等歌曲,《传奇》由李健作曲,刘兵作词。该专辑盘封上显示有“版权所有翻录必究”字样。李健和刘兵曾于2008年10月28日将《传奇》等歌曲在全球范围内的信息网络传播权、词曲著作权、邻接权、录音制品版权独家授权给老孙文化公司,授权期限为6年。2012年,毛宁演唱的《传奇》收录于中国唱片总公司出版的专辑《十二种毛宁》中。故老孙文化公司向法院提起诉讼。

法院认为,首先,原告主张权利的歌曲《传奇》在涉案专辑《十二种毛宁》制作前已经由他人在先合法录制、出版。其次,刘兵、李健作为歌曲《传奇》的词曲著作权人并未在该歌曲发表时做出不得使用的声明,虽然原告提交的《似水流年》专辑上显示有“版权所有翻录必究”字样,但从上述内容的文义来看,应理解为系禁止他人擅自翻录录音制品的声明,而不能视为词曲作者刘兵、李健做出的不得使用歌曲《传奇》词、曲的声明。最后,涉案专辑《十二种毛宁》的录音制作者新二十一公司虽然未就使用涉案歌曲直接向刘兵、李健支付使用费,但新二十一公司在该专辑出版前向负有法定许可使用费收转职能的音著协交付了使用费,符合相关规定。综上,涉案专辑《十二种毛宁》对歌曲《传奇》的使用符合《著作权法》第四十条第三款规定的可以不经著作权人许可的情形,故不构成侵权。在涉案专辑系合法录制、出版的情况下,其他被告的涉案行为亦不构成侵权。综上,老孙文化公司本案的诉讼请求,缺乏事实和法律依据,应予驳回。

第四节 著作权穷竭

一、著作权穷竭概述

著作权穷竭,是指以销售方式将作品原件或复制件投放市场后,任何人不经著作权人许可,且不必向著作权人支付报酬,而继续发行销售该作品原件或复制件,不构成侵权。

由此可见,著作权穷竭是针对发行权的,而且主要是针对发行权中的销售权。尤其要注意,著作权穷竭不是著作权本身的终止,而是指著作权人对作品原件或者复制件的再销售权

---

① 参见北京市朝阳区人民法院民事判决书(2013)朝民初字32575号。

的丧失。例如,美术作品原件的所有权转让后,该原件所有权人可以不经著作权人许可,也不必向其支付报酬,再将该美术作品原件所有权转让、赠与都是合法的。著作权穷竭所涉及的理论问题,在法律上已有明确规定,即美术等作品原件所有权的转移,不视为作品著作权的转移。虽然作品的原件或者复制件所有权已经转移,但该作品的著作权并不因此而发生转移。因此,著作权穷竭并不是著作权的终止。

著作权穷竭涉及以下问题:(1) 作品原件或复制件是合法制作的。因为作品原件是唯一的,所以,作品原件的合法性不存在问题。因此,重点强调作品复制件是合法制作的。作品复制件的合法性,指作品复制件是经著作权人许可或者制作者是依据法律的规定制作的。例如,著作权人许可出版社出版其作品,因此而制作的复制件是合法的。非法制作的作品复制件不发生著作权穷竭。(2) 作品原件或复制件第一次被合法地投入市场。作品复制件第一次被合法地投入市场,就是依法享有发行权的人以销售方式将作品复制件投入市场。(3) 著作权人因此而丧失对该作品复制件的再销售控制权,即发行权,著作权人的其他权利并不受任何影响。

二、对著作权穷竭的限制

著作权穷竭,是对著作权的限制。但是,著作权人如果因此而全面丧失对其作品原件或复制件的使用控制权,就是不公平、不合理的,因为著作权限制就是为了协调著作权人、作品使用者和社会公众三者之间的利益关系,如果构建的制度过分地造成著作权人利益的减损,而增加作品使用者或者社会公众的利益,这样的制度就是有瑕疵的,应当予以矫正。对著作权穷竭的限制就是对这种瑕疵的矫正制度。

著作权制度中,对著作权穷竭大体有三种限制:(1) 追续权。追续权是作家或艺术家的文学艺术作品原作或原稿,在第一次转让后,作者或作者的合法继承人享有的分享该原作或原稿转售利益的权利。这项权利最早由美国等西方国家创设,此后被一些国家接受。《伯尔尼公约》第 14 条之三对此作了专门规定。我国还没有规定该项权利。(2) 出租权。出租权是有偿许可他人临时使用视听作品、计算机软件、录音录像制品的权利。电影等作品的复制件被合法投放市场后,其著作权人虽然不能再控制它们的继续销售,但却可以控制对它们的出租。这项权利得到了《TRIPS 协议》《WIPO 版权条约》以及《WIPO 表演与唱片条约》的肯定。我国《著作权法》对此作了规定。(3) 公共借阅权。图书馆等公共部门向不特定的读者出借作品原件或者复制件,应当向著作权人支付适当版税。著作权人获得此项版税的权利就是公共借阅权。现在已授予该项权利的国家不多,我国《著作权法》也没有给著作权人授予该权利。

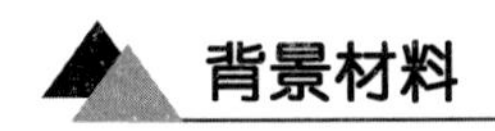

追续权的前世今生[①]

一、追续权的缘起

追续权于 1920 年起源于欧洲工业文明发展较早的法国。彼时,法国作为欧洲的艺术中

① 摘自张今、孙伶俐:《追续权:艺术家的福利》,载《法学杂志》2013 年第 4 期。

心，大批艺术家靠出卖自己创作的艺术作品谋生。由于尚未出名以及买卖双方地位悬殊，很多优秀的艺术作品被廉价出售，直至多年之后（甚至是艺术家去世之后），作品潜在的巨大艺术价值才被世人认可，作品随之被高价转售。艺术品经营商获取高额利润的同时，艺术家本人却无法分享这些利益。这种“把自己应得的报酬装到别人的荷包里”的情况引发了艺术家强烈的不满与质疑，许多艺术家联合起来游行示威，抗议政府对这一社会不公现象的漠视，由此促使法国在1920年设立了追续权制度，即法语“droit de suite”，在英语中被称作“resale royalty right”（转售的版税权）或“right of pursuit”（追续权）。法国设立追续权制度之后，比利时、德国等大陆法系国家纷纷效仿，《伯尔尼公约》（布鲁塞尔文本）于1948年认可了追续权，此后，英美等国也逐步引入了追续权制度。

二、追续权的正当性

艺术家身份的独立与艺术品市场的独立发展是设立追续权制度的现实基础。最初的艺术家主要服务于皇室宫廷或达官贵人，依靠皇室或私人赞助生活，其创作的艺术作品也多为皇室或私人欣赏并收藏，因此不存在与艺术品经营商利益分配不均的问题。当社会进步和经济发展到一定程度时，艺术家逐渐获得了独立的社会角色，他们的经济来源也逐渐转变为以出卖自己的艺术品而获取报酬。高质量的艺术作品并非一蹴而就，需要艺术家长期积累、不断创新，有的艺术作品甚至是毕艺术家一生精力而造就的。然而优秀作品的潜在价值在投入市场之初往往不被世人所知，待其巨大的艺术价值得到认可后，以前购买了该艺术品原件的所有人一经转售即可轻易获得巨大收益，这种收益并非自己劳动所得，而是建立在艺术家创作活动的基础上。即使是年轻时就已经成名的艺术家，在作品首次销售时价格相对比较合理，也同样面临着早期作品暴涨的利润被艺术商独占的现象。因此，让艺术家和他们在文字和音乐领域的同行一样，从作品的再次利用中获得利益，通过艺术市场的交易提高艺术作品的价值，体现了著作权法利益分配原则的公平性和激励作用。

三、追续权的国外立法状况

追续权制度在多数大陆法系国家中得到了承认，如法国、德国、意大利等国均在著作权法上对其作出了明确而详细的规定，详尽的规定大大提高了追续权实现的可能性。

基于艺术品交易成本的考虑，英美法系国家最初并未接受追续权制度，因为如果设立追续权，势必会加重艺术品经营商和收藏家的经济负担，从而削弱国内艺术市场的吸引力。但是，2001年出台的《欧洲议会和理事会关于艺术作品原作作者追续权的2001/84/EC号指令》对所有欧盟成员国作出了具有强制性的专门规定，即未确立追续权制度的国家，必须在一定的保护期内制定有关追续权的制度。由此，英国于2006年1月1日开始实施《艺术家转售权法》（Artist Resale Law），规定了追续权。

目前，美国仅加利福尼亚州颁布了适用于本州的“转售权利金法案”，对追续权的适用作出了具体规定。显然，两大法系国家对追续权制度的态度有所不同。耐人寻味的是，加州艺术品市场的交易额只占全美艺术品市场极小的一部分，换言之，追续权制度的设立对美国艺术品交易市场的影响微小。但不论怎样，英美法系的立法态势的确在事实上印证了追续权的合理性，其对追续权的规定也为其他尚无追续权制度的国家提供了借鉴。

第五节 著作权的其他限制

一、公共秩序保留

公共秩序保留,就是对损害或危害国家利益、社会公共利益和善良风俗习惯的作品,著作权法不予保护的制度。对此,《TRIPS 协议》持肯定态度。该协议第 8 条第 1 款规定:"成员可在其国内法律及条例的制定或修改中,采取必要措施以保护公众的健康与发展,以增加对其社会经济与技术发展至关重要领域的公益,只要该措施与本协定的规定一致。"

我国 2010 年修正的《著作权法》第 4 条规定:"著作权人和与著作权有关的权利人行使权利,不得违反宪法和法律,不得损害公共利益。国家对作品的出版、传播依法进行监督管理。"此条包括三个方面的内容:(1) 著作权人和与著作权有关的权利人行使著作权,不得违反宪法和法律;(2) 著作权人和与著作权有关的权利人行使权利,不得损害公共利益;(3) 国家对作品的出版、传播依法进行监督管理。此处所指的"法",应当是广义的法。[①]

二、强制许可

强制许可,也称违背著作权人意志的许可。它是指根据申请人的请求,国家版权管理部门违背著作权人意志,授权申请人利用其作品的制度。

著作权领域虽然有强制许可制度,但实施得比较少,远没有专利领域普遍。到目前为止,规定有强制许可制度的国家不多,我国法律没有作此规定。但《伯尔尼公约》附件第 2 条规定了强制许可。

与著作权人自愿许可相比,强制许可有以下特点:(1) 强制许可是违背著作权人意志的;(2) 强制许可应由国家版权管理部门批准;(3) 有严格的条件限制。强制许可的被许可人所获得的是非专有和不可转让的许可证,而自愿许可既可以是非专有和不可转让的,也可以是专有且可以转让的。强制许可的被许可人应当按照规定向著作权人支付报酬。

与法定许可相比,强制许可有以下特点:(1) 法定许可使用人对作品的使用不需办理任何手续,直接使用作品;而强制许可使用人须办理相应手续才能获得许可证,使用被许可的作品;(2) 强制许可使用的作品仅限于文字作品,法定许可使用的作品可以是多种形式的作品;(3) 强制许可的使用方式仅限于对文字作品的翻译,而法定许可使用的方式可以是复制、播放、制作录音制品、摘引等。当然,两者都应当按照规定向著作权人支付报酬。

---

① 例如,新闻出版总署 2007 年修订的《电子出版物管理规定》第 6 条规定:"电子出版物不得含有以下内容:(1) 反对宪法确定的基本原则的;(2) 危害国家的统一、主权和领土完整的;(3) 危害国家的安全、荣誉和利益的;(4) 煽动民族分裂,侵害少数民族风俗习惯,破坏民族团结的;(5) 泄露国家秘密的;(6) 宣扬淫秽、迷信或者渲染暴力,危害社会公德和民族优秀文化传统的;(7) 侮辱或者诽谤他人的;(8) 法律、法规规定禁止的其他内容的。"这一规定被《国家新闻出版广电总局关于修订部分规章和规范性文件的决定》(2015 年 8 月 28 日发布并实施)修订。根据新的《电子出版物出版管理规定》第 3 条规定,电子出版物不得含有《出版管理条例》第 26 条、第 27 条禁止的内容。《出版管理条例》第 26 条规定,以未成年人为对象的出版物不得含有诱发未成年人模仿违反社会公德的行为和违法犯罪的行为的内容,不得含有恐怖、残酷等妨害未成年人身心健康的内容。第 27 条规定,出版物的内容不真实或者不公正,致使公民、法人或者其他组织的合法权益受到侵害的,其出版单位应当公开更正,消除影响,并依法承担其他民事责任。

另 2020 年修订的《出版管理条例》第 25 条明文列举了任何出版物不得包含的内容。

三、对精神权利的限制

精神权利不能转让，不能被剥夺，却能被限制。但是，法律对精神权利的限制相对于对财产权利的限制要少得多。

具体来说，对精神权利的限制只有三种情形：(1) 对发表权的限制。一方面，违反法律规定的作品，禁止出版、传播。另一方面，作者生前未发表的作品，如果作者未明确表示不发表的，作者死亡后50年内，其发表权可由继承人或者受遗赠人行使；没有继承人又无人受遗赠的，由作品原件的合法所有人行使。(2) 对修改权的限制。我国《著作权法》第36条第2款规定："报社、期刊社可以对作品作文字性修改、删节……"即是对修改权的一种限制。日本《著作权法》第20条第2款规定了四种对修改权的限制，即：出于学校教学目的，而对著作物的用语和用词所作的不得已的改动；由于建筑物的扩建、重建、修缮或者更换图案的改动；为了把不能使用的程序著作物在特定的电子计算机上使用，或为了使用程序著作物在电子计算机上发挥出更好的功效，而对程序著作物所作的必要的改动；以及按照著作物的性质及其使用目的和状况所作的不得已的改动。(3) 对署名权的限制。我国《著作权法》对此未作规定，但《日本著作权法》第19条第2、3款分别作了限制性规定：只要著作人无特别声明，使用著作物的人可照著作人已署的称谓表示著作人的姓名；按照使用著作物的目的和状况，认为不会损害"著作人就是创作者"之主张的利益时，只要不违反惯例，可省略著作人署名。

此外，在网络著作权保护中，由于网络传输和利用的需要，对作者精神权利的限制情形可能会更多。

四、对相关权的限制

相关权属于广义著作权之一，因此法律对著作权的限制理应适用于相关权。我国《著作权法》第24条第2款、第25条第2款都规定："前款规定适用于对与著作权有关的权利的限制。"

对图书出版者权的限制，主要是针对图书版式设计权的限制。

对表演者权的限制，主要是针对表演者财产权，如广播电台、电视台制作新闻报道时，可能需要对现场表演中的某些片段进行报道，这就是合理使用。

对录音录像制作者权的限制，主要涉及对录音录像制品的报道。在报道中，有关媒体可能需要最少量地播放其中一个片段或者少量画面，这是合理使用。对录音制品的法定许可使用，在《著作权法》中有明确规定。

对广播组织权的限制，我国《著作权法》第24条第1款第4项的规定就涉及广播组织权。

背景材料

变化着的著作权穷竭——著作权法利益平衡的艺术①

追求作者与社会公众之间的利益平衡是著作权法的基本精神。平衡精神的弘扬，是著作权法价值二元取向的内在要求。在这里，价值取向意指著作权法所追求的社会作用。就

① 钟瑞栋：《论著作权法中的平衡精神——以版权穷竭制度为个案》，载《厦门大学法律评论》2001年第1期。

立法目的来说,即是促进文化事业发展与保护作者权益两者并重;就著作权的设定来说,即是“保护”与“限制”两者不能偏废。平衡精神所追求的,实质上是各种冲突因素处于相互协调之中的和谐状态,它包括著作权人权利义务的平衡,创作者、传播者、使用者三者之间关系的平衡,公共利益与个人利益的平衡。

版权穷竭是著作权法对作品原件或复制件的发行权进行限制的一种著作权限制制度。在这种制度中,法律首先以专有权利的形式将发行权赋予作者。这样,作者就可以通过对作品原件或复制件的控制,来控制作品的传播,并从中获得经济利益,因此,作者的利益得到了应有的承认和保护。然而,如果这种权利毫无限制,作者极容易滥用这项专有权,使作品的进一步传播困难重重,社会公众将难以接触和使用作品,因此,法律必须对这项权利进行必要的限制,以保护社会公众的利益。那么,应该对这项权利限制到什么程度呢?在传播技术不太发达的著作权法早期,除出口权受地域性限制不穷竭外,发行权中的其他权能包括销售权、出租权、出借权等均只能由作者行使一次。作品原件或复制件一旦经发行后归他人所有,作者便丧失对作品原件或复制件的支配权,受让人不仅可以将其进一步出售,还可以将其出租或出借。作者和社会公众之间的利益在当时是基本平衡的。因为作者已从第一次发行中获得了经济报酬,而社会公众又能较容易地接触和使用作品。

然而,计算机程序、电影作品和录音制品的出现,严重动摇了作者与社会公众之间的利益平衡。为了恢复二者之间的利益平衡关系,著作权法不得不放宽对这些作品发行权的限制,将这些作品的发行权穷竭的适用范围限定于销售权,而出口权、出租权、出借权等权利均归作者所专有。这些作品的原件或复制件的受让人有权进一步将其出售,但无权将其用于出租和出借。由于传播技术提高了,传播手段也增多了,所以社会公众还是可以比较容易接触和使用作品,因而其利益并没有受到损害,而作者利益的保护因这种反限制而得到了恢复,作者与社会公众之间的利益关系又重新回到了大体平衡的状态。

保护作品完整权的边界在何处?①

2014年4月,叶荣鼎(甲方)授权时代文艺公司(乙方)在中国大陆地区以图书形式出版叶荣鼎翻译的系列书籍的专有使用权;并约定乙方尊重甲方确定的署名方式。乙方可以改动上述作品的名称,对作品进行修改、删节、增加图标及前言、后记,但改动结果应得到甲方的认可。但其后,叶荣鼎主张时代文艺公司的以下行为构成对其保护作品完整权的侵害并提起诉讼:(1)在单行本中删除前言和译后记;(2)在精装汇编本中删除译者简介。

一审法院认为,根据《中华人民共和国著作权法》第10条第1款第4项的规定,保护作品完整权是指保护作品不受歪曲、篡改的权利。其中,歪曲是指故意改变事物的真相或内

① 时代文艺出版社有限责任公司诉叶荣鼎等侵害保护作品完整权纠纷案,案号:(2017)沪73民终232号,载www.pkulaw.cn/case/pfnl_a25051f3312b07f388333daa0b8a19cf4e3f5794c153d507bdfb.html?keywords=%E4%BF%9D%E6%8A%A4%E4%BD%9C%E5%93%81%E5%AE%8C%E6%95%B4%E6%9D%83&match=Exact,访问日期:2017-5-16。

容，篡改是指用作伪的手段对作品进行改动或曲解。保护作品完整权维护的是作品的内容、观点、形式不受歪曲、篡改，其基础是对作品中表现出来的作者的个性和作品本身的尊重，其意义在于保护作者的名誉、声望以及维护作品的纯洁性。翻译作品是翻译者对作品的第二次创作。译文的内容取决于原著，同时也体现了翻译者的学识水平、文字功底、写作特点、思想倾向、文学主张等个人特色。当翻译者为翻译作品专门撰写的前言或译后记反映了该作品的思想倾向、文学价值等内容，则前言或译后记也能构成该翻译作品的有机组成部分。本案中，叶荣鼎为涉案图书所撰写的前言内容包括涉案作品的作者生平、创作历程、作品特点、社会影响等，为读者阅读该作品提供了指导和指南，有助于读者更快进入阅读过程，更好地欣赏该作品；译后记的内容包括叶荣鼎的翻译历程、翻译过程等，反映了叶荣鼎对原著及原作者的理解及翻译过程中所付出的艰辛。上述前言和译后记体现了叶荣鼎在翻译过程中希望通过作品向读者突出表达的思想、感情，是涉案作品的有机组成部分。诚然，叶荣鼎与时代文艺公司签订的《出版合同》约定，时代文艺公司可对作品进行修改、删节、增加图标及前言、后记，但亦同时约定改动结果应得到叶荣鼎的认可。而在关于单行本的履行过程中，叶荣鼎一直未认可时代文艺公司关于前言和译后记的改动情况。时代文艺公司未经叶荣鼎同意，在涉案图书单行本中未使用前言和译后记的行为，使叶荣鼎想要通过涉案作品表达的思想、感情不能完整、准确地呈现在公众面前，客观上达到了歪曲、篡改的效果，侵害了叶荣鼎享有的保护作品完整权。

关于时代文艺公司在精装汇编本中删除译者简介的行为，该译者简介只是对译者的介绍，并不涉及作品内容，不放译者简介不会对涉案作品产生歪曲、篡改的效果。即便时代文艺公司在精装汇编本中不放译者简介可能违反叶荣鼎意愿，但并不构成对叶荣鼎保护作品完整权的侵害。

被告不服，提起上诉。二审法院认为，被上诉人叶荣鼎作为涉案图书的翻译者，对其翻译作品享有的保护作品完整权受法律保护。《中华人民共和国著作权法》第10条第1款第4项规定："保护作品完整权即保护作品不受歪曲、篡改的权利。"据此，判断对作品的修改是否侵犯了保护作品完整权的关键在于这种修改是否达到了歪曲、篡改作品的程度，是否实质性地改变了作者在作品中原本要表达的思想和感情。涉案图书的前言是关于原作者江户川乱步生平以及创作历程的介绍，文体为说明文；译后记是关于译者叶荣鼎翻译历程、翻译过程、翻译价值和社会反响的介绍，文体亦为说明文，而涉案作品正文文体为小说，内容是侦探推理故事。因此，前言、译后记与正文在文体上和思想观点上并不存在同一性，删除前言、译后记不会影响读者对于正文小说部分内容的理解，即不影响译者叶荣鼎通过翻译作品所要表达的思想和情感，不构成对作品的歪曲和篡改，故上诉人时代文艺公司删除涉案作品前言和译后记的行为没有侵犯被上诉人叶荣鼎就涉案作品享有的保护作品完整权。

[深度阅读]

1. 吴汉东：《著作权合理使用制度研究》（修订版），中国政法大学出版社2005年版。

2. 季卫东：《网络化社会的戏仿与公平竞争——关于著作权制度设计的比较分析》，载《中国法学》2006年第3期。

3. 胡开忠：《广播电台电视台播放作品法定许可问题研究》，载《知识产权》2013年第3期。

4. 熊琦：《论著作权合理使用制度的适用范围》，载《法学家》2011年第1期。

[法条导航]

1.《中华人民共和国著作权法》第二十四条,第二十五条

2.《中华人民共和国著作权法实施条例》第十九条至第二十一条,第三十条至第三十二条

3. 最高人民法院《关于审理著作权民事纠纷案件适用法律若干问题的解释》

4.《广播电台电视台播放录音制品支付报酬暂行办法》

[思考题]

1. 著作权限制制度的理论依据是什么?

2. 著作权限制有哪些种类?

3. 如何理解合理使用?

4. 合理使用四要素是什么?

5. 法定许可使用与合理使用有何区别?

6. 如何理解著作权穷竭?

7. 如何理解对著作人身权的限制?

8. 如何理解公共秩序保留?

第七章

著作权的利用

［内容提要］ 著作权利用是著作权人行使著作权，实现著作权利益的必要方式。在本章的学习中，应注意了解著作权转让、著作权许可使用、著作权质押的概念和特征，理解著作权法关于著作权利用制度的规定。

［关键词］ 著作权利用　著作权转让　许可使用　著作权质押

第一节　著作权利用概述

著作权利用，是指著作权人利用或者授权他人利用其版权作品以获得相应报酬或者收益的法律行为。例如，著作权人授权他人将其小说改编为电影文学剧本；音乐作品著作权人授权他人演唱或者在营业场所播放其音乐作品等。

著作权利用，既能让著作权人收回其投资或者创作成本，也能让社会公众从作品中获得精神利益。例如，电影制片人通过电影的发行和放映而获得票房收入来收回其投资，电影观众能够从观看电影而获得某种享受。

常见的著作权利用形式有著作权转让、著作权许可使用、著作权质押等。

第二节　著作权的转让

一、著作权转让的概念

著作权转让，是指著作权人通过转让合同将其著作财产权的一部分或全部让渡给对方当事人的法律行为。在此法律关系中，著作权人称为转让人，合同相对人称为受让人。

著作权转让是我国 2001 年修正的《著作权法》增加的内容。此前，除《计算机软件保护条例》规定计算机软件著作权可以转让外，《著作权法》本身并未授予著作权人转让权。现行《著作权法》第 10 条第 3 款规定了转让权，允许著作权人全部或部分转让其依法享有的著作财产权。根据此规定可知，著作权转让的客体是著作财产权，而不包括著作人身权。

我国现行《著作权法》规定了 12 项著作财产权，其中每一项具体的权利都可以独立地作为转让客体，也可以将其中的若干项或者全部作为转让客体。因此，著作权人向他人转让其著作权时，应当在转让合同中明确约定转让的权利。合同未约定的权利，未经著作权人同意，另一方当事人不得行使。

关于著作权能否卖绝的问题,我国《著作权法》第 10 条第 3 款规定,著作权人可以将著作权中的财产权全部或者部分转让。但不能将著作权之全部转让理解为著作权卖绝,因为我国《著作权法》第 29 条规定,转让合同中著作权人未明确转让的权利,未经著作权人同意,另一方当事人不得行使。例如,在我国,“信息网络传播权”是 2001 年《著作权法》规定的权利。此前,因该项权利在著作权转让之时不是转让标的,即转让合同中未明确转让的权利,受让人就不能享有该权利。有的国家版权法明确规定版权不能卖绝。

关于未来著作权的转让问题,我国《著作权法》未予规定。“未来著作权”是指由将来创作的作品所产生的著作权,或者现有作品在将来因某一事件的发生而可能产生的著作权。英国版权法允许转让未来版权。[①]

二、著作权转让合同

著作权转让合同,是指著作权人与相对人就著作财产权之全部或部分的转让而订立的合同。我国《著作权法》第 27 条第 1 款规定:“转让本法第十条第一款第五项至第十七项规定的权利,应当订立书面合同。”

因此,著作权转让合同是要式合同、有偿合同、双务合同,可以到版权管理部门备案。著作权转让合同的标的是著作财产权中的一项、几项或全部。

著作权转让合同包括以下主要内容:

(1) 作品的名称。作品是产生著作权的基础。无论转让哪些权利,都必依附于具体的作品。因此,作品名称是必要条款。转让合同如果没有相应的作品名称,被转让的权利就无法实施。

(2) 转让的权利种类和地域范围。被转让的权利是著作权转让合同的标的,直接关系到转让人和受让人的权利义务。转让合同未约定的权利对受让人不发生作用。被转让的权利行使的地域范围在转让合同中具有重要意义,尤其是针对著作权国际贸易来说更是如此。

(3) 转让的价金。转让价金是受让人取得权利的对价,是转让人出让权利的收益。若无转让价金,双方之间所发生的法律关系就是赠与关系,而非转让关系。

(4) 交付转让价金的日期和方式。合同约定的转让价金于何时、以何种方式交付给转让人,应当在合同中明确约定。未明确约定交付日期的,转让人可随时要求受让人交付,受让人也可随时向转让人交付。未明确约定交付方式的,受让人应当按照有利于转让人接收的方式交付,转让人应当提出符合受让人能力的交付方式。

(5) 违约责任。为了保证转让合同的正确履行,双方当事人不仅要在合同中约定权利义务,而且还要约定违约责任。如迟延交付价金的,除应当支付价金外,还应当支付违约金等。

(6) 双方认为需要约定的其他内容。上述五个方面的内容是法定必要条款。此外,双方当事人认为需要约定的条款,是约定必要条款。这种条款对具体作品著作权的转让有特别重要的意义。如作者姓名或名称,转让人是否著作权人,转让人是否享有被转让的权利,未来著作权是否包括在内等,都是极其重要的内容,应当在合同中进行约定。作者姓名或名称直接关系到被转让权利的存续期间,因为著作权的转让不影响被转让之权利的保护期。没有作者姓名或名称,受让人就无法知道或者难以知道其受让之权利的保护期。转让人如果不是著作权人,就无权向受让人转让该权利;或者转让人不享有被转让的权利,也不能向

---

① 参见英国 1988 年《版权、外观设计与专利法》(第一编版权法)第 91 条的规定。

受让人转让该权利。此外，当事人有必要约定，受让人行使所受让之权利时，不得侵犯原作者或者转让人依法享有的著作人身权和其他财产权利。如著作权人将改编权转让给受让人，那么受让人在改编作品时，就不得侵犯作者或者转让人的修改权和保护作品完整权。对于尚未发表的作品，受让人获得的翻译权，如果未征得原作者的许可，擅自发表其翻译的作品，可能侵犯原作者的发表权。

第三节 著作权的许可使用

一、著作权许可使用的概念

许可使用，是指著作权人通过许可使用合同授权他人在某个地域范围内以某种方式利用其作品的制度。在此法律关系中，著作权人称为许可人，对方当事人称为被许可人。许可使用的标的是著作财产权中的一项或几项，不能是著作人身权。

与著作权转让相比，著作权许可使用并不改变著作权的归属，被许可人所获得的只是对作品的使用权。但被许可人如果获得的是专有许可使用权，在一定的意义上，相当于通过转让合同取得了该项权利，因为这种被许可人在合同约定的时间和地域范围内独享该项权利，包括著作权人在内的任何人都不得以与该被许可人相同的使用方式对该作品进行使用。正因为如此，实际生活中，常有人误将专有许可当做转让对待。从法律上看，专有许可使用与转让存在着质的区别，即专有许可使用人只能自己在约定的时间和地域范围内按约定的方式使用，不能转让该权利；而受让人不仅自己能够使用，而且还能将其拥有的权利转让或许可给他人。

与法定许可使用相比，许可使用是著作权人通过许可使用合同授权相对人使用其作品的行为，被许可的标的可以是著作财产权中的任何权利，使用方式、时间、地域范围等都可以通过协商约定，是自己意志的体现。而法定许可使用则是法律直接规定，某些特定主体以某种方式使用作品的制度，除法律规定的特殊情形外，法律未作规定的，任何人不得擅自使用。一方面，在某种意义上讲，法定许可使用也是著作权人意志的体现，因为法律规定，著作权人声明不许使用的，任何人都不得不经著作权人许可而使用。另一方面，虽然法定许可使用者也得按照规定向著作权人支付报酬，但其报酬是法律规定的，不是与著作权人协商约定的。与强制许可使用相比，许可使用是著作权人意志的体现，而强制许可则是违背著作权人意志的使用。因此，强制许可受到很多限制。

二、许可使用合同

许可使用合同是著作权人与相对人订立的许可其在约定的时间和地域范围内按约定的方式使用其作品的合同。我国《著作权法》第 26 条第 1 款规定："使用他人作品应当同著作权人订立许可使用合同，本法规定可以不经许可的除外。"具体而言，许可使用合同包括以下主要内容：

(1) 许可使用的权利种类。许可使用的权利种类是许可使用合同的标的。许可使用合同明确约定的权利，相对人才能使用；合同未明确约定的，相对人不得使用，否则就是侵权。

(2) 许可使用的权利是专有使用权或者非专有使用权。该项内容决定许可使用权的性质。合同约定专有使用权的，相对人所获得的就是在合同约定的时间和地域范围内对作品享有排他的使用权;合同约定非专有使用权的,相对人所获得的就是在合同约定的时间和地域范围内对作品享有使用权,但无权阻止著作权人自己或者授权他人以相同的方式使用该作品。对著作权人和相对人来说,这个条款都是极其重要的。

(3) 许可使用的地域范围、期间。许可使用的地域范围就是著作权人许可相对人有权使用作品的地理区间,可以是全国范围,也可以是某个地理区域,如以黄河为界划分为南北地区作为使用范围。许可使用的期间,就是许可使用合同的有效期间。这个期间不得超过著作权的保护期。我国1990年《著作权法》第26条规定"合同的有效期限不得超过10年,合同期满可以续订"。这种规定本来是从有利于著作权人的角度考虑的,但却限制了著作权人的自由意志,因此,2001年修正的《著作权法》将它废止。

(4) 付酬标准和办法。付酬标准,就是被许可人应当向著作权人支付使用费的标准。在我国,可参考的付酬标准有许多,如果许可使用合同不作明确约定,被许可人就无法向著作权人付酬,容易引起纠纷。付酬办法也是一个重要条款,应当在合同中明确约定。

(5) 违约责任。与上一节著作权转让合同中违约责任的内容类似。

(6) 双方认为需要约定的其他内容。除上述5项法定必要条款外,如果双方当事人认为需要约定其他内容的,可以进行协商约定。常见的内容有:作品的名称、作者的姓名或名称、被许可的权利与著作权其他权利的关系等。

第四节 著作权的质押

一、质押

质押,是指为担保债权的实现,债权人根据合同占有债务人或者第三人提供的财产,当债务人到期不履行债务时,能够以该财产折价或者以拍卖、变卖该财产的价款优先受偿的担保形式。债权人对出质财产或者权利所享有的优先受偿权,称为质权;出质的财产或权利称为质物。

质权有两种:一是动产质权,一是权利质权。权利质权,是指以所有权之外的可转让的财产权利为出质财产的质权。权利质权属于担保物权。我国《民法典》第444条规定,以注册商标专用权、专利权、著作权等知识产权中的财产权出质的,质权自办理出质登记时设立。因此,著作权中的财产权[①]可以出质,著作权中的人身权不能作为质押标的。

二、著作权质押

我国著作权质权的设定应由双方当事人签订质押合同并依法办理出质登记。

(一) 著作权质押合同

著作权质押合同,是指著作权人作为出质人,以其享有的著作财产权之全部或部分作为质物,与主合同债权人订立的担保合同。著作权人与主合同债权人之间的质押关系,因质押合同的生效而生效。质押合同签订后,应当依法办理出质登记。[②] 质押合同自登记之日起生效。

① 参见我国《民法典》第440条的规定。
② 参见我国《著作权法》第28条。

（二）质权对著作权的限制

著作财产权出质后，非经质权人同意，著作财产权人不得许可他人以与出质之权利相同的方式使用该作品，更不得转让该权利。出质人转让或者许可他人使用出质的知识产权中的财产权所得的价款，应当向质权人提前清偿债务或者提存。[①]

（三）质权的实现

著作权人所担保的债权到期未得到清偿的，质权人就可以将作为质物的著作财产权折价或者拍卖、变卖，将其所得的价款优先受偿。其价款超过债权数额的部分归出质人所有，不足部分由债务人清偿。此前，若出质人经质权人同意许可他人使用其作品，将其所得的许可费向质权人作清偿或部分清偿的，在折价或者拍卖、变卖质物清偿债权时，应扣除该先付的款项。

（四）质押关系的终止

著作权质押关系终止的原因包括：(1) 被担保的债权，在债权清偿期届满时已得到清偿的，质押关系终止；(2) 经质权人同意，出质人许可他人利用其作品，将该许可费用于清偿被担保债权，且能够全部清偿的，质押关系终止；(3) 经质权人同意，出质人或者第三人以其他质物替代的，或者以其他担保形式替代的，原质押关系终止；(4) 其他形式的终止。

除了转让、许可使用、质押外，著作权还有其他的利用形式，如作价投资入股，用于经营等，在此不一一介绍。

[深度阅读]

1. 张平：《网络环境下著作权许可模式的变革》，载《华东政法大学学报》2007 年第 4 期。
2. 胡开忠：《关于出版合同立法的反思与重构》，载《当代法学》2013 年第 3 期。
3. 熊琦：《著作权许可的私人创制与法定安排》，载《政法论坛》2012 年第 6 期。

[法条导航]

1.《中华人民共和国著作权法》第十条，第二十六条至第三十一条
2.《中华人民共和国著作权法实施条例》第二十三条至第二十五条
3. 最高人民法院《关于审理著作权民事纠纷案件适用法律若干问题的解释》
4.《中华人民共和国民法典》第四百四十条、第四百四十四条、第八百七十六条

[思考题]

1. 著作财产权的全部转让与卖绝有何区别？
2. 著作人身权能被转让吗？如何理解我国《著作权法》第 21 条？
3. 著作权转让能否在本国内划分地域进行？
4. 著作权转让与著作权专有许可使用有何区别？
5. 专有使用许可与非专有使用许可有何区别？
6. 著作权许可使用能否在本国划分地域进行？
7. 作为出质人的著作权人能自行决定转让其著作权吗？
8. 作为出质人的著作权人为什么不能自行许可他人使用其作品？

---

① 参见我国《民法典》第 444 条的规定。

第八章

著作权的管理

［内容提要］ 著作权管理，是基于维护著作权人合法利益，便于使用者利用作品而设定的专门制度。通过本章的学习，了解著作权管理组织的基本属性，掌握著作权行政管理和集体管理的有关规定。

［关键词］ 著作权管理 著作权集体管理 集体管理组织

第一节 著作权集体管理

一、著作权集体管理概述

随着传播技术的发展，著作权主体数量、客体类型与利用方式皆不断增加，著作权交易的范围和频率都远超以往，且都涉及了多数权利人与多数使用者之间的交易关系。而依赖传统的许可方式，既会阻碍作品传播效率的提高，使诸多因新传播技术而生的产业难以发展；也会阻碍作品许可效率的提高，使权利人无法以合理成本实现对作品利用范围的控制。鉴于上述困境，在如今的版权产业环境下，著作权法借助集体管理制度，将分散的权利予以集中，降低了使用者的搜寻与协商成本，并通过设置独立的机构，分担权利人的监管与执行成本。申言之，著作权集体管理制度的本质，就是一种集中许可机制，旨在应对日趋繁复的著作权交易。①

集体管理制度的适用主体，为著作权集体管理组织。著作权集体管理组织，是接受著作权人的委托，集中行使相关著作权的中介机构。世界上最早的集体管理组织是1777年在法国创立的作者协会。当年，著名的戏剧家博马歇创立了戏剧立法局，与拒绝交纳演出费的剧院老板作斗争，该组织就是现在法国戏剧作者和作曲者协会的前身。在集体管理协会的历史上，最重要的事件是两位法国作曲家和一位作家于1847年在巴黎爱丽舍田园大街的一家音乐厅的经历。当时，他们发现这家要他们支付饮料费的咖啡厅正在演奏他们创作的歌曲，于是拒绝单方面付款，引起了一场诉讼，最终他们打赢了官司。他们成立了世界上第一个管理音乐家演奏权的组织，即现在的音乐作者作曲者出版者协会。

从法律地位上看，集体管理组织有两种类型：一是民间性的私人团体，一是官方或半官方的机构。第二次世界大战前，只有民间机构。官方或半官方机构出现在第二次世界大战

---

① 熊琦：《著作权集中许可机制的正当性与立法完善》，载《法学》2011年第8期。

后的东欧国家，后来又在第三世界，特别是在讲法语的非洲国家中建立。1965 年联邦德国通过的《著作权实施组织法》代表了政府干预的趋势。

从各国集体管理机构的布局来看，有些国家按作品的类别分别成立协会，另一些国家则以包罗万象的统一协会来管理各创作领域。一般情况下，对音乐著作权的管理协会是主要的，因为鉴于音乐作品的使用范围和使用频率，无论是著作权人还是相关权人都无法依靠自己的力量控制作品。没有集体管理组织的参与，权利人也基本无法自行通过行使权利获取收益。我国也不例外。我国 1990 年颁布的《著作权法》并未规定著作权集体管理组织，但在 1992 年成立的第一个著作权管理协会就是“中国音乐著作权协会”。在《著作权法》第三次修改进程中，关于著作权集体管理制度的修改和完善也是立法中争议最大的部分。

二、集体管理组织的设立

著作权集体管理组织是一个非营利性的组织，应当依照有关法律、法规的规定设立。它可以是按照各种权利和各种权利的所有人建立的单一组织，也可以是为各种权利所有人的利益建立的管理各种权利的组织，还可以是同时管理著作权和相关权的一个组织。

无论何种形式的组织，一经成立，就有权在组织章程的范围内，以自己的名义独立从事著作权、相关权的管理活动，任何单位和个人都不得干涉。

三、集体管理组织的性质

根据我国《著作权法》第 8 条第 1 款的规定，我国的依法设立的著作权集体管理组织是非营利法人。著作权集体管理组织是官方性的、半官方性的，还是非官方性的，国际上并无统一模式，也无绝对性的结论。

有人认为，这种组织的理想性质应当是著作权人或者相关权人自己的机构，不带任何官方色彩。[①] 但法国音乐作者作曲者出版者协会负责人伊萨尔认为，本协会的经验只适用于高度发达的自由经济国家，而其他国家，尤其是不发达国家，采官方或半官方性的组织并无不可，因为它可以借助政府的力量来保护著作权人和相关权人的利益。我国是一个发展中国家，因此，应根据我国的实际来考虑集体管理组织的性质，以便最好地保护著作权人和相关权人的利益。

关于集体管理组织的非营利性问题，国际上也无统一标准。有的国家规定该组织是可营利性的，如俄罗斯联邦等国即是；也有的国家规定该组织是非营利性的，如法国的作者协会是民事公司，不以营利为目的。

四、集体管理组织的职能

集体管理组织应根据著作权人或者相关权人的授权，按照自己的组织章程，以自己的名义履行以下职能：(1) 与使用者协商报酬标准、报酬数量和发放许可证的其他条件；(2) 向使用者发放该组织所管理的权利使用许可证；(3) 在未发放许可证而收集报酬的情况下，与使用者协商报酬的标准和数量；(4) 收集许可证规定的报酬和第 3 项报酬；(5) 向其所代表的著作权和相关权人分配并支付根据第 4 项所收集的报酬；(6) 为了保护其所管理的权利，实施一切必要的法律行为，如诉讼、仲裁等；(7) 根据从著作权人和相关权人取得的权利，从事

---

① 参见国家版权局编：《著作权的管理和行使文论集》，上海译文出版社 1995 年版，第 43 页。

其他活动。

五、集体管理组织的义务

集体管理组织应当依法律、法规的规定和著作权人、相关权人的授权,为其所代表的著作权人和相关权人的利益开展工作,履行以下义务:(1) 在支付报酬时,应当向著作权人和相关权人提供含有使用其作品情况材料的决算报表。(2) 将其收集到的报酬全部分配给著作权人和相关权人,同时,该组织有权从收集的报酬中扣除一定数量的款额以补偿其在收集、分配和支付此种报酬的工作中实际开支的费用;该组织还有权扣除一定数量的款额,转给经其代表的著作权人和相关权人同意,并且为他们的利益而由该组织建立的一些专业基金会。(3) 及时、认真地收集使用费,并对未按时缴纳使用费的人主张权利,必要时提起诉讼。

六、我国集体管理组织的发展

我国著作权集体管理组织制度的产生较晚。1992 年,第一家集体管理组织即"中国音乐著作权协会"始得成立。1998 年,中国版权保护中心下设文字、美术、摄影作品著作权集体管理机构,但中国音像著作权集体管理协会、文字著作权协会与摄影著作权协会却在 2008 年方正式成立,电影著作权协会的出现更延后至 2009 年。直到 2010 年,国家版权局对外宣布,我国集体管理组织体系基本建立。但体系建立不代表制度运作成熟,我国集体管理组织面临新技术时代诸多问题的挑战。2007 年至今,中国音乐著作权协会就卡拉 OK 与背景音乐著作权问题向一系列商业机构发起诉讼,这在一定程度上反映出我国集体管理组织运作机制的缺陷,集体管理组织与使用者之间就作品的许可问题尚未建立稳定的法律关系。因此,我国集体管理组织许可制度的完善,一方面应借鉴他国制度发展中的经验与教训,解读他国在许可机制变革中的立法变革趋势,另一方面也要分析新技术条件下的新问题与本国产业发展的特点,最终建构适合本国实际的集体管理组织制度。

七、集体管理组织与著作权人或相关权人等的关系

集体管理组织具有垄断或者几乎垄断性的地位,才能对作者、表演者等著作权人的权利给予充分有效的保护。但是,由于集体管理组织是民间性的私人组织,它不能像著作权行政机构那样当然对作者或者表演者等著作权人享有管理权。因此,作者、表演者等著作权人如果需要集体管理组织来管理自己的著作权,就必须通过某种法定形式与集体管理组织建立法律关系。我国《著作权法》第 8 条规定:"著作权人和与著作权有关的权利人可以授权著作权集体管理组织行使著作权或者与著作权有关的权利……"该规定显然是著作权人等与集体管理组织建立法律关系的一种方式,即向集体管理组织授权。依法成立的著作权集体管理组织,根据著作权人的书面授权,以自己的名义提起诉讼,人民法院应当受理。

关于这种授权的性质,与普通的著作权许可使用不同,也与著作权转让不同。

一方面,正如上一章所述,通过许可使用合同获得使用权的被许可人唯一享有的权利是按照许可使用合同约定的使用方式,在约定的期间和地域范围内,使用约定的作品,无权就该作品向第三人发放分许可或再许可,更不得以自己的名义对第三人侵权行为进行诉讼,为作为许可人的著作权人或者与著作权有关的权利人主张权利。因此,著作权人向著作权集体管理组织进行的授权,不是许可使用关系。

另一方面,著作权人向集体管理组织进行的授权也不是著作权转让关系。正如上一章

所述,著作权转让导致著作权主体的变更,即原著作权人丧失被转让的权利,受让人成为新的著作权人。但是,著作权集体管理组织并不因著作权人的授权而成为新的著作权人,尤其是著作权人不因向著作权集体管理组织授权而丧失其依法享有的著作权。

那么,著作权人向著作权集体管理组织的授权,究竟属于何种性质的法律行为?根据国际上的惯常做法,这种授权应当是一种信托关系。如1958年成立的德国文字作品集体管理协会,以信托方式代表文字作品的作者和出版者管理著作权。[①] 信托,是指委托人基于对受托人的信任,将其财产权委托给受托人,由受托人按委托人的意愿,以自己的名义,为受益人的利益或者特定目的,进行管理或处分的行为。[②] 著作权人或者与著作权有关的权利人向著作权集体管理组织的授权,正好符合信托的特征,所以,应当将其界定为一种信托关系。著作权集体管理组织自己不得使用其受托管理的作品。

此外,著作权人或者与著作权有关的权利人还可以采取会员制方式和非会员制方式与著作权集体管理组织发生联系。即著作权人或者与著作权有关的权利人作为会员加入著作权集体管理组织,其所创作的全部现有作品和尚未创作的未来作品之著作权全部由著作权集体管理组织行使。这种情况下,著作权人与著作权集体管理组织的关系就不是信托关系,而是一种隐名代理关系。即著作权集体管理组织仍然以自己的名义进行管理,参加诉讼,将其所收取的使用费或版税按照章程的规定,向著作权人分配。而非会员与集体管理组织的关系仍然是信托关系。

八、著作权集体管理组织与作品使用者之间的关系

自然人、法人或者非法人组织需要使用他人受著作权保护作品的,当然可以通过与著作权人订立许可使用合同,获得使用权。但是,如果他们需要大量地、长期地、按时地、有规律地使用某种作品或者某些作品,采用单独与著作权人或者与著作权有关的权利人签订许可使用合同的方式,不仅成本高、难度大,而且往往会落空。由此造成的后果要么是侵权使用,即不与著作权人或者与著作权有关的权利人签订许可合同,要么是自己无法使用。如航空公司、卡拉OK厅、夜总会、酒吧、车站、码头、舞厅等,就是这样的使用者。对它们来说,这两种结果都是不可接受的。在这种情况下,便捷、有效、节约的做法是向著作权集体管理组织申请,获得概括许可(blanket license),然后根据其使用作品的时间、范围、数量、频率等向著作权集体管理组织付费。

关于作品使用者与著作权集体管理组织签订的概括许可合同的性质,有三种观点:一是著作权集体管理组织与作品使用者之间的许可使用合同,与著作权人或者相关权人无直接关系;二是著作权人或者相关权人与作品使用者之间的许可使用合同,与著作权集体管理组织无直接关系;三是著作权集体管理组织与作品使用者签订的利他合同。上述三种观点,都有其合理成分。从信托的角度讲,第一种观点是正确的;从隐名代理的角度讲,第二种观点是正确的;从著作权集体管理组织与作品使用者签订合同的目的来看,是一种利他合同,即以为著作权人或者相关权人获得利益为目的。例如,我国《信托法》第26条规定:"受托人除依照本法规定取得报酬外,不得利用信托财产为自己谋利益。受托人违反前款规定,利用信托财产为自己谋取利益的,所得利益归入信托财产。"

---

① 高思:《德国文字、科学作品集体管理协会简介》,载《著作权》1995年第2期。

② 参见我国《信托法》第2条。

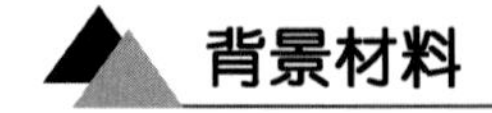

背景材料

著作权延伸性集体管理之立法愿景重述[①]

与传统的著作权集体管理制度不同，延伸性集体管理产生于20世纪60年代的北欧五国，且长期局限适用于该地域范围内。北欧诸国利用延伸性集体管理制度的动机，在于解决广播产业发展以来的大规模许可问题。当时的广播组织试图建议立法者通过引进强制许可来解决其作品的来源问题，避免因作品来源过多而导致无法承受的交易成本。然而，由于强制许可会导致著作权人丧失在事前禁止他人利用作品的权利，使受强制许可规制著作权从一项排他性权利变为非排他性的报酬请求权，著作权人为了保障自身对作品使用方式和范围的决定权，因此拒绝将强制许可作为立法方案，并建议以集体管理的方式来解决使用者难以与其逐一协商的困境，以此保留自身对作品使用和许可的决定权，这一建议最终被设计为延伸性集体管理制度而纳入著作权法中。1970年北欧五国成立了统一的北欧著作权立法协调委员会后，成员国开始相互借鉴著作权立法经验，并在修法上尝试采取一致步骤。其中延伸性集体管理逐步在五国的多个著作权领域得到适用。

进入网络时代后，大规模数字化进程彻底改变了作品的存在和传播方式，海量许可现象不再局限于音乐或影视领域，而是扩大到了几乎所有作品类型之上，进而导致作品许可效率与传播效率之间的矛盾不可调和。一方面，著作权人希望严格根据作品使用的频率和范围获取许可版税，以实现作品经济效益的最大化；另一方面，互联网的普及又使得作品能以几乎可忽略不计的成本大范围传播。因此使用者希望排除基于著作权法的制度成本，以发挥网络技术的传播效率优势。为调和上述矛盾，延伸性集体管理作为解决大规模许可的制度工具之一，开始进入各国解决数字化作品许可与传播问题的立法方案中。英国于2014年10月正式在立法中确认了延伸性集体管理，该条例授权国务大臣根据合理申请来许可特定著作权中介机构适用延伸性集体管理制度。根据英国一份数字环境下的知识产权制度建言报告的观点，英国应该采用延伸性集体管理制度的原因，在于解决迫在眉睫的集中许可效率问题。报告同时认为，对于大规模许可问题，延伸性集体管理制度能够同时有利于使用者、创作者和消费者，使用者因许可渠道的扩大而降低侵权风险，创作者因许可渠道畅通而增长经济收益，消费者因作品来源的增加而提高使用体验。由于在立法调研过程中利益相关各方对在何种领域适用延伸性集体管理并无一致意见，所以此次立法文本仅笼统授权国务大臣可以选择接受来自使用者请求适用延伸性集体管理的申请，但并未明文规定其适用的具体范围。与英国最终得以适用不同，美国版的延伸性集体管理试图以相关主体之间和解协议的方式提出，而非立法机关的安排。提出详尽延伸性集体管理方案的，是作为网络环境下大规模使用作品的谷歌公司。谷歌于2004年即开始通过“谷歌图书计划”(The Google Books Project)将文字作品进行大规模数字化，以便实现网络环境下的传播和利用。为了避免该计划中数字化利用产生的侵权风险，谷歌向美国作家协会提出了一项协议，即通过创设一个“图书权利登记中心”来统一管理数字化作品的著作权许可事宜。其中引起最多争议的，是谷歌要求所有权利人接受一项“选择性退出”(opt-out)机制，这意味着著作权人除非明示否

---

① 熊琦：《著作权延伸性集体管理制度何为》，载《知识产权》2015年第6期。

认，将被默认为同意上述“图书权利登记中心”来管理自己的作品。然而，这一类似于延伸性集体管理的协议内容，随后被美国司法部认定为强制性导致著作权人陷于未经同意而被管理的状态，谷歌的提案也于2011年被纽约南区法院否决。即使真正实现在文字作品的数字化问题上适用延伸性集体管理的挪威，作品使用主体和方式也仅限于国家图书馆和在线浏览行为。这种安排更接近于已存在的合理使用制度，而非商业性的利用方式。

从广播和网络两个不同传播技术时代的立法情况可以发现，延伸性集体管理制度在适用上具有以下两个特点：

第一，从立法目标来看，延伸性集体管理旨在解决大规模许可产生的交易成本问题。无论是20世纪60年代延伸性集体管理的产生，抑或21世纪英美两国对延伸性集体管理移植和改进的尝试，目的都是应对当时新技术带来的作品许可问题。北欧相关国家首先采用延伸性集体管理制度来解决广播组织难以与广播节目著作权人逐一协商授权的问题，因此借助已具有广泛代表性的集体管理组织，并将各方已认可的许可协议条款扩大适用于非会员，一方面在广播组织大规模使用作品时，不会因忽略与少数非集体管理组织会员的协商而导致侵权；另一方面未加入集体管理组织的著作权人，也得以借助集体管理组织与已使用者协商达成的许可条件获得收益。21世纪，谷歌公司试图与文字作品著作权人之间达成的延伸性集体管理协议，同样是为了解决无法全面获得所有著作权许可的困境。作为作品使用者的谷歌公司如果能够将著作权人纳入延伸性集体管理的范围，那么将大为减少获取授权所耗费的协商成本。特别是由于文字作品领域存在大量难以联络著作权人的“孤儿作品”，通过授权许可的途径向公众全面提供作品根本无法实现。因此谷歌公司才试图将与代表多数著作权人作品的集体管理组织达成的协议，扩张适用到使用其他权利人的作品之上。上述主体选择延伸性集体管理的原因，在于其既可以避免频繁协商带来的交易成本和风险，也能够借用已有的协商条件和文本来完成许可。

第二，从制度选择来看，延伸性集体管理并非解决大规模许可困境的唯一制度工具。事实上，大规模许可问题既非20世纪60年代才出现，亦非只有延伸性集体管理一种应对方案。早在20世纪初期，著作权集体管理制度即最早成为权利人在音乐作品公开表演领域解决大规模许可的选择，在广播技术普及后，许多国家更是通过扩张适用法定许可来解决广播节目的许可问题。在网络技术再次冲击著作权产业的商业模式时，法定许可和集体管理制度也同时扩张适用到了网络传输行为之上。也正因为应对方案上的多元性，延伸性集体管理在已选择实施地区并未形成一个稳定的适用范围。由于北欧五国中有着长期适用延伸性集体管理的历史，因此在数字化作品的利用问题上，该制度得以继续在新的领域扩张适用。但对于其他国家而言，由于在北欧五国由延伸性集体管理制度解决的问题，早已通过法定许可和集体管理制度应对，而且在适用过程中相关产业主体已经形成一套约定俗成的运作机制，延伸性集体管理即使得到了特定产业主体的支持，也难以立即介入到现有商业模式中。所以英国2014年在立法中确认的延伸性集体管理并无明确的适用范围，完全根据使用者的申请来进行考量。美国法院干脆否定了谷歌公司提出的延伸性集体管理和解方案，坚持要求著作权产业主体在既有制度框架下解决。即使存在长期适用基础，且最终真正在文字作品大规模数字化上适用延伸性集体管理的挪威，也仅将适用的主体局限于国家图书馆这一公立机构。因此可以认为，从世界范围看，延伸性集体管理虽然在近年因数字化传播而多有提起，但绝非解决大规模许可问题的常态，集体管理和法定许可等传统制度方案依然是主流。

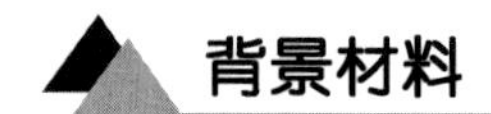

背景材料

私人自治在我国著作权集体管理中的适用①

实践证明，同时保证权利人、集体管理组织与使用者的私人自治，是集体管理得以发挥其制度优势，并在应对交易成本问题上优于其他著作权制度的前提。然而，从我国《著作权法》修改趋势来看，由于我国集体管理组织是在政府的主导下产生和发展，与国外私人创制的集体管理组织相比，缺乏私人自治存在和适用的土壤。因此，虽然私人自治的意义已在发达国家集体管理制度的运作中得到充分证明，但在我国立法和修法进程中，集体管理制度中的私人自治却一直被立法者所忽略和误解。

从现行立法上看，权利人自治与集体管理组织自治直接被法律所限制。第一，权利人自治因专属许可而无法实现。我国《著作权集体管理条例》(以下简称"《条例》")第 20 条规定，权利人对集体管理组织的许可只能是专属许可，即权利人在授权著作权集体管理组织之后，不得自行许可。这意味着权利人无法通过独立行使权利来制约集体管理组织。2012 年《著作权法》第三次修改草案中的"延伸性集体管理"，更是无视著作财产权的排他性，赋予了集体管理组织直接利用他人作品的权利，等于改变了著作权的初始分配机制，使集体管理制度在某种程度上变成了法定许可。第二，集体管理组织自治因独立定价机制的缺失而无法实现。集体管理制度的最大优势，即在于集体管理组织得以更低的信息成本使许可条件符合市场供求关系，并使版税定价随市场情势而灵活调整。然而，《条例》第 25 条却规定，著作权集体管理组织的定价须根据国务院著作权管理部门公告的标准。上述安排等于排除了集体管理组织在定价上的灵活性，使其直接参与交易的信息成本优势无法实现。

从制度运作上看，我国使用者自治一直受到垄断性集体管理组织的排斥。从他国集体管理制度发展的历程看，无论是职能范围还是代理数量，集体管理组织都必须经过一个逐步扩张的过程。这既是私立组织的发展规律使然，也是集体管理组织通过实践逐步完善许可机制的现实需要。但《条例》第 7 条对集体管理组织"唯一性"和"全国性"的要求，实际上排除了私人创制集体管理组织的可能，因为有能力一次性在全国范围内取得代理权的，只有官方性机构。同时，《条例》第 9 条在设立程序中的行政许可要件，使作为著作权管理部门的国家版权局，有权阻止已符合其他法定成立要件的集体管理组织设立，给集体管理组织的设立增加了法定条件之外的不确定性。可以认为，上述条款不但切断了权利人与集体管理组织之间的关系，还使主管机关获得了阻碍集体管理组织设立的权力。如此一来，使用者面对的只能是官方性和垄断性的集体管理组织，因此在许可条件的设计和选择上只能接受无效率的结果。首先，由于集体管理组织的设立由政府主导，因此权利人缺乏创制集体管理组织的渠道，最终导致既有集体管理组织数量和效率远落后于市场需求，以及使用者获取许可的渠道匮乏。其次，就有限的集体管理组织来看，其垄断性反而增加了作品许可的交易成本，与集体管理制度的本旨相悖。在政府主导模式下，集体管理组织并非由权利人创制，而仅供权利人加入，导致其缺乏提高许可效率的经济诱因，因此既不会根据市场情势为使用者提供最优许可方案，也不会积极提高自身的运作效率。从许可费率的定价与分配上看，根据中国音

① 熊琦：《论著作权集体管理中的私人自治——兼评我国集体管理制度立法的谬误》，载《法律科学(西北政法大学学报)》2013 年第 1 期。

像集体管理协会2010年公布的《全国卡拉OK著作权使用费分配方案》,音集协的管理费支出高达每年所收版税的50%;而中国音乐著作权协会颁布的《使用音乐作品进行表演著作权许可使用费标准(试行)》,其定价从2000年至今从未进行任何调整。从许可模式的设计上看,现有集体管理组织并未为不同类型使用者设计可选择的许可方案,更没有提供发达国家早已在各个领域普及适用的在线许可。

鉴于上述主体资格与许可效率的原因,我国集体管理制度的许可效率因使用者的不合作而相当低下,集体管理组织与权利人之间也因版税分配问题积累了大量矛盾,《著作权法》第三次修改草案中的延伸性集体管理所引发的讨论,其实是社会各界针对集体管理制度多年形同虚设的一次集中批判。2006年至今,音著协、音集协与电影著作权协会等在卡拉OK、商业机构背景音乐与网吧电影播放等领域推行集中许可,旨在建立和规范相关商业机构的版税收取机制。然而,无论是版税标准还是收取方式,皆缺乏与使用者的合理沟通,因此只能依赖官方机构来强制推行。虽然这些矛盾部分可能是由于使用者对收费从无到有的不适应,但造成抵触的主要原因,还是集体管理组织依仗自身的政府背景和垄断地位,在许可合同的设计上没有给予使用者充分的选择权,在许可费率的决定上又缺乏科学性。

因此,为满足数字技术和版权产业发展的需要,我国应尽快围绕私人自治来重构集体管理制度,实现权利人、集体管理组织与使用者的自治,一方面坚持权利人作为集体管理组织的创制主体,使集体管理组织得以根据市场情势提供许可模式和定价机制;另一方面限制集体管理组织的垄断,保证使用者对许可模式的选择权。

第二节 著作权行政管理

一、著作权行政管理组织

为了更好地实施我国《著作权法》,保护著作权人和相关权人的合法利益,国家设立专门的政府机构负责著作权的行政管理工作。著作权行政管理机构分两级:一是国家级,即国家版权局;二是地方级,即各省、自治区和直辖市以及其他各级版权局。

著作权行政管理组织是官方机构,代表中央和地方各级政府管理有关的著作权事务,处理有关的著作权纠纷。

二、著作权行政管理组织的职责

(一) 国家版权局的主要职责

国家版权局具有以下主要职责:(1) 贯彻实施著作权法律、法规,制定与著作权行政管理有关的办法;(2) 查处在全国有重大影响的著作权侵权案件;(3) 批准设立著作权集体管理机构、涉外代理机构和合同纠纷仲裁机构,并监督、指导其工作;(4) 负责著作权的涉外管理工作;(5) 负责国家享有的著作权管理工作;(6) 指导地方著作权行政管理部门的工作;(7) 承担国务院交办的其他著作权管理工作。

(二) 地方各级著作权行政管理机构的职责

地方各级著作权行政管理机构的职责如下:(1) 在本地区实施、执行著作权法律、法规,制定本地区著作权行政管理的具体办法;(2) 查处本地区发生的严重侵犯著作权以及与著作权有关的权利的行为;(3) 组织本地区的著作权合同纠纷仲裁;(4) 监督、指导本地区的著作权贸易活动;(5) 监督、指导著作权集体管理机构在本地区的活动。

根据我国《著作权法》的规定,著作权行政管理部门有权对《著作权法》第 53 条规定的 8 种侵权行为进行查处。处理侵犯他人著作权同时损害社会公共利益的行为时,主管著作权的部门可以:(1) 责令侵权行为人停止侵权行为;(2)予以警告;(3)没收违法所得;(4) 没收、无害化销毁处理侵权复制品以及主要用于制作侵权复制品的材料、工具、设备等,违法经营额 5 万元以上的,可以并处违法经营额 1 倍以上 5 倍以下的罚款;没有违法经营额、违法经营额难以计算或者不足 5 万元的,可以并处 25 万元以下的罚款。

背景材料

行政保护在著作权侵权救济中的“弱化”与“加强”[①]

对著作权侵权实施行政保护是中国著作权法的特色。这种著作权侵权行政保护特色在中国的形成,有其独特的历史原因。中国知识产权法制度始建于 20 世纪 80 年代,当时大部分懂知识产权,尤其是懂专利和商标的人才基本集中在专利管理机构和商标管理机构,因此在 1983 年制定的《商标法》和 1984 年制定的《专利法》中,均明确授权商标管理机关和专利管理机关有权直接处理相应的著作权侵权纠纷,不但可以责令停止侵权,还可以作出有关赔偿损失的决定。1990 年制定的《著作权法》在基本遵循上述侵权处理规则的基础上,将著作权侵权行为分为两种,一类是只能追究民事责任的著作权侵权行为,另一类除了追究停止侵害、消除影响、公开赔礼道歉、赔偿损失等民事责任外,还可以由著作权行政管理部门给予没收非法所得、罚款等行政处罚。为了满足 WTO 项下的《TRIPS 协议》的要求,中国分别于 2000 年和 2001 年对《专利法》《商标法》和《著作权法》进行了修订,其中修订的一项重要内容就是弱化行政保护在专利侵权和商标侵权案件处理中的职能,相应的行政机关在处理专利侵权或商标侵权案件时,只能责令停止侵权和就损害赔偿的数额进行调解,不能直接责令损害赔偿。同时,根据相关司法解释规定,人民法院受理的侵犯专利权或商标权纠纷案件,已经过相应行政机关作出侵权或者不侵权认定的,仍应当就当事人争议的事实进行审查。自此次专利法和商标法修订之后,专利权人或商标权人及其利害关系人请求管理行政部门查处侵权的案件,已经急剧下降了。在著作权保护领域,行政保护的地位也开始发生变化。根据 1990 年《著作权法》第 46 条的规定,可以看出,该条所列的七项著作权侵权行为均可以在承担民事责任的同时,再由著作权行政管理部门给予相应的行政处罚。2001 年修正的《著作权法》对著作权侵权行为的相关规定是第 47 条,我们从该条的内容可以看出如下变化:(1) 该条所列举的著作权侵权行为发生了变化,删除“剽窃、抄袭他人作品的”著作权侵权行为被追究行政责任和刑事责任的可能。(2) 增加了纳入著作权行政保护和刑事保护的行为类型,将未经许可通过信息网络传播作品、表演和录音录像制品的著作权侵权行为、故意避开或者破坏技术措施、故意删除或者改变作品、录音录像制品等的权利管理电子信息的行为纳入行政和刑事保护的范围。很明显,这些增加的侵权行为类型基本与信息网络密切相关。(3) 在扩大著作权行政保护和刑事保护行为类型的同时,也为各自的实施增加了条件,明确

① 徐铭勋:《论数字环境下著作权行政保护与刑事保护的强化》,载《河北法学》2013 年第 1 期。

规定只有在该条所列的著作权侵权行为同时损害公共利益时，著作权行政管理部门才能实施行政保护。只有在相关行为构成犯罪的情况下，才能被追究刑事责任。2010 年修正的《著作权法》对该条款未作改动。2001 年修正的《著作权法》很明显传递了这样的信息，即著作权行政保护的实施在一定程度上被弱化，强调只有在相应的著作权侵权行为侵犯了社会公共利益的情况下，著作权行政管理机关才能动用公共权力对特定的著作权侵权行为实施惩戒。也就是说，2001 年修正的《著作权法》明确了著作权行政保护的出发点只能是为了保护社会公共利益，而不是仅仅为了著作权人的私人利益。同时，从 2001 年修正的《著作权法》的修订中还明显传递出另外的信息，即为了更好地实施数字环境下的著作权保护，中国明显加强了对信息网络传播领域的著作权侵权的行政保护力度。

从上述分析中，我们可以得出这样的结论，著作权行政管理机关从社会公共利益角度实施的著作权行政保护，在保护著作权人私人利益领域被弱化，但对信息网络领域的著作权保护作用得到明显的强化。也就是说，由于数字化技术带来大量复制的便利性，著作权人对著作权的控制难度加大，维权成本增加，在这种情况下，更加需要著作权行政管理机关借助公共权力的力量，积极实施对著作权的行政保护。

[深度阅读]

1. 刘学在：《著作权集体管理组织之当事人适格问题研究》，载《法学评论》2007 年第 6 期。

2. 常青：《论著作权集体管理制度：法经济学的视角》，载《法学杂志》2006 年第 6 期。

3. 熊琦：《论著作权集体管理制度中的私人自治》，载《法律科学》2013 年第 1 期。

4. 熊琦：《著作权集中许可机制的正当性与立法完善》，载《法学》2011 年第 8 期。

5. 叶新：《国外著作权集体管理组织概况》，载《出版发行研究》2005 年第 6 期。

6. 曹世华：《论数字时代技术创新与著作权集体管理制度的互动》，载《法学评论》2006 年第 1 期。

[法条导航]

1.《中华人民共和国著作权法》第八条

2.《著作权集体管理条例》

[思考题]

1. 简析著作权行政管理与集体管理的异同。

2. 简析著作权行政管理的作用。

3. 如何界定著作权集体管理组织的性质？

4. 如何理解著作权集体管理组织与著作权人、相关权人的关系？

5. 如何理解著作权集体管理组织与作品使用者的关系？

6. 著作权集体管理组织如何收集和分配使用费？

第九章

著作权的保护

[**内容提要**] 著作权保护是著作权法的重要制度。通过本章的学习，了解著作权侵权行为的概念、特征和种类，明确侵犯著作权的法律责任，领会著作权纠纷的调处方法。

[**关键词**] 著作权侵权行为　著作权侵权诉讼　著作权救济

第一节　著作权侵权行为

一、著作权侵权行为概述

著作权侵权行为(包括相关权侵权行为)，是指侵犯著作权或者相关权的行为。具而言之，著作权侵权行为，是指未经著作权人或者相关权人许可，擅自实施其受著作权保护的客体(包括作品、表演、录音录像制品或者广播电视节目等)，法律另有规定的除外。

著作权侵权行为属于民事侵权行为范畴。判断某种行为是否构成著作权侵权，须考虑以下要件：未经著作权人许可，使用了他人受著作权保护的客体(包括作品、表演、录音录像制品或者广播电视节目)且没有法律依据。例如，我国《著作权法》第 52 条和第 53 条规定的 19 种侵权行为，都是符合该条件的。

判断某种行为是否构成侵权是一件比较复杂的事情，并不能简单地得出结论。例如，当今的网民经常将他人受版权保护的影视作品进行滑稽模仿，制作出网络短片，其行为是否侵权就存有争议。当然，有些行为是否侵权则是非常明显的，例如，未经著作权人许可，擅自发表其作品，就构成了对发表权的侵犯。

二、著作权侵权行为的特征

根据一般侵权行为理论可知，著作权侵权行为具有以下特征：

(1) 侵权对象的多重性。我国《著作权法》所指的"著作权"包括三个方面的内容：著作财产权、著作人身权和与著作权有关的权利(相关权)。因此，著作权侵权行为所涉及的对象包括此三个方面的权利，我国《著作权法》第 52 条和第 53 条的规定即是如此。

(2) 行为的违法性。此处所说的违法性，是指行为人所为之行为违反了《著作权法》的规定，未经著作权人许可，也没有相应的法律依据，擅自实施了他人受著作权保护的客体。例如，为个人学习、研究或者欣赏而使用他人已发表作品，就不构成侵权，因为我国《著作权法》第 24 条第 1 款第 1 项明确规定这种行为是合理使用，不构成侵权。但是，如果为个人学习、研究或者欣赏而使用他人尚未发表的作品,就不是合理使用,而是侵权行为,因为他人尚未发表的作品不是合理使用的对象。又如,广播电台、电视台播放他人已发表的作品,并按规定给著作权人支付报酬的,就不构成侵权;如果不支付报酬,就构成了对著作权人获得报酬权的侵犯,但不侵犯其使用权,因为我国《著作权法》第46条第2款规定广播电台、电视台使用他人已发表的作品,可以不经著作权人许可,但应当按照规定支付报酬。

(3)行为的作为性。一般民事侵权行为,有作为的侵权行为(例如,从楼上向下扔东西伤害路人),也有不作为的侵权行为(例如,放任自家的牲畜损毁他人的庄稼)。但是,著作权侵权行为通常是作为的,较少出现不作为的侵权行为。我国《著作权法》第52条和第53条总共规定了19种侵权行为,只有第52条第7项规定"使用他人作品,应当支付报酬而未支付的"行为属于消极的不作为。

(4)行为的多样性。因为著作权是一个权利束,包含的权利种类非常多,因此,著作权侵权形式呈多样性,一个行为可能同时侵犯著作权人的若干项权利。例如,擅自改编他人未发表的作品并公开发表的,可能同时侵犯了著作权人的多项权利:发表权、改编权、获得报酬权、保护作品完整权等。关于侵权行为的多样性,我国《著作权法》一共规定了19种形式。

因此,考察一种针对版权作品所为的行为是否构成侵权,侵犯哪些权利等,是一个比较复杂的问题。

三、著作权侵权行为的种类

按照不同的标准,可以将著作权侵权行为划分为不同的种类,从而有利于对著作权侵权行为作较明确的分析,更加准确地解决侵权纠纷。一般情况下,著作权侵权行为可分为直接侵权和间接侵权两种。

所谓直接侵权,是指行为人针对版权作品所实施的行为直接侵犯了被实施对象的著作权。例如,未经著作权人许可,擅自在营业场所(包括在卡拉OK厅、商场、机场、车站、酒吧、夜总会等)使用他人录音录像制品进行经营活动。这是比较常见的侵权行为,也是我国《著作权法》明确规定的行为。

所谓间接侵权,是指行为人的行为本身并不一定构成对他人著作权的侵犯,但是却可能促成了第三人所为侵权行为的发生,或者使第三人所为的侵权行为得以继续或持续。例如,故意制造、进口或者向他人提供主要用于避开、破坏技术措施的装置或者部件,或者故意为他人避开或者破坏技术措施提供服务的行为,其本身并未避开或者破坏他人的技术措施,但是却为别人避开或者破坏著作权人采取的技术措施提供了方便,因此其行为构成间接侵权。[①] 间接侵权行为可以分为帮助侵权、替代侵权和辅助侵权等。

我国《著作权法》规定的直接侵权行为有19种,且可以划分为两种类别,即只承担民事责任的侵权行为和须承担民事责任,可能还须承担行政责任,甚至可能要承担刑事责任的侵权行为。

(一)仅承担停止侵害、消除影响、赔礼道歉、赔偿损失等民事责任的侵权行为

此类侵权行为有11种,它们分别是:

(1)侵犯发表权的行为,即未经著作权人许可而发表其作品的行为。

决定作品是否公之于众的权利,是发表权。生前,只能由作者决定行使;死后,根据作者

---

① 参见《信息网络传播权保护条例》第19条第1项。

生前的意志，由其合法继承人、受遗赠人或者作品原件所有人决定行使。未经著作权人许可，任何人不得擅自将他人尚未发表的作品公之于众。

(2) 侵占合作者著作权的行为，即未经合作作者许可，将与他人合作创作的作品当作自己单独创作的作品发表的行为。

两个以上的人共同创作的作品，为合作作品，其著作权由合作作者共同享有。任何一个或者几个合作作者不得侵占其他合作作者的著作权。一般情况下，合作作者可以就署名、作品的发表以及发表的时间、方式和地域等问题进行协商解决。未经协商，任何合作作者不得排除其他合作作者，而以自己的名义发表。关于与作品的发表有关的问题，应当由合作作者协商解决。协商时，无正当理由，任何合作作者不得阻止作品的发表。

(3) 非法署名行为，即没有参加创作，为谋取个人名利，在他人作品上署名的行为。

依《著作权法》规定，只有作者(包括合作作者)有权在自己创作的作品上署名。特殊情况下，经作者同意，没有参加创作的人，可以在作品上署名。如张某与李某系夫妻，张某进行创作，李某帮助张某做服务工作。作品创作完成后，张、李协商由两人同时署名。面对这样的情况，法律应如何处理？《著作权法》的该项规定并未使用"未经作者同意"的字样。这是否意味着：作者无权同意"没有参加创作的人"在其作品上署名？从理论上看，因为署名权不得转让，没有参加创作的人不享有署名权，所以，作者无权同意没有参加创作的人在自己创作的作品上署名。但是，在实际生活中，作品如此署名，其他人不可能知道没有参加创作的人在作品上署了名。只要作者自己不提出否定意见，法律并不予干预。

实际上，这种侵权行为的真实含义应当是：没有参加创作的人，未经作者同意，擅自在他人创作的作品上署名的行为。如果作者与要求署名者协商一致，没有参加创作而要求署名的人可以在作品上署名。

(4) 侵犯保护作品完整权的行为，即歪曲、篡改他人作品的行为。

保护作品完整权，就是禁止他人歪曲、篡改其作品的权利。作品是作者人格的延伸，因此作者在作品中所表达的综合理念应当受到他人的尊重，任何人不得歪曲、篡改他人的作品。此种侵权行为的表现形式主要是：第一，行为人具有主观故意；第二，目的是诋毁他人的作品，曲解作者的本意或者损害作者的名誉；第三，做法是割裂作品，断章取义，歪曲原意，贬低作者；第四，后果是使不明真相的读者、观众、听众或者其他人，对作品或者作者产生不良评价。

这种侵权行为既是对著作权的侵犯，也是对作者名誉权的侵犯。

(5) 剽窃行为，即剽窃他人作品的行为。

著作权法上的"剽窃"，是指行为人将他人创作的作品窃为己有，以自己的名义公开发表，而不注明作品出处，不指明作者姓名。其表征为：第一，行为人具有主观故意；第二，侵权对象是他人享有著作权的作品；第三，侵权目的是将他人作品据为己有；第四，具体做法是删除他人的署名，以自己的名义将作品发表，不注明作品的出处，不指明作者的姓名或名称；第五，结果是使他人将该作品当作署名者自己创作的作品。

"抄袭"是一种与"剽窃"相近的行为，我国 1990 年《著作权法》将它们并列，即"抄袭、剽窃他人作品的行为"。我国 2001 年修正的《著作权法》将"抄袭"一词删除，仅保留了"剽窃"一词。据此理解，要么"抄袭"与"剽窃"系同义词，要么"抄袭"包含于"剽窃"之中。实际上，"抄袭"与"剽窃"的关系，既不是同义词，也不是包含关系，而是近义词，有相同点，也有相异点。抄袭与剽窃的区别是：抄袭者要注明作品名称、作品的出处，指明作者的姓名或名称，而剽窃者则既不注明作品名称、作品出处,也不指明作者姓名或名称。

剽窃之作与被剽窃作品有以下相同点:第一,作品构成要素中的绝大多数相同或基本相同;第二,作品的结构相同或基本相同;第三,作品所表达的综合理念相同或基本相同;第四,作品中的人物、事件、地点、背景等相同或基本相同;第五,作品中的正误、对错相同或基本相同。尽管如此,要确定某一作品是对另一作品的剽窃,却是非常困难的,其原因在于:著作权不具有独占性,即不同作者分别独立创作的、具有独创性的相同作品,都能依法产生著作权,任何人不得以自己创作在先或者发表在先为由,否定其他作者的著作权,更不能主张其他作者侵权。因此,因巧合而创作相同或者基本相同作品是完全可能的。剽窃之作与被剽窃作品虽然有那么多的相同或者基本相同点,但剽窃者可以用"巧合"来抗辩。被剽窃作品的著作权人要证明剽窃行为成立,就必须承担举证责任。

判断抄袭行为,却相对容易一些。抄袭作品与被抄袭作品也具有上述的许多相同或者基本相同点,而且因抄袭者要注明作品名称、出处,指明作者姓名或者名称,所以,只需将两件作品进行对比,根据两者之间的相同或者基本相同部分的多少,就可确定抄袭行为是否成立。

(6) 侵犯某些财产权的行为,即未经著作权人许可,以展览、摄制视听作品,或者以改编、翻译、注释等方式使用作品的行为。

这种侵权行为是对被侵权作品的直接利用,很容易判断。即只要作品仍处于受保护期间,未经著作权人许可,行为人以展览、摄制、改编、翻译、注释等方式利用了该作品,其行为就可能构成侵权,但著作权法另有规定的除外。

(7) 侵犯获得报酬权的行为,即使用他人作品,应当支付报酬而未支付报酬的行为。

获得报酬权,是著作权人和相关权人依法享有的一项重要权利,也是著作权人和相关权人收回投资、获得收益的保证。除合理使用外,任何人使用他人受著作权保护的客体,都应当按规定支付报酬。否则,就可能构成对获得报酬权的侵犯。

一般情况下,行为人并不会单独地侵犯著作权人或者相关权人的获得报酬权,而是在侵犯使用权的同时侵犯获得报酬权。但是,某些特殊情况下,行为人可能并未侵犯著作权人或者相关权人的使用权,但侵犯了其获得报酬权:第一,依据法定许可使用的规定,使用他人已发表作品,并不侵犯著作权人或者相关权人的使用权,但可能侵犯获得报酬权。第二,根据著作权使用许可合同约定使用作品,但未按约定向著作权人或者相关权人支付使用费的,其行为既构成违约,又侵犯了获得报酬权。第三,根据法律规定获得强制许可的使用人应当按规定向著作权人支付报酬。未支付报酬的,即构成了对获得报酬权的侵犯。

(8) 侵犯出租权的行为,即未经视听作品、计算机软件、录音录像制品的著作权人、表演者或者录音录像制作者许可,擅自出租其作品、计算机软件或者录音录像制品的原件或者复制件的行为。

出租权是我国2001年修正的《著作权法》给著作权人和相关权人增加的一项权利。该项权利所适用的对象只是:视听作品;计算机软件;录音录像制品。任何人购买了这三种对象的原件或者复制件后,除了可以供个人、家庭学习或欣赏外,不得以营利目的使用。任何人未经许可而出租该作品或制品的,就可能侵犯该项权利。

(9) 侵犯版式设计权的行为,即未经出版者许可,使用其出版的图书、期刊的版式设计的行为。

此种侵权行为的表现主要是:行为人将他人出版的图书、期刊的版式设计用于自己出版的图书或者期刊。其目的是使自己出版的图书或者期刊与他人的图书或者期刊相混淆，以获得不法利益。

(10) 侵犯表演者权的行为，即未经表演者许可，从现场直播或者公开传送其现场表演，或者录制其表演的行为。

此种侵权行为的表现主要是：表演者正在进行表演，行为人事先未经表演者(演出组织者或者进行表演的个人)许可，便将该表演以广播、电视的方式进行现场直播，或者以其他有线或无线传输方式将该表演进行公开传送，或者以录音、录像等方式将该表演固定下来。其目的可以是营利性的，也可以是非营利性的。

(11) 其他侵犯著作权以及与著作权有关的权利的行为。

这是一个弹性条款，为制裁其他侵犯著作权或相关权的行为留下空间。从立法技巧和社会现实的角度看，没有必要也没有可能穷尽所有的侵权行为；但是，从保护著作权人和相关权人利益的角度看，有了这个弹性条款，再加上著作权侵权行为理论的支持，法律尚未明确规定的许多侵权行为，都难逃法律的制裁。

(二) 不仅应当承担民事责任，而且还可能承担行政责任和刑事责任的侵权行为

与第一类侵权行为相比，此类侵权行为不仅给著作权人或者相关权人造成财产损失，而且还可能损害公共利益，情节严重的，甚至可能构成犯罪。因此，法律规定，实施该种行为的自然人、法人或者非法人组织，不仅要依法承担民事责任，而且还要承担行政责任或刑事责任，以保护个人利益、公共利益和国家利益。这种侵权行为共有8项，它们分别是：

(1) 侵犯著作权人某些财产权的行为，即未经著作权人许可，复制、发行、表演、放映、广播、汇编、通过信息网络向公众传播其作品的行为。

上述第一类侵权行为中的第(6)种侵权行为，是针对某些著作财产权的行为；本项规定的侵权行为也是针对某些著作财产权的，但两者是有区别的。其区别主要是：前一种侵权行为所涉及的主要是著作权人个人利益，不可能或者几乎不可能涉及公共利益和国家利益，而此种侵权行为则可能同时涉及著作权人的个人利益、公共利益和国家利益。此种侵权行为包括：

第一，侵犯复制权的行为。这种侵权行为主要表现为：未经著作权人许可，擅自以复制方法制作他人作品复制件的行为。复制他人作品，就是行为人主观上并不打算对作品的表现形式和综合理念作改动，客观上也未作改动或者几乎未作改动产生的复制件。复制不同于抄袭或剽窃，例如，以临摹方式制作的复制件，客观上可能与被临摹的作品存在某种差异，但临摹者主观上没有改动该作品的意图，所以，临摹是一种复制，而不是抄袭，更不是剽窃。

第二，侵犯发行权的行为。这种侵权行为主要表现为：未经著作权人许可，擅自以出售或赠与等方式向公众提供作品复制件的行为。发行可以是以营利目的所为的出售，也可以是非营利目的所为的赠与等。

第三，侵犯表演权的行为。这种侵权行为主要表现为：未经著作权人许可，公开表演他人作品，或者以各种手段公开播送作品的表演。具体可分为两种：一是直接表演他人版权作品的行为；二是借助各种设备、器械等公开播送作品的表演的行为。例如，利用影视播放机播放音像制品的行为，就是一种表演行为。未经著作权人许可，在公共场所播放音像制品就是对表演权的侵犯。

第四，侵犯放映权的行为。这种侵权行为主要表现为：未经著作权人许可，通过放映机、幻灯机等技术设备公开再现美术、摄影、视听作品等。

第五,侵犯广播权的行为。这种侵权行为主要表现为:未经著作权人许可,以有线或者无线方式公开传播或者转播作品,以及通过扩音器或者其他传送符号、声音、图像的类似工具向公众传播广播的作品。

第六,侵犯汇编权的行为。这种侵权行为主要表现为:未经著作权人许可,将他人版权作品或者作品的片段,编入其汇编作品的行为。

第七,侵犯信息网络传播权的行为。这种侵权行为主要表现为:未经著作权人许可,以有线或者无线方式向公众提供他人版权作品,使公众可以在其选定的时间和地点获得该作品。具体表现有:将他人的版权作品上网传播,或者收入网络电子图书馆等。

上述诸行为,《著作权法》另有规定的除外,如合理使用、法定许可使用等。

(2) 侵犯图书出版者专有权的行为,即擅自出版、复制或者以其他方式制作、发行他人享有专有出版权的图书的行为。

不论著作权人还是其他人,在出版合同的有效期和地域范围内,都不得擅自出版、复制或者以其他方式制作、发行该图书,因为图书出版者对该图书享有专有出版权。具体表现为:以图书形式出版该作品;出版该作品的修订版;出版该作品的重印版;等等。

(3) 侵犯表演者权的行为,即未经表演者许可,复制、发行录有其表演的录音录像制品,或者通过信息网络向公众传播其表演的行为。

此种侵权行为包括三种形式:第一,复制录有表演者表演的录音录像制品;第二,发行录有表演者表演的录音录像制品;第三,通过信息网络向公众传播表演者的表演。

第一种、第二种形式首先是对表演者权的侵犯,其次是对录音录像制作者权的侵犯,同时还可能构成对被表演作品著作权的侵犯。例如,VCD《相声作品集》录有侯宝林和郭全宝两位先生表演的相声《醉酒》。相声作品《醉酒》的作者享有著作权;VCD《相声作品集》的制作者享有录音录像制作者权;侯宝林和郭全宝两位先生对自己的表演享有表演者权。非法复制、发行该VCD,可能同时侵犯这三个方面的权利;通过网络传播该表演可能同时侵犯两个方面的权利:一是表演者权,二是被表演作品的著作权,但《著作权法》另有规定的除外。

(4) 侵犯录音录像制作者权的行为,即未经录音录像制作者许可,复制、发行、通过信息网络向公众传播其制作的录音录像制品的行为。

该侵权行为在上一种行为中已经讨论了,此项的规定只是侧重点不同而已。即上一项重点在表演者权,此项重点在录音录像制作者权。

(5) 侵犯广播组织权的行为,即未经广播电台、电视台许可,擅自播放、复制或者通过信息网络向公众传播广播、电视节目的行为。

此种侵权行为很明确,除《著作权法》另有规定外,任何人不得擅自播放或者复制广播电台、电视台制作的广播、电视节目。

(6) 避开或破坏技术措施的行为,即未经著作权人或者相关权人许可,故意避开或者破坏技术措施的,故意制造、进口或者向他人提供主要用于避开、破坏技术措施的装置或者部件的,或者故意为他人避开或者破坏技术措施提供技术服务的行为。

著作权人或者相关权人为保护其作品或者录音录像制品不受非法复制、利用等而采取的技术措施,受法律保护。未经权利人许可,任何组织或者个人不得故意避开或者破坏技术措施,不得以避开或者破坏技术措施为目的制造、进口或者向公众提供有关装置或者部件,不得故意为他人避开或者破坏技术措施提供技术服务。但是,法律、行政法规规定可以避开的情形除外。著作权人或者录音录像制作者通常采用的技术措施有两种:一是控制通向版权客体之路由的技术措施，如加密(encryption)；二是控制对版权客体进行复制的技术措施，如 SCMS(serial copy management system)。路由控制技术能有效阻止他人直接接触版权作品或者音像制品，即：已采用加密措施的版权客体，在未被解密前，播放设备或者录制设备不可能直接接触到保护对象，但是终端用户却能够借助解密设备进行收听收看。这种解密不可能偶然发生，因此，未经授权的解密行为就构成了对法律禁止性规定的破坏。控制版权复制技术，如复制控制标记(copy control flags)，能够阻止一般的复制设备或者播放设备读取并解开被保护对象而复制。一旦这种控制标记被破坏或者避开，播放设备就不能找到这种标记，那么被播放的内容就处于无保护状态，从而可能受到非法复制。未经授权擅自破坏或者避开这种复制控制标记的，就可能构成对此权利的侵犯。

此外，还有其他的一些技术措施，也可以用来保护著作权人或者录音录像制作者不受非法侵犯。这样的技术具有保护作用，未被避开或者破坏前，其他人就无法直接接触被复制、播放作品或者录音录像制品。但是，著作权人或者录音录像制作者能够设置技术措施，其他人也能够避开或者破坏这种技术措施。本项规定就是禁止他人未经许可，擅自避开或者破坏这种技术措施的行为。

(7) 删除或者改变权利管理电子信息的行为，即未经著作权人或者与著作权有关的权利人许可，故意删除或者改变作品、版式设计、表演、录音录像制品或者广播、电视上的权利管理信息的，知道或者应当知道作品、版式设计、表演、录音录像制品或者广播、电视上的权利管理信息未经许可被删除或者改变，仍然向公众提供的行为。

权利管理电子信息，是著作权人或与著作权有关的权利人为了表明自己的身份、指明作品或者录音录像制品的权利状况而为之设计并使用在其上的电子信息。这样的电子信息一旦被除去或者改变，就有可能使人误认为相关的作品或者录音录像制品已处于公有领域，不再受法律保护。因此，任何人未经著作权人或者录音录像制作者许可，不得删除或者改变之，否则即构成侵权。

(8) 侵犯他人免受作品之虚假署名权利的行为，即制作、出售假冒他人署名的作品的行为。

任何自然人都享有免受作品之虚假署名的权利。这样的权利，英国 1988 年《版权、外观设计与专利法》第 84 条第 1 款作了明确规定，即任何人都有权利使自己：免于被虚假地署名为某一文学、戏剧、音乐或艺术作品的作者，以及免于被虚假地署名为某影片的导演。我国《著作权法》虽然没有从正面作此规定，但此项规定即是从反面确认了免受虚假署名的权利。

这种侵权行为的具体表现有：第一，公开发行含有虚假署名之描述的作品的复制件；第二，公开展览其上面或内容有虚假署名的艺术作品或其复制件；第三，关系到文学、戏剧或者音乐作品时，将其作为某人的作品而公开表演、广播或收入广播电视节目中；第四，关系到影片时，将其作为某人导演之作品而公开放映、广播或者收入到广播电视节目中；第五，其他明示或暗示性地将某人当作某作品的作者或者影片的导演的行为。

此种行为所侵犯的不是自然人的姓名权，也不是自然人的署名权，而是其作者身份权，或者免受作品之虚假署名的权利。行为人虚假地在自己的作品或者其他人的作品上将某人署名为作者，其目的主要是为了获取非法利益，同时可能造成对被署名者之名誉、声誉、形象等的侵害，因此是一种侵权行为。

背景材料

“实质性相似＋接触”规则的基本含义与适用范围[①]

“实质性相似＋接触”是知识产权领域侵权行为认定的重要规则。自美国判例创设这一规则以来，对其的争议与质疑就没有停止过，但其在侵权行为认定中的核心地位却没有改变。讨论“实质性相似＋接触”规则之适用，主要是研究该规则的适用对象，即适用于何种知识产权领域的何种具体情形。具言之，应从知识产权法的创新价值功能出发，界分创造者的思想内容与思想表现形式，以明确特定知识产权的保护范围；在该知识产权权项范围界定和效力范围限定的基础上，通过两项作品或技术的比对分析，判定智力成果利用的合法性边界。

“实质性相似＋接触”是知识产权侵权行为认定的重要规则，其要点是：(1) 两件作品或技术经鉴定构成实质性相似，即创造在后的作品或技术与创造在先的作品或技术在思想表达形式或思想内容方面构成同一。在这里，“实质性相似”在于说明被控侵权作品或技术复制了或来源于享有知识产权的在先作品或技术，前者不构成具有创造性的新作品、新技术。(2) 被控侵权作品或技术的行为人接触了享有知识产权的在先作品或技术。关于“接触”事实的证明，是指享有知识产权的作品或技术在被控侵权作品或技术之前公之于众；在下列情形下，也可推定行为人有接触权利人作品或技术的事实：在后作品或技术与在先作品或技术明显相似，足以排除在后作品的独立创造的可能性；在后作品或技术包含与在先作品或技术相同的特征、技术或风格，其相同之处难以用巧合作出解释。根据“实质性相似＋接触”规则，在认定知识产权侵权行为时是从作品或技术与行为两个方面进行分析的。李明德教授认为，著作权侵权认定有两个维度：从行为角度看，侵权人未经授权而复制、改编、发行、表演了享有著作权的作品；从作品角度看，是被控侵权的作品复制或者挪用了享有著作权的作品。上述言论可以视为对“实质性相似＋接触”规则的一种法理学解读。在司法实践中，作为侵权行为的认定规则，行为要素与作品或技术要素的分析是相关联的但并不是等量的，质言之，“实质性相似”的证明与认定处于更为重要的地位，“实质性相似”的法律本质是保护作品或技术基于创造性的经济价值，即独创性的思想表达或首创性的思想内容。在讼争作品或技术构成“实质性相似”的情况下，方产生证明与认定被控侵权行为人有“接触”事实之必要。因此，这一规则在司法活动中有时被简要地概称为“实质性相似”规则。

“实质性相似＋接触”规则是对侵权行为认定之法律适用的理论概括和司法经验总结，并非采取法定主义原则由立法直接规定。但是，知识产权法所规定的保护范围是这一规则建构及适用的基础和前提。因此，关于“实质性相似＋接触”规则的适用，需从不同知识产权的保护对象及其效力范围入手，分析思想表现形式或思想内容的各种要素，以识别构成实质性相似之可能。

---

① 吴汉东：《试论“实质性相似＋接触”的侵权认定规则》，载《法学》2015年第8期。

背景材料

我国版权法中的“间接责任”及其完善[①]

我国最高人民法院《关于审理涉及计算机网络著作权纠纷案件适用法律若干问题的解释》参照美国《千禧年数字版权法》,集中列举了几种网络服务商承担“间接责任”的情形。此外,我国2001年修正的《著作权法》第47条第6项有关故意规避和破坏技术措施的侵权责任,以及《计算机软件保护条例》第30条有关侵权软件持有者的责任,均应属于“间接责任”,因为上述行为并非直接受版权专有权利的控制。

除此之外,我国《著作权法》中并没有对“间接责任”的一般性规定。这并不意味着法院不能判定直接侵权者之外的第三人承担责任。我国《民法通则》第130条规定:“二人以上共同侵权造成他人损害的,应当承担连带责任”;第43条规定:“企业法人对它的法定代表人和其他工作人员的经营活动,应当承担民事责任”,这两条规定可以成为在版权诉讼中认定“间接责任”的原则依据。但是,仅仅依赖《民法通则》的相关规定来对版权领域的“间接责任”加以认定是远远不够的。

首先,有关“共同侵权”的规则并没有解决如何认定“间接责任”这一关键性问题。在版权领域,“共同侵权”可以指共同的“直接侵权行为”,如两人在合作作品中共同抄袭他人作品。由于“直接侵权”是相当容易认定的——只要未经许可进行了受版权专有权利控制的行为即构成“直接侵权”,如果有数人均未经许可进行了受版权专有权利控制的行为,如一人印刷盗版书籍,另一人将印好的盗版书籍向公众出售,他们将分别构成对“复制权”和“发行权”的直接侵犯,各自承担“直接责任”。是否认定他们构成“共同侵权”对于版权人获得救济而言意义不大。真正对版权人利益具有重大影响的问题,是在何种条件下将本身不受专有权利控制,但却与“直接侵权”具有一定联系的行为认定为“侵权行为”(“间接侵权”),从而使“间接侵权者”与“直接侵权者”对损害后果承担“间接责任”。最高人民法院虽然在司法解释中规定“帮助他人实施侵权行为的人为共同侵权人”,但却没有对“帮助”的含义作出任何解释,使其很难成为在版权领域判定“间接责任”的标准。

其次,有关企业法人对其工作人员承担责任的规定不足以使对“直接侵权者”享有控制权的第三人承担“间接责任”。如上文所述,根据美国版权判例中的“替代责任”规则,以及其他英美法系国家版权法对“许可侵权”的规定,对“直接侵权者”具有控制权的第三人在一定条件下应对侵权后果承担责任。而如果按照我国《民法通则》的规定,承担责任的条件则被严格限定于特定的雇佣关系,这大大缩小了第三人承担侵权责任的范围,不利于对版权人的保护。

鉴于此,我国《著作权法》有必要在日后修改时逐步引入对“间接责任”的具体规定。从立法体例上看,采取只规定笼统的规则,而由法院通过个案分析加以适用的方法对于我国并不可取。这是因为我国民法侵权行为法的规则较为原则,同时我国又缺乏“遵循先例”的传统。在缺乏具体法律规则的情况下,“共同侵权”“帮助侵权”等模糊的用语将导致版权人在无法追究直接侵权者赔偿责任的情况下尽量起诉第三人,迫使法院对各种复杂的情况大量

---

① 王迁:《论版权法中的间接责任》,载《科技与法律》2005年第2期。

依靠"自由裁量权"加以裁判。这不但大大增加了判决的不确定性，也是与"间接责任"规则趋向法定化的国际趋势背道而驰的。例如，美国在主要依靠判例确立"间接责任"规则的同时，仍然在《版权法》中对例外情形作出了明确规定。而英国等国对"许可侵权"的笼统规定在实践中则被证明并不成功。

相比之下，英国对"从属侵权"的立法体例——在版权法中将常见的"间接侵权"行为与"直接侵权"行为以不同的条款加以清楚的列举，并规定其构成要件，则是较为适合我国国情的。除了具有清晰、确定、易于法院适用和公众了解等优点之外，采纳这种立法体例还有以下两个理由：

首先，版权领域对"间接责任"的认定受公共政策因素影响较大，是否将某些行为认定为"间接侵权"行为，以及是否需要对一般侵权法规则加以限制或扩张，完全取决于一国的版权保护水平。如上文介绍的加拿大和澳大利亚在规定公共娱乐场所或剧院经营者构成"从属侵权"的条件时，均加入了"以营利为目的"这一在一般侵权行为法中不存在的前提；美国也将"替代责任"的适用范围扩大到了聘用"独立缔约方"的雇主。我国的版权保护水平应当随着我国社会经济的发展而逐步提高，同时还应当与鼓励某些产业发展的公共政策相适应。这就要求在版权立法中明确规定导致"间接责任"的各种具体情形。

其次，在一般侵权行为法中难以找到将某些能够导致侵权或扩大其后果的行为认定为侵权行为的直接依据。如对于制作专门用于破解"技术措施"的软硬件工具、为商业目的持有侵权复制件等行为，如果行为人无意向他人提供破解工具或侵权复制件，"帮助（他人）侵权"就无从谈起。在行为人尚未使用破解工具制作侵权复制件以及向他人提供侵权复制品的情况下，法院就无从认定行为人的行为构成侵权。只有通过版权法的明确规定，才能将相关行为界定为侵权行为，使行为人承担法律责任。

总之，仅仅规定版权专有权利和相关的直接侵权责任在高科技条件下已经很难对版权人提供充分的保护了。借鉴国外经验，在我国建立与国情相适应的"版权间接责任"制度，是立法者应当认真考虑的对策。

第二节　著作权侵权诉讼

一、受诉法院

著作权侵权行为发生后，著作权人或者相关权人可以通过协商、调解或者仲裁等途径解决，但较常见的解决方式是侵权诉讼。从级别管辖上看，根据我国《民事诉讼法》的有关规定，著作权侵权纠纷的第一审法院通常是中级人民法院，只有少数地区的基层人民法院（例如，北京的海淀区人民法院、朝阳区人民法院；上海的浦东区人民法院等）可以作为一审法院。从地域管辖的角度看，第一审管辖法院可以是侵权行为发生地法院、侵权人住所地或者营业所所在地法院。当事人同时向一个以上法院起诉的，由先受理的法院进行审理。

二、诉前临时禁令

诉前临时禁令，是指著作权人或者相关权人有证据证明他人正在实施或者即将实施侵权行为，如不及时制止将会使其合法权益受到难以弥补的损害的，在起诉前请求有管辖权的人民法院作出的一种责令有关当事人停止正在实施或者即将实施的行为的裁定。

采取临时禁令措施应当符合以下条件：(1) 有关人员正在实施或者即将实施侵犯其权利、妨碍其实现权利的行为；(2) 如不及时制止该行为，将会使权利人的合法权益受到难以弥补的损害；(3) 权利人尚未向人民法院提起诉讼；(4) 权利人向人民法院提出采取责令有关人员停止有关行为的申请；(5) 申请人须向人民法院提供能够证明其申请成立的充分证据；(6) 人民法院依照法定程序作出责令有关人员停止有关行为的裁定。

三、诉前财产保全

诉前财产保全，是财产保全之一种。它是指在提起诉讼之前，法院根据利害关系人的申请，对被申请人的财产采取的强制性措施。

诉前财产保全是在提起诉讼前作出的，采取保全措施后原告是否一定会提起诉讼，或者提起的诉讼是否符合起诉条件都无法确定。因此，诉前财产保全应受到严格限制。我国现行《民事诉讼法》第 103 条规定的诉前财产保全须具备以下条件：(1) 具有采取财产保全的紧迫性；(2) 利害关系人提出财产保全的申请；(3) 申请人须提供担保。

根据我国《著作权法》第 56 条的规定，著作权人或者相关权人可以在提起诉讼前向人民法院申请采取财产保全的措施。这样的申请，应当适用《民事诉讼法》的相关规定。

四、证据保全

无论在起诉前还是在诉讼过程中，都存在着证据可能灭失或者以后难以取得的情形。如被告一旦得知原告起诉，可能隐匿对其不利的证据，物证可能腐败变质等，会给证据的收集造成困难。为了防止证据日后无法收集或者难以取得，我国《民事诉讼法》第 84 条第 1 款规定："在证据可能灭失或者以后难以取得的情况下，当事人可以在诉讼过程中向人民法院申请保全证据，人民法院也可以主动采取保全措施。"

在著作权侵权纠纷中，根据我国《著作权法》第 57 条规定，为制止侵权行为，在证据可能灭失或者以后难以取得的情况下，著作权人或者与著作权有关的权利人可以在起诉前依法向人民法院申请保全证据。此规定与我国《民事诉讼法》第 84 条的规定基本一致。

人民法院接受申请后，应当在 48 小时内作出裁定；裁定采取保全措施的，应当立即开始执行。人民法院可以责令申请人提供担保，申请人不提供担保的，驳回申请；申请人在人民法院采取保全措施后 15 日内不起诉的，人民法院应当解除保全措施。

五、诉讼时效

侵犯著作权的诉讼时效为 3 年，自著作权人知道或者应当知道侵权行为之日起计算。权利人超过 3 年起诉的，如果侵权行为在起诉时仍在持续，在该著作权保护期内，人民法院应当判决被告停止侵权行为；侵权损害赔偿数额应当自权利人向人民法院起诉之日起向前推算 2 年计算。

六、举证责任

民事诉讼中的举证责任，是指当法律要件事实在诉讼上处于真伪不明状态时，负有证实法律要件事实责任的当事人一方所承受的法官不利判断的危险。举证责任的存在，使得负担该危险的当事人为避免败诉，须向法院提供证据。举证责任发生的原因有三点：(1) 诉讼中客观上存在着法律要件事实真伪不明的现象；(2) 即便要件事实的真伪无法确定，法官仍然要对该案件作出判断；(3) 法官须根据证据认定案件事实，只能将真伪不明的事实视为不存在的事实。因此，举证责任直接影响诉讼的胜败。

如上所述，著作权侵权行为是一种一般民事侵权行为，而不是特殊侵权行为，因此适用一般民事侵权诉讼的规定。我国《民事诉讼法》第 67 条第 1 款规定："当事人对自己提出的主张，有责任提供证据。"此条所规定的是民事诉讼中举证责任的一般原则，即"谁主张，谁举证"原则。根据该原则，在著作权侵权诉讼中，一般情况下，应当由原告对自己的主张负举证责任。

但是，我国《著作权法》第 59 条将几种特殊侵权行为的举证责任移转于被告，即"复制品的出版者、制作者不能证明其出版、制作有合法授权的，复制品的发行者或者视听作品、计算机软件、录音录像制品的复制品的出租者不能证明其发行、出租的复制品有合法来源的，应当承担法律责任。在诉讼程序中，被诉侵权人主张其不承担侵权责任的，应当提供证据证明已经取得权利人的许可，或者具有本法规定的不经权利人许可而可以使用的情形"。具而言之，一种情况是，当著作权人或者相关权人对复制件的出版者或者制作者提起侵权诉讼时，原告不必证明被告的出版、制作行为无合法授权，而是由被告证明其出版、制作复制件具有合法授权。不然，被告就要承担法律责任。另一种情况是，原告起诉被告出租的作品或者制品的复制件是非法的，应当承担法律责任，但不必对此举证；如果被告能证明其出租的复制件有合法来源，则不承担法律责任；否则，就要承担相应的侵权责任。

背景材料

诉前停止侵权行为在我国"实体法—程序法"体系中的定位[①]

在我国，诉前停止侵权行为最先规定于修正的知识产权法之中，这种立法体例使人很容易对这一制度的性质产生误解，即简单地把诉前停止侵权行为视为受害人的一项实体请求权，而忽视其程序法的特性。在德国学理上，也曾经有学者坚持这种见解。笔者认为，在实体法与程序法两分的背景下，诉前停止侵权行为是一项诉讼程序制度，是由实体法表达的程序制度。

民事程序法与民事实体法自近代分离以后，二者之间并未丧失理论和价值目标的一致性。在调整社会关系时，实体法制度与程序法制度尽管设计、安排不同，但由于法律的性质、历史传统、立法政策和便宜实用等因素的影响而往往出现两法交叉调整或相互渗透的现象。民事程序法与民事实体法分别从不同角度规制社会生活，实体法分配实体性权利和义务，程序法分配诉讼权利和义务，以保护民事权益，追究民事责任。有学者指出："民事责任同民事权益的保护是一个问题的两个方面。没有民事责任，民事权益就不可能有保障。但仅仅有民事责任却不合理，民事权益就只能有形式的保障，而不可能有真正和现实的保障。换句话

① 肖建国：《论诉前停止侵权行为的法律性质——以诉前停止侵犯知识产权行为为中心的研究》，载《法商研究》2002 年第 4 期。

说，在不同类型的民事责任法律关系下，适用何种归责原则、免责事由以及举证责任分配等，直接关系到当事人实现其民事权益的难易和现实性，甚至关系到既定民事权益的归属。可见，责任关系的合理设计与否决定着民法条文及其旨意精神的能否实现。没有好的民事责任制度，再好的民法也保护不了当事人的合法民事权益。而诉讼是追究民事责任的主战场，要建立好的民事责任制度，民法学必须充分研究和考虑民法条文在诉讼运作时所可能遇到的种种有利、不利情况并保证充分实现，从而保障当事人客观上既定的民事权益。”

民事程序法与民事实体法的交错对于民事立法技术提出了更高的要求，民事实体法的制定必须兼顾其程序功能，民事程序法的制定也要兼顾其实体效果。正如崔建远教授所说的，在立法技术上，万不可因民法及其合同法与民事诉讼法分别为独立的法律部门而切断它们之间固有的内在联系，针对在民法及其合同法中不得规定民事诉讼程序的内容，在民事诉讼法中看不到实体权利的规范的现状，应采取适当渗透的立法技术。在实体法中就诉权、诉讼当事人、证据形式以及举证责任分配等作出一定的规范，在程序法中对实体权利进行某种修正、补充甚至创设，已是现代社会立法的基本技巧了。因此，立法时有必要拆除阻隔在民法与民事程序法之间的高墙，不再使实体与程序在任何情况下都泾渭分明。

在这样的理论背景下考察诉前停止侵权行为措施的出台，无疑为我们理解诉前停止侵权行为提供了更广阔的理论视角。诉前停止侵权行为尽管规定于知识产权法中，将来还有可能在反不正当竞争法、公司法等法律中有所反映，但是这种现象恰恰说明，实体法与程序法的分离并不意味着绝对的对立，也不意味着二者之间存在巨大的鸿沟；相反，实体法与程序法的交错和融合在许多情况下是不可抗拒的、难以避免的。实体法中的规范未必都是实体法性质的规范，正如程序法上的规范未必就是诉讼程序的规范一样。因此，知识产权法上的规定，如诉前停止侵权行为的规定、证据保全的规定在性质上仍然是程序法规范，是由知识产权法所表达出来的诉讼程序规范，或者说是由知识产权法所确立的一项诉讼救济措施。其意义不仅体现在赋予专利权（商标权、著作权）人或者利害关系人一项新的制止侵权行为的权利或救济手段上，更重要的是它大大发展了现行知识产权诉讼制度，具有制度创新的示范效应，对于完善我国的财产保全和先予执行制度将产生积极的、深远的影响。

第三节 著作权仲裁

一、著作权纠纷

著作权纠纷，是指著作权人或者相关权人与其他人因著作权或者相关权侵权、著作权许可使用合同、著作权转让合同、相关权许可使用合同、相关权转让合同、作者的认定或者作者身份的确定、著作权或者相关权的归属、著作权或者相关权的继承或继受等发生的纠纷。

显然，著作权纠纷比著作权侵权所包含的内容更丰富。

二、仲裁

仲裁，是仲裁机构根据当事人的请求，对其请求处理的事项，根据事实并依据法律规定，公平合理地作出具有法律约束力的裁决的方式。

著作权纠纷当事人向仲裁委员会就其纠纷申请仲裁的，应当有书面仲裁协议或者仲裁条款。仲裁协议包括合同中订立的仲裁条款和以其他书面方式在纠纷发生前或者纠纷发生后达成的仲裁协议。没有仲裁协议或者仲裁条款，当事人请求仲裁的，仲裁委员会不予受理。

三、仲裁的效力

仲裁实行一裁终局。裁决作出后，当事人就同一纠纷再次申请仲裁或者向人民法院起诉的，仲裁委员会或者人民法院不予受理。但是，仲裁裁决被人民法院依法裁定撤销或者不予执行的，当事人就该纠纷可以根据仲裁协议申请仲裁，也可以向人民法院起诉。

背景材料

著作权纠纷的可仲裁性之分析[①]

根据1958年《承认与执行外国仲裁裁决公约》（以下简称《纽约公约》）的规定，可仲裁的纠纷限定于“契约性或非契约性商事法律关系”。我国于1986年批准加入《纽约公约》，在加入该公约时作了商事保留声明，我国仅对按照我国法律属于契约性和非契约性商事法律关系所引起的争议适用该公约。著作权纠纷的可仲裁性是指与著作权相关的民商事纠纷，如果是行政纠纷或刑事纠纷就不属于可仲裁的范畴。此类纠纷主要涉及对著作权的确认、著作稿酬的数额及支付时间、对著作权的侵犯等方面的问题。由于作品易于传播，容易复制，权利人难以控制他人使用，因而纠纷发生的可能性很大，能不能采用仲裁方式解决此类纠纷一直是各国学者和司法实践人员探讨的问题。

对于著作权纠纷仲裁问题，从法律上来看美国国会于1983年颁布的《美国法典》第35章第294节明确了专利侵权纠纷的可仲裁性，这一规定促进了法院对著作权侵权纠纷可仲裁性的承认，并且美国法院通过司法判例表明支持用仲裁方式解决此类纠纷，美国具有代表性意义的案例是Kamakazi Music Corp. v. Robbins Music Corp.一案，联邦上诉法院准许了著作权侵权纠纷索赔的可仲裁性。另外在Saturday Evening Post Co. v. Rumble seat press Inc.一案中，美国联邦第七巡回法院认为，仲裁员可以就著作权许可引发争议的情况对著作权有效性进行仲裁。

根据德国《著作权与邻接权管理法》的规定，德国专利与商标局设立负责调解著作权集体管理组织与作品使用者之间争议的仲裁委员会。当他人使用著作权人的作品时，诸如音乐、文学、艺术或类似作品的作者享有获得许可费的权利，通常著作权人会选择著作权集体管理组织代表自己行使著作权。仲裁委员会的受案范围主要包括三种情况：第一种情况是对受著作权法保护的作品或表演存在纠纷，任何一方可向仲裁委员会提出仲裁请求；第二种情况是对内部合同的签订或修改存在纠纷，任何一方可向仲裁委员会提出仲裁请求；第三种情况是一方当事人是广播组织和有线运营商，在签订有线转播合同中涉及权利义务纠纷的，可申请仲裁。不仅如此，德国及奥地利等国均设有著作权纠纷仲裁委员会（Arbitration Board），以解决著作权许可合同引起的纠纷，不过这种机构一般不受理侵权纠纷。

在国际层面上，世界知识产权组织仲裁与调解中心于1994年在瑞士日内瓦建立，其所

---

① 彭丽明：《著作权纠纷仲裁解决机制研究》，载《特区经济》2014年第4期。

采用的由主要专家在跨国界争端解决进程中制定的争端解决程序,被公认是解决涉及知识产权方面争端的非常适宜的手段。该机构的仲裁程序是完全开放性的,争议的双方当事人只要在本国具有完全的民事主体资格,无论其是否为世界知识产权组织成员国国民,均可协议将争议提交"仲裁与调解中心"仲裁。该仲裁机制中还设立了调解程序。调解程序,一方面,可以是与仲裁程序截然分开的独立程序;另一方面,也可以前置于仲裁程序,从而形成一种新的争议解决机制,即调解—仲裁程序。世界知识产权组织仲裁与调解中心是唯一一个世界性的知识产权专门仲裁机构,它的建立对知识产权的国际保护产生了巨大影响,更令人期待的是,该解决机构使仲裁模式和调解模式达到了有机的结合,必然会对知识产权中的著作权纠纷的仲裁和调解等多元解决机制的建立产生巨大的推动作用。

第四节 著作权救济措施

按照我国《著作权法》的规定,著作权的救济方式包括以下几种:

(1) 停止侵害。著作权侵权行为具有连续性,因此,著作权人或者相关权人通常采取的救济措施就是请求侵权行为人停止侵害,即请求人民法院强制性地裁定或者判决侵权行为人停止正在实施或者即将实施的侵权行为。

(2) 消除影响。采取这种救济方式的前提是,侵权行为给著作权人或者相关权人造成了不良影响,使著作权人或者相关权人的名誉、声望、形象等遭受损害。该请求得到人民法院支持的,即最后生效的法律文件中要求侵权行为人消除影响,那么,侵权行为人就必须以生效的法律文件中指定的方式进行消除影响的救济。

(3) 赔礼道歉。作为一种法律救济措施的赔礼道歉,首先,表示侵权行为人承认自己的行为侵害了他人的权利;其次,表示侵权行为人的认错诚意;最后,表示对著作权人或者相关权人的安慰,使其心理得到慰藉。

(4) 赔偿损失。该救济措施不仅是对著作权人或者相关权人经济损失的补偿,而且也是让侵权行为人无法因实施侵权行为而获取违法所得。

关于损害赔偿的数额,我国《著作权法》给出了三种可选择的计算标准:一是以权利人因侵权所遭受的实际损失或者侵权人的违法所得为标准给予赔偿。这是首选标准。因为法律规定赔偿损失的主要目的就是补偿权利人因他人侵权而遭受的损失,如果权利人所受损失能够计算清楚,以此标准执行是合理的。权利人的实际损失,可以根据权利人因侵权所造成复制品发行减少量或者侵权复制品销售量与权利人发行该复制品单位利润乘积计算。发行减少量难以确定的,按照侵权复制品市场销售量确定。二是如果权利人的实际损失或者侵权人的违法所得难以计算的,可以参照该权利使用费给予赔偿。在执行这两种标准中的任何一种时,都应当将权利人为制止侵权行为所支付的合理开支计算在内。制止侵权行为所支付的合理开支包括权利人或者委托代理人对侵权行为进行调查、取证的合理费用。人民法院根据当事人的诉讼请求和具体案情,可以将符合国家有关部门规定的律师费用计算在赔偿范围内。三是如果权利人的实际损失、侵权人的违法所得、权利使用费难以计算的,由人民法院根据侵权行为的情节,判决给予500元以上500万元以下的赔偿。这一赔偿标准是2010年加入的,2020年予以修改,也称定额赔偿制度,《TRIPS协议》对此有明确要求。

人民法院在确定赔偿数额时，应当考虑作品类型、合理使用费、侵权行为性质、后果等情节综合确定。由于著作权是一种民事权利，在权利人的实际损失或者侵权人的违法所得无法确定的情况下，人民法院可以根据当事人的请求或者依职权适用《著作权法》第 54 条第 2 款的规定确定赔偿数额；如果当事人就赔偿数额达成协议的，应当准许。

如果侵权行为损害了公共利益，那么，主管著作权的部门还可以根据法律规定，责令侵权行为人停止侵权行为，予以警告，没收违法所得，没收、无害化销毁侵权复制件以及主要用于制作侵权复制品的材料、工具、设备等；违法经营额 5 万元以上的，可以并处违法经营额 1 倍以上 5 倍以下的罚款；没有违法经营额、违法经营额难以计算或者不足 5 万元的，可以并处 25 万元以下的罚款；构成犯罪的，依法追究刑事责任。

背景材料

知识产权侵权采用惩罚性赔偿责任的理论依据[①]

惩罚性赔偿，是相对补偿性赔偿、填平性赔偿或者掏空性赔偿而言的，是指侵权人给权利人赔偿数额大于其因实施侵权行为给权利人造成实际损害的数额，或者其因实施侵权行为而获得的非法利益的数额，或者按照其他计算损失的方法所计算之数额的侵权责任。

对知识产权侵权案件采用惩罚性赔偿责任，首先取决于知识产权侵权的易发性以及失控性，权利人几乎不可能像物权所有人对待其“物”采用的“人盯物”方式控制；也不可能像债权人对待其债务采用的“人盯人”方式严密控制其不受他人侵犯。其次，取决于知识产权侵权人的低成本性和高获利性。在具体的知识产权侵权案件中，侵权行为人实施侵权行为所花费的成本非常低，而所获得的利润却非常高，甚至可以与知识产权所有人在相关市场上抗衡。最后，取决于发生知识产权侵权纠纷后知识产权所有人取证难、成本高和风险大的特性。尤其在当今网络时代，著作权侵权行为发生于何时何地，侵权人是谁，一般情况下难以查证。专利或者商标侵权行为发生后，专利权人或者商标权人提起侵权诉讼，不仅难于取证，诉讼成本高，更重要的是风险大。曾经有一位企业家说过，面对商标侵权纠纷，最大的困惑是：不打官司，被假冒侵权产品挤死（市场被挤占）；打赢了官司，被困死（消费者不敢再买该品牌的产品）；打输了官司，被拖死（被告与你纠缠不休）。

从理论上讲，对知识产权侵权案件适用惩罚性赔偿能够最有效地实现知识产权制度的激励创新作用。知识产权侵权案件的审判结果，涉及三方主体：第一方是知识产权所有人，第二方是侵权行为人，第三方是相关消费者群体。惩罚性赔偿的主要功能，第一，赔偿受害人（知识产权所有人）因侵权而遭受的损失。正如加拿大最高法院法官所陈述的，一般民事侵权行为对权利人造成的损失，可以非常精准地评价确定，而知识产权侵权给知识产权所有人造成的损失，在许多情况下根本就无法确定，实际所确定的损失，可能只是其中的一部分，甚至可能只是一小部分。在这种情况下仍然适用补偿性赔偿，根本不可能填补知识产权所有人的实际损失。判处被告承担惩罚性赔偿责任，可以使知识产权所有人的损失尽可能地获得赔偿。因为知识产权权利人的利益得到了有效保护，能够有效地维护其创新积极性。

---

① 曹新明：《知识产权侵权惩罚性赔偿责任探析——兼论我国知识产权领域三部法律的修订》，载《知识产权》2013 年第 4 期。

第二,惩罚侵权行为人,将其因侵权行为所获得的不法收益全部转交给知识产权所有人,甚至超过其实际获得的不法收益。应当特别注意:惩罚性赔偿所适用的范围非常有限,对一般的知识产权侵权行为人,只能适用补偿性赔偿,不能适用惩罚性赔偿。因为侵犯他人知识产权而遭受惩罚,能够减少故意侵权行为,从相反的方面激励其开展创新。第三,对社会公众的威慑作用,以阻吓其他人恶意侵害知识产权的行为,尽可能地减少这种行为的发生。更重要的是使社会公众清楚地看到了积极创新的好处与故意侵权的严重后果,引导其进行创新。

从经济分析角度看,对故意且多次侵害知识产权,或者因故意侵害知识产权且给知识产权所有人的利益或者潜在利益造成严重损害的行为人,判处惩罚性赔偿,符合效益原则。在不增加原告诉讼成本的基础上,不仅增加原告的赔偿利益,而且增加了被告的侵权成本。例如,原告已经胜诉,赔偿数额已经计算清楚,或者法定赔偿数额已经确定。由于被告是故意且多次侵害知识产权,或者故意侵害知识产权并且给权利人的利益或者潜在利益造成了严重损害,而处以惩罚性赔偿,在不增加原告诉讼成本的前提下,增加被告的侵权成本,而且能够威慑其不敢再次实施这种侵权行为。从诉讼资源的节约角度看,法院是在原告、被告双方正常进行知识产权侵权诉讼过程中,按照诉讼程序,原告举证证明了被告的侵权故意、侵权次数或者严重侵权损害的前提下,作出的惩罚性赔偿判决,没有增加诉讼资源成本。更重要的是,惩罚性赔偿的威慑力阻吓了本案被告以及其他人实施故意侵犯知识产权的行为,减少该类诉讼。从培育一般社会公众知识产权意识角度看,国家、企业或者社会需要付出相当数额的宣传成本或者教育成本,而惩罚性赔偿责任的适用,可以非常广泛地提高人们的知识产权意识,尊重知识产权。

背景材料

著作权侵权损害的酌定赔偿原则[①]

因为智力创作成果损害结果的不易确定,以及具体案情情况的复杂多样,使得对著作权侵权的损害赔偿不可能简单统一。所以,不管法律对著作权侵权损害赔偿的规定多么具体详细,是适用全部赔偿原则还是适用法定赔偿原则,都不能排除法官根据审理查明的案件事实,对法律进行具体适用,以及在法律规定的赔偿数额幅度之内根据个案情况进行裁量,确定具体的赔偿数额。在审判著作权侵权案件中,法律规定不完善,没有可操作性的条款可遵循,令法官们常常感到确定原告的实际损失、被告的违法获利以及最终的赔偿数额都比较困难。而法官们审判的一些典型案例和通过判例而确定的某些先进、科学的法律原则,因我国不是判例法国家,对同类案件又没有法律赋予的拘束力不能援引。在英美法系国家,因判例法的适用遵循经验,倒相对灵活,司法实践也弥补了许多法律规定的空白,适应了知识产权案件审判的实际情况。我们虽然不是判例法国家,判例不是法律渊源之一,但是在知识产权侵权损害赔偿问题上,应当给予法官在法律规定范围内一定的裁量权是实践中的共识。因此,在确定著作权侵权损害赔偿数额时应当赋予法官一定的酌定裁量权,以满足对各种不同案件进行审判的需要,在个案中实现公平。所谓酌定裁量是要求法官确定赔偿数额必须依

① 韩成军:《著作权侵权损害赔偿的原则与立法建议》,载《郑州大学学报(哲学社会科学版)》2007年第4期。

据客观事实，依照我国《民法通则》和《著作权法》的基本原则精神，依靠法官本身的法律素养和审判经验，分析和判断案情，斟酌当事人之间的利益平衡作出裁判，以求实现法律目的和案件判决的公正、公平、合理，追究侵权行为人的民事责任，保护权利人的合法权益。法官在酌定裁量确定损失赔偿额时，一般应当考虑以下要素：(1) 受害人的损害后果；(2) 侵权人获利情况；(3) 侵权人的主观过错程度；(4) 侵权情节，包括侵权持续的时间、范围、市场份额、社会影响、侵权手段、侵权目的等；(5) 当地经济发展水平，立足经济发展水平，考虑到侵权人的经济赔偿能力，才能够制定出切实可行的赔偿额度，避免赔偿额过高或过低；(6) 被侵权作品的类型、市场价值和评估价值。

［深度阅读］

1. 吴汉东：《知识产权保护论》，载《法学研究》2000 年第 1 期。
2. 蒋志培、张辉：《依法加强对网络环境下著作权的司法保护——谈最高法院网络著作权案件适用法律的司法解释》，载《著作权》2001 年第 1 期。
3. 陈锦川：《著作权侵权诉讼举证责任的分配》，载《人民司法》2007 年第 3 期。
4. 王迁：《论版权“间接侵权”及其规则的法定化》，载《法学》2005 年第 12 期。

［法条导航］

1.《中华人民共和国著作权法》第五十二条至第六十一条
2.《中华人民共和国著作权法实施条例》第三十三条至第三十七条
3. 最高人民法院《关于审理著作权民事纠纷案件适用法律若干问题的解释》
4.《信息网络传播权保护条例》
5.《互联网著作权行政保护办法》

［思考题］

1. 试述著作权侵权行为的特征。
2. 著作权侵权行为的民事责任包括哪些内容？
3. 采取诉前财产保全措施必须符合哪些条件？
4. 根据《著作权法》的规定，著作权人的救济方式有哪些？

博雅

第三编 | 专利权

第十章

专利制度概述

［内容提要］ 本章述及专利制度的基本范畴及基本问题。通过本章的学习，掌握专利、专利权、专利法的概念和基本特征，了解专利制度的发展概况，理解专利制度的社会功用和基本理论。

［关键词］ 专利　专利权　专利法

专利制度可以促进发明创造，推动技术进步，提高企业在市场竞争中的优势，这已成为不争的事实。企业之间的专利竞争已是国际科技竞争和经济竞争的一个战略制高点。拥有专利权的数量和质量以及运用专利制度的能力和水平，已是衡量一个企业乃至一个国家或地区综合实力的重要指标，专利制度是发展市场经济的重要法律基础。

回顾过去数百年的世界历史，可以得出一个肯定的结论：世界上最进步的国家无一不是技术力量强大的国家；而这些国家无一例外地通过专利制度对发明创造活动提供强有力的保护和激励。18、19世纪的英国是近代工业革命的发源地，其工业化水平远超当时欧洲大陆的其他国家，而那时专利制度已经在英伦三岛植根近三百年；美国是现在最强大的经济、技术大国，和这一地位相匹配的是它那被誉为世界最为先进的专利制度，以及那些罕见的将激励发明创作的专利制度纳入制宪议题和写入宪法的远见卓识；日本在短短的时间里创造性地移植了西方世界的专利体系，在第二次世界大战后快速进入发达国家的行列。可以说，当今世界上科技最发达的国家，是专利制度充分发挥作用的国家。

专利制度固然作用巨大，但并不是所有建立专利制度的国家都能实现科学技术的高速发展。马来西亚的专利立法比日本还早，可在科技方面却远不如日本。我国专利立法已有三十多年的历史，但企业主动受益效果并不明显，更多的是在被动应诉中才觉悟到专利保护与利用的重要性。可见，专利制度本身并非当然推动一个国家的科技进步和经济发展。事实上，只有市场经济充分发育、只有通过有效的利用机制，专利制度才能实现制度设计的目标；而专利制度的利用，存在国家、政府、企业等多层面、多角度定位问题，还有许多政策和战略层面的规则。专利制度本身并非是社会追求的理想目标，它仅是达到促进企业竞争、提高民族工业实力和增进社会财富的一种手段而已。一个结构完整的法律文本、一个与国际最新最高标准接轨的专利制度并不足以成为衡量一国专利制度优劣的标准。它只有紧密地与本国科技发展水平、经济发展水平保持协调，并成为推动本国产业经济发展和促进产业技术水平提高的制度时，其为民族经济而存在的价值才能得到最终的体现。

专利制度是一套复杂的经济、法律系统，在进入21世纪之后各国都在反思专利法运行的社会效果，发现了一些问题，诸如，全球贸易环境下公平的市场竞争需要的是更多的专利还是更少的专利？专利申请的动力是来自创新的激励还是市场垄断的欲望？防御性的专利授权加大了专利制度运行的社会成本和管理资源，大量潜在无效的专利增加了企业竞争的风险，专利权滥用危害到创新与发展、环境保护和人权，未来专利制度向何处发展，等等。今天我们对专利制度的解读也只能从制度设计本身去学习和接受，要进行专利制度的改革还需要从经济学、社会学、法理学等多角度进行审视，还需要在市场经济实践中去检验已有制度的合理性。

第一节 基本概念

一、专利

"专利"一词源于对英文中的 patent 一词的翻译。该词最初是指由国王亲自签署的带有御玺印鉴的独占权利证书。在没有成文法的时代，国王的命令就是法令，只有国王才能授予独占权。所以，这种特殊的权利证书带有法律色彩。国王的这种证书的发布通过信件传递，信件不像通常那样是密封的，而是一种"敞开封口的证书"，所经之路上的任何人都可以打开看，其意义是希望所有看到这一证书的人都知道所授予独占权利的技术内容。也可以说，这种证书的内容是公开的，享有的权利是垄断的。因此，patent 的本意即有公开和垄断双重含义。

"垄断"和"公开"构成了专利的两个最基本的特征。所谓垄断，就是法律授予技术发明人在一定时期内享有独占使用的权利。所谓公开，是指发明人作为对法律授予独占使用权的回报，必须将自己的技术公之于世。让世人有机会充分知晓专利技术，一是为了让他人在使用这一技术时对权利人给予尊重，二是为了帮助后人超越这一技术，避免重复的技术开发。除了公开和垄断这两个最基本的特征，"法定"也是必要的前提，如果没有国王的授权，权利不会自然产生，即专利权的产生是要经过一定程序审查和权威机构发布的，从这一点看，专利权明显不同于普通财产权。

现代专利制度无处不体现"垄断""公开"和"法定"合一的思想。

法律意义下，"专利"一词即是指专利权，它是国家依法授予发明创造人享有的一种独占权。实践中"专利"一词有更广泛的使用。当讲到专利实施时，"专利"的含义是指一种技术方案；当讲到专利检索时，"专利"的含义是指专利文献；有时"专利"还可以是专利证书的简称。但是，"专利"最基本的含义还是指法律授予的专利权，它同时具备"垄断"和"公开"两大基本特征。

二、专利法

专利法是调整因发明创造的产生、利用与保护等发生的各种社会关系之法律规范的总称。专利法调整的这种社会关系决定了专利法的调整对象：

（1）专利法调整因确认发明创造专利权而产生的各种社会关系。发明创造是一种智力劳动成果，属无形财产，应当受到法律的保护，但是并不是人类的所有发明创造都能够获得专利保护。保护客体范围的确定，保护期限的长短，保护水平的高低都是由国家根据其经济技术发展状况确定的。至于什么人可以申请专利以及专利权的归属则是根据发明创造性质的不同而定，专利法对于职务发明、非职务发明、合作发明和委托发明都规定有不同的权利归属原则。

(2) 专利法调整因授予专利权而产生的各种社会关系。专利法的宗旨是保护发明创造专利权。围绕着如何进行专利申请、审查、授权,必然会产生诸多社会关系,这是专利法调整对象中最重要的一部分内容。专利申请人为了取得专利权必须要履行一定的法定义务,专利授权机构也要严格履行法律规定的职责。

(3) 专利法调整因保护专利权而产生的各种社会关系。保护专利权必须明确权利保护的期限、范围、内容及其权利限制,明确侵权的认定原则和承担的责任以及权利人采取法律救济的手段和途径等。由此产生的社会关系的调整决定一部专利法保护水平的高低、保护的强弱。

(4) 专利法调整因利用专利权而产生的各种社会关系。保护专利权,旨在利用发明创造,使其最大范围为社会所用,促进科学技术的发展。一项发明创造也只有应用于实际生产,才能显示其价值;同时,专利权人也才能从发明创造中受益。专利权的利用有多种形式,如专利权的转让、许可使用、自行实施等。特别是在专利的许可证贸易中,专利权人可以通过运用有效管理与策略,谋求最大范围的实施和许可受益。而专利利用之时,除充分考虑专利权人的利益外,还要防止专利权人滥用权利和限制公平竞争,还要保护专利实施过程中的公众利益。因此,对专利权人权利行使的合理限制同样是专利法的重要任务。

专利法律关系的构成同其他法律关系一样包括主体、客体、内容三要素。

专利法律关系的主体,是指专利法律关系的实际参加者,也就是在具体法律关系中享有权利并承担义务的人或组织。我国《专利法》赋予自然人、法人和其他组织以取得专利权的主体资格,具体是指发明创造完成人、专利申请人、专利权人;而社会上的任何单位和自然人也是专利利用过程中的行为主体。

专利法律关系的客体是指行为主体的权利义务所指向的对象,也就是专利法所保护的发明创造,具体是指发明、实用新型和外观设计三类发明创造。尽管这三类客体性质不同,将其放在专利法中统一保护存在不合理性,但是,考虑到我国的技术创新基础,将这三类智力劳动的成果作为专利保护客体符合国情。

专利法律关系的内容是指权利主体依法享有的权利和承担的义务。我国《专利法》规定了发明人和设计人、专利申请人、专利权人应享有的各种权利,同时也规定了他们应尽的义务,以保持权利的有效性和维护社会公众的利益。

三、专利权

专利权是专利法的核心内容,它是国家专利主管部门依据专利法授予发明创造人或合法申请人对某项发明创造在法定期间内所享有的一种独占权或排他权。未经专利权人许可,他人不得利用该专利技术。具体来说,发明和实用新型专利权被授予后,任何单位或者个人未经专利权人许可,都不得实施其专利,即不得为生产经营目的制造、使用、许诺销售、销售、进口其专利产品,或者使用其专利方法以及使用、许诺销售、销售、进口依照该专利方法直接获得的产品。外观设计专利权被授予后,任何单位或者个人未经专利权人许可,都不得实施其专利,即不得为生产经营目的制造、许诺销售、销售、进口其外观设计专利产品。专利权的内容根据专利种类的不同在表述上有所区别。此外,专利权还包括转让权、许可使用权、标记权等。

专利权具有知识产权最基本的特性,这也是世界知识产权组织(WIPO)在其相关的知识产权的论述中给予确定的:

(1) 专有性,也称独占性、排他性、垄断性。一方面,它是指同一内容的发明创造,国家只授予一项专利权,即使是不同主体不谋而合产生的同一发明创造也只能授予一项专利权;另一方面,同样的发明创造只能授予一项专利权,即两项以上专利权不得保护相同的技术方案或设计方案。从这一点上看,授予专利权并不是完全从公平角度出发,而是从鼓励先占、激励竞争的角度出发。某些完全是自己独立研发出技术成果的人,由于没有获得专利权,可能丧失使用自己研发技术成果的权利,甚至构成侵权。专利一经授权,他人未经专利权人许可不得进行商业性利用;而经过授权,专利又可以在同一时间由多个主体同时利用并获得收益。可见,专利权的"专有性"与有形财产的"专有性"是有区别的:第一,在同一时间内,专利权所指向的一个无形财产,经过授权可为多人同时利用并获得收益。专利的普通许可就是就同一项发明创造许可多人使用的情况。而对同一个有形财产而言,同一时间内只能为某一主体占有和利用。第二,相同的发明创造对应的无形财产只能有一项专利权,而对于物理上相同的有形财产可以分别享有独占权,并不排斥不同的权利主体对物理上相同的有形财产的占有。

(2) 地域性。专利权的效力具有地域范围,一个国家授予的专利权,仅在该国地域内有效,在其他国家没有法律效力。专利权的地域性是由专利法的国内法性质决定的。一件发明创造若要在某一国家得到保护,必须依该国专利法提出专利申请并取得专利。显然,未在一个国家取得专利权的发明创造,不能得到这个国家法律的当然保护。从这个层面上讲,人们利用那些在国外取得专利权但是在本国没有取得权利保护的技术,不会产生侵权问题。但是,一旦基于这样技术的产品出口到受保护的国家,就会有侵权的风险。同时,专利权人常常会利用专利的国际申请,在有市场应用价值的国家都会考虑专利的保护,所以,在某个时间看来在某个国家没有专利申请,仍然可能在日后有"潜水艇"专利的出现。随着国际公约覆盖的国家和地区越来越广泛,《专利合作条约》(PCT)以及《专利法条约》(PLT)的实施,专利的地域性开始淡化。有些发达国家甚至主张建立世界专利体系。一旦该体系建立,专利的地域性将不再依本国法产生,而是依国际公约确定。即便未能建立国际公约,如果几个主要国家的专利局之间达成合作,也极有可能覆盖世界上的主要贸易区,达到实质上的专利授权国际化。目前,日本、美国、欧盟、中国、韩国的专利部门的负责人确认在人工智能领域开展合作并设置了工作组,工作组首先将比较调查各国和各地区审核标准的差异,进而考虑推进样式的统一以及标准的通用化。[①] 可以说,随着互联网和国际贸易全球化,专利权的地域性慢慢在淡化。

(3) 时间性。专利权有法定的保护期限,在保护期限内,专利权人享有独占权。法律对专利技术的垄断权给予时间限制,是为了平衡专利权人和社会公众利益。在保护期内,专利权人可最大限度地利用专利获取利益,从而保证了专利权人对发明创造投入的回收。一旦期限届满或因故提前终止,该专利技术即进入公有领域,任何人都可以无偿利用其发明创造。目前,世界各国均有大量超过保护期或因故提前终止的专利技术,它们可能仍有相当的利用价值。事实上,它们是一种巨大的公共财富,为发展中国家提供了一定的创新和发展空间。但是,随着企业专利战略的实施,创新性专利申请占有的比例越来越小,而防御性专利申请占有相当比例,这些防御性专利就是要阻止竞争对手进入这一领域,它们一般不会被轻

① 《中日韩美欧将推进统一 AI 专利审核标准》,中国贸易报,https://www.chinatradenews.com.cn/epaper/content/2021-08/05/content_73802.htm,访问日期:2021-10-26。

易放弃，而是通过授权或者拍卖的方式来获得利益，可以说，有价值的专利包括能够用于产品开发以及阻止竞争对手的专利基本都不会提前中止。

除上述特性外，专利权的法定性也非常重要。专利权依法产生，尽管有些技术成果符合专利授予的条件，但是如果不提出申请或者没有按照专利法的要求提出申请，也不能当然获得专利保护。专利法还排除了一些技术领域于专利保护之外，即使这些领域中的创新成果符合专利条件，比如动植物品种等，也不能取得专利。而对于各自独立完成的相同发明创造，法律不允许同时存在两个独立的专利，依据先申请原则，后申请人或者不申请专利的人显然不能拥有独占权，即使拥有先用权也局限于非常小的范围。从这一点来看，是专利权的法定性决定了对发明创造的保护，而不仅是因为发明创造具有创新性、具有财产属性、属于智慧劳动成果才得到法律保护。专利权的取得还要履行严格的申请审批程序，还要接受一些法定的限制条款。可以说，先申请原则、严格程序原则、法定排除保护原则、等同侵权原则使专利法更多地起到排斥竞争对手、鼓励"限制竞争"的作用，而鼓励创新的作用并不明显。

专利权的商品特性也变得越来越突出。虽然权利的有偿转让在其他财产也有体现，但是随着贸易形式的转移，以专利权为标的的交易越来越占国际贸易的主流。专利权的许可直接按照商品的价值规律进入市场。专利许可证贸易主导着高新技术领域的所有产品，有些公司已经专门从事研发，以"生产"专利权为经营模式，他们不需要车间、厂房、设备、制造基地，仅提供源源不断的专利许可证出售。还有一种专门的专利贸易公司，以收购专利和买卖专利为主要业务。至于"专利池"就更是一种专利的经营行为，这种联合经营专利权的商业模式已经成为专利许可的趋势。专利权的商品特性完全不同于有形财产的商品属性，有形财产在同一时间内只能一物一价一次出售，专利许可证在同一时间可以一物多价多次出售。

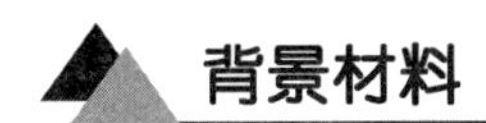

背景材料

14、15 世纪欧洲早期的专利①

在 14 世纪，专利被用来通过从国外移入熟练技师以鼓励外国技术的引进。例如，1331 年，爱德华三世将特许状发给了佛兰德的纺织匠 John Kempe，1336 年，发给了两个在约克郡（英国）定居的 Brabant 纺织匠，1368 年，发给了三个从 Delft 来的制表匠。此时，英格兰与欧洲大陆的许多地区相比技术上落后，所以可以理解要努力"借用"较先进的工业技术，希望外国高明的工匠能向英国的徒工们介绍他们各自技艺的"诀窍"。但因为这些外国工匠不可能在徒工们获得工匠地位后继续控制这些新的熟练工人，他显然希望受到保护，不受所培养出来的一大批潜在的本地竞争者的威胁。专利通过给予他们该种行业的垄断以保护师傅免受来自其学生的竞争，直接解决了泄露问题，因为受训人如不能在学会"诀窍"后确立自己的竞争地位，他们就无法从中受益。

在 14 世纪和 15 世纪初，有关的财产权一般采取许可排他性应用其他地方发明的且当地不掌握的工艺或设备的形式，通常寻求特权的人并非发明者。在这些发展方面威尼斯起

① 〔美〕Paul A. David：《知识产权制度和熊猫的拇指：经济理论和历史中的专利、版权与商业秘密》，谷彦芳译，载《科技与法律》1998 年第 4 期。

了带头作用。早在1332年威尼斯大议会创办了一项特权基金,向一位表示要把其技艺知识带给这座城市的外国风车设计师提供了贷款和其他酬金。1416年议会授予来自罗德岛的Franciscus Petri一项纤维缩绒织物高级装置专利权,允许Petri及其继承人有50年排他性制造、更改和重建为该目的建造的机械的权利。

在这一时期特权的授予(仅严格限于威尼斯)谋求"秘密"的披露和应用——无论是国外起源的还是国内人才开发的。1421年,当佛罗伦萨公社向Brunelleschi授予一项他声称可以在阿诺河上从事更廉价货物运输(有利于商人等)的新船设计的专利时,Brunelleschi在申请书上明确地排除了披露的可能:他拒绝将这种机械提供给公众,以防在未经许可的情况下他的技能会被别人享有,但如果他能为此享有某些特权,他将公开他的秘密,并向所有人披露。

大约从那时起,各种装置的专利特权的发放变得频繁起来,到1460年,威尼斯参议院在行政实践中划分了授予销售含有"发明"的产品的排他性垄断权和禁止他人未经许可使用该装置并同时强制权利所有人在他人缴纳"合理的专利权税"后发放许可的制度的区别。技术引进仍是首要的目的:1469年,德国人Johnvon Speyer被授予在威尼斯境内的印刷业垄断权,条件是引进一这技术。

背景材料

专利权地域性之淡化[①]

随着经济全球化与全球一体化的快速发展,国际专利制度的发展已取得了引人瞩目的成效,尤其是WTO框架下《TRIPS协议》的生效与执行,不仅将知识产权与贸易相挂钩,而且还大幅度促进了专利制度的统一化进程。与《巴黎公约》以及《伯尔尼公约》等不同,《TRIPS协议》在全球范围内首次明确了专利权保护的最低标准,这被认为在实质上冲击或淡化了专利权的地域性。

在专利制度一体化进程中体现区域主义的最为典型的当属旨在"创建一个在欧盟所有成员国均为有效的单一专利权"的欧盟专利制度,其已通过"强化合作"机制得以成功实现。欧盟专利制度在区域内成功突破了专利权的地域性,打破了国家的界限,通过一次授权就使专利权在所有成员国均有效,并在同一专利诉讼制度下受到保护。区域专利制度一体化在欧盟的成功是德国、法国、英国、荷兰等二十多个国家共同选择的结果,这些国家在面对区域专利制度一体化时放弃了专利权的地域性。从实践效果来看,至少在目前还没有引发任何消极影响。相反,越来越多的国家正竞相效仿欧盟的做法,试图放弃专利权的地域性,在区域内实现专利制度的一体化,如:2013年,澳大利亚和新西兰就"旨在建立单一知识产权的跨塔斯曼协议"进行了进一步的完善,以期能尽快实现知识产权制度一体化。

自20世纪90年代起,荷兰、美国等国的法院在司法实践中不断探索知识产权司法保护,一些判例直接突破了专利权的地域性。1993年年初,荷兰海牙地方法院在全球范围内率先做出对域外发生的知识产权纠纷的管辖,主张"对待跨国知识产权的侵权活动,一国法

① 徐升权:《专利权地域性之省思》,载《知识产权》2014年第9期。

院不仅有权管辖在其地域内的侵权人，而且有权管辖在其地域之外的侵权活动”；1994年，法国巴黎上诉法院在法理上认同了荷兰的这一做法；在荷兰的影响下，美国一些法院在诸多案件中突破专利权的地域性，创立了专利纠纷的管辖原则和法律适用规则，如著名的“NTP诉移动通信研究公司案”以及“微软公司诉美国电报电话公司案”等。毫无疑问，荷兰与美国的探索促进了知识产权法律适用的多元化。相关研究指出：知识产权法律适用的多元化必然意味着一国的知识产权法可以在别国得到适用，因而直接产生域外效力，这一状况对专利权的地域性所造成的重大影响是不言而喻的。

第二节 专利法的产生与发展

一、专利法的产生

对技术发明授予独占权在公元前的雅典国王时代就已开始。到了中世纪，一些西方国家的君主为了发展经济，赐予商人和能工巧匠在一定时期内免税并独家经营某种新产品的特权。这些特权当时尚不在国家法律制度下授予，而只是君主的个人意愿，所以，还不能称其为专利。如1331年英王爱德华三世授予佛兰德工艺师约翰·卡姆比在缝纫和染织技术方面“独专其利”的权利。[①] 对发明授予专利最早出现在1449年，由亨利六世授予生于佛兰德的约翰(Flemish-born John)，是一种玻璃制造方法20年的垄断权。[②]

1474年3月19日，威尼斯共和国颁布了世界上第一部专利法。该法规定：在10年期限内，未经发明人的同意和许可，禁止他人再制造与该发明相同及相似的装置。若仿制，须赔偿专利权人金币百枚，仿制品也将被立即销毁。威尼斯专利法开始了以立法形式取代由君主赐予特权的制度。该法规定的三个基本原则，即“保护发明创造原则、专利独占原则、侵权处罚原则”为现代专利制度奠定了基础。

1624年英国制定了《垄断法》，又称《专卖条例》。该法规定了发明专利的主体、客体、取得专利的条件、专利的有效期限、专利权的限制以及宣告专利权无效的条件。该法虽然很简单，但反映了现代专利法的基本内容：

(1) 专利授予最先发明的人；

(2) 专利权人在国内有权制造、使用其发明的物品和方法；

(3) 专利不得引起价格上涨，不得有碍交易、违反法律或损害国家利益；

(4) 专利保护期为14年。

英国专利法的制定，对当时的工业革命有巨大的推动作用，对其他国家专利法的制定也有很大影响。尽管最早的专利制度并非出现在英国，但是英国无疑是具备最悠久专利传统的国家。也可以说，英国专利法是世界专利制度发展史上的第二个里程碑，是现代专利法的始祖。

英国专利制度是世界专利制度的基础，它在强调专利保护的同时，也对专利权的行使施

---

① 见郑成思：《知识产权法》，法律出版社1997年版，第228页。

② 见英国专利局对英国专利发展的介绍“Five hundred years of patents: Origins”，http://www.ukpats.org.uk/patent/history/fivehundred/origins.htm，访问日期：2017-05-16。

加了限制，防止专利的利用限制竞争。可见，现代专利法从开始就与反垄断规制是并行发展的。

二、专利法律制度的普遍建立

17、18世纪，资本主义经济迅速发展，出现了现代化大生产，这使得新技术的使用成了最有效的市场竞争手段。新技术的拥有者极力要求国家对自己的技术予以保护，专利制度也就在世界范围内广泛发展起来。

美国于1776年独立，1790年制定了第一部专利法。法国1791年颁布了专利法。随后，俄国于1814年、荷兰于1817年、西班牙于1820年、印度于1859年、德国于1877年、日本于1885年都先后实行了专利保护制度。

专利制度形成初期，多数国家的专利法都采取不审查原则，只要申请登记都可以获得专利证书，其中许多专利都没有技术价值。因为登记制保证不了专利的质量，对专利法的实施产生了负面影响，所以，这种登记制没有存在多长时间即被淘汰。20世纪初，多数工业发达国家采用了审查制或早期公开、延迟审查制，这两种制度一直沿用至今。第二次世界大战后，在技术革命的冲击下，国家间技术、经济交流空前发展。为适应国际形势的需要，各国又纷纷修订或重订专利法，对扩大专利保护的范围、严格授予专利的条件、确定职务发明(雇员发明)等方面都作了规定。同时，修改原有的国际条约，成立了专门的国际组织，专利制度出现了国际化的趋势。经过几百年的演变和充实，专利制度成为一项比较完善、系统的法律制度。迄今为止，世界上已有一百八十多个国家和地区制定了专利法，专利制度在世界范围内成为应用最为广泛的制度之一。①

专利法诞生于欧洲蓬勃兴起的工业革命时期，当时的技术发展和市场经济的需求呼唤这样的制度，而这一制度也进一步促进了市场竞争，可以说专利制度是市场经济发展到一定阶段的产物，对于市场经济还不健全和不发达的国家，专利制度属于被动需求。

三、专利制度的作用

(一) 激励创造，推动科技进步

专利制度的最重要的作用在于通过授予创新者在一定期限内的排他独占权，使得权利人可以通过转让、许可使用、实施生产等方式，获取经济利益、收回投资，这样才有继续研究开发的积极性和物质条件保证，从而进一步激励革新。此外，权利人的同行或竞争对手要想取得专利许可，往往要付出高额费用；而在很多情况下，权利人也有权不许可竞争对手使用。这就促使希望取得市场竞争优势的同行或竞争对手努力去超越专利的限制，要在已有专利技术的基础上进行再创新，并依法取得新的专利。这种站在现有技术上不断前进的循环往复，有力地推动了科技的进步与发展。

(二) 创造无形财产，提升利益资源

专利许可证已经成为国际贸易的重要内容，几乎每一项货物贸易和服务贸易都包含有知识产权的贸易，专利许可也经常与商标的许可捆绑在一起加入贸易之中。专利技术作为无形的财产可以给专利权人带来巨大的利益，专利许可证贸易已经成为企业收益及国家经济的重要部分。

---

① 智南针，https://www.worldip.cn/index.php? m=content&c=index&a=lists&catid=53&s=1，访问日期：2021-10-26。

（三）利用专利文献，提高创新起点

专利的两大特点是垄断与公开。专利权人获得垄断权的前提是必须将发明创造的全部内容向社会公开。这些公开的技术信息，对再创造具有极为重要的作用。人们在科学研究之前，可以充分利用这些信息，准确把握国内外的发展现状，避免重复研究，节约费用。据世界知识产权组织介绍，全世界90%的新技术公开在专利文献中，专利文献是一个巨大的信息库。充分利用这一资源，可以提高研究与开发的起点和效率。

（四）保护投资，提升市场竞争力

科学技术的发展需要新的投入才能有新的突破。一项科技成果的取得，需要经过基础研究、应用研究、开发研究的复杂过程，需要大量的投入，付出艰辛的劳动。给专利以独占权，会吸引投资者对那些研发周期长、市场风险大的技术领域进行研发投入。例如，一种新药从研制开发到生产，往往需要花费十几年的时间和数以亿计的经费才能上市。而这种经济学上所称的"易逝财产"的科技成果极易被仿制，难以控制。在信息时代的今天，这种现象就更严重，愈是有市场前景的智力成果，就愈是容易被任意仿制或剽窃。因此，有一个良好的专利法制环境可以保障投资人充分享有由此所产生的合法利益，维护有序的市场竞争优势。专利制度是规范产业竞争与利益分配的一种法律制度，也可以说它是既得利益者保护其市场地位的工具。

（五）先入为主，防御竞争对手

在全球经济模式下，拥有更多的专利已经成为跨国公司之间竞争的砝码。许多公司认为，专利的价值已不在于专利的许可获利，更重要的是，专利是与竞争对手抗衡的谈判砝码，是获得控制相关技术的垄断地位的工具。企业至少可以通过专利的交叉许可，避免与竞争对手的专利冲突，降低专利侵权风险。专利的先申请原则也被利用来部署防卫性专利，而且已经成为企业专利战略的重要部分。

四、对专利制度评价的讨论

尽管专利制度对国家发展的巨大推进作用已被世界公认，但是在专利制度发展的历史上还是有很多不同的声音。英国和荷兰曾经出现过"放弃专利制度"的"回流"，许多著名的法学家对"专利制度促进发展"提出过质疑；而经济学家通常是批判地看待知识产权，他们更多的是考虑"交易成本"。建立专利体系的立法、执法结构对于政府来说成本高昂，包括专利申请和审查机制的建立、对侵权诉讼进行裁判、行政执法等。而对专利制度所服务的对象——企业来说，在利用专利战略时也是成本高昂的，需要配备专业法务人员、专项管理资金、专项研究队伍等。无论是从人力资源还是财政资源看，有效运作专利制度的成本都是高昂的。而专利权保护必然带来竞争限制和一定的市场垄断，对市场经济的发展也会有制约作用，同时可能伴随对消费者和交易自由的损害。所以，一个社会在构建专利制度时，必须充分考虑其利弊所在，谋求最大限度地受益。

英国知识产权委员会2002年的《知识产权与发展政策整合报告》中引用的五位专家的观点具有代表性[①]：

Edith Penrose 1951年在 *The Economics of the International Patent System*（第116—

---

① 该报告英文原文见：Integrating Intellectual Property Rights and Development Policy，Report of the Commission on Intellectual Property Rights，London，September 2002，http://www.iprcommission.org/graphic/documents/final_report.htm，访问日期：2017-05-16。

117页)中讲到:“任何国家,如果它在国内市场授予垄断特权,但却既不能提高供应商品质量,也不能降低供应商品的价格,还不能发展本国的生产能力或者至少在其他市场得到对等的权利的话,则在国际专利制度下,它必定是失败者。再多的‘世界经济一体化’的废话,都不能隐藏以下事实:如果一个国家仅有很少工业产品出口贸易,创新产品销售很少或没有,除了在其他方面可以避免不愉快的外国报复之外,它授予专利权给那些在外国已经实施、已经获利的技术发明,它自身却不能够获得任何好处。这类国家包括农业国,以及努力工业化却仍主要出口原材料的国家……无论专利制度对这些国家而言存在任何好处……这都不包括与授予或获得技术发明专利权相关的经济利益。”

美国普林斯顿大学学者 Fritz Machlup 1958 年研究了美国的专利制度之后在 *An Economic Review of the Patent System* 一书中(第 80 页)论述道:“如果不知道一项制度……是好是坏,能给出的最安全的‘政策结论’就是敷衍,即如果已经长期与之同在,就继续实施它;如果以前没有这样的制度,就不采用它。如果我们没有设立专利制度,则根据我们目前之于其经济学效果的知识,推荐建立专利制度,是不负责任的。但是由于我们已有专利制度很长时间了,则根据我们目前的知识,推荐废除它,也是不负责任的。后一论断指的是如美国这样的大国家——而不是一个小国家,也不是一个典型的非工业国家。”

经济学家 Lester Thurow 1997 年在《哈佛商业评论》中撰文(Needed: A New System of Intellectual Property Rights)写道:“经济全球化需要一个全球化的知识产权制度,该制度既要反映发展中国家的需要,也要反映发达国家的需要。这一问题类似于在发达国家中,何种类型知识仍应当处于公共领域的问题。但是,第三世界对获得低成本药品的需求并不等同于其对低成本 CD 的需求。任何不加区分、等同对待这两种需求的制度——如当前的制度这样——既不是一项好的制度,也不是一项有生命力的制度。”

法学家 Larry Lessig 1999 年在《工业标准》中撰文(The Problem with Patents)论及美国的专利制度时指出:“无疑,我们拥有专利制度比没有它要好些。如果没有政府的保护,许多研究和发明就不会发生。然而,即使一定程度的保护具有良好的效果,也并不一定意味着更多的保护会产生更好的效果……[专利]这种国家赋予的垄断是否有助于诸如互联网这样快速发展的市场,学者们的怀疑越来越重……经济学学者现在正质疑扩大的专利保护是否会产生积极的社会福利。当然,专利制度会使一些人变得非常富有,但这并不等同于促进整个市场经济……就我们的传统而言,它并不是要授予没有限制的知识产权,相反,它重视‘平衡’,强调知识产权保护过强必然导致危害。现在,知识产权的保护似乎已经超过了‘平衡’限度,取而代之的是一种不断增强的疯狂——这不仅发生在专利制度领域,而是在整个知识产权领域……”

经济学家 Jeffrey Sachs 2002 年在 *Innovation Policy and the Economy* 一书(第三卷)中讲到:“……现在有机会就世界贸易体制的知识产权制度对世界上最贫穷国家的关系,进行重新审视。在乌拉圭回合谈判时,国际制药业努力推动专利的普遍保护,他们并不考虑(知识产权制度)对最贫穷国家的深远影响。很少有人怀疑新的知识产权协议会使最贫穷国家的消费者更难以得到关键性的技术,但是,我们却目睹了该协议对基本药物供应的冲击。WTO 成员方正在进行新一轮的多哈回合谈判,他们已经承诺根据公众健康优先的原则,重新考虑知识产权问题,这是明智的。强化知识产权保护很可能会减缓技术向世界最贫穷国家的扩散速度。因为,长期以来,世界上最贫穷国家是通过仿制和反向工程获得技术扩散。这一不应该受到侵犯的技术扩散途径正在不断受到阻缓,而技术扩散对最贫穷国家的效果或许已经不当地被妨害了。世界贸易体制的知识产权制度这一领域还需要进一步的深入观察、政策关注和持续的研究。"

除了英国的这份报告外,其他国家的研究也开始注意到专利制度中的问题。韩国科学与技术学会的《专利、创新与经济业绩》一文重新审视了专利对国家发展的作用,在阐述专利与经济增长的关系时指出:(1) 专利保护了发明者对于发明的经济权利,增强创新活动动机,促进创新,强化竞争,促进经济发展。(2) 专利,作为企业进入市场的门票,促进市场竞争,强化市场效率,实现资源的有效配置,促进经济发展。(3) 当模仿成本低于研发成本,如果不保护,则发明者会丧失市场竞争力,最终抑制了发明活动。(4) 当社会边际效益超过私人边际效益,需要一种提供补偿的体系,以鼓励发明活动。

然而,专利制度可能导致过分的寻租行为,增加后继发明的成本,阻止新思想与专利发明的结合,专利制度的强化增加了交叉许可和法律纠纷。

美国国会图书馆在 2005 年给国会的报告《专利改革:创新问题》中提到:"随着知识产权对创新的重要性的增加,国会对专利政策以及可能的专利改革的兴趣与日俱增。专利权被看做是促进引起经济增长的技术改进的一种动机。然而,和增长的对专利的兴趣同在的还有人们对现有制度的公平和效率的持久的关注。最近的多项研究表明,包括国家科学院和联邦贸易委员会的报告,都建议进行专利改革,表现出他们感觉到现行专利制度运作中存在不足。另外有专家认为对现有法律进行大的改动是不必要的,而专利程序能够并且也正在逐步配合技术的进步。"①

欧洲经济合作与发展组织(OECD)在 2004 年"专利与创新:趋势和政策的挑战"的年度报告中提到:"软件和服务是新的专利客体,尽管在不同的国家其范围有所不同。专利对于这两个领域的创新和知识传播的影响尚未有系统化的评估,而这样的评估是必需的。软件专利的新颖性和范围同样需要监控。专利局应当不断努力,系统化他们的经验和知识库。专利在开放源代码软件的扩张中所扮演的角色也需要进行评估。""经济评估的结果显示,专利制度的改革方向是值得研究的。考虑到经济的基础,专利制度改革的措施包括提出一种新的能够适应个体差异的专利保护,它的根据是发明本身的不同特质,例如,生命周期或者价值(与现行的不加区别的制度相对应);使专利费与受保护程度相称;以及发展出可选择的取得专利的方法,就像在公共领域那样。在不远的将来,专利体系将会面临比过去二十年更大的挑战,包括不断增长的全球化进程,因特网作为知识传播工具的广泛使用,以及服务领域的不断膨胀的创新活动。我们需要适当的以及更加全球性的政策来应对这些新的挑战,从而使得专利体系能够继续扮演鼓励创新和技术传播的角色。"②

目前,多数国家都已经认识到,专利制度是强者和智者的竞争规则,如果要加入其中,必须有充分的实力:财力和智力。而这种智力一方面体现在研发实力上,另一方面体现在对专利战略的高超运用上。

实践中拥有大量专利的企业也意识到复杂的专利系统带来了巨大的竞争风险,即使很有知识产权意识的公司也无法避免侵权。这些公司开始反思目前专利制度运行中存在的问

---

① "Patent Reform: Innovation Issues", CRS Report for Congress, http://www.opencrs.com/rpts/RL32996_20050715.pdf # search =%22CRS%20Report%20for%20Congress%20Patent%20Reform%3A%20Innovation%20Issues%22, visited at 2008-06-28.

② Organisation for Economic Co-operation and Development "Patents and Innovation: Trends and Policy Challenges", OECD 2004, www.oecd.org, visited at 2008-06-28.

题。而专利权人作为“经济人”将大量的公开技术和过期专利进行专利再包装导致的问题专利,再加上防御专利的误导与扩张,对现在的专利“混战”更是推波助澜。《知识产权:释放能量的经济》一书中提到:一份对领先的日本公司的专利组合分析表明,41%的专利申请是防卫性的,45%是为了防止竞争对手对于类似产品的制造和销售。[①] 目前人们意识到:企业专利战略的运行已经开始出现妨碍创新和限制竞争的现象。IBM 公司于 2006 年 5 月发起了一场在互联网上的知识产权大讨论,质疑目前各国专利局授权专利的质量,大公司申请专利已经不是为了许可,而主要是为了防御竞争对手,IBM 公司的“开放专利”和 SUN 公司提出的“开放标准”在某种程度上就是对专利授权制度的一种改革,也是迫于现有“专利灌丛”已经影响正常市场竞争的考虑。

由于技术基础的悬殊,专利制度应用对发达国家和发展中国家所产生的社会效果是不同的。技术发达的国家认为,专利保护是刺激经济增长的必要因素,通过鼓励发明和新技术,能提高农业或工业的产量,提高国内和国外投资,促进技术转让以及提供充足的战胜疾病的药物。他们认为,对于发达国家起作用的专利体系,没有理由不对发展中国家产生相同的作用。而发展中国家则怀疑此种声称专利制度有如此大的正面促进作用的观点,发达国家中也有相当多的学者认为:由于缺少必要的人力和技术基础,专利制度对发展中国家鼓励发明所起的作用很小。专利制度不能有效地鼓励开发新产品以使穷人受益,因为即使产品已经研究出来,由于专利许可费使产品成本上涨,穷人还是买不起产品。同时由于专利保护,限制了发展中国家通过模仿选择技术。获得专利权的外国公司可以通过输入专利产品供应该发展中国家的国内市场,而不在该国国内制造专利产品。也就是说,专利制度允许外国公司通过获得专利保护而摆脱发展中国家的国内竞争。而且,这些制度还提高了基本药物和农产品进口的成本,极大地影响了穷人和农民的利益。

除了受到专利制度制约创新的直接影响外,发展中国家可能还受发达国家专利保护体系的间接影响,比如被迫接受较高水平的保护、由专利许可合同意识欠缺导致的技术引进和授权许可谈判时的被动地位等。那些曾被工业先进国家统治过的前殖民地,例如,印度、马来西亚、菲律宾等,它们往往毫无选择地适用与遵守曾经的统治者的专利制度。而其他很多国家的专利制度在建构之时,也受到外来势力的左右。发达国家的大公司常常在幕后推动弱小国家的政府,强迫它们制定、修改专利法,用以巩固它们的市场支配地位。

专利制度是一把双刃剑,对于发展中国家,如何充分运用这项制度促进本国经济发展,是专利制度实践的关键。从日本、韩国早期的专利弱保护和以“小专利”换“大专利”的外围专利战略,可以看到专利与发展的相互关系。

中国专利制度并不是在内在需要的驱动下建立的,它没有像发达国家那样基于社会经济发展到一定阶段而产生的市场的自身需求。中国在计划经济时不需要专利制度,1978 年改革开放之后,中国要开放国内市场、参与国际贸易,就必须按国际规则行事。中国 1985 年实施《专利法》,更多地是为了适应当时的引进技术和开放市场的需求。而当时国内企业刚刚开始体制改革,还没有进入市场经济,还没有对专利保护的制度需求。而后来进入市场经济改革之中的多数企业还是忙于进行资本的原始积累,仍然不需求专利保护,所以,中国专利制度建立时并没有引起更多中国企业的重视,也没有得到企业的充分利用是经济规律使然,不能一味指责企业的知识产权意识薄弱和国家的知识产权执法不力。

---

① 〔印度〕甘古力:《知识产权:释放经济的能量》,宋建华等译,知识产权出版社 2004 年版,第 5 页。

近些年，当那些完成原始资本积累的中国企业走向国际贸易时，它们才开始认识到专利的重要性，才开始萌发自身的保护需求，但这样的企业在中国还是少数。

中国目前还属于发展中国家，专利技术的创新和应用能力都不强。在这样的情况下，不仅要考虑建立一套与国际接轨的专利强保护制度，也要考虑制定相应的专利应用战略。同时，中国也不是本土没有接受技术引进能力的国家。中国还是能够从专利制度的实施中受益。这就要求专利制度所服务的对象——市场主体，必须学会充分利用专利制度：尊重他人的权利，也要保护自己的利益。

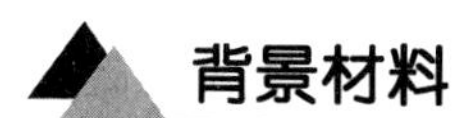

背景材料

英美专利法律制度的建立[①]

英国很早就盛行由王室恩赐予商人和能工巧匠在一定时期内的独占经营权的做法。随着都铎王朝的到来(1485年)，用特许证书作为鼓励国家工业的一种方式让位与皇室商谈秘密协议的方式，这是为了吸引国外熟练的工匠为它所用。例如，德国的军械士、意大利的造船工人和玻璃匠以及法国的铁匠都这样被吸引越过英吉利海峡。但伊丽莎白一世继位(1558年)后，重新制定了先前全面鼓励技术转让的政策。1561年至1571年间，在首先授予两个外国人专利后(一项是引进西班牙硬白皂生产，另一项是原从安特卫普引进的硝酸钾的生产)，皇室根据这一政策发放了很多专利。根据宫廷的喜好和皇室的财政需要，皇室大肆运用签发各种垄断权的特权，以至于到1601年伊丽莎白不得不允诺改革以转移议会在这一问题上对她王权的异议。但这仅仅拖延了冲突。在詹姆士一世当政时，以限制这项王室特权为目的的指责和对抗行动增加了，直到1623年议会通过了《垄断法令》，宣告所有王室的垄断、特许权和专利自此为非法。但有一个例外，即认可对一个新产品的“第一和真正的发明人”授予14年或14年以下对王室专利的垄断。

英国的专利制度及其他地方衍生的制度正是根据以上的管辖豁免做法建立起来的。即便如此，现代将《垄断法令》理解为“发明者权利的大宪章”从年代上来讲也有些不妥。当时“发明”这个动词的含义比今天要丰富得多。例如，在1618年詹姆士一世授予Robert Crumpe的一个著名的水泵专利中，“发明”的意思包括“应用、发现、创办或着手生产”。简而言之，在英格兰开始应用本身就可以是一个充分条件，因为技术转让、商业化和工业开发也被视为有价值的公众目标，能通过授予专利垄断得以实现。

美国的专利制度演化自英国原北美殖民地，可以追溯到17世纪初类似进口专营协议的特设类授权。第一个这样的授权在1620年由弗吉尼亚公司的英格兰股东大议事会授予了Somerscalls先生的一项烟草熟化工艺，显然不是一项独创的发明。1641年，马萨诸塞湾议会通过了一些法令，为将来分别向“对国家有利的那些新发明”授予专利建立了法令基础，其中一项法令是以《垄断法令》及其豁免原则为参照制定的。尽管在17世纪末和18世纪一直到美国革命时期美洲殖民地都相当重视有关专利的政策问题，但美国第一部系统化的专利法规出现在1784年，且只作为《南卡罗来纳鼓励艺术和科学法案》版权条文的脚注。

① 〔美〕Paul A. David:《知识产权制度和熊猫的拇指：经济理论和历史中的专利、版权与商业秘密》，谷彦芳译，载《科技与法律》1998年第4期。

美国建国初期专利制度的正式建立在很大程度上是在原英国殖民地经验的基础上形成的，而受他们同时代的法国革命派的影响很小(措辞除外)。1791 年法国制定的确立专利制度的法律沿袭了古代制度的做法，赋予发明者皇家特权以使他们不受行会的控制而自由地利用他们的发明。法国法律废弃的是建立在主张皇室特权基础上这一做法的法律辩护。取而代之的为发放特许状(授权，或称发明专利)而规定了新的、革命性的安排，这种安排是以公民对他们的创造性的天才的成果享有“自然的权利”为基础的。

美国参议院采纳了华盛顿在 1790 年 1 月 8 日咨文中的建议，指定了一个委员会来负责考虑制定在一个法案中包括技术进口许可、发明专利和版权保护的授予的若干条款。但在 1790—1791 年的国会审议中只出现了后面的两项条款。事实上，立法者对要求授予版权的压力的反应导致了首先迅速通过了《版权法》(1790 年)，这才使得有必要在第二年通过独立的《专利法》，因此，在联邦法律中创造了对知识产权保护的两个不同的法律基础。

背景材料

现代生物技术对专利制度的挑战[①]

现代生物技术的迅猛发展，已经开始触动以专利法为支柱的知识产权大厦中的一些基础概念和基本原则，如发明与发现的区分，专利权的保护与伦理道德的基本考虑等。专利法中涉及生物技术的保护问题也变得越来越突出，专利法如何保护现代生物技术，特别是专利法在多大范围内对生物技术提供专利保护即生物技术的可专利性主题，就此的争论持续不断。

一、发明与发现的界限越来越模糊

随着现代科学技术的迅猛发展，一切都发生了改变。首先，科学发现和技术研究不再仅仅是科学家们的兴趣爱好，而是演变成一种职业，研究者们大多供职于企业的研发部门或专门的研究机构，即使是个人的科学研究也产业化了，因为研究需要经费，他们需要风险投资。其次，科学发现和发明产业化的周期迅速缩短，产学研已经实现一体化。很多企业已经有针对性地选择基础研究，探索科学发现，希望能尽快地实现产业利益。产业界为了能获得更大、更多的利益往往向立法者、政府施加压力，而政府也基于本国科技、经济发展策略的考虑，鼓励企业进行科学研究和开发工作。经济基础决定上层建筑，社会上的这些改变必然反映到专利法中来，生物技术领域内的专利权保护正好印证了这一改变，特别是基因问题，由于基因工程背后巨大的经济利益，人们寻求生物基因专利权保护的呼声越来越高，引发“基因、基因序列究竟是科学发明还是科学发现”的争论，甚至延及对“专利只授予发明，不授予发现”这一传统理论是否合理的争论。在生物技术领域内，发明与发现的界限越来越模糊，也使人们对于区分发明与发现是否必要这一问题产生了疑问。

二、生物技术专利保护与社会伦理道德

自从现代生物技术有了革命性的进步后，这些技术就开始直接影响着人类对自然、社会、生命及人类自身的伦理道德观念。其中基因技术对人类社会既存的人权观念与准则提出了最为广泛与严峻的冲击和挑战。另外，生物基因技术在改造自然和社会方面所表现出

① 张炳生：《论现代生物技术的可专利性主题》，载《法学》2008 年第 5 期。

来的巨大威力，又加深了人们对其可能被滥用的担忧。

从转基因动植物胚胎干细胞、克隆人到基因诊断、基因治疗、基因修饰，均要求社会伦理道德给予正确的价值判断，继而要求具有强制性约束力的法律相应调整，以此规范个人行为、社会活动以及基因技术发展中的种种问题。专利法作为直接调整、保护科技成果及其利用的法律规范，理所当然地肩负起回应这些冲击与挑战的任务。

专利法中的伦理道德标准是指专利行政机关在决定是否对一项技术方案授予专利权时，要充分考虑到该技术方案是否违背伦理道德这一原则性规定，对违背社会伦理道德、危害社会公共秩序的申请不应该授予专利。

尽管不同国家和民族的伦理道德存在差异，但人类在相同利益下，是可以达成共识的。在生物技术领域中，由联合国制定、绝大多数国家认同的不伤害原则，有利原则，平等、公正原则和尊重自决原则便是人类对生物技术发展与保护所达成的有限共识。

考虑到国家和社会利益，各国专利法都通过伦理道德条款来限制某些生物技术的可专利性。欧盟在《欧洲专利公约》中明确规定对发明的公开和实施有悖于公共秩序或道德的，不授予专利权。在后来的欧盟《关于生物技术发明的法律保护指令》中也排除了违反"公共秩序和道德"的发明的可专利性，并以详细列举的方式排除了某些生物技术的可专利性。《TRIPS 协议》规定成员在认为有必要保护其"公共秩序或道德"时排除发明的可专利性，并进一步把保护"公共秩序或道德"解释为"保护人类、动物或植物的生命或健康，或避免对环境的严重危害"。同样在美国，在生物技术可专利性上也有道德伦理方面的限制。如美国专利与商标局发布的《专利审查程序手册》就明确规定，违反公共政策为不满足实用性要求的具体情形，可基于此驳回专利申请。针对人与动物的胚胎嵌合体专利申请，美国专利与商标局发布意见认为，"部分是人类的发明"不符合实用性要求中的"公共政策和道德方面"，不可以被授予专利。

为克服判断发明是否违反伦理道德的任意性，欧洲专利局还逐步确立"公众厌恶测试"判断标准。此外还有"不可接受测试"标准。美国主要是通过个案创设一些判例法以将部分技术方案排除在专利保护范围之外。

从欧洲和美国围绕生物技术专利立法和案件的讨论中可以看出，有关专利保护生物技术的伦理、道德判断，对法院、专利局和立法部门而言都是一项比较复杂的任务，在这一问题上他们都持较为谨慎的态度。他们一方面认为在专利法中应该考虑伦理道德，但同时也强调伦理道德基本不是或至少主要不是由专利法来解决的问题。专利法只对一些基本或明显地违反社会伦理道德的专利申请不授予专利，从而为生物技术专利中伦理道德的保护提供一个基本保障。但对于这样的发明，即其存在有损公共秩序或者道德的可能性，或者确实存在有损公共秩序或者道德的可能但同时还有其他非损害公共秩序或者道德的效果，专利法不能凭借所谓的可能的危害的预测，就因此否定其可专利性。至于这样的发明在获得专利后的实施问题或防止滥用的问题，则应由其他相关配套的法律来规定。

三、生物技术发明的可专利性

在生物技术领域内，美国的可专利性的主题范围最广，阳光下人造的任何东西都是专利权的客体。欧盟在立法中以明确列举的形式说明哪些生物技术发明是可专利性的主题范围，哪些生物技术发明被排除在可专利性的主题范围之外。相比较而言，我国生物技术的可专利性主题范围还是比较窄的。除了对违背伦理道德的生物技术发明不授予专利权之外，我国还将动物和植物排除在可专利性的主题范围之外。

第三节 专利法的基本理论

尽管专利制度存在这样那样的问题，但通过向发明人授予垄断权来换取技术公开的制度设计，提升了市场主体的竞争实力，客观上推动了社会的技术进步，促进了经济发展。科学技术革命和国际经济技术交流的广泛开展，更使得专利制度的这一积极作用为大多数国家认同。目前世界上只有少数几个国家没有建立专利制度，这足以说明专利制度存在的必然性。授予专利权人以合法垄断权的理论也是在人们对专利法作用的不断认识中逐步成熟和获得认同的，它已经从最初的类同于有形财产保护的自然权利论，发展到竞争论以及产业政策论。

一、自然权利论

"自然权利论"是专利法产生初期占主导地位的一种理论。其主要观点是：人的创造性思想是一种精神财产，人们应对自己的这种思想、知识享有产权，这是依据人的劳动当然获得而不可剥夺的权利。因为技术创新是发明人的精神、智慧创造出来的成果。既然所有新颖的、独创的构思属于创造这种思想的人所有，则它的存在不取决于国家政权的承认，国家权力机构只应保障这种权利不受第三人的侵犯。因为，不管承认与否，它都是独立地、自然地存在着，专利权的授予只不过是国家权力机构认可发明人的这种自然权利而已。基于这一理论建立起来的专利制度，其宗旨是保护发明人的利益，鼓励发明人的创造活动。自然权利论为美国、法国专利法的产生奠定了理论基础，对今天许多国家的专利法都有影响。专利权取得的"先发明"制度一定程度上反映了"自然权利论"。在美国早期专利法中，专利授予最早发明人，申请人必须是发明人，除非有特殊情况(如发明人死亡)。发明人应签署正式文本，宣誓他是最早的发明人。公司要获得专利申请权，需要有发明人的转让证明。如果是雇员发明，则应当有发明人签署的正式授权文本，否则公司不得申请专利。

二、非物质财产论

非物质财产理论对德国体系专利制度的建立与发展有很大影响。这一理论在20世纪的后期得到了广泛的传播。该理论认为：发明作为精神产品，是一种非物质性的无形财产。一个发明人创造了这样或那样的发明，就好像将自己生命的一部分投入了此项发明。他人对此发明的任何侵犯都应视为对发明者个人权利的侵犯。非物质财产理论更强调发明劳动成果的思想性质和发明人权利的本质特征，从而区别了发明人的权利和成果所有人的权利，即将发明人的财产权利和人身权利清楚地划分开来。发明人的财产权可以转移；而人身权同发明人不可分割，永远属于他本人所有并且不能转移。

非物质财产论比自然权利论更进一步，它更清楚反映出发明人权利的性质，更强调对发明人精神劳动产生的成果应当给予与有形财产同等的法律保护。这为保护发明人权利提供了更为直接的理论基础。

三、专利契约论

契约论的实质可总括如下：思想是发明人的财产，但是单纯地占有思想，对于发明人来说是不够的，他应当能利用思想。然而思想不是物，如果将其公开，可能被各种人加以利用。为了使发明人能够一个人利用它，发明人应当得到禁止他人利用其思想的权利。为此，发明人可与社会签订一项契约。根据此契约，发明人以公开其发明创造的技术为对价，换取社会给予的一定期间内独占使用该技术的权利。所以,按照契约论,专利是国家代表社会同发明人签订的一项特殊的契约。该契约服务于双方的利益。对发明人来讲,公开技术获得垄断权,可以补偿发明创造活动中支出的劳动和费用,还可以获得更大利益回报。对社会而言,它增加了新的科技知识,而新增科技的知识将为科技的进一步发展,准备良好的条件。专利权期限结束后,发明便成为社会的公共财富,公众可自由使用。反之,如果社会不保护这些技术,这些技术的发明人就会被迫保守发明的秘密,有些发明甚至会被发明人带进坟墓,社会获得新知识的渠道由此受到阻碍,科技研发就会在得不到最新情报的情况下,不得不重复大量的初级水平的劳动。因此,专利契约论鼓励一切有创造天赋的人去进行困难而充满风险的技术创新,鼓励创新成果的公开,它是"先申请制度"的理论基础之一。契约理论在现代各国专利法中都有体现。

四、鼓励竞争论

在市场经济社会,市场竞争主导商品的分配,国家以开展竞争为主要手段调整经济。专利法作为经济调控的法律工具脱离不开竞争机制。竞争的作用在于:及时排除落后的企业,淘汰过时的方法和产品,采用新方法生产新产品。竞争的形式不仅体现为市场上的价格、广告、产品的新颖、质量好坏,也包括为市场上的竞争做准备工作的科研和技术开发。随着现代科学技术的飞速发展,科研和技术开发已成为竞争过程的决定性因素。专利制度是开展研发竞争的重要手段之一,它不仅促进竞争的开展,也保护竞争者的切身利益。尤其是对于研发周期长、发明起点高的领域,如果能利用专利制度创建的这一竞争机制,用最新、最准确的专利技术情报指导研发和生产,及时淘汰过时的工艺和方法,就能够在该技术领域保持世界先进水平。专利制度中的先申请原则是地道的竞争原则。

五、利益平衡论

专利法本身是为平衡知识产权人的垄断利益与社会公共利益而作出的制度设计,旨在谋求激励发明创造需求的社会利益之间实现理想的平衡。专利权人的私人利益与公共利益之间的利益平衡,是专利法律制度的基石。在专利法中,存在着专利权人对其发明创造享有的专有权与社会公众对知识产品的合法需求之间的矛盾,需要对具有公共产品和私人产品双重属性的知识产品的使用、分配和利益分享作出合理的安排,以实现专利法的公平正义价值目标。正是从此种意义出发,专利法中规定了许多对专利权限制的条款,比如时间限制、强制许可、不视为侵权的规定等。

六、产业政策论

产业政策论是现代被多数国家所接受的一种关于专利制度的理论。它的基本思想是:专利制度是促进技术和经济进步的手段。它强调专利制度是为了实现公众和社会的利益,从而把发明人的个人利益放在次要地位。产业政策论是从国家产业的发展而不是个人权利出发来阐释专利权。它认为,保护发明人,赋予其排他性独占权,目的在于鼓励发明人从事发明创造,同时也鼓励发明人公开技术、传播技术。产业政策论将专利权视为促进技术和经济进步的制度手段,而强调专利权的首要目的不是保护发明人的私有财产。它最主要的观点是:(1) 专利保护能刺激发明人从事发明创造的积极性,同时也能鼓励企业在技术开发和实施发明方面踊跃投资,从而推动社会的技术和经济进步;(2) 专利制度促使发明人将其最新技术公之于世，使社会尽快了解新技术、新知识，有利于技术情报的交流与传播，进而促进产业发展；(3) 如果对某些关系国计民生的领域授予专利权会造成“权利滥用”或桎梏本国工业的发展，可以暂时排除对这些领域的发明给予专利保护，待这些领域的科技水平提高后再放宽保护范围。产业政策论从国家整体利益出发，把发明人的个人利益降低到次要地位。从专利法的诞生初衷看，专利制度就是一种发展社会的工具，它与其他民事权利的保护制度有本质的不同。它不仅是要考虑权利人的利益，更重要的是，要在维护权利人权利的同时，带给社会以利益。因此，必须根据国家产业的发展水平，给予适当的专利保护力度。正因如此，才会有同是发明创造，有些技术就是被排除在专利保护的范围之外的现象。也就是说，不同的国家根据其产业的不同发展水平，在专利保护的对象、专利保护期限的设立、权利要求的解释等方面有不同的原则。

上述诸多专利保护理论实际上并不完全互相排斥，纵观各国专利法，上述理论都有体现，只是在法律的实施上，每一种理论对应不同的价值取向，这让执法者有一个在基本原则之上的自由心证的空间，也为专利主管部门进行专利审查提供了政策上的灵活性。在各国专利保护实践中目前更多考虑的是本国产业利益，专利法的频繁修改也反映出专利制度的灵活性，各国的专利政策调整也往往受制于国家在国际贸易中的地位，普遍应用的专利保护理论只能在法学理论层面上加以讨论。

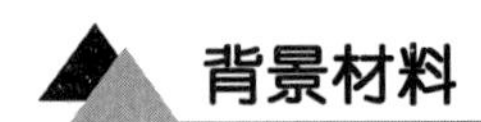

背景材料

专利权与健康权、环境权的冲突与协调[①]

一、专利权 VS 健康权

健康权是指有生命的主体依法享有健康的权利。它作为一项普遍接受的人权，得到众多国际人权公约的承认。

按照国际人权公约的人权标准，现今知识产权制度对健康权的实现已经带来消极影响。其主要表现是：第一，由于专利权的垄断性，权利持有人可以控制药品的生产和销售，专利药品的昂贵价格通常超出贫穷患者的承受限度，从而影响不发达国家的居民获得治疗；第二，由于专利实施的限制性条件，权利持有人可以阻止他人获得药品专利技术，甚至在其政府的支持下限制贫穷国家及其人民获得强制许可；第三，由于专利权的利益推动，制药业的研发投资首先投向市场上最有利润回报的疾病，而不会当然考虑贫穷国家的需求；第四，由于专利授予适用于具有新颖性但疗效与在先专利药品相似的产品，从而导致某类专利药品的生产和分配日益集中于少数企业之中。上述情况表明，新药品创造者的专利权与该药品消费者的健康权存在明显的冲突。联合国人权专家认为，这两种权利之任何一种在其自身的背景中都是有价值的。这是因为，创造者对自己的智力成果享有权利和社会公众分享智力创造所带来利益的权利，都是国际社会承认的基本人权。但是遵循人权优先性的尺度，在特定的情况下，某些人权可以优先于其他人权。具言之，“那些同人的生死攸关的产品一经产生，便成为全世界的财产，但创造者因而有权获得补偿”。在这种例外情形中，健康权应高于包括专利权在内的知识产权。

---

① 吴汉东：《知识产权多维度学理解读》，中国人民大学出版社 2014 年版，第 408—412 页。

围绕着专利权与公共健康问题上的争端，在第三世界国家的力争下，世界贸易组织部长级会议于2001年11月在多哈通过了《关于知识产权协议与公众健康问题的宣言》(又称《多哈宣言》)。《多哈宣言》确认困扰许多发展中国家和最不发达国家遭受痛苦的公共健康问题的严重性；强调知识产权保护对于新药品开发的重要意义，也承认这种保护对价格的影响所产生的状态；同意《TRIPS协议》不应成为缔约方采取行动保护公众健康的障碍。《多哈宣言》的诞生是国际知识产权领域发生的重大事件。宣言秉承公共利益原则，以人权优先性的尺度，协调药品专利权与健康权之间的冲突，这一做法无疑是后TRIPS时代对知识产权制度的重要调整。

二、专利权VS环境权

环境权是公民基于环境资源的利用而取得物质利益与精神利益的权利。

国际环境法规定的原则并未融入现代知识产权制度，或者说环境权与知识产权之间的协调尚有许多空白领域。就环境资源的知识产权保护而言，存在着两个问题：第一，对传统生态知识的权利认定。土著地区和地方社区所保存的传统生态知识与技术，使人类生存了数个世纪，它不仅维护了生物的多样性，而且具有环境持续利用的价值，但是按照现今专利法的规定，传统生态知识与技术无法满足专利权授予的条件。传统生态知识是指在一国国土上，由其民族或种族集体创造、经世代相传、不断发展而形成的生态知识、经验和信仰的集合体，因而不能融入知识产权制度体系之中。国际社会注意到传统生态知识在知识产权制度中的缺位，1992年《生物多样性公约》承认对传统生态知识予以权利保护，其第8条规定："依照国家立法，尊重、保存和维持土著和地方社区体现传统生活方式而与生物多样性的保护和持续利用相关的知识创新和实践并促进其广泛应用，由此其知识、创新和实践的拥有者认可和参与下并鼓励公平地分享因利用此等知识、创新和做法而获得的惠益。"《生物多样性公约》从国际环境与资源保护的角度，触及现代知识产权制度的缺失。因此，一方面要避免将专利权授予已公开的传统知识，损害培育这种知识的特定地区或社区居民的共同利益；另一方面又要制定专门的知识产权制度，给传统知识以特别保护。第二，对现代生物技术的权利限制。在现代生物技术中对人类造福最大且最具有潜在风险的是诸如克隆技术、胚胎移植技术、基因重组技术、DNA重组技术、细胞杂交技术等为代表的基因工程技术。当代生物技术，特别是转基因技术的大量使用，对经济发展带来很大的好处，同时也存在着影响生态环境的诸多隐患。首先，是基因物质污染，转基因生物在自然界中释放，有可能污染自然基因库，打破原有生态平衡，从而影响环境质量；其次，是基因生物损害，有的转基因生物或其产品涉及食品安全问题，可能对人体健康产生不利影响；再次，是基因技术滥用，克隆人或其器官技术的出现，人与物之间基因交换、移植技术的发明等，如不加以控制并保证其正当使用，将会危及人类社会秩序以及人类自身。

必须看到，现代生物技术正以基因专利的名义在一些发达国家得到保护。根据《TRIPS协议》的规定，只要不违反公众利益或社会公德，或不属于专利权的排除领域，所有技术领域的发明都可以申请专利。但是，各国专利制度不仅要遵照《TRIPS协议》来拟定，而且也要按照国际人权法与国际环境法的标准进行审视。这就是说，"环境权要求以环境不受损害为基本标准，这一标准不仅是其他权利所没有的，而且是对其他权利的限制"。总之，控制基因专利的授予范围、保证基因专利的正当使用，在不损害环境权利的基础上保护基因专利，这是各国立法者必须考虑的问题。

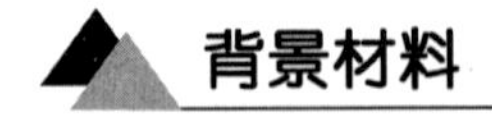

背景材料

微软——在“维权”与“侵权”之间[①]

微软向来在知识产权领域拥有得天独厚的优势，其在反盗版上的策略已是备受“放水养鱼”的指责，知识产权的维权策略成为微软巩固垄断优势及获取垄断利润的重要途径之一。不过发生在微软与i4i之间的专利诉讼却演绎了一个弱者战胜强者的故事。

i4i公司的发明是将文件内容和源代码进行了分离，允许对其进行编辑，该发明于1998年取得美国专利，之后将该项发明运用到新产品中。该产品允许用户使用微软word作为XML文件的编辑器。一度微软公司与i4i成为亲密伙伴。但在word发布前，微软终止了同i4i的合作关系。此前微软已经将i4i的发明纳入word。i4i公司在2007年起诉微软侵犯其专利权。初审法院下达禁制令，禁止微软销售含侵权的定制XML功能的产品，依据微软将i4i纳入word之后的销量，并判向i4i支付赔偿金额高达2.9亿美元。上诉法院维持了初审法院的判决。微软请求最高法院提审，要求重新审议i4i专利的有效性。微软请求最高法院降低无效门槛，这一举动受到了众多大公司和协会的支持，他们有Google，Facebook，Intel，Yahoo等等。这些公司都向最高法院提出了“法院之友”(amicuscuriae)的建议。

可以看出，这些公司在饱受专利诉讼之累后，希望提高专利审查标准，降低专利无效门槛。这一专利保护上的诉求实际上也符合了美国自2010年开始的对计算机软件专利保护严格的趋势，却反映了像微软这样的知识产权“巨人”们也要寻求知识产权“弱保护”的诉求。决定这种左右摇摆立场的根本原因还是产业利益。

[深度阅读]

1. 刘春田主编：《中国知识产权二十年》，专利文献出版社1998年版。
2. 〔美〕Paul A. David：《知识产权制度和熊猫的拇指：经济理论和历史中的专利、版权与商业秘密》，谷彦芳译，载《科技与法律》1998年第4期。
3. 张韬略：《英美和东亚专利制度历史及其启示》，载《科技与法律》2003年第1期。
4. 韩继坤：《专利技术交易成本的制度经济学分析》，载《科研管理》2008年第3期。
5. 周建高：《当代中日韩知识创新比较——以专利产出为中心》，载《日本学刊》2007年第4期。
6. 尹新天：《专利权的保护》(第二版)，知识产权出版社2005年版。

[思考题]

1. 何谓专利？专利与专利权有什么区别？
2. 专利权有什么特征？
3. 专利制度有哪些作用？

---

① 张平：《论知识产权制度的“产业政策原则”》，载《北京大学学报(哲学社会科学版)》2012年第3期。

第十一章

我国专利立法及修改

［内容提要］ 本章介绍了我国专利法的发展历史，总结我国专利法的特点，讨论《专利法》的四次修改和背景，以及有待进一步完善之处。

［关键词］ 《专利法》的四次修改

第一节 我国专利法的历史演进及特点

一、中华人民共和国成立前的专利制度

我国最早有关专利的法规是1898年清朝光绪皇帝颁发的《振兴工艺给奖章程》，其中规定：对于不同的发明新方法及新产品，可以给予50年、30年、10年的专利。辛亥革命后，工商部于1912年公布了《奖励工艺品暂行章程》，规定对发明或者改良的产品，除食品和医药品外，授予5年以内的专利权或者给予名誉上的褒奖。1932年，一部比较完善的《奖励工业技术暂行条例》诞生了，该条例规定了奖励、审查、颁证的方式方法、条件、审查规定、承办机构等具体内容。1939年修改时，又增加了“新型”和“新式样”两种专利，即现在所说的“实用新型”和“外观设计”专利。

我国历史上第一部正式的专利法是1944年5月29日由当时的南京国民政府颁布的《专利法》。该法规定对发明、新型和新式样授予专利权，期限分别是15年、10年、5年。这部专利法在1949年之前没有施行，后于1949年1月1日在我国台湾地区施行。该法经多次修改一直在台湾地区沿用至今。

二、中华人民共和国成立后专利制度的建立

1950年8月，中央人民政府政务院颁布了《保障发明权与专利权暂行条例》。该条例采用了当时苏联的发明证书和专利证书的双轨制。1954年又批准颁布了《有关生产的发明、技术改造及合理化建议奖励暂行条例》，其中规定，获得发明证书的，依条例颁发奖金。在1953年至1957年期间，共批准了4件专利和6件发明人证书。1963年11月，上述条例被废止，国务院颁布了新的《发明奖励条例》，以发明奖励制度取代了发明保护制度。此后的20年内我国没有再建立专利制度。

1979年3月，为适应改革开放、技术引进形势的需要，我国开始了专利立法的准备工作。1980年1月，国务院批准了国家科委《关于我国建立专利制度的请示报告》，成立了国家专利

局。1984年3月12日,《中华人民共和国专利法》(以下简称《专利法》)经第六届全国人大常委会第四次会议审议通过,并于1984年3月20日公布,1985年4月1日起正式施行。这部《专利法》的诞生,标志着我国专利制度的正式开始。

三、1984年《专利法》及其特点

1984年《专利法》是中华人民共和国成立后的第一部专利法,它是改革开放和经济体制改革的客观需要。

1984年《专利法》借鉴国外实行专利制度几百年的经验,同时也考虑了中国刚刚从计划经济向商品经济过渡的国情,所以这部《专利法》是一部符合国际公约基本原则、具有中国特色的专利法。其特点反映在:

(1) 实行单一专利保护制度。当时苏联及东欧社会主义国家大多采用与西方传统专利制度不同的双轨制,即发明人证书制和专利证书制。这种制度兼顾了社会主义公有制经济和市场经济,但是不利于国际交流。尽管我国当时仍以公有制为基础,但为适应国际惯例,加强中国专利制度与《巴黎公约》的协调关系,没有采取发明人证书制而采取了单一的专利保护制度,并分别规定职务发明和非职务发明的权利归属,兼顾了国家、集体和个人三者的利益。考虑到公有制问题,对于全民所有制单位完成的发明创造由完成单位"持有",回避了所有权的提法。

(2) 三种专利形式于一法保护。1984年《专利法》规定的发明创造有三种:发明专利、实用新型专利、外观设计专利。将这三种专利形式集中于同一部法律之中保护,在国际上是不常见的。一般国家的专利法仅涉及发明专利。对于那些称作"小发明"的实用新型的保护一般单独立法,或者不称为专利。对工业品外观设计或者新式样的保护有些国家放在专利法中,也有单独立法保护的。考虑到我国《专利法》制定当时,科学技术水平普遍比较落后,小发明、小革新的数量在相当长的一段时间内会很多,为调动和保护人们发明创造的积极性,将这三种形式都放在专利法之中,都称为专利,这是中国专利法的特色。

(3) 早期公开、延迟审查制和登记制并存。为使专利技术早日为社会所利用,使公众尽快地获取有关专利申请的信息,同时使申请人在申请过程中,有一段是否提出实质审查请求的考虑时间,减少专利局进行实质审查的工作量,我国《专利法》采取了德国专利法体系,对发明专利申请采取早期公开、延迟审查制,即自申请日起18个月即行公开,然后由申请人提出请求,再进入实质审查程序;对实用新型和外观设计专利申请,采用登记制,只进行形式审查,通过后即授予专利权。这样,对小发明尽快为社会所用提供了方便,有利于专利技术的传播。

(4) 计划许可与强制许可并存。考虑当时存在的全民所有制和集体所有制等多种公有制形式,对这些单位所产生的重大职务发明创造,有关主管部门可以根据国家计划指定其他单位实施。而对于那些具备实施条件的单位以合理的条件请求专利权人许可实施其专利未能获得许可的情况,专利局根据申请单位的请求,可以颁发强制实施许可证。计划许可是中国特色,强制许可是国际规则。这种计划许可和强制许可并存的形式,既不违反国际公约,也维护了国家的利益,防止专利权的滥用,同时照顾了社会公众的利益。

(5) 行政执法与司法共同处理专利纠纷。1984年《专利法》考虑了我国的国情,由政府部门对专利纠纷进行调处有时比法院更为有效,所以在《专利法》中专门规定了专利管理机构的地位和职责,确立了专利管理机构的准司法地位。对于侵权行为,专利权人或利害关系

人可以请求专利管理机构进行处理,也可以直接向人民法院起诉。《专利法实施细则》还单列一章作了具体规定。这是我国《专利法》的一个特点,其他国家很少有这样的规定。

(6)既符合国情又具有国际化特点。我国《专利法》采用德国专利体系,这一体系适应发展中国家科技发展水平,又吸收了各国专利制度的长处,使专利制度既能保护发明人、专利权人的利益,促进发明创造的积极性,又照顾了国家与社会的利益,促进全社会的科技进步。同时,我国专利保护的基本原则符合《巴黎公约》的规定,也适应专利制度国际化发展趋势。

由于当时国内市场经济体系尚未建立,企业没有竞争的意识和积极性,所以,在1984年《专利法》实施初期,主要是大学和科研院所关注这部法律,申请专利也多集中在这些事业单位,而事业单位既没有技术交易基础也不参加市场竞争,所以,相当多的有价值的专利被束之高阁,后多被放弃。

背景材料

中国第一部《专利法》起草几经波折[①]

我国1978年开始筹建专利制度、1979年开始专利法的制定,到1984年通过《专利法》,经过了一个比较漫长和曲折的过程。中国专利法草案经过四五年反复征求各有关部门意见,充分讨论,前后修改了25稿才得以通过,仅国务院常务会议就专门召开了两次会议讨论专利工作。

国内外专利制度的发展历史告诉我们,在建立专利制度的过程中,存有不同意见和争论,甚至在建立专利制度之后,对其利弊仍存在着争论。尤其在我国长期没有实行专利制度,而且受到"左"倾思想的长期严重影响和束缚,加之,人们对专利制度又很不了解,因此对它需要有一个认识过程,这就决定了我国建立专利制度不可能一帆风顺。出现一些曲折,有人对它产生担心、怀疑甚至反对,是难以避免的。在我国筹建专利制度过程中,比较大的曲折有三次。

第一次曲折发生在1980年下半年。当时筹建专利制度工作正在大力进行,原工业部某副部长等三人就我国建立专利制度问题上书邓小平和国务院领导,提出了不同意见,认为我国没有必要建立专利制度。

第二次曲折发生在1981年下半年。在第一次曲折后,通过专利问题座谈会和专利法讨论会两次会议征求意见,进行讨论,与会的绝大多数部门和单位的同志都认为我国应该建立专利制度,并且希望尽速颁布专利法。根据大家对专利法提出的修改意见,将起草的专利法草案作了修改,并将这一修改稿由国家科委和中国专利局送请国务院审查,同时还写了《送审中华人民共和国专利法(草案)的报告》。国务院办公厅法制局将该报告及《专利法(草案)》送有关部门征求意见,有几个综合性经济部门和机械制造部门又提出一些不同意见。这些意见大都是重复了以前在专利问题座谈会和专利法讨论会上已经发表过的意见,而且许多意见和对建立专利制度的某些疑虑是已经解释过的,这次借法制局征求意见的机会又

① 《改革开放时期中国专利法的创制——赵元果访谈录》,http://www.hprc.org.cn/gsyj/zzs/shzyfz/201605/t20160516_372770.html,访问日期:2018-01-31。

翻腾出来。因此，上报的《专利法（草案）》不可能提到国务院常务会议上进行审查，国务院对《专利法（草案）》的审查工作被搁置起来，直到两年零两个月后，才又提请国务院审查。

第三次曲折发生在1983年7月至9月。由于机械工业部（原一机部）的某些同志对我国建立专利制度的不同意见较大，因此，1983年6月29日，专利局第二任局长黄坤益等四位同志前往该部，与其副部长等七位同志就我国建立专利制度问题交换了意见。该部同志提出12个问题。为进一步统一认识，把这12个问题在报送全国人大常委会之前解决，1983年9月8日，由国务院副秘书长、经济法规研究中心总干事顾明召集机械工业部和专利局的同志专门开会讨论。会上，顾明以大量事实和充分的道理，对建立专利制度的不同意见，作了深入的解释和说服。会后，顾明给我们局长打电话，让我们写个材料。根据顾明的意见和我们局长的指示，我整理出《对机械工业部关于专利法几个主要意见的解释》。这份材料全国人大常委会委员每人一份，对专利法的通过起了一定的积极作用。顾明跟我们说，那一段时间，国务院领导都很积极，经常催问这个事，邓小平说“我们必须加快各方面的建设速度”。

此后，机械工业部的领导表示，对我国建立专利制度问题不再提不同意见。于是，从1983年9月底，对《专利法（草案）》的审议进入立法机关——全国人大常委会的审议程序。《专利法（草案）》经全国人大常委会审议通过后，标志着我国完成了建立专利制度的法律程序。《专利法（草案）》于1984年3月12日经第六届全国人大常委会第四次会议通过，至此，我国建立专利制度的标志——《中华人民共和国专利法》正式诞生。

第二节 《专利法》的修改

一、《专利法》第一次修改

《专利法》的实践以及专利制度国际化发展趋势，使我国《专利法》的修改工作提前进行。1988年，伴随着中美知识产权谈判，我国开始考虑修改《专利法》。1992年9月4日，第七届全国人大常委会第二十七次会议通过《关于修改〈中华人民共和国专利法〉的决定》，修改后的《专利法》于1993年1月1日起施行。修改的内容及涉及的条款如下：

（1）增加了进口权的规定。即专利权人有权阻止他人未经专利权人许可，为生产经营目的进口其专利产品或进口依照其专利方法直接获得的产品。多数国家专利法都把进口权作为专利权的一项内容，但我国1984年《专利法》仅规定制造权、使用权和销售权，这对专利保护是不够充分的。修改后的《专利法》补充规定了进口权，提高了保护水平。

（2）将对方法专利的保护延及依据该方法直接获得的产品。1984年《专利法》对方法专利只规定了对方法专利的使用权，修改后的《专利法》将使用或销售依据专利方法直接获得的产品也列为方法专利权人的一项权利。

（3）扩大了专利保护的技术领域。1984年《专利法》第25条列举了7项不给予保护的技术领域，修改后的《专利法》去掉了其中第四项、第五项，即：将食品、饮料、调味品、药品和用化学方法获得的物质列入保护范围，使我国专利保护水平更接近国际标准。

（4）增设本国优先权。1984年《专利法》只给外国申请人在国外第一次申请后，又在我国提出申请以优先权。新法增加了“申请人自发明或者实用新型在中国第一次提出专利申请之日起12个月内，又向专利行政部门就相同主题提出专利申请的，可以享有优先权”。这里包括了国内优先权的内容。

(5) 重新规定专利申请修改的范围。将原来修改范围仅限于说明书扩大到说明书和权利要求书。

(6) 明确发明专利申请公布的时间。即:自申请日起满18个月即行公布。1984年《专利法》规定在18个月内公布,公布时间不确定。对于申请人来说,在专利授权以前公开专利申请对其不利。既然法律规定的公开时间是18个月,最理想的公开时间是18个月的最后一日。

(7) 将授予专利权的时间提前。新法去掉审定公告程序,在实质审查后没有发现驳回理由的,即作出授予发明专利权的决定,发给发明专利证书,并予以登记和公告。

(8) 将授权前的异议程序改为授权后的撤销程序。去掉异议程序可以大大加快专利的审批,提高专利行政部门工作的效率。增设撤销程序可以给社会公众更充分的监督专利权有效性的权利。

(9) 增加专利复审的范围。对于专利行政部门撤销或者维持专利权的决定不服的,也可以请求复审。

(10) 延长专利权的期限。将发明专利从原来的15年保护期限改为20年,实用新型和外观设计专利从原来的5年加3年续展的保护期改为10年,不再续展。

(11) 对无效宣告请求的时间及无效宣告的效力作了进一步限制。1984年《专利法》规定,自专利授权后任何时间都可以提出无效请求。新法规定只能在授权后的6个月内提出。这是因为增加了撤销程序,专利授权后的6个月属于撤销申请期。

(12) 重新规定强制许可的条件。1984年《专利法》对强制许可证的发放时间和具体条件规定得较明确;新法借鉴了国际惯例,没有规定时间。

(13) 重新规定专利侵权诉讼中举证责任转移的条件。1984年《专利法》规定:在方法专利发生侵权时,侵权方应提供其产品制造方法的证明;新法在产品前加了一个"新"字,即应提供新产品制造方法的证明,这将方法专利举证责任转移的范围缩小了,但加强了对方法专利的保护。

(14) 增加对冒充专利产品或者方法的处罚。1984年《专利法》只规定了对假冒专利的处罚,但实践中,有许多情况,不是假冒他人专利的,而是将不可能实施的技术或伪劣产品冒充专利技术、专利产品,对这种欺世盗名、坑害社会的现象必须给予严惩。

可以说,《专利法》第一次修改是在中美知识产权谈判的高压下完成的,当时,我国的企业仍然很少关注专利法,更谈不上专利战略,这时的专利法主要是在我国大量技术引进、设备引进中会被应用。这次《专利法》的修改也是在贸易压力下匆忙的修改,留下一些未尽问题,特别是随后中国面临加入WTO,要求《专利法》与《TRIPS协议》接轨,于是很快《专利法》的第二次修改提上日程。

二、《专利法》第二次修改

2000年8月25日,第九届全国人大常委会第十七次会议通过《关于修改〈中华人民共和国专利法〉的决定》,修改后的《专利法》自2001年7月1日起施行。此次修改《专利法》从实质内容上看,主要是围绕着符合世界贸易组织《TRIPS协议》的要求进行的。修改后的我国《专利法》符合了《TRIPS协议》的基本要求。这次修改主要体现在:

(1) 明确专利立法"促进科技进步与创新"的宗旨。

(2) 引入合同优先原则,允许科技人员和单位通过合同约定发明创造的归属;明确对职务发明人应当给予"报酬"而不仅仅是"奖励"。

(3) 取消全民所有制单位对专利权"持有"的规定,国有企事业单位在转让专利申请权或专利权时不再需要经上级主管机关批准。

(4) 加强对专利权的保护。专利权的内容上增加了有关许诺销售权的规定。

(5) 对善意使用或者销售侵权产品的,由原来的不视为侵权改为不负赔偿责任。

(6) 增加了诉前临时措施。

(7) 增加了关于侵权赔偿额计算以及法定赔偿额的规定。

(8) 简化、完善专利审批和维权程序。

(9) 规定专利申请的复审和专利无效由法院终审,取消了专利复审委员会的终审权。

(10) 取消了三种专利权的撤销程序。

(11) 简化转让专利权和向外国申请专利的手续。

(12) 与国际条约相协调。明确了提交专利国际申请(PCT)的法律依据。

上述修改内容的主要出发点是要与《TRIPS 协议》的原则甚至文本保持一致,对《专利法》实施 15 年来反映出的问题还未及认真考虑,特别是我国入世后,企业在参与国际贸易竞争中遭遇到严重的专利壁垒,加之我国《专利法》本身尚存在的制度问题都需要进一步完善,于是,在 2005 年开始了《专利法》第三次修改的研究。

三、《专利法》第三次修改

《专利法》第三次修改的准备工作始于 2005 年,此次修改的出发点不是应对外界压力,更多的是满足我国经济科技发展的内在需求。从修正案来看,此次法律修改的研究比较充分,主要考虑的方面有:

(1) 专利保护已经成为国际竞争中的关键因素之一。一方面,在《TRIPS 协议》全面强化知识产权保护力度的基础上,发达国家正在极力推动知识产权国际规则的进一步变革,以维持和扩大其在知识产权保护方面的巨大优势;另一方面,广大发展中国家通过实施《TRIPS 协议》以来的种种事实,越来越深切地感受到知识产权保护的非对等性以及与发达国家相比的不利地位。围绕知识产权国际规则的变革,发展中国家与发达国家之间的矛盾和利益冲突比以往更加突出和尖锐。为了维护我国主权,防止我国在专利保护的国际规则制定上被边缘化,我们不仅需要积极参与有关知识产权国际规则的制定和形成,还需要不断地完善国内的专利法律体系,建立优质高效、简捷方便、成本低廉、保护适度的专利制度,使之能够适应国际形势的发展,充满活力,具有吸引力和竞争力。

(2) 为了捍卫发展中国家在公共健康领域中战胜流行性疾病、拯救人民生命的权利,落实《多哈宣言》以及该宣言的主席声明,需要在我国《专利法》及其实施细则中予以体现。同时在遗传资源、传统知识和民间文学艺术的保护方面给予适当法律规定,也有必要在我国《专利法》及其实施细则中补充有关内容。

(3)《TRIPS 协议》第 7 条规定的目标和第 8 条规定的原则,即"知识产权的保护和执法要有助于技术革新和转让,有助于权利和义务的平衡","成员国在制定法律和规章时,可以采取必要措施保护公共卫生和营养,促进对其社会经济和技术发展至关重要的领域的公共利益,可以采取必要措施防止知识产权权利人滥用其权利"。这方面的问题与我国的利益密切相关,需要我国再次权衡,补充《专利法》及其实施细则中的有关规定。

(4) 我国企业频繁地遭遇知识产权纠纷，已经越来越深切地感受到知识产权保护的重要性和严峻性。我国目前主要是依靠产品价格上的优势，而在新产品开发，尤其是具有高技术含量的创新方面明显不足。要保持我国的发展势头和后劲，就必须提升我国产生自主知识产权，尤其是高科技领域中的自主知识产权的能力，全方位地改善我国在知识产权的产生、实施、保护和管理方面的综合水平。

《专利法》第三次修正案于2008年12月27日颁布，于2009年10月1日起实施。同时，为了落实《专利法》修改的各方面变化，确保修改后的《专利法》顺利实施，2010年国务院公布了修订的《专利法实施细则》，对于专利法修正案中的一些新规定作了进一步的细化和落实。

这次《专利法》及其实施细则的修改内容主要体现在以下几个方面：

(1) 对立法宗旨进行完善，强调了“鼓励发明创造，推动发明创造的应用，提高创新能力，促进科学技术进步和经济社会发展”的立法目的。本次修改首次将“提高创新能力”确定为专利法的立法目的之一，旨在落实《国家知识产权战略纲要》的实施与建设创新型国家的目标。

(2) 体现了《生物多样性公约》规定的遗传资源国家主权原则、知情者同意原则和惠益分享原则。增加了“依赖遗传资源完成的发明创造，申请人应当在专利申请文件中说明该遗传资源的直接来源和原始来源；申请人无法说明原始来源的，应当陈述理由”的规定，明确要求专利申请人履行依法获取和知情披露的义务，防止本国遗传资源流失，打击跨国“生物海盗”行为。

(3) 为应对专利申请的国际化与一体化，新《专利法》及其实施细则简化了专利申请及审批手续，取消了涉外代理机构的限制，并鼓励向国外提出专利申请。

(4) 提高了授予专利权的条件，增加了现有技术的概念，将专利权的新颖性条件由原来的“混合性标准”改为绝对新颖性标准，绝对新颖性抛弃了以往仅要求书面公开的世界新颖性，使得我国专利主管机关对专利审批条件的要求能够从全球范围出发，符合国际趋势。

(5) 扩展了专利权的保护范围，在对外观设计的保护中，增加了禁止“许诺销售”的条款，更为全面地保护了专利权人的利益。

(6) 细化了不实施专利和非法垄断的专利强制许可，增加了为公共健康目的的专利强制许可，实现了专利强制许可制度的类型化，并落实了世界贸易组织多哈部长级会议《关于TRIPS协议与公共健康的宣言》和世界贸易组织总理事会《关于实施TRIPS协议与公共健康的多哈宣言第6段的决议》的相关精神。

(7) 明确了“一发明一专利原则”，旨在防止重复授权，解决了发明和实用新型专利的交叉问题，规定一个技术或设计方案只能授予一种形式的专利权。

(8) 规范了外观设计专利的授权标准，引入“现有设计”的概念，采用了与发明、实用新型专利申请新颖性类似的表述方式，提高了外观设计的授权门槛。

(9) 细化了专利侵权判断的标准，明确规定了现有技术抗辩，如果实施的技术或者设计属于现有技术或现有设计的，则不视为专利侵权。新增了为行政审批需要，实施专利药品及医疗器械专利的情况下不视为侵权的规定。

(10) 强化了专利行政执法，提高了对假冒专利行为的处罚力度和赔偿额度，规定了管理专利工作的部门对涉嫌假冒专利行为进行查处时的职权范围。

(11) 完善了专利侵权诉讼中的证据保全制度和诉前禁令制度。

《专利法》的第三次修改没有预先研究涉及的面广，主要是围绕推动国家自主创新能力的提高，加强专利保护的出发点，也与国家转变经济发展方式的要求相吻合。

四、《专利法》第四次修改

2014年，国家知识产权局启动专利法第四次全面修改起草工作。2018年12月5日，《中华人民共和国专利法修正案（草案）》（以下简称“草案”）经国务院常务会议审议通过。2018年12月23日，第十三届全国人大常委会第七次会议对草案进行了第一次审议。2020年6月28日，第十三届全国人大常委会第二十次会议进行了第二次审议。2020年10月17日，第十三届全国人大常委会第二十二次会议通过《关于修改〈中华人民共和国专利法〉的决定》，修改后的专利法自2021年6月1日起施行。

此次专利法修改主要包括以下几个方面的内容：

扩大了外观设计专利保护范围。将对产品局部进行的外观设计纳入可授予专利权的范围。

完善职务发明制度。明确单位对职务发明创造申请专利的权利和专利权的处置权利。鼓励单位实行产权激励，采取股权、期权、分红等方式，使发明人或者设计人合理分享创新收益。

引入诚实信用原则。规定申请专利和行使专利权应当遵循诚实信用原则。

增加了不丧失新颖性的法定情形。在国家出现紧急状态或者非常情况时，为公共利益目的在申请日以前6个月首次公开的，不丧失新颖性。

缩小原子核变换领域可授予专利权的范围。将“用原子核变换方法获得的物质”修改为“原子核变换方法以及用原子核变换方法获得的物质”。

新增外观设计国内优先权制度。规定自外观设计在中国第一次提出专利申请之日起6个月内，又向国务院专利行政部门就相同主题提出专利申请的，可以享有优先权。

修改了主张优先权的程序性规定。

延长了外观设计专利权的保护期限。将外观设计专利权的期限由“10年”延长至“15年”，使其与《工业品外观设计国际注册海牙协定》中的规定保持一致。

新增发明专利期限补偿制度。

新增新药上市审评审批专利期补偿制度。

新增专利开放许可制度。

完善专利权评价报告制度。规定被控侵权人也可以主动出具专利权评价报告。

加强了专利侵权行政保护力度。对假冒专利的行为，将行政处罚罚款金额从违法所得的4倍提高为5倍；没有违法所得或违法所得在5万元以下的，罚款金额从20万元提高到25万元。

赋予国务院专利行政部门一定的处理专利侵权纠纷的职责。

引入惩罚性赔偿制度。对故意侵犯专利权，情节严重的，可以在按照上述方法确定数额的1倍以上5倍以下确定赔偿数额。

提高法定赔偿数额。将侵犯专利权的法定赔偿数额幅度由1万元以上100万元以下调整为3万元以上500万元以下。

新增举证责任转移制度。在确定赔偿数额时，在权利人已经尽力举证，而与侵权行为相关的账簿、资料主要由侵权人掌握的情况下，可以责令侵权人提供与侵权行为相关的账簿、资料。

完善诉前保全制度。进一步明确和限定了申请诉前禁令、诉前财产保全的条件，增加了“妨碍其实现权利”的内容，专利权人或者利害关系人可以在起诉前依法向人民法院申请保全证据。

修改专利侵权诉讼时效的规定。侵犯专利权的诉讼时效由“两年”修改为“三年”，自专利权人或者利害关系人知道或者应当知道侵权行为以及侵权人之日起计算。

新增药品专利链接制度。侵害他人专利权的药品禁止上市；药品行政审批程序最终完成要等待法院侵权判定结果；除专利侵权诉讼之外，药品上市期间专利纠纷可以请求国家知识产权局裁决。

针对行政机构改革作了适应性修改，并明确了专利行政部门加强专利信息服务的职责。

此次《专利法》修改进一步完善了我国专利授权制度，主要目的是加大对专利权人合法权益的保护、促进专利的实施与运用，切实解决我国专利市场“维权难”“赔偿数额低”“专利转化率低”等问题，有利于促进知识产权服务业健康发展。

五、对我国现行专利制度的评价

（一）立法评价

我国现行《专利法》已经完全符合《TRIPS 协议》的基本要求，专利保护水平完全与国际接轨。但是，当初被动接受的专利立法，更多注意到的是专利制度鼓励创新的进步性而忽视了专利垄断带来的限制竞争的可能性，国家没有及时制定相配套的反垄断法或反专利滥用的专门法规。自由竞争是市场经济的主要原则，自由竞争本质上绝对排斥垄断，任何垄断包括市场垄断、技术垄断都被视为与自由竞争背道而驰的，专利权的保护是反垄断法的例外，属于国家允许的、合法的技术垄断。但是专利权具有的天然垄断性与市场经济中的自由竞争规则相违背，必须给予严格监控以防止限制竞争。所以，几乎在所有建立专利制度的国家，伴随专利法的制定同时都有反垄断法加以配合，中国在这方面的立法早期是欠缺的。我国 2008 年 8 月 1 日才开始实施《反垄断法》，但是尚未制定与《反垄断法》相配套的下位法，今后在控制知识产权权利滥用、消除知识产权限制竞争的消极作用方面还应当加强专利法之外的部门法规。

（二）实施评价

中国专利行政部门受理的专利申请总量的增长速度非常之快，已经跻身于专利受理大国之列，专利授权量也正在逐年增长。但具体分析申请和授权数字，则发现其中隐藏着诸多问题：中国三种类型的专利申请量和授权量发展明显不平衡，实用新型和外观设计专利居多，发明专利比例不高，在发明专利中，又有相当一部分属于外国企业、外资企业，在更小部分的属于国内的发明专利中还有相当一部分是非职务发明。自 1985 年开始，非职务发明比例在相当长的时间段高于职务发明的比例，说明专利制度的实施并没有显现出中国企业对专利制度利用的积极性。自 2007 年以来，随着国家知识产权战略的实施以及一系列促进创新的相关政策出台，比如《高新技术企业认定管理办法》的修订、企业参与国家研究项目的投标政策、专利申请资助力度加大等，企业的专利申请数量开始有所上升。

（三）执法评价

我国专利执法从一开始就有一个较高的起点，在司法审判中较早地在主要城市的中级人民法院建立了知识产权审判庭，这在国际上也是先进的。在专利行政执法上也建立了一套世界上少有的快速解决专利纠纷的行政途径。

一般在国家经济发展的起步阶段，在专利执法上，都经历了一个水平由低到高的发展过程。而中国，在专利制度建立初期就给予较高的专利行政和司法保护，这一方面是迫于发达国家的贸易压力，另一方面也是由于认识上的原因。笔者认为，专利执法，特别是专利行政执法力度的加强，应当以那些影响竞争秩序和公共利益、社会影响极坏的侵权行为为主，而不是所有专利侵权纠纷都适用公权介入保护的。专利行政执法力度的提高也意味着执法成本的增加，中国在这方面的强化是否符合法理和国情值得商榷。笔者认为，专利保护应当以司法为主，行政保护应当仅保留在边境措施和对重大经济活动的知识产权审查方面。这方面可以借鉴美国现有的做法。中国应当逐渐弱化现有的行政保护体制，加强知识产权反垄断审查的功能。

（四）应用评价

专利制度的良好运作，有待于市场主体对专利制度的有效利用。在《专利法》实施的三十多年中，作为中国创新主体的大学和科研机构没有与企业有机地合作，导致国家将大量研究经费分配到大学和公共研究机构，但是没有产生出与研发投入相匹配的能够在产业中发挥作用的竞争性专利技术。而多数中国企业只注重进行资本的原始积累，不重视研发投入，只注重短期利益，在国际市场的竞争中屡遭挫折，在专利的战略运用上更是缺少能力。专利制度的应用者——企业、大学和研究机构的专利保护与利用的能力不强，将会使中国在相当长一段时间内在参与国际贸易竞争中处于被动地位。

[深度阅读]

1. 汤宗舜：《专利法解说》，知识产权出版社 2002 年版。

2. 赵元果：《中国专利法的孕育与诞生》，知识产权出版社 2003 年版。

3. 黄坤益：《肩负起新世纪的历史责任——谈中国专利制度》，载《中国科技信息》1998 年第 8 期。

4. 任晓玲：《历史悠久的德国专利商标局》，载《中国发明与专利》2008 年第 4 期。

5. 国家知识产权局条法司：《〈专利法〉及〈专利法实施细则〉第三次修改专题研究报告》（中卷），知识产权出版社 2006 年版。

6. 詹映：《中国〈专利法〉第四次修改的焦点及其争议》，载《中国科技论坛》2015 年第 11 期。

[法条导航]

1.《中华人民共和国专利法》1992 年修正案

2.《中华人民共和国专利法》2000 年修正案

3.《中华人民共和国专利法》2008 年修正案

4.《中华人民共和国专利法》2020 年修正案

[思考题]

1. 试述我国《专利法》第一次修改的具体内容。

2. 试述我国《专利法》第二次修改的具体内容。

3. 试述我国《专利法》第三次修改的具体内容。

4. 试述我国《专利法》第四次修改的具体内容。

5. 试评我国现行专利制度。

第十二章

专利权的客体

［内容提要］ 专利权客体是专利制度的重要组成部分。在本章的学习中，重点掌握发明、实用新型、外观设计三种专利的概念和授权条件，了解专利保护的排除客体。

［关键词］ 发明　实用新型　外观设计

专利权的客体是专利权人的权利和义务所指向的对象，就我国专利法而言，是指发明创造，即发明、实用新型和外观设计。

第一节　专利的种类

一、发明专利

专利法所指的发明有特定的含义，它是指对产品、方法或者其改进所提出的新的技术方案。从发明的定义上看，它必须是一种技术方案。对于自然定律的发现、抽象的智力活动规则等不能算作发明，如陈景润的数学发现、史丰收的速算方法以及不可实现的永动机等都不能申请专利，因为它们都不是一种技术方案。专利法所说的技术方案不一定要达到至善至美的程度，有些在学术上暂时找不到依据、理论上暂时讲不清，或者还没形成工业产品的发明，只要是具备实施可能性的科学技术成果即可申请专利。所以，专利法上所指的发明与通常人们理解的广义上的发明是有区别的。

根据发明的定义，可以将发明分为两大类：产品发明和方法发明。

（1）产品发明是指人工制造的具有特定性质的可移动的有形体，如机器、设备、仪表、物质等发明。未经人的加工、属于自然状态的东西不能作为产品发明，如天然宝石、矿物质。产品发明取得专利后称为产品专利。产品专利只保护产品本身，不保护该产品的制造方法。但是产品专利可以排斥他人用不同方法生产同样的产品。

（2）方法发明是指把一种物品变为另一种物品所使用的或制造一种产品的具有特性的方法和手段。所说的方法可以是化学方法、机械方法、通讯方法及通过工艺规定的顺序来描述的方法。方法发明取得专利后，称为方法专利。我国1984年《专利法》对方法专利的保护只涉及其方法本身，不延及用该方法制造的产品。1992年修改后的《专利法》把方法专利的保护延及用该专利方法直接获得的产品，即未经专利权人许可，他人不得使用其专利方法以及使用、许诺销售、销售、进口依照该专利方法直接获得的产品。

从另一角度对发明进行分类，还可以将发明分为下列各类：

(1) 首创发明。首创发明又称开拓性发明。这是指一种全新的技术解决方案,在技术史上未曾有过先例,它为人类科学技术的发展开创了新的里程碑,如指南针、蒸汽机、白炽灯、电话、数字印刷等发明。

(2) 改进发明。改进发明是指在现有技术的基础之上,在保持其独特性质的条件下,又改善了其性能、使之具有新的功效的改进技术方案。人类的进步总是离不开前人的成功经验,科学的发展也使得发明涉猎的知识越来越广。所以,多数发明都属于改进发明。如各种霓虹灯就是在日光灯基础上的改进发明。改进发明可以构成新专利,但是在利用改进发明时,需要经过在先发明专利权人的授权。

(3) 组合发明。组合发明是指将已知的某些技术特征进行新的组合,以达到新的目的的一种技术解决方案。如将发动机、轮胎、车厢、方向盘组合在一起,构成一种交通工具,使之产生了与原来各个特征完全不同的技术效果。组合发明中的不同组件可能都是已知的公开技术,但是组合之后会产生新的功能和效果从而具备专利性。

(4) 应用发明。它是指将某一技术领域的公知技术用于某一新的领域的发明。这种新应用产生意想不到的技术效果。如听诊器是用在人体上的诊断器具,如果某人将其用于树木的诊断,可以得知树木的年轮、病虫害等信息,这是人们意想不到的应用发明。应用发明可能对现有产品没有任何改变,仅是应用领域和使用方法的不同。

(5) 选择发明。它是指从许多公知的技术解决方案中选出某一技术方案的发明。这种发明一般是在很宽的专利保护范围内做出的某一点的选择发明,在化学领域中,特别是在有关配方含量、温度、压力等数值范围的现有技术中比较常见的一种发明形式。例如,在温度50℃—100℃时,A 物质的产量通常是恒定增加,但在 70.5℃时,A 物质的产量有明显的大幅度增加,出现一个峰值。在这一点上可能构成选择发明,尽管还是在原来专利保护的数值范围之内,但是效果有明显不同,可以构成新的专利。值得注意的是,有些申请人欲将自己的保护范围划得很宽,而又没有足够的实施例加以支持,很容易被他人在原发明的基础上做出选择发明。或者,原来的发明人已经得知这一效果明显突出的一点,但不希望通过专利公开,而是采用技术秘密的保护方式,将竞争优势留给自己。但是他人通过研究找到了这一点,做出了选择发明,反而可能使原来的专利权人丧失了优势。

二、实用新型专利

专利法所称的实用新型是指对产品的形状、构造或者其结合所提出的适于实用的新的技术方案。实用新型专利在技术水平上略低于发明专利,所以人们又称之为“小发明”或“小专利”。世界上对实用新型的保护始于 19 世纪的英国,但最先将其作为一种单独的工业产权保护形式的还是德国。目前,世界上有约 120 个国家和地区实行了实用新型或类似的制度,其中有 93 个国家和地区有本国或本地区的实用新型制度,另外 27 个国家分别作为非洲地区工业产权组织(ARIPO)和非洲知识产权组织(OAPI)的成员国引入实用新型制度。[①]我国立法之初,考虑到科学技术水平还较低,所以对这种“小发明”给予专利保护。

根据实用新型的定义,它应具备以下两个特征:

(1) 它必须是一种产品,该产品应当是经过工业方法制造的占据一定空间的实体。方

① 智南针,《史上最全 120 个国家和地区实用新型制度概览》,https://www.worldip.cn/index.php?m=content&c=index&a=show&catid=64&id=605,访问日期:2021-10-26。

法发明创造、用途发明创造，以及非经人制造的自然存在的物品都不属于实用新型专利的保护范围。

(2) 它必须是具有一定形状和构造的产品。产品的形状是指产品具有的、可以从外部观察到的空间形状。没有固定形态的物质，像气体、液体、面粉、砂糖等都不视为具有形状。产品的构造是指产品的各个组成部分的安排、组织和相互关系。

在审查实践中，下列情况不能申请实用新型专利：

(1) 各种方法、产品的用途；

(2) 无确定形状的产品，如气态、液态、粉末状、颗粒状的物质或材料；

(3) 单纯材料替换的产品，以及用不同工艺生产的同样形状、构造的产品；

(4) 不可移动的建筑物；

(5) 仅以平面图案设计为特征的产品，如棋、牌等；

(6) 由两台或两台以上的仪器或设备组成的系统，如电话网络系统、上下水系统、采暖系统、楼房通讯和空调系统、数据处理系统、轧钢机、连铸机等；

(7) 单纯的线路，如纯电路、电路方框图、气功线路图、液压线路图、逻辑框图、工作流程图、平面配置图以及实质上仅具有电功能的基本电子电路产品(如放大器、触发器等)；

(8) 直接作用于人体的电、磁、光、声、放射或其结合的医疗器具。

三、外观设计专利

专利法所称的外观设计，是指对产品的整体或者局部的形状、图案或者其结合以及色彩与形状、图案的结合所作出的富有美感并适于工业应用的新设计。

根据外观设计的定义，外观设计专利应具备下列条件：

(1) 与产品相结合。产品是指任何用工业方法生产出来的物品，不能重复生产的手工艺品、农产品、畜产品、自然物不能作为外观设计的载体。外观设计应是对产品外表所作的设计，它不是单纯的美术作品。

(2) 体现在产品的整体或者局部。对产品的外表所作的设计，既可以是对产品整体，也可以是针对产品的某个部分；既可以以产品的整体申请专利权保护，也可以以产品的某个部分申请专利权保护。

(3) 是关于产品形状、图案和色彩或其结合的设计。形状是指立体或平面产品外部的点、线、面的转移、变化、组合而呈现的外表轮廓。图案是指将设计构思所产生的线条、变形文字加以排列或组合并通过绘图或其他手段绘制的图形。色彩是指用于产品上的颜色或者颜色的组合。产品的色彩不能独立构成外观设计，它必须与产品结构和图案组合。外观设计可以是立体的，也可以是平面的。但不能是明显属于平面印刷品的标识性设计。

(4) 富有美感。这首先意味着具有视觉可见性。至于何谓美感，由于不同人的生活环境、修养、爱好和习惯不同，其审美观也不同，故一般只要不违反社会公德，能为公众所接受即认为其具有美感。

(5) 适于工业上应用的新设计。外观设计是对工业产品的设计，不是艺术品，因此要求能够进行工业化批量生产。新设计是指该外观设计是一种新的设计方案，在现有技术中找不到与之相同或相近似的外观设计。

关于保密专利的申请及审查，保密专利仅涉及发明和实用新型专利，保密专利申请分为两种类型：一类是涉及国防方面的国家需要保密的专利申请，另一类是涉及其他方面的国家利益需要保密的专利申请。国家知识产权局对其受理的专利申请进行保密审查。审查结果发现受理的专利申请涉及国防方面的国家秘密需要保密的，移交国防专利机构审查；发现涉及其他方面的国家安全和利益需要保密的，按照保密专利申请处理。

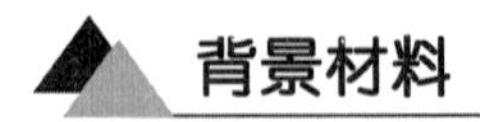

背景材料

美日德专利的种类[①]

美国专利商标局(USPTO)负责受理、审查、批准专利和商标申请事宜。美国于1790年颁布和实施了第一部专利法。美国现行专利法于1952年颁发，此后又经过多次修改、补充和完善，形成了一套包括发明专利、外观专利和植物专利三种专利的详细立法。

日本特许厅负责专利和商标申请的受理、审查和批准事宜。日本专利制度设立于1885年(明治十八年)，经过两次大的修订，目前的专利法是在1960年(昭和三十五年)4月1日实施的专利法的基础上经过无数次小的修订而形成。日本专利保护类型有发明、实用新型、外观设计三种。三种专利分别由对应的法律《特许法(专利法)》《实用新案(实用新型)》《意匠(外观设计)法》予以规范。三种专利法还有各自辅助性的法律或者法规，如，对应《特许法》，有《特许法施行法》《特许法施行令》(政令)、《特许法施行规则》(省令)。

德国第一部专利法是1877年德意志帝国时期颁布的，现行的德国专利制度主要是1981年全面修改后生效的专利法。与中国的专利制度相比，德国专利制度有着非常明显的特征：与中国专利法中的“专利”包括发明、实用新型和外观设计三种专利不同，德国专利法中的“专利”仅指发明专利；德国对实用新型、外观设计都单独立法保护。[②]

典型案例

图形用户界面能否作为外观设计专利的保护客体？[③]

2010年7月26日，苹果公司向中华人民共和国国家知识产权局提出名称为“便携式显示设备(带图形用户界面)”的外观设计专利申请(以下简称“涉案申请”)。国家知识产权局原审查部门以涉案申请系《专利审查指南》所规定的“产品通电后显示的图案”，不属于授予外观设计专利权的客体为由，对涉案申请予以驳回。苹果公司不服，向专利复审委员会提出复审请求。专利复审委员会对驳回决定予以维持。苹果公司不服，提起行政诉讼。北京市第一中级人民法院认为，虽然涉案申请还包括了在产品通电状态下才能显示的图形用户界面，但其仍是对便携式显示设备在产品整体外观方面所进行的设计，亦能满足外观设计专利

---

① 吉静鲜：《美国、日本、韩国、中国等几个主要国家专利制度分析、对比及启示》，载《中国专利代理》2006年第4期。

② 《后来居上：德国知识产权法的百年变迁》，http://www.sipo.gov.cn/dtxx/gw/2011/201111/t20111125_633180.html，访问日期：2018-01-28。

③ “最高法发布2014中国法院10大创新性知识产权案件之四：苹果公司与中华人民共和国国家知识产权局专利复审委员会外观设计专利申请驳回复审行政纠纷上诉案”，http://www.pkulaw.cn/case/pfnl_a25051f3312b07f392 9a51dcd1ca5de7b28426475b74d47abdfb.html，访问日期：2018-01-29。

在工业应用和美感方面的要求，可以成为我国外观设计专利权的保护客体。据此判决撤销专利复审委员会的复审决定，专利复审委员会不服，提起上诉。北京市高级人民法院二审判决驳回上诉、维持原判。

本案是涉及图形用户界面这一新类型客体能否作为外观设计专利申请对象的专利授权行政案件。法院在本案中明确了图形用户界面可以成为外观设计授权客体的法律依据，以及该类外观设计申请所需满足的条件。法院指出，虽然《专利审查指南》作出了“产品通电后显示的图案属于不授予外观设计专利权的情形”的规定，但图形用户界面能否作为外观设计专利的保护客体，仍应当以《专利法》第2条第4款的规定为法律依据。以图形用户界面提出外观设计专利申请时，为便于准确确定外观设计的内容，申请人应当在图片、照片或者简要说明中，通过恰当的方式指明哪些部分属于通电后才能显示的图案。本案为今后审理与图形用户界面有关的授权确权类专利行政案件，进一步明晰了审理思路。

第二节　授予专利的条件

一、发明专利和实用新型专利的授予条件

发明专利和实用新型专利的授予条件有多方面的规定，主要的构成要件是新颖性、创造性和实用性，即所谓的“三性”标准。

（一）新颖性

发明专利和实用新型专利的新颖性要求是相同的。新颖性，是指该发明或者实用新型不属于现有技术，也没有任何单位或者个人就同样的发明或者实用新型在申请日以前向国务院专利行政部门提出过申请，并记载在申请日以后公布的专利申请文件或者公告的专利文件中。

新颖性的时间标准是以申请日划定的，凡是在申请日以前已经有相同的发明创造，由他人完成并公开或者发明人自己公开，如在新闻发布会、科研鉴定会、展览会上披露了该发明创造的实质性内容，都会丧失新颖性，不能再申请专利。但在申请日当天公开的技术内容不属于专利法所说的现有技术。

公开的方式可划分为下列四种情况：

（1）出版物公开。这是指那些在正式出版物上已经记载了同样发明创造的情况。出版物公开的地域标准是全世界范围内，属于“绝对新颖性”，不论在世界哪个地方，只要在申请日以前找到相同发明创造在出版物上有过记载，该发明创造即不具有新颖性。这里所说的“出版物”，具有广泛的内容，它不仅指一般的书籍、杂志、专利文献、正式公布的会议记录和报告、报纸、产品目录及样本等纸件出版物，还包括缩微胶片、影片、照片、唱片、磁带、软盘、光盘等其他载体的出版物。对于一些标有“内部资料”字样的期刊，只要能为不特定的人获得，也认为是公开出版物。

（2）使用公开。由于使用导致一项或者多项技术方案的公开或者处于任何人都可以使用该技术方案的状态，这种公开方式称为使用公开。即使所使用的产品或者装置需要经过破坏才能得知其结构和功能，也仍然属于使用公开。使用公开的地域标准在《专利法》第三次修改后不仅限于我国国内，而且还包括在国外的使用公开。《专利法》第三次修改在专利

权实质性条件上首次引入了绝对新颖性标准,之前的混合性标准在实践中存在着不利的方面,最典型的是某个产品或者方法已经在国外公开使用或者销售了,其他国家公众可以使用,却能在我国形成专利权,极大地损害了公众的利益。

(3) 其他方式公开。这是指那些能为公众所知的其他公开方式。它主要是口头公开,如口头交谈、报告、讨论会发言、广播、电视播放以及科研鉴定、科研总结、设计文件、图纸、橱窗展示、展览、展销广告等方式。在引入绝对新颖性标准后,这种方式公开的地域标准也不仅限于我国国内,在国外的这种公开方式同样会对新颖性构成威胁。

(4) 抵触申请。这主要是指他人在申请日以前已经以相同内容向专利行政部门提出过申请,并在申请日之后公布的情况。出现抵触申请时,视先申请案为后申请案的现有技术,故后一申请不具备新颖性。但如果前一申请没有公开而中止申请,则不属于抵触申请。抵触仅指由他人在申请日以前提出的,不包括他人在申请日提出的,也不包括申请人本人在申请日以前提出的同样的申请。

(二) 创造性

发明专利和实用新型专利的主要区别就在于创造高度不同,所以专利法对发明专利和实用新型专利的创造性作了分别规定:同申请日以前的已有技术相比,发明专利应具有突出的实质性特点和显著的进步;实用新型专利应具有实质性特点和进步。两种专利创造性的区别就在于"实质性特点"是否突出以及"进步"是否显著上。

(1) "突出的实质性特点"是指发明与现有技术相比具有明显的本质区别,对于发明所属技术领域的普通技术人员来说是非显而易见的,不能直接从现有技术中得出构成该发明全部的必要技术特征,也不能够通过逻辑分析、推理或者试验而得到。"显著的进步"是指从发明的技术效果上看,与现有技术相比具有长足的进步,它表现在发明解决了人们一直渴望解决,但始终未能获得成功的技术难题,或者该发明克服了技术偏见,提出了一种新的研究路线,或者该发明取得了意想不到的技术效果,以及代表某种新技术趋势。

(2) 对于实用新型专利来说,它的创造性标准比发明要低,只要与现有技术相比有所区别(即具备了实质性特点)并具有进步即可认为具备创造性。

我国现行《专利法》关于创造性标准的规定方式与国际上普遍接受的规定方式也有所不同,多数国家利用同领域的普通技术人员的"非显而易见性"来判断一项专利申请的创造性,我国国务院专利行政部门在创造性标准的实际掌握尺度上基本与其他国家保持一致。

(三) 实用性

实用性,是指该发明或者实用新型能够制造或者使用,并且能够产生积极效果。一般具备下列条件即认为具有实用性:

(1) 工业实用性。这里的工业是广义上的概念,它包括农业、矿业、林业、水产业、运输业、交通业等各个行业。一项发明或实用新型只要在任何一个工业部门能够制造或使用,即具有工业实用性。相反,在申请文件中缺少全部或部分实施该发明创造的必要技术方案,或违反自然规律的空想,便不具有这种实用性。

(2) 重复再现性。这是指所属技术领域的技术人员,根据申请文件公开的内容,能够重复实施专利申请案中的技术内容,这种重复实施,不依赖任何随机因素,并且实施结果是相同的。像南京长江大桥的整体建筑,这种在特定地理位置上的技术方案就不具有重复再现性。

(3) 有益性。专利技术实施后应能产生积极效果,具有良好的技术、经济和社会效益。

明显无益、脱离社会需要、严重污染环境、严重浪费能源或者资源、损害人身健康的发明创造不具备实用性。

实用性标准是各国争议较大的问题，焦点在于是否应当通过实用性标准排除一部分商业方法和生物遗传技术获得专利权的可能性。这一问题与可专利性问题彼此关联。

（四）其他条件

我国是《生物多样性公约》的成员国，并且是生物资源和遗传资源非常丰富的国家，保护遗传资源事关国家利益。为了贯彻《生物多样性公约》，我国规定了依赖遗传资源完成的发明创造的特殊条件，如果该遗传资源的获取或者利用违反有关法律、行政法规的规定，不授予专利权；申请人应当在专利申请文件中申明该遗传资源的直接来源和原始来源；无法申明的，应当说明理由。但披露来源仅仅属于初步审查和实质审查的范围，不作为授权后请求宣告专利权无效的理由。这是我国在专利制度在遗传资源的保护上的一个初步尝试和探索。

二、外观设计专利的授予条件

授予专利权的外观设计，应当同申请日以前在国内外出版物上公开发表过或者国内公开使用过的外观设计不相同和不相近似，并不得与他人在先取得的合法权利相冲突。从这一定义可以看出，外观设计专利应具备下列条件：

（1）与现有的外观设计不相同。这一条件实际上要求的是新颖性问题，判断新颖性的时间标准是申请日，地域标准与公开的方式有关。值得指出的是，外观设计是附着于产品的，其法律保护的效力也仅及于同类产品，如果是相同的设计用于不同类产品之上，不认为是相同的外观设计，只有产品相同、设计也相同的才称为相同的外观设计。而同一产品的多项相似外观设计，是指对所属领域的设计人员而言，该外观设计专利申请中对同一产品的其他外观设计与简要说明中指定的基本外观设计相比无明显区别。

（2）与现有的外观设计不相近似。这一条件实际上涉及的是创造性问题，是指与现有的外观设计相比具有明显的区别，“不相近似”的判断不是指申请外观设计的产品与已公开过的产品是否相近似，而且指与申请日以前公开过的产品的形状、图案、色彩所引起的美感或视觉是否相近似。这里不问外观设计产品的制造方法和内部结构是否相同或近似，仅指其整体外观和美感效果。对于相近似的判断，也是指在同一类产品基础上的形状、图案、色彩的相近似，在不同类产品上相近似的设计不属于相近似的外观设计。

（3）不得与他人在先取得的合法权利相冲突。这是《专利法》第二次修改后加入的内容。他人在先取得的合法权利，是指在外观设计专利申请日前，专利申请人以外的人已经取得的合法权利。比如，专利申请人要把一件摄影作品申请为某产品的外观设计专利，那么这里的摄影作品的著作权对该专利申请而言，就是在先取得的合法权利。如果未经著作权人的许可使用其作品申请外观设计专利，则该外观设计申请与他人在先取得的合法权利就发生了冲突，根据专利法规定，将不会被授予这一外观设计专利权。专利法作这样的规定，是为了减少专利权与在先权利的冲突。

外观设计与实用新型专利没有经过实质审查，因而专利的稳定性较差，在《专利法》第三次修改后，对于实用新型专利申请增加了审查其是否明显不符合新颖性、实用性的规定；对外观设计的专利申请增加了审查其是否明显属于现有设计，是否明显属于平面印刷品的标识性设计的规定。

目前，国家知识产权局受理的外观设计专利申请的申请量已居世界第一，我国已经成为外观设计专利授权大国,外观设计专利权在我国的市场经济中发挥着重要作用。但是,关于外观设计专利的研究工作则落后于发明和实用新型专利。通过多年的实践,关于外观设计专利的保护对象、能否对产品的部分外观提供保护、判断相同或者相似的参照基准、专利侵权判断的方式等问题,在我国已经引起了广泛的关注和讨论。特别是在外观设计专利中有许多“垃圾专利”,或者将已有的公知产品外观申请了专利,已经影响到公平竞争。另外,我国在外观设计的定位上,在相当长的时间内没有将其上升到为产品增添美感的销售效应上,而是局限于工艺美术或作为工程技术的装饰。外观设计专利总体上的水平不容乐观。提高外观设计专利的授权标准,将有利于提高外观设计专利的水平,有利于促进创意产业发展。

三、丧失新颖性的例外

上述三种专利新颖性均以申请日作为时间划分的标准,但专利法对有些在申请日以前公开的情况,作出了不丧失新颖性的例外规定:

(1) 在国家出现紧急状态或者非常情况时,为公共利益目的首次公开的,在首次公开之日起 6 个月内申请专利的,不丧失新颖性。国家出现紧急状态是指当国家出于战争等可能危及国家安全的状态,非常情况是指出现严重的自然灾害、流行性疾病等情况。

(2) 在中国政府主办或者承认的国际展览会上首次展出的发明创造,在展出之日起 6 个月内申请专利的,可认为不丧失新颖性。中国政府主办的国际展览会,包括国务院、各部委主办或国务院批准由其他机关或者地方政府举办的国际展览会。这里中国政府承认的国际展览会,是指《国际展览会公约》规定的由国际展览局注册或者认可的国际展览会。

(3) 在规定的学术会议或者技术会议上首次发表的发明创造,在发表后 6 个月内申请专利的,不丧失新颖性。这里说的学术会议或技术会议是指国务院有关主管部门或者全国性学术团体组织召开的学术会议或者技术会议,不包括省以下或者受国务院各部委或者全国性学会委托或者以其名义组织召开的学术会议或技术会议。

(4) 他人未经申请人同意而泄露发明创造内容的,申请人于泄露之日起 6 个月内申请专利仍可认为不丧失新颖性。他人未经申请人同意对发明创造所作的公开,包括他人未遵守明示的或者默示的保密约定而将发明创造的内容公开,也包括他人用威胁、欺诈或者间谍活动等手段,从发明人或者经其告诉而得知发明创造内容的任何其他人那里,得知发明创造的内容而后公开。上述情况的公开都是违反申请人意愿的,是非法的公开。

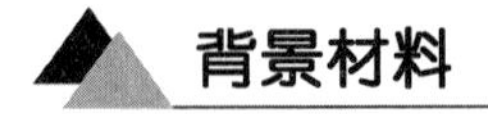

背景材料

专利“三性”标准的历史演进①

前专利法时代的“专利”授权概括说来是在后来被总结为“重商主义”的经济政策主导下的一类实践。在这种大背景下审视当时的专利制度,我们可以发现其“通常没有新颖性和独创性的要求,绝大部分的专利描述是通识性的,并且远不像现代意义上的蓝本”,它所要求的只是一种直观的、模糊的“实用性”。

由于长时间奉行自由经济政策,加上经验主义哲学对英国科学发展的影响,英国专利授

① 李宗辉:《专利“三性”标准的历史演进及其启示》,载《电子知识产权》2015 年第 6 期。

权长时间实行的是登记制，直到19世纪下半叶才迫于国内外改革的巨大压力建立其专利审查制度，"实用性"审查则更是在20世纪以后才被纳入其中。

受英国法律传统的影响，美国在1790年、1793年和1836年的《专利法》中都没有关于"非显而易见性"的规定，直到经过一百多年的专利局审查实践和法院判例积累，才在1952年《专利法》中确立了现代意义上的"非显而易见性"标准，在第103条强调了"非显而易见性"的判断对象是客观的发明而非主观的思维。到1966年的"格拉汉姆案"，美国联邦最高法院通过解释上述第103条列出了判断"非显而易见性"的三个主要因素：(1) 现有技术的范围和内容；(2) 现有技术与专利保护要求的区别；以及(3) 所属领域的一般技术水平。最高法院进一步指出，诸如商业成功、长期存在而未能解决的需求和其他人的失败等辅助因素，可以用来说明与专利申请客体之来源有关的情况，作为显而易见或非显而易见性的表征，这些探寻可能具有相关性。1982年成立的美国联邦巡回上诉法院总结形成了"教导(Teaching)—启示(Suggestion)—动机(Motivation)"的TSM非显而易见性判断标准。然而，TSM标准并没有能够促进非显而易见性判断的客观化，在某种意义上似乎是更加理论化和抽象化的分解版"创造性天才火花"。

如何判断选择发明的创造性？[①]

新日铁住金会社系名称为"耐腐蚀性优良的不锈钢、耐间隙腐蚀性和成形性优良的铁素体系不锈钢以及耐间隙腐蚀性优良的铁素体系不锈钢"、专利号为200780016464.X的发明专利(简称本专利)的权利人。2011年9月7日，李建新针对本专利权向专利复审委员会提出了无效宣告请求，认为其专利不具有创造性。2012年5月18日，专利复审委员会作出第18653号无效宣告请求审查决定(简称第18653号决定)，宣告本专利权全部无效。新日铁住金会社不服第18653号决定，向北京市第一中级人民法院提起行政诉讼。北京市第一中级人民法院判决：维持专利复审委员会做出的第18653号决定。新日铁住金会社不服原审判决，向北京市高级人民法院提起上诉，请求撤销原审判决及第18653号决定。

法院认为：在进行选择发明创造性判断时，该选择所带来的预料不到的技术效果是考虑的主要因素。从效果上看，本专利实施例的最大侵蚀深度比例C16的效果提高了44%，可以认为本专利权利要求取得了预料不到的技术效果，具备创造性。据此，对原审判决及第18653号决定予以撤销，专利复审委员会应当重新作出无效宣告请求审查决定。当技术主题涉及化学混合物或组合物时，各组分及其含量均属于必要技术特征，均应当在独立权利要求中限定。在此类技术方案中，各组分或其含量的变化会引起相应的物理化学反应，可能会导致整体技术方案在效果上的变化。因此，涉及化学混合物或组合物的创造性判断中，当本领域技术人员可以预测技术方案中组分及其含量的变化所带来的效果时，运用三步法判断

① "2013年中国法院50件典型知识产权案例之四十六：新日铁住金不锈钢株式会社与中华人民共和国国家知识产权局专利复审委员会、李建新发明专利权无效行政纠纷上诉案"，http://www.pkulaw.cn/case/pfnl_a25051f3312b07f3b17045a6f2493b13e87ad8167eca7585bdfb.html，访问日期：2018-01-28。

创造性是可以的。但是，当本领域技术人员难以预测技术方案中组分及其含量的变化所带来的效果时，不能机械地适用三步法，应当以技术方案是否取得预料不到的技术效果作为判断是否具备创造性的方法。

实用新型专利公知常识的认定[①]

请求人北京合康亿盛变频科技股份有限公司就专利权人广州智光节能有限公司、沈阳水泵泵产品销售有限公司的名称为“变频调速型改进液力耦合器电动给水泵”（专利号：ZL201320342548.5）实用新型专利权提出无效宣告请求，专利复审委员会经审理后作出第27267号无效决定，认定权利要求1—6不具备创造性，宣告涉案专利权全部无效。

公知常识的认定，应当基于本领域技术人员的知识和能力，进行三个层次的分析和判断。首先，被认定为公知常识的技术手段本身是否是本领域技术人员广泛知晓的；第二，被认定为公知常识的技术手段用于解决特定的技术问题或所能起到的特定作用是否是本领域技术人员广泛知晓的或普遍采用的；第三，公知常识的引入对于本领域技术人员来说是否是显而易见的。只有满足以上三个条件的技术手段才可以被认定为公知常识。

对现有技术中技术信息的理解，判断其是否构成相反的技术教导，应当基于其技术方案的整体环境进行理解，不能脱离该技术方案而对技术方案中的某一技术特征或技术手段进行单独考量。现有技术对已有技术进行改进时，出于某一方面优势考虑而选择所属领域中一种常规的技术手段，并不必然意味着排除采用所属领域在其他方面具有优势的另一公知技术手段，从而构成相反的技术教导。

第三节　专利保护的排除客体

并非所有符合新颖性、创造性和实用性要求的发明创造都能被授予专利，也并非像人们一般认为的那样，凡在科学技术方面取得重大进步的成果都可以取得专利权。事实上，没有一个国家对所有的发明都给予专利保护。我国专利法也规定了不授予专利权的排除客体。

具体来说，不授予专利权的发明创造可分为以下三类：

一、“公共秩序”问题

对违反国家法律、社会公德或者妨害公共利益的发明创造，不授予专利权。

违反国家法律、社会公德或者妨害公共利益在法律上称为“公共秩序”问题，几乎所有国家的专利法都有类似的规定。我国专利法对有害于“公共秩序”的发明创造不授予专利权，因为这些发明创造对社会没有进步作用，违背专利法的宗旨，有些甚至属于犯罪工具，对人民群众的生命财产构成重大威胁，如伪造货币的机器、赌博用具、盗窃用具等，尽管可能具备

① 《2015年度专利复审无效十大案件:“变频调速型改进液力耦合器电动给水泵”实用新型专利权无效宣告请求案》，http://www.sipo.gov.cn/ztzl/ndcs/qgzscqxcz/dxal/201604/t20160427_1265735.html，访问日期：2018-01-28。

新颖性、创造性和实用性，但是专利法不保护这类发明创造。

二、不属于发明创造的项目

有些科研成果，不是技术方案，不属于专利法所说的发明创造，它们一般不具备创造性或实用性。

（1）科学发现。这是指对自然界中客观存在的未知物质、现象、变化过程及其特性和规律的揭示。虽然这也是一种智力劳动成果，但它属于人们对物质世界的认识，不具有发明创造必备的技术性，不是对客观世界的改造提出的一种技术方案。例如，哈雷彗星的发现、牛顿万有引力的发现等。

（2）智力活动的规则和方法。这是人的大脑进行精神和智能活动的手段或过程，不是自然规律的利用过程，更不是一种技术解决方案。例如，速算法、游戏方案、生产管理方法、比赛规则、情报检索法、乐谱等都不能获得专利权。但是，进行这类智力活动的新设备、新工具、新装置，如果符合专利条件，是可以取得专利权的。计算机程序是一种为了得到某种结果而由计算机执行的代码化指令序列，是一种科学算法的表达形式的集合，它所体现的是一种智力活动的规则，因而纯粹的计算机软件不能授予专利权。但是，如果把计算机程序输入计算机，将其软件和硬件结合运行之后，构成一种技术方案，能够实现某种技术目的，达到某种技术效果，就可以授予专利权。

（3）疾病的诊断和治疗方法。这是以有生命的人体或动物作为直接实施对象，进行识别、确定或消除疾病的过程，无法在产业上进行制造或使用，不具备专利法所说的实用性。如西医的外科手术方法、中医的针灸和诊脉方法都不属于专利法所说的发明创造，但是诊断和治疗疾病的仪器设备可以申请专利。

三、某些特定技术领域的发明

我国1984年《专利法》第25条规定的不保护的技术领域比较多，共有四类：一是食品、饮料和调味品的发明；二是药品和用化学方法获得的物质；三是动植物品种；四是用原子核变换方法获得的物质。在专利立法之初，考虑我国的经济和科学技术水平，为保证国家、社会和人民的最基本的利益，规定对这些领域的发明创造暂不给予保护是必要的。随着改革开放的深入，国际技术、贸易的日益广泛，专利制度向国际化发展，在《专利法》第一次修改后，扩大了专利保护的技术领域，将原来四种不保护的技术领域变为只有两种，即增加了对食品、饮料、调味品、药品和用化学方法获得的物质等发明的保护，只有动物和植物品种、用原子核变换方法获得的物质这两类技术领域的发明创造不予保护。

（1）动物和植物品种。动物和植物品种是有生命的物体，对动植物品种不给予保护，主要基于“自然生成的动植物，是大自然的产物，不属于人类的发明创造”的观点；对于人工培育的动植物品种由于必须经过较长时间的、几代的筛选，品种的性状才具有显著性、稳定性，特别是植物，它们的繁殖受光照、温度、水土等自然条件的影响很大，专利审批困难，所以不适用专利法保护。国外一般采用专门法保护。1997年10月1日起，我国开始实施《中华人民共和国植物新品种保护条例》，由国务院农业和林业行政部门共同负责植物新品种保护权的申请受理和审查授予工作。但是，微生物品种以及动物和植物品种的生产方法，可以依照我国《专利法》给予保护。

（2）原子核变换方法以及用原子核变换方法获得的物质。原子核变换方法，是指用以使一个或几个原子核经分裂或者聚合，形成一个或几个新原子核的方法，包括实现核聚变反应和核裂变反应的各种方法。但是，不直接实现原子核变换，仅在原子核变换过程中为达到技术要求所采用的方法，如粒子加速方法，不属于原子核变换方法，属于可被授予发明专利权的客体。用原子核变换方法所获得的物质，主要是指用加速器、反应堆以及其他核反应装置生产、制造的各种放射性同位素。对原子核变换的方法以及用原子核变换方法获得的物质，不但我国《专利法》不给予保护，世界其他各国专利法一般也都不给予保护。这主要基于两点理由：一是核变换方法如果缺乏安全生产手段，会给国家和人民利益带来危害，而且也不具备专利法所要求的实用性；二是核物质可以用于制造核武器，直接涉及国家安全，为了发展本国的原子工业及防止国外原子武器的垄断，不宜给予专利保护。但是，为实现核变换方法的各种设备、仪器及其零部件等，均可以被授予专利权。

背景材料

动物品种的可专利性探讨[①]

在大多数国家的专利法中，动物品种通常不属于专利法保护的对象，其主要理由在于动物是有生命的物体，一般是依照生物学方法繁殖的，不是人工制造的，不应当授予专利。而在1976年，澳大利亚率先授予生物活体专利权，1983年匈牙利修改后的专利法规定对动物品种可授予专利，加拿大也决定将动物纳入专利法的保护范围。

动物品种可以获得专利权，乃是高科技发展的产物。随着生物技术的发展，尤其是DNA重组技术的飞速发展，人们已可根据自己的需要创造出各种转基因动物，这是立法者始料不及的，对于这种极有价值的发明，人们不得不考虑通过法律的解释来加以保护。其中，美国专利与商标局于1988年批准了世界上第一个哺乳动物专利，这是一只利用遗传工程方法改变特征的转基因鼠。哈佛大学的Philip教授和Timothg A. Steward教授把一种致癌物质基因重组到非人类的哺乳动物小鼠体内，得到了一种对致癌物质极为敏感的、对检测致癌物质十分有用的实验动物模型。该专利的授予是美国在生物技术专利保护中的一个里程碑事件。当该发明在申请欧洲专利时，欧洲专利局于1989年驳回了该申请，其理由是，《欧洲专利公约》第53条(b)款的规定不仅排除了对于当申请人要求保护特定动物品种时的动物本身的专利保护，而且一律排除了对动物的专利保护。申请人不服，向欧洲专利局申诉委员会提出申诉。该委员会认为《欧洲专利公约》第53条(b)款的规定是指动物品种，而非动物本身。考虑到对动物无其他保护，应当照顾发明人的利益，对该类发明给予适当保护，继而认为转基因鼠不属于动物品种，它是经过微生物学过程有所变异，是可保护的一种发明成果。后来，欧洲专利局在重新审查后，在1992年4月3日再次作出审查决定，对该申请授予EP0169672号欧洲专利，其决定的要点之一是："哺乳动物和啮齿动物是高于《欧洲专利公约》53条(b)款所述'动物品种'概念的分类学分类，因而不能按照该条款排除授予专利。"尽管该专利权的授予在欧洲引起了轰动和不少抗议，但有一点是值得肯定的，即"正是这个举世瞩目的专利，为生物技术商品化树立了里程碑，此项专利的颁发，在深入发展遗传工程的道路上迈出了关键的一步"。其后，又有多种遗传工程动物相继获得了专利。

---

① 胡开忠：《高科技发展与专利保护的创新》，载《科技与法律》2004年第3期。

从理论上讲，保护动物品种对于调动广大科技人员进行发明创造的积极性，保护其正当利益不受侵害具有十分重要的意义，但是，上述审查决定在作出时并未严格遵循法律的规定，因为“动物”与“动物品种”并无本质上的区别，仅仅出于保护某一特定动物的需要而将“动物”排除于“动物品种”之外，只会引起逻辑上的混乱。所以，当我们在决定某一对象应否纳入专利法保护范围时，一方面要考虑到对这一对象进行保护的必要性，另一方面要考虑现行法的规定是否与之相适应，如不适应，则只能通过对现行法的修订来进行保护。

背景材料

美日德欧专利保护的排除客体

美国《专利法》第101条规定：“任何人发明或发现任何新的且有用的方法、机器、产品或组合物、或对它们的任何新的、有用的改进，都可以因此而获得专利权，只要其符合授权的条件和要求”，因此，适格的专利客体包括了方法、机器、产品、组合物以及它们的改进，必须要具有有用性、实用性或有形性。一般的规则是所有实用的客体都有资格申请专利，可专利客体的范围没有太多的限制。美国最高法院认为虽然美国《专利法》第101条范围很广泛，但并不是没有限制，排除在可专利客体之外的范围相对狭窄，仅仅包括自然法则、自然现象和抽象的思想。因为这些都属于自然的展示，自然法则或者自然现象本身没有资格申请专利，抽象的思想并不能表现出实际的应用价值。美国最高法院认为一个产物要成为可专利的客体，必须要它与自然状态下存在显著的不同特征，即一个来自自然的原始材料必须要经过一个过程，使它具有一个新的不同的特征、特性或者用途等，才能成为可专利的客体。①

根据《欧洲专利公约》的规定，下列各项不受专利法保护：a. 发现、科学理论、数学方法；b. 美术创作；c. 进行智力活动、游戏或商业活动的方案、规则和方法、计算机程序；d. 信息的显示；e. 对人体或动物体外科或治疗方法以及人体以及动物体上实行的诊断方法。

日本对世界领先科技如生物技术和电子技术发展动态十分关注，也不断适时扩大专利权客体范围。例如，在我国，除微生物外，动植物品种不授予专利；而日本早在1999年便有9项转基因植物和3项转基因动物被授予专利权。日本专利法不授予专利权的对象有：a. 单纯的发现；b. 违反自然法则的；c. 没有利用自然法则的。②

德国《专利法》第1条规定，专利应授予所有技术领域中新颖的、基于创造性活动的、可工业应用的发明。不可授予专利权的发明主题包括：a. 发现以及科学理论和数学方法；b. 美学创作；c. 智力活动、游戏或者商业活动的方案、规则和方法，和数据处理装置的程序；d. 信息的表达等。此外，还规定：人体在其形成和发育的各个阶段，包括胚胎细胞，以及关于人体某一组成部分的单纯发现，包括基因序列或者序列片段，都是不可授予专利的发明。但从人体中分离出来的组成部分，或者通过其他方式以一种技术手段获得的组成部分，包括基因序列或者序列片段，即使这些组成部分的构造与自然的组成部分的构造相同，也可以成

① 曹丽荣：《从Myriad案谈基因专利的正当性及美国对基因专利授权实质性要件分析》，载《中国生物工程杂志》2013年第33期。

② 李玮、盛亚：《中日专利制度的历史演进和政策取向比较与对策研究》，载《科技进步与对策》2011年第10期。

为可授予专利的发明。第2条规定,对于工业化应用将违反公共秩序或者善良风俗的发明,不应授予专利。尤其对下列情况,不授予专利:a. 克隆人体的方法;b. 改变人体生殖细胞遗传同一性的方法;c. 基于工商业目的使用人体胚胎;d. 改变动物遗传同一性的方法,该方法不是治疗人和动物所必不可少的,并且使动物承受苦痛。此外,还规定对动植物品种以及种植和养殖动植物品种的基本的生物方法和针对人体或者动物的外科或者治疗方法以及诊断方法的发明不得授予专利。但前述方法在应用时会使用到的产品,尤其是物质或者混合物,不在此列。

支付宝赢得专利无效案,成功维护第三方支付操作模式[1]

2007年,日本电通公司应用股份有限公司在中国获得发明专利"管理交易和清算的方法,通知关于消费动向的信息的方法"(专利号:200310118825.5),该专利涉及对互联网第三方支付操作模式的保护。2011年上半年,日本电通以其上述专利被侵权为由,对支付宝中国网络技术有限公司(阿里巴巴淘宝网支付系统)和深圳市财付通科技有限公司(腾讯拍拍网支付系统)向北京市第一中级人民法院提起诉讼,并向第三方支付领域的其他6家公司发出侵权警告函。

支付宝等公司认为,网络上的结算专利大多涉及一种方法,而各国法律对方法专利的授权各有规定,已经达成共识的是,"抽象思想或智力活动的规则"无法受到专利保护,而财务结算、报表的排列等方法是典型的智力活动规则,日本电通主张权利的专利实质上是一项商业方法,不应被授予专利权。据此,支付宝向国家知识产权局专利复审委员会提出专利权无效宣告请求。经审理,2014年,专利复审委作出审查决定,宣告日本电通上述发明专利全部无效。

[深度阅读]

1. 尹新天:《中国专利法详解》(缩编版),知识产权出版社2012年版。

2. 罗桂元:《论经济增长与创新发明》,载《数量经济技术经济研究》2003年第8期。

3. 李明德:《外观设计的法律保护》,载《郑州大学学报(哲学社会科学版)》2000年第5期。

4. 何越峰、魏衍亮:《美国对人类克隆技术的专利保护》,载《法律科学》2003年第2期。

5. 张晓都:《生物技术发明的可专利性及日本与中国的实践》,载郑成思主编:《知识产权文丛》第6卷,中国方正出版社2001年版。

6. 崔国斌:《专利法上的抽象思想与具体技术——计算机程序算法的客体属性分析》,载《清华大学学报(哲学社会科学版)》2005年第3期。

7. 管荣齐、薛智胜:《从TPP知识产权规则审视植物新品种的可专利性》,载《知识产权》

① 《2014年度知识产权(专利)领域重大案件》,http://www.sipo.gov.cn/ztzl/ndcs/qgzscqxcz/dxal/201604/t20160419_1263284.html,访问日期:2018-01-28。

2016年第3期。

[法条导航]

1.《中华人民共和国专利法》第二十二条至第二十五条

2.《中华人民共和国专利法实施细则》第十条

[思考题]

1. 什么是发明专利?其授权条件是什么?

2. 什么是实用新型专利?其授权条件是什么?

3. 什么是外观设计专利?其授权条件是什么?

4. 我国专利法规定了哪些专利保护的排除客体?

第十三章

专利权的主体及权利归属

[内容提要] 本章述及专利权主体的有关问题。通过本章的学习，了解专利权主体的类型和权利归属，掌握专利权人权利和义务的有关规定。

[关键词] 发明人　职务发明　专利权人的权利和义务

专利法规定，自然人、法人和其他组织都可以申请并获得专利权。在具体的实践中，不同主体又有不同的资格条件和相应的权利义务。

第一节　专利权主体的类型及专利权归属

我国专利法根据发明创造的性质及主体的所有制性质，分别规定了完成发明创造的人、专利申请人和专利权人之间的关系以及不同的权利义务。

一、发明人与设计人

任何发明创造只可能由可以思维、有创造能力的自然人完成，这一自然人称为发明人或设计人。专利法规定，对发明创造的实质性特点作出创造性贡献的人是发明人或设计人。在完成发明创造过程中，只负责组织工作的人、为物质条件的利用提供方便的人或者从事其他辅助工作的人，诸如管理人员、实验员、描图员等不应当认为是发明人或设计人。之所以对发明创造完成人有不同的称谓，是根据不同专利种类而进行的区别。对于发明专利和实用新型专利，这种人称为发明人；对于外观设计专利，这种人称为设计人。

发明人或设计人只能是自然人，不能是法人或其他单位。不能在专利的请求书中将发明人一栏填写“某课题组”“某单位”等。

发明人或设计人享有署名权、获得奖励权和获得报酬权。署名权是一种人身权，不能转让、继承，永远归属于发明人或设计人所有。发明人或设计人也可以请求国务院专利行政部门不公布其姓名。

如果发明创造是由二人或二人以上共同完成的，那么这些人就互为共同发明人或设计人。判断共同发明人或共同设计人的标准也是看其是否对发明创造的实质性特点作出了创造性的贡献。共同发明人或共同设计人的权利和义务是相等的，排名前后没有实质上的影响。

作为发明创造这一无形财产的创造者，发明人或设计人理应有权申请专利并获得专利权。但是，如果发明人或设计人的创造活动是其为某个法人单位或其他组织履行其职务完成的，则发明人和设计人不具备专利申请人资格。发明人或设计人作为申请人是有条件限制的，只有非职务（或非雇员）发明创造的发明人或设计人才能作为专利申请人。

二、专利申请人

（一）非职务发明创造

所谓非职务发明创造，是在本职工作或者单位交付的工作之外，完全依靠自己的物质技术条件作出的发明创造。非职务发明创造，申请专利的权利属于发明人或设计人。单个自然人完成的非职务发明创造，其申请权由发明人或设计人自由行使。共同发明或共同设计，则必须由全体发明人或设计人提出专利申请。发明人或设计人也可以放弃或转让专利申请权。但共同发明人或设计人转让申请权，应征得其他共同发明人或设计人的同意。取得专利后，其中一人或数人可以转让他们在专利权中的经济收入的份额，这一份额也可以继承。向外国人转让申请权或专利权时，必须经国务院有关主管部门批准。无论哪种转让情况，都必须订立书面合同，经国务院专利行政部门登记和公告，转让自登记之日起生效。

在中国设有经常居所的外国人在中国申请专利时，依照其所属国同中国签订的协议或者共同参加的国际条约，或者依照互惠原则，依中国专利法办理。无国籍的人不能在我国提出专利申请。

（二）职务发明创造

职务发明创造也称为"雇员发明"。对这类发明创造来说，申请专利的权利不属于发明人或设计人，而是属于其所在的单位。但是发明人的地位不会改变。

职务发明的发明人与有权申请专利的单位都有劳动雇佣关系。根据法律或企业与职工的劳动合同，职工只要是受雇于某单位，不管是临时雇佣还是长期雇佣，只要单位给付了劳动报酬，就成立了雇佣关系。因而，在雇员履行职务中所作出的发明，都是职务发明，申请专利的权利自然属于雇佣单位。

依我国《专利法》，执行本单位的任务或者主要是利用本单位的物质技术条件所完成的发明创造为职务发明创造。

"执行本单位的任务"一般可以分为三种情况：

(1) 属于本职工作范围内的发明创造。本职工作的判断可以参照劳动合同、工作人员的职务、责任范围和工作目标，一般不考虑所学的专业。例如，某人是学无线电专业的，现任职务是无线电厂的厂长，其职责是工厂的经营与管理，不是搞产品设计，所以其作出的电子类发明创造并不一定都属于本职工作范围，要根据具体情况处理。

(2) 履行本单位交付的本职工作之外的任务所作出的发明创造。这一般是指单位短期或临时下达的工作任务，如合作开发、组织攻关、接受委托研究等。在完成这些工作任务中所产生的发明创造与单位的宏观指导、具体方案的制订、责任的承担以及必要的物质条件密切相关，所以，应该属于职务发明创造。

(3) 退职、退休或者调动工作 1 年内作出的，与其在原单位承担的本职工作或者分配的任务有关的发明创造。实践中经常出现如何判断离开单位的时间以及如何判断发明创造完成的时间的困难。比如，某人从甲单位辞职到乙单位，提出辞职报告甲单位没有批准，该人不辞而别，到乙单位一年半后申请一件与原来在甲单位的工作任务相关的专利，但是甲单位在该人离开 8 个月之后才将其除名。如果双方都不能证明该专利申请内容完成的时间，就只有将专利申请日视为完成日。于是，按照甲单位除名时间计算距离完成日不足 1 年，应当属于甲单位的职务发明;按照实际到乙单位工作的时间计算,则应当属于乙单位的职务发明。实践中判断是属于1年内还是1年外,还应根据发明创造完成的证据以及实际领取相应职务工薪的时间。在人才流动已经非常普遍的情况下,为了避免日后的纠纷,最好通过劳动合同明确约定相关条款。

"本单位"也包括临时受雇单位。

"主要是利用本单位的物质技术条件"可作如下理解:

物质技术条件是指资金、设备、零部件、原材料或者不对外公开的技术资料等。其中不对外公开的技术资料包括技术档案、设计图纸、新技术信息等。单位图书馆或资料室对外公开的情报、资料,不包括在内。上述物质技术条件应当是完成发明创造所不可缺少的条件。少量地利用或者对发明创造的完成没有实质性帮助地利用单位的物质技术条件,不应属于专利法规定的这种情况。对于利用物质条件达到什么程度,才算是对发明创造的完成起了"主要的"作用,还应根据具体情况作出判断。除此以外,对于单位提供了学习、考察、进修机会等其他帮助的,在实践中也应考虑它们是否与所完成的发明创造有直接关系,否则不应考虑。

如果仅仅使用了单位的物质条件,如实验室、仪器、设备等,但单位与发明人或设计人订有合同,对申请专利的权利和专利权的归属作出了约定,应从其约定。如果发明人或设计人向单位交付设备使用费的也有可能除外,一般依照合同约定。

职务发明创造申请专利的权利归单位,该单位可以依法处置其职务发明创造申请专利的权利和专利权,促进相关发明创造的实施和运用。如果单位放弃申请权,原则上也不能转为非职务发明申请,而应作为社会公共财富,为公众所利用。但目前许多单位在不懂专利法的情况下,放弃专利申请,并同意发明人或设计人作为非职务发明申请专利,这给日后带来许多不必要的纠纷,甚至带来损失。例如,发明人或设计人在取得专利权后将专利技术独占,单位欲实施还要向其交付费用;发明人或设计人将专利转让或许可他人实施后对原单位构成竞争威胁等。所以,对于职务发明创造,单位应该重视其申请权。

从目前专利制度发挥巨大作用的发达国家来看,专利申请人多数是企业、大学和研究机构,很少有类似我国的"非职务发明",可见,专利保护的直接目的是提升市场竞争力,非职务发明对科技进步和经济发展的促进作用非常有限,不应当成为专利制度实施的主要体现。

另外,对于职务发明创造,我国《专利法》规定,职务发明创造被授予专利权后,单位应当对发明人或者设计人给予奖励;专利实施和转让后,根据其推广应用的范围和取得的经济效益,应当对发明人或者设计人给予合理的报酬,企业和劳动者通过劳动合同约定奖励和报酬有自主权,没有约定或约定明显不合理时,可以请求法律保护。支付奖励和报酬的形式也是多样的。

从我国《专利法实施细则》关于对职务发明创造的发明人或设计人的奖励和报酬的规定来看,发明人或设计人可以获得的奖金很低,可以获得报酬的规定操作性不强、透明度不高,当单位不让发明人或设计人知道其实施专利所获得的利润时,发明人更难维护其合法权益。

从司法实践中的职务发明专利权属之争来看,该类纠纷发生的原因,与职务发明创造的发明人或设计人不能获得应有的经济利益(包括奖励或报酬)有关。发明人或设计人在不能分享相应的经济利益的情况下,基于逐利的动机,有时会将职务发明专利申请在自己名下或有关人员名下,从而引发职务发明专利权属之争。因此,在我国第四次《专利法》修改中规定,国家鼓励被授予专利权的单位实行产权激励,采取股权、期权、分红等方式,使发明人或者设计人合理分享创新收益，以使职务发明创造的发明人或设计人能够获得适度的经济利益（包括奖励或报酬），从而鼓励单位员工创造的积极性，平衡单位与员工的利益，减少职务发明专利权属纠纷。

（三）合作与委托发明创造

两个以上的单位或者个人合作完成的发明创造属于合作发明创造；一个单位或者个人接受其他单位或者个人委托所完成的发明创造属于委托发明创造。这两种情况，一般应当以协议约定申请专利的权利。如果没有约定的，申请专利的权利属于完成或者共同完成的单位和个人，即属于对发明创造作出创造性贡献的一方。

在合作研究和委托研究中权利的归属完全取决于双方的协议，所以，一旦其中一方合同意识不强，往往导致获得专利权的被动，甚至影响改进技术成果的拥有。

对于国家投资的科研项目产生的成果归属问题，为了鼓励科研单位创新并将完成的发明创造市场化、产业化，在《专利法》2000 年修改后，除了涉及国家安全和重大利益或者另有规定的以外，一般国家计划项目产生的科研成果申请专利的权利及收益属于科研承担完成单位。

背景材料

各国关于职务发明的判定及其权利归属规则之比较分析①

考察职务发明的创造过程，发明人的创造行为与单位机构的投入资源均属于完成职务发明的必要条件，如何权衡发明人与其所在单位的利益关系从而确定职务发明的范围及其专利申请权、专利权的归属，对于激发发明人与其所在单位的积极性、充分发挥职务发明的社会价值都至关紧要。当然，基于各国历史文化、法律传统等方面的差异，各国关于职务发明的判定规则也大相径庭。从英国、法国、德国、日本、美国等国专利制度中有关职务发明及其权利归属的规则来看，在职务发明的判定规则方面，基本上都采纳了与我国类似的“任务标准”。而发明人是否利用了雇主提供的设备、原料等物质技术条件，在某些国家同样成为给予雇主适当利益倾斜的考量因素；在职务发明的权利归属方面，存在着“雇主优先”与“发明人优先”两大模式。

一、职务发明的判定规则：“任务标准”+“其他要素”

按照英国《专利法》第 39 条规定，在以下两种情形中，一项由雇员作出的发明应被认定为职务发明：一是当雇员在其正常任务的过程或者在特别分派的任务的过程中作出，可以合理预期由其任务的完成所产生的发明；二是在作出发明的时候，雇员由于其任务的性质和由其任务的性质产生的特定责任，他对增进雇主产业的利益附有特别的义务，在此情形下雇员在其正常任务的过程中所完成的发明。可以看出，英国《专利法》关于职务发明的判定规则与我国《专利法》中的“任务标准”规则相当，不同之处在于英国《专利法》第 39 条规定还就这两种情形分别增加了“合理预期”或者“特定责任＋特别义务”判断要素。日本则在其《专利法》第 35 条规定了涉及职务发明的判定规则。按照该条规定，如果雇员或法人的工作人员、

① 向波：《职务发明的判定及其权利归属问题研究——兼论〈专利法修改草案〉第 6 条的修改和完善》，载《知识产权》2016 年第 9 期。

国家或地方政府的公务员(以下简称"雇员")作出的发明依其性质属于雇主、法人、国家或地方政府(以下简称"雇主")的业务范围,并通过该雇员现在或过去为雇主履行职责的行为所完成,则该发明属于职务发明。从此条规定来看,日本《专利法》主要通过"业务范围"与"履行职责"两项判定标准来判断一项发明是否属于职务发明。

德国关于职务发明的规则规定于2009年修改后的《雇员发明法》中。根据该法第4条规定,在雇佣工作关系存续期间,雇员在企业或行政管理中承担的任务,或者主要基于企业或行政管理中的经验或工作而完成的发明都属于职务发明。"雇员承担的任务包括其本职工作以及本职工作之外的特别委托的任务";而"主要基于企业或行政管理中的经验或工作,包括如基于先前所做实验及实验报告或顾客的反馈建议等"。可以发现,德国《雇员发明法》第4条规定中的"承担任务"近似于我国《专利法》第6条采用的"任务标准",但其中"主要基于企业或行政管理中的经验或工作"的外延范围则明显大于我国《专利法》第6条中的"物质技术条件标准"。而法国《知识产权法》"工业产权"部分第L611-7条规定了有关职务发明的判定标准,其中第1项规定,如果受雇人的工作合同包括发明任务,其职务与此发明任务相符,或受雇人被明确指派了研究任务,受雇人在执行此合同过程中作出的发明,以及受雇人从事明确委托给他的设计或研究工作而作出的发明都属于职务发明;按照本条第2项规定,当受雇人的发明是在完成本职工作过程中或在企业活动范围内作出的,考察或者使用了企业专有的技术、设备、资料等,相应发明也被认定为职务发明。

相比较而言,美国并没有在其《专利法》中就职务发明的判定规则作出明确的规定,这些规则需要从美国司法实践中的有关判例归纳出来。从1840年至今,美国法院关于职务发明的态度经历了"强调个人创意时期""按照贡献分配专利权时期"和"强调契约合同时期",演变至今,美国法院一般是依据雇佣合同的约定来确定相应发明是否属于职务发明,从而确定其权利归属。当雇佣合同明确约定受雇人应将其发明让与雇主,或者雇佣的目的在于从事特定的研发任务或解决特殊问题时,雇主自得主张其对相应发明的权利。而当受雇人在作出发明的过程中利用了雇主的设备、材料等,该发明并不当然作为职务发明对待。

二、职务发明的权利归属:"雇主优先"抑或"发明人优先"

所谓"雇主优先",即法律直接规定职务发明的相关权利优先归属于雇主。如按照英国《专利法》第39条规定,当一项由雇员作出的发明满足法律规定的条件被认定为职务发明时,其权利归属于雇主所有。而按照法国《知识产权法》"工业产权"部分第L611-7条规定,满足该条第1项规定条件的职务发明其权利直接归属于雇主;而满足该条第2项规定条件的职务发明,雇主有权按照行政法院法令规定的条件和期限申请将发明的工业产权归为己有,或者享有专利权带来的部分乃至全部保护。

而"发明人优先",即法律明确规定职务发明的权利优先归属于发明人。根据曾陈明汝先生的考察,当雇佣合同明确约定了受雇人作出发明的权利归属时,美国法院会支持该约定。如果"雇佣契约未就受雇人发明权益之归属有所规定,则受雇人对其发明享有独占权"。而当发明属于受雇人时,如其在研发过程中有利用雇主设备、材料等情形时,雇主可对相应发明享有无偿的"营业权"。日本也可纳入"发明人优先"的模式范围。依据日本《专利法》第35条规定,对于职务发明,雇主一般可享有该专利的普通实施权。雇主也可根据协议、工作规则及其他规定取得专利申请权、专利权或者独占的许可实施权,但应向雇员支付合理的对价。德国的规则较有特色,按照其《雇员发明法》的相关规定,首先由雇员享有职务发明的权利,但雇员需及时以书面形式向雇主申报相关事宜,而雇主可以在申报到达后4个月内决定是否向雇员请求职务发明的归属。当雇主以书面形式或其他形式声明请求职务发明的归属时，除发明人的人格权（即发明人的署名权）外，发明人对职务发明的所有财产权利转移于雇主，雇主就此成为发明人的权利继受人，从而享有要求专利的实体权利。

典型案例

离职后作出的发明创造专利申请权权属认定①

被告解宏在2009年3月前历任原告浙江大丰实业股份有限公司（以下简称“大丰公司”）品质管理部副部长、部长，负责品质管理部工作。2008年3月起，兼任原告销售总公司天窗销售公司总经理，全面负责天窗项目销售、研发技术管理和项目拓展。2009年2月至2012年11月离职时，任原告销售总公司天窗销售公司总经理，负责天窗、消防电器控制装置的设计、研发、销售，负责推广自动开启天窗成果，管理、掌握、熟知原告天窗技术信息。被告作为原告天窗项目的主要完成人之一，其参与研发的自动开启式活动屋顶获得实用新型专利，并获多个奖项。被告于2012年11月从原告公司离职，于2013年4月申请开窗系统发明专利，并于同年7月公开。该专利发明的目的是解决排烟窗在异常状态下不能正常开启的技术问题，涉及排烟窗领域，尤其涉及一种开窗系统。另查明，被告1989年毕业于徐州师范学院，文化程度本科，技术职称为工程师，熟悉专业为机械。原告于2014年12月24日诉至法院，请求判令：确认申请人为解宏的申请号为201310131743.8、申请公开（公告）号为CN103225462A、名称为开窗系统发明专利的申请权归属原告。

被告答辩称，诉争专利系被告与另外四个案外人经过智力发明创造形成的，除本案被告外，其他人员如解剑等具有相应技术资格或者是本行业的技术人员，其有能力作出涉争专利技术。被告虽自原告单位离职不足1年，涉案专利已完成并提出申请，但是该诉争专利与其在原告处所承担的本职工作和指派的任务没有任何相关性，且诉争专利在国际分类中为一种锁具、扣件，应用领域与原告专利技术属于不同领域。原告主张诉争专利系职务发明无事实和法律依据。请求法院驳回原告全部诉讼请求。

浙江省宁波市中级人民法院经审理认为，根据我国《专利法》及《专利法实施细则》的规定，职务发明是指执行本单位的任务或者主要是利用本单位的物质技术条件所完成的发明创造。执行本单位的任务所完成的职务发明创造，是指：(1) 在本职工作中作出的发明创造；(2) 履行本单位交付的本职工作之外的任务所作出的发明创造；(3) 退休、调离原单位后或者劳动、人事关系终止后1年内作出的，与其在原单位承担的本职工作或者原单位分配的任务有关的发明创造。本单位的物质技术条件，是指本单位的资金、设备、零部件、原材料或者不对外公开的技术资料等。职务发明创造申请专利的权利属于该单位；申请被批准后，该单位为专利权人。

关于诉争专利是否属于职务发明创造的问题，根据本案查明的事实，首先，诉争专利系

① 《浙江大丰实业股份有限公司与解宏专利申请权权属纠纷上诉案——离职后作出的发明创造专利申请权权属认定》，http://www.pkulaw.cn/case/pfnl_a25051f3312b07f327218bd7ac0beee9e9e84164e3b71375bdfb.html，访问日期：2018-01-29。

被告与原告劳动合同关系终止后1年内作出。其次，根据案件有关事实，一方面，可以确认被告申请开窗系统发明专利是与其在原告承担的本职工作或者原告分配的任务有关的发明创造。另一方面，涉案专利的技术内容与被告解宏在原单位利用本职工作、工作任务所掌握的原告天窗研发技术具有较强的相关性。此外，被告未提供其他案外发明人从事相关行业的从业经历或学历证明，亦未举证证明他们对诉争专利的实质性特点作出了创造性贡献。综上所述，涉案专利是与被告解宏在原告承担的本职工作和分配的工作任务有关的发明创造，属于职务发明创造的一种情形。

据此，依照我国《专利法》第6条、《专利法实施细则》第12条之规定，判决：申请号为201310131743.8、名称为“开窗系统”的发明专利的申请权归属原告浙江大丰实业股份有限公司所有。

一审宣判后，被告解宏不服，向浙江省高级人民法院提起上诉。二审法院经审理后认为，第一，大丰公司的实际经营项目涵盖了可自动开启天窗，且为之积极开拓市场；第二，结合涉案证据可以认定解宏的工作内容不仅包括天窗销售，还包括天窗设计研发；第三，诉争专利与大丰公司的实用新型专利相比，存在技术上较为紧密的关联；第四，解宏未能举证证明四位案外发明人具备令人信服的专业技术能力或专业技术资格，故无法认定他们曾对诉争专利的实质性特点作出过创造性贡献。原判认定事实清楚，适用法律正确，遂判决驳回上诉，维持原判。

第二节 专利权人的权利与义务

一、专利权人的权利

专利权人的权利也可以认为是专利权的内容。本节从主体的角度简要介绍专利权人的权利，具体各项权利的详细介绍，请见本书“专利权的内容与限制”一章。

专利权人的权利包含相互对应而密切联系的两个方面：一方面，专利权人享有占有、使用、收益和处分其发明创造的权利，表现为独占权（包括制造权、使用权、许诺销售权、销售权、进口权）、许可权、转让权、放弃权、标记权等；另一方面，专利权人也有排除其他任何人，从而支配该专利的权利，表现为一种禁止权。

（一）独占权

我国《专利法》第11条规定：“发明和实用新型专利权被授予后，除本法另有规定的以外，任何单位或者个人未经专利权人许可，都不得实施其专利，即不得为生产经营目的制造、使用、许诺销售、销售、进口其专利产品，或者使用其专利方法以及使用、许诺销售、销售、进口依照该专利方法直接获得的产品。外观设计专利权被授予后，任何单位或者个人未经专利权人许可，都不得实施其专利，即不得为生产经营目的制造、许诺销售、销售、进口其外观设计专利产品。”这里，法律规定了禁止他人行为，从而保护了权利人享有的权利，即制造权、使用权、许诺销售权、销售权和进口权。由于发明、实用新型专利权同外观设计专利权的内容有所不同，专利权人的权利也有所区别。

独占权的内容主要有以下五个方面：

（1）制造权。这是指专利权人拥有自己生产制造专利文件中记载的专利产品的权利。

在未经许可的情况下，只要他人生产制造的产品与专利产品相同，不问使用什么设备装置或方法，也不管制造数量多少，只要结果相同，即构成侵权。对于制造类似的产品，如果其技术特征落入权利要求书中划定的保护范围，不论是否还有其他不同，也可能构成侵权。

（2）使用权。使用权包括对专利产品的使用权和专利方法的使用权。非经专利权人的许可，任何人不得使用其专利产品或专利方法。专利使用的方式视具体情况不同而不同，如果一项产品专利是一种机器设备，它可以用于生产；如果是一个部件，可以用于机器的组装；如果是一种日用品，则可以用于消费。但是，专利权人的使用权有两种例外限制：第一种是专利权人自己制造或许可他人制造的产品首次销出后使用权就消失了，他人再销售或使用不视为侵权。使用权的效力只限于产品生产后的第一次使用（投入市场），即所谓首次销售，“权利用尽”。第二种是使用或销售不知道是未经专利权人许可制造的专利产品，且能证明产品合法来源的，不承担侵犯使用权的赔偿责任。

（3）许诺销售权。许诺销售是指销售前的推销或促销行为，包括通过广告、订单、发布消息等手段表示销售专利产品的行为。专利法意义上的许诺销售权比合同法上的“销售要约”的含义要广。销售要约当然属于许诺销售的范围，但有些不属于销售要约的行为，如：发送价目表、销售展示等仍然属于许诺销售的范围。给专利权人以许诺销售权是《TRIPS协议》确定的原则，体现了对专利权的严格保护，对于尚未发生结果的行为也给予了禁止。我国在《专利法》第二次修改时才设立了这一权利，发明专利和实用新型专利的专利权人有许诺销售权。《专利法》第三次修改后，外观设计专利也增加了关于许诺销售权的规定。

（4）销售权。销售权是指销售专利产品的权利。销售与通常意义的货物买卖一样，是将专利产品的所有权按市场价格从一个单位或者个人转移到另一个单位或个人。这种销售行为仅指实际发生的销售行为。专利权人的销售权也有一定的限制，不管是专利权人自己销售，还是许可他人销售，其第一次销售行为受法律保护，对于首次售出后的产品，则销售权用尽。

（5）进口权。进口权是指为生产经营目的将专利产品或由专利方法直接生产的产品由一国境外输入该国境内的权利。这就意味着，专利权人没有义务在专利的授权国制造实施该专利，他可以在国外制造产品，通过进口获得期望的专利利益。在国际贸易全球化的今天，设立进口权对那些在国外已有成熟产品的专利权人是很强的保护，并有利于消除贸易壁垒，促进国际交流，但也会导致专利产品价格过高。对于发展中国家而言，这会加重消费者的负担。进口权是我国《专利法》第一次修改后增加的权利。

（二）许可实施权

许可实施权是指专利权人（许可方），通过签订合同的方式允许他人（被许可方）在一定条件下使用其取得专利权的发明创造的全部或者部分技术的权利。

在很多情况下，专利权人不愿或不能自己实施专利，而是通过许可他人实施来取得收益。许可他人利用专利技术，并非是将专利权出售给他人，而仅仅是将专利技术的使用权授予他人，专利所有权并没有发生变化。

许可他人实施专利，应当订立书面实施许可合同，由被许可方向专利权人支付专利使用费。除另有约定外，被许可人无权允许合同规定以外的任何单位或者个人实施该专利。专利权人的许可实施权受到一定的限制，比如强制许可和计划许可的例外规定。

专利实施许可的方式有多种，比如独占许可、独家许可、交叉许可、分许可和普通许可等。在技术贸易中专利许可证贸易应用广泛。采取哪种实施许可方式，如何签订实施许可合同,对许可方和被许可方来说至关重要,可以说专利法只能提供一些原则条款,实践中如何获得最大的专利收益都是合同层面的利用。

为了促进专利的实施,《专利法》第三次修改后进一步明确了专利权共有人的许可实施权。专利申请权或者专利权由两个以上单位或者个人共有,共有人对权利的行使有约定的,从其约定。没有约定的,共有人可以单独实施或者以普通许可方式许可他人实施该专利;许可他人实施该专利的,收取的使用费应当在共有人之间分配。所谓普通许可,就是在被许可人实施专利技术的同时,共有人也可以实施或者许可他人实施该专利技术。专利权的共有人可以不经其他共有人同意以普通许可的方式允许第三方实施,使用费则多方协议分配。这一修改既保障共有人对共有专利的合法权利,又促进共有专利的实施。

(三)转让权

转让权包括专利申请权的转让和专利权的转让,转让行为使权利主体发生了变更,从而使权利从原所有人转移到新所有人。

转让有两种形式:一种是合同转让,这通常是自愿发生的,比如因买卖、交换、赠与、技术入股而进行专利权的转让;另一种是继承转让,这是因法定原因而发生的,当专利权人死亡后,专利权依继承法的规定而转移于有继承权的人。

转让必须履行法律规定的手续。转让专利申请权或者专利权的,当事人应当订立书面合同,并向国务院专利行政部门登记,由国务院专利行政部门予以公告。专利申请权或者专利权的转让自登记之日起生效。中国单位或者个人向外国人转让专利申请权或者专利权的,必须经国务院有关主管部门批准。

(四)标记权

标记权是指专利权人在其专利产品或者该产品的包装上标明专利标记或专利号的权利。通过标记,可以起到宣传作用,有助于扩大产品的销售。同时,也可以起到警示作用,使其他人了解这种产品是受到专利保护的,不能随意仿造。当然,专利权人不在专利产品或其包装上标明专利标记或专利号,并不意味着放弃专利保护,其他人仿造专利产品,仍负侵权责任。

二、专利权人的义务

权利与义务是相对存在的,专利权人享有的权利,是在其履行义务的前提之下。专利权人不履行其义务,将给自己带来不利的法律后果,甚至丧失专利权。

(一)缴纳专利费用

专利申请人在申请专利时要缴纳各种申请费用。在专利授权后,专利权人应当在国务院专利行政部门通知的日期内缴纳规定的年费。

年费的数额,按照专利类型的不同而不等。发明专利的年费数额较高,每三年累进一次;实用新型专利和外观设计专利的年费数额开始较低,以后每三年或两年累进一次。

专利权人履行缴纳年费的义务,主要作用在于通过收取年费促使专利权人尽早放弃已无实际商业价值的专利,作为一种经济杠杆调节专利权人与社会的利益关系。

专利权人不履行缴纳年费的义务时,将导致专利权提前终止。

(二)不得滥用专利权

如果发明创造已经被授予专利权,专利权人应促进专利技术早日为社会所用,为人类作贡献。所以,在具备实施条件的单位以合理的条件请求专利权人许可实施时,专利权人应该在合理长的时间内给予许可。如果新专利的技术的实施依赖于前一发明创造，则前一发明创造的专利权人更应该给予后一发明创造专利权人实施其专利的许可。拒绝许可可能构成专利权的滥用或者反竞争行为，导致专利被强制许可。另外，根据《TRIPS协议》的规定，对于专利权人排除、限制竞争的行为，可以通过实施强制许可，保障申请人的合理利益。

华为阻击IDC专利垄断赢得胜利[①]

2011年，美国交互数字公司(IDC)针对华为等厂商向美国国际贸易委员会(ITC)提出"337调查"请求，并提起专利诉讼，试图让华为等中国企业缴纳巨额许可费。对此，华为采取了一系列针对IDC知识产权滥用行为的法律行动。同年，华为在深圳中院提起两起诉讼；2013年5月，华为向国家发改委提出投诉，申请对IDC展开反垄断调查。

最终，法院判令IDC就其滥用市场支配地位的行为向华为赔偿损失2000万元人民币，并判决IDC的中国标准必要专利许可费率不应超过0.019%。国家发改委经过近一年的调查，认定IDC公司涉嫌滥用在无线通信标准必要专利市场的支配地位，实施了包括对我国企业设定不公平的高价许可费等垄断行为。2014年5月，国家发改委就该行政调查案作出中止调查决定并监督IDC公司履行其不对我国企业收取歧视性的高价许可费、不将非标准必要专利与标准必要专利进行捆绑许可、不要求我国企业将专利向其进行免费反许可、不直接寻求通过诉讼方式迫使我国企业接受其不合理的许可条件等承诺。

在国内产业不断发展壮大迈向国际舞台的今天，标准必要专利问题已成为企业参与全球市场竞争所面临的最重要的风险。该案是我国首例标准必要专利使用费纠纷案，开创了中国知识产权反垄断案件的先河，对通信行业解决知识产权滥用问题产生重要影响。

[深度阅读]

1. 尹新天:《中国专利法详解》，知识产权出版社2011年版。

2. 何敏:《职员发明财产权利归属正义》，载《法学研究》2007年第5期。

3. 张玲:《论劳动力派遣对职务发明创造规则的冲击及立法建议》，载《法学家》2006年第5期。

4. 何炼红、陈吉灿:《中国版"拜杜法案"的失灵与高校知识产权转化的出路》，载《知识产权》2013年第3期。

5. 胡志坚:《发现、发明、创新、学习和知识生产模式》，载《中国软科学》2003年第9期。

6. 向波:《职务发明的判定及其权利归属问题研究——兼论〈专利法修改草案〉第6条的修改和完善》，载《知识产权》2016年第9期。

7. 张小玲:《职务发明专利归属模式比较研究》，载《研究与发展管理》2007年第6期。

① 《2014年度知识产权(专利)领域重大案件》，http://www.sipo.gov.cn/ztzl/ndcs/qgzscqxcz/dxal/201604/t20160419_1263284.html，访问日期：2018-01-29。

[法条导航]

1.《中华人民共和国专利法》第六条至第十六条

2.《中华人民共和国专利法实施细则》第十二条、第十三条

[思考题]

1. 专利权人的权利包含哪些内容?

2. 专利权人负有哪些义务?

3. 如何确定职务发明创造的专利申请人?

第十四章

专利的申请与审批

［内容提要］ 专利申请与审批，是关于专利权取得程序的法律制度。在本章的学习中，应从掌握专利申请原则入手，依次领会专利申请前的论证工作、申请文件的种类和要求，了解撰写专利申请文件以及专利申请审查的有关规定。

［关键词］ 先申请原则　优先权　权利要求书　说明书

第一节　专利申请原则

一、书面原则

专利申请必须以书面形式提交到国务院专利行政部门。不仅是申请，以后整个审批程序中的所有手续，都必须以书面形式办理，不能以口头说明或提交实物来代替书面申请和对申请文件进行修改补正。书面原则还体现在取得受理通知书必须提交合格的书面文件，对于发明专利和实用新型专利申请必须提交请求书、权利要求书、说明书、说明书附图（有附图的）；对于外观设计专利申请必须提交产品的六面视图或照片。

二、先申请原则

同样内容的发明创造，只能授予一项专利权。所以，两个以上的申请人分别就同样的发明创造申请专利时，专利权授予最先申请的人。如果是在同一天申请的，申请人应当在收到国务院专利行政部门通知后自行协商确定申请人。

申请日是从专利申请文件递交到国务院专利行政部门之日算起。如果是邮寄的，以寄出的邮戳日为申请日。专利申请一旦被受理，国务院专利行政部门立即对该申请给一个编号，称为申请号。此号在专利授权后即作为专利号。“先申请原则”对于专利审查来说，可以节约时间和成本，但对商业竞争却是一个很残酷的竞争制度。它不考虑先发明人的利益，只保护先申请人的利益。在公平和效率的天平上，专利法于此更多地倾向后者。由于没有及时申请而丧失获得专利的机会，企业可能为此付出很大的代价。

三、优先权原则

申请人自发明或实用新型在外国第一次提出专利申请之日起 12 个月内，或者自外观设计在外国第一次提出专利申请之日起 6 个月内，又在中国就相同主题提出专利申请的，依照该外国同中国签订的协议或者共同参加的国际条约，或者依照相互承认优先权原则，可以享有优先权。这种优先权也称为国际优先权。申请人自发明或实用新型在中国第一次提出专利申请之日起12个月内或者自外观设计在中国第一次提出专利申请之日起6个月内，又向国务院专利行政部门就相同主题提出专利申请的，可以享有优先权，这种优先权称为国内优先权。优先权是一种请求权，申请人要求发明、实用新型专利优先权的，应当在提起申请的时候提出书面声明，并且在第一次提出申请之日起16个月内提交第一次提出的专利申请文件的副本；申请人要求外观设计专利优先权的，应当在申请的时候提出书面声明，并且在3个月内提交第一次提出的专利申请文件的副本；未提出书面声明或者逾期未提交专利申请文件副本的，视为未要求优先权。第一次申请被放弃或驳回时，其优先权仍然存在。优先权的意义在于，以第一次提出专利申请日为判断新颖性的时间标准。第一次提出申请的日期，称为优先权日；上述特定的期限，称为优先权期限。优先权可以随专利申请权一起转让。另外，为了方便我国申请人向国外申请专利以及外国人向我国申请专利，中国国家知识产权局与其他的国家或者地区的专利局协商签订彼此通过电子方式传输优先权在线申请文件副本的协议，简化了申请优先权的手续。

四、单一性原则

单一性原则，也称一发明一申请原则，它是指一件发明或实用新型专利的申请应当限于一项发明或实用新型，一件外观设计专利的申请应当限于一种产品所使用的一项外观设计。由于专利分类极为详细，为保证审查质量，审查员分工也很细。不同的发明创造如果放在一件申请中提出，势必给审查工作带来极大的麻烦。而且办理申请、审批手续都需交费，把不同的发明创造作为一件申请提出，只缴纳一件的费用显然也是不合理的。

对于属于一个总的发明构思的两项以上的发明和实用新型或者用于同一类别并且成套出售或使用的产品的两项以上的外观设计，可以作为一件申请提出，称为合案申请，但是应当符合同一发明目的，并具有相同的技术效果。

国务院专利行政部门经审查认为专利申请不符合单一性原则时，会通知申请人在规定的期限内将其专利申请分案，即分为几个申请。分案申请保留原申请日，可以修改，但不得超出原说明书和权利要求书记载的范围。

背景材料

美国专利权归属："先发明原则"与"先申请原则"之争[①]

1. 美国专利法改革法案缘起

在专利法国际协调化趋势当中最为突出的问题在于先发明原则与先申请原则之间的冲突关系。尽管许多证据都显示建立一个全球统一的专利体系是非常有利的，全球专利实体法协调运动开展起来却非常困难。最为困难的障碍就在于美国在专利领域所坚守的先发明原则，因为目前美国是世界上唯一坚持先发明原则的国家，由于专利法国际协调要求，新近

① 易玲、易亮：《破旧立新：从先发明原则到先申请原则——兼评美国专利改革法案》，载《南京工业大学学报(社会科学版)》2012年第1期。

美国国会面临社会各界推动专利法转变为先申请原则的压力越来越大。尤其是WIPO专利调和化协定的签署，对美国不停施压，希望其改采先申请主义，以顺应世界潮流。1992年，因应专利调和化运动，美国贸易局设置专利改革建议委员会，重新检视其专利制度，并提出修法建议报告，提议采用先申请主义，以改善美国专利制度的缺失。2003年2月，美国专利商标局提出了21世纪战略计划，强调了协调美国专利法与国际专利法的必要性。同年，美国商务委员会提出"为促进创新：竞争和专利法律政策之间的适当平衡"的报告，进一步肯定了与国际专利法相协调的必要性。作为全国科学和工程方面的顾问，美国国家科学研究院于2004年在对《美国专利法》进行细致的研究后，提出了"21世纪的专利体系"的研究报告，该项报告正是美国议会提出专利改革法案的基础，在该项报告中美国国家科学研究院强调，采取先申请原则将是专利法国际协调中的"关键部分"。

2. 美国专利改革法案通过

自从2004年美国国家科学研究院的报告出台以后，美国议会在专利改革方面异常活跃，2005年6月8日，美国德州共和党议员Lamar Smith在第109届国会上提出了《2005年专利改革法案》(HR2795)，7月26日又提出具有替代HR2795性质的正式修正案。2006年4月，加州民主党议员Howard Berman联合弗吉尼亚州民主党议员Rick Bouche提出题为《专利取决于质量法案》的HR5096法案，同年8月犹他州共和党参议员Orrin Hatch和佛蒙特州民主党参议员Patrick Leahy共同提出S3818法案，该项法案即为著名的《2006年专利改革法案》。令人遗憾的是，HR5096法案在众议院未获通过，而S3818法案则在参议院被否决。2007年4月，Howard Berman再次提出专利改革法案，这次是和德州共和党议员Lamar Smith联合向众议院提交了HR1908法案，又称为《2007年专利改革法案》，该法案在众议院以微弱优势获得了通过，然而在进入参议院表决时遇到了阻力，尽管2008年1月14日，参议院司法委员会发表了长达160页的报告，督促参议院尽快通过该法案，但是2008年2月，政府正式表态反对《2007年专利改革法案》的部分条款，而且美国专利商标局职业协会等14家行业协会也联合致函参议院，请求阻止该法案通过，最终该法案在参议院进行全体表决时未获通过。2009年3月，佛蒙特州民主党参议员Patrick Leahy和犹他州共和党参议员Orrin Hatch向参议院提交S515法案，而且Patrick Leahy、加州民主党参议员Dianne Feinstein和宾州共和党参议员Aden Specter对该法案进行了修改。尽管2009年4月美国参议院司法委员会通过了S515修正法案，然而该法案却未能在众议院获得通过。2011年年初，美国参议院再一次提出2011年专利法改革提案，这次由民主党参议员Patrick Leahy提出，此次改革法案终于在参众两院分别获得通过，这标志着自2005年以来，美国专利法改革终于取得实质性突破。2011年9月8日美国参议院以89∶9票通过对专利法进行全面修正的《美国发明法案》，9月16日，奥巴马签署《美国专利法》，这是美国近60年来对专利法作出的最大一次修改。

第二节　专利申请前的论证

专利申请提出后要经过一定时间方能获得专利权，在这一过程中要缴纳各种专利费用，并且，专利申请意味着将其技术内容公之于世。因此，专利申请前，应当考虑到经济、时间和公开等多种因素，进行充分的论证。

一、专利申请的必要性分析

一项智力成果完成后，是否采用专利形式来保护，要根据具体情况而定。一般来说，发明人申请专利主要有经济效益和社会效益两方面的考虑。如果一项发明创造经过分析，预测实施后有较好的市场前景，能够获得较大的经济利益，则应尽快申请专利；反之，尽管是一项具有专利性的发明创造，但使用价值不大，难于进行许可证贸易，取得专利权也得不到必要的收益。有些发明创造，尤其是一些基础学科领域的研究成果，暂时得不到经济效益，或者不能直接获得实施后的利润，但是对社会进步有重大影响，对应用学科领域起到更新换代的作用，此时，社会应当承认发明人的贡献，发明人自己也希望获得精神利益，如发明权、名誉权等，在这种情况下，应及时申请专利。如果一项发明创造有必要利用专利保护，但同时因公开技术内容会使该发明创造的应用受到威胁或破坏，则应权衡利弊作出决定。对于有些技术秘密（know-how），与其申请专利公开技术秘密，不如通过保密措施或合同约定保密实施，这更为有利。

二、专利保护形式的选择

专利有三种形式，如果发明人认为自己作出的是一件重大发明创造，与现有技术相比，有突出的实质性特点和显著的进步，可以申请发明专利。发明专利的审批时间长，申请费用高，需经过严格的新颖性、创造性、实用性的审查。发明专利授权后，专利权的法律状态比较稳定，保护时间也较长。如果发明人认为自己作出的只是在现有技术之上的“小改革”“小发明”，可以申请实用新型专利。实用新型专利的审批时间短，费用低，容易获得专利权，但授权后被撤销和宣告无效的几率也高，法律状态不够稳定，保护的时间短。如果发明创造是对产品的外观作出的富有美感的新设计，可以申请外观设计，或者同时申请实用新型专利和注册商标，对一些具有重大经济价值的实用美术作品，还可以采取著作权的保护方式。对于技术秘密可以用合同约定保护。

三、申请时机的选择

专利保护期是从申请日起算，一般情况下，越早申请对发明人越有利。但有些超前发明，先申请了专利，却不为社会所利用，还要缴纳专利申请费，及早申请也不一定是上策。电视机原理的发明是20世纪20年代的专利，直到专利保护期过后的20世纪五六十年代才开始被人们利用，七八十年代才开始普及。对电视机的发明专利权人来说，专利为社会提供了新技术的信息资源，他并未获得经济利益，但是后来围绕电视原理完成的创新，多数都得到了有效的专利保护和收益。

四、取得专利权的初步判断

首先，应判断一下所作出的发明创造是否有违反法律规定的情况以及是否属于专利法保护的对象，否则，即使提出申请，也不会授权。其次，应初步判断一下是否符合专利的三性标准。发明人对自己所从事的技术领域发展现状都比较了解，为防止重复申请，可以进行一下查询检索或调查一下同领域其他研究人员的研究状况，制定出对自己最为有利的专利申请策略。

五、市场预测

如果申请人想利用专利获取经济效益，专利技术开发后，就应当进行市场预测。一件专利从申请到保护期满要缴纳许多专利费用，在没有经济效益的情况下，应当慎重。

同时，应当依据一国的市场前景决定专利国别的选择。一般情况下，应当提前3年左右的时间提出申请，刚好专利授权后就可以在该国市场上销售专利产品。以我国市场为例，在我国进行加入世界贸易组织的谈判期间，许多欲到中国投资的跨国企业就开始进行专利布局。在入世后的2—3年中，我们已经看到这些专利慢慢地浮出水面，在中国市场上显示其竞争力。

背景材料

专利申请策略的选择①

企业在专利申请时，从竞争战略的角度考虑，为防止竞争对手洞悉自己的战略意图，或者为防止被竞争对手实施反控制手段，需要讲究一些策略。例如集中申请策略和分散申请策略就是两种值得考虑的方式。就集中申请策略而言，企业在面对竞争对手基本专利包围时，为给对手实施反包围或为有效保护自己的专利范围，可以根据情况集中申请大量专利。就分散专利申请策略而言，企业在出现开拓性的发明创造或者有重大改进性发明创造时，可以先在总方向上申请基本专利，然后将基本专利派生出的不同分支的发明创造以隐蔽形式申请专利，使竞争对手难以收集到自己的情报。如实施申请人变换策略、申请撰写的隐蔽策略，在专利申请的整体写法上避免将其与作为源头的基本专利申请联系在一起，从而起到分散隐蔽的作用。这两种专利申请策略互相补充，前者适合于包围对手的基本专利申请，以及短线产品的专利申请，后者适合于对企业未来发展关系重大的基本专利或者重大改进性专利申请，以及长线产品专利申请。

“收费门策略”也是申请专利的一种策略。根据国外学者 Stephen C. Glazier 的介绍，这一策略的具体做法是：先对包含竞争对手技术在内的技术作综合分析研究，从中发现以后的研究方向。然后再具体研究、预测以后的发展趋势。最后，“跳过”目前的研究阶段，抢先提交专利申请，将下一研究阶段可能出现的新技术以非常宽的权利要求加以覆盖——即使对采用这些新技术的产品结构只是一个模糊的概念。一旦专利申请获得批准，对与自己获得的专利相关的工业领域来说就可以像是高速公路收费门一样，当实际的产品发展到自己的专利水平时，要求“路过”自己的专利时交纳“过路费”。

另外，在专利申请策略中，如果是涉及对竞争对手专利的反控制，则可以采取绕开对方专利的策略。根据专利侵权理论，如果被告使用了原告独立权利要求的全部必要技术特征，则构成专利侵权。如果被告没有使用原告专利独立权利要求的全部，而只是使用了其中一部分，或者被告使用的某一技术特征与原告独立权利要求的对应特征存在本质区别，那么被告行为不构成专利侵权。从这一原理出发，企业在研究竞争对手专利的基础之上，可以改变或者放弃竞争对手专利的独立权利要求中的某一个或者某一些必要技术特征。例如，如果

① 冯晓青：《企业专利申请战略的运用探讨》，载《东南大学学报（哲学社会科学版）》2007年第4期。

对方专利是产品专利，则改变其产品结构或组成；如果对方专利是方法专利，则改变工艺条件或者简化工艺步骤，目的是为了避免侵权。实施绕过策略通常包含省略部件法、使用新材料法、改进技术原理等手段，实施这一策略可以有效地抵制竞争对手。

第三节 申请文件的种类及要求

广义的专利申请文件是在专利授权以前向国务院专利行政部门递交的所有文件，包括各种申请表格、审查员的通知及往来信件。通常所说的专利申请文件是狭义的申请文件，主要是指申请专利时，向国务院专利行政部门受理处递交的文件。

一、发明和实用新型专利申请的基本文件

（一）请求书

请求书是申请人表示请求授予发明或实用新型专利的愿望，启动受理专利法律程序的基本法律文件。申请人在请求书中要写明发明创造的名称、发明人，申请人的姓名、地址、代理人及代理机构的情况。

发明创造名称应当简短，准确表明发明的技术主题，不应含有非技术词语，如人名、公司名称、商标、代号、型号等，也不应有含糊不清的词语，如“及其他”“及其类似装置”等。发明创造名称不得超过25个字；特殊情况下，如某些化学发明，经审查员同意后可以增加到40个字。

发明人应当是个人，是对发明创造的实质性特点作出创造性贡献的人。有共同发明人时应依次填写。

申请人可以是个人，也可以是单位。非职务发明的申请人是个人，应当使用本人真实姓名，不得使用笔名或假名。职务发明的申请人是单位，应当使用正式全称，不得使用缩写或者简称，申请文件中指明的名称应当与使用的公章名称一致。

委托专利代理机构办理的，应在代理机构一栏填写专利代理机构的全称、接受委托的具体专利代理人姓名及在国务院专利行政部门登记的编号。

请求书中涉及的地址应当符合邮件能迅速、准确投递的要求。

（二）权利要求书

权利要求书是申请文件中最重要也是最基本的文件，它的任务是指出发明创造中最关键的技术特征，是确定专利保护范围的依据。从权利要求书的名称上看，一项专利的保护范围实际上是申请人自己提出的，专利授权后能取得多大范围的保护完全靠权利要求书来确定。

一份权利要求书中至少应包括一项独立权利要求，还可以包括从属权利要求。独立权利要求应当从整体上反映发明或实用新型的技术方案，记载为达到发明或者实用新型目的的必要技术特征。从属权利要求是对引用的另一项权利要求的进一步限定，指出要求保护的附加技术特征。

独立权利要求应当包括前序部分和特征部分，按照下列规定撰写：

（1）前序部分：写明要求保护的发明或者实用新型技术方案的主题名称和发明或者实用新型主题与最接近的现有技术共有的必要技术特征。

（2）特征部分：使用“其特征是……”或者类似的用语，写明发明或者实用新型区别于最

接近的现有技术的技术特征。这些特征和前序部分写明的特征合在一起，限定发明或者实用新型要求保护的范围。

发明或者实用新型的性质不适于用前述方式表达的，独立权利要求可以用其他方式撰写。

一项发明或者实用新型应当只有一个独立权利要求，并写在同一发明或者实用新型的从属权利要求之前。

发明或者实用新型的从属权利要求应当包括引用部分和限定部分，按照下列规定撰写：

（1）引用部分：写明引用的权利要求的编号及其主题名称；

（2）限定部分：写明发明或者实用新型附加的技术特征。

从属权利要求只能引用在前的权利要求。引用两项以上权利要求的多项从属权利要求，只能以择一方式引用在前的权利要求，并不得作为另一项多项从属权利要求的基础。

（三）说明书

说明书是专利申请的核心文件，它应将发明创造的内容清楚、完整地公开出来，应使本领域普通技术人员阅读后，能够实施该发明创造。发明或者实用新型专利申请的说明书应当写明发明或者实用新型的名称，该名称应当与请求书中的名称一致。说明书应当包括下列内容：

（1）技术领域：写明要求保护的技术方案所属的技术领域；

（2）背景技术：写明对发明或者实用新型的理解、检索、审查有用的背景技术；有可能的，并引证反映这些背景技术的文件；

（3）发明创造内容：写明发明或者实用新型所要解决的技术问题以及解决其技术问题采用的技术方案，并对照现有技术写明发明或者实用新型的有益效果；

（4）附图说明：说明书有附图的，对各幅附图作简略说明；

（5）具体实施方式：详细写明申请人认为实现发明或者实用新型的优选方式；必要时，举例说明；有附图的，对照附图。

（四）说明书附图

附图是对发明或实用新型具体方案的图形描述，它可以是电路图、结构图、流程图、各种视图、示意图等。

用文字足以清楚、完整地描述发明技术方案的，可以没有附图。实用新型专利必须有附图。

（五）说明书摘要

摘要是对整个发明创造的概述，它仅是一种供有关人员迅速获知发明或实用新型内容的情报检索性文件，不具有法律效力，也不属于原始公开的内容，不能作为以后修改说明书和权利要求书的根据，也不能用来解释专利权的保护范围。它主要应写明发明或实用新型的名称，所属的技术领域，发明创造的要点、用途，与现有技术相比所具有的优点与积极效果，并且附上一幅最有代表性的附图。摘要应简短，不分段，全文文字部分不应超过300字，摘要不能使用宣传性用语。

（六）其他文件

申请专利如果委托专利代理机构办理的，应当填写专利代理人委托书，写明专利代理机构的名称和具体的专利代理人姓名、编号、委托权项。单位委托时应当由法人代表签字盖章，个人委托由个人签字或盖章。

要求享受优先权的，应递交优先权的有关证明文件，包括第一次提出申请的国别、日期、申请号、发明创造名称及申请文本。

要求申请费用减缓的，应当填写费用减缓请求书。单位申请减缓应出具上级行政主管部门关于单位的年收入及经费情况的证明。个人申请减缓的，应出具非职务发明证明。

发明专利如果在申请时就请求实质审查，还应填写实质审查申请书。如果希望提前公开，也可以提出提前公开请求。

对于特殊领域的专利申请，比如微生物菌种、药品等的申请还要提供特殊文件。

二、外观设计专利申请的基本文件

（一）请求书

首先应填写使用外观设计的产品名称。该名称应准确地表明请求给予保护的产品。该名称以2—7个字为宜，最多不得超过15个字。

产品名称应符合下述要求：

（1）符合外观设计分类表中的产品名称。

（2）与该外观设计的内容相符合。

（3）避免使用人名、地名、公司名、商标、代号、型号或以历史时代命名的产品名称，避免使用概括、抽象、附有功能、构造的名称，不能使用附有产品规格、数量单位的名称。例如，“花王果茶饮料瓶”“21英寸彩色电视机”，都不符合要求。

申请外观设计专利的请求书中的其他栏目的要求同发明和实用新型专利的请求书相同。

（二）图片或照片

申请产品的立体外观设计，应当递交正投影六面视图和立体图（或照片）；申请产品的平面外观设计，应当是两面视图。申请人提交的视图或者照片，应能清楚反映所要保护的外观设计产品的范围，是确定专利保护的依据，其法律作用与发明专利和实用新型专利中权利要求书的作用相同。

正投影六面视图的名称是：主视图、后视图、左视图、右视图、俯视图和仰视图。各视图的名称应当标注在相应视图下面。

（三）简要说明

简要说明是外观设计专利申请文件的必要部分，并可以用于解释图片或者照片所表示的专利产品。要求外国优先权时，另有详细规定。外观设计的简要说明应当包括下列内容：

（1）外观设计产品的名称；

（2）外观设计产品的用途；

（3）外观设计产品的设计要点；

（4）指定一幅最能表明设计要点的图片或照片。

必要时，外观设计的简要说明应当写明请求保护的色彩，省略视图等情况。

简要说明不得使用商业性宣传用语，也不能用来说明产品的性能和用途。

（四）其他规定

关于委托书等其他文件同发明专利和实用新型专利的要求相同。

申请人就同一产品的多项近似设计提出一件专利申请时，应当指定一项基本设计，同一申请中包含的其他设计应当与该基本设计相近似，且相似设计的数量不得超过10项。

三、专利申请文件的提交、修改与撤回

专利申请人提交专利申请文件时，可以直接提交或挂号邮寄给国务院专利行政部门，也可以直接提交或挂号邮寄给国务院专利行政部门指定的专利代办处。如果发明创造涉及国家安全或者重大利益的，则需要依照专利法中有关保密的规定进行。另外，如果申请专利的发明涉及新的生物材料，该生物材料公众不能得到，并且对该生物材料的说明不足以使所属领域的技术人员实施其发明的，申请人还必须按专利法规定办理特定的手续。

申请文件提交之后，由于种种原因，常常需要修改，其中包括由申请人主动提出的修改。但是为了确保申请秩序的稳定，保护其他申请人的利益，法律对修改的范围和时间作了限制。其中，对发明和实用新型专利申请文件的修改不得超出原说明书和权利要求书记载的范围，而且提出修改应该在提出实质审查请求或者在收到国务院专利行政部门发出的实质审查通知书中规定的期限内；提出修改外观设计专利申请文件，应在申请日起两个月内，且不得超出原图片或者照片表示的范围。

提交申请后，在被授予专利权前，申请人还可以随时撤回专利申请。撤回申请的声明应向国务院专利行政部门提出，并在其收到时生效，国务院专利行政部门应当停止对该申请的审批工作。但是，撤回专利申请的声明如果是在国务院专利行政部门做好公布专利申请文件的印刷准备工作后提出的，申请文件仍予公布，只是撤回声明应当在以后出版的专利公报上予以公告。如果申请撤回时，技术已经公开，则会导致该技术丧失新颖性。

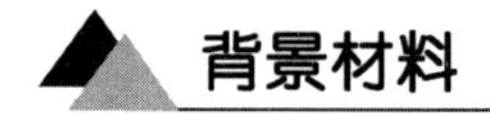

背景材料

专利的电子申请的相关介绍[①]

专利电子申请是指以互联网为传输媒介将专利申请文件以符合规定的电子文件形式向国家知识产权局提出的专利申请。申请人可通过电子申请系统向国家知识产权局提交发明、实用新型、外观设计专利申请和中间文件，以及进入中国国家阶段的国际申请和中间文件。

我国专利电子申请系统 365 天 * 24 小时开通，包括国庆节、元旦、春节等节假日。

1. 申请人使用专利电子申请程序介绍：

（1）首先办理用户注册手续，获得用户代码和密码；

（2）登录电子申请网，下载并安装数字证书和客户端软件；

（3）进行客户端和升级程序的网络配置；

（4）制作和编辑电子申请文件；

（5）使用数字证书签名电子申请文件；

（6）提交电子申请文件；

（7）接收电子回执；

（8）提交申请后，可随时登录电子申请网站查询电子申请相关信息；

（9）通过电子申请系统接收通知书，针对所提交的电子申请提交中间文件。

2. 专利电子申请递交日和申请日的确定

（1）递交日的确定：以国家知识产权局专利电子申请系统收到电子文件之日为递交日。

① 国家知识产权局综合服务平台，http://www.sipo.gov.cn/zhfwpt/zldzsq/，访问日期：2018-01-30。

(2) 申请日的确定:以国家知识产权局完整收到符合《专利法》及其实施细则规定的专利申请文件之日为申请日。

3. 专利纸件申请转电子申请

申请人或专利代理机构可以请求将纸件申请转换为电子申请,涉及国家安全或者重大利益需要保密的专利申请除外。

提出转换请求的申请人或专利代理机构应当是电子申请用户,并且应当通过电子形式提出请求。纸件申请转电子申请合格的,该申请成为电子申请。自手续合格通知书或纸件申请批量转电子申请审批通知书发文日起,除应当符合《专利法》及其实施细则和《专利审查指南》的规定外,还需符合《关于专利电子申请的规定》中的相关规定。

中国专利电子申请网入口为:http://cponline.sipo.gov.cn/

第四节 专利申请文件的撰写

专利申请文件是发明创造取得法律保护的基本条件。一方面,它是向社会公众公布其发明内容的信息载体,另一方面,它又是向国务院专利行政部门正式递交请求保护的文件。所以,专利申请文件的撰写在整个申请过程中占有重要地位。一份合格的申请文件可以加快专利审批速度,及早获得专利权,并可使申请人最大限度地得到应得的权利。而一份撰写质量低劣的申请文件,可以断送一项优秀的发明创造。

专利申请文件融技术、法律、情报、经济方面的知识于一体,它不同于一般的学术论文、技术总结、产品说明书、科研成果鉴定书等,它有特殊的法律要求。

一、权利要求书的撰写

(一) 权利要求书的撰写要求

1. 以说明书为依据

权利要求书的基本构成是独立权利要求和从属权利要求。一份权利要求书中至少应包括一项独立权利要求,有时可以有多项独立权利要求,这要视发明性质而定。如果是方法加装置或是产品加用途等发明,允许有两项以上的独立权利要求,在这种情况下应避免与单一性的要求相冲突,撰写时应慎重。在一份权利要求书中,一般都有从属权利要求,有时从属权利要求可多达十几项。不论有多少项权利要求,都应当得到说明书支持,即在说明书中对要求保护的必要技术特征有所表述。

以说明书为依据有两层含义:一是形式上的依据。这是说,至少在文字上,权利要求书的用语应在说明书中有反映,可以是完全重复的表述。一般情况下,独立权利要求书与说明书中的技术解决方案的文字应完全对应,从属权利要求与实施例中的文字应完全对应。二是实质上的依据。权利要求书中记载的技术特征在说明书中有记载,尽管不是文字上的完全对应,但实质内容应是一致的。此外,权利要求书中提到的上位概念在说明书中至少要有两个下位概念支持,较宽的取值范围应有上、中、下三个实施例支持。例如,权利要求书中使用了"活泼金属"的上位概念,说明书中必须有具体的活泼金属的例证加以支持,否则,不得使用上位概念。

2. 清楚、完整地表达请求保护的范围

第一,权利要求的类型要清楚。发明专利申请的独立权利要求可以是:

（1）产品＋产品，方法＋方法。

（2）产品＋制造该产品的方法。

（3）产品＋该产品的用途。

（4）产品＋制造该产品的方法＋该产品的用途。

（5）产品＋制造该产品的方法＋实施该方法的专用设备。

（6）方法＋实施该方法的专用设备。

实用新型的权利要求可以是两项以上的产品权利要求。

在分清权利要求的类型后，应按照不同类型的权利要求去撰写，不能在一项权利要求中既有产品特征又有方法特征。

第二，已知技术的特征（或称前序部分的特征）和特征部分的特征划界要清楚，应当使用“其特征是……”将两部分严格区别开来。

第三，保护范围的边界要清楚。产品发明应当用结构特征来限定，方法发明要用工艺流程、条件特征来限定，不能使用功能或效果来表述其要求保护的范围。如“一种电视机遥控装置，其特征是灵敏度高，体积小，使用方便”。这就是一种功能和效果的表述，这样宽泛的要求缺少必要技术特征，将不会得到专利授权机关的支持。

第四，权利要求保护范围的层次要清楚。独立权利要求应当有一个比较宽的保护范围，从属权利要求是对独立权利要求中所述的技术特征的进一步限定。如果有多项权利要求，应当从宽范围到窄范围逐渐具体化，层层限定。

第五，用语要准确、清楚。权利要求是专利保护范围确定的基准，它划定的范围应当是能够确定的，所以，在用语上应使用正面语言，是什么就写什么，不能使用“不是什么”“非为某物”“大约”“左右”“薄的”“大的”“节能的”等含糊不清的词。此外，也不能使用“如说明书所述”“如图所示”等表述。每项权利要求只能有一个句号。

第六，完整地表达请求保护的范围是指应充分考虑到发明所具备的全部技术特征，包括现有技术特征和发明的必要技术特征，使之构成一个完整的技术方案。

（二）权利要求书的撰写方法和步骤

权利要求书有独特的撰写方法和步骤，一般的经验是：

1. 起草独立权利要求

独立权利要求应当从整体上反映发明或实用新型的技术方案，记载为达到发明或实用新型目的的必要技术特征。

这种必要技术特征是通过独立权利要求的前序部分和特征部分反映出来的。在起草独立权利要求之前，应当进行下述工作：

（1）首先应分析技术方案，确定发明的技术领域和名称，找到发明原型或最相关的现有技术，研究共同特征，以确定权利要求的前序部分。前序部分应写明发明或者实用新型要求保护的主题名称和发明或实用新型主题与现有技术共有的必要技术特征。特别应指出的是，名称应当与请求书、说明书中使用的名称完全一致。如果是结构特征，还要写明各部件相互之间的位置关系或连接关系。

（2）找出本发明的区别特征，确定特征部分。特征部分应使用“其特征是……”或者类似的用语，将欲申请的发明或实用新型的技术特征与现有技术特征区别开来，然后叙述本发明或实用新型的必要技术特征。也应注意各结构部件相互的关系。

特征部分的内容与前序部分写明的特征共同构成发明或实用新型的保护范围。

下面，通过一个发动机油缸的例子，看一下独立权利要求的撰写。

如下图所示，(a) 为现有发动机油缸的结构示意图，(b) 是发明技术的结构示意图。将两图进行对比，可以看出它们的共同特征和区别特征。

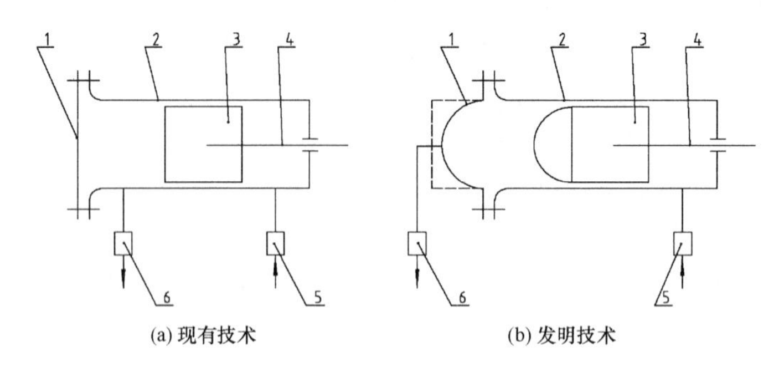

(a) 现有技术　　(b) 发明技术

共同特征：缸体盖 1、缸体 2、活塞 3、连杆 4、进油阀 5、出油阀 6。

区别特征：活塞 3 由平顶改为凸形头部，缸体盖 1 的内表面与活塞 3 相补偿地采用凹面，出油阀 6 的位置在缸体盖顶部。

通过上述分析，找出发明技术的必要的技术特征，撰写独立权利要求如下：

A. 一种发动机油缸，由缸体盖 1、设置进油阀 5 及出油阀 6 的缸体 2 以及一个在缸体 2 内运动的活塞 3 和连杆 4 组成，其特征是活塞 3 制成凸形头部，缸体盖 1 的内表面与活塞 3 头部相补偿地采用凹面，出油阀设在缸体盖 1 的中心部位。

2. 起草从属权利要求

对于比较简单的发明，尤以实用新型为多，有时仅用独立权利要求即可充分、完整地限定专利保护范围。但多数情况下，除独立权利要求外，还要有从属权利要求。从属权利要求就是引用在前的权利要求，记载发明或实用新型附加的技术特征，反映发明或实用新型的具体实施方案。

从属权利要求的作用不容忽视，第一，它可以起到层层设防的作用。独立权利要求有一个较宽的范围，从属权利要求作进一步限定，一旦独立权利要求被驳回，从属权利要求可做“替补队员”，改写后可上升为独立权利要求，不至于使发明或实用新型被全部驳回。第二，从属权利要求将最佳的实施例加以保护，起到支持独立权利要求中上位概念的作用。

从属权利要求分为引用部分和特征部分。

(1) 引用部分写明被引用的在前的权利要求的编号，一般采用“如权利要求×所述的×(名称)”的表述方法。被引用的权利要求可以是独立权利要求，也可以是从属权利要求。

(2) 特征部分写明发明或实用新型的附加技术特征，对引用部分的特征作进一步限定。

还以上述发动机油缸为例，看一下从属权利要求的撰写。

B. 如权利要求 A 所述的发动机油缸，其特征是活塞 3 头部制成球形，其曲率半径 r 与活塞体的半径 R 之比为 1∶1。

C. 如权利要求 A 或 B 所述的发动机油缸，其特征是出油阀 6 安装在缸体盖 1 的中央部位。

D. 如权利要求 C 所述的发动机油缸，其特征是缸体盖 1 的外表面也可铸成平面。

上述权利要求 B 是对独立权利要求 A 中提到的活塞 3 凸形头部的一个具体实施方案，它起到对凸形这一上位概念支持的作用，根据效率最大化原理，也可以计算出其他属于凸形的方案，比如抛物面形、球缺或球冠等。

权利要求C引用的是两项权利要求——权利要求A或B，这被称作是多项从属权利要求，即同时引用两项以上的在前权利要求。权利要求C是对缸体盖1和出油阀6的结构特征的进一步限定。由于缸体盖1的内表面采用了凹面，导致出油阀6设置的改变。

权利要求D引用的是权利要求C，限定的是缸体盖的特征，为了让发动机油缸方便放置，可以保持原来的平面外形。

权利要求书的撰写方式还有许多，根据发明性质的不同有不同的写法，如综述式（如上例）、分述式等。许多撰写技巧有待于在实践中摸索、总结，这里介绍的是最基本的撰写方法。

二、说明书的撰写

（一）说明书的撰写顺序

说明书有五个基本组成部分，在无特殊情况下，一般应按照五部分的顺序依次撰写：

（1）所属的技术领域。应写明发明或实用新型所记载的技术方案的具体技术领域，不是广义的或较大的技术领域。例如，不应将“电视机显像管”的发明写成属于电子工业领域，而应写明是对有关电视机显像装置的改进这一具体领域。

（2）背景技术。就申请人所知，写明与发明或实用新型最相关的现有技术发展状况，引证对比文献，指出其缺点和不足，也是申请人自己作为发明起点的依据。也可以针对现有技术的不足和缺陷，用简洁明快的语言提出本发明或实用新型的发明目的。

（3）发明创造的内容。清楚、完整地写明发明或实用新型的技术解决方案。这部分是说明书的核心部分，也是发明或实用新型实际公开的内容。如果这部分揭示得不清楚、不完整，使所属技术领域的普通技术人员无法理解和实施，就可能由于该项专利申请公开不充分而导致被驳回。

在撰写这一部分时，可以与各项权利要求相对应，并作适当扩展，提供初步支持。一般按两个步骤去写。首先，使用与独立权利要求相一致的措辞，即以发明的必要技术特征总和的形式阐明发明技术解决方案。然后，用诸个自然段记载与诸从属权利要求附加特征相一致的技术特征。在发明简单的情况下，若附加特征在第五部分实施例中有详细描述，也可以仅与独立权利要求相对应。其次，应对发明进行详细说明。说明每个技术特征的结构、取值范围。与权利要求相比，这部分应更详细、具体，有附图的应对照附图加以说明。

（4）附图说明。发明或实用新型如有附图，应在说明书中进行说明。附图只能依序排列在说明书后面，不能作为插图。说明书必须对附图进行简要说明，指出每幅图的主题，每一部件的名称。

（5）具体实施方式。本部分应详细描述本发明或实用新型的优选实施方案，可以对照背景技术说明发明或实用新型的有益效果，对权利要求作进一步支持。若独立权利要求使用上位概念，在实施例中至少有两个下位概念加以支持；若独立权利要求有一个较宽的取值范围，在实施方案中至少有上、中、下三个取值点。此外，各下位概念或取值点还要与从属权利要求中的附加技术特征记载一致。对实施例的描述，应具有实施本发明或实用新型所需的一切条件、数据、材料、设备、工具以及必要的技术规格型号，使同领域的技术人员能够再现该发明或实用新型。

（二）说明书的撰写原则

可用八个字概括说明书的撰写原则：清楚、完整、支持、实施。

（1）清楚：充分公开、语言明了。

（2）完整：五大部分缺一不可。

（3）支持：与权利要求语言统一、内容支持。

（4）实施：以同领域技术人员能够再现为准。

三、说明书附图和摘要

（一）附图

附图是发明技术方案的最直观的描述，它可以是结构示意图、电路图、工艺流程图、化学式等。

附图的绘制要求清晰，能说明整体技术方案和每个具体的技术特征。图中除必要的关键词外不应有文字说明，每一结构部件应用一个阿拉伯数字标明。电路图不能只有逻辑框图，要有具体的接线图。

附图应尽量垂直布置，如果图的横向尺寸明显大于竖向尺寸必须水平放置时，应将图的顶部置于图纸的左边。

（二）摘要

摘要是整个专利技术的简要说明，它只是一种情报资料，没有任何法律效力，也不能对权利要求起到解释作用。

摘要应当包括：发明或实用新型所涉及的主题名称、所属技术领域、所需解决的技术问题、主要技术特征和用途以及与现有技术相比所具有的有益效果。

有说明书附图的，应当在其中选择一幅最有代表性的作为摘要附图。

摘要的文字不得超过300字。

四、关于 know-how

申请人在申请文件中一般都不愿将发明全部公开，在能满足专利法要求充分公开的前提下，尽可能地将自己技术中最关键的内容保留下来，以防他人仅依据专利说明书即可实施最佳的专利方案。留下的这部分技术便称为 know-how。

所谓 know-how，中文译法有很多，有译作“技术秘密”的，有译作“专有技术”的，还有译为“技术诀窍”的，它的基本含义是指具有使用价值的没有公开的技术。按专利法规定，在申请文件中没有公开的技术，不能得到保护，所以 know-how 不受专利法保护。由于它确实也属于一种智力劳动，也具有使用价值，有时甚至具有重大的经济效益和社会效益，所以，他人在 know-how 所有人不情愿的情况下，用不正当手段获得即属违法。我国将其列为商业秘密，在《反不正当竞争法》中给予保护。实践中，通过采取保密措施来保护，可以是技术措施，也可以是法律措施，即在合同中规定保密条款。

在撰写申请文件时，如何将 know-how 保留下来又不至于违反专利法充分公开的要求，涉及撰写技巧，应当视发明创造的性质而定。对于具有结构的产品专利，很难存在 know-how 技术，只要将结构画出，技术方案便一览无遗。如果勉强留下一部分内容不公开，要么有公开不充分之嫌，要么在专利权人的专利产品上市后，他人很快就可以通过拆卸、测绘而进行仿造，而专利权人却不能对这一未在申请文件中公开的 know-how 要求任何权利。对于组合物或化合物产品专利，可保留一部分 know-how，尤其是化学物质的成分和药品的配方，在能够实施的情况下，加上一种新组分可能会有明显效果，而这新组分的确定又是普通技术人员很难通过实验获得的，这时就可将这一新组分作为 know-how 来保护。对于方法专利，尤其是工艺过程中温度、压力参数的选择，也有一个最佳值问题。如果这一最佳值通过一般实验很难得到,也可以作为 know-how 保护。但是,在撰写中一定要保证原技术方案的完整、可实施性,不能为了保留 know-how 而导致专利申请遭到驳回。

典型案例

专利申请文件实例①

(19)中华人民共和国国家知识产权局

(12)发明专利申请

(10)申请公布号 CN 107637193 A
(43)申请公布日 2018.01.30

(21)申请号 201610572616.5

(22)申请日 2016.07.20

(71)申请人 彭增军
地址 735211 甘肃省酒泉市玉门市新市区昌盛小区28栋四单元

(72)发明人 彭增军

(51)Int.Cl.
A01B 1/22(2006.01)

权利要求书1页 说明书1页 附图1页

(54)发明名称
方圆插头变形农具

(57)摘要
本发明公开一种方圆插头变形农具,包括用铁管做成的手柄,其特征是:在手柄的左右两端的管内,分别用木料做成正方形直插道或圆形直插道和正方形横插道或圆形横插道,并在该手柄的左右两端分别钻有插入螺丝钉的小孔;在农具上分别连接有正方形插头或螺杆插头,并在插头上分别设置有螺母。本发明具有结构简单、容易制造、一柄多用、携带方便、使用省力,节省钢材、还可以减少木材的砍伐量,保护生态环境的优点。

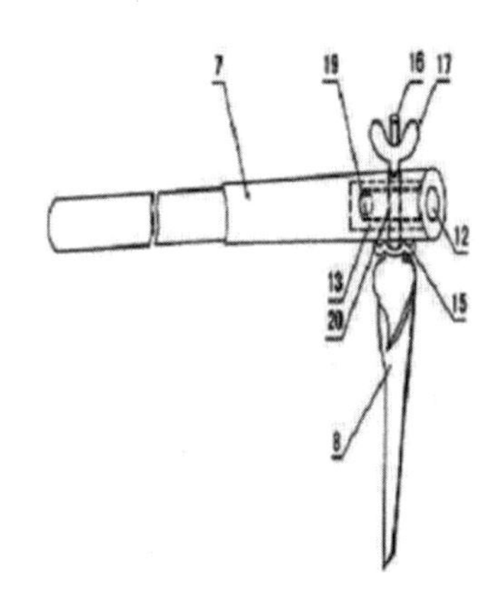

CN 107637193 A

① 国家知识产权局中国专利公布公告 2018 年 1 月 30 日发明专利申请数据,《方圆插头变形农具》,http://epub.sipo.gov.cn/patentoutline.action,访问日期:2018-01-30。

CN 107637193 A

权 利 要 求 书

1.一种方圆插头变形农具，其特征在于：在手柄3的左右两端的管内，分别用木料(或塑料)13做成正方形直插道5和正方形横插道4，并在该手柄3的左右两端分别钻有插入螺丝钉6的小孔9；在农具上分别连接有正方形插头1，并在正方形插头1分别设置有螺母2；本实施例安装是这样实现的：将左边铲子10的正方形插头1和右边锄头的正方形插头1分别插入直插道5和横插道4，再将螺丝钉6分别插入垫片14和小孔9分别与正方形插头1上的螺丝母2拧紧即可。

方圆插头变形农具

技术领域

[0001]　本发明涉及涉及一种方圆插头变形农具，属于农具的技术领域。

背景技术

[0002]　目前使用的铲子、锄头、刀或斧头等农用工具，其手柄大多是用木条做成，且工具头与手柄连接在一起，不能变成为各种功能和用途的农具，外出工作需要几种工具时，携带很不方便。

发明内容

[0003]　为了克服现有技术的不足，本发明采取的技术方案是：一种方圆插头变形农具，其特征在于：在手柄3的左右两端的管内，分别用木料（或塑料）13做成正方形直插道5和正方形横插道4，并在该手柄3的左右两端分别钻有插入螺丝钉6的小孔9；在农具上分别连接有正方形插头1，并在正方形插头1分别设置有螺母2；本实施例安装是这样实现的：将左边铲子10的正方形插头1和右边锄头的正方形插头1分别插入直插道5和横插道4，再将螺丝钉6分别插入垫片14和小孔9分别与正方形插头1上的螺丝母2拧紧即可。

[0004]　本发具有结构简单、容易制造、一柄多用、携带方便、使用省力，节省钢材、还可以减少木材的砍伐量，保护生态环境的优点。

附图说明

[0005]　图1为本发明所的结构示意图。

具体实施方式

[0006]　如图1所示，一种方圆插头变形农具，其特征在于：在手柄3的左右两端的管内，分别用木料（或塑料）13做成正方形直插道5和正方形横插道4，并在该手柄3的左右两端分别钻有插入螺丝钉6的小孔9；在农具上分别连接有正方形插头1，并在正方形插头1分别设置有螺母2；本实施例安装是这样实现的：将左边铲子10的正方形插头1和右边锄头的正方形插头1分别插入直插道5和横插道4，再将螺丝钉6分别插入垫片14和小孔9分别与正方形插头1上的螺丝母2拧紧即可。

第五节 专利申请的审批

一、发明专利申请的审批

我国发明专利采用“早期公开,延迟审查”制度。国务院专利行政部门收到申请文件后经初审合格,在18个月时即行公开其申请文件,然后再根据申请人的请求进入实质审查程序。这种审查制度与有些国家的完全审查制相对。比如美国采用的就是完全审查制,专利申请提交后即进入实质审查,直到授权才会公开其说明书和权利要求书。如果审查没有通过,专利申请文件不会公开,申请人完全可以根据自己的情况决定是否公开,也有可能通过前面所说的know-how进行保护。我国采用“早期公开,延迟审查”制,主要考虑以下三点:一是早期公开的专利申请文件可以让社会公众尽早得知发明创造的内容,有利于科学技术信息的交流,促进他人的再创造;二是可以给申请人自己作出选择取舍的机会,如果申请人认为该技术方案不是很完善,不想再维持这一申请,可以不提出实质审查请求,而申请改进专利,利用在先申请作为优先权获得的基础;三是给社会公众以监督审查专利申请的机会,一旦发现申请的发明创造不符合专利授权条件,可以尽早做好专利无效申请的准备或者放心利用,不担心日后构成侵权。当然,“早期公开,延迟审查”也有其弊端。对于专利申请人来说,一般在授权前不愿意提前公开其技术方案,如果不能被授权,还可以将其作为技术秘密加以利用,否则,这一技术方案就进入公有领域,任何人都可以无偿使用。早期公开的另一不利之处是让专利申请人的竞争对手得以通过专利跟踪制定竞争对策,或在专利申请的基础上进行改进发明,制约专利申请人。总之,任何一项制度都有利有弊,不同的群体在利用上都有不同的利益取舍,人们应当根据具体情况利用之。

我国发明专利的审批流程如下:

受理申请→初步审查→公布申请(自申请日起18个月)→实质审查(自申请日起3年内)→授权公告→无效请求期及无效审查(自授权后任何时间)→专利权终止(自申请日起20年)

1. 受理申请

国务院专利行政部门收到发明专利申请的请求书、说明书(有附图的应包括附图)和权利要求书后,发出受理通知书,确定专利申请日,给予专利申请号。对于缺少上述必要文件或者有其他违反法律要求的,国务院专利行政部门不予受理或要求其在指定期限内补交或补正。

2. 初步审查

国务院专利行政部门收到申请文件后,首先对申请文件的格式、法律要求、费用缴纳等情况作形式审查。

第一,请求书中发明人、申请人的名称和地址是否填写清楚。

第二,发明主题是否明显属于专利法不给予保护的范围及明显不符合单一性的要求。

第三,是否明显不符合三性要求。

第四,是否缴足申请费用。

初审不合格的,国务院专利行政部门发出通知,由申请人进行补正或陈述意见;如仍然不符合专利法要求的,予以驳回。初审合格后,进入公开程序。

3. 公布申请

发明专利申请初审合格后，自申请日起满18个月，即行在《发明专利公报》上公布。

申请人如果希望提前公布，可以填写《提前公开请求书》，要求早日公布其申请，国务院专利行政部门在初审合格后，立即公布。

为了及时监督和发现不符合法定授权条件的发明专利申请被授权，自发明专利申请公布之日起至公告授予专利权之日前，任何人均可以对不符合专利法规定的专利申请向国务院专利行政部门提出意见，并说明理由。这一程序的设立类似于1984年《专利法》中的异议程序，不同的是，异议程序启动后，专利局中止正常的审查，而转入异议审查。现行法规定的"提出意见"，仅供审查员参考。这样就可以防止原来利用异议程序推迟授权或滥用异议程序阻挠授权的情况发生。

4. 实质审查

发明专利申请自申请日起3年内，国务院专利行政部门可以根据申请人随时提出的请求，对其申请进行实质审查。启动实质审查的主动权完全在于申请人自己。申请人可以根据专利申请的市场价值、经济效益、防御竞争对手的作用等多方面的因素考虑在何时提出实质审查，甚至不提出实质审查。

实质审查的主要内容有：

第一，对发明主题的新颖性、创造性、实用性进行审查。不符合三性要求的，书面通知申请人或代理人，在指定的期限内陈述意见，进行修改。

第二，单一性审查。一件申请只允许涉及一项发明。只有在几项发明之间有一个总的发明构思且相互关联的情况下才允许合案申请。对于不符合单一性要求的，应通知申请人或代理人作分案处理。

第三，对说明书和权利要求书的审查。说明书应当清楚完整地说明发明的主要技术特征，充分公开，使同领域的技术人员能够实施，同时，还要对权利要求给予支持。权利要求应当符合法律规定的撰写要求。递交修改后的文本，不得超出原始申请文件公开的范围，否则，应陈述意见，进行补正。

如果申请人在3年之内没有提出实质审查请求的，该申请即被视为撤回。但由于不可抗力或其他正当理由没有及时提出实审请求的，可以出具证明，再提出请求。

5. 授权公告

在经过实质审查后，没有发现驳回理由的，国务院专利行政部门即作出授予发明专利权的决定，颁发发明专利证书，在《发明专利公报》上予以登记和公告。发明专利权自授权公告之日起生效。

二、实用新型和外观设计专利申请的审批

实用新型和外观设计的内容较发明简单，采用"初审登记"可以加快审批速度，使这些实用技术尽快为社会所用，进一步发挥专利的作用。而对于不符合专利法要求的实用新型和外观设计的"漏网之鱼"，可以通过事后的无效程序进行审查。专利法的立法本意就是用实用新型来保护那些创造性较低的发明。世界上不少国家对实用新型权利要求的数量作了限制，既提高审批速度，也便于防止重复授权。

实用新型和外观设计的审批流程是：

受理申请→初步审查→授权公告

其中每一流程中的工作内容都与发明专利审批相同，只是实用新型和外观设计授权公告的文件没有经过实质审查。

背景材料

建议中的全球绿色专利审查高速公路项目[①]

近几十年来，发达国家一直致力于推进专利制度统一化进程和一体化进程，使各国专利制度的实体标准和程序规则逐渐由参差不齐、各自独立走向协调统一和互认共享。这其中有比较经典的实践探索如PCT制度的建立和改革，欧洲专利制度建立，美、日、欧三大专利局的相互协作，尤其是2006年日美联合推出"专利审批高速公路"(Patent Prosecution Highway，PPH)试验之后，越来越多的国家之间启动这一试验，极大减少了产品和技术在全球获取专利保护的时间和费用。专利制度国际化的实践探索，特别是PPH试验，为建设全球绿色专利审查高速公路项目提供了有益的经验借鉴。

全球绿色专利审查高速公路项目(Global Green Patent Prosecution Highway，GGPPH)的构建，首先要确立其运行目标。建议建设中的GGPPH应该兼顾两个重要目标：一是尽可能吸纳那些环境友好型专利申请参与进来，二是显著减少绿色技术发明从申请到授权的时间，促进绿色技术的研发、扩散和应用。毫无疑问，取消所有的实体标准和程序要求，将导致更多的申请者参与进来，从而能够很好地实现第一个目标，但同时也势必会显著增加审查员的工作量，从而降低审查速度，妨碍第二个目标实现。好在现有绿色专利申请快速通道项目的实现，并非绝对性一致，有的偏向重视实体标准，有的偏向重视程序要求。

[深度阅读]

1.《专利审查指南》，2020年12月11日国家知识产权局令第391号公布，自2021年1月15日起施行。

2. 张清奎：《医药及生物领域发明专利申请文件的撰写与审查》，知识产权出版社2002年版。

3. 张芙婧、谌侃：《中日两国中药PCT专利申请比较研究》，载《中国医药生物技术》2017年第1期。

4. 酒向飞：《医药生物领域中国专利申请中优先权制度的应用探讨》，载《中国发明与专利》2017年第5期。

5. 张米尔、国伟、李海鹏：《专利申请与专利诉讼相互作用的实证研究》，载《科学学研究》2016年第5期。

6. 佘力焓、朱雪忠：《专利国际申请的费用及其控制策略研究——基于专利审查高速路的研究视角》，载《情报杂志》2014年第10期。

---

① 胡允银：《全球绿色专利高速公路的构建研究》，载《情报杂志》2014年第7期。

［法条导航］

1.《中华人民共和国专利法》第十七条至第二十一条

2.《中华人民共和国专利法实施细则》第十五条至第三十六条

［思考题］

1. 何谓先申请原则？

2. 试述专利申请的优先权制度。

3. 权利要求书和说明书之间的关系如何？

第十五章

专利的复审、无效及终止

[内容提要] 专利复审、无效及终止是关于确认和终止专利权效力的制度。通过本章的学习，了解专利申请复审的有关规定，弄清专利权无效宣告的法律效力，理解导致专利权终止的法律事由。

[关键词] 专利复审　专利无效宣告　专利权终止

第一节　专利申请的复审

一、请求复审的程序及审查

专利申请人对国务院专利行政部门驳回专利申请的决定不服的，可以自收到通知之日起3个月内，向国务院专利行政部门请求复审。国务院专利行政部门复审后，作出决定，并通知专利申请人。

请求复审也采取书面原则并有规定的格式。向国务院专利行政部门请求复审应当提交复审请求书，说明理由，必要时还应当附具有关证明。国务院专利行政部门收到复审请求书后，应当首先进行形式审查，主要是对请求人的资格、请求期限、请求书的格式、缴纳复审费用等进行审查。请求人在提出复审请求或者在对国务院专利行政部门的复审通知书作出答复时，可以修改专利申请文件。但是，修改应当仅限于消除驳回决定或者复审通知书指出的缺陷。在完成形式审查后，国务院专利行政部门将受理的复审请求书转交原审查部门，进行前置审查。原审查部门根据复审请求人的请求，同意撤销原决定的，国务院专利行政部门应当据此作出复审决定，并通知复审请求人。

如果原审查部门经前置审查，坚持其原来的决定，这时，国务院专利行政部门应对复审请求进行审查，并根据新的审查作出决定。国务院专利行政部门进行复审时应当针对驳回决定所依据的理由和证据进行审查。

二、复审决定的效力

国务院专利行政部门作出的复审决定有以下三种类型：

(1) 复审请求的理由不成立，驳回复审请求，维持原驳回决定；

(2) 复审请求理由成立，撤销原驳回决定；

(3) 专利申请文件经复审请求人修改，克服了原驳回申请决定所指出的缺陷，在新的文本基础上撤销原驳回的决定。

复审决定并非终局裁定，如果请求人对国务院专利行政部门的复审决定不服的，可以自收到通知之日起3个月内向人民法院起诉。

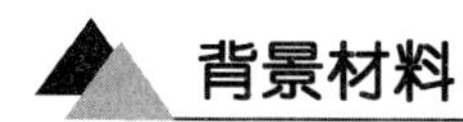

背景材料

国家知识产权局专利复审和无效审理部[①]

1985年4月5日，中国专利局专利复审委员会成立，为中国专利局内设机构。1998年，更名为国家知识产权局专利局专利复审委员会。2001年，更名为国家知识产权局专利复审委员会。2003年底，经批准成为具有独立法人资格的国家知识产权局直属事业单位。2019年，知识产权机构改革，更名为国家知识产权局专利局复审和无效审理部（以下简称"复审和无效审理部"），为国家知识产权局专利局内设机构。

目前，复审和无效审理部有部长1人，副部长2人，并下设30个处室。复审和无效审理部的专职人员由国务院专利行政部门指定的技术专家和法律专家组成。这些专家大多从国家知识产权局专利局具有三年以上审查经验的优秀审查员中选出。随着专利事业的不断发展，复审和无效审理部的人员队伍也在不断壮大。截至2018年年底，共有工作人员300人。

目前，复审和无效审理部下设30个处室，分别为：综合处、审查业务协调处、研究处、质量保障处、信息化保障处、立案及流程管理处、机械申述一处、机械申诉二处、交通装备申诉处、电学申诉一处、电学申诉二处、信息技术应用申诉处、通信申诉一处、通信申诉二处、移动通信技术申诉处、医药生物申诉一处、医药生物申诉二处、化学申诉一处、化学申诉二处、光电技术申诉一处、光电技术申诉二处、智能制造技术申诉处、材料工程申诉一处、材料工程申诉二处、实用新型申诉处、外观设计申诉一处、外观设计申诉二处、外观设计申诉三处、行政诉讼一处、行政诉讼二处。

专利复审和无效宣告案件的当事人和社会公众现可通过互联网办理部分业务、获取相关服务。具体包括：提交专利复审和无效宣告请求文件和中间文件、缴纳相关费用，查询案件审理进度和审查决定、了解政策和法律、下载表格和查阅复制等。

我国专利事务服务系统网址为：https://www.cnipa.gov.cn/col/col1510/index.html。

背景材料

专利复审制度的种类设定及其变迁[②]

专利的授权以新颖性和创造性等条件为前提，为了防止专利部门的审查出现错误，各国专利法规定了各种程序。从提出的时间来说可以分为专利授权前的程序和专利授权后的程序；从提出的主体来看，有些只有专利权人可以提出，有些只有第三人可以提出，有些两者都

---

① 国家知识产权局专利复审和无效审理部官方网站，http://reexam.cnipa.gov.cn/fsgk/index.htm，访问日期：2020-12-20。

② 范晓宇：《宣告专利权无效决定的本质及其效力限定——兼评我国专利复审制度的改革》，载《中外法学》2016年第3期。

可以提出。这里我们仅讨论包括无效程序在内的所有旨在质疑专利有效性的授权后救济程序即本文所指专利复审程序。

根据美国《专利法》,授权后专利权人自己可以通过多种程序对权利进行救济。例如,可以申请放弃部分权利要求(statutory disclaimer)、申请发行订正证明(certificate of correction)等。其中授权后第三人(包括专利商标局的局长)也可以申请的复审程序是专利再审查(reexamination)程序。1980年的《美国专利法》规定了这一程序,1999年这一程序被命名为单方再审查程序(ex parte reexamination),意在形容虽然第二人可以发动该程序,但该程序是权利人与审查员之间的程序,并在此基础上增加了双方再审查程序(inter partes reexamination)。单方再审查程序和双方再审查程序最大的差别是前者在第一人提出异议后无权在之后的审理中提出意见,第三人可以匿名。对专利商标局的审查部门作出的再审决定不服,也只有专利权人有权提起诉讼。而双方再审查程序只有第三人可以提出,权利人不能提出,双方再审查程序中第三人可以充分参与程序。2012年9月16日之后,双方再审查程序变更为双方复审程序(inter partes review)。此外2013年3月16日开始,第三人还可以利用授权后复审程序(post grant review)挑战专利的有效性。

日本《专利法》也规定了多种复审程序:其特点在于将其分为"查定系"和"当事人系"两个大类。"查定"是指审查员对专利申请审查后,如果审查员作出"查定"的决定就可以被授权,如果作出"拒绝查定"的决定就不能被授权。不服"拒绝查定"可以请求复审。"查定系"还包括订正程序,以及2014年日本《专利法》修改恢复的专利异议程序(2003年修改时曾被废止)。"当事人系"则指第三人提起的无效程序和对专利有效期延长决定不服。这些程序的申请人,申请时间都有所差异。日本的"查定系"相当于美国的单方再审查程序,"当事人系"相当于美国的授权后的双方复审程序,但并不完全相同。

考察我国《专利法》,在专利复审程序上,1984年《专利法》将复审程序分为授权前的专利异议程序和授权后的无效程序。1992年修改时取消了异议程序,将其改为授权后的撤销程序与授权后的专利无效宣告程序,为了避免当事人重复利用,对撤销程序设置了6个月的期限限制。2000年修正的《专利法》取消了撤销程序,保留了无效宣告程序(《专利法》第46条)和"专利申请的复审"程序(《专利法》第41条)。前者是授权后救济专利程序,任何人在专利授权后,质疑专利有效性时可以利用该程序。后者适用于申请人不服专利行政部门作出的驳回专利申请决定的情形,即申请未能被授权时的救济程序。我国的"专利申请的复审"程序和美国的单方再审程序及日本的不服拒绝查定程序非常类似。但与单方再审相比,我国只有申请人可以利用这个程序,只相当于日本的不服拒绝查定程序。从授权后救济程序来看,美国提供了任何人任何时间都可以提出的单方再审程序,此外还提供了当事人之间的多种程序,日本也是。从后续司法救济程序来看,美国和日本针对具体程序进行了区分,"单方再审"和"查定系"均以专利机关作为被告,而具有双方当事人对抗性质的则以对方当事人为被告。

从这些程序的设定可以看出其目的在于平衡权利人与社会公众之间的利益。一方面尽可能维护专利的有效性,避免其被无效,另一方面又提供各种监督程序,纠正错误的授权,弥补审查的不足。专利无效程序的行政行为性质或者民事纠纷性质并非专利无效程序设置过程中优先考虑的问题,而在后续的司法程序中由谁来做原告或者被告完全取决于在先的程序中各自的角色。不论是"单方程序""查定系"或是我国的"专利申请的复审",程序如果不以专利行政机关为被告,客观上就无法进行诉讼。

第二节　专利权的无效宣告

专利授权后并不意味着专利权的绝对稳定。实用新型和外观设计专利申请，由于不经过实质审查，非常可能不符合专利实质性条件而获得授权。即使经过实质审查而被授权的发明专利，也有可能存在“漏网之鱼”。专利制度中设置无效程序，就是赋予专利申请人以外的社会公众以监督权，用以启动对错误授权的专利进行再次审查的程序。

一、无效宣告请求的程序

自国务院专利行政部门公告授予专利权之日起，任何单位或者个人认为该专利权的授予不符合专利法有关规定的，可以请求国务院专利行政部门宣告该专利权无效。提出无效请求的法定时间是自国务院专利行政部门公告授予专利权之日起的任何时间，即使专利权终止后，也可以提出无效宣告请求。

无效宣告请求人的资格没有限制，可以是任何单位和个人，但一般一份请求中只能有一个请求人。这是考虑到在无效审理过程中可能会有调解，而不同请求人接受调解的条件会有不同；在国务院专利行政部门作出无效决定后，可能会有行政诉讼，就是否提出诉讼的考虑也可能不同。所以，就同一专利提出一份无效请求时，请求书中不能有多个请求人。

提出无效请求应当填写无效请求书，缴纳无效宣告请求费。

二、无效宣告请求的理由

无效宣告请求的理由，具体包括以下方面：

(1) 不符合专利条件的新颖性、创造性、实用性标准的；

(2) 说明书公开不充分，权利要求书得不到说明书支持的；

(3) 权利要求书没有说明发明创造的技术特征，独立权利要求没有从整体上反映发明或者实用新型的技术方案，没有记载解决技术问题的必要技术特征；

(4) 申请文件的修改超出原说明书和权利要求书记载的范围或原图片、照片表示范围的；

(5) 不属于专利法所称的发明创造的；

(6) 不符合在先申请原则的；

(7) 不符合单一性原则的；

(8) 属于《专利法》第 5 条、第 25 条规定的不授予专利权的范围的。

三、无效宣告请求的审理

一般情况下审理机构根据请求人的请求理由、范围和提供的证据进行审理，不承担全面审查专利有效性的义务。必要时，可依职权对请求人未提及的理由进行审理。

在充分听取双方当事人的意见陈述后，可以作出审理决定，审理决定有如下几种：

(1) 宣告专利权全部无效；

(2) 宣告专利权部分无效；

(3) 维持专利权有效。

四、专利权无效宣告请求的审理决定的效力

对国务院专利行政部门宣告专利权无效或者维持发明专利权的决定不服的，可以在收到通知之日起3个月内向人民法院提起行政诉讼，起诉的被告是国务院专利行政部门。

宣告无效的专利权视为自始即不存在。

宣告专利权无效的决定，对在宣告专利权无效前人民法院作出并已执行的专利侵权的判决、裁定，管理专利工作的部门作出并已执行的专利侵权处理决定，已经履行或者强制执行的专利侵权纠纷处理决定，以及已履行的专利实施许可合同和专利权转让合同，不具有追溯力，一般情况下不返还费用。但是，对有明显违反公平原则的情形，应返还全部或部分费用。因专利权人的恶意给他人造成的损失，应当给予赔偿。

按照《专利法》规定，对国务院专利行政部门宣告专利权无效或者维持专利权的决定不服而提起的诉讼为行政诉讼，同时法院应当通知无效宣告请求程序的对方当事人作为第三人参加诉讼。经过多年的实践，已经有不少专家学者对上述规定提出了不同意见，认为请求宣告专利权无效应当视为无效请求人与专利权人之间的纠纷，国务院专利行政部门是居间进行处理和审查，对国务院专利行政部门的决定不服而提起的诉讼应当是民事诉讼，由原双方当事人作为诉讼程序的原告和被告，国务院专利行政部门可以应法院的要求出庭，就有关问题作出说明。从日本、欧洲的做法来看，均没有将专利行政部门作为专利无效诉讼程序的被告。

五、无效宣告请求的撤回

请求人在无效宣告请求的审查程序中撤回其请求的，国务院专利行政部门应当终止审查程序，但现有的证据表明专利权无效或部分无效的，国务院专利行政部门可以继续审查，这符合设立无效宣告程序的立法本意，也维护了公众的合法利益。

百度搜狗：网络巨头鏖战专利无效之争[①]

在各类社交软件上聊天已成为日常生活中最普遍的场景，试想下如果有一天你的手机输入法不能给对方发表情、颜文字，你能接受吗？事实上，这一功能是通过一件名为“一种向应用程序输入艺术字或图形的方法及系统”（专利号：ZL200610127154.2）的发明专利实现的。

2016年10月18日，国家知识产权局专利复审委员会（下称“专利复审委员会”）对上述专利作出第30192号无效决定，宣告该专利权部分无效。该案是专利复审委员会“重大案件公开审理活动”的首个案件，同时也被列入“2016年度专利复审无效十大案件”，在该案中，专利权人为北京搜狗科技发展有限公司，无效宣告请求人为北京百度网讯科技有限公司，涉

---

① 李倩：《百度搜狗：网络巨头鏖战，专利无效之争》，载《中国知识产权报》，http://www.sipo-reexam.gov.cn/zxzx/mtbd/20912.htm，访问日期：2018-01-25。

案专利涉及的侵权诉讼标的额高达1亿元。

近两年，百度公司与搜狗公司两家输入法行业“领头羊”之间的知识产权博弈备受瞩目。从2014年百度公司发起的不正当竞争诉讼，到2015年搜狗公司凭17件专利发起的2.6亿元专利侵权诉讼，再到2016年百度公司以10件专利发起的1亿元专利侵权诉讼……几乎每一件专利侵权诉讼案件都会有专利权无效案件紧随其后，涉案专利权能否维持有效往往成为巨额诉讼的关键。

专利纠纷的核心在于专利权的归属及其有效性，专利复审委员会的决定作出之后引发各方关注。业内人士认为，此案的无效决定找到了创新和保护的平衡支点，把专利中保护范围过于宽泛、属于现有技术内容的独立权利要求宣告无效，相对于现有证据有一定创造性高度、保护范围窄的权利要求维持了有效，体现了保护又不过度、激励但不泛滥的原则。

第三节 专利权的终止

专利权的终止是指因专利权期满或由于某种原因而导致专利权丧失法律效力的状态，主要有以下几种情况：

（1）专利保护期满专利权即行终止。此时该专利技术进入公有领域，任何人都可以无偿使用。现代高新技术更新速度较快，许多发明创造的经济寿命并不长，并非所有专利都因期满而导致终止，许多专利在期满前即放弃，特别是那些防御性专利，权利人在专利失去市场价值后也不会继续花巨额专利年费加以维持。但有些发明创造所需的科研投资高，周期长，实施后的经济效益好，需要保护的时间长，就可以一直保护到期满为止。也有专利权人将还有生命力的即将到期的专利在期满前加以翻新另行申请专利以继续维持对相关技术的垄断，这方面的“企业专利战略”为数不少，以至于一些中小企业通过专利检索等待专利期满后加以无偿使用时，却不知还有新的专利继续保护着原来的技术。“翻新专利”已经涉嫌权利滥用和违反反垄断法。

（2）专利权人没有按照规定缴纳年费导致专利权中止，之后又没有在规定的期限内回复专利而导致专利权终止。缴纳年费是专利权人的义务之一，不按规定缴纳年费，即可认为专利权人从经济上考虑不愿再维持专利权，国务院专利行政部门应当终止该专利权。不交年费也可能出于其他原因，如遗忘、不可抗力等，所以，《专利法实施细则》规定，专利权人在规定期满后6个月内还可以补交，但应缴纳一定的滞纳金。

（3）专利权人以书面声明放弃专利权的。放弃专利权是专利权人的一项权利，但必须有书面声明。对于已经与他人订有专利实施许可合同的专利权人，在放弃专利权时要与被许可方协商，原则上，这种情况是不能放弃专利权的。

有些专利在权利期满后仍有生命力，还可以通过其他法律再加以保护。如外观设计专利在期满后可通过立体商标加以保护，还可以通过著作权法继续享有独占使用权。

［深度阅读］

1.《专利审查指南》，2020年12月11日国家知识产权局令第391号公布，自2021年1月15日起施行。

2. 尹新天：《中国专利法详解》，知识产权出版社2011年版。

3. 范晓宇:《宣告专利权无效决定的本质及其效力限定——兼评我国专利复审制度的改革》,载《中外法学》2016 年第 3 期。

4. 郭禾:《专利权无效宣告制度的改造与知识产权法院建设的协调——从专利法第四次修订谈起》,载《知识产权》2016 年第 3 期。

5. 张玉蓉:《美国专利授权后的复审制度及其启示》,载《知识产权》2015 年第 2 期。

6. 易玲:《日本专利无效判定制度之改革及其启示》,载《法商研究》2017 年第 2 期。

7. 刘蕾:《论专利无效宣告制度的防御功能》,载《知识产权》2014 年第 12 期。

[法条导航]

1.《中华人民共和国专利法》第三十四条至第四十一条

2.《中华人民共和国专利法实施细则》第三十七条至第七十二条

[思考题]

1. 如何理解专利复审决定的效力?

2. 如何理解专利无效宣告的效力?

3. 如何理解导致专利权终止的法律事实?

第十六章

专利权的内容与限制

[内容提要] 专利权内容及其限制是专利法的重要组成部分。在本章的学习中，注意掌握专利权中各具体权项的内容，掌握专利实施许可的基本规定。

[关键词] 专利权内容　专利权限制

第一节　专利权的内容

由于发明、实用新型专利权同外观设计专利权的属性有所不同，我国《专利法》对不同类型权利的内容规定亦不相同。

对于发明和实用新型专利，如果属于“产品专利”，专利权人享有制造权、使用权、许诺销售权、销售权、进口权；如果属于“方法专利”，则专利权人的权利不仅及于对该方法的使用，还包括使用、许诺销售、销售、进口依照该专利方法直接获得的产品。未经专利权人的同意为生产经营目的（商业目的或营利目的）利用上述专利产品或方法，即构成对专利权的侵犯。

对于外观设计专利，专利权人享有制造权、许诺销售权、销售权和进口权。未经专利权人许可，任何单位或个人，为生产经营目的制造、许诺销售、销售或进口其外观设计专利产品，都是对专利权的侵犯。对外观设计专利权的规定，与发明和实用新型专利权的规定有两点不同：一是外观设计专利权人没有对专利产品的使用权（产品专利）；二是外观设计专利权人没有对专利产品或方法的使用权（方法专利）。

专利权具有独占性，专利权人除了自己实施专利技术外，除非有法律特殊规定，有权禁止其他任何人为生产经营的目的实施其专利技术。在这里，“为生产经营目的”并不同于“营利目的”，因为一些非营利事业的经营，例如，环境保护、公交维修、气象预报等，也包含在生产经营的范围内。在这些领域中，同样不能未经专利权人许可而实施专利。

一、制造权

专利权人拥有自己生产制造专利文件中记载的专利产品的权利。只要他人未经许可而生产制造的产品与专利产品相同，不问使用什么设备、装置或方法，也不管制造数量多少，只要结果相同，即构成侵权。对于制造类似的产品，如果其技术特征落入权利要求书中划定的保护范围，尽管产品看似不完全相同，也可能构成等同侵权。

二、使用权

使用权包括产品专利的使用权和方法专利的使用权。一件产品可能有多种用途，所以，使用的方式也就不同:如果专利产品是一种机器设备,它可以用于生产;如果是一个部件,可以用于各种装置中;如果是一种日用品,则可以用于消费。但是,使用权有两种例外:一种是专利权人自己制造或许可他人制造的产品,这种产品销出后使用权就消失了,即所谓"权利用尽";第二种是非为生产经营目的的善意使用,即不知道是未经许可制造的专利产品,且其使用并非为生产经营目的的,不属于侵犯专利权人的使用权。

方法专利的使用权是指对其专利方法的使用以及使用、许诺销售、销售、进口依照该专利方法直接获得的产品的权利。我国1992年修改前的《专利法》对于方法专利权的保护仅限于专利方法本身,1992年之后,扩展到依照专利方法直接获得的产品。

三、许诺销售权(offering for sale)

专利法上的许诺销售是指明确表示愿意出售一种专利产品的行为。offering的含义为合同法所指的"要约",offering for sale即指为了将来的销售而提出要约。赋予发明专利和实用新型专利的专利权人独占性的许诺销售权是我国《专利法》根据《TRIPS协议》第28条第1款的规定所作的修改补充。许诺销售,是指以做广告、在商店橱窗中陈列或者在展销会上展出等方式作出销售商品的意思表示。在实践中,一些企业制造或者从他人那里购得侵权产品后,为了销售这些产品,往往会进行一些销售前的推销或促销行为,如做广告、在展览会上展出等,这些推销或促销行为就属于许诺销售。按2000年修改前的《专利法》,当专利权人发现这一情况后,只有等到侵权人实际销售该侵权产品后才能主张权利。这不利于及早制止侵权行为,防止侵权产品的扩散。为了充分保护专利权人的利益,2000年《专利法》修改后增加专利权人的许诺销售权是有必要的。

四、销售权

销售是指专利产品的销售行为,它与通常意义的货物买卖一样,是将产品的所有权按市场价格从一个单位或者个人转移到另一个单位或个人。这种销售不管是专利权人自己销售,还是许可他人销售,其第一次销售行为受法律保护。在第一次售出产品后,则销售权用尽,专利权人不能再干涉商品的流通。

五、进口权

进口权是指专利权人享有的自己进口,或者禁止他人未经允许、为生产经营目的进口由该专利技术构成的产品或进口包含该专利技术的产品或进口由专利方法直接生产的产品的权利。进口权是我国《专利法》1992年修改后增加的,给专利权人以进口权,强化了对专利权的保护,符合国际惯例,并有利于消除贸易壁垒,促进国际交流。

六、许可实施权

许可实施权是指专利权人(称许可方),通过签订合同的方式允许他人(称被许可方)在一定条件下使用其取得专利权的发明创造的全部或者部分技术的权利。

在很多情况下,专利权人不愿或不能自己实施专利,而是通过许可他人实施来取得收益。许可他人利用专利技术,并非是将专利权出售给他人,而仅仅是将专利技术的使用权授予他人,专利的所有权并没有发生变化。

许可他人实施专利,应当按专利法的有关规定办理。我国《专利法》第 12 条规定:“任何单位或者个人实施他人专利的,应当与专利权人订立实施许可合同,向专利权人支付专利使用费。被许可人无权允许合同规定以外的任何单位或者个人实施该专利。”

专利实施许可的种类有:

(1) 独占许可。独占许可是指在一定地域内,被许可方在合同有效期间对被许可使用的专利技术拥有独占的权利,许可方自己不能在该地域内使用其专利技术,也不得把该技术再许可第三方使用。但专利的所有权仍属于许可方。这种许可方式不轻易被采用,它对专利权人限制太多。

(2) 排他许可。排他许可是指在一定地域内,被许可方在合同有效期间对被许可使用的专利技术享有排他的使用权,许可方不得把该专利技术再许可第三方使用,但许可方自己有权在该地域内使用该项技术。

(3) 普通许可。普通许可是指许可方允许被许可方在指定的地域内使用其专利技术,同时,许可方自己有权在该地域内使用该技术,也可以许可第三方使用。

(4) 分许可。分许可是指许可方允许被许可方在指定的地域内使用其专利技术以及允许被许可方在一定条件下再许可第三方使用该技术。

(5) 交叉许可。交叉许可也称相互许可,它一般发生在改进发明的专利权人与原专利权人之间。改进发明的专利权人若实施其技术,必须经原专利权人许可,原专利权人若实施新的专利技术,也必须经改进专利权人的许可。在这种情况下,双方一般采用相互交换专利使用权的方式来代替相互支付专利许可使用费。

(6) 专利池许可。“专利池”是从英文 patent pool 翻译而来,它是指两个或两个以上的专利权人协议向对方或第三方许可一项或多项他们的专利。典型的专利池许可,对专利权人各方集结的所有专利都是开放的。对于专利池之外的第三方一般提供标准的许可合同。专利池许可基于一件产品涉及众多权利人的情况,往往体现在技术标准的实施中。“专利池”这一翻译词汇确实很形象地表达出集结专利、统一管理方面的含义,但它缺少企业作为专利权人联合,共同经营专利的意义。英语单词“pool”不仅有“池”的意思,还有“联营”的意思,即“公司之间为避免竞争而在价格或利润上订立协议的措施”之意。所以,用“专利联营”的称谓可以更明确地揭示这种联合许可组织形式和反垄断规制之间的紧密联系。

七、转让权

转让权包括专利申请权的转让和专利权的转让。转让使权利主体发生了变更,从而使权利从原所有人转移到新所有人。这种权利转移的结果是,原申请人或专利权人不再享有申请权或专利权。

转让有两种形式:一种是合同转让,比如因买卖、交换、赠与、技术入股而进行专利权的转让;另一种是继承转让,这是因法定原因而发生的,当专利权人死亡后,专利权依继承法的规定而转移于有继承权的人。

转让必须履行法律规定的手续,我国《专利法》第 10 条规定:“专利申请权和专利权可以转让。中国单位或者个人向外国人、外国企业或者外国其他组织转让专利申请权或者专利权的,应当依照有关法律、行政法规的规定办理手续。转让专利申请权或者专利权的,当事人应当订立书面合同,并向国务院专利行政部门登记,由国务院专利行政部门予以公告。专利申请权或者专利权的转让自登记之日起生效。”

八、标记权

标记权是指专利权人在其专利产品或者该产品的包装上标明或者不标明专利标记和专利号的权利。行使标记权，可以起到宣传作用，也可以起到警示作用。当然，专利权人不在专利产品或其包装上标明专利标记或专利号，并不意味着放弃专利保护，其他人仿造专利产品，仍负侵权责任。不知道一项发明创造已受到专利保护而实施该项专利，不能免除侵权责任。

九、署名权

署名权是指发明人或设计人享有在专利申请文件和专利文件中写明自己是发明人或设计人的权利。我国《专利法》第16条规定：“发明人或者设计人有权在专利文件中写明自己是发明人或者设计人 。专利权人有权在其专利产品或者该产品的包装上标明专利标识。”署名权是与发明人的人身不可分离的人格权，只能由发明人或设计人享有，不可转让和继承。

此外，专利权人认为自己不需要维持专利权时，可以书面声明放弃专利权，也可以不缴纳国务院专利行政部门规定的年费从而自动终止专利权。放弃专利权的专利技术进入公有领域，他人可以无偿使用。

十、质押权

质押权是指专利权人可以以专利权出质，但以专利权出质的，出质人与质权人应当订立书面合同，并向国务院专利行政部门办理质押登记。质权自登记之日起设立。

背景材料

什么是实施方法专利的行为？[①]

方法专利指方法发明专利。构成实施方法专利的行为包括：为生产经营目的而使用该方法；为生产经营目的而许诺销售依照该方法直接获得的产品；为生产经营目的而销售依照该方法直接获得的产品；为生产经营目的而使用依照该方法直接获得的产品；为生产经营目的而进口依照该方法直接获得的产品。

然而，应当注意的是，并非对所有的方法专利都能够进行上述各种类型的实施行为。方法发明至少可以分三种类型。第一类是制造加工方法，它作用于一定的物品上，目的在于使之在结构、形状或者物理化学特性上产生变化。第二类是作业方法，这种方法不以改变所涉及的物品的结构、特性或功能为目的，而是寻求产生某种技术上的效果，例如测量、检验、采掘、排列、运输、分析，等等。此外，诸如发电、供电、供热、制冷、通风、照明、辐射、通讯、广播、计算等用于实现能量转换或者达到某种非物质性技术效果的方法也属于这一类方法的范

① 国家知识产权局条法司：《新专利法详解》，知识产权出版社2001年版，第75页。

畴。第三类是使用方法,亦即用途发明,它是对某种已知物品的一种新的应用方式,目的是产生某种技术效果或者社会效果,而不是改变被使用的产品本身。其中,只有对第一类方法才能够享受1992年第一次修改《专利法》时增加的“延伸保护”,也就是将方法专利权的保护延伸到依照该方法所直接获得的产品,因为只有这类方法才能产生专利法意义下的产品。对于第二、三类方法来说,实施专利的行为仅仅是“使用该方法”。

与产品专利的实施行为相同,构成方法专利的实施行为也必须是为生产经营目的。如果为非生产经营目的而进行使用、进口行为,则不构成实施方法专利的行为。

(1) 使用专利方法

专利方法是指具有方法专利的权利要求所述技术特征的方法。使用专利方法是指将具有该专利权利要求所述特征的方法在实践中加以使用。

(2) 使用、许诺销售、销售、进口依照专利方法直接获得的产品

根据1984年制定的《专利法》,对方法专利权的保护仅仅涉及使用专利方法的行为。按照这样的规定,与产品专利权所获得的保护相比,对方法专利权的保护较弱,因为要证明使用某种方法远比证明制造、销售、使用某种产品更为困难。鉴于大多数国家的专利法都规定对制造方法专利权的保护延及到依照专利方法直接获得的产品,因此在1992年第一次修改《专利法》时,在本条中增加规定了对方法专利的延伸保护。

为制造方法专利权提供延伸保护,首先要解决的一个问题是如何理解“直接”一词的含义。各国对“直接”的解释并不一致。一种观点认为,直接获得的产品是指依照专利方法最初获得的原始产品,即应用该方法的第一步到最后一步所得到的产品,对得到的该产品进一步加工、使之发生变化而获得的产品就不是直接得到的产品。例如,某专利方法是制造一种耐磨性很好、主要用于制造轮胎的橡胶的方法,用该方法生产的橡胶当然属于依照该方法所直接获得的产品,但用该橡胶制造的轮胎就不属于依照该方法直接获得的产品。另外一种观点则认为,直接获得的产品不仅包括上述原始产品,而且还包括对这种原始产品进一步加工后所得到的、与专利方法的使用之间有紧密联系的产品。例如前述轮胎。

我们认为,照专利方法直接获得的产品应当仅仅包括实施方法专利所获得的原始产品,不宜延及到后续产品,否则会对后续产品的自由流通带来过多的妨碍,是不适当地扩展了专利权的效力,从而损害了公众的利益。

典型案例

美国专利权用尽原则的最新发展:Lexmark案[①]

1. 基本案情

Lexmark International Inc.是美国著名的打印机厂商,其出售的打印机硒鼓主要有正常使用型和回收型两种。Lexmark明确告知消费者回收型硒鼓只能一次使用且不得转售。Impression Products Inc.是一家小型企业,直接向消费者回收使用过的硒鼓,包括Lexmark

① 武善学:《美国专利权用尽原则的最新发展及其启示》,载《中国发明与专利》2017年第8期。

在美国境内出售的回收型硒鼓和在美国境外销售的正常使用型和回收型硒鼓,Impression将它们进口到美国重新销售。

该案的主要争议焦点集中于:第一,专利权人在合同中明确约定的“只能一次使用且不得转售”的限制条款能否保留自己的权利?即售后限制条款能否限制专利权用尽?第二,在国外销售专利产品能否用尽在美国的专利权?即专利权用尽是否包括专利权国际用尽?针对争议焦点一,Lexmark认为,因为其在销售时已明确告知消费者禁止转售,根据美国联邦上诉巡回法院(以下简称CAFC)在Mallinckrodt,Inc. v. Medipart,Inc.案中的意见,此种情形属于专利权用尽的售后限制,Impression的行为构成侵权;针对争议焦点二,Lexmark认为,由于CAFC在Jazz Photo案中的判例已经明确了“专利权用尽属于国内用尽,而非国际用尽”的规则,Impression的行为亦构成侵权。因此,2010年,Lexmark向美国地方法院起诉Impression的行为构成专利侵权。

针对Lexmark的起诉,Impression提出了两点抗辩:第一,美国联邦最高法院在Quanta Computer,Inc. v. LGELecs,Inc.案中已经推翻了Mallinckrodt案的意见,认为专利权人的售后限制条件并不影响专利权用尽的适用;第二,美国联邦最高法院在Kirtsaeng v. John Wiley & Sons,Inc.案中认定依照《美国版权法》规定,受版权保护的产品在美国境外销售时,权利人在美国境内的版权耗尽,这种原则理应也适用于专利权。

2. 案件审理

针对第一个问题,美国地方法院认为,产品的专利在首次销售后耗尽,售后限制条件不影响专利权用尽的适用,在第二个问题上,美国地方法院认为Kirtsaeng案的见解仅仅适用于著作权案件而不应该延及专利案件。

Lexmark不服,上诉到CAFC。因本案涉及多个美国联邦最高法院的判例,CAFC将该案送到全席审理,2016年2月,CAFC给出最终判决意见,认为无论是专利产品的售后限制条件还是专利产品的海外销售行为,都不会导致专利权用尽,主要理由如下:

首先,CAFC认为专利权因合法的售后限制而未用尽。本案中,CAFC认为Lexmark并没有授权第三方,而是自己在美国境内和境外销售硒鼓,并在销售时清楚地表达了禁止购买者再次使用和转售行为的意思。因此,本案适用CAFC在Mallinckrodt案中确立的规则,专利权人可针对下游厂商或购买人明确传达使用限制条款,或订立合法的授权条款来限制被授权人,而不使专利权利耗尽,专利权人仍可主张其专利权。对于被告给出的关于Quanta案的抗辩,CAFC指出,Quanta案的判决并未推翻Mallinckrodt案的判决,在Quanta案中,专利权人(LG)并不是直接生产和销售侵权产品,而是将专利权授权给其他公司(Intel),再由该公司生产和销售,两案情况不同。因此,Lexmark可以起诉未遵守销售协议的下游使用者和消费者,他们的行为属于未经许可的行为,构成专利侵权。

其次,对于专利权用尽属于国内用尽还是国际用尽的问题,CAFC认为Jazz Photo案仍然是有效的判例。如果专利权人在美国境外销售产品,并没有授权购买者可以进口该产品到美国销售的权利,那么这些进口销售行为仍然构成侵权。也就是说,美国专利权人销售含有美国注册专利的产品到国外,并不会耗尽该产品中所含的美国专利权。对于Kirtsaeng案,CAFC认为,将商品销售到国外的行为会因《美国著作权法》第109条(a)的规定而耗尽该作品的著作权保护,但是,专利法与版权法存在较大差异且专利法并没有专利权用尽原则的规定,所以,Kirtsaeng案的见解不适用于本案,将专利产品销售到国外并不耗尽在美国的专利权。

3. 最新判决

该案上诉至美国联邦最高法院，最高法院于2017年3月21日进行了开庭审理，5月30日，最高法院以7比1的投票结果推翻了CAFC作出的判决。针对争议焦点一，美国联邦最高法院认为，专利权人在销售时是否有明确禁止转售或者其他限制条款，并不影响专利权的用尽，产品销售后的限制可以用合同法来约束，而不是通过专利侵权诉讼来解决。针对争议焦点二，美国联邦最高法院认为，专利权仍然是用尽的，正如其在Kirtsaeng案中提及的"习惯法并不承认在有形资产转移时对权利用尽进行限制"。尽管CAFC认为Kirtsaeng案的判决仅适用于著作权案件，但是美国联邦最高法院强调，著作权的权利用尽和专利权的权利用尽具有很强的相似性和相同的目的，而且也看不出美国国会有意图将专利权用尽原则只限定在美国境内适用，因此，在美国境外的授权销售与在美国境内的销售一样，一经发生即用尽专利权人的专利权，专利权用尽原则同样适用于海外销售。

第二节 专利权的限制

法律规定的专利的独占使用权并非绝对，它受到种种限制。首先，它受到时间的限制，即上述所讲的专利权只有在法定保护期限内有效力。其次，它受到空间的限制，即地域限制，只有在申请国国内才能行使专利权。此外，专利权的行使还依法要受到国家利益、公众利益的限制以及国际惯例的约束。

专利权是一种独占性的权利，在某些情况下，专利权人可能会滥用其依法获得的独占权，对市场的正常竞争机制施加不良影响，甚至于阻碍科技创新。在科学技术高速发展的今天，取得先机的企业往往会利用专利谋取不正当的市场垄断地位，专利权的滥用问题就更容易发生。因此，在利用专利制度促进科技创新的同时，应当对专利权的行使进行必要的规制，防止和限制专利权的行使可能产生的负面影响。

一、专利的计划许可

专利的计划许可，在有些国家的专利法中也称作"国家征用"，它是国家行政机构在全面考虑国家利益的情况下，对某些重大发明创造有目的、有计划地安排实施，以迅速推广先进的专利技术。

我国《专利法》第49条规定："国有企业事业单位的发明专利，对国家利益或者公共利益具有重大意义的，国务院有关主管部门和省、自治区、直辖市人民政府报经国务院批准，可以决定在批准的范围内推广应用，允许指定的单位实施，由实施单位按照国家规定向专利权人支付使用费。"这种计划许可有以下几种限制：第一，不能随意决定，必须是重大的发明创造，而不是一般的专利技术。只适用于对国家利益或者公共利益具有重大意义的发明专利，不适用于实用新型和外观设计。第二，计划许可须是国务院有关主管部门和省、自治区、直辖市人民政府报经国务院批准后决定，且推广使用的范围仅限于批准的范围，不是任何行政机关都有权调用专利。第三，指定实施的单位必须是发放计划许可证机构的本系统或所管辖的全民所有制单位。尽管各省、自治区、直辖市有权决定计划许可，但不能越权，将其他部门的专利计划给本部门的单位实施。第四，发放实施许可证是有偿的，获得许可使用权的单位应向专利权人支付使用费，但费用的金额不是双方协商确定，而是按国家有关规定。

二、专利的开放许可

专利的开放许可制度是我国《专利法》第四次修改后新增的一项制度。我国《专利法》第50条规定:“专利权人自愿以书面方式向国务院专利行政部门声明愿意许可任何单位或者个人实施其专利,并明确许可使用费支付方式、标准的,由国务院专利行政部门予以公告,实行开放许可。就实用新型、外观设计专利提出开放许可声明的,应当提供专利权评价报告。专利权人撤回开放许可声明的,应当以书面方式提出,并由国务院专利行政部门予以公告。开放许可声明被公告撤回的,不影响在先给予的开放许可的效力。”专利权人作出开放许可声明后,有意实施专利的人只需按照专利权人声明的标准付费即可,无需得到专利权人事先许可。专利的开放许可可以通过开放使用降低交易成本,来提升专利实施质量、提高专利运用效率,促进专利成果转化,进一步释放创新创造活力。开放许可实施期内,对专利权人缴纳专利年费相应给予减免。

三、专利的强制许可

“强制许可”同“自愿许可”相对应。“自愿许可”是指专利权人自愿地允许其他单位或个人实施其专利,而“强制许可”是由一定的国家行政机关在未经专利所有权人同意的情况下决定许可其他单位或个人实施该专利,这是违反专利权人的意志的许可,所以,也将这种许可称为“非自愿许可”。

强制许可最早确立是在《巴黎公约》。在该公约中,强制许可是一项旨在防止专利权人滥用专利权、阻碍发明的实施和利用、继而阻碍科学技术进步与发展的原则。《TRIPS协议》列出了5种可授予强制许可的情况:专利权人拒绝自愿授予;国家紧急状态或其他极端危急的状态;专利权人滥用私权构成不合理的垄断;公共非商业性使用;从属专利。除以上情况外,成员国还可自由判断哪些情况构成强制许可的理由,所以强制许可的引用不以上述5种情况为限。成员国可以在国内立法中自行规定强制许可,但需要遵守为保护专利持有人合法利益的12个限制条件。

强制许可虽然是一种非自愿许可,但是一种有偿许可,法律规定,在实施强制许可时,专利的使用人要向专利权人支付相应的费用。强制许可的真正意义在于对专利滥用者构成一种法律威慑。

对于发展中国家来说,强制许可制度是普遍实行的制度之一。我国在1984年《专利法》中就对强制许可作了规定,后来根据专利制度国际化的趋势,我国前三次《专利法》的修改都对实施强制许可制度条件作了相应的修改,进一步加强了这一制度的作用。

(一)申请强制许可的条件

强制许可本身与专利独占权相冲突,只有在特殊情况下,才可以提出强制许可申请:

(1)专利权人不履行实施义务或者构成限制竞争情况下的强制许可。我国《专利法》第53条规定,有下列情形之一的,国务院专利行政部门根据具备实施条件的单位或者个人的申请,可以给予实施发明专利或者实用新型专利的强制许可:专利权人自专利权被授予之日起满3年,且自提出专利申请之日起满4年,无正当理由未实施或者未充分实施其专利的……这里申请强制许可应具备的条件是:第一,请求人必须是具备实施条件,也就是具备生产、制造、销售专利产品或使用专利方法的基本条件;第二,专利权人没有实施该专利且无正当理由,对此,2010年修订的《专利法实施细则》专门规定,所谓未充分实施其专利,是指专利权人及其被许可人实施其专利的方式或规模不能满足国内对专利产品或者专利方法的需求;第三,自专利权被授予之日起满3年,且自提出专利申请之日起满4年的时间之后才可以提出强制许可请求。在《专利法》第三次修改后将原来的"合理长时间"明确为专利权被授予之日起满3年且提出专利申请之日满4年,符合《巴黎公约》的规定。上述三种条件必须同时满足,国务院专利行政部门才能授予强制许可使用权。同时,申请强制许可的单位或者个人应当提供证据,证明其以合理的条件请求专利权人许可其实施专利,但未能在合理的时间内获得许可。

专利权人行使专利权的行为被依法认定为垄断行为,为消除或者减少该行为对竞争产生的不利影响的情况下也可以提出强制许可申请。这需要有在先的案件裁定或者判决,但不一定是终审判决,同时还要能够证明可能继续构成限制竞争的情况发生。

(2) 紧急状态或者非常情况下的强制许可。我国《专利法》第54条规定:"在国家出现紧急状态或者非常情况时,或者为了公共利益的目的,国务院专利行政部门可以给予实施发明专利或者实用新型专利的强制许可。"这是一种特殊的强制许可,没有时间限制和其他附属条件。

(3) 药品专利的强制许可。我国《专利法》第55条规定:为了公共健康目的,对取得专利权的药品,国务院专利行政部门可以给予制造并将其出口到符合中华人民共和国参加的有关国际条约规定的国家或者地区的强制许可。对于其中"药品"的范畴,我国2010年修订的《专利法实施细则》中明确规定,依强制许可取得专利权许可的药品,是指解决公共健康问题所需的医药领域中的任何专利产品或者依照专利方法直接获得的产品,包括获得专利权的制造该产品所需的活性成分,以及使用该产品所需的诊断用品。

药品专利的强制许可,来源于2001年11月14日在WTO第四届部长级会议通过的《TRIPS协议与公众健康宣言》,宣言中声称《TRIPS协议》不会也不应阻止成员方采取保护公共健康的措施。《关于TRIPS协议与公共健康的多哈宣言第六段的执行决议》规定,发展中成员和最不发达成员因艾滋病、疟疾、肺结核及其他流行疾病而发生公共健康危机时,可在未经专利权人许可的情况下,在其内部通过实施专利强制许可制度,生产、使用和销售有关治疗导致公共健康危机疾病的专利药品。虽然各国在不同程度上承认强制许可,但是很少真正启动药品专利强制许可。更多的时候,强制许可的意义表现为药品领域降低价格的手段。中国面对不容乐观的公共健康危机。所以,在我国肯定药品强制许可制度,是享受WTO赋予的该权利的一种表现。

在我国《专利法》第三次修改后,对于公共健康问题的强制许可被明确规定,根据《修改TRIPS协议议定书》,在某些国家没有制药能力或者能力不足的情况下,可以给予为了出口的强制许可。

在我国《专利法》实施的三十余年间,还没有提出过一起药品强制许可案。

(4) 依存专利的强制许可。我国《专利法》第56条规定:"一项取得专利权的发明或者实用新型比前已经取得专利权的发明或者实用新型具有显著经济意义的重大技术进步,其实施又有赖于前一发明或者实用新型的实施的,国务院专利行政部门根据后一专利权人的申请,可以给予实施前一发明或者实用新型的强制许可。在依照前款规定给予实施强制许可的情形下,国务院专利行政部门根据前一专利权人的申请,也可以给予实施后一发明或者实用新型的强制许可。"可见,我国《专利法》中依存专利强制许可的条件是:第一,前后两个发明创造是已经取得专利权的发明或实用新型;第二,在后发明创造同在前发明创造相比,具有显著经济意义的重大技术进步,而其实施又有赖于前一发明或者实用新型的实施;第三,强制许可由国务院专利行政部门经专利权人的申请而给予。在这种情况下,首先申请强制许可的,一般为在后发明创造的专利权人,因为后一专利的实施必须依赖于前一专利。一般来说,前一专利权人只有在自己的专利技术被强制许可给后一专利权人使用后,才能申请使用后一专利技术的强制许可。这样规定,有利于先进技术的利用。基于依存专利的强制许可的申请前提是请求人必须提交证据证明其以合理的条件请求专利权人许可其实施专利,但未能在合理的时间内获得许可。

(5) 基于公共利益考虑,防止排除、限制竞争行为的强制许可。我国《专利法》第 57 条规定:强制许可涉及的发明创造为半导体技术的,其实施限于公共利益的目的和专利权人行使专利权的行为被依法认定为垄断行为,为消除或者减少该行为对竞争产生的不利影响的情形。

《TRIPS 协议》规定,对专利权人排除、限制竞争的行为,可以通过实施强制许可,保障申请人的合理利益。对此,我国《专利法》在第四次修改中作出了明确规定,滥用专利权,排除或者限制竞争,构成垄断行为的,依照《中华人民共和国反垄断法》处理。我国《反垄断法》则对排除、限制竞争的滥用知识产权行为仅作了原则性规定。

国务院专利行政部门作出的给予实施强制许可的决定,应当及时通知专利权人,并予以登记和公告。

(二) 强制许可的效力

取得实施强制许可的单位或个人仅仅获得了该项发明创造的使用权,这种使用权不是独占性的,专利权人有权再许可第三方使用。强制许可实施人也不享有分许可权。

强制许可是有偿的,取得实施强制许可的单位或个人应当付给专利权人合理的使用费。使用费的数额可先由取得强制许可的单位或个人与专利权人协商确定;协商不成,由国务院专利行政部门裁决。值得提出的是,尽管一些国家出于本国利益而规定了强制许可制度,但很少发布强制许可证。我国自 1985 年施行《专利法》以来,尚未发布一件强制许可证。

强制许可仅限于发明专利和实用新型专利,不适用于外观设计专利。

(三) 对强制许可的救济

专利权人对国务院专利行政部门关于实施强制许可的决定不服的,专利权人和取得实施强制许可的单位或者个人对国务院专利行政部门关于实施强制许可的使用费的裁决不服的,可以自收到通知之日起 3 个月内向人民法院起诉。

(四) 关于技术标准中涉及专利的强制许可问题

标准技术是通用技术、公知技术、成熟技术、无偿使用技术、广泛使用的技术;专利技术是专有技术、创新技术、有偿使用技术、未经权利人许可不得使用的技术。一般情况下,标准组织在采集标准技术时希望尽量避免使用他人的专利,但是随着高新技术的发展,在高新技术领域内制定技术标准时可选择的公知技术非常之少,高新技术的发明者和改进者都有着极强的专利保护意识,其技术成果几乎被专利技术完全覆盖,所以,标准化组织必然要同专利权人谈判,将专利技术作为标准技术使用。同时专利权人在寻求利益最大化时,也非常看好通过标准实施获取专利的许可使用费。这样就造成了技术标准与专利的不解之缘。当然,专利权人在通过标准组织行使专利权时要受到标准组织知识产权政策的限制。例如:专利权人在申请加入标准制定时应尽披露义务和禁止反悔义务;专利权人应在公平、合理、无歧视的条件下对专利技术使用者提供不可撤销的权利许可。而在技术标准实施后一旦有违背专利政策的情况或者有劫持标准滥用专利权的情况发生,在国外的司法审判程序中也可能颁发强制许可,但在我国专利法中没有这类强制许可的直接规定,可以通过对公共利益的维护、对限制竞争的考虑而由请求人向国务院专利行政部门提出强制许可请求。

台湾地区罗氏药厂“克流感”专利强制许可案例[①]

我国台湾地区“专利法”的特许实施制度虽经历数次修正，然案例不多。于1971年时，始有第一件经我国台湾地区“行政院”核准的强制许可案件，该案件系因非台湾地区专利权人在台湾地区外生产制造专利产品，在输入我国台湾地区时，经专利专责机关认定在台湾地区未适当实施专利而准予特许实施，并经我国台湾地区行政法院判决确定。1993年“专利法”修正后，1999年曾发生一特许实施申请案，但申请人不久即撤回申请。2001年间台湾地区光碟片厂国硕公司针对飞利浦公司所有的CD-R专利，根据修正前台湾地区“专利法”第78条第1项(即现行“法”第76条第1项)“申请人曾以合理的商业条件在相当期间内仍不能协议授权”为理由，向我国台湾地区“智慧财产局”提出特许实施的申请，该案业于2004年7月26日准许特许实施在案，此为台湾地区为配合《TRIPS协议》修法后的第一件强制许可案。2005年全球禽流感疫情时，我国台湾地区虽尚未有实际感染案例，然为因应可能的防疫需求，台湾地区“卫生署”即以“因应紧急情况”为理由，向台湾地区“智慧财产局”申请“克流感”(Tamiflu)药品的特许实施并获准在案，其间因疫情尚未实际发生，后来也未曾发生，而没有真正实施。

[深度阅读]

1. 张平：《专利联营之反垄断规制分析》，载《现代法学》2007年第3期。
2. 朱晓薇、朱雪忠：《专利与技术标准的冲突及对策》，载《科研管理》2003年第1期。
3. 衣庆云：《浅析“许诺销售”》，载《知识产权》2001年第1期。
4. 郭德忠：《专利联营的反垄断分析》，载《科学学与科学技术管理》2007年第6期。
5. 曹新明：《专利许可协议中的有色条款功能研究》，载《法商研究》2007年第1期。
6. 吴广海：《专利权人搭售行为的反垄断法规制》，载《学海》2007年第6期。
7. 国家知识产权局条法司：《新专利法详解》，知识产权出版社2001年版。

[法条导航]

1.《中华人民共和国专利法》第六十四条，第七十五条，第七十七条
2.《中华人民共和国专利法实施细则》第七十三条至第七十五条

[思考题]

1. 专利权人享有哪些权利？
2. 专利权受到哪些限制？
3. 专利强制许可需要满足哪些条件？

---

① 朱怀祖：《药品专利强制许可研究》，中南财经政法大学2010年博士学位论文。

第十七章

专利权的保护

［内容提要］ 专利权保护涉及专利法关于专利权保护期、保护范围以及侵权制裁的有关规定。通过本章的学习，了解专利权的期限，掌握专利权范围的确定依据、原则，弄清专利侵权行为认定方法和不视为专利侵权的情况，理解专利司法与行政保护的规定。

［关键词］ 专利权保护期　专利范围确定原则　专利侵权

第一节　专利权的期限

一、专利权的保护期限

专利权的保护期是指专利权人享有权利的合法期限。规定合理的保护期，一方面可以鼓励发明人、专利权人发明创造的积极性，促进科学技术水平迅速提高；另一方面可以保证专利权人尽可能多地回收在开发、研制发明创造过程中的风险投资，取得相应的经济效益。

多数国家发明专利的保护期都规定为 14—20 年，实用新型专利和外观设计专利的保护期相对较短。我国现行《专利法》第 42 条规定："发明专利权的期限为二十年，实用新型专利权的期限为十年，外观设计专利权的期限为十五年，均自申请日起计算。"这是我国 2020 年修正的《专利法》的规定，1984 年《专利法》对发明专利权的期限规定为 15 年，实用新型和外观设计专利权的期限为 5 年，期满后可以续展 3 年；而在 1992 年《专利法》中，发明专利权的期限为 20 年，实用新型和外观设计专利权的期限为 10 年。考虑到有些发明创造研究开发的时间长，投资高，从授权到产品投放市场，需要花费大量的时间和费用，有些发明直到专利保护期满后才进入产品盈利阶段，对这些发明来说，15 年的时间可能太短，专利权人没有足够的时间收回研究和开发所耗费的资金，这将不利于调动这些技术领域科技人员发明创造的积极性，也不利于这些领域的技术引进，因此我国《专利法》对保护期进行了调整。在 2020 年《专利法》修正案中，将外观设计专利保护期延长至与《外观设计国际保护海牙协定》中的规定一致，有利于我国《专利法》与国际接轨，进一步加强了对外观设计专利权的保护。

上述发明、实用新型和外观设计专利权的期限均自申请日起计算，但是在申请日之后申请文本公开之前的发明创造在侵权纠纷中得到的法律救济很弱，从申请日计算主要是给申请人一个排斥他人申请的先占权利。有些国家专利的期限自授权之日起计算，有些实行完全审查制的国家规定公布之日也就是授权日，这种专利权的保护期限比较明确，专利权的法律状态相对稳定。

我国《专利法》第 42 条第 2 款规定:“自发明专利申请日起满四年,且自实质审查请求之日起满三年后授予发明专利权的,国务院专利行政部门应专利权人的请求,就发明专利在授权过程中的不合理延迟给予专利权期限补偿,但由申请人引起的不合理延迟除外。”此条是针对发明专利在授权过程中可能因不合理延迟导致发明专利保护期限的减少所规定的补偿措施,专利权人申请专利权补偿时需要满足以下几点:一是专利权保护期的补偿仅适用于发明专利,对不需要进行实质审查的实用新型和外观设计专利并不适用;二是专利权的授予是在自申请日起满四年且自实质审查日起满三年之后;三是该不合理延迟并非由申请人原因造成;四是需由专利权人向国务院专利行政部门主动提出申请。

此外,我国《专利法》第 42 条第 3 款规定:“为补偿新药上市审评审批占用的时间,对在中国获得上市许可的新药相关发明专利,国务院专利行政部门应专利权人的请求给予专利权期限补偿。补偿期限不超过五年,新药批准上市后总有效专利权期限不超过十四年。”此条被视为对药品专利期限的特殊补偿制度。一方面,一款新药从开发到获批上市往往需要数年甚至更长的时间,这就使得药品专利相对于其他专利的实际受保护期限明显偏短,专利权人难以获得足够的投资回报,严重影响了我国创新型医药企业的自主创新热情;另一方面,药品专利期限的延长将会不可避免地推迟仿制药的上市时间和仿制成本,因此将补偿期限限制在不超过 5 年和新药批准上市后总有效期限不超过 14 年的范围内,更加符合我国的实际情况。虽然药品专利期限的特殊补偿制度在短期内会提高仿制药的成本,但从长远来看,该制度有利于我国医药行业的自主创新和健康发展。

二、专利权的终止

专利权的终止是指因专利权期满或由于某种原因使专利权失效,主要有以下几种情况:

(1) 没有按照规定缴纳年费的。缴纳年费是专利权人的义务之一,不按规定缴纳年费,即可判断为专利权人基于自身经济利益的考虑,认为维持专利权已经失去意义,国务院专利行政部门应当终止该专利权。不缴年费也可能属于其他原因,如遗忘、不可抗力等。所以,《专利法实施细则》第 98 条规定,专利权人在规定期满后 6 个月内还可以补缴,但应缴纳滞纳金,滞纳金的金额按照每超过规定的缴费时间 1 个月,加收当年全额年费的 5%计算。国务院专利行政部门会在这一宽限期之前向专利权人发出缴费通知单。

(2) 专利权人以书面声明放弃专利权的。放弃专利权是专利权人的一项权利,但必须有书面声明。对于已经与他人订有专利实施许可合同的专利权人,在放弃专利权时要与被许可方协商,原则上,这种情况是不能放弃专利权的。

(3) 专利权期满,专利权即行终止,专利技术进入公有领域,任何人都可以无偿使用。

有些发明创造所需的科研投资高,周期长,实施后的经济效益好,需要保护的时间长,专利权就可以一直维持到保护期届满。

如果外观设计专利权期满后,仍需要得到保护,还可以通过其他法律再加以保护。比如外观设计在专利保护期满后,可能仍受著作权的保护。外观设计可能还可以申请商标注册,以达到永久保护的目的。

现代社会技术更新速度加快,许多发明创造的寿命只有十几年或几年的时间,维持专利权的年费逐年增多,申请人很可能认为没有必要花费较高专利年费以维持一件没有太大经济效益的专利权。所以,很多专利都没有到保护期满即终止其权利。

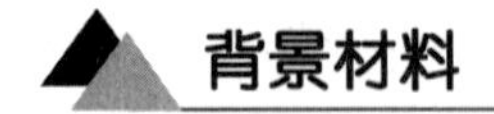

背景材料

我国专利权期限的历史发展[①]

我国的专利期限制度是从19世纪末开始发展的，总体上经历了一个极长时期保护到较短时期保护再到按照国际公约确定保护期的历史过程。

1898年的《振兴工艺给奖章程》规定：如果有制造船、械、枪、炮等武器的新方法，允许其集资设立公司并获得专利制造权50年；对于能够创造日用品，其方法是外国所没有的，加封工部郎中并许专利制造权30年；对于能够仿造外国先进器具并投入使用的，加封工部主事，许其专利制造权10年。抗战时期国民政府的《专利法》规定：专利期限为15年。

1984年《专利法》规定：发明专利保护期限为自申请日起15年；实用新型和外观设计专利权保护期限为自申请日起5年，期满前专利权人能够申请续展3年。

1992年修正的《专利法》规定发明专利保护期限为20年，实用新型和外观设计保护期限为10年，而且取消了实用新型和外观设计专利期限的续展程序。

2020年修正的《专利法》规定发明专利保护期限为20年，实用新型专利权的期限为10年，外观设计专利权的期限为15年，均自申请日起计算。

第二节 专利权的保护范围

一、专利保护范围确定的依据

专利权的保护范围，是指专利权法律效力所涉及的发明创造的范围。

我国《专利法》第64条第1款规定："发明或者实用新型专利权的保护范围以其权利要求的内容为准，说明书及附图可以用于解释权利要求的内容。"这就是说，权利要求是确定发明或者实用新型专利权保护范围的直接依据，处于主导地位。说明书和附图处于从属地位，一项技术特征如在权利要求中叙述不清，可以通过说明书和附图加以理解；必要时，可以依说明书和附图公开的内容去修改。但在权利要求中没有记载的技术特征，不能受到法律保护，说明书本身不能确定保护范围。

根据发明创造性质的不同，其保护范围也有所区别，或者说，专利权的效力也不同。对于产品发明，专利权的效力涉及具有同样特征、同样结构和同样性能的产品，而不问产品是用什么方法制造的。对产品的保护不应局限于说明书所说明的方法，任何通过其他方法制造的相同产品都属于侵权。实用新型都属于产品专利。对于方法发明，专利权的保护范围是使用该方法以及使用、许诺销售、销售或进口依该方法直接获得的产品。

外观设计专利文件没有权利要求书和说明书，只有表明该外观设计的图片和照片。《专利法》第64条第2款规定："外观设计专利权的保护范围以表示在图片或者照片中的该产品的外观设计为准，简要说明可以用于解释图片或者照片所表示的该产品的外观设计。"这就

① 詹启智、王云颖：《论我国发明专利期限的合理性》，载《法制与社会》2015年第16期。

是说专利保护的范围是根据申请人在递交的外观设计图片或照片上记载的内容、模型、样品确定,并仅仅限制在指定的产品类别上。照片或者图片仅用于说明产品的外观,如果涉及产品的内部结构或者内部装置则不属于外观设计专利保护的范围,比如汽车的外观设计不包括从玻璃窗中看到的座椅、方向盘等内部设施。

二、专利保护范围的确定原则

在确定一项发明创造的保护范围时会有许多主观因素,站在不同立场、依照不同的解释原则,保护范围的大小存在差异。在专利法实施的不同历史阶段中曾经有过三种保护范围的确立原则。

(一)中心原则

依照中心原则,权利要求书是专利保护范围的依据,但是解释权利要求书时,应当以权利要求书表达的实质内容为中心,全面考虑发明创造的目的、性质以及说明书和附图,而不必拘泥于权利要求书的文字记载。至于发明创造表达的技术方案的边界有多大,主要依靠同领域的普通技术人员的判断标准,而"同领域的普通技术人员"是一个抽象的人,实践中没有特指,这就带来很大的主观判断空间。中心原则给专利权人提供了充分的保护,有些技术特征在权利要求书中没有明确指明,但是在说明书中提及或者"同领域的普通技术人员"可以联想得到的都可以落在专利保护范围之中。但对第三人而言,专利权的保护范围处在难以明确的状态,事先公开的法律文本存在扩大解释的可能,不利于公平竞争。

(二)周边原则

周边原则也称字面原则,是指专利权的保护范围完全由权利要求的文字内容来确定,权利要求的文字表述确定了严格边界范围,被控侵权行为必须重复再现了权利要求中所记载的每一个技术特征,才被认为是落入到该权利要求的保护范围之内,若有任何不同,侵权指控就不成立。该原则要求严格依照权利要求书的字面记载进行解释,说明书和附图不能成为确定专利权保护范围的依据。只有在权利要求书不明确的情况下,才能用来对保护范围作限制性解释。严格的字面解释,对第三人有利,只要对专利技术略作改进,就可能逃出专利保护的范围。这种原则对权利要求书的撰写提出了很高的要求,但在专利申请实践中,文字表达上寻求准确而恰当地界定保护范围的上位概念,是比较困难的。

(三)折中原则(解释原则)

上述两种原则都有偏颇之处,折中原则兼顾了专利权人和第三方利益。依照该原则,专利保护范围应根据权利要求所表示的实质内容加以确定,在对权利要求所表示的技术特征有疑义时,可以引用说明书和附图进行解释。该原则不局限于严格按照权利要求的文字来解释,也不仅仅是依据同领域的普通技术人员对发明技术方案的理解来确定保护范围。我国的专利立法采用了这一原则。折中原则确立的保护范围比周边原则大而比中心原则小。

虽然该原则兼顾了权利人和第三人的利益,但事实上的判定仍然存在不确定性和主观因素。原则性与灵活性向来是一对矛盾,实践中还需要法官的公平裁量。

如何解释明显错误的专利权利要求?[①]

埃斯科公司(ESCO Corporation)是ZL02813657.8号“耐磨组件及耐磨构件”发明专利的权利人。涉案专利申请日为2002年7月3日,于2006年9月13日获得专利授权。该专利共有34项权利要求,其中权利要求1和权利要求20为独立权利要求。埃斯科公司认为宁波市路坤国际贸易有限公司(以下简称路坤公司)未经许可,制造、销售埃斯科公司的专利产品,遂诉至法院,请求判令路坤公司停止侵害,销毁制造侵权产品的专用模具、设备、冶具以及侵权成品、半成品并赔偿损失及维权的合理费用人民币100万元。

庭审中,埃斯科公司明确要求保护涉案专利权利要求1、3—9、13—17、19、20—26、29—34。关于权利要求20,埃斯科公司认为此处专利公告文本存在明显错误,其中所记载的“所述插口(53)包括一个形成在所述突出部(18)上的用于接收一凸轨(35)的凸槽(65)”,该处文本中突出部(18)与凸槽(65)部件位置关系存在错误,应当更正为“所述插口(53)包括一个用于接收一形成在所述突出部(18)上的凸轨的凹槽(65)”。埃斯科公司请求法院在解释专利范围时予以修正。理由是:1. 通读专利文本上下文结合专利说明书,可发现存在明显错误,并正确理解两者的位置关系;2. 埃斯科公司在依据PCT(Patent Cooperation Treaty,即《专利合作条约》)提交的涉案专利国际申请的外文原文及译文中是正确的表达。

在侵害专利权案件中准确界定专利权的保护范围是给予专利权人恰如其分司法保护所面临的首要问题。对于一些存在明显错误的专利权利要求,法院可以通过合理的解释机制予以修正,在强调权利要求公示价值的同时,避免因权利要求撰写过程中的失误对专利权人科以过重惩罚。当权利要求中的技术特征之间存在矛盾,但本领域普通技术人员通过阅读权利要求书、说明书及附图,以及参考涉案专利PCT国际申请时提交的原始说明书,能够对实现要求保护的技术方案得出具体、确定、唯一的解释的,应当根据该解释来澄清或者修正权利要求中的错误表述。但是,对于权利要求中错误表述的澄清或者修正,既不得包含超出权利人原始提交的申请内容的客体,也不得超出所授专利权的保护范围。

第三节 专利侵权及其认定

一、侵权行为的构成

专利侵权行为是指未经专利权人许可实施其专利的行为。这里的实施是指制造、使用、许诺销售、销售、进口其专利产品或者使用其专利方法以及使用、销售、许诺销售、进口依该方法直接获得的产品。

---

① 《2016年度浙江法院十大知识产权案件之五:埃斯科公司与宁波市路坤国际贸易有限公司侵害发明专利权纠纷案》,http://www.pkulaw.cn/case/pfnl_a25051f3312b07f37615614b8fe81444d2b2c9b3a3cd12b7bdfb.html? keywords=%E5%9F%83%E6%96%AF%E7%A7%91%E5%85%AC%E5%8F%B8%E4%B8%8E%E5%AE%81%E6%B3%A2%E5%B8%82&match=Exact,访问日期:2018-01-27。

侵权行为的构成必须具备下列条件：

（1）侵害的对象为有效的专利。构成专利侵权必须以有效存在的专利为前提，实施已经被宣告无效、被放弃的专利或者专利期限已经届满的技术，不构成专利侵权。

（2）必须有侵害行为的发生，即存在未经专利权人许可实施其专利的行为。一般来说，损害行为与损害结果相伴而生。在特殊情况下，例如许诺销售，虽没有损害结果发生，但是仍构成侵权。

（3）侵权行为人有生产经营目的。我国《专利法》第11条规定："发明和实用新型专利权被授予后，除本法另有规定的以外，任何单位或者个人未经专利权人许可，都不得实施其专利，即不得为生产经营目的制造、使用、许诺销售、销售、进口其专利产品，或者使用其专利方法以及使用、许诺销售、销售、进口依照该专利方法直接获得的产品。""外观设计专利权被授予后，任何单位或者个人未经专利权人许可，都不得实施其专利，即不得为生产经营目的制造、许诺销售、销售、进口其外观设计专利产品。"这里的禁止前提都包括生产经营目的的考虑。

关于侵权行为人是否需要主观过错要件，在专利侵权理论的解释上有不同的观点，人们普遍认同的是在专利侵权之诉中，专利权人无需承担被诉人具有主观过错的举证责任。依据我国《民法典》，承担民事责任一般应该有主观过错，没有过错，只有在法律规定的特殊情况才应该承担无过错责任。主观过错包括故意和过失。故意指行为人明知而为侵权行为，过失则指行为人因疏忽或者过于自信而为侵权行为。由于专利授权文献是向全社会公开的，任何人都能够查阅，被控侵权人没有及时进行专利的检索，没有注意到自己的侵权风险，可以认为属于过于自信或者疏忽，没有尽到"充分的注意义务"，应该在过错原则范围内，符合一般民事侵权责任认定原则。但是也有观点认为这应属于无过错原则，知识产权的时间性、地域性及无形性，使得他人无意闯入权利范围的可能性比其他民事权利大得多，由于无过错给他人知识产权造成损害的普遍性，以及原告证明被告有过错的困难和被告证明自己无过错的容易，专利侵权适用无过错原则是可以接受的。

专利侵权纠纷涉及实用新型专利或者外观设计专利的，人民法院或者管理专利工作的部门可以要求专利权人或者利害关系人出具由国务院专利行政部门对相关实用新型或者外观设计进行检索、分析和评价后做出的专利权评价报告，作为审理、处理专利侵权纠纷的证据；专利权人、利害关系人或者被控侵权人也可以主动出具专利权评价报告。

二、专利侵权的种类

（一）直接侵权行为

直接侵权行为主要有：

（1）未经专利权人许可实施其专利的侵权行为。这里所说的"实施"相对于不同性质的专利含义也有所不同。对于发明和实用新型中的产品专利，是指为生产经营目的的制造、使用、许诺销售、销售和进口。对方法专利，是指对其专利方法的使用以及使用、销售、许诺销售、进口依照该专利方法直接获得的产品，不是直接用专利方法所获得的产品不属于此范围。对于外观设计专利，实施是指为生产经营目的的制造、许诺销售、销售、进口其外观设计专利产品。这里的"产品"仅指申请外观设计时所指定的产品。

直接侵权中还有所谓的"善意侵权"，它指为生产经营目的的使用或者销售不知道是未经专利权人许可而制造并售出的专利产品或者依照专利方法直接获得的产品的行为。善意侵权，在我国1984年《专利法》中规定为不视为侵权的情况，被称作善意使用。现行专利法中认为是一种“免除赔偿责任的侵权行为”。即，侵权人若能证明其产品的合法来源，不承担赔偿责任，但应当停止使用，由此产生的损失可另行起诉要求产品的提供者承担责任。

(2) 假冒专利。根据2010年修订的《专利法实施细则》，假冒专利包括下列几种行为：第一，在未被授予专利权的产品或者其包装上标注专利标识，专利权被宣告无效后或者终止后继续在产品或者其包装上标注专利标识，或者未经许可在产品或者产品包装上标注他人的专利号；第二，销售前项所述产品；第三，在产品说明书等材料中将未被授予专利权的技术或者设计称为专利技术或者专利设计，将专利申请称为专利，或者未经许可使用他人的专利号，使公众将所涉及的技术或者设计误认为是专利技术或者专利设计；第四，伪造或者变造专利证书、专利文件或者专利申请文件；第五，其他使公众混淆，将未被授予专利权的技术或者设计误认为是专利技术或者专利设计的行为。但是，专利权终止前依法在专利产品、依照专利方法直接获得的产品或者其包装上标注专利标识，在专利权终止后许诺销售、销售该产品的，不属于假冒专利行为。另外，对于销售不知道是假冒专利的产品，并且能够证明该产品合法来源的，由管理专利工作的部门责令停止销售，但免除罚款的处罚。

对于假冒专利的制裁，《专利法》专门规定，假冒专利的，除依法承担民事责任外，由负责专利执法的部门责令改正并予公告，没收违法所得，可以并处违法所得5倍以下的罚款；没有违法所得或者违法所得在5万元以下的，可以处25万元以下的罚款；构成犯罪的，依法追究刑事责任。而对于冒充专利产品、以非专利方法冒充专利方法的，由负责专利执法的部门责令改正并予公告，并可处25万元以下的罚款。

（二）间接侵权行为

我国现行《专利法》只规定了对专利直接侵权行为的法律制裁，没有对专利间接侵权行为加以规定。目前，我国有关法院在实际专利纠纷案件的处理过程中，已经作出了一些认定专利间接侵权行为成立的判决。司法实践中认为间接侵权是指鼓励或诱使他人实施侵害专利权的行为，行为人本身的行为并不构成专利侵权。其常见的形态有：

(1) 未经专利权人许可，以生产经营为目的制造、出售专门用于专利产品的关键部件或者专门用于实施专利方法的设备或材料；

(2) 未经专利权人授权或委托，擅自许可或者委托他人实施专利。

间接侵权促使和导致了直接侵权行为的发生，行为人有过错，对专利权人造成了损害，与直接侵权构成共同侵权。间接侵权一般应以直接侵权的发生为前提条件，没有直接侵权行为发生的情况下，不存在间接侵权。由于间接侵权的成立以直接侵权为前提，所以，只有确定了直接侵权的事实后，才能确认间接侵权。

三、侵权认定的适用原则

判断专利侵权是否成立，就是要考查被控侵权物是否落入权利要求的范围，而由于对权利要求解释的弹性以及专利保护中的价值取向，司法实践中判断专利是否构成侵权有以下原则：

（一）全面覆盖原则

在判断发明或者实用新型专利是否侵权时，法院应当将被控侵权产品或者方法和专利权利要求进行比较，如果被控侵权产品或者方法具备了权利要求里的每一项技术特征，专利侵权就成立。这是法院判定专利侵权的基本方法，称为全部技术特征原则或者全面覆盖原则。全面覆盖原则与权利要求的字面解释原则相对应，将专利保护的范围严格限制在文字表达确立的技术方案中，对独立权利要求与被控侵权产品相比较时多一个要素或少一个要素都不能称为全面覆盖。这一原则要求专利权人当初提交权利要求书时一定要考虑日后专利保护中出现的各种情况，以达到有效的保护。

（二）等同原则

现实中，完全仿制他人专利产品或者照搬他人专利方法的侵权行为并不多见，常见的是对他人的产品或者方法及有关专利文件加以研究，对权利要求中的某些技术特征加以简单的替换或者变换，因此严格按照权利要求字面的含义来确定专利权的保护范围，可能导致对专利权人的不公平。

等同原则正是为应对上述需要而出现的法律适用原则。等同原则认为，将被控侵权的技术构成与专利权利要求书记载的相应技术特征进行比较，如果所属技术领域的普通技术人员在研究了专利权人的专利说明书和权利要求后，不经过创造性的智力劳动就能够联想到的，诸如采用等同替换、部件移位、分解或合并等替换手段实现专利的发明目的和积极效果的，并且与专利技术相比，在目的、功能、效果上相同或者基本相同，则应当认定侵权成立。

我国在司法实践中也确立了这一原则。最高人民法院颁布的《关于审理专利纠纷案件适用法律问题的若干规定》第13条规定：专利法所称的"发明或者实用新型专利权的保护范围以其权利要求的内容为准，说明书及附图可以用于解释权利要求"，是指专利权的保护范围应当以权利要求书中明确记载的必要技术特征所确定的范围为准，也包括与该必要技术特征相等同的特征所确定的范围。等同特征是指与所记载的技术特征以基本相同的手段，实现基本相同的功能，达到基本相同的效果，并且本领域的普通技术人员在被诉侵权行为发生时无需经过创造性劳动就能够联想到的特征。

一般情况下，运用等同原则判定诉讼产品或者方法是否侵权有以下几种方式：

(1) 产品部件的简单移位或者方法步骤顺序的简单变换后，如果该产品或者该方法领域内的普通技术人员认为两者之间没有本质区别，与专利技术基本相同，则基本可认定该产品侵权。

(2) 等同替换。如果权利要求书中记载有某个技术特征，在被控侵权的产品或者方法中也存在一个对应的技术特征，这两个技术特征在产品或者方法中所起的作用或者效果基本相同，并且在所属技术领域内的普通技术人员一般都知道这两个技术特征能够相互替换，那么法院可以认定诉讼产品或者方法侵权。

(3) 分解或者合并技术特征。分解，是把被诉讼侵权产品或者方法的两个技术特征，代替被侵权产品专利的权利要求书记载的某一项技术特征；合并，是把被诉讼侵权产品或者方法的一个技术特征代替被侵权产品专利的权利要求书中记载的某两项技术特征。如果通过合并或者分解后，本技术领域的普通技术人员不经过创造性的劳动，就能够实现专利技术的积极效果，法院可认定为等同侵权。

一方面，适用等同原则的目的，是为弥补权利要求的形式缺陷，对专利权人的因其发明创造对现有技术的贡献所应享有的排他性权利予以实质上的、充分公平的保护，以激励更多的人投入更多的资源进行技术创新；另一方面，适用等同原则又不能不合理地将属于公共财富的公知技术"等同"到权利要求中去，侵害公共利益。此外，等同原则的适用不能违背权利要求对公众的公示功能，因为权利要求的范围只有明确无误地被公众所知晓，公众才有可能做到尊重权利，也才能在不落入权利要求的前提下进行相关技术的开发。由于科技发展现状、经济基础、司法制度等方面存在着很大差异，各国对等同原则本身的价值、适用的范围以及限制条件等各有不同。在提倡集成创新和改进创新的时候，更多企业是在现有专利技术的基础上完成的创新，此时更应当慎重适用等同侵权原则。

（三）禁止反悔原则

禁止反悔原则是对专利权保护范围的一种限定，也是对等同原则的一种限制。它主要指在专利审批、撤销或无效宣告程序中，专利权人如果为确立其专利的新颖性和创造性，通过书面声明或者文件修改、限制或者部分地放弃了权利要求的保护范围，并因此获得了专利授权，那么，在专利侵权程序中，法院适用等同原则确定保护范围时，禁止其将已被限制排除或者已经放弃的内容重新纳入专利保护范围。这一原则是诚实信用原则在专利侵权诉讼中的具体体现，并且已为多数国家专利审判实践所采用。

（四）多余指定原则

多余指定原则是指在专利侵权诉讼中法院把权利要求的技术特征区分为必要技术特征和非必要技术特征，在忽略非必要技术特征（多余特征）的情况下，仅以权利要求中的必要技术特征来确定专利保护范围，判定被控侵权客体是否落入权利要求保护范围的原则。多余指定原则与全部技术特征原则性质刚好相反。

在我国，专利制度尚不发达，专利代理水平较差。撰写权利要求书时，常常发生将对实现发明目的、效果不甚重要的技术特征写入独立权利要求的情况。如果按照全面覆盖原则去判断侵权与否，只能得出不侵权的结果。这对发明创造人不公平。多余指定原则有助于矫正"全面覆盖"原则的这一弊端，但是在适用时应当非常慎重，否则会使得一项已经授权的专利保护范围处于不准确状态，也可能涉及法官越权行使行政授权职能。

（五）公知技术抗辩原则

2008年《专利法》第三次修改后，我国从立法上确立了"公知技术抗辩"原则。即被控侵权人有证据证明自己实施的技术属于现有技术的，不构成侵犯专利权，无需向国务院专利行政部门提出复审申请，法院可以直接判定被控侵权人不侵权。

"公知技术抗辩"原则是基于自由公知技术已成为人类共有的财富，大家都可以无偿使用这样一个自然法则而产生的原则。因此，采用"公知技术抗辩"的方法，来对抗专利侵权诉讼，这是在专利权由行政部门授予、专利侵权由司法部门审理截然分开的国家的一种通常做法。利用公知技术抗辩成功仅意味着不构成侵权，至于专利是否有效还需要启动专利无效程序确定。

四、诉前禁令及诉前证据保全

为了更好地保护专利权，我国《专利法》和相应的司法解释依照《TRIPS协议》，规定了"诉前临时禁止措施"制度，即专利权人或者利害关系人有证据证明他人正在实施或者即将实施侵犯专利权、妨碍其实现权利的行为，如不及时制止将会使其合法权益受到难以弥补的损害的，可以在起诉前依法向人民法院申请采取财产保全、责令作出一定行为或者禁止作出一定行为的措施。

申请人请求颁布"诉前临时禁令"，在提出申请时，应当提交下列证据：(1) 专利权人应当提交证明其专利权真实有效的文件，包括专利证书、权利要求书、说明书、专利年费交纳凭证。提出的申请涉及实用新型专利的，申请人应当提交国务院专利行政部门出具的检索报告。(2) 利害关系人应当提供有关专利实施许可合同及其在国务院专利行政部门备案的证明材料。未经备案的应当提交专利权人的证明，或者证明其享有权利的其他证据。排他实施许可合同的被许可人单独提出申请的，应当提交专利权人放弃申请的证明材料。专利财产权利的继承人应当提交已经继承或者正在继承的证据材料。（3）提交证明被申请人正在实施或者即将实施侵犯其专利权的行为的证据，包括被控侵权产品以及专利技术与被控侵权产品技术特征对比材料等。

五、专利侵权的诉讼时效

我国《民法典》第 188 条规定向人民法院请求保护民事权利的诉讼时效期间为 3 年。法律另有规定的，依照其规定。我国《专利法》第 74 条规定，侵犯专利权的诉讼时效为 3 年，自专利权人或者利害关系人知道或者应当知道侵权行为以及侵权人之日起计算。因而专利纠纷的诉讼时效为 3 年，从专利权人或利害关系人知道或应当知道侵权行为以及侵权人之日起计算；对于发明专利公布前至授权之间使用他人专利未支付适当使用费的，自专利权人知道或应当知道他人使用其发明之日起计算，专利权人在授权前即已得知或者应当得知的，自专利权授予之日起计算。

基于连续并且正在实施的专利侵权行为已超过诉讼时效进行抗辩的，法院可以根据原告的请求判令侵权人停止侵权，但侵权损害赔偿数额应当自原告向人民法院起诉之日起向前推算 3 年计算。实践中执行这样的时效规定的出发点是为了保护专利权人的合法权益，但是也有可能助长专利权人通过懈怠行使权利实施“专利钓鱼”的行为，即待侵权人的市场做大时再提起诉讼以获得最大利益赔偿以及通过纵容侵权培育市场，这属于滥用专利权行为，也是一种不正当竞争行为，可以通过其他法律加以调整。

如果自侵权人实施侵权行为终了之日起超过 3 年才起诉，专利权人将失去胜诉权。

六、专利侵权的责任

专利侵权的责任类型有民事责任、行政责任和刑事责任。

民事责任的方式主要有：诉前禁令、停止侵害、赔偿损失、消除影响。侵犯专利权的赔偿数额按照权利人因被侵权所受到的实际损失或者侵权人因侵权所获得的利益确定。权利人的损失或者侵权人获得的利益难以确定的，参照该专利许可使用费的倍数合理确定。赔偿数额还应当包括权利人为制止侵权行为所支付的合理开支。对故意侵犯专利权，情节严重的，可以在按照上述方法确定数额的 1 倍以上 5 倍以下确定赔偿数额。

权利人因被侵权所受到的实际损失可以根据专利权人的专利产品因侵权所造成销售量减少的总数乘以每件专利产品的合理利润所得之积计算。权利人销售量减少的总数难以确定的，侵权产品在市场上销售的总数乘以每件专利产品的合理利润所得之积可以视为权利人因被侵权所受到的实际损失。侵权人因侵权所获得的利益可以根据该侵权产品在市场上销售的总数乘以每件侵权产品的合理利润所得之积计算。侵权人因侵权所获得的利益一般按照侵权人的营业利润计算，对于完全以侵权为业的侵权人，可以按照销售利润计算。人民法院为确定赔偿数额，在权利人已经尽力举证，而与侵权行为相关的账簿、资料主要由侵权人掌握的情况下，可以责令侵权人提供与侵权行为相关的账簿、资料；侵权人不提供或者提供虚假的账簿、资料的，人民法院可以参考权利人的主张和提供的证据判法定赔偿数额。

权利人的损失、侵权人获得的利益和专利许可使用费均难以确定的，人民法院可以根据专利权的类型、侵权行为的性质和情节等因素，确定给予 3 万元以上 500 万元以下的赔偿。

行政责任的方式包括由管理专利工作的部门责令改正并予公告，没收违法所得，并处罚款。

关于专利侵权的刑事责任，我国《刑法》第 216 条规定，假冒他人专利，情节严重的，处 3 年以下有期徒刑或者拘役，并处或者单处罚金。

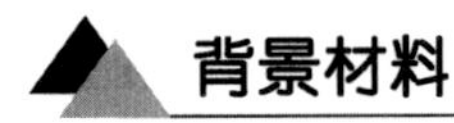

背景材料

发明和实用新型专利的保护范围[①]

如何合理地保护发明和实用新型专利权，有两个因素必须予以考虑。

第一，不能剥夺公众使用已公开技术的自由。国家授予专利权人一定期间内的独占权，是因为他为社会公众提供了新的有用的技术方案，丰富了人类已有科学技术的宝库。因此，为他提供的专利独占权应当限于其新的技术方案，不能将过去已经为公众所知的技术也囊括在专利权人的权利范围之内，否则就损害了公众的利益，影响正常的社会秩序，对科学技术的推广应用和社会的发展产生阻碍作用。

第二，必须要有一种方式，使公众能够以足够的确定程度知道什么是受到专利保护的技术。专利权是一种无形财产，其权利客体无法像一般有形财产那样清楚、容易地予以界定，这是专利权与一般有形财产之间的显著区别之一。专利权又是在整个国家范围内有效的权利，对这个范围之内所有的个人和单位都有约束力。因此，专利制度不能形成这样一种局面，即一项专利权的保护范围可以由专利权人随意主张，只有到了产生纠纷的时候经法院认定才能确定，事先谁也无法预测。倘若如此，就会使公众不知所措，无法确定从事何种生产经营活动是合法的，从而影响正常的社会秩序。

专利制度如何做到上述两点很不容易，人类社会为之进行了长期的探索和努力。在这两个方面，各国的专利制度至今仍不能说是充分完备的，仍然在不断地予以发展和完善。

在西方国家建立专利制度的初期，各国授予专利权的专利文件只有专利说明书，而没有权利要求书。经过一段时间的实践，发现这种做法存在问题。任何新技术都是在已知技术的基础上做出的，专利说明书要达到使所属领域的技术人员能够实施该技术的程度，就必须在已知技术的基础上，对其发明创造作出详细、全面的介绍说明，其中既包括对所涉及的背景技术的描述，也包括对发明创造的创新点的描述；既包括对发明原理的说明，也包括对发明具体实施方案的详细介绍，各方面交融在一起，其篇幅常常很大。面对这样的说明书，无论是社会公众，还是法院的法官，都难于归纳出到底什么是专利权人的新贡献；就算归纳出来，也会因人而异，难于统一。因此，专利制度的上述两个重要因素均无法得到保障。为了解决这一问题，西方国家为专利文件设计了一种特殊的法律文件，这就是权利要求书。

权利要求书是以简洁的文字来定义受专利保护的技术方案的法律文件，它向公众表明构成发明或者实用新型的技术方案包括哪些要素，也就是我们所说的技术特征。如果他人实施的行为包含了一项权利要求中记载的全部技术特征，就落入了该专利权的保护范围之内，构成了侵犯该专利权的行为。如果没有包含一项权利要求的全部技术特征，则表明其实施的技术方案与该专利权所保护的技术方案不相同，因而不应当受到该项专利权的限制。

---

① 国家知识产权局条法司:《新专利法详解》，知识产权出版社 2001 年版，第 302—303 页。

这是发明和实用新型专利保护体制最为基本的规则。专利法中规定的对申请文件的种种要求以及专利审查的标准和要求，实际上都是围绕这一规则展开，为落实这一规则而服务的。

判断他人的行为是否侵犯专利权，必须判断其行为客体是否落入权利要求所定义的保护范围，这与一般有形财产权的保护是不相同的。英文中将一般民事侵权行为称为“tort”，而将专利侵权行为称为“infringement”，在一定程度上体现了这种区别。“tort”一词的本意是“扭曲”“伤害”，其法律含义是因故意或者过失而造成损害，主要是从行为造成的后果出发的；“fringe”一词的本意是“边界”或者“圈子”，“infringe”则意味着“进入边界”“落入圈子”，主要是从行为客体的性质出发的，它形象地表达了构成专利侵权行为的条件。

技术特征的等同判断[①]

温州宁泰机械有限公司（以下简称“宁泰公司”）系名称为“一种裁剪机”（专利号：ZL201210508388.7）的发明专利权人。宁泰公司认为温州钱峰科技有限公司（以下简称“钱峰公司”）生产的裁剪机落入其上述专利权利要求1的保护范围，侵害其专利权，遂提起诉讼。

在判断功能性技术特征是否相同或等同时，首先应当从说明书及附图的描述中正确归纳出实现该功能不可缺少的技术特征，再与被诉侵权技术方案的相应技术特征进行比对，并非实现该功能所必需的技术内容，不应被纳入比对范围。此外，比对时不应再适用全部技术特征原则对功能性技术特征进行分解，避免因过度拆分技术特征导致不当限缩专利权保护范围的后果。在界定技术特征的等同范围时，对于创新程度较高的专利应给予较大的等同范围，同时还应考虑到技术特征与专利发明点之间的关系，使知识产权的保护范围和强度与其创新和贡献程度相协调。

浙江省温州市中级人民法院经审理认为：被诉侵权产品落入涉案专利权利要求1的保护范围。遂判决钱峰公司停止侵害并赔偿损失20万元。浙江省高级人民法院二审维持了原判。

第四节　不视为专利侵权的情况

有观点认为不视为专利侵权的情况可作为专利的合理使用，应当属于对权利的限制。可以说，整部专利法的所有条款都有权利保护和限制的双重体现，在此不再作概念解析。不视为侵权的情况意味着任何人不通过权利人的许可，都可以使用专利产品或技术而不会构成侵权。

---

① 《2016年度浙江法院十大知识产权案件之四：温州宁泰机械有限公司与温州钱峰科技有限公司侵害发明专利权纠纷案》，http://www.pkulaw.cn/case/pfnl_a25051f3312b07f378686fe4379403a3499f9f1cb5bfb6babdfb.html?keywords=%E6%B8%A9%E5%B7%9E%E5%AE%81%E6%B3%B0%E6%9C%BA%E6%A2%B0%E6%9C%89%E9%99%90%E5%85%AC%E5%8F%B8&match=Exact，访问日期：2018-1-27。

一、权利用尽后(权利穷竭)

当专利权人自己制造、进口或者经专利权人许可而制造、进口的专利产品或者依照专利方法直接获得的产品售出后，其专利权就已经“用尽”，他人再使用通过分销、转卖或零售渠道获得该产品，都无须征得专利权人的许可。这一原则又称为“权利用尽原则”，它只适用于合法投入市场的专利产品。专利权用尽理论的依据是：(1) 流通的保护。每次对专利产品进行流转时都必须取得专利权所有者的认可的话，就会阻碍商品的自由流通，使得专利产品无法顺畅销售，结果也会损害到专利权人的自身利益，也就违背了专利法的目的。(2) 禁止专利权人取得双重利益。专利权人在自行转让专利产品时，已经取得了发明的公开代价或者收益，再次行使禁止权违背公平竞争。根据权利用尽理论，专利产品的购入者或者转让取得者，在该产品的常识性的寿命期间拥有使用和销售该专利产品而不需专利权人许可的权利。权利用尽理论也存在争议，即国际穷竭原则还是国内穷竭原则。按照专利权具有地域性、专利权人拥有进口权来看，在一国已经进入权利用尽状态的专利技术，权利人在他国的权利不一定穷竭。这一点在平行进口问题上反映得比较突出，如果国际穷竭理论成立的话，就不应当出现平行进口的禁止，而进口权的行使也会受到限制。

二、先用权人的利用

对于在专利申请日以前已经制造与专利产品相同产品的“先使用人”，或者使用相同方法或者已经做好制造、使用的必要准备工作的“先使用人”，他们可以在原生产规模范围内继续使用这一技术。先用权可以转让，但不能脱离原来的生产实体单独转让。

先用权一般是在侵权抗辩时主张的，主张享有先用权的主体一定要提供在申请日以前未公开的使用证明，如果能够找到公开使用的证明，可以用新颖性或者创造性丧失来抗辩或提出专利无效的请求。

三、临时过境的外国运输工具的使用

临时通过中国领陆、领水、领空的外国运输工具，为其自身需要在装置和设备中使用我国有关专利技术的，可以不经专利权人的许可。但这种使用仅限与我国签有协议或者共同参加的国际公约，或者有互惠条约的国家的运输工具，并不面向所有国家。需说明的是，在临时过境运输工具上载有仿制的专利产品货物的，不在此合理使用范围之内，应视为侵权。

四、非生产经营目的的利用

为科学研究和实验目的，为教育、个人及其他非为生产经营目的使用专利技术的，可以不经专利权人的许可，不视为侵权行为。这里所说的在科学研究、实验、教育中使用他人专利技术，只能是小范围的非营利性质的使用。如果在整个教育系统内大量使用他人专利技术制作的教学用具，即便没有营利，但由于单位节省了大量购置教具的经费，属间接营利，并且使专利权人失掉这一主要消费市场而蒙受经济损失，因此，这种行为不属于合理使用的范围。

五、医药审批的使用

为提供行政审批所需要的信息，拟制造药品或者医疗器械的单位或个人制造专利药品或者专利医疗器械而使用他人专利的,不属于专利侵权。这是国际上通用的"药品和医疗器械实验例外"规则,该规则主要借鉴了美国的 Bolar 豁免规则。在 Roche v. Bolar 案中,Bolar 公司为了赶在 Roche 公司药品专利权到期时推出其仿制品,在专利到期前从国外获取专利药品进行实验以收集仿制药品报批所需要的数据,法院认定其构成侵权。这一判决结果最终促成美国国会通过《药品价格竞争和专利期限恢复法案》,允许仿制药厂商在专利到期前进行临床实验和收集药品审批所需的数据,并不视之为侵权。在我国《专利法》第四次修改后,我国药品和医疗器械生产企业完全可以利用这一规则,在相关专利权保护期届满之前,进行药品或医疗器械的实验和申请生产许可,在专利权到期时可立即推出替代产品。

"药品和医疗器械实验例外规则"在实践中如何适用还存在许多争议之处,如:是否要规定一个提前使用他人专利的时间期限?是否限制生产数量?是否允许专利保护期届满前进行报道或宣传?国外法律一般规定专利期满前 2—3 年的时间为限,并且仅允许少量生产,只能在专利期满后才可有商业行为。

对于善意使用或销售的,即为生产经营目的使用或者销售不知道是未经专利权人许可而制造并售出的专利产品或者依照专利方法直接获得的产品的,我国《专利法》规定,如果当事人能够证明其产品的来源合法,则不负赔偿责任。需要指出的是,对于善意使用或销售专利产品或依专利方法制造的产品的行为,现行《专利法》不再认为是不侵犯专利权的行为。对于能证明其产品合法来源的,法律规定其可不承担赔偿责任,但仍需承担其他法律责任,如停止侵害等;而对于不能证明其产品合法来源的,则要承担完全的侵权责任。

背景材料

知识产权权利穷竭的合理性[①]

通常认为,确保商品的自由流通和利益平衡是解释知识产权的权利穷竭合理性的两个重要理由。当然,权利穷竭还可以从一般的法理学和经济学方面认识。

知识产权的专有性在实质上体现为对附载知识产权的有形物的控制。由于在市场中附载知识产权的有形商品如专利技术产品、商标产品、作品的复制性,通过市场购买行为而实现了物权转移,在知识产权人能够对知识产品首次流通后的流通行为加以控制的情况下,显然会出现有形商品的所有权与该商品附载的知识产权之间的碰撞与冲突,其实质则体现为知识产权的垄断性与有形商品的自由流通的冲突。这种冲突的本质是知识产权人和附载知识产品的有形商品所有人之间直接的冲突,需要合理地平衡知识产权人和附载知识产权的有形商品所有人的利益。附载知识产权的有形商品在首次进入市场流通后是否仍应受到知识产权人的控制?权利穷竭原则的目的在于消除知识产权的专有性对商品自由流通所产生的消极影响。

知识产权人在附载其知识产权的商品合法地进入商品流通领域后已经通过知识产权法获得了经济利益——知识产权人对于物权被转移的该特定商品无知识产权可言,不能再对该已经属于他人的商品进行干预,否则会使知识产权人对同一产品重复获利。附载知识产权的产品在投入市场流通后,买受人已经支付包含知识产权权利金在内的价金,该产品不

① 冯晓青:《知识产权的权利穷竭问题研究》,载《北京科技大学学报》2007 年第 3 期。

宜再由知识产权人控制。

如果知识产品在第一次合法投入市场后仍授予权利人控制该无形的智力创造的有形表达的权利,就会减缓整体的社会效用。相反,在智力创造物首次投入市场后就摆脱了知识产权人的控制,公众自由获取和接近信息的能力就不会受到损害,在智力创造物的生产方面也不会存在利益失衡。该原则的适用通过有形商品的所有权人摆脱知识产权人对商品再次流通的控制,均衡了知识产权人和有形商品所有人的利益,对于在市场经济的环境下贸易的发展与繁荣具有重要意义。

典型案例

先用权抗辩①

原告蒋岚于2014年6月18日申请外观设计专利,并于同年10月29日取得国家知识产权局授权的名称为"手机保护膜包装盒(001)"、专利号为zl201430189441.1的外观专利证书,至今有效。该专利产品设计美观新颖,投放市场后深受欢迎,为原告获得较高的经济效益。原告认为被告广州市伽利略电子科技有限公司未经授权许可,擅自大规模制造、销售、许诺销售该专利产品,构成侵权。

根据被告提供的公证书显示,被告于2014年6月11日已经将涉案产品"战甲"的照片上传于其qq空间,在原告申请涉案专利前就已经投入生产、销售,向市面公开。根据《中华人民共和国专利法》第69条第2项规定,在专利申请日前已经制造相同产品、使用相同方法或者已经做好制造、使用的必要准备,并且仅在原有范围内继续制造、使用的,不构成侵犯专利权。被告为证明其在涉案授权外观设计专利申请日前已制造相同产品,提交了电子计算机上qq空间相册、移动电话中的相关彩信及微信图片证据。经目测比对,上述图片的整体视觉效果与被诉侵权产品设计无差异,可以认定为相同。法院认为被告的先用权抗辩理由成立,被诉侵权产品的外观设计并未构成对授权专利的侵害,原告的诉讼请求依法不能成立,予以驳回。

第五节 专利的行政执法

我国对专利权的保护实行司法和行政"两条途径,协调运作"的模式。实践证明这一模式是符合我国国情且行之有效的。专利行政执法具有程序简单、便捷高效的特点,尤其对于假冒他人专利、冒充专利、群体侵权等侵权行为更具有优势。但多年的实践证明,专利行政执法也有滥用公权力的问题,很多专利权人将行政执法程序作为后期司法程序启动的准备阶段,通过公权力部门取得证据和市场竞争的主动性,这已经背离了行政执法的初衷。

① 《广州知识产权法院2015年度十大知识产权典型案例之三:蒋岚诉广州市伽利略电子科技有限公司侵害外观设计专利权纠纷案》,http://www.pkulaw.cn/case/payz_a25051f3312b07f3a0293eb8a8391e7b1672bbaf3edba45cbdfb.html?keywords=%E5%85%88%E7%94%A8%E6%9D%83&match=Exact,访问日期:2018-01-27。

一、管理专利工作的部门的设立

依照1984年《专利法》第60条的规定，经国务院批准，国家经委、国家科委、劳动人事部、中国专利局于1984年(在《专利法》实施前)联合发出《关于在全国设置专利工作机构的通知》，要求国务院有关的业务主管部门和各省、自治区、直辖市设置管理专利工作的部门，根据其工作任务，可设置专利管理局或专利管理处。此后，各部委和地方政府的专利管理职能都放在了知识产权管理局内，《专利法》的修改中又将专利管理机构改称为管理专利工作的部门。在新一轮的国务院机构改革中，专利行政执法的主要权限从管理专利工作的部门转移到了负责专利执法工作的部门。为配合国务院机构改革，我国《专利法》第四次修改中，对此作了适应性修改，此后专利行政执法权限改为由负责专利执法的部门承担，同时保留了管理专利工作的部门询问、调查、现场检查的职权。管理专利工作的部门主要是指国家知识产权局以及地方知识产权局，负责专利执法的部门主要是指国家市场监督管理总局和地方市场监督管理局。

二、管理专利工作的部门的职责

管理专利工作的部门具有执法和管理双重职能，这是我国专利制度的特色之一。其他国家专利制度中一般都不设立这种具有执法功能的行政机构，行政执法一般体现在海关的相关措施上。

管理专利工作的部门的管理与执法职责是：

(1) 制定本地区、本部门专利工作的规划和计划；

(2) 组织协调本地区、本部门的专利工作并进行业务指导；

(3) 处理本地区、本部门的专利纠纷；

(4) 管理本地区、本部门的许可证贸易和技术引进中有关专利的工作；

(5) 组织专利工作的宣传教育和干部培训；

(6) 领导本地区、本部门的专利服务机构；

(7) 筹集、管理和使用专利基金，扶植专利申请和专利技术的开发实施；

(8) 负责本地区、本部门个人向外国人转让专利申请权和专利权的审核，并办理报批手续。

专利制度的一个重要职能就是传播专利信息，通过专利信息的传播可以提高发明创造的起点、创新的起点，尤其是减少科研机构、企业的重复研发活动，节约社会资源，同时也可以使企业在市场竞争中避免无意侵犯他人的专利权。从政府职能的角度来看，随着市场经济体制的完善和企事业单位作为竞争主体的地位的加强，专利信息方面的需求也日益增长，管理专利工作的部门更应当利用政府平台构建良好的专利信息公共服务平台，正确引导企业制定和实施专利战略，变被动管理为主动服务。

三、管理专利工作的部门对专利纠纷的处理

管理专利工作的部门应当事人请求，对下列专利纠纷进行调解：

(1) 专利申请权和专利权归属纠纷；

(2) 发明人、设计人资格纠纷；

(3) 职务发明的发明人、设计人的奖励和报酬纠纷；

(4) 在发明专利申请公布后专利权授予前使用发明而未支付适当费用的纠纷。

对于第(4)项所列的纠纷，专利权人请求管理专利工作的部门调解，应当在专利权被授予之后提出。

管理专利工作的部门受理上述请求后，应及时对案情进行调查研究，搜集证据，查清事实，作出纠纷处理决定。管理专利工作的部门处理时，认定侵权行为成立的，可以责令侵权人立即停止侵权行为。当事人对管理专利工作的部门作出的立即停止侵权行为的决定不服的，可以自收到处理通知书之日起 15 日内依照《中华人民共和国行政诉讼法》向人民法院起诉；对管理专利工作部门作出的其他决定不服的，可以在收到通知之日起 3 个月内向人民法院起诉，期满不起诉又不履行的，管理专利工作的部门可以请求人民法院强制执行。

此外，2020 年我国《专利法》在第四次修改后规定，专利侵权纠纷涉及实用新型专利或者外观设计专利的，人民法院或者管理专利工作的部门可以要求专利权人或者利害关系人出具由国务院专利行政部门做出的专利权评价报告。专利行政部门根据专利权人或者利害关系人的请求，对相关实用新型或者外观设计进行检索、分析和评价，做出专利权评价报告。专利权评价报告是人民法院和管理专利工作的部门判断专利权有效性的初步证据；专利权人、利害关系人或者被控侵权人也可以主动出具专利权评价报告。

请求管理专利工作的部门处理专利纠纷的时效为 3 年，自专利权人或者利害关系人知道或者应当知道侵权行为以及侵权人之日起计算。

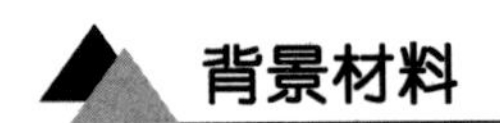

背景材料

近三年全国专利行政执法情况[①]

2017 年，国家知识产权局继续加大专利行政执法办案工作力度，深入组织开展“护航”“雷霆”专项行动，加强大型展会、电商领域及进出口环节的专利保护工作。全年专利行政执法办案总量达到 66649 件，同比增长 36.3%。其中，专利纠纷案件 28157 件，同比增长 35.0%；查处假冒专利案件 38492 件，同比增长 37.2%。

2018 年，全国各级行政执法机关不断加大执法力度，进一步提升行政执法效能。持续加大专利行政执法力度，组织开展“护航”“雷霆”专项行动，加强大型展会、电子商务等重点领域及场所的专利保护。全年专利行政执法办案总量达到近 7.73 万件，同比增长 15.9%。其中，专利纠纷案件达到近 3.46 万件，同比增长 22.8%；查处假冒专利案件近 4.27 万件，同比增长 10.9%。电子商务领域专利执法办案量达 3.30 万件，同比增长 66.4%。查办首起集成电路布图设计侵权纠纷案件，为集成电路布图设计行政执法积累了有益经验。

2019 年，各级行政执法机关进一步加大执法力度，提升行政执法效能，组织开展“铁拳”等多个专项行动。严格专利行政保护，组织开展执法保护专项行动，严厉查处专利侵权假冒违法行为。全年办理专利侵权纠纷行政裁决案件近 3.9 万件，同比增长 13.7%；查处假冒专

① 《知识产权白皮书》，参见国家知识产权局网站，https://www.cnipa.gov.cn/col/col91/index.html，访问日期：2020-12-21。

利违法案件7300余件,案值0.17亿元,罚没金额0.18亿元;办结2起集成电路布图设计侵权纠纷案件。

青海省知识产权局开展专利执法检查[①]

2020年11月11日至12日,青海省知识产权局组织西宁市、海东市两地市场监管部门执法人员分别赴大通县、互助县开展专利执法检查。两市各县区共60余名执法人员参加了执法行动。

执法过程中,工作人员为基层执法人员详细讲解了假冒专利及专利标识标注不规范行为的判断方法、执法检查程序和检查重点,并就如何使用执法设备核查专利进行了指导,同时积极向商场管理人员及消费者宣传普及专利基础知识,指导商场开展专利商品自查自纠和索证备案工作,严把进货关,杜绝专利侵权商品、专利假冒商品进入市场。检查期间执法人员共排查各类商品3000余件,当场对一种涉嫌假冒专利商品进行了封存处理。

场监管部门加大对流通领域专利商品的监管力度,营造良好的知识产权市场氛围。下一步,青海省知识产权局将持续开展专利行政执法业务培训和现场执法指导,多管齐下加强基层执法队伍建设,有效扩大青海省知识产权行政执法覆盖范围,为切实推进全省知识产权保护工作做好服务支撑。

第六节 其他专利纠纷的处理

一、专利申请权纠纷

一件发明创造完成后,谁有权申请专利,要视发明创造的性质而定。

对于非职务发明创造,申请专利的权利归发明人或设计人。凡是对发明创造的实质性特点作出创造性贡献的人,都应成为发明人或设计人。发明人或设计人一旦确定下来,非职务发明创造的申请人的确定问题就迎刃而解了。

对于职务发明创造来说,主要是单位与发明人的非职务发明申请的纠纷以及委托研究或合作研究并且事先没有合同约定申请权而发生的纠纷。

申请权纠纷最多的还是关于职务发明创造和非职务发明创造的确定。第一种情况是,本来属于职务发明创造,却由发明人以非职务发明创造申请了专利,然后许可或转让给其他单位实施。这种专利技术"漏泄现象"在科技人员流动中或兼职服务中尤为普遍。第二种情况是,单位不愿为在本职工作中完成的发明创造提供专利申请费用,放弃申请,发明人便申请了非职务发明创造。发明人取得经济收益后,原单位又主张是职务发明。第三种情况是,

① 《青海省知识产权局开展专利执法检查》,https://www.cnipa.gov.cn/art/2020/11/16/art_57_154935.html,访问日期:2020-12-21。

非职务发明创造的完成人在申请专利之初，考虑申请费用或与单位的关系，愿以职务发明创造申请，在以后专利实施收益分配上，发明人只能以奖励的形式得到一小部分利益，这时，发明人便要求重新确认申请权。

只要事先严格按照专利法的规定，划清发明人、申请人之间的界限，在委托和合作研究合同中明确规定双方的权利义务，这类申请权纠纷是可以避免的。

职务发明和非职务发明的纠纷可以请求管理专利工作的部门进行调处。

二、专利权归属纠纷

专利权归属纠纷是指在专利授权后，当事人之间在确认谁是真正权利人的问题上发生的纠纷，一般有职务发明和非职务发明的权属问题，合作开发和委托开发合同约定不明确的权属问题，也有剽窃他人技术成果、专利实施许可中的转移等问题。

专利权属纠纷发生在授权之后，专利权的法律地位已经确定，专利权人可以行使法律规定的各种权利并履行规定的义务。一旦变更或增减专利权人，对专利的实施将产生重大影响。所以一旦有权属纠纷应当通知相关义务人，将影响降到最低。

对于共同发明来说，在许可他人实施时，原来专利法规定必须经过全体专利权人的同意。为了促进专利的实施应用，在《专利法》第三次修改后，专利权共有人可以单独实施或者以普通许可方式许可他人实施该共有专利，收取的使用费应当在共有人之间分配。这样就能避免共同专利人之间一些纠纷的发生。

三、专利合同纠纷

专利合同纠纷主要是指在专利申请权、专利权转让合同、专利技术许可实施合同、专利技术中介服务合同中，各方当事人就权利义务的履行、合同条款的解释等发生的争议。

专利申请权、专利权转让合同和专利实施许可合同纠纷一般是因为专利权本身存在瑕疵（如权利归属处在不确定状态、权利已终止或无效），也可能因为转让人不适格（如没经过其他共同专利人同意的转让），也可能因为合同条款含糊、不详尽等等。由于这些合同都属于《民法典》中的技术转让合同，其纠纷的解决直接适用技术转让合同的规定。

专利技术中介服务合同纠纷属于《民法典》中技术服务合同纠纷的一种。这种合同可以是三方共同签订或甲、乙双方分别与中介方单独签订。合同建立在甲、乙双方对中介方具有绝对的信任基础上，自愿通过中介机构进行实施活动。所以中介方应该对甲、乙双方各自的实际情况有充分了解，不能为了收取中介费而将虚假的技术推销给实施单位，或让不具备生产条件的单位接受专利技术，更不能进行欺骗或强迫性的中介服务。中介服务合同纠纷是甲、乙双方与中介方发生的纠纷，应按《民法典》中技术服务合同的规定来确定各自的权利义务及违约责任。

四、药品专利权纠纷

药品上市审评审批过程中，药品上市许可申请人与有关专利权人或者利害关系人，因申请注册的药品相关的专利权产生纠纷的，相关当事人可以向人民法院起诉，请求就申请注册的药品相关技术方案是否落入他人药品专利权保护范围作出判决。国务院药品监督管理部门在规定的期限内，可以根据人民法院生效裁判作出是否暂停批准相关药品上市的决定。

药品上市许可申请人与有关专利权人或者利害关系人也可以就申请注册的药品相关的

专利权纠纷，向国务院专利行政部门请求行政裁决。

五、专利行政纠纷

专利行政纠纷是指当事人对专利行政机关所作出的决定不服而引起的争议。

专利行政机关是指国家知识产权局及其他管理专利工作的部门。对这些机构作出的决定不服的情况有：

（1）专利申请人对国家知识产权局在专利申请过程中作出的决定不服的；

（2）专利权人对国家知识产权局作出的强制许可的决定以及有关使用费的裁决不服的；

（3）专利代理机构和专利代理人对国家知识产权局作出的有关代理工作的处罚不服的；

（4）任何人对国家知识产权局作出的行政行为认为侵犯其合法权益的；

（5）对管理专利工作的部门作出的复审决定不服的；

（6）对管理专利工作的部门作出的关于专利权无效、部分无效或维持专利权有效的决定不服的；

（7）对管理专利工作的部门的行政决定不服的；

（8）因各级专利行政机关工作人员徇私舞弊，严重失职的行为引起的纠纷；

（9）对上述部门作出的其他行政决定不服的。

上述情况中，经常发生的是对管理专利工作的部门作出决定不服的纠纷。

六、专利纠纷的解决

针对不同性质的专利纠纷，有不同的解决方式，双方当事人可以自愿选择。

（一）调解

不论是当事人与行政机关之间的纠纷，还是当事人之间的各种纠纷，都可以在双方自愿的基础上，由第三方从中调停，促使双方当事人和解。调解依据第三者即调停人的身份不同，可分为民间调解、行政调解、仲裁调解和司法调解。

民间调解可以是任何人或任何单位充当调解人。行政调解一般是由管理专利工作的部门进行的，只在本系统内对各方当事人进行调解。仲裁调解是仲裁机构在进行仲裁裁决之前的一种程序，如果双方当事人接受调解，可不再进行仲裁。司法调解是贯穿在整个诉讼始末的一种法律程序。值得指出的是，仲裁调解和司法调解与民间调解和行政调解的性质不同，前两者作出的调解协议书，生效后具有法律约束力，当事人必须履行，否则另一方当事人可以请求人民法院强制执行。

（二）仲裁

仲裁是指在当事人双方自愿的基础上，由仲裁机构以第三者的身份，依法对争议作出具有法律约束力的裁决。在专利纠纷中采取仲裁解决方式一般仅限于专利合同纠纷。

（三）行政处理

国务院有关主管部门或者地方人民政府设立的管理专利工作的部门对本系统内的专利权属纠纷、临时保护期使用费支付的纠纷、对职务发明创造发明人或设计人奖励的纠纷，可以作出行政处理决定。

请求管理专利工作的部门处理专利纠纷的时效为3年，自专利权人或者利害关系人知道或者应当知道侵权行为以及侵权人之日起计算。对管理专利工作的部门的处理决定不服可以向法院提起诉讼。

（四）诉讼

依照《民事诉讼法》《行政诉讼法》和《刑事诉讼法》，在我国，专利纠纷可以通过司法途径解决。

1. 专利民事纠纷案件

专利权属纠纷、侵权纠纷和合同纠纷属于民事纠纷，由这些纠纷引起的诉讼由各省、自治区、直辖市人民政府所在地的中级人民法院和最高人民法院指定的中级人民法院管辖。最高人民法院根据实际情况，可以指定基层人民法院管辖第一审专利纠纷案件。各省、自治区、直辖市高级人民法院为第二审法院。人民法院依据有关法律规定，要求有关当事人承担以下民事责任：

（1）停止侵害。禁止侵权人继续生产、使用、许诺销售、销售、进口侵权产品，使用侵权专利方法或销售、进口依该专利方法获得的产品。当事人要求诉讼保全的，可依法对侵权人的有关财物进行查封、扣押、冻结、责令提供担保等。

（2）赔偿损失。对给当事人造成损害的，应责令赔偿损失，赔偿数额可按被侵权人实际损失数额计算，也可按侵权人非法所得额或假设该项专利许可他人使用时可能得到的使用费数额计算。

（3）消除影响。当事人可以采取各种公开的方式，如报刊、广播、电视、新闻发布会等向受害人赔礼道歉，消除不良影响。

2. 专利行政纠纷案件

因对管理专利工作的部门或者负责专利执法的部门的决定或裁决不服引起诉讼的案件均由北京市第一中级人民法院作为第一审法院，北京市高级人民法院为第二审法院。这类案件的诉讼性质属行政诉讼，被告为管理专利工作的部门或者负责专利执法的部门。对于管理专利工作的部门作出的复审决定或裁决不服的，可以在收到通知之日起 3 个月之内向人民法院起诉，逾期起诉的，法院不予受理。

3. 专利刑事案件

专利违法和专利侵权情节严重，构成犯罪的，应当承担刑事责任。主要有：（1）假冒他人专利构成犯罪的；（2）向国外申请专利、泄露国家机密，构成犯罪的；（3）从事专利管理工作的国家机关工作人员以及其他有关国家机关工作人员玩忽职守、滥用职权、徇私舞弊，构成犯罪的。

对专利侵权行为要求承担刑事责任的国家不多，我国在这一点上应当属于高保护水平的国家。

关于假冒专利方面的修改[①]

由于我国《专利法》的第三次修改将假冒他人专利与冒充专利行为合并为假冒专利，《专

① 国家知识产权局条法司：《关于假冒专利方面的修改》，载《电子知识产权》2010 年第 4 期。

利法实施细则》也随之进行了修改。修改内容主要有如下几个方面：

第一，在第1款中新增第(5)项，规定了属于假冒专利行为的兜底条款。本项采用的表述是“其他使公众造成混淆，将未被授予专利权的技术或者设计误认为是专利技术或者专利设计的行为”，表明只有在客观上造成公众混淆、误认的行为才会构成假冒专利的行为。

第二，新增一款作为第1款第(2)项：“销售第(一)项所述产品”。对于在专利权终止前依法标注专利标识并在专利权终止后许诺销售或销售产品的行为是否构成冒充专利行为，存在不同的看法，各地的执法实践也不统一。专利权终止前标注专利标识是专利权人的一项权利，允许其在终止后销售其在终止前已经合法标注的产品，可以避免人力、物力和财力的浪费。为统一执法标准，此次在修改后的《专利法实施细则》中明确规定：在专利权终止前标注、在终止后许诺销售或者销售的，不属于假冒专利。但应当注意的是，必须是在专利权终止前依法标注专利标识的产品才有权继续销售或者许诺销售，如果专利权终止前标注专利标识的行为不符合要求的，如仅仅是标注“专利产品，仿冒必究”字样的，仍然需要责令改正，甚至给予处罚。

第三，新增一款作为第3款。根据第84条第1款第(2)项，销售假冒专利的产品的也构成假冒专利行为。在现实生活中，销售者往往难以对其销售的商品是否为专利产品进行一一核查，因此本条规定对不知情而又能证明合法来源的销售者免除罚款的处罚。但是，由于其销售行为性质上仍属于假冒专利，有关产品仍然是假冒专利的产品，故仍应当停止销售。

第四，由于《专利法》的第三次修改将假冒他人专利与冒充专利行为合并为假冒专利，因此《实施细则》第84条第1款对原第84条和原第85条列举的假冒他人专利和冒充专利的行为方式进行了归并，并作出适应性修改。

此外，由于修改前的《专利法实施细则》第84条中只提及“专利技术”，在字面含义上没能涵盖外观设计专利，此次修改增加了“专利设计”，使其更加准确。

专利权权属纠纷中如何对“职务发明”进行界定?[①]

2003年5月30日，北京威德生物科技有限公司(简称“北京威德公司”)向国家知识产权局申请名称为“菊粉饮料组合物”的发明专利(简称“诉争专利”)，专利号为ZL03138039.5，授权公告日为2005年10月5日，发明人为殷洪、张翔。

北京威德公司于1997年11月3日成立，青海威德生物技术有限公司(简称“青海威德公司”)于2002年10月30日成立。自青海威德公司成立以来至2011年6月，殷洪任该公司的董事长兼总工程师、北京威德公司的董事长；张翔任青海威德公司的总经理、北京威德公司的副总经理。

原告青海威德公司认为自其公司成立以来，殷洪一直担任董事长兼总工程师的职务，张翔一直担任总经理职务，二人一直在青海威德公司领取报酬，并报销费用。在诉争专利申请

① 陶钧:《在专利权权属纠纷中如何对“职务发明”进行界定——青海威德生物技术有限公司诉北京威德生物科技有限公司、殷洪、张翔专利权权属纠纷案》，载《中国知识产权报》2013年10月16日第6版。

日前,青海威德公司专门对“红菊芋膳食纤维饮料”进行营销策划。诉争专利是殷洪、张翔利用青海威德公司的物质技术条件所完成的本职工作而产生的发明创造,应属青海威德公司所有。综上,其诉至法院请求确认诉争专利为殷洪、张翔在青海威德公司任职期间的职务发明。

被告北京威德公司及第三人殷洪、张翔均不同意青海威德公司的诉讼请求。

一审法院经审理认为,在诉争专利申请和授权时,殷洪、张翔虽然在青海威德公司分别担任董事长兼总工程师、总经理,但是青海威德公司并未提交证据证明殷洪、张翔担任职务的职责范围,也未提供证据证明其曾要求殷洪、张翔完成与诉争专利相关的任务。至于殷洪、张翔在青海威德公司领取的工资,既有可能与诉争专利有关,也有可能仅仅只是其在青海威德公司履行管理职责领取的报酬,且殷洪、张翔同时在北京威德公司担任职务并领取工资。在无其他证据佐证的情况下,仅凭工资发放记录,不足以证明诉争专利系执行青海威德公司的任务或主要是利用青海威德公司的物质技术条件完成。综上,一审判决驳回青海威德公司全部诉讼请求。青海威德公司不服,提起上诉。由于青海威德公司不能举证证明其关于“职务发明”的诉讼主张,因此其应当承担相应举证不能的法律后果,二审法院未支持青海威德公司的诉讼主张,判决驳回上诉,维持原判。

[深度阅读]

1. 吴汉东:《知识产权损害赔偿的市场价值基础与司法裁判规则》,载《中外法学》2016年第6期。
2. 张晓都:《美国与日本专利侵权诉讼中的禁止反悔原则》,载《中国发明与专利》2008年第4期。
3. 袁滔:《在先专利抗辩的判定》,载《人民司法》2007年第13期。
4. 曹新明著:《现有技术抗辩理论与适用问题研究》,知识产权出版社2017年版。
5. 董涛:《专利权保护网之漏洞及其弥补手段研究》,载《现代法学》2016年第2期。
6. 徐卓斌:《等同理论的经济学分析》,载《知识产权》2016年第11期。
7. 周根才:《外观设计专利侵权判定若干问题》,载《法律适用》2007年第5期。

[法条导航]

1.《中华人民共和国专利法》第六十四条至第八十条
2.《中华人民共和国专利法实施细则》第七十九条至第八十八条

[思考题]

1. 试述专利权的保护范围。
2. 试述专利保护的期限。
3. 专利纠纷的解决方式有哪些?
4. 试述专利侵权行为的构成要件及其法律责任。

第四编 商标权

第十八章

商标与商标法概述

[内容提要] 本章述及商标的概念、特征、功能与作用，通过本章学习，掌握商标的定义和功能，领会商标与相关商业标记的区别，明确商标的基本分类，熟悉商标制度史的一般知识，掌握我国商标法的主要特点及修改内容。

[关键词] 商标 商标分类 商标功能 商标法的修改

第一节 商 标 概 述

一、商标的含义和特征

商标(trademark)是一种商业标志，用以将不同的经营者所提供的商品或者服务区别开来。商标一般由文字、图形、字母、数字、三维标志、声音、颜色或者其组合构成，附着于商品、商品包装、服务设施或者相关的广告宣传品上，目的是帮助消费者将一定的商品或者服务项目与其经营者联系起来，并且与其他经营者的同类商品或者服务项目相区别。商标作为一种具有指代功能的标志，有以下特征：

(1) 商标是有形的符号。商标由文字、图形、字母、数字、三维标志、声音、颜色或者其组合构成，组成商标的要素应当是通过视觉、听觉或嗅觉可感知的。

(2) 商标是指示商品或者服务的标志。商标是工商业活动中用于指示商品或服务的标志，这些商品或服务构成了商标的对象。脱离了商品或服务，任何有形符号都不是商标。

(3) 商标是经营者用来表彰和区分来源的标志。商标依存于工商业活动，经营者使用商标的目的是通过商标将特定商品或服务与特定来源、出处及其商业信誉相联系。

从上述特征不难看出，商标由三个要素共同构成：标志(文字、图形、声音等)、对象(商品或服务)、出处(经营者及其商誉)。首先，商标必须采取某种有形符号的形式；其次，商标必须在商业活动中使用并指代特定商品或服务；最后，商标必须标示出商品或服务的出处和该出处的商誉。以“长虹”商标为例，“长虹”是标志，对象是使用“长虹”标志的电视机、空调等电器，出处是四川长虹集团公司以及该公司的商业信誉。商标不仅仅指商标标志，而且指商标标志与对象、出处之间，对象与商品来源、经营者商誉之间的相互关系。单纯从商标标志看，构成商标的图形或图案可以是一件美术作品，得到著作权法的保护。然而商标与美术作品不同，商标是一种具有识别功能的商业标志，脱离一定的经营对象和工商业活动，无论标志的构思如何巧妙，设计如何新颖，都不是“商标”，也就无所谓“商标权”了。商标是由三要素组成的一种符号，在商标法及国际公约的有关商标定义中均有所体现。我国《商标法》第8条规定："任何能够将自然人、法人或者其他组织的商品与他人的商品区别开的标志，包括文字、图形、字母、数字、三维标志、颜色组合和声音等，以及上述要素的组合，均可以作为商标申请注册。"《TRIPS协议》第15条第1款规定："任何标记或标记组合，只要能区分一企业的商品或服务，就可以作为商标……"从上述规定中可以看出商标的三元结构。

背景材料

几个知名品牌商标变化

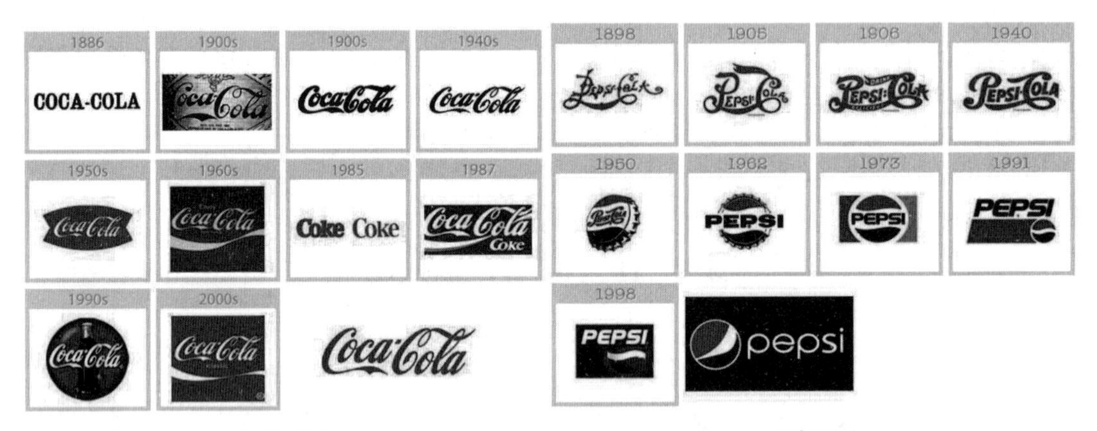

可口可乐 百事可乐

宝马

二、商标的功能与作用

（一）商标的功能

商标的功能是指由商标的自然属性决定的特有的作用。商标的发展经历了一个漫长的过程，从烙印在牲口上作为所有权象征的标记、工匠在器具上留下作为产品来源和质量保证的记号，到商品或服务的表彰标志、信誉保证。随着商业和贸易的发展繁荣，商标的功能在不断扩展，其重要性也越来越受到重视。

1. 标示来源

商标最原始、最基本的功能是表明来源。不同经营者的商品或服务项目使用不同的商标，特定的商标总是和特定的经营对象联系在一起。有商标做媒介，经营者可以让消费者认清商品或者服务的来源，并将自己商品或服务的信誉集于商标，使商标产生“顾客吸引力”，又可以将不同来源的商品或者提供的服务项目区别开来。商品来源即出处，不仅仅是商品的生产、制造，也包括商品的加工、拣选或者经销。因此，“标示来源”并非仅表示商品的生产者，有时也表示加工者、销售者和进口者。

2. 保证品质

商标是产品质量的可靠指示器。这并非意味着商标必然代表商品或服务是高档的、优质的，而是意味着商标标示着对象稳定的、一贯的质量和品质。如果没有商标，消费者购买商品时必须弄清每种商品的性能和质量；而有了商标，消费者可借此将过去的经验用在选择相同商标的商品上，而经营者为维护商标在消费者心目中的信誉，就要努力保证使同一商标的商品质量相同。有一个例子可以说明这一点，当年苏联取消区别各种消费品生产厂的标志以后，那些产品的平均质量都下降了。[①] 凭借商标，消费者将特定产品与品质、信誉之类联系起来，从而能够在知情的前提下选择产品。商标的这一功能特别有利于维护消费者的利益，反过来，消费者对品牌的认知又激励商标所有人精心维护着品牌信誉。

3. 广告宣传

商标标志简洁明快，具有显著特征，便于呼叫和记忆，是进行广告宣传的便利工具。商标的广告功能主要通过两种途径产生：一是消费者口口相传。商标不仅对再次购买起到引导作用，还会通过消费者之间的介绍，广为人知。二是对潜在消费者进行广告宣传。广告中突出使用商标，使人对商标产生好感并及于商品或者服务，从而激发人们的购买欲，有利于推动商品销售和扩大商标的知名度。在传播途径十分发达的信息社会，商标的广告作用越来越重要。借助广告宣传、促销活动，商标对商品的影响被大大强化，品牌深入人心造成偏好，成为强有力的营销工具。

4. 彰显个性

随着社会经济的发展，人们的生活水平不断提高，对商品的需求不再停留于货真价实，经久耐用，而且要能满足一定程度的精神需求。这时候的商标就不单纯是区别来源和保证品质的工具，同时也承担着彰显个性风格、代表时尚品位的功能。某种品牌代表的是生活阶层、社会地位、个性风格甚至生活方式。商标特别是著名商标能够赋予其使用者精神享受、情感满足。购买者对品牌的追求，客观上拓展了商标的功能，提升了商标的价值，使其从传统的识别性标志转而成为彰显主体身份、地位，满足荣誉感、成就感的象征性符号。

（二）商标的作用

商标的作用是指商标发挥自身功能而对经济生活产生的影响。商标最重要的经济作用是降低消费者的搜寻成本。由于商标具有帮助购买者认牌购物、指导消费的作用，为吸引和保持顾客，企业有了维持持续稳定的商品质量的激励，而一个品牌的质量保持稳定时，购买者会把这个商标和将来的消费活动联系起来，依赖于商标选择商品，这样，就可以节约搜寻成本，即以较少的时间、精力和金钱找到所需要的商品。消费者搜寻成本的降低，也有助于

---

① 转引自〔美〕罗伯特·D. 考特、托马斯·S. 尤伦：《法和经济学》，张军等译，上海三联书店、上海人民出版社 1994 年版，第 197 页。

交易的及时、高效，这对于提高社会经济效率是有益的。商标的另一重要作用是激励企业讲究产品质量，做好售后服务。商标具有品质保证的功能，持之以恒的质量品质是消费者认可和追随商标的原因，一旦品质降低或发生改变，消费者就不再愿意付出同样价格去购买该品牌商品。这样不仅消费者没有从商标指代功能上受益，企业也会因此受到损失。所以，从实际效果来看，商标能够促使企业关注产品质量。理性的生产经营者会有动力在产品品质、服务水平上下功夫，以维护商标声誉。生产经营者都能够重质量、讲信誉，受益的首先是消费者，进而促使整个社会的经济效率在健康运行中提高。

QQ商标争夺案[①]

在2003年，奇瑞QQ轿车在上市两个月前曾向国家工商行政管理总局商标局申请注册“QQ”商标，指定使用在国际分类第12类中的大客车、电动车辆、小汽车、汽车等商品上。但腾讯随后在该商标的初审公告期间提出异议。为了应对奇瑞的商标攻势，腾讯在2005年也向国家工商行政管理总局商标局提交汽车商品上的“QQ”注册商标申请。在2008年3月，该商标被核准注册。此后，奇瑞和腾讯又就这一商标注册提出异议和上诉。奇瑞以腾讯明知奇瑞公司拥有“QQ”汽车商标的权利在先，却申请注册争议商标，涉嫌侵权。而腾讯则坚持对“QQ”商标保持高度的持有。2013年2月，商标评审委员会裁定，腾讯公司持有的争议商标依法予以撤销。此后，腾讯两次上诉，而北京市第一中级人民法院和北京市高级人民法院最后都裁定，维持商标评审委员会的裁定。法院认为汽车商品和通讯服务差距较大，二者不构成同一种或者类似商品或服务。即便是防御性商标，也应当对奇瑞公司享有的在先权利进行避让。2014年9月15日，双方11年旷日持久的商标大战，在北京市高级人民法院有了结果。北京市高级人民法院终审判决，支持商标评审委员会此前作出的裁定，判令撤销腾讯汽车等商品的“QQ”注册商标。

三、商标的性质

商标的本位是一种符号，信息传递之媒介，其初始功能为表明产品出处，代表商品声誉。传统商标法始终注重商标的标识性质，保护商标的区别功能——防止和制止混淆。在知识产权中，专利及版权包含较高程度的创造性劳动，保护发明创造和独创性作品是为了激励创作出更多的智慧产品；商标则不同，商标所采用的符号往往来自公有领域或者任意的、自由的选择。保护商标的目的并非激励创造，而是保护经营成果和劳动回报，通过酬劳机制鼓励经营者正确标明商品来源，以保护消费者并促进经营者提高产品和服务质量。正是由于上述原因，商标在很长时间里不被承认为知识产权。美国是世界上唯一一个在宪法中规定知识产权的国家。美国《宪法》第1条第8款第8项被称为“版权与专利条款”，其内容为：“为了促进科学和实用技术的发展，国会有权保障作者和发明者在有限的期间内对他们的作品和发明享有专有权利。”根据这一条款，美国1790年就制定了版权法、专利法。然而，1870年

---

① 参见北京市高级人民法院(2014)高行(知)终字第3457号判决书。

美国国会根据“版权与专利条款”颁布的第一部商标法，却被最高法院宣布为违宪，理由是商标既不是可获保护的作品，也不是可获专利保护的发明。也就是说，商标是非创造性成果。的确，商标可以是，而且经常是把先已存在的东西“拿来”，而不是依赖于新颖性或任何智力劳动取得的。因此，商标获得知识产权法的保护遇到了困难。后来美国国会依据宪法“贸易条款”制定了联邦商标法和反不正当竞争法。立法理由是，与商标联系在一起的绝大多数商品或服务，都是美国对外贸易及各州之间贸易的客体；商标与对外贸易和州际贸易密切相关，属于“贸易条款”规范的对象。[1] 这才使商标法立法具有了宪法依据。从这段历史故事中我们可以领悟到：商标属于知识产权中识别性标志一类，和创造性成果相比较，它的受保护利益不在于闪现天才之火的发明创造或凝结心智的文学艺术创作，而是与工商业活动密切相关的商品经营者的市场利益和消费者权益。

商标的本质在于用来标识产品或服务来源。随着商标的市场使用，经营者在商标上的投资逐步增加，商标表明产源的功能逐步弱化，财产属性逐渐放大，商标本身成为一种独立的财产、交易的对象，而且其价值会远远大于商品本身的价值。譬如，作为商标的“皮尔卡丹”几个字的价值远非一套“皮尔卡丹”牌的西服可比。更有实例佐证，20 世纪 80 年代上海生产的优质录音机卖给日本索尼公司的价格是每台 37 元，而索尼公司贴上自己的商标可以卖到 560 元，这里面商标的价值远远超过了商品的价值。2021 年，“苹果”“谷歌”商标的价值分别高达 6119 亿美元和 4579 亿美元。国内“贵州茅台”作为知名商标，价值也高达 1093 亿美元。商标的价值与商标的投入密切相关。对商标投入的成本越多，商标知名度越高，商标价值越大。商标投入主要是广告宣传、事业赞助。商标所有者的投资必须有所回报，这个回报就是商标声誉的提升，企业实力增加，市场占有率扩大。可见，商标的价值来源于商标的持续性使用和各种生产要素的注入，未经实际使用和大量投入的商标仅仅是一个标志而已，不可能凝聚财产价值。

综上所述，商标首先是一种标志，然后才是一种财产；标志可来源于公有领域，财产属性则产生于实际使用、商业投入、商标信誉。市场是商标财产化的温床，只有在市场中才能将本是标志符号的商标转化成为具有巨大经济价值的财产。经过市场竞争的洗礼，能够给其所有人带来经济效益和社会效益的商标，构成了企业的无形资产，正是从这个意义上讲，商标是知识产权。

第二节　商标与其他商业标志

商品上除了使用商标之外，还有商品装潢、企业名称、产地等其他商业标志，这些标志和商标既有联系又有区别。了解其他商业标志和商标之间的关系，有助于进一步认识商标的本质的功能。

一、商品装潢

商品装潢，是指为宣传和美化商品而附加的装饰，其构成要素为文字、图案、色彩、造型或其他组合。美观大方、新颖别致的装潢设计能够引起消费者的注意和兴趣，激发购买欲望。经过一段时间的使用，当购买者仍然根据某一装潢选择商品时，已不再为它的美观吸

---

[1] 参见李明德：《美国知识产权法》，法律出版社 2003 年版，第 2 页。

引,而是因为它所指代的商品令人放心。可见,装潢也具有识别商品的作用。如果一个装潢长期使用,保持一贯性,产生了区分来源、表彰商品的作用,就成为事实上的未注册商标,其所有人阻止他人仿冒使用的请求可以受到反不正当竞争法的保护。但是,商品装潢和商标存在明显的区别:

(1) 使用目的不同。使用商标的目的主要是区别不同经营者的商品或者服务项目;使用商品装潢的目的主要在于说明或美化商品,刺激消费者的购买欲望。

(2) 构成要素不同。商标标志的选材不得与商品内容相同,例如,不能用"牛"的文字或图形作为牛肉罐头的商标;而商品装潢则不受此限制,例如,"人参蜂王浆"的包装上可绘以"人参"的图案,说明该商品的主要原料是人参,而不是其他物品。

(3) 使用要求不同。商标标志的使用由法律直接予以规范,而商品装潢则不然。因此,商标必须在核准注册的范围之内使用,经营者不得随意改变注册商标的样态,未注册商标的使用也受到商标法的约束;而对商品装潢,使用者可以根据市场销售的需要,随意变动装潢的图案和文字。

加多宝与广药集团擅自使用知名商品特有包装装潢纠纷案[①]

1995 年开始,加多宝公司被广药集团许可使用王老吉商标,并生产、销售红罐王老吉凉茶。加多宝对红罐王老吉凉茶投入巨大,自身取得巨大商业成功的同时也使得红罐王老吉凉茶取得了极高的知名度。2010 年,双方因许可合同发生纠纷,广药集团拒绝继续授权加多宝使用王老吉商标。与此同时,广药集团开始生产红罐王老吉。这就形成了目前市场上的红罐王老吉和红罐加多宝并存的景象,双方也因"红罐"装潢的归属发生争议。

2012 年 7 月 6 日,广药集团与加多宝公司于同日分别向法院提起诉讼,均主张享有"红罐王老吉凉茶"知名商品特有包装装潢的权益,并据此诉指对方生产销售的红罐凉茶商品的包装装潢构成侵权。广东省高级人民法院一审认为,"红罐王老吉凉茶"包装装潢的权益享有者应为广药集团,大健康公司经广药集团授权生产销售的红罐凉茶不构成侵权。由于加多宝公司不享有涉案包装装潢权益,故其生产销售的一面"王老吉"、一面"加多宝"和两面"加多宝"的红罐凉茶均构成侵权。一审法院遂判令加多宝公司停止侵权行为,刊登声明消除影响,并赔偿广药集团经济损失 1.5 亿元及合理维权费用 26 万余元。加多宝公司不服两案一审判决,向最高人民法院提起上诉。最高人民法院终审判决认为,本案中的知名商品为"红罐王老吉凉茶",在红罐王老吉凉茶产品的罐体上包括"黄色王老吉文字、红色底色等色彩、图案及其排列组合等组成部分在内的整体内容",为知名商品的特有包装装潢。最高人民法院对此认为,结合红罐王老吉凉茶的历史发展过程、双方的合作背景、消费者的认知及公平原则的考量,因广药集团及其前身、加多宝公司及其关联企业,均对涉案包装装潢权益的形成、发展和商誉建树,各自发挥了积极的作用,将涉案包装装潢权益完全判归一方所有,均会导致显失公平的结果,并可能损及社会公众利益。因此,涉案知名商品特有包装装潢权

① 参见最高人民法院(2015)民三终字第 3 号判决书。

益，在遵循诚实信用原则和尊重消费者认知并不损害他人合法权益的前提下，可由广药集团与加多宝公司共同享有。在此基础上，广药集团所称加多宝公司生产销售的红罐凉茶商品，以及加多宝公司所称广药集团生产销售的红罐凉茶商品构成擅自使用他人知名商品特有包装装潢权益的主张，均不能成立。

二、商号

商号，即企业名称中的特征部分。现实当中，不少企业的商号和商标相同，例如，“海尔”是青岛海尔股份有限公司的商号，同时也是其生产的各类电器的商标，情况类似的还有“松下”“双星”等；还有不少企业的商号和产品商标并不一致，例如，广州宝洁公司的商号是“宝洁”，但是其生产的产品却有“玉兰油”“舒肤佳”“潘婷”等商标。那么商号和商标究竟有哪些区别呢？

（1）对象不同。商号的对象是市场主体。一个企业只能有一个商号，甚至没有自己的商号（计划经济体制下我国一些国有企业只有名称却没有商号，诸如第二汽车制造厂、自行车一厂）。商标的对象是商品或服务来源的标志，如一个企业的产品种类多样，可以有若干个商标。

（2）使用要求不同。商标注册实行自愿原则，需要取得专用权的商标应当注册，不经注册的商标可以使用，但一般情况下不享有专用权。商号不经登记不得使用。企业名称登记是工商业组织取得市场主体资格的前提条件，在企业名称名义下，经营者从事工商业活动，享受权利和承担义务。从这个意义上讲，商号具有人身权的属性。

（3）登记注册的法律效力不同。商号进行登记后，企业所享有的名称专用权仅限于登记主管机关所辖范围；而商标注册后在全国范围内享有注册商标专用权。

三、商务口号

商务口号或商务标语是用于产品或者服务中的一个短句，它常常与商标相配合出现在广告、商品宣传材料上。商务标语使用的语言文字简练形象、生动活泼，其构思主要从产品或服务的性能、特点出发，多为赞美、称颂之辞，例如，海尔产品的“海尔真诚到永远”、鄂尔多斯产品的“鄂尔多斯温暖全世界”等。商务标语一般不宜注册为商标，因为其往往难以满足显著性要求，不具备识别功能，很难让人将其和特定的产品或服务相联系。有的商务标语长期不断地用于商品或服务，产生了识别出处并使之与他人的产品或服务区分开来的功能，如遭到他人仿冒，可依据反不正当竞争法禁止不正当使用。也有一些商务标语具有独创性、文学性，还可以成为著作权法保护的对象。

四、地理标志

地理标志，是指标示某商品来源于某地区，该商品的特定质量、信誉或者其他特征主要由该地区的自然环境或者人文因素所决定的标志。我们耳熟能详的地理标志有“吐鲁番葡萄”“涪陵榨菜”“烟台苹果”等。地理标志其实就是一个地名，可是用它来标识商品和服务，特别是标识农产品和土特产品，就产生了地名以外的意义。带有地理标志的产品不仅表示产品来自何地，更重要的是表明产品由其产地的特殊环境所决定的特殊质量。例如，枸杞的种植地区分布很广，但唯有宁夏中宁产的枸杞被拥为绝品。因为枸杞原生长于中宁，并且那里寒温适度，光照充沛，极适合枸杞生长。“中宁枸杞”作为一件地理标志表明了枸杞的地道和精良。我国地大物博，历史文化悠久，自然人文因素也丰富多样，因而有着丰富的地理标志资源。在市场经济条件下，促进农产品走向市场、参与激烈的市场竞争，地理标志具有不可估量的作用。当然，一个地名能够具有商标法上地理标志的意义完全取决于该地方地理环境与产品之间的质量关系。俗话说：一方水土养一方人。天然产品和土特产品又何尝不是如此，地理标志就是在长期历史发展过程中形成的，代表一个地区传统文化和地方特色的无形资产。地理标志可以作为商标注册和使用，但和普通商标有着明显的区别：

（1）功能不同。商标所指示的是商品的生产经营者，并不直接反映商品质量或特色。地理标志表明商品产地、商品质量和特有品质，有品质担保、质量认证的功能。随意使用地理标志会造成欺骗性后果，损害消费者利益，商标法禁止并非来源于该地理标志所标示的地区的商品使用该地理标志。

（2）权利主体不同。商标由独立的民事主体申请注册取得专用权，并可排除任何第三人的注册和使用。地理标志是某一地方、区域的名称，一般不宜作为普通商标，即不应该由某一个企业或个人享有独占权。地理标志可以作为集体商标或者证明商标，由该标志所标示商品或服务的代表性机构，如行业协会，作为商标注册人并对该商标的使用进行管理，该地区范围内某一商品或服务的经营者共同使用。

五、特殊标志

所谓特殊标志是指在经国务院批准举办的全国性或国际性的文化、体育、科学研究及其他社会公益活动中所使用的，由文字、图形组成的名称及其缩写、会徽、吉祥物等标志。例如，奥林匹克五环图案、奥林匹克旗、奥林匹克格言，北京奥林匹克标志、吉祥物，希望工程标志均属于特殊标志。特殊标志也可用于商品包装、商品广告，但它与商标有着明显区别：

（1）特殊标志的所有人是文化、体育、科学研究及其他社会公益活动的主办者，而不是以营利为目的的经营者。如奥林匹克五环图案标志、奥林匹克旗、奥林匹克格言、奥林匹克徽记、奥林匹克会歌等标志的所有人是国际奥林匹克委员会；第 29 届夏季奥林匹克运动会的吉祥物、会歌、口号等标志的所有人是中国奥林匹克委员会和第 29 届夏季奥林匹克运动会组委会。

（2）特殊标志的所有人对其标志享有专有权，可以在与所有人公益活动相关的广告、纪念品及其他物品上使用该标志，并可许可他人为商业目的而将该标志用于商品或者服务项目上。

（3）使用特殊标志不是为了表示产品出处，而是表明该商品或者服务项目的经营者取得了标志所有人的许可，或者与标志所标示的事业或者活动之间有支持关系、赞助关系。经营者在商品上使用特殊标志的同时，还应当使用商标以便确定商品或服务的来源。

背景材料

北京 2022 年冬奥会会徽和冬残奥会会徽保护[①]

北京 2022 年冬奥会会徽和冬残奥会会徽（以下简称“会徽”）已发布。2017 年 12 月 15

① 参见网易体育：《北京冬奥组委关于冬奥会会徽和冬残奥会会徽公告》，http://sports.people.com.cn/n1/2017/1215/c415841-29710615.html，访问日期：2017-12-27。

日下午，北京2022年冬奥会和冬残奥会组织委员会委派代表向中国版权保护中心著作权登记部递交了作品著作权登记申请材料。中国版权保护中心为冬奥组委颁发了“2022年冬奥会会徽”和“2022年冬残奥会会徽”的著作权《作品登记证书》，同日北京冬奥组委就会徽的知识产权保护事宜发布公告，禁止任何单位和个人未经许可擅自使用。公告指出，根据《著作权法》和《著作权法实施条例》等法律法规的规定，北京冬奥组委为会徽的权利人，会徽已经进行了著作权登记。会徽已经申请了国内外商标注册和国内的特殊标志登记。除法律法规另有规定外，未经北京冬奥组委许可，任何单位或者个人均不得擅自使用会徽。公告强调，任何单位或者个人，均不得将会徽进行拆分、歪曲、篡改等变形使用，也不得将会徽作为其他图案的组成部分使用。若发现任何侵犯会徽知识产权的行为，北京冬奥组委将依法追究侵权人的法律责任。

第三节　商标的种类

一、注册商标和未注册商标

根据是否登记注册，可以将商标划分为注册商标和未注册商标。注册商标是经商标行政机关核准注册的商标。注册商标和未注册商标都可以使用。但一般而言，未注册商标的使用不得对抗注册商标，未注册商标一旦被他人注册便会被禁止使用。因此，需要取得商标专用权的，应当向商标管理机关申请商标注册。凡是实行注册制度的国家，注册是取得商标权的根据。未注册商标一般不受商标法保护，但是也有例外，当一个长期使用的标志，具有识别作用，取得消费者的认可，享有一定声誉的时候，该未注册商标也可获得商标法一定程度的保护，例如驰名商标制度的保护。我国商标法实行自愿注册制度，因此市场上使用的商标必然有一部分是未注册的。另外，商品装潢、特有名称等标识，凡能够起到识别来源作用的，都属于“商标”，在满足一定条件的情况下，这些未注册商标可以获得商标法或者反不正当竞争法的保护。

二、商品商标和服务商标

根据使用对象的不同，商标分为商品商标和服务商标。传统意义上的商标单指商品商标，服务商标是后来才出现的。商品商标是与商品有关的商标，而市场上的商品形形色色，林林总总，为了方便商标的注册和管理，就有了对商品的分类。1957年，国际社会签订了《商标注册用商品和服务国际分类协定》（简称《尼斯协定》）[①]，协定又产生了一个商品国际分类，称为“尼斯分类”。按照“尼斯分类”，商品分为34个类别，每一类别又有若干具体的商品。服务商标是提供服务的经营者在其向社会提供的服务项目上使用的标记，也称为服务标记，如中国国际航空公司的Air China标记、中国人民保险公司的PICC标记。“服务”是

---

① 根据世界知识产权组织的要求，尼斯联盟各成员国于2021年1月1日起正式使用《商标注册用商品和服务国际分类》（即尼斯分类）第十一版2021文本。申请日为2021年1月1日及以后的商标注册申请，在进行商品服务项目分类时适用尼斯分类新版本，申请日在此之前的商标注册申请适用尼斯分类原版本。以尼斯分类为基础，国家知识产权局对《类似商品和服务区分表》作了相应调整，将尼斯分类与《类似商品和服务区分表》的修改内容一并予以公布。相关信息载https://mp.weixin.qq.com/s/K9bCCCc-brio-RZcsYr8-A，访问日期：2021-2-2。

看不见的商品，当然可以成为市场交易的对象，所有服务项目都可以使用特定的标志，用以和其他服务项目相区分，或者和同一项服务的不同经营者相区别。按照“尼斯分类”，服务项目可划分为广告、运输、旅游、建筑、金融、法律服务等11个类别。

服务商标与传统意义上的商品商标一样，通常是由文字、图形等要素或其组合构成。服务商标既是某种服务项目的标志，也是代表服务项目提供者的标志，具有区别服务出处，表明服务质量的功能。服务商标的特殊之处主要表现在使用方式和宣传效果方面。商品商标的使用以附置于商品而实际使用为主，因而随着商品的流转而广为传播，使消费者易于识别、辨认；而服务是无形的，不像商品那样可以流通，因而服务商标只能在服务场所标示或者借助服务过程中的器具、用品来显示，以及通过广告宣传来扩大商标的公众认知度。

三、集体商标和证明商标

根据商标的特殊功能，商标可以划分为集体商标和证明商标。集体商标是指以工商业团体、协会或者其他组织名义注册、供该组织成员在工商业活动中使用，以表明使用者在该组织中的成员资格的标志。例如，合作社、行业协会注册的供合作社成员、协会成员使用的商标。集体商标是协会、社团或其他集体组织拥有的商标，集体商标的使用者是该协会、集体组织的成员。集体商标的对象可以是商品也可以是服务，集体商标的作用是向消费者表明使用该商标的集体组织成员所经营的商品或服务项目具有共同特点。

证明商标是指由对某个商品或者服务有检测和监督能力的组织注册，而由注册人以外的人使用于其商品或者服务，用以证明该商品或者服务的原产地、原料、制造方法、质量或者其他特定品质的标志。证明商标的拥有人是协会、团体，其具有监督检测某商品的能力。证明商标的使用人可以是任何人，只要其产品或服务达到某种要求或标准。证明商标既可用于商品也可用于服务，而使用证明商标的目的，是为了证明商品或服务达到了某种标准。绿色食品标志、真皮标志、纯羊毛标志都是市场上常见的证明商标。

背景材料

我国证明商标的立法演进

1994年12月30日原国家工商行政管理局首次发布了《集体商标、证明商标注册和管理办法》。

1995年4月23日我国在第三次修订的《中华人民共和国商标法实施条例》第6条中首次将集体商标、证明商标纳入了法律的保护范畴。

1998年12月3日原国家工商行政管理局第一次修订发布了《集体商标、证明商标注册和管理办法》。第2条第2款规定：“证明商标是指由对某种商品或者服务具有检测和监督能力的组织所控制，而由其以外的人使用在商品或服务上，用以证明该商品或服务的原产地、原料、制造方法、质量、精确度或其他特定品质的商品商标或服务商标。”

2001年10月27日我国在第二次修订的《商标法》中明确地增加了对集体商标、证明商标的保护规定和界定。第3条第3款规定：“本法所称证明商标，是指由对某种商品或者服务具有监督能力的组织所控制，而由该组织以外的单位或者个人使用于其商品或者服务，用以证明该商品或者服务的原产地、原料、制造方法、质量或者其他特定品质的标志。”

2002 年 8 月 3 日我国制定的《中华人民共和国商标法实施条例》中明确了申请保护集体商标、证明商标的细则。

2003 年 4 月 17 日原国家工商行政管理局第二次修订发布了《集体商标、证明商标注册和管理办法》。

四、制造商标与销售商标

根据商标使用者在商品的生产、流通过程中所处的不同环节来划分,可以将商标划分为制造商标和销售商标。制造商标又叫生产商标,是商品生产者在其制造的商品上使用的商标。例如,德国大众汽车公司在生产的汽车上使用的“大众”商标;重庆啤酒集团股份公司在自己生产的啤酒上使用的“山城”商标。制造商标的目的是区分不同的生产厂家,而且还可以在商品销售中突出表明制造者,有利于增强顾客对生产厂商的信任感。

销售商标又叫商业商标,是商品经营者使用的商标。比较常见的如“屈臣氏”“家乐福”“沃尔玛”等,这些都是商业企业所使用的商标。销售商标的意义在于,宣传销售商的商业信誉,用来说明商标的使用者是经销商,而不是生产厂家,从而与别的经销商销售的同类商品展开商业竞争。当一种商品既使用了制造商标,又有销售商标的时候,则此种商品上的两种商标就分别起到了宣传生产厂家和经销商的作用。这种情况大都反映了生产厂商与经销商之间良好的合作关系。

五、等级商标和防卫商标

等级商标是指同一个企业对同类商品因规格、质量不同而使用的系列商标。等级商标的作用在于区别同一企业生产的不同规格、不同质量的同类商品,以便消费者鉴别选购。例如青岛同泰橡胶厂生产的轮胎,因规格不同,分别使用“骆驼”“金鹿”“工农”等商标。依我国商标法规定,等级商标可以一并申请注册、一并转让或许可他人使用,其中某一个商标被注销或撤销,并不影响其他商标的存在,因而等级商标中的系列商标具有相对的独立性。

防卫商标是指为了防止他人的使用或注册而对自己的核心商标所进行的注册,包括联合商标和防御商标两种形式。

联合商标是指同一企业在同一或类似商品上注册的两个或者两个以上的近似商标。其中一个指定为正商标,其他与其近似的商标为联合商标。例如,杭州娃哈哈集团就注册了“娃哈哈”“哈哈娃”“娃娃哈”等一系列商标。商标所有人只要使用正商标,即视为全部联合商标的使用。联合商标中的每一个商标不能单独转让,而必须全部一同转让或许可他人使用。

防御商标是指同一商标所有人把自己的商标同时注册在其他非同种或非类似的商品上,例如,“海尔”商标在家用电器之外的其他商品,甚至所有类别商品上进行注册,这些电器以外的商品上的商标就是防御商标。防御商标可以保护知名商标,不必担心因不使用而被撤销,不必担心他人申请在先,并且可以阻止他人在指定商品上使用该防御商标。

第四节 商标法律制度的产生和发展

一、西方国家商标制度的产生

商标的使用已有悠久的历史，甚至在古代就有在皮革、瓷器、武器、书籍等产品上做上标记，以表示该产品与制作者之间的关系的做法。然而，商标制度却与近代的商品经济密切相连，直到19世纪才产生和发展起来。在英美法系国家，商标法起源于普通法的不公平竞争法，是通过法院的判例逐渐形成的。按照不公平竞争法，一个生产者把自己的商品假冒成另一个生产者的商品出售，造成消费者误认的，被告的行为就构成"假冒"。对于假冒行为可以通过假冒之诉(passing off)给予制裁。假冒诉讼的意义在于阻止一个低级生产者冒用一个高级生产者的商誉进行商业活动。[①] 在各种假冒活动中，假冒他人商标是一种典型的、主要的不公平竞争行为，因此早期的假冒诉讼，可称为普通法上的商标法，换言之，假冒侵权行为与商标法有共同的根源。[②] 随着商业的发展，假冒行为又出现了其他形式，不公平竞争的范围扩大了，这样，有关防止商品来源混淆、保护商业标识不被侵犯的法律从不公平竞争法分离出来，形成独立的商标法律制度。1875年，英国制定商标法，实行商标注册制度，然而非注册商标仍可由普通法中的"假冒之诉"予以保护。英国的商标立法带动和影响了大多数英联邦国家的商标立法。美国的商标制度与英国有许多相似之处，也有自己的特殊性。1870年美国国会颁布了第一部商标法，但该法七年之后被最高法院裁定为违反宪法，理由是商标的非独创性。1881年，美国国会改而依据宪法中的"贸易条款"制定新的商标法。直到1946年美国颁布的商标法(《兰哈姆法》)才确定了联邦一级的商标注册制度。《兰哈姆法》经过多次修改和补充，目前仍然适用。

大陆法系国家早期对商标的保护适用民法侵权责任制度。1804年《法国民法典》肯定商标权应当与其他财产权一样受到保护，无法律上之原因而使用他人商标者，应负损害赔偿之责任。1857年，法国颁布了世界上第一部商标法，从那以后欧洲大陆的工业国家也相继制定商标法。1964年法国颁布的商标法，将原来的使用产生权利改为注册取得权利。1991年法国新的商标法取代原法律，经过多次修改实施至今。

与国内立法不同的是，在国际社会，商标法是最早纳入国际协调进程的法律之一。根据学者研究[③]，这是因为国际贸易为其提供了先决条件。19世纪以后，由于国际交通发达，国际贸易兴盛，各国来往频繁，带有商标的商品已跨过国界，而商标作为一种区分来源的标记，不像有形的动产、不动产那样能够占有一定的空间而为排他的占有，且其随着商品流通超越本国地域极易造成国际侵害。所以，对外贸易较为发达的西方各国出于维护本国商标利益，消除国际不正当竞争的考虑，积极倡议讨论保护商标权、专利权。1883年签订的《巴黎公约》是包括商标在内的知识产权领域的第一个世界性的公约。此后，又依据《巴黎公约》补充了多个有关商标的国际协定，比较重要的有《马德里协定》。

随着国际经济贸易的发展和各国知识产权法的一体化进程，在《巴黎公约》制定一个世纪后，1994年世界贸易组织成立，该组织的《TRIPS协议》成为知识产权国际保护领域影响

---

① 〔美〕阿瑟·R.米勒等著：《知识产权法概要》，周林等译，中国社会科学出版社1998年版，第102页。

② 沈达明编著：《知识产权法》，对外经济贸易大学出版社1998年版，第256页。

③ 曾陈明汝：《商标法原理》，中国人民大学出版社2003年版，第6页。

力最大、保护范围最广、最具权威的一个国际公约。其中有关商标的规定，总结了该领域历年发展的重要成果，提出了新的保护标准。

二、我国商标立法沿革

我国古代就开始使用标记，例如，在陶器、铁器等器物上铸刻一些标记以表示生产者。已发现的最早的具有商标性质的标记是北宋年间山东济南刘家功夫针铺使用的“白兔标记”。

背景材料

我国古代商标发展的历史与阶段①

一、雏形状态：我国的商业活动出现甚早。先秦典籍中已经有了大量关于商人活动的记载，因而也存在着雏形状态的商品标识。秦汉以前的印章和印记，是在商品交流时作为凭信的。《周礼》“掌节职”条，有“货贿用玺节”一语，据汉代郑康成注释，“掌节职为主通货贿之官，谓司市也”。又说“玺节者，即今之印章也”。刘熙在《释名》中也说：“玺者徙也，封物使可转玺而不可发也。”如今各地博物馆中都存有汉代实物“封泥”，就是将货物捆扎牢固，在固定处打好绳结穿上木块，再用泥固封后捺上印章，正如现代火漆印固封手续一样。长沙马王堆一号汉墓出土的封泥，上面刻有“侯家丞”字样。另外，出土的战国（公元前475年—公元前221年）时代的陶器和传世的汉代铜镜上，也有印章、印记，标明生产者的姓氏、姓名及产地。所有这些印章、印记，即是我国商标的滥觞。

二、初步发展阶段：随着生产力的提高和商品经济的发展，产品花色品种增多，生产同类商品的店铺也不断增加，生产者和商业主都需要有一个能够用以区别同类产品的记号，以便推广宣传自己生产加工的商品。在唐代瓷器上有“卞家小口（小口即茶壶）天下有名”“郑家小口天下第一”等自我宣传的字样。北宋名窑龙泉青瓷中有“永清窑记”的底款，宋时的湖州、饶州、杭州生产的铜镜和漆器上，都注明生产的铺号，如“湖州真石家念二叔照子”和“湖州真正石家念二叔照子”两种不同的印记，他们为了声明自己不是冒牌，在“石家”前面加上“真”或“真正”字样。

三、成熟状态：就现存实物来查考，至迟在北宋时代（960—1126年）就已产生了包括文字和图形的图文并茂的商品标识。当时，城乡商业和商业组织颇为发达，手工业生产者为了推销商品，维护信誉，特意设计使用了商标。山东济南一家专造功夫细针的刘家针铺，就设计、制作了一枚专门印刷商标的铜版，以白兔为商品标志。这是我国目前发现最早的第一枚完全意义上的商标，现保存在中国历史博物馆。这枚白兔商标，既有文字，又有图形，近于正方形，上方阴文横刻“济南刘家功夫针铺”店号，中间阳刻白兔儿图形，两侧还竖刻着阳文“认门前白兔儿为记”，两边平分四字，下方刻有较长阳文附记。这一设计，即使与现代的商标相比较，仍然显得相当规范。此后的商标，又向前推进了一步，除了代表质量特点的文字图画外，还结合商品寓有祝福、喜庆的吉祥含义。如药铺多用“鹤鹿同春”“福禄寿三星”，金银首饰店多用“和合、如意”为记的吉祥图案，以迎合顾客的心理。还有另一种形式，即在某些产

① 吴国欣：《老商标历史》，http://blog.sina.com.cn/s/blog_437bea670100080g.html，访问日期：2017-12-27。

品上使用明记暗号，可做退换或维修的凭证，借以保证质量，这是一种显示我国商业道德的严肃态度。

四、较为完善的状态：宋代以来，我国的农业生产发达，手工业和商业也日趋繁荣，城市经济蓬勃发展，对外贸易通过航线日渐拓展的“海上丝绸之路”也更为畅通。这些都促进了商品经济的向前发展，从而也就相应地提高了商标的使用价值。纵观历史，不难看出，古代中国的工商业者为了创立自己的商标，维护自己的商业声誉和经济利益，不仅很早就开始使用商标，而且由混沌至明晰，由不自觉到自觉，不断探索、实践，代有创新、发展，终使商标的应用逐渐臻于完善，在人类知识产权史上当仁不让地写下了辉煌的一页。

但商标立法直至清朝末期才开始，清政府的商标立法是迫于外来压力，为了保持和资本主义列强的通商贸易，而对商标进行保护。1902 年，清政府和英国政府签订《续议通商行船条例》，其中规定建立牌号注册局。1903 年，清政府与美国和日本签订了《通商行船条约》，美日两国政府也提出了与英国类似的要求。1904 年，清政府在外国列强的压力下，颁布了《商标注册试办章程》，这是我国历史上第一个商标方面的成文法，尽管这个法律并未正式施行，但还是为后来的商标立法奠定了基础。1923 年，北京政府颁布了《商标法》，与此同时还在农商部下面设立商标局，处理有关商标注册事宜。1927 年，商标局迁至南京。1930 年，南京国民政府颁布了《商标法》及《商标法实施细则》，并于 1931 年 1 月 1 日起施行。这部法律后经修订，1949 年后在我国台湾地区继续施行。

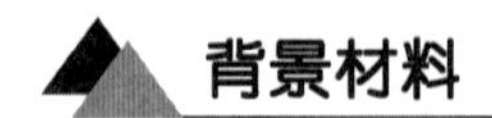

背景材料

中国商标注册史上第 001 号商标[①]

“兵船”牌——中国商标注册史上第 001 号商标。商标主体是一艘面朝西方、扬帆起航的大船，正上方采用中英文标注“无锡茂新面粉公司”字样，商标分为绿、红、蓝、黑四种颜色。由于当时还不能彩色印刷，彩色商标都是木刻制版，要多次分色印刷才可以，该商标曾经在 1926 年美国费城举办的商标博览会上获得荣誉奖。看着这枚商标，现场不少商标行家们啧啧称赞，老无锡们更是津津乐道。“兵船”牌面粉的生产商就是当年无锡茂新面粉公司，而经营“兵船”牌面粉的不是别人，正是中国近代著名的实业家荣宗敬、荣德生兄弟。1903 年荣氏兄弟创办无锡茂新面粉公司后，在 1910 年开始使用“兵船”牌商标。当年上海滩流传着这样一个“兵船”的故事：当时“兵船”牌面粉进入上海市场，不久就将一个外商操控的已经基本控制上海的老牌面粉击败，大振了民族工业的雄风，国内舆论一片欢腾，称“老车不敌兵船”。1923 年 5 月，北洋农商部商标局成立不久，无锡茂新面粉公司率先向商标局申请商标注册，以法律手段来保护这来之不易、声誉卓著的“兵船”牌商标。“兵船”牌也成为按照当时颁布的《商标法》办理注册的第一号商标。此后，“兵船”牌面粉的产量已占全国华商面粉厂的 30% 以上，“兵船”一如其商标上的迎向西方的舰船形象，成为畅销海内外、一展国人壮志的民族品牌的代表。抗战爆发后，茂新面粉公司被日军占领，“兵船”牌商标也被迫一度停止使

① 陈晔：《江苏无锡展出老商标 中国第一号商标亮相》，http://blog.sina.com.cn/s/blog_437bea670100080h.html，访问日期：2017-12-27。

用。直到中华人民共和国成立后，"兵船"牌又被重新启用。2003年，无锡茂新面粉公司被整体置换后，该商标才停止使用。

中华人民共和国成立后，废除了民国时期的商标法，并于1950年8月28日通过了《商标注册暂行条例》。该条例简明扼要，特别强调了对商标专用权的保护，现行《商标法》的诸多规定都可以说脱胎于此。1963年，《商标管理条例》取代了《商标注册暂行条例》。该条例将商标作为"代表商品一定质量的标志"，其立法宗旨也相应修改为"加强商标的管理，促使企业保证和提高产品的质量"，并确立了强制注册的原则，具有浓厚的计划经济的色彩。1982年8月23日第五届全国人大常委会第二十四次会议通过了《中华人民共和国商标法》(以下简称《商标法》)，于1983年3月1日生效，与此同时，国务院颁布了《商标法实施细则》。商标法是我国知识产权领域的第一个法律。它综合了前两个条例的精神，反映了计划经济和商品经济的双重需要，目的是通过"加强商标管理，保护商标专用权"，从而"促进生产者保证商品质量和维护商品信誉，以保障消费者的利益，促进社会商品经济的发展"。该法强调保护商标专用权，同时也要求"商标使用人应当对其使用的商标的商品质量负责"，此外还保留了个别商品强制注册的规定，反映了立法指导思想上仍带有将商标作为经济管理的一种手段的痕迹。

随着我国市场经济的发展，为了适应对内搞活、对外开放的需要，1993年2月22日第七届全国人大常委会第三十次会议通过了《关于修改〈中华人民共和国商标法〉的决定》，对1982年《商标法》进行了第一次修订，主要修改之处是，增加了保护服务商标和对不当注册商标撤销的规定，加强了对商标侵权行为的打击力度。修改后的《商标法》更好地贯彻了保护公平竞争、保护注册商标专用权的原则。随着我国社会主义市场经济的发展，以及为了适应我国加入世界贸易组织的需要，2001年10月27日我国对《商标法》进行了第二次修改，自2001年12月1日起施行。2002年8月3日新的《商标法实施条例》由国务院公布实施。修订后的《商标法》在以下几个方面有显著的变化：(1) 扩大了商标权的客体和主体，立体标志可作为商标注册，商标注册申请人不再排除自然人；(2) 明确规定了驰名商标的认定和保护；(3) 增设地理标志的保护，明确了地理标志和商标的关系；(4) 完善了商标权的取得和维持程序，禁止恶意抢先注册商标，将行政裁决置于司法审查之中；(5) 强化商标权的保护，增加了新的侵权行为类型。

除了《商标法》及其实施条例之外，原国家工商行政管理总局发布的《商标评审规则》《集体商标、证明商标注册和管理规定》《驰名商标认定和保护规定》，最高人民法院发布的《关于审理商标民事纠纷案件适用法律若干问题的解释》等，也是商标法的组成部分。

2013年8月30日，在历经多年的研究和讨论后，《商标法》第三次修改终于完成，并于2014年5月1日起正式实施。本次修订从总体思路上看具有以下三个特点：第一，在与我国参加的国际条约保持一致的前提下，重在立足国内实际需要进行修改。第二，本次修改具有较强的针对性，即围绕我国近年来司法和执法中存在的主要问题来完善有关制度。第三，在修改方式上，本次修改采取了修正案的形式，在解决问题的同时，维持了现行商标法体例结构的稳定性，避免因改动幅度过大导致过高的执行和适用成本。[①] 在《商标法》修改后，《商标

① 参见2013年"商标法修正案草案说明"。

法实施条例》也进行了新修订并于2014年5月1日起施行。2019年,我国《商标法》进行了第四次修改,提高了商标侵权的法律责任,加大了商标违法成本。2019年4月23日第十三届全国人大常委会第十次会议审议通过了关于修改我国《商标法》的决定,新法自2019年11月1日起施行。此次立法修订围绕遏制恶意申请注册、商标囤积牟利等行为和加大对侵犯知识产权行为惩罚力度两方面内容作出了个别条款的修改。同时,配合此次《商标法》的修订,国家知识产权局也研究起草了《关于规范商标申请注册行为的若干规定》,积极向社会公开征求意见,以细化处理商标注册相关行政行为的标准规范,进一步加强行政执法的落实。该规定自2019年12月1日起施行。

背景材料

中国有效商标注册量占世界商标总量超过40%①

截至2017年11月月底,中国商标申请量达511万件,中国有效商标注册量占世界商标总量的40%以上,连续第16年位居世界第一。国家工商行政管理总局通过深化商标注册便利化改革,已将商标注册审查周期从法定的9个月缩短到8个月,同时加大对商标专用权的保护力度。国家工商行政管理总局副局长刘俊臣在会见世界知识产权组织有关人员时表示,长期以来,工商行政管理总局与世界知识产权组织保持了良好而富有成效的合作关系,希望双方继续深化交流合作,推进马德里国际申请电子通讯及网上申请相关事宜;探讨中国加入WIPO全球品牌数据库的可行性,推进数据应用交换工作;积极推动世界知识产权组织将中文纳入马德里联盟申请语言;合作推动地理标志商标发展与应用;进一步加强双方人力资源合作;共同举办"一带一路"商标品牌国际合作研讨会等。

[深度阅读]

1. 李扬:《论商标权的边界》,载《知识产权》2016年第6期。
2. 罗晓霞:《商标权的双重属性及其对商标法律制度变迁的影响》,载《知识产权》2012年第5期。
3. 宋建宝:《论商标权的本质及其异化》,载《知识产权》2011年第1期。
4. 黄汇:《注册取得商标权制度的观念重塑与制度再造》,载《法商研究》2015年第4期。
5. 程皓:《中国商标权双轨保护体系:历史演进与未来转型》,载《河北法学》2014年第9期。
6. 崔国斌:《商标挟持与注册商标权的限制》,载《知识产权》2015年第4期。

[法条导航]

1.《中华人民共和国商标法》
2.《中华人民共和国商标法实施条例》

---

① 赵文君:《中国有效商标注册量占世界商标总量超过40%》,http://sbj.saic.gov.cn/gzdt/201712/t20171221_271339.html,访问日期:2017-12-27。

[思考题]

1. 简述商标的概念和特征。
2. 简述商标的性质。
3. 简述商标的功能与作用。
4. 联合商标和防御商标有何不同?
5. 简述集体商标和证明商标的概念及区分。

第十九章

商标的构成

[内容提要] 本章以正面列举与反面排除相结合的方式解释了商标标志的构成，对于商标标志的条件以及禁止性的规定进行了详细的理论剖析，是本编的重点章节。

[关键词] 可感知性 显著性 在先权利

由商标的概念可知，商标不应当仅仅指商标标志，而应当是标志、对象、出处三要素之间的相互关系。因此，本章所说的“商标的构成”应当是“商标标志”的构成。本章将介绍和阐释商标三元结构中的第一个要素，即什么样的标志可以作为商标(标志)。

第一节 可感知性

一、可感知性的意义

商标的区分功能和象征作用，要求用作商标的标志是客观的和可为人们所感知的，进而借以识别和选择产品。由人类的感知方式所决定，传达商品信息的商标可分为可视性商标和非可视性商标。

首先，传达商品信息的商标应当考虑能够为视觉所感知，可视性理所当然成为商标标志的首要条件。以视觉感知的标志大都为平面形象，此外，立体标志、颜色的组合也可为视觉感知并与特定对象产生联系，故而可以作为商标。各国商标法及国际公约都首先规定哪些标志可以作为商标，其中“视觉可感知的标志”是一通例，《TRIPS协议》商标部分第15条为“可保护的客体”，规定：“能够将一企业的商品或服务与其他企业的商品或服务区分开的任何标记或标记组合，均能够构成商标。这类标记，尤其是文字，包括人名、字母、数字、图形要素、色彩的组合以及上述内容的任何组合，均应能够作为商标获得注册。如果标志不具有区别相关商品或者服务的固有属性，成员可以根据其通过使用取得的显著性，给予注册。成员可以将视觉上可感知作为注册条件。”该规定第一句话强调的是标志的显著性，第二句话强调的是标志的可视性。我国《商标法》第二次修订时根据《TRIPS协议》的上述规定，以视觉可感知为基准界定商标的标志范围，将原来商标构成要素仅限于平面形象扩展到三维标志和颜色的组合。

其次，非可视性的声音和气味等，也可以被认为具有可感知性。在《商标法》第三次修订时，声音也被列入商标法认可的可感知性范畴。法国、英国、美国等发达国家的商标法对可注册商标的构成要素，也并未限于视觉上可感知。因此声音、音乐、语言，甚至气味，都可以作为商标注册。[①] 我国通过修法将声音视为商标法认可的可感知性要素，是为了满足市场经济发展的需要。不过，非视觉标志在实践中并不多见，并且在保护上也具有一定的难度。因此，商标标志的主流是文字、图形等及其组合构成的平面形象。按照《TRIPS 协议》第 15 条的规定，成员"可以"将视觉可感知作为注册的条件，而不是"应当"。这样，一些国家可以根据本国的情况，自由决定是否对非视觉感知的标志如声音或气味给予商标保护。

腾讯"男人咳嗽声"声音商标驳回复审案[②]

声音商标是指由能够区别商品或服务来源的声音构成的商标，是 2013 年我国《商标法》第三次修改时新增设的一种商标形式。《商标法》第 8 条规定："任何能够将自然人、法人或者其他组织的商品与他人的商品区别开的标志，包括文字、图形、字母、数字、三维标志、颜色组合和声音等，以及上述要素的组合，均可以作为商标申请注册。"2014 年 5 月 1 日新《商标法》施行后，国家工商行政管理总局商标局开始受理和审查声音商标，对符合法律规定的声音商标予以注册保护。什么样的声音可以注册为商标，成为社会公众普遍关注的热点话题。

申请人腾讯科技(深圳)有限公司于 2014 年 5 月 4 日向商标局申请注册第 14502514 号声音商标，指定使用的服务包括第 42 类远程数据备份、电子数据存储、云计算、软件运营服务、信息技术咨询服务、托管计算机站(网站)、计算机病毒的防护服务、提供互联网搜索引擎、地图绘制服务以及计算机软件更新等服务。申请人对申请商标描述如下：本件声音商标由两声较为低沉短促的男人咳嗽声"咳咳"(keke)构成。商标局以"该商标为男人的咳嗽声'咳咳'，用在指定服务项目上缺乏显著性，不具备商标的可识别作用"为由，依据《商标法》第 11 条第 1 款第 3 项、第 30 条的规定，对申请商标的注册申请予以驳回。申请人申请复审称：申请商标的声音是申请人提供的 PC 端 QQ 应用程序中陌生人请求添加好友时所发出的男人咳嗽声。QQ 即时通信平台 1999 年问世，现已拥有庞大的受众群体，申请商标亦随之为广大消费者熟知。申请商标本身具备商标应有的显著性，且经过长期、大量宣传使用，已与申请人建立起唯一对应关系，完全可以起到区别服务来源的作用。商标评审委员会经审理认为：申请商标为男人咳嗽的声音，指定使用在云计算等服务上不易被作为商标识别，缺乏商标应有的显著特征，属于《商标法》第 11 条第 1 款第 3 项所指的情形。申请人提交的使用证据未涉及申请商标在云计算等服务上的使用，不能证明申请商标经使用已具有显著性。依照《商标法》第 11 条第 1 款第 3 项、第 30 条和第 34 条的规定，对申请商标在全部复审服务上的注册申请予以驳回。上述驳回复审决定书做出后，申请人未向法院提起诉讼，该决定现已生效。

评析

一、声音商标显著性的审查依据。声音商标实质审查采用与可视性商标一致的审查标准，包括禁用条款审查、显著性审查、相同或近似审查等。在显著性方面，同样适用《商标法》

---

① 参见陆普舜主编：《各国商标法律与实务》，中国工商出版社 2006 年版，第 246、363、384 页。

② IPRdaily：《腾讯"男人咳嗽声"声音商标驳回复审案》，https://www.ddvip.com/weixin/20171126A03IJP00.html，访问日期：2017-12-27。

第11条的规定。该条规定:“下列标志不得作为商标注册:(一)仅有本商品的通用名称、图形、型号的;(二)仅直接表示商品的质量、主要原料、功能、用途、重量、数量及其他特点的;(三)其他缺乏显著特征的。前款所列标志经过使用取得显著特征,并便于识别的,可以作为商标注册。”本案中,商评委适用《商标法》第11条第1款第3项的规定对申请商标的注册申请予以驳回。该项规定是指除《商标法》第11条第1款第1项和第2项以外的,依照社会通常观念,其本身或者作为商标使用在指定商品上不具备表示商品来源作用的标志。

二、声音商标通常需长期使用才能取得显著特征。2013年我国第三次修改《商标法》时,将声音商标纳入可注册的商标之列。自2014年5月1日现行《商标法》施行至今,商标局已受理声音商标注册申请约600件,但获准注册的只有20件左右。对我国消费者而言,无论作为法律上新增的一种商标形式,还是实际生活中接触到的实例,声音商标都属于新鲜事物。消费者长期以来习惯了以文字、图形作为表现形式的传统商标,很少将声音作为区别商品或服务来源的标志。商标的显著性包括固有显著性和经使用获得的显著性。臆造词如索尼、kodak作为商标,具备固有的显著性,符合《商标法》对于显著性的要求。那么,一件独创性强的声音商标,例如一小段自创的乐曲,是否不需要实际使用也能满足商标显著性的要求呢?根据《商标审查及审理标准》,一般情况下,声音商标需经长期使用才能取得显著特征。设定这一限制应该是考虑了如上所述的消费者认知方面的特殊性。毕竟,对声音商标这种非传统商标来说,消费者很难直接将其作为指示商品或服务来源的标志加以识别。只有经过经营者的长期宣传、使用,消费者才能将某一声音与经营者之间建立起联系,继而使该声音获得商标注册时应有的显著特征。

本案中,申请商标由两声较为低沉短促的男人咳嗽声“咳咳”(keke)构成,本身独创性不强,而申请人提交的在案证据并未涉及申请商标指定的远程数据备份、电子数据存储、云计算等服务,所以不能证明申请商标经使用已获得商标应有的显著特征。

二、平面标志

平面标志是一种最基本的商标形态,包括文字、图形或文字和图形的组合。文字做商标的范围很广,可以是中国文字也可以是外国文字。文字商标可臆造词汇,如“柯达”“施乐”“尼康”,也可选用普通词汇,如“苹果”“绿叶”等。文字中的姓氏、地名、字母、数字作为商标标志会受到一些限制,除非经过使用特定化,且不妨碍他人正常使用,否则难以作为商标注册和使用。

书名、报纸杂志名称属于文字。这类文字能否作为商标注册,需从商标的功能以及书籍和刊物的性质加以分析。通常认为,单行图书的名称不可注册为商标,而报纸和杂志的名称可以注册为商标。商标的基本功能为表示出处和保证商品质量,看到商标即可识别某种商品、它的来源和质量。书名仅仅揭示书的内容,既没有识别出处(哪一家出版社)的作用,也没有保证书的版式装帧设计、编校质量、印刷质量的作用。所以若将书名作为商标保护,与商标功能不符。报纸、杂志是汇编作品,它的名称并不表示每个作品的内容,每个作品的内容由其标题来表示。相反,报纸、杂志的名称用于区别生产者。报社和杂志社不间断地生产具有固定栏目、不同内容、不同版面的报纸、杂志,报刊名称就是产品品牌。所以定期刊物的名称具有商标的属性。我国和其他国家一样允许报纸杂志名称作为商标注册。按照原国家工商行政管理总局和新闻出版总署联合发布的有关规定,报纸、杂志名称,必须是经中共中央宣传部、国家科学技术委员会、中国人民解放军总政治部、新闻出版总署、中共各省、自治区、直辖市党委宣传部正式批准创办的报纸、杂志。报纸、杂志名称作为商标申请注册，申请人需持省、自治区、直辖市文化管理部门、总社报纸、杂志登记证办理申请手续。[1]

图形、图案属于平面标志。图形的取材范围非常广泛，可以由几何图形、想象物的图形等创造性题材或者动物、植物、日月星辰等自然题材设计出的图案所构成。图形商标形象生动、立意明朗，不仅具有识别作用，还可使人赏心悦目，但图形商标不便于呼叫，因而被单独使用者日益减少，多为与文字相结合构成组合商标。

三、立体标志

立体标志作为商标出现得较晚，但它比平面标志更形象、更直观，对视觉具有较强的吸引力。用作商标的三维标志可分为以下几种情况：(1) 与商品无关的立体形状；(2) 商品的容器、包装的形状；(3) 商品本身的外形。前两种三维标志注册为商标一般没有什么障碍，因为它们和所标识的商品或服务不存在联系，也不是商品的一部分。而第三种三维标志必须符合一定条件才可以注册为商标，例如该形状是非功能性的，或者是有选择余地的。

立体商标是在 20 世纪 90 年代相继进入各国商标法的，其主要原因是维护市场竞争秩序的需要。商标是便利购销的商品交易工具，商品竞争日益激烈必然促使经营者最大限度地发挥商标先声夺人的作用，无论是标志的设计选择还是宣传使用，都呈现从平面向立体扩张、从静态向动态扩张、声形并茂多姿多彩的趋势。随之而来的侵权假冒也无孔不入，当一些企业的产品造型或者包装具有显著特点，在市场上得到广泛认同，从而成为仿冒者觊觎的对象时，仅仅保护商品的平面标志不足以制止侵权假冒，此时便提出了保护立体标志的问题。20 世纪 90 年代以来许多国家和地区都对商标法进行修改，其中一项内容就是吸收立体标志、颜色组合等可视性标志作为商标。我国商标法原不接受立体标志，在商标实务中，行政主管部门就曾拒绝过美国可口可乐公司将“可口可乐”牌饮料容器进行商标注册的申请。但是这并不意味着我国法律排除了对立体标志的保护，某些商品的容器、包装和形状如果是设计新颖、富有美感的，可以获得外观设计专利的保护。同时，这些标志如果是知名商标所特有的，还可以获得反不正当竞争法的保护。2001 年《商标法》第二次修订时，在商标构成要素中增加了三维标志，同时又对这种标志的可注册性进行必要的限制以防止不适当的注册。

四、颜色组合

颜色组合商标是指两种以上颜色排列、组合而成的形象，但不包括单一颜色。颜色是视觉可以感知的，颜色的组合可具有显著特征，如“麦当劳”快餐厅的标志除了使用文字之外，还使用红黄颜色组合，形成强烈的视觉冲击力，十分引人注目。在某些场合，颜色组合是辨认事物的主要手段，如加油站特有的色彩招牌对行车的司机来说格外醒目，比文字、图形等其他记号的识别作用更强。不过，颜色做商标仍然存在一些困难，比如，单一的颜色、商品本身的颜色就不宜作为商标，而且由于颜色的数量有限，允许作为商标可能会妨碍其他经营者对颜色的正当使用，穷尽了颜色后须以色差区分，而色差是难以辨认的，不像文字、图形那样

---

[1] 国家工商行政管理局、新闻出版署《关于报纸杂志名称作为商标注册的几项规定》(1987 年 2 月 6 日)，引自国家工商行政管理局商标局编：《商标法律法规汇编》，中国法制出版社 1995 年版。

具有明显的标示作用。所以,颜色商标往往是在经过使用产生了识别作用以后,才允许注册为商标的。

第二节 显 著 性

一、显著性的含义

商标最基本的作用是标示商品、区分来源,保护商标的出发点和归宿全在于防止混淆,因此,一个标记是否可以作为商标受到保护,其核心要件在于是否便于识别,是否可以起到区分商品来源的作用。《商标法》第9条第1款规定:“申请注册的商标,应当有显著特征,便于识别,并不得与他人在先取得的合法权利相冲突”,就是对显著性的要求。

显著性是指商标识别和区分商品来源的能力,包括“识别性”和“区别性”两个方面。所谓识别性,是就标志与对象之间的关系而言的,它要求标志应当是简洁的、可记忆的,应当与对象之间没有直接的关联性。按照识别性的要求,作为商标的标志,应当不属于商品的通用名称,不是对商品属性的直接描述。例如,将“脱脂”二字作为奶粉的商标,消费者很难将其视为商标,而是认为其在表明商品的特点。所谓区别性,是就某一标志与其他标志之间的关系而言的,它要求一个标志能够区别于其他标志,与他人使用于相同或类似商品上的商标不相同、不近似。识别性和区别性是商标应当具备的两种能力,二者密切相关,相辅相成。一个标志如果不能使人记忆和辨认出特定来源,就不可能作为商标;反之亦然,一个标志不能将商品的不同来源区分开来,它就不能发挥指示商品来源的能力。简言之,识别性是区别性的前提,而区别性又服务于识别性。实务中,一个商标标志应当既非商品通用名称又不是对商品内容或属性的描述,同时它应当与他人使用在相同或类似商品上的商标不相同,才符合显著性的要求。

显著性是商标的精髓,缺乏显著性的标志不能作为商标注册,各国商标法及国际公约都毫无例外地将显著性规定为商标构成之必要条件和商标注册的绝对条件。但是如何认定显著性,各国商标法又没有明文规定,因为这种判断不可能是一个正面的、量化的表述,只能通过排除法将那些不得作为商标注册的标志排除在外。就理论研究来看,有关显著性的分析也都集中于反面论证。在商标实践中,判断一个商标是否具有显著性,一般需要考虑以下几个方面的因素:商标标志本身、商标与标示的商品或服务之间的关系、商标在市场上的使用情况等。分述如下:

(1) 标志本身的整体认定。将商标构成要素作为一个整体加以观察,整体形象上给人留下的印象牢固,便于识别的即具备显著特征。组成要素中虽然有缺乏显著性的成分,但与其他成分组合在一起,整体上能够产生识别作用的也应视为具有显著特征。

(2) 标示的商品或服务。商标与其标示的商品或服务之间的关系越疏远,商标的显著性越强;反之,商标与商品或服务之间的关系越紧密,商标的显著性越差。例如,“薄脆”使用在饼干上,就缺乏显著性。因为,根据一般生活常识,消费者会认为“薄脆”是用来说明饼干的特性。而如果将“薄脆”用于其他商品上,它就可能是一个具有显著特征的商标了。

(3) 商标的实际使用。以市场为背景,考察商标使用的时间,广告宣传的力度,商品的销售范围、时间以及市场占有率。这一判断要素和驰名商标的认定相类似,都是由商标功能决定的。商标是用来表明商品来源的,因此总是和商业活动相联系,凡是经过市场使用,被消费者所认知，就意味着该商标产生了识别能力，即使在设计上缺乏固有显著性，也可以因为实际使用而获得显著性。

总之，某一个商标是否具有显著性，只能将上述各方面因素结合个案具体情形加以判断，而不存在固定不变的公式。

显著性有强弱之分，又是可以变化的。也就是说，显著性既可以从无到有，由弱变强，又可以由强变弱，从有到无。根据显著性产生的方式，显著性可分为固有显著性、获得显著性、显著性的消失三种情况。

二、固有显著性

（一）不得作为商标注册的标志

所谓固有显著性，是指一个标志由于正确选用而具有天生的标示产品出处并区别于他人产品的属性。由于法律无法从正面对显著性作出规定，因此各国商标法的规定均从反面列举不得作为商标使用的文字、图形，凡不违反法律禁止性规定的，即被认为具备固有显著性，允许作为商标使用和注册。我国《商标法》第 9 条至第 12 条即采用“反证法”规定了显著性要求，根据这些法律规定，商标标志中凡含有下列要素的，均属于缺乏显著特征。

1. 官方标志、徽记①

（1）同中华人民共和国的国家名称、国旗、国徽、国歌、军旗、军徽、军歌、勋章等相同或者近似的，以及同中央国家机关的名称、标志、所在地特定地点的名称或者标志性建筑物的名称、图形相同的；

（2）同外国的国家名称、国旗、国徽、军旗等相同或者近似的，但经该国政府同意的除外；

（3）同政府间国际组织的名称、旗帜、徽记等相同或者近似的，但经该组织同意或者不易误导公众的除外；

（4）与表明实施控制、予以保证的官方标志、检验印记相同或者近似的，但经授权的除外；

（5）同“红十字”“红新月”的名称、标志相同或者近似的。

禁止将上述标志作为商标使用和注册，其目的主要是为了维护国家、国际组织或团体的尊严和权威，也是落实《巴黎公约》第 6 条之三的要求。

2. 通用名称

通用名称是表示某一商品或服务的种类或者型号的通常名称或者约定俗成的称谓。通用名称是一类商品或服务的统称，没有那种使人识别出商品来源的属性。并且这类名称处于公有领域，任何经营者均有权将其使用在商品交易过程中，用来称呼其产品。由于它们的通用性，消费者也视其为商品的通称或通常的商品信息而难以将它们和某个特定的商品经营者联系在一起。正是由于这个原因，通用名称一般不适宜作为商标注册和使用。我国《商标法》第 11 条第 1 款第 1 项规定，仅有本商品的通用名称、图形、型号的标志不得作为商标注册。通用名称有两种情况：一是原本就是商品的名称、称谓，例如，酒类商品的通用名称是“酒”，指用谷物、水果等含淀粉或糖的物质经发酵制成的含乙醇的饮料，按品种区分为白酒、啤酒、黄酒、果酒等，“醇”“酿”是“酒”的同义词，也是指含有酒精的饮料。这些产品的通用名

---

① 见我国《商标法》第 10 条第 1 款第 1 项至第 5 项。

称就不能用作酒类商品的商标。二是原本具有显著特征的标志,但在使用中变成了普通名称,成为相同产品或服务的同一行业共同使用的称谓,这样的词汇也不适宜再作为商标使用。最高人民法院《关于审理商标授权确权行政案件若干问题的规定》第 10 条也规定,诉争商标属于法定的商品名称或者约定俗成的商品名称的,人民法院应当认定其属于《商标法》第 11 条第 1 款第 1 项所指的通用名称。依据法律规定或者国家标准、行业标准属于商品通用名称的,应当认定为通用名称。相关公众普遍认为某一名称能够指代一类商品的,应当认定为约定俗成的通用名称。被专业工具书、辞典等列为商品名称的,可以作为认定约定俗成的通用名称的参考。

3. 描述性标志

描述性标志是指直接表示商品属性或特点的标志,如表示商品主要原料的"鸭绒""纯棉",表示产品功能的"热得快""保暖"等字样,以及表明产品的用途、重量、数量及其他特点的词汇。我国《商标法》第 11 条第 1 款第 2 项规定,仅直接表示商品的质量、主要原料、功能、用途、重量、数量及其他特点的标志不得作为商标注册。这样规定的主要理由是防止本属于公共领域的资源被抢占。我们知道,如实准确地提供商品信息是经营者的义务。我国《产品质量法》第 27 条规定:产品或者其包装上的标识必须真实。我国《消费者权益保护法》第 8 条第 2 款规定,消费者有权根据商品或者服务的不同情况,要求经营者提供商品的价格、产地、生产者、用途、性能、规格、等级、主要成分、生产日期、有效期限、检验合格证明、使用方法说明书、售后服务,或者服务的内容、规格、费用等有关情况。而要让消费者了解与产品有关的各种信息,就需要在产品或产品的包装上作出说明,也需要在产品或产品的包装上使用各种标示。从企业自身利益出发,通过商标向消费者传达商品或服务信息是企业选用商标时的必然倾向。观察市场上绚丽多姿的商标,无不遵循着一个共同法则:商标与商品之间有着若即若离、或明或暗的关系,从酒类商品上的"云南红""新疆红",到化妆品上的"小护士""美加净",从药品上的"珍视明""咳必停"到餐饮业的"小肥羊""九头鸟",试图描述产品用途、特点的商标比比皆是。这其中,间接的、暗示的描述性文字、图形,属于暗示性标志,通常认为具有最低限度的显著性。而直截了当地说明产品的主要原料、功能或某一方面的特性的,就属于描述性标志,无法满足最低限度的显著性要求。例如,"黑又亮"皮鞋油、"脱脂"牌奶粉、"莲蓉"牌月饼等,因为直接表示了商品的主要原料、功能和其他特点,属于描述性标志,原则上不允许作为商标注册。最高人民法院《关于审理商标授权确权行政案件若干问题的规定》第 11 条也明确规定,商标标志只是或者主要是描述、说明所使用商品的质量、主要原料、功能、用途、重量、数量、产地等特点,人民法院应当认定其属于《商标法》第 11 条第 1 款第 2 项规定的情形。商标标志或者其构成要素暗示商品的特点,但不影响其识别商品来源功能的,不属于该项所规定的情形。因此可以说,暗示性标志和描述性标志二者之间的区别,在于是否"直接"反映了产品的特性。

4. 地名

地名不得作为商标,这是各国商标法的通行做法,我国也不例外。我国《商标法》第 10 条第 2 款前半段规定,县级以上行政区划的地名或者公众知晓的外国地名,不得作为商标。以地名指示某一商品,无从识别商品的生产经营者,而是给人以商品或服务来源地的印象,如果确实如此,地名商标便产生了两个问题:(1) 产品或服务确实来自地名所指的地方,允许该地名作为商标,就意味着该地方的其他企业不能在产品或服务上使用这一地名。这无异于授予一个企业不合理的垄断权。(2) 如果产品或服务并非来自地名所指的地方,该地名商标就会带有欺骗性。地名是对地理区域的客观描述，这就决定了应将其保留在公有领域为地域内的所有经营者共同使用。如果允许一个经营者将地名作为商标而禁止其他人使用，并因此妨碍其他经营者标示产品产地的信息，将会导致不公平竞争。因此，对地名的限制是为了确保地名与特定产品之间的联系、产地与地域内所有经营者的联系不被垄断。

禁止地名作为商标也有某些例外，我国《商标法》第 10 条第 2 款后半段规定，地名具有其他含义或者作为集体商标、证明商标组成部分的除外；已经注册的使用地名的商标继续有效。《商标法》第 16 条第 1 款规定："商标中有商品的地理标志，而该商品并非来源于该标志所标示的地区，误导公众的，不予注册并禁止使用；但是，已经善意取得注册的继续有效。"从上述法律规定看，地名商标的例外存在于两种情形之中，一是地名具有其他含义。何为"其他含义"，《商标审查及审理标准》[①]将"地名具有其他含义"界定为，地名作为词汇具有确定含义且该含义强于作为地名的含义，不会误导公众。司法机关在商标纠纷案件中对"地名具有其他含义"作出的解释是，除作为地名使用外，还有具体明确、公知的其他含义或是已在公众中约定俗成的其他用语。[②] 从商标的显著性要求来看，如果一个词汇具有地名以外的含义，即与地理来源之间关联性较弱，而能够借以识别某一商品的出处，仍可以用来作为商标使用。二是地名达到地理标志的程度的可作为证明商标、集体商标注册。如果一个地名词汇和商品特征之间具有这样一种联系：该商品的特定质量、信誉或者其他特征，主要是由该地区的自然因素或人文因素所决定的，这个地名就是地理标志，因而可以注册为集体商标或证明商标，只不过商标注册人应当是该地区内经营者组成的团体、协会等组织。

5. 功能性三维标志

三维标志可以作为商标使用和注册，但是具有功能性的三维标志应排除在外。功能性三维标志是指形状、外观本身是产品的功能所决定的，是某类产品唯一的或通用的形状、外观。我国《商标法》第 12 条规定："以三维标志申请注册商标的，仅由商品自身的性质产生的形状、为获得技术效果而需有的商品形状或者使商品具有实质性价值的形状，不得注册。"该条所排除的标志即功能性三维标志。举例来说，一个轮胎的制造者不能以圆圈形状作为商标，却可以用一个不规则形状的毂盖作为商标。一把牛排刀的制造者不能以锯齿形刀刃作为商标，但可以用一种嵌入刀柄的阿拉伯式复杂纹饰作为商标。[③] 排除功能性三维标志的商标注册，是为了避免由于商标保护而妨碍合法的自由竞争。试想，所有的商品都有外观形状，许多商品还需要包装、容器，这些立体的外观设计有的是商品用途或质量所必需的，没有选择余地，如果允许某个人借商标注册进行独占，岂不妨碍了同业者对商品的制造和销售？还有些产品的外观设计属于可专利的对象，专利权一到期，受保护的对象将进入公有领域，人人都有权使用，同时，随着技术的发展，最开始属于商品的特定形状可能发展成通用形状，如果允许作为商标注册获得无期限的保护，就会冲击专利制度的实施，并会妨碍市场竞争所需的适度模仿。因此，三维标志既可获得商标注册又要进行必要限制，这种限制即体现为禁止功能性三维标志作为商标注册。

---

① 原国家工商行政管理总局 2017 年 1 月 4 日公布。

② 云南红河光明股份有限公司与国家工商行政管理总局商标评审委员会商标权撤销纠纷案二审行政判决书，(2003)高行终字第 65 号。

③ 转引自〔美〕威廉・M. 兰德斯、理查德・A. 波斯纳：《知识产权法的经济结构》，金海军译，北京大学出版社 2005 年版，第 254 页。

（二）固有显著性的程度

一个标志不含禁用元素，只是具备了显著性的前提条件，可以作为商标注册。即便如此，商标显著性程度是有差别的。在商标理论上，按照显著性强度来划分，商标可分为三种类别：臆造商标，任意性商标，暗示性商标。

1. 臆造商标

臆造商标是由杜撰的文字、词汇所构成的无特定含义的商标。杜撰的词汇从未在字典上出现过，是由设计者为了作为商标使用而创造出来的，例如“Kodak”（柯达）、“Exxon”（爱克森）、“xerox”（施乐）就是这种商标的典型。杜撰的词汇、文字本无任何含义，与其标示的商品或服务之间不存在任何关联性，经过一段时间的使用后，市场会赋予臆造词以含义，即作为特定商品或服务商标的含义，这种含义的获得完全归功于商标所有人在生产或营销方面的投入。臆造词汇的唯一性和独特性使其成为理想的商标标志，其他经营者如果不是出于恶意也就不会使用，因而，这种商标是显著性最强、受保护力度最大的商标。

2. 任意性商标

任意性商标是由一个现成的、具有字典含义的词汇构成的商标，其文字意义与所标示的商品或服务没有特别联系。在美国司法实践中，任意性商标被解释为，这样一些字词，发明它们的唯一目的就是将它们作为商标来使用，是常用的字词以非同寻常的方式来使用。[①]“娃哈哈”用于儿童食品，“苹果”用于计算机，威士忌酒的商标“BLACK&WHITE”等，都是将普通词汇用作商标，但词汇本身又与商品内在属性之间没有什么关联性。任意性商标的显著性程度低于臆造商标，但仍属于显著性较强的商标。

3. 暗示性商标

暗示性商标由常用词汇构成，它以隐喻、暗示的手法提示商品的内在属性或某一特点。典型的例子有：饮料商标“健力宝”、自行车商标“野马”、捕虫器商标“Roach Hotel”等。“显著性”要求商标的组成要素不得涉及产品的属性和功能，不得直接描述产品的种类、质量、主要原料、产地等。暗示性商标尚未违反这一最低限度要求，因此仍属于具备显著特征的商标，但其显著性较弱，同时，暗示性商标也很容易演变成通用名称。尽管如此，还是有很多经营者倾向于选择暗示性商标，其中的原因就在于，暗示性商标向消费者传达了更多的商品信息，不仅是关于来源，还有关于商品特征的信息，这无疑构成了广告的一部分，减少了产品宣传成本和进入市场的时间。此外，地名商标、姓氏商标也都属于显著性弱的商标。

三、获得显著性

（一）获得显著性的含义

获得显著性或称“第二含义”[②]是商标法的一个术语，意指一个缺乏固有显著性的标志通过长期连续使用而产生新的含义，具备识别商品的能力时，该标志即被视为具备了显著特征。在商业活动中，通用名称、描述性词汇或者地名使用于商品之上，其功能在于告知商品的用途、成分和其他特性，而并无使其商品与其他商品相区别的作用，故不符合显著性的要求。然而，当这些文字、词汇被某一厂商长期使用于商品之上，在行业内及相关消费者中已

---

① 李明德：《美国知识产权法》，法律出版社 2003 年版，第 283 页。

② 美国法将“使用获得显著性”称为第二含义（secondary meaning），意指组成商标的文字具有了超越字面的含义，成为特定商品或服务的代称。“第二含义”并非第二个含义，而是针对词汇、符号原有含义之外新的含义。

为人所知，并使人能够将它和特定商品相联系时，这个标志就在其原始意义上产生了“第二含义”。例如一个描述性词汇，它的第一含义是字面含义即描述产品属性，第二含义则是指示产品来源。一旦长期地独家使用，消费者将其当做商标看待，该描述性词汇就产生了新的含义，称为“第二含义商标”。“获得显著性”规则告诉我们，标志构成不是显著性的唯一来源，长期使用的事实可能使一个缺乏固有显著性的标识获得显著性。

获得显著性理论在《巴黎公约》和《TRIPS 协议》中均有所体现，《巴黎公约》第 6 条之五规定：在决定一个商标是否符合条件时，必须考虑所有实际情况，特别是商标使用时间的长短。《TRIPS 协议》第 15 条第 1 款在《巴黎公约》基础上更进一步规定：如果标志不具有区别相关商品或者服务的固有属性，成员可以根据其通过使用取得的显著性，给予注册。获得显著性规则的合理性在于，使用者对于一个本属于公有领域的词汇进行长期投资，付出代价，对此予以承认并赋予使用人专有性权利，不仅是对市场主体经营成果的认可，也扩大了商标注册标志的资源，有助于维护消费者利益。

司法判例总结出的经验更有助于理解获得显著性规则。美国法院适用“第二含义”规则的理由可归纳为五点：其一，系争商标之名称已丧失其原始意义；其二，其为原告首先使用，且为独家使用；其三，消费大众已公认其为表彰某商品之标志；其四，给予原告救济，可以阻止被告之不诚实交易和“搭便车”行为；其五，使用期间悠久，广告效能强，销量量大，并且已由非显著性变为具有显著性，并被原告继续而排他地使用。[①] 欧洲法院也通过判例就获得显著性的认定提供了指南：“当申请人的某一商标在市场上使用一段时间后能够标示产品来源并使之区别于其他人提供的同类产品，则该商标获得了显著性；在判断某一商标是否获得了显著性时，有权机构必须对有关该商标标示产品出处并使之区别于他人产品的证据进行全面评估；如果有权机构发现相当比例的有关人群通过该商标认定相关产品源于特定出处，则必须认定该商标满足注册要求。”

一个非显著性的标志是否取得“第二含义”，属于事实问题，应就每一个案分析判断。法律或法院所起的作用不过是对既存事实的确认。

我国商标法原没有获得显著性的规定，但在实务中商标主管部门运用这一规则处理过某些特例。如“黑又亮”（鞋油）、“两面针”（中草药牙膏）、“五粮液”（酒）等商标准予注册，均考虑到这些商标在长时间的实际使用中已经取得了识别能力。

我国 2001 年修正的《商标法》从立法上确认了使用获得显著性规则，《商标法》第 11 条规定，商品的通用名称、图形、型号；仅仅直接表示商品的质量、主要原料、功能、用途、重量、数量及其他特点的标志不得作为商标注册。上述标志经过使用取得显著特征，便于识别的，可以作为商标注册。这一规定将获得显著性（第二含义）确立为判断显著性的法定规则之一。

值得注意的是，商标理论上的“第二含义”与我国《商标法》关于地名商标的“其他含义”意义不同。根据《商标法》第 10 条第 2 款的规定，县级以上行政区划的地名或者公众知晓的外国地名，不得作为商标。但是地名具有其他含义的除外。这里的“其他含义”，是指某些地名词汇本身含有的寓意或多重字面含义，例如长安（县）、凤凰（县）、同心（县）、保安（县）等等，这类地名从文字本身看，一般公众由此联想到的首先是该词汇在日常生活中固有的含义，即字典、辞书中解释的含义，而不是一个地方的名称。这样的地名由于具有多重含义，其指示地理位置的意义反而被淡化了，故而可以作为商标使用。这与上面讲的通过使用产生

---

① 曾陈明汝：《商标法原理》，中国人民大学出版社 2003 年版，第 130 页。

“第二含义”是不同的。

取得第二含义的标志，虽可作为商标注册，但其商标专用权的效力范围较之显著性强的商标受到较多的限制。他人对于该商标的使用只有在具有恶意且不正当使用的情况下，商标注册人才可加以禁止。对于善意的、正当的使用，商标注册人应当容忍。[①]

（二）获得显著性规则的应用

依我国《商标法》及其配套制度的相关规定，获得显著性规则适用于下列标志：

（1）通用名称。限制通用名称作为商标注册，不仅是出于显著性的要求，而且为公共利益所需。如果允许对通用名称施以垄断权，将使得其他竞争者无法准确指称其产品，从而严重地妨碍公平竞争。含有通用名称的组合标记，其在整体上具有“第二含义”，才可获得商标注册。另外，对于外文商标是否具有显著特征，最高人民法院《关于审理商标授权确权行政案件若干问题的规定》第8条规定，诉争商标为外文标志时，人民法院应当根据中国境内相关公众的通常认识，对该外文商标是否具有显著特征进行审查判断。标志中外文的固有含义可能影响其在指定使用商品上的显著特征，但相关公众对该固有含义的认知程度较低，能够以该标志识别商品来源的，可以认定其具有显著特征。

（2）描述性标志。和通用名称一样，描述性标志是公有公用的，如果允许进行商标注册，就会妨碍其他经营者用来说明自己的产品。但是，标志中含有的描述性要素不影响商标整体上具有显著特征的，或者描述性标志是以独特方式进行表现，相关公众能够以其识别商品来源的，应当认定其在市场上经过长期使用产生了表明产品出处的“第二含义”，且具有显著特征，可以作为禁止注册之例外。

（3）其他缺乏显著性的标志。如纯粹的颜色组合，单纯的字母、数字，过长的商务口号、广告用语等。这些标志一旦经商业使用获得了“第二含义”，可允许注册。

除上述之外，我国《商标法》第10条禁止性规定中涉及的国家、国际组织名称、徽记、官方标志以及违反公共秩序和社会伦理道德，带有不良影响的标志，不适用获得显著性规则，这些标志无论是否取得新的含义，都不能作为商标使用，更谈不上注册。

某个描述性标志或者通用名称是否获得了第二含义是一个事实判断问题，判断的标准是消费者是否已经将该标识作为商品来源的指示。因此，第二含义是否存在完全取决于消费者的心理状态。[②] 实务中，获得显著性规则由商标注册机关及人民法院在解决系争商标的个案中加以运用。

四、显著性的退化和丧失

商标的显著性不是固定不变的。商标既然可以在市场中获得显著性，也可能在市场中随着时间的推移而逐渐退化和丧失显著性。我们来看后一种情形，即显著性的退化和丧失。

显著性退化和丧失是指，一个原本能够识别出处并区别于他人同类产品的标志演变成为商品通用名称而无法继续作为商标。一个商标无论注册与否，都有可能变成商品通用名称，导致商标变为通用名称的原因有商标使用人主观上的疏忽大意，例如，一个非常著名的商标，由于商标所有人的使用和管理不当，造成该商标逐渐成为同种商品的代名词，而商品广告以及媒体也把该商标作为普通名称使用；也有客观环境的影响，例如，为了利用驰名商

① 详见本书“商标权的限制”部分。

② 彭学龙：《商标法的符号学分析》，法律出版社2007年版，第145页。

标的信誉，同行业竞争者将此商标指代为同类商品，最终使该驰名商标失去了识别功能而成为一个普通名词。从商标的显著性程度看，描述性商标比臆造商标更容易变为通用名称，著名商标比普通商标更容易变为通用名称。因为一个臆造商标仅仅指代其特定的使用者，而一个描述性或者是暗示性商标更具有指示意义的则是针对一个类别。[1] 这从另一个角度说明了描述性词汇不宜作为商标的道理。

商标退化的法律后果是导致商标注册被注销。在考虑是否注销商标注册时，首先需要对以下两个事实加以确认：(1) 该商标是否变成了商品通用名称。其标准是看该标志的主要含义是指称产品的来源，还是产品本身。[2](2) 显著性退化是否由商标所有人的过失而导致。只有因为商标使用者的不当使用或者管理不善导致商标成为产品或服务的普通名称的，才可撤销注册。由于显著性退化而导致商标被注销的例子有："thermos"（暖水瓶）、"aspirin"（阿司匹林）、"cellophane"（玻璃纸）、"dryice"（干冰）等，这些原来都是商品的商标，后来演变为商标的通用名称。要想避免商标退化的恶果，商标所有人必须加强对商标尤其是著名商标的管理，如在使用商标时特别是广告宣传中，应始终坚持表明它是一个商标，而不是一个产品或一种服务的名称，还要及时纠正他人对商标的淡化或其他不正当使用行为。

我国商标法对商标退化及其法律后果未作规定，实际中曾遇到此类情况，商标主管部门根据商标的使用情况、是否为驰名商标等因素综合考虑后，慎重对待，对由于商标所有人意志以外无法控制的原因而造成显著性退化的，采取积极的挽救措施，保留该商标注册，避免商标被当做通用名称的后果。

第三节 不带欺骗性和不违反公共秩序

一、不违反公序良俗

这一条件是针对标志本身而提出的要求。商标附着于商品行销市面，又借助广告宣传使公众普遍知晓，必然兼有传播信息、引导时尚和推广风气的社会功能，因此一个标志使用的文字、图形是否符合公共秩序和社会道德风尚，是商标注册时必须考虑的。公共秩序和道德的要求为所有国家所公认。我国《商标法》第 10 条第 1 款第 6、7、8 三项规定将有悖于社会道德和具有不良影响的标志作为绝对禁止条件。2017 年最高人民法院在《关于审理商标授权确权行政案件若干问题的规定》第 5 条中规定，商标标志或者其构成要素可能对我国社会公共利益和公共秩序产生消极、负面影响的，人民法院可以认定其属于《商标法》第 10 条第 1 款第 8 项规定的"其他不良影响"。将政治、经济、文化、宗教、民族等领域公众人物姓名等申请注册为商标，属于前款所指的"其他不良影响"。据此，带有民族歧视性的；夸大宣传并带有欺骗性的；有害于社会主义道德风尚或者有其他不良影响的文字或者图形，不得作为商标使用，更不能作为商标注册。

夸大宣传、带有欺骗性的标志不能用作商标，这一总的原则为各国所承认。因为一个欺骗性的商标会损害消费者并构成不正当竞争。欺骗性标志的例子如：以"纯棉"字样用作人造纤维服装的商标，会使消费者认为服装是由纯棉制成的。使用欺骗性标志的企业将会增

---

① 转引自〔美〕威廉·M. 兰德斯、理查德·A. 波斯纳：《知识产权法的经济结构》，金海军译，北京大学出版社 2005 年版，第 247 页。

② 参见李明德：《美国知识产权法》，法律出版社 2003 年版，第 278 页。

加其销售，因为与人造纤维相比，消费者更喜欢纯棉布，而诚实的企业未使用欺骗性标志将会导致销售额下降。[①] 带有民族歧视性的标志不得作为商标使用，更不得予以注册，首先因为我国是一个多民族的国家，民族团结是我国社会经济健康发展的保障。此外，在国际贸易中应当尊重各国各地区风俗习惯、宗教信仰等，任何不友好的表示都会带来不良后果。例如20世纪90年代初期，原国家工商行政管理局曾发出通知，要求各地查处带有“DARKIE”商标的进口商品，因为“DARKIE”一词源于“DARLIE”，而“DARLIE”意为“黑鬼”，是对黑人的蔑称，为种族歧视性语言。

判断一个标志是否带有欺骗性和违反公序良俗，应当以社会的通常看法或者一般公众的道德观念为标准，而不能凭着商标使用人的主观愿望。例如，某企业申请注册“乡巴佬”商标，被商标局以该商标有贬低农民的含义，具有不良影响为理由驳回申请。申请人认为“乡巴佬”出自农民自谦之词，是对农民的善意称颂，没有贬低人的含义，不会产生不良影响。复审中商标评审委员会认为：商标一旦进入市场，将面对广大消费者，而消费者并不了解申请人对“乡巴佬”一词的理解。客观上，“乡巴佬”是对农民的鄙称，反映出对农民群众的不尊重，用其作商标容易产生不良影响。最终商标评审委员会作出决定，驳回“乡巴佬”的注册申请。又如1997年6月，长江中游某市一家企业使用“福尔摩萨”商标，遭到当地各界的谴责后，该企业又将商标改为“福摩萨”，引起公众更为强烈的愤慨，因为这一词语是当年荷兰殖民者对我国台湾地区的蔑称。上述例子说明了社会公众在判断商标的社会影响中的地位和作用。

背景材料

“叫了个鸡”“我只做鸭”商标被驳回[②]

曾因店名“叫了个鸡”在国内打响知名度的炸鸡店，近日被曝因为宣传用语违背社会良好风尚，被罚款50万元。据《现代快报》记者在上海市工商局网站搜索发现，2017年3月15日，一份上海市工商局检查总队的行政处罚决定书上，的确对上海台享餐饮管理有限公司罚款50万元。据处罚决定书，上海台享餐饮管理有限公司通过官方网站、微信公众号“叫了个鸡”及合作门店，对外发布自主创意的包含“叫了个鸡、没有性生活的鸡、和她有一腿、真踏马好翅”等违背社会良好风尚宣传用语的广告。根据我国《广告法》第9条第7项，要求该公司停止发布广告、罚款50万元整。另外，“叫了个鸡”商标注册申请被两次驳回，一次是2014年12月29日，言记(上海)餐饮企业管理有限公司首先申请注册被驳回，另一次是上海台享餐饮管理有限公司于2016年11月21日申请注册“叫了个鸡”商标，2017年8月17日已经收到“驳回通知”。后者又申请注册“叫了个炸鸡”商标，也被驳回。在商标局官网上，查询到“叫了个鸡”是言记(上海)餐饮企业管理有限公司2014年年底至2015年年初，分别在第29、35、43类别中申请注册商标，2015年11月均被驳回，目前“叫了个鸡”商标未取得注册。而“我只做鸭”是郑州我只做鸭餐饮管理有限公司2015年10月23日，在第29类申请商标注

① 世界知识产权组织：《知识产权纵横谈》，世界知识出版社1992年版，第160页。

② 细软知产超市：《“叫了个鸡”、“我只做鸭”商标被驳回》，http://www.sohu.com/a/120342485_482549，访问日期：2017-12-27。

册,2016 年 8 月 1 日,商标被驳回,目前进入驳回复审中。根据《商标法》规定,有害于社会主义道德风尚或者其他不良影响的,禁止作为商标使用,可能这也是"叫了个鸡"和"我只做鸭"商标申请被商标局驳回的原因。

二、不得与在先权利相冲突

在先权利,是指在申请商标注册之前的他人已有的合法权利,其对象为其他知识产权或者民事权利。概括起来说,凡是可用来作为商标的客体都可能产生在先权利,例如,利用已有的绘画、图案作为商标,创作者享有的著作权即为在先权利。在先权利包括但不限于下列权利:商标权、著作权、地理标志权、商号权、外观设计专利权、姓名权、肖像权,这些权利客体的共同性在于:均为文字、图形、数字或组合的形象化标志,适合于商标的选材。需要说明的是在先商标。在先商标是最容易与后商标发生冲突的一种在先权利,先注册商标和后注册商标的冲突也称为商标混同,发生在商品相同或类似,而商标相同或近似的情况下。在先商标又可分为:在先注册的商标、在先初步审定的商标、先申请的商标、被代理人或被代表人的商标、在先使用并有一定影响的商标以及驰名商标。最高人民法院《关于审理注册商标、企业名称与在先权利冲突的民事纠纷案件若干问题的规定》第 1 条第 1 款规定:"原告以他人注册商标使用的文字、图形等侵犯其著作权、外观设计专利权、企业名称权等在先权利为由提起诉讼,符合民事诉讼法第 119 条规定的,人民法院应当受理。"

不与在先权利相冲突,是商标注册应满足的条件,它要求申请人遵循诚实信用原则,在从事商标法律行为时,顾及他人合法利益。尊重在先权利,应当始于商标的设计和选材。凡是商标构成要素涉及已有创作成果或者是他人权利的,商标使用人应该取得权利人的许可之后再加以利用。例如,将已有的著作权作品(摄影、绘画、书法)作为商标使用或注册的,应事先取得著作权人的授权许可。如果擅自拿来作为商标使用,便有可能导致注册失败或者注册被撤销。又如,地理标志是一种可以对抗商标注册的在先权利,如果商标中含有地理标志,而该商品并非来源于该地理标志所标示的地区,构成虚假产地名称商标,不仅会给利害关系人即真实产地的经营者造成损害,还会欺骗和误导公众,使人轻信商品质量与消费者心目中具有良好声誉的产地有着联系。对于此种商标注册行为,与该地理标志有利害关系的人可以行使请求权,阻止不当注册。

[深度阅读]

1. 杜颖:《通用名称的商标权问题研究》,载《法学家》2007 年第 3 期。

2. 黄晖:《商标显著性对商标注册和保护的影响》,载《中华商标》1998 年第 6 期。

3. 彭学龙:《商标显著性新探》,载《法律科学》2006 年第 2 期。

4. 柏思国:《动态标志可否构成商标》,载《中华商标》2004 年第 3 期。

5. 陈红:《商标权与知名商品的特有名称冲突问题研究》,载《政治与法律》2004 年第 6 期。

6. 黄晖:《第二含义——商品及包装外形显著性对取得商标保护的影响》,载《国际贸易》2001 年第 9 期。

[法条导航]

1.《中华人民共和国商标法》第八条至第十三条，第四十八条

2. 最高人民法院《关于审理商标授权确权行政案件若干问题的规定》

[思考题]

1. 申请注册的商标应具备哪些条件？

2. 何谓商标的显著性？有何判断标准？

3. 哪些标志不能作为商标使用？

4. 哪些标志不能作为商标注册？

第二十章

商标权的取得

［内容提要］ 商标注册是确定商标专用权的法律依据。学习本章应重点掌握商标注册的概念与基本原则、商标注册申请的条件、商标禁用条款和商标异议的概念。理解先申请原则的基本内容和申请注册的商标应具备的条件，掌握商标注册的申请与审批程序。

［关键词］ 商标注册的原则　商标注册的获批条件与程序　优先权

第一节　商标权取得的方式

商标权的取得分为原始取得和继受取得，原始取得又分为使用取得和注册取得两种方式。本章主要讨论商标权的使用取得和注册取得两种方式，有关继受取得将在商标权的利用一章详细讨论。

一、使用取得

使用取得，也称为使用原则，是指商标创设后须实际使用于商业活动，商标上的权利基于使用的事实而形成。因使用获得商标权在历史上曾是商标权产生的唯一依据，这是由商标的功能所决定的。商标是作为证明某个商人商品的手段而出现的，如果该商品不出售，商标既不证明来源又不证明商品，就毫无意义。因此，商标上的权利只能凭借使用而获得。即使是保护商标的成文法律也是以使用为基础并按照使用的先后决定商标权利的归属。世界上第一部商标法诞生在法国，1857 年法国颁布了《以使用原则和不审查原则为内容的商标法律》。依据该法，第一个公开地使用商标的人取得商标上的权利。申请注册只起宣告作用。同样的商标，先使用的优于先申请的。英国于 1862 年颁布的商标法，美国于 1870 年颁布的商标法，也都是确认已经存在的商标或者商标权的法律。

现时仍保留使用原则的只有英美法系的极少数国家，最典型的是美国。美国商标法来源于普通法中的“假冒诉讼”——法律禁止把一个商人的商品假冒成另一个商人的商品出售。这种保护的目的显然是为了阻止一个低级生产者冒用一个高级生产者的商誉进行商业活动。提起假冒诉讼的条件是，原告必须证明自己已获得一定商誉，使用人主观上存有恶意。对商标来说，只有实际使用才可能产生商业信誉，如果没有商业活动，商标就不存在，商标信誉也无从谈起。这就决定了，只有经过使用的商标才能通过假冒诉讼获得保护，因而获得一种商标上的权利。在制定了《联邦商标法》（《兰哈姆法》）以后，美国建立了联邦注册制度，但是，仍然坚持使用取得权利的原则。按照美国商标法的规定，某一标志要注册为商标必须在商业中使用。

"商业中使用"是指在州际贸易或对外贸易上的使用,必须是实际使用,而不是象征性使用,即把商品投放市场,使商标和消费者发生接触,使商标发挥识别商品来源的作用。已经使用的商标可以申请注册,但注册并不决定权利的产生,而是给予注册人程序上和实体上某些额外的好处。[①] 具体地说,注册的效力在于:(1) 推定通知。经过联邦注册即推定向以后的使用者发出了通知,后来的使用者不得以不知情而证实他的善意。(2) 商标权利不受地域限制。联邦注册就是向全国发出的公示,注册人的商标权在全国范围内都有效力,尽管在某些地区该商标并未使用。(3) 商标权利有效的初步证据。商标注册证书是注册人享有对该商标专用权的初步证据,当另一方主张商标权无效时,商标注册人免除举证责任。(4) 不可争议的法律地位。注册商标在注册后连续使用 5 年,将取得不可争议的权利,即他人不能以某种理由提出否定该商标权的请求。此外,根据美国《贸易法》第 1337 条的规定,商标所有人可依据联邦注册向美国海关提出申请,阻止侵权物品的进口。直到 1988 年,美国商标法修订以后,使用原则发生了一些变化,"实际使用"和"意图使用"都符合使用原则的要求。厂商只要具有真诚使用某一商标的意图,就可以申请联邦商标注册。对外国申请人来说,商标在其本国注册即视为已经实际使用。

使用原则反映了商标功能的要求,同时也不可避免地存在某些弊端,主要表现在:首先,使用事实即可产生权利,如何使他人知晓这一事实呢?使用人的经营活动限于某一地区,那么所产生的权利是限于该地区还是遍及全国所有地区?如果遍及其他地区,又怎样通知大家?其次,由于不知情而善意使用相同商标引发争议时,不易查明究竟谁是先使用人,为了解决争议,当事人和商标主管部门都将付出较高成本。正因为如此,目前世界上绝大多数国家不再采用使用原则。

在实行注册原则的国家,通过使用而获得商标上的权利仍然是取得权利的一种方式。一些在商业中使用但尚未注册的商标也可以受到商标法的保护,这就是驰名商标制度。一个商标之所以驰名是由于长期使用、持续投入的结果。相反,一个从未使用过、与市场和消费者相脱离的商标是无法达到广为知晓的程度的。正是从这个意义上说,因驰名而取得的权利是使用原则的一个特例。此外,有一些未以"商标"称呼但具有商标功能的标识,如商品装潢、商品特有名称都可归入未注册商标之列,经营者对此所作的使用和宣传也可使其成为事实上的商标。这些未注册但经实际使用的商标,可以通过反不正当竞争法得到保护,其受保护的利益在于对经营者的投入的回报。

二、注册取得

注册取得是指商标权的取得必须经过注册核准,注册商标受法律保护,未经注册的商标,一般得不到法律的保护。

在商标保护的历史上,注册原则的出现晚于使用原则,但却为世界上绝大多数国家所采用,其主要原因是:首先,注册制度适应了国内市场一体化和对外贸易的需要。由于经济的发展,市场不再限于一定的地理范围,如本地区,而是扩大到全国及本国以外,以商标的实际使用作为向他人发出的权利通知难以满足市场要求。在扩大了的市场上商标使用的事实难以查证,相同或近似标志的混同也就难以避免,而通过登记注册的方式进行权利推定和权利

---

① 参见李明德:《美国知识产权法》,法律出版社 2003 年版,第 292 页。

公示是最安全、最简便的。其次,法律所保护的注册商标专用权具有排他性,权利人对某一标记享有权利即排除他人使用相同或近似商标。为了准确地确定权利的归属和存在状态,保证权利获得者是唯一的权利人,使公众对某一标记的权利状态有据可查,必须以公众可以得知的方式进行通知,这就是商标注册。再次,注册还有助于商标权人行使商标权利。注册商标可以通过权利转让、许可使用、质押等方式实现商标权的价值。在上述商标权交易中,唯有通过注册进行权利公示才能确保交易安全。

背景材料

商标注册在商标保护中的地位与作用①

商标权作为一种财产权,来自商标的实际使用。"商标"一词表明,只有在商业活动中使用的标记才可以称之为商标。在相关的市场竞争活动中,商标所有人为了出售更多的商品或者提供更多的服务,通常会通过技术革新、广告宣传、售后服务等手段,提高相关商标的知名度。至于消费者认牌购货,信赖某种商标所标示的商品或者服务,则是我们通常所说的"商誉"。事实上,商标权作为一种财产权,就是商标所有人就商标所代表的商誉享有的权利。商标注册虽然不是财产性权利的获得途径,但却是一系列程序性权利的获得途径。这些程序性的权利与财产性的权利相结合,可以让商标所有人获得更为强有力的保护。与此相应,商标所有人,尤其是已经使用了相关商标的所有人,应当积极、适时地寻求和获得商标主管部门的注册,从而更加有效地保护自己的商标及其所代表的商誉。

注册原则也有其制度上的缺陷。首先,从制度建立的基础来看,使用原则强调商标总是和商业活动联系在一起的,如果商品不出售,任何标志都不是真正的"商标",也就无所谓"商标权",这是使用原则的合理性所在。相比之下,注册制度强调注册获得权利,从而容易产生一些注册而无使用的垃圾商标,这些没有生命的商标反而会给市场公平竞争造成一些障碍。其次,"注册原则"必然和"申请在先原则"相结合,商标申请须按照申请时间上的先后决定权利的归属。这就有可能出现利用程序进行不正当竞争,如抢先注册,阻碍他人正当注册,损害先使用人的利益,以及利用程序拖延、阻碍竞争对手等现象。

我国《商标法》实行注册制度和先申请原则。《商标法》实施四十年来,利用注册程序进行不正当竞争,损害未注册商标所有人正当权益的现象一直存在。为了确保商标确权的公正性,维护诚实信用原则在商标注册中的主导地位,《商标法》几次修改都从立法上对未注册商标予以一定程度的保护。1988 年第一次修改《商标法实施细则》时,增加了撤销注册不当商标的有关规定(第 25 条);2001 年修改《商标法》时,对未注册商标的保护又一步加强,形成现行法律第 13 条、第 31 条等规定。这些规定涉及未注册商标的法律地位,其基本内容为:对未注册商标实行有条件的适度保护,以不正当手段抢先注册他人驰名商标、使用在先并有一定影响的商标的,商标局在异议程序、商标评审委员会在商标评审程序中应予撤销;以不正当竞争目的使用他人驰名商标的,应当制止。以"红双喜"商标为例,沈阳双喜压力锅厂最

① 李明德:《商标注册在商标保护中的地位与作用》,载《知识产权》2014 年第 5 期。

早使用“红双喜”商标并使其享有一定知名度,但是由于未能及时注册而被他人抢先取得“红双喜”商标的专用权。从程序上来看抢先注册者并无不当,但从实质正义看,无疑损害了真正为“红双喜”商标付出大量投入的最先使用者。在《商标法》修改之前,上述抢注行为很难受到制约,先使用人的商标合法利益也难以得到适当保护。现行《商标法》强调诚实信用原则,使得制止不正当抢注行为,保护未注册商标的合法利益有了明确的法律依据及可操作性。2013 年修订的《商标法》再次强化了对未注册商标的保护,立法者在第 15 条中增加一款:“就同一种商品或者类似商品申请注册的商标与他人在先使用的未注册商标相同或者近似,申请人与该他人具有前款规定以外的合同、业务往来关系或者其他关系而明知该他人商标存在,该他人提出异议的,不予注册。”明确禁止明知他人未注册商标使用在先而违法抢注的行为。

综上所述,从制度沿革来看,使用原则出现在注册制度之前,后来与注册制度结合起来,逐步由使用取得权利的法律制度过渡到注册取得权利的法律制度。即使是仍采用使用原则的国家也实行商标注册;实行注册原则的国家也依然保留着使用获得权利的例外。

第二节 商标注册的原则

一、申请在先原则

(一) 申请在先原则的含义

申请在先原则又称注册在先原则,指两个或两个以上的申请人,在相同或类似的商品上以相同或者近似的商标申请注册时,申请在先的,可以获得商标专用权,而申请在后的予以驳回。

从制度构成上讲,申请在先原则是注册原则的必然延伸。既然商标权的取得以注册为依据,而不考虑商标是否使用,那么自然就是谁先提出申请,谁就有可能取得商标权。申请在先原则意味着,任何经营者如果只是一味地使用商标,而未将该商标申请注册,仍然不能获得法定的专用权。而后来者无论其是否实际使用都可以将该商标进行注册申请,并有可能取得商标专用权进而阻止在先使用者继续使用该注册商标。

申请在先原则用以协调两个以上的人申请相同商标时的关系。根据《商标法》第 31 条的规定,两个或者两个以上的商标注册申请人,在同一种商品或者类似商品上,以相同或者近似的商标申请注册的,初步审定并公告申请在先的商标;同一天申请的,初步审定并公告使用在先的商标,驳回其他人的申请,不予公告。这一规定表明,我国实行以申请在先为原则,使用在先为补充的注册制度。申请日不同的,申请在先的商标不论其使用与否,优先审查,优先注册,申请在后的商标则无条件地予以驳回。申请日为同一天的,采用使用在先的办法,优先考虑首先使用该商标的人的申请,申请人应当提供最早使用该商标的日期的证据。同日使用或者均未使用的,申请人可以自行协商解决。协商不成的,申请人以抽签方式确定一个申请人或者由商标局裁定确定一个申请人。

与申请在先原则相对应的是使用在先原则,它是依附于使用原则而存在的。在实行使用原则的美国,一个商标须经过商业上的使用才可能获得注册。申请商标注册时,申请人应提交商标使用情况的证明。如果有两个以上的人申请注册相同商标,则根据使用时间的前后来决定谁可能获得注册。不过,对于外国商标来说,只要已在其本国注册,均被视为“已在商业上使用”。

(二) 申请在先原则的正当性

申请在先原则亦有不足之处,抢注他人商标或恶意阻拦他人申请,就是注册制度下容易发生的不正当竞争行为。有关"红双喜"商标的遭遇,以及一些中国老字号、著名商标在境外被抢注的案例,都不排除他人利用申请在先的程序规则,行恶意竞争之实。固然,注册制度和申请在先原则作为商标权产生的基础不可动摇,但是,申请在先原则应建立在诚实信用原则的基础之上。诚实信用原则作为民法基本原则,其核心是要求人们在契约的订立和履行、权利的取得和行使过程中应心存善意,不欺不霸,不以损害他人利益为取得自己权利的条件。诚实信用原则包含了市场经济的一般道德要求,体现公平、正义的价值取向,其抽象性和基础性特点决定了任何民事行为、经营活动都应遵循这一原则。

我国《商标法》在商标确权程序方面体现了诚实信用原则,第 4 条规定,不以使用为目的的恶意商标申请,应予以驳回。第 32 条规定:"申请商标注册不得损害他人现有的在先权利,也不得以不正当手段抢先注册他人已经使用并有一定影响的商标。"2013 年修订《商标法》时还增加了一条,规定商标注册人申请商标注册前,他人已经在同一种商品或者类似商品上使用与注册商标相同或者近似的商标的,注册商标专用权人无权禁止该使用人在原使用范围内继续使用该商标,但可以要求其附加适当区别标识。上述规定提出了申请在先原则的正当性,包含两层含义:一是对在先权利给予保护。此属遵循法理和国际惯例,也是我国商标实务中一贯奉行的原则。"在先权利"指他人享有的其他知识产权和某些民事权利。二是对未注册商标给予有条件的适度保护,即赋予先使用人制止恶意抢注,以及在原使用范围内有条件地继续使用的权利。"抢注"是将他人尚未注册的商标申请注册,在时间上,抢在他人之前,在标志上,将他人的商标作为注册对象。如前所述,抢注行为在程序上符合申请在先原则以时间先后决定商标权归属的出发点。但从抢注的目的和社会效果看,被抢注的商标往往是他人经过使用在一定范围内具有影响的或者已在其他类别的商标或服务上注册的商标,使用人投入了一定人力、物力才使商标产生财产价值,抢注人无偿利用他人经营成果获取利益或者企图阻止实际使用人获得商标权,构成对先使用人合法权益的损害,如不加以约束将会助长某些损人利已、违反诚实信用原则的不当行为。2013 年修订的《商标法》第 15 条第 2 款明文禁止明知他人未注册商标使用在先而违法抢注的行为。在最高人民法院《关于审理商标授权确权行政案件若干问题的规定》第 23 条中,还规定在先使用人主张商标申请人以不正当手段抢先注册其在先使用并有一定影响的商标的,如果在先使用商标已经有一定影响,而商标申请人明知或者应知该商标,即可推定其构成"以不正当手段抢先注册"。但商标申请人举证证明其没有利用在先使用商标商誉的恶意的除外。在先使用人举证证明其在先商标有一定的持续使用时间、区域、销售量或者广告宣传的,人民法院可以认定为有一定影响。在先使用人主张商标申请人在与其不相类似的商品上申请注册其在先使用并有一定影响的商标,违反《商标法》第 32 条规定的,人民法院不予支持。

背景材料

滴滴绣和滴滴商标之争[①]

2014 年 12 月 18 日,来自苏州高新区的苏绣大师邹英姿委托律师正式向国家工商行政

① 佚名:《滴滴绣和滴滴商标战谁会赢?》,http://finance.sina.com.cn/china/gncj/2017-02-22/doc-ifyarrcf5356379.shtml,访问日期:2017-12-27。

管理总局商标局递送了“滴滴绣”24类和25类商标申请。邹英姿按照商标申报流程，委托苏州市新苏商标事务所，开始“滴滴绣”商标注册申请，商标局于2015年进行了初审公告。就在商标注册流程即将结束之际，半途杀出了个程咬金，来自北京小桔科技有限公司的“滴滴”也提出了以装饰织物、服装鞋帽为主的24类和25类的商标申请。但从商标局网站上公布的申报流程看，其最初申报时间是2015年3月19日，在“商标申报流程”时间表一栏中可见，2016年1月27日商标注册申请被驳回。目前，北京小桔科技服务有限公司提出异议申请，意欲拿下“滴滴”24类和25类商标。最近，苏绣大师邹英姿接到了两个来自北京的电话，声称正在商标审核中的“滴滴绣”商标侵犯了“滴滴”的商标权利，随后又透露了购买“滴滴绣”商标的意向。

关于苏绣大师邹英姿与北京小桔科技服务有限公司的商标注册争议，苏州丁晓农律师事务所主任律师臧祝文认为，“滴滴绣”作为苏州刺绣的一门技法，使用在先并申请在先，应该享有商标权，而“滴滴”属于交通软件，申请在后且并未在刺绣服装领域使用，即使滴滴成为驰名商标也不具有排他权利。苏州大学艺术学院副教授袁牧表示，苏绣大师邹英姿与北京小桔科技服务有限公司的商标注册争议本无可厚非，这只是商标注册的法律程序，至于谁最终能够将“滴滴”收入囊中，全以法定证据和条款以及双方协商而定。只是，北京小桔科技服务有限公司以“滴滴”注册24类和25类商标，不禁给人带来很多遐想。在“滴滴”没有进入出租车市场之前，谁也没有关注出租车市场，甚至谁也没有看中这个市场，但当它以一种全新的模式进驻这一市场时，人们才惊讶地发现，原来这一市场还有如此大的“钱力”！如同“滴滴”未进入出租车市场前一样，当下手绣、装饰织品、丝织美术和服装鞋帽市场也是一片寂静，假设“滴滴”真的注册此类商标成功，并以一种全新的模式进军该市场，那么，该市场是否也会出现“春光满园”的景色呢？苏州大学艺术学院副教授袁牧认为，北京小桔科技服务有限公司或许只是想通过“全类注册”来有效控制“滴滴”品牌。企业发展自有自己的规划，外人无从知晓。不过，无论“滴滴”还是“滴滴绣”注册成功，都将是促进中国该市场规范经营和创新发展的动力。

二、自愿注册原则

自愿注册，是指商标使用人是否申请商标注册取决于自己的意愿。自愿注册原则是一种国际惯例，符合知识产权的私权属性。商标使用人是否要取得或者放弃商标权利，都是在行使自己的民事权利，不受他人非法干涉，也不应当受行政权力的约束。依自愿注册原则，商标无论注册与否均可使用，但注册商标和未注册商标的法律地位不同。注册商标享有专用权，未注册商标不具有受法律保护的专用权。即使如此，商标使用人依自愿注册原则仍可以根据自身需要决定是否申请注册以及确定企业商标战略，如一些地产地销、试产试销的产品、短期经营的产品使用商标多不申请注册。而那些长期生产经销，质量稳定可靠，有市场潜力的商品使用的商标就应及时申请注册。

在实行自愿注册原则的同时，商标法对极少数商品仍保留了强制注册的办法。我国《商标法》第6条规定，法律、行政法规规定必须使用注册商标的商品，必须申请商标注册，未经核准注册的，不得在市场销售。依此强制性规定，某些在市场上使用的商标必须注册，违反此项义务的，将产生相应的法律责任。目前要求必须使用注册商标的商品是烟草制品。

三、优先权原则

优先权是《巴黎公约》赋予其成员国国民申请工业产权时在申请日期上的优先利益。根据《巴黎公约》第4条、第11条的规定，商标注册申请的优先权，时间为6个月；对在国际展览会上首次展出的商品的临时保护，可以给予优先权，时间也是6个月。世界上大多数国家都实行先申请原则，而且要求申请客体的新颖性，所以申请人要在几个国家申请同样内容的保护，如果没有优先权的话，就必须同时在几个国家提出同样内容的申请，否则后来提出的申请有可能得不到保护。但要同时在国内外几个国家提出同样的申请，事实上很难办到。优先权制度就是为了解决这种矛盾而设立的。我国《商标法》在2001年之前没有优先权的规定。实务中，商标主管部门承认和保护外国申请人的优先权，但是没有涉及展览会临时保护的优先权。2001年《商标法》修改后完善了优先权制度，对优先权作出专门规定，并且分别规定了申请优先权和展览优先权。

产生优先权的根据有两个，一个是首次申请，另一个是首次使用。首次申请而产生的优先权，也称为申请优先权。申请优先权是指，商标注册申请人在外国第一次提出商标注册申请之日起6个月内，若向中国提出同样申请的，将优先于他人在该申请日后提出的申请，取得申请在先的地位。根据我国《商标法》第25条的规定，商标注册申请人自其商标在外国第一次提出商标注册申请之日起6个月内，又在中国就相同商品以同一种商标提出商标注册申请的，依照该外国同中国签订的协议或者共同参加的国际条约，或者按照相互承认优先权的原则，可以享有优先权。这就是所谓申请优先权。

首次使用而产生的优先权，也可称为展览优先权[①]，是指商标在展览会展出商品上首次使用的，可以享有优先权。根据我国《商标法》第26条的规定，商标在中国政府主办的或者承认的国际展览会展出的商品上首次使用的，自该商品展出之日起6个月内，该商标的注册申请人可以享有优先权，此即展览优先权。

优先权并不自动产生。申请人要求优先权的，应当在提出商标注册申请的时候提出书面声明，并且在3个月内提交第一次提出的商标注册申请文件的副本或者展出其商品的展览会名称、在展出商品上使用该商标的证据、展出日期等证明文件；未提出优先权声明或者逾期未提交证明文件的，视为未要求优先权。

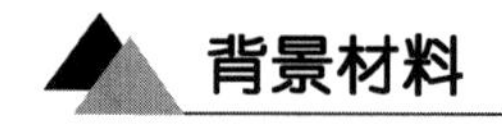

背景材料

台湾同胞可在大陆申请商标注册优先权[②]

中广网北京2010年11月22日消息（记者汪群均）据中国之声“全球华语广播网”报道，国家工商行政管理总局决定，今天起受理台湾地区商标注册申请人提出的优先权申请。有关负责人表示，这一举措旨在落实9月12日正式生效的《海峡两岸知识产权保护合作协议》，保障台湾地区商标注册申请人的优先权权益。根据国家工商行政管理总局出台的台湾

① 黄晖：《商标法》，法律出版社2004年版，第90页。

② 台海网：《台胞11月22日起可在大陆申请商标注册优先权》，http://news.ifeng.com/gundong/detail_2010_11/19/3167012_0.shtml，访问日期：2017-12-27。

地区商标注册申请人要求优先权有关事项的规定，今天起台湾地区申请人自其商标在台湾地区第一次提出商标注册申请之日起的6个月内，又在国家工商行政管理总局商标局就同一个商标在相同商品上提出商标注册申请的，可以要求优先权。其第一次申请的日期可以追溯到2010年9月12日。台湾地区申请人要求台湾地区优先权的声明经过认可后，其在台湾地区的第一次申请商标注册的日期即视为在国家工商行政管理总局商标局的申请日期。

第三节 商标注册的申请

商标注册是指商标使用人为了取得商标专用权，将其使用的商标向商标行政主管机关提出申请，商标行政主管机关经过审核登记备案的制度。我国受理商标注册的行政主管机关为国家市场监管总局下设国家知识产权局商标局。对申请人来说，商标注册是一种法律行为，必须依照法定程序和条件，向行政主管机关提出申请，方能取得商标权；从商标主管机关的角度看，对申请的审查属于行政许可行为，审查工作关系到相对人的重要民事权益，应当依照法定程序行使职权。

一、商标注册申请人

任何民事主体都可以申请注册商标。依我国《商标法》第4条的规定，自然人、法人或者其他组织在生产经营活动中，对其商品或者服务需要取得商标专用权的，应当向商标局申请商标注册。

在过去很长一段时间里，我国不承认自然人的商标注册申请人资格。依现行《商标法》，商标注册申请人扩大到自然人。允许个人申请商标使广大农村种植户、养殖户和城镇自由职业者有可能成为商标权人，这不仅满足了公民使用商标的要求，更重要的是它尊重个人的市场主体地位，有利于推动城乡经济全面繁荣。实际生活中，个人申请商标主要基于以下一些考虑：计划在3年内从事经营活动，先以个人名义注册商标，待正式经营时商标已核准注册，既不耽误使用也可在合伙经营时作为无形资产进行投入；在非营利、公益事业的个人网站上注册个人商标，除了作为认知标识外，还可将商标作为个人资产运作。

申请人也可以是两个以上的自然人、法人或者其他组织。多个主体共同向商标局申请注册同一商标的，共同享有和行使该商标专用权。

外国人在我国申请商标注册的，应当按其所属国和我国签订的协议或者共同参加的国际条约办理，或者按对等原则办理。国际公约在这里是指《巴黎公约》和《TRIPS协议》，由于《巴黎公约》对于商标的跨国保护有明确规定，公约的成员国已包括了世界上绝大多数国家。因此，凡属公约成员国或世界贸易组织成员的自然人和法人都可以在我国申请商标注册。

根据我国《商标法》第18条的规定，外国人或者外国企业在我国申请注册商标和办理其他商标事宜的，应当委托依法设立的商标代理组织代理。对外国申请人这一程序上的要求是为了保护外国申请人的合法权益、保证商标法律事务的质量和提高商标注册机关的工作效率。其他国家也都对外国申请人规定了强制委托代理。

二、商标注册文件

首次申请注册商标，申请人应当提交申请书、商标图样、证明文件并交纳申请费。

1. 商标注册申请书

《商标注册申请书》是一格式文件,由申请人填写,应当列明当事人的基本情况,加盖申请人的章戳或数字印章。注册申请书中最重要的内容是填报使用商标的商品或服务的类别、名称。我国现在采用的是《商标注册用商品和服务国际分类表》(尼斯分类)。经过最新调整的尼斯分类从原有42类增至45类,包括34类商品和11类服务。正确填报商品名称、服务项目是注册申请工作的重要一步,它有助于注册进程的顺利进行,保证申请人及时获得注册。此外,它还决定了日后商标权的保护范围。2013年修订的《商标法》扩大了申请范围和形式。既允许一份商标注册申请书就多个类别的商品申请注册同一商标,也允许申请书以电子方式提交。

2. 商标图样

每一件注册申请应当向商标局提交商标图样10份。以三维标志申请注册商标的,应当在申请书中予以声明,并提交能够确定三维形状的图样。以颜色组合申请注册商标,应当在申请书中予以声明,并提交文字说明。商标为外文或者包含外文的,应当说明含义。

3. 证明文件

与申请书同时提交的证明文件包括:自然人的身份证,法人的营业执照副本或登记机关颁发的证件。

使用人物肖像作为商标申请注册的,申请人必须提供经公证机关公证过的肖像权人的授权书。

人用药品商标注册,应当附送卫生行政部门发给的《药品生产企业许可证》或者《药品经营企业许可证》;申请卷烟、雪茄烟和有包装烟丝的商标注册,应当附送国家烟草主管机关批准生产的证明文件。

办理集体商标注册申请的,应附送申请人主体资格证明和商标使用管理规则;办理证明商标注册申请的,应当提交申请人主体资格证明、国家或者省级主管部门出具的证明申请人对指定的商品或服务具有检测和监督能力的文件。

申请人要求优先权的,应当提交经有关国家主管机关予以证明优先权的证明文件。

三、其他情形的注册申请

商标注册涵盖的范围很广,为取得商标专用权而进行的首次注册是一种基础注册,除此以外,需要办理注册手续的商标事务还有下列各项:

(1) 另行注册。根据我国《商标法》第23条规定,注册商标需要在核准使用范围之外的商品上取得商标专用权的,应当另行提出注册申请。另行注册实际上就是一个新商标的注册申请,因为商标是与商品紧密相连的,注册商标专用权的范围仅限于注册时确定的商品,即使已经注册的商标,如果需要在核准范围外的其他商品上使用,仍然需要进行商标申请,以使注册商标专用权延伸至其他商品。

(2) 重新注册。根据我国《商标法》第24条规定,注册商标需要改变其标志的,应当重新提出注册申请。经核准注册的商标标志,即由法律加以特定化,成为注册人商标权的客体,专有权的效力也就限定于该特有的标志,一旦超出这个范围,法律就不给予保护了。改变文字、图形或者标志形状即意味着整个商标的改变,从而形成一个新的商标标志,因此必须重新注册才能取得该新商标的专用权。

(3) 变更注册。根据我国《商标法》第41条规定,注册商标需要变更注册人的名义、地址或者其他注册事项的,应当提出变更申请。所谓变更是指注册人因某种原因需要改变名义或姓名、地址或者其他事项的,不包括商标标志的变化、使用商标的商品范围的变更和商标权利的转让。注册人自然状况发生变化及时进行变更注册,保证《商标注册簿》中的记载与实际情况保持一致,这是维护商标权正当行使所必需的。

(4) 转移注册。商标权的转移,是指因商标权人死亡或消亡、执行质押等原因而发生商标权的转移。根据我国《商标法实施条例》第 32 条第 1 款的规定,注册商标专用权因转让以外的继承等其他事由发生移转的,接受该注册商标专用权移转的当事人应当凭有关证明文件或者法律文书到商标局办理注册商标专用权移转手续。这里所说的移转手续即转移注册。

背景材料

新版商标法三大看点:注册更便捷 竞争更公平 处罚更严厉[①]

新华网北京 2013 年 8 月 30 日电(记者张晓松、刘墨扬) 第十二届全国人大常委会第四次会议 30 日表决通过了《关于修改〈商标法〉的决定》,这也是《商标法》自 1982 年制定以来第三次修改。修改的《商标法》针对当前商标注册程序比较繁琐、商标确权时间过长、恶意侵犯商标权屡禁不止等问题作出一系列修改和调整,有望进一步方便申请人注册商标、维护公平竞争的市场秩序、加大对商标侵权行为的打击力度。新版《商标法》首次明确商标注册审查时限以方便申请人注册商标。我国年商标注册申请量已连续多年位居世界首位,但商标审查能力却长期相对滞后,审查周期一度超过三年,引起社会各界强烈关注。尽管近年来国家工商行政管理总局商标局通过采取多种临时措施提高了审查效率,大大缩短了商标审查周期,但现行法律、法规、规章均未对商标注册的审查时限作出规定,致使一些企业的商标权益长期处于不确定状态。针对这一情况,新版《商标法》首次明确规定了商标新注册申请初步审查时限、异议案件审理时限、不予注册复审审理期限、驳回复审审理期限、宣告无效复审审理期限等法定工作时限。"这不仅使社会公众对办理商标各项业务有了一个明确的时限预期,也为商标登记部门合理配置商标审查资源,构建规范高效的商标注册机制提供了法律依据。"国家工商行政管理总局商标局局长许瑞表说。此外,修改的《商标法》还增加了"一标多类"的商标注册申请方式,开放了商标注册的电子申请,增加了商标局与申请人的商标审查沟通程序等,这些都有望进一步方便申请人注册商标。

第四节 注册申请的审查和核准

一、形式审查

形式审查是对商标申请的文件是否齐备、填写是否符合要求进行的审查。通过形式审

① 新华网:《新版商标法三大看点:注册更便捷 · 竞争更公平 · 处罚更严厉》,http://news.163.com/13/0830/15/97HLAI7R00014JB5.html,访问日期:2017-12-27。

查认为文件填写准确、规范，手续齐备的即予以受理，并编写申请号，发给《受理通知书》。

1. 申请日的确定

形式审查的主要目的是为了确定商标注册的申请日期。申请日是一个十分重要的期日，商标法采用申请在先原则，如有两个或两个以上的申请人，在同一种商品或者类似商品上，分别以相同或近似的商标申请注册的，申请日的先后就成为确定商标权归属的重要依据。申请日以商标局收到申请文件的日期为准，申请人享有优先权的，优先权日为申请日。需要注意的是，最高人民法院《关于审理商标授权确权行政案件若干问题的意见》对于优先权采取了较为宽泛的解释，它规定，人民法院审查判断诉争商标是否损害他人现有的在先权利时，对于《商标法》已有特别规定的在先权利，按照《商标法》的特别规定予以保护；《商标法》虽无特别规定，但根据《民法通则》和其他法律的规定属于应予保护的合法权益的，应当根据该概括性规定给予保护。最高人民法院在《关于审理商标授权确权行政案件若干问题的规定》第 18 条中规定，《商标法》第 32 条规定的在先权利，包括当事人在诉争商标申请日之前享有的民事权利或者其他应予保护的合法权益。诉争商标核准注册时在先权利已不存在的，不影响诉争商标的注册。

2. 申请的补正

在形式审查过程中，商标局发现申请文件中存在非实质性问题的，通知当事人加以弥补，例如，申请人名称与章戳或证件不一致、申请书未附商标图样等情况。申请人接到商标局的补正通知后，应及时按规定进行补正，并按时将申请文件寄回商标局。

3. 申请的退回

商标局经过形式审查，对申请手续不齐备或者未按规定填写申请书件的，予以退回，申请日期不予保留。对商标局要求补正的，如申请人未作补正或者超过期限补正的，商标局也予以退回，申请日期不予保留。

二、实质审查

实质审查是对申请注册的商标标志是否符合注册条件进行的审查。《商标法》所说的审查主要是指实质审查。为了提高商标审查的效率，2013 年修订后《商标法》特别借鉴了专利申请审查的相关规定，增加了审查意见书制度，即第 29 条规定的“在审查过程中，商标局认为商标注册申请内容需要说明或者修正的，可以要求申请人做出说明或者修正。申请人未做出说明或者修正的，不影响商标局做出审查决定”。该制度设定的目的，一方面在于维护商标申请人的利益，以免一些非实质性的申请缺陷影响申请人及时实现商标注册，另一方面则有助于提高申请效率，避免因频繁驳回而导致申请人反复就同一商标提出申请。

实质审查的范围包括绝对条件和相对条件。绝对条件的判断主要针对商标标志而言，例如该标志是否为使用而善意注册、是否可为视觉感知、是否具有识别性、是否违反公序良俗，标准即《商标法》第 9 条至第 12 条的规定。相对条件是指申请案的商标与在先权利的关系，如是否与已注册的商标相同或者近似，是否是抢注他人已有一定影响的商标等。相对条件的审查通常与在先权利人或者利害关系人的请求有关。相关内容参见前一章详尽阐述，此不赘述。下面仅就待审商标是否和已注册商标构成相同或近似予以说明。

商标近似、商品类似是商标法中的一个重要概念，商标申请的审查、异议、评审和商标侵权案件的审理无不围绕着这两大要素展开。这是因为商标法的核心是防止混淆，而商标近似与否、商品类似与否是判断混淆的一个重要参考因素。

（一）商标近似

商标近似是指商标标志（文字、图形、字母、数字、三维标志、颜色组合和声音等）的外观、发音、字意相似，容易使人发生混同。有关近似商标的判断标准并未有商标法的规定，而是表现为从商标实务中总结的一些经验性、惯例性意见。20世纪70年代末，世界知识产权组织曾对某些国家近似商标的判断标准做过调研，结果表明，所有国家的某些基本标准是十分接近的，例如，文字商标的字形、字意和发音近似的判断标准，似乎存在于每个国家的标准之中，即使这些并不是商标法本身所提到的标准。[①] 根据《商标法》实施中遇到的问题，最高人民法院以司法解释的形式对近似商标认定标准作出了如下规定："近似商标是指被控侵权的商标与原告的注册商标相比较，其文字的字形、读音、含义或者图形的构图及颜色，或者几个要素组合后的整体结构相似，或者其立体形状、颜色组合近似，易使相关公众对商品来源产生误认或者认为其来源与原告注册商标的商品有特定的联系。"[②]

2021年最高人民法院发布的《关于审理商标授权确权行政案件若干问题的意见》中，也强调认定商标是否近似，既要考虑商标标志构成要素及其整体的近似程度，也要考虑相关商标的显著性和知名度、所使用商品的关联程度等因素，以是否容易导致混淆作为判断标准。具体而言，认定商标相同或者近似应遵循以下原则：(1) 以相关公众的一般注意力为标准；(2) 隔离观察，即以不同时间、不同地点，分别观察所得出的印象判断两个商标的相似程度；(3) 整体观察，从整体上或者主要部分看商标构成，凡商标要部或整体印象足以令人与另一商标混同的，即应认定为近似商标。

"微信"商标异议复审行政案[③]

2010年11月12日，创博亚太（山东）科技有限公司（以下简称"创博亚太"）在第9、38及42类商品（服务）上对通讯设备、计算机、通讯服务和计算机软件向商标局申请注册"微信"商标。2011年7月26日，商标局对注册申请进行了初步裁定，2011年11月21日，该案第三人张新河对"微信"商标申请提出异议。2013年2月26日，商标局认为"微信"是腾讯推出的一款手机聊天软件，创博亚太在第38类通讯服务上申请注册"微信"商标容易使消费者产生误认，并导致不良的社会影响，裁定不予核准注册。创博亚太不服上述裁定，于3月14日向商标评审委员会（以下简称"商评委"）提出异议复审申请。商评委最终认定"微信"商标构成《商标法》第10条第1款第8项禁止的情形，裁定不予核准注册。创博亚太不服商评委裁定，向北京市知识产权法院提起诉讼。2015年3月11日，北京市知识产权法院开庭审理第8840949号"微信"商标异议复审案，北京市知识产权法院认为，"微信"在信息传送等服务市场上已经具有很高的知名度和影响力，广大消费者对"微信"所指代的信息传送等服务的性质、内容和来源已经形成明确的认知。在这种市场实际情况下，如果核准被异议商标注册，不仅会使广大消费者对"微信"所指代的信息传送等服务的性质、内容和来源产生错误认知，

① 参见李继忠、董葆霖主编：《外国专家商标法律讲座》，工商出版社1991年版，第241页。

② 最高人民法院《关于审理商标民事纠纷案件适用法律若干问题的解释》（法释[2002]32号）第9条。

③ 北京市高级人民法院（2015）高行（知）终字第1538号判决书，最高人民法院（2016）最高法行申3313号判决书。

也会对已经形成的稳定的市场秩序造成消极影响。因此对第67139号裁定予以维持。创博亚太随即上诉至北京市高级人民法院，法院认为：被异议商标由中文“微信”二字构成，现有证据不足以证明该商标标志或者其构成要素有可能会对我国政治、经济、文化、宗教、民族等社会公共利益和公共秩序产生消极、负面影响。因此，被异议商标未违反《商标法》第10条第1款第8项的规定。商评委在第67139号裁定中对被异议商标的申请注册是否违反《商标法》第11条第1款的规定作出了认定，根据全面审查原则，法院应作出相应审查。在此基础上，法院认为被异议商标在上述服务项目上缺乏显著特征，被异议商标不应予以核准注册。因此，法院在纠正第67139号裁定相关错误的基础上，对商评委的裁定结论予以维持。后创博亚太又向最高人民法院提出再审请求，最高人民法院认为，“微信”二字是对上述服务功能、用途或其他特点的直接描述，而不易被相关公众作为区分服务来源的商标加以识别和对待，因此，被异议商标在上述服务项目上缺乏显著特征，属于《商标法》第11条第1款第2项所指情形。创博亚太公司提交的证据不足以证明被异议商标经过使用，已经与创博亚太公司建立起稳定的对应关系，从而使被异议商标起到区分服务来源的识别作用，构成《商标法》第11条第2款规定的可以作为商标注册的情形。因此，二审法院据此认为被异议商标缺乏显著性不应予以核准注册并无不当。

（二）商品类似

商标近似是商品相类似为前提的，因此，商品类似也是判断混淆可能性的重要因素，在商标法中具有重要的意义。根据最高人民法院相关司法解释的规定，类似商品是指在功能、用途、原料、生产部门、销售渠道、消费对象等方面相同或者相关公众一般认为其存在特定联系，容易造成混淆的商品。例如，冰柜和冰箱、运动服和旅游鞋、照相机与摄像机，每组中的两个商品互为类似商品。类似服务是指在服务的目的、内容、方式、对象等方面相同，或者在相关公众的一般认识中存在特定联系，容易造成混淆的服务。

根据最高人民法院《关于审理商标授权确权行政案件若干问题的意见》，审查判断相关商品或者服务是否类似，应当考虑商品的功能、用途、生产部门、销售渠道、消费群体等是否相同或者具有较大的关联性；服务的目的、内容、方式、对象等是否相同或者具有较大的关联性；商品和服务之间是否具有较大的关联性，是否容易使相关公众认为商品或者服务是同一主体提供的，或者其提供者之间存在特定联系。《商标注册用商品和服务国际分类表》与《类似商品和服务区分表》可以作为判断类似商品或者服务的参考。因此，综合考虑相关因素，认定商品或者服务是否类似，应当遵循以下原则：

（1）相关公众对商品或者服务的认识。商品是否类似和商标是否近似的判断最终取决于消费者的认知。消费者是商品的购买者和最终评判者，凡在市场上销售的商品都以消费者接受为最终目的。因此，在商标审查过程，审查人员应当以普通消费者的眼光、心态作出判断。

（2）参考商品分类表。《商标注册用商品和服务国际分类表》与《类似商品和服务区分表》是为了方便商标注册而建立的供行政主管部门使用的分类标准。判断商品是否类似是以消费者认知为基准的，其目的是确认消费者是否会对两种商品的来源产生混淆，或误以为它们的生产经营者之间具有某种联系。所以，商品分类表虽具有参考作用，但不能成为判断商品类似的标准。即使在商品分类表中列为一类的商品，如果在上述几项因素方面有明显区别，也不应划为类似商品；反之，一些消费习惯中密不可分的商品，尽管在分类表中划分为不同类别的商品,也应考虑认定为类似商品。

待审商标经过相对性审查,如果检索出可能和他人在同一种商品或类似商品上已经注册的或者初步审定的商标相同或者近似的,还要进一步仔细分析、对比,最后作出初步审定、予以公告或者驳回申请、不予公告的裁定。

三、异议

申请注册的商标经过实质审查,凡符合商标法有关规定的,予以初步审定和公告。初步审定不等于核准注册,还需要经过公告异议程序才能决定是否核准注册。将初步审定的商标在《商标公告》上公布,这一程序为公告。自公告之日起3个月内,在先权利人或者利害关系人可以对初步审定的商标提出反对注册的意见,这一程序称为异议。异议的理由可以是该商标不符合绝对条件,也可以是因相对条件上的缺陷。2013年修订前的《商标法》对异议申请人的资格未作规定,这意味着异议申请人既可以是拥有在先权利的著作权人、外观设计专利权人,也可以是与申请注册的商标没有任何利害关系的公民或法人。然而在实践中发现,这种申请主体资格不受限制的异议制度很大程度上成为了恶意阻止他人商标申请的手段,而且频繁的异议、复议和诉讼程序,也导致制度成本上升。因此2013年修订的《商标法》将以相对理由提出异议的异议申请人范围限制在"在先权利人和利害关系人"范围内,有助于避免实践中诸多的恶意异议。异议程序的目的是征询社会公众对初步审定商标的意见,实行商标审查工作的社会监督,有利于维护有关当事人的合法权益,有助于及时纠正商标审查工作中的偏差。2013年修订后的《商标法》第33条规定:"对初步审定的商标,自公告之日起三个月内,在先权利人利害关系人认为违反本法第十三条第二款和第三款、第十五条、第十六条第一款、第三十条、第三十一条、第三十二条规定的,或者任何人认为违反本法第四条、第十条、第十一条、第十二条规定的,可以向商标局提出异议。公告期满无异议的,予以核准注册,发给商标注册证,并予公告。"

在限定异议申请主体的同时,2013年《商标法》还精简了异议申请的程序。如果异议期内无人提出异议,或者虽然提出异议但不成立的,商标局予以核准注册;如果有提出异议的,异议申请由商标局受理。商标局在对异议进行审查后,有权直接作出准予或者不准予注册的决定。2013年《商标法》第35条第1—3款规定:"对初步审定公告的商标提出异议的,商标局应当听取异议人和被异议人陈述事实和理由,经调查核实后,自公告期满之日起十二个月内做出是否准予注册的决定,并书面通知异议人和被异议人。有特殊情况需要延长的,经国务院工商行政管理部门批准,可以延长六个月。商标局做出准予注册决定的,发给商标注册证,并予以公告。异议人不服的,可以依照本法第四十四条、第四十五条的规定向商标评审委员会请求宣告该注册商标无效。商标局做出不予注册决定,被异议人不服的,可以自收到通知之日起十五日内向商标评审委员会申请复审。商标评审委员会应当自收到申请之日起十二个月内做出复审决定,并书面通知异议人和被异议人。有特殊情况需要延长的,经国务院工商行政管理部门批准,可以延长六个月。被异议人对商标评审委员会的决定不服的,可以自收到通知之日起三十日内向人民法院起诉。人民法院应当通知异议人作为第三人参加诉讼。"

经裁定异议不能成立而核准注册的,申请人取得商标权的时间如果从核准注册之日起算,权利取得时间会因异议审查程序而延误,其中也不排除有人利用异议程序故意延迟他人注册日期。对此,《商标法》第36条第2款规定:"经审查异议不成立而准予注册的商标,商标注册申请人取得商标专用权的时间自初步审定公告三个月期满之日起计算。自该商标公告期满之日起至准予注册决定做出前,对他人在同一种或者类似商品上使用与该商标相同或者近似的标志的行为不具有追溯力;但是,因该使用人的恶意给商标注册人造成的损失,应当给予赔偿。"如此既避免了因他人不能成立的理由而影响申请人的合法权益,也明确了恶意使用的赔偿标准。

四、核准注册

初步审定的商标公告期满无人提出异议或异议不成立的,商标局予以核准注册。所谓注册即指将核准的商标和核定使用的商品在《商标注册簿》上登记、编号,在《商标公告》上刊登注册公告,并向申请人颁发《商标注册证》。申请人自其商标核准注册之日起成为注册商标专用权人。《商标注册证》是国家商标管理机关发给商标注册人的具有法律效力的权利证书,是商标注册人合法使用注册商标的依据。《商标注册证》如果遗失或者破损的,应当向商标局申请补发。《商标注册证》遗失的,应在《商标公告》上刊登遗失声明。伪造或者变造《商标注册证》的,依照《刑法》关于伪造、变造国家机关证件罪的规定,依法追究法律责任。

五、商标评审

商标评审属于商标审查制度的重要组成部分,是指由行政机关对商标争议事宜进行再次审查的制度。在商标申请的审查核准过程中,由于种种原因,不可能保证所有审定公告的商标或核准注册的商标完全符合法律规定。为了保护当事人的合法利益,同时也为加强对商标局确权工作的内部监督,商标法设置了商标评审程序。我国《商标法》第 2 条规定:"国务院工商行政管理部门商标局主管全国商标注册和管理的工作。国务院工商行政管理部门设立商标评审委员会,负责处理商标争议事宜。"所谓"商标争议"是我国商标法上特有的概念,其含义较宽泛,既包括商标权确认过程中商标主管机关与申请人、注册人之间的争议,又包括申请人、注册人与其他平等主体之间因商标权属产生的争议。在商标确权过程中,凡当事人对于商标局作出的驳回申请、异议决定不服的,都可以请求商标评审委员会复审。如果是对已经注册的商标认为注册不当应予撤销,可以直接请求商标评审委员会作出裁决。

商标评审委员会属于行政司法机构,其处理的争议主要是与其行政管理事务有关的民事权利争议。由行政机关作为处理民事争议的机构,是因为这些争议涉及专门知识。商标评审委员会和商标局都是国家工商行政管理总局(现为国家市场监管总局)下设的行政机关,级别相同,互不隶属,但在职能上既相互关联又相互制约:商标局承担普通程序的商标注册审核(确权)工作,商标评审委员会承担着特殊程序的商标复审(确权)工作。从程序上看,商标评审是商标局注册审查、异议、撤销等程序的后续程序。商标评审委员会作出的评审决定又是人民法院司法审查的对象。

归纳起来,商标评审委员会负责处理的商标争议案件包括:

(1) 不服商标局驳回商标注册申请的决定,申请复审的案件;

(2) 不服商标局的异议裁定,申请复审的案件;

(3) 对已经注册的商标,认为注册不当或者与在先合法权益发生冲突而请求裁定撤销的案件;

(4) 不服商标局作出撤销注册商标的决定,申请复审的案件。

商标评审委员会审理商标争议案件实行合议制度,进行书面审理。商标评审委员会设立专家咨询小组，就商标评审中的有关问题听取咨询意见。商标评审委员会作出的评审决定为行政终局决定，当事人不服的，可以自收到通知之日起30日内向人民法院起诉。

［深度阅读］

1. 冯术杰：《论商标固有显著性的认定》，载《知识产权》2016年第8期。

2. 曹新明：《商品名称与注册商标冲突解析——兼析商品名称“黑·牛奶”商标侵权案例》，载《知识产权》2012年第12期。

3. 孔祥俊：《论商标的区别性、显著性与显著特征》，载《现代法学》2016年第6期。

4. 刘媛：《论商标显著性的动态特征——以认知心理学为视角》，载《知识产权》2014年第2期。

5. 何炼红、何文桃：《声音商标注册保护的域外考察及启示》，载《法学杂志》2011年第5期。

6. 余翔、张庆：《非传统商标保护的比较研究》，载《知识产权》2011年第2期。

［法条导航］

1.《中华人民共和国商标法》第二十二条至第三十八条

2.《中华人民共和国商标法实施条例》第五条至第二十九条

3. 最高人民法院《关于审理商标授权确权行政案件若干问题的意见》

4. 最高人民法院《关于审理商标授权确权行政案件若干问题的规定》

［思考题］

1. 简述商标注册的概念和原则。

2. 试分析注册原则和使用原则两种制度的不同之处以及它们各自的利弊。

3. 如何确定商标申请的优先权？

4. 简述商标注册的审查与核准的程序。

5. 如何判断商标近似和商品类似？

第二十一章

商标权的内容和限制

［内容提要］ 本章是商标法编的重点，应掌握商标权的内容及商标权限制的内容和意义，了解商标先用权的含义和条件，了解未注册商标的法律地位，理解注册商标的续展和终止的有关规定。

［关键词］ 商标权 商标权限制 先使用权 注册商标的续展

第一节 商标权的概念

商标权是商标法的核心概念，商标法基本的任务就是确认并保护商标权。但是我国商标法并没有“商标权”这一概念，而是以“商标专用权”代之。理论上对商标权的含义也各有不同理解，主要分歧在于：商标权的客体仅为注册商标，还是包括未注册商标在内。

我国商标理论长期以来把注册商标专用权和商标权当做同义语，注册商标被当做商标权的唯一客体。例如，较有影响的观点认为商标权是“商标注册人对其注册商标所享有的权利”[①]，“法律赋予商标所有人对其注册商标进行支配的权利”[②]，上述观点都将商标权与注册商标联系在一起，甚至有学者非常明确地指出，“对于未注册商标，只要不是禁止用作商标的标志，也允许使用，但使用者不享有商标权，故得不到法律保护”[③]。按照上述观点，商标权实际上应是“注册商标权”。长期以来这似乎已经成为我国知识产权法学界的一种“共识”。

从商标制度的历史沿革看，商标的实际使用是商标权产生的基础。商标作为区别来源和表彰质量的手段，是与市场交易活动紧密联系在一起的，离开商品和商业活动的任何标记都不属于商标。因此，不能仅仅由于选定了某个标记就取得了商标权，一个标记要得到保护，必须经过实际的市场上的使用。只有通过使用，一个商标才能实现其功能，只有通过使用，才能产生商标的财产利益并使法律保护成为必要。简言之，关于商标的权利只能通过与商品相联系的使用才能取得。早期的商标制度就是在使用的基础之上建立起来的。直到今天，在只承认使用产生权利的国家以及同时承认使用和注册都产生权利的国家里，商标权的客体不只是注册商标，未注册商标可以受到商标法和反不正当竞争法的保护。

从现行商标制度来看，将未注册商标排除在保护范围之外与商标法的规定和实际情况

① 张序九主编：《商标法教程》（第三版），法律出版社 1997 年版，第 47 页。
② 刘春田主编：《知识产权法》（第二版），中国人民大学出版社 2000 年版，第 291 页。
③ 张序九主编：《商标法教程》（第三版），法律出版社 1997 年版，第 47 页。

不符。世界上大多数国家都实行注册制度，即使如此，商标法所保护的对象并不局限于注册商标。最典型的例子莫过于驰名商标的特别保护。各国遵照《巴黎公约》的要求给予驰名商标某些特殊保护，其初衷就是为了保护未注册商标。我国《商标法》同样规定了未注册商标的有条件保护和适度保护。首先，《商标法》第15条第2款规定："就同一种商品或者类似商品申请注册的商标与他人在先使用的未注册商标相同或者近似，申请人与该他人具有前款规定以外的合同、业务往来关系或者其他关系而明知该他人商标存在，该他人提出异议的，不予注册。"该条说明，商标法禁止明知他人未注册商标使用在先而违法抢注商标的行为。其次，《商标法》第13条第2款规定："就相同或者类似商品申请注册的商标是复制、摹仿或者翻译他人未在中国注册的驰名商标，容易导致混淆的，不予注册并禁止使用。"据此规定，未注册商标如果具有知名度，虽未注册但已经在中国驰名，其所有人有权阻止他人的注册和使用。再次，《商标法》第32条规定："申请商标注册不得损害他人现有的在先权利，也不得以不正当手段抢先注册他人已经使用并有一定影响的商标。"此规定同样表明对未注册商标的适度保护，即在商标确权程序中制止不正当抢注，保护未注册商标的合法权益。最后，《商标法》第59条第3款规定："商标注册人申请商标注册前，他人已经在同一种商品或者类似商品上先于商标注册人使用与注册商标相同或者近似并有一定影响的商标的，注册商标专用权人无权禁止该使用人在原使用范围内继续使用该商标，但可以要求其附加适当区别标识。"本条的意义一方面在于保护在先使用未注册商标的使用者利益，另一方面则在于肯定注册商标保护优于未注册商标。

商标的生命在于使用。在市场上，未注册商标和注册商标具有同样的功能，识别商品来源，表彰商品信誉，促进商品营销。经过使用的未注册商标不仅包含着其所有人的投资利益，也体现了消费者的认可，对于这样已经具备法律保护基础的商标，如果仅仅以缺少程序条件为由不予以保护，有悖于商标法维护公平竞争这一实质正义。实践中，具有可保护利益的未注册商标情况复杂，除了极少数可归于商标使用人松懈大意的情形之外，大多数是由于注册受阻久拖不决，如遭受恶意异议，或者由于制度设计上的某些缺陷导致商标确权周期较长。对于这样的未注册商标如果排除在法律保护之外，可能会助长商标领域中的不正当竞争行为。

本书认为，依据商标理论和商标法律制度的宗旨，商标权应是商标所有人对其商标的使用享有的支配权。商标权的客体以注册商标为主，同时包括未注册商标。商标法以保护注册商标专用权为重点，同时有条件地适度保护未注册商标。商标权在权利内容上分为注册商标专用权和未注册商标的正当权益。注册商标专用权即通常意义上的商标权，包括专用权、禁止权、转让权、使用许可权等。其中，注册商标专用权是一项最基本的权利，其他权利则是由专用权派生而来。未注册商标的正当权益是指对抗不正当注册的权利和先使用权。

第二节 注册商标专用权

一、专用权

（一）专用权的含义

在我国商标法上，"商标专用权"即"注册商标专用权"，所提供的保护无法及于那些未注册的商标。对于注册商标来说,“商标专用权”或是“商标权”,似乎并无实质性区别;但对于未注册商标而言,由于不享有“商标专用权”,故而“商标权”这一概念似乎更有法律意义。

专用权即是商标权人对其注册商标享有独占性使用的权利。我国《商标法》将这一权利表述为:在核定使用的商品上使用核准注册的商标(《商标法》第56条)。赋予注册商标所有人独占使用权的目的,是为了通过注册建立起特定标志与特定商品间的固定联系,从而促使生产经营者保持商品声誉,保证消费者能够避免混淆并能接受到准确无误的商品来源信息。[①] 商标权人除了自己使用商标外,也可以将注册商标转让给他人或许可他人使用。允许权利人利用其商标,这种效力叫做商标权的积极效力。

“使用”是商标法的一个重要概念,商标权的取得和使用有关,商标专用权的维持须以使用为前提,侵犯商标权的行为也是因为非法使用而构成。因此,何谓“商标使用”,应由法律作出解释。2013年修订的《商标法》第48条将原《商标法实施条例》中关于商标使用的界定纳入《商标法》,规定商标使用是指将商标用于商品、商品包装或者容器以及商品交易文书上,或者将商标用于广告宣传、展览以及其他商业活动中,用于识别商品来源的行为。根据这一规定,符合以下任何一种情况的都属于商标的使用。

(1) 直接附着于商品、商品包装或者容器上的使用或者在商业广告、产品说明书等其他商业文件中的间接使用;

(2) 注册商标所有人的自行使用或者是商标权人以外的第三人被许可使用、与商标所有人有业务关联的人的使用;

(3) 商品或服务经销中的使用或者是产品销售前的使用,如广告宣传。

上述任何一种形式的使用,都可满足商标法对使用的要求。虽然商标使用的方式有多种,但从使用目的来看,使用商标应当是真实的、有效的,能够使商标发挥识别和区分作用,能够提高商标承载信誉的能力。

背景材料

“商标使用”的类型化及其构成标准的多元化[②]

2013年修订的《商标法》,将“商标使用”的规定从实施条例上升到商标法。从该规定来看,在原2002年《商标法实施条例》第3条基础上增加了“用于识别商品来源的行为”。根据对该条的立法解释,增加“用于识别商品来源的行为”在于强调“商标使用”必须以识别商品来源为目的方可构成该条的“商标使用”,认为“不属于本条规定的情形,但实质上是以识别商品来源为目的将商标用于商业活动的行为,即应认定为本法意义上的商标使用”。虽然2013年《商标法》第48条规定了“商标使用”的含义,但实际并未解决“商标使用”的具体构成标准。我国2013年修订的《商标法》多处直接或隐含地规定了“商标使用”,但位处不同制度中的“商标使用”具有不同的立法目的,必然具有不同的构成标准。为此,首先必须将《商标法》所规定的“商标使用”进行类型化,再根据《商标法》所规定的不同类型“商标使用”的不同立法目的,确定其不同的构成标准。从2013年《商标法》所规定的不同种类“商标使用”的目

① 黄晖:《商标法》,法律出版社2004年版,第113页。

② 刘铁光、吴玉宝:《“商标使用”的类型化及其构成标准的多元化》,载《知识产权》2015年第11期。

的,“商标使用”可以类型化为商标专用权维持中的“商标使用”“对抗他人抢注”中的“商标使用”、商标侵权行为中的“商标使用”以及商标侵权损害赔偿主张中的“商标使用”。

(二) 专用权的范围

与财产所有权不同,商标权是一项无形财产权,基于其客体非物质性的特点,法律须对权利范围作出明确划定,以便于权利人正当行使权利,也有利于他人知悉属于私权的领地,避免闯入而造成侵权。商标专用权的范围是从商标和商品两个方面加以界定的。《商标法》第56条规定:“注册商标的专用权,以核准注册的商标和核定使用的商品为限。”这表明,商标法对注册商标专用权的保护以注册登记的事项为准,即,核定使用的商品和核准注册的商标文字、图形、字母、数字、三维标志、颜色等或者其组合,注册商标所有人在此范围内的使用行为是受法律保护的。超出核定的商品范围或者改变核准注册的商标形态的使用行为,法律不予保护。

商标专用权的范围决定着商标侵权行为的认定,只有明确了商标专用权的范围才可能依此认定他人行为是否构成对商标权的侵害。商标的识别能力和区分能力是商标的生命所在,对商标的保护实质上就是保护商标的识别功能和区别功能,即商标的显著性。如果他人的注册或使用行为致使消费者不能区分不同经营者提供的商品或服务,导致混淆、误认或欺骗,商标所有人和消费者都将因此遭受损失。因此,他人的行为是否会导致混淆的可能性,是判断其行为是否侵害商标权的重要依据,而最有可能导致消费者混淆的情形莫过于在相同或类似商品上使用相同或近似的商标。所以只有以商标专用权为“界标”才能对他人的注册或使用行为是否构成侵权作出判断。

大宇资讯股份有限公司诉上海盛大网络发展有限公司侵犯注册商标专用权纠纷案[①]

原告大宇公司诉称:自1989年起,原告自主开发研制并销售了8款“大富翁”系列电子游戏软件,在市场上建立了良好的口碑,具有产品识别性。2005年经国家工商行政管理总局商标局核准,原告取得了“大富翁”文字商标,核定使用在第41类服务项目,其中包括“(在计算机网络上)提供在线游戏”项目。2005年6月,原告发现被告盛大公司通过计算机网络推出网络在线游戏“盛大富翁”,与原告的“大富翁”电子游戏同属“(在计算机网络上)提供在线游戏”的服务项目,且“盛大富翁”与“大富翁”在文字组合、含义、读音等方面均构成近似,“盛大富翁”并没有改变“大富翁”的基本含义,两者之间没有明显的区别性,客观上已经对众多游戏用户造成了混淆和误解。因此被告的行为侵犯了原告的商标专用权,要求判令被告立即停止侵权、赔偿经济损失。

上海市浦东新区人民法院一审认为:“大富翁”是一类游戏的通用名称,原告大宇公司不

① 上海市第一中级人民法院(2007)沪一中民五(知)终字第23号判决书,载《最高人民法院公报》2011年第12期(总第182期)。

能禁止他人对“大富翁”在表示一类“按骰子点数走棋的模拟现实经商之道的游戏”名称时的正当使用；另外，经比对，图文标识“盛大富翁”与文字商标“大富翁”不相近似，且被控侵权标识在网站上被使用时直接标明了服务来源，而大宇公司又至今未在商标核定使用的服务范围内进行过以“大富翁”为商标的经营，“大富翁”的显著性极其有限，故被告盛大公司在网站上使用“盛大富翁”标识和“盛大富翁”游戏名称的行为不构成商标侵权，驳回大宇公司的诉讼请求。

大宇公司不服一审判决，向上海市第一中级人民法院提起上诉，请求撤销原审判决，依法改判，支持其一审全部诉讼请求。上海市第一中级人民法院二审认为：上诉人大宇公司在中国大陆申请注册之商标“大富翁”的核定使用服务类别为第41类即“(在计算机网络上)提供在线游戏”，任何人未经大宇公司许可，在与注册商标“大富翁”核定使用的同一种服务上或者类似服务上使用与该商标相同或者近似标识的，均构成对大宇公司商标专用权的侵害。但是，由于“大富翁”作为一种在计算机上“按骰子点数走棋的模拟现实经商之道的游戏”已经广为人知，“大富翁”已成为这种商业冒险类游戏约定俗成的名称，如果他人正当使用“大富翁”文字用以概括或说明游戏的对战目的、规则、特点和内容时，则不应被认定为是商标侵权行为。盛大公司的被控侵权行为属于叙述服务所对应游戏品种的正当使用，作为服务商标“大富翁”的商标专用权人大宇公司无权加以禁止。因此，法院判决驳回上诉，维持原判。

二、禁止权

（一）禁止权的含义

禁止权即指商标权人有权禁止他人未经许可使用其注册商标。商标权是一种绝对权，具有较强的排他性。排除他人干涉，在商标权即表现为禁止他人非法使用、非法印制注册商标以及禁止他人非法销售侵犯注册商标的商品。禁止权和专用权是彼此联系的两个方面的权利，专用权涉及的是商标权人使用注册商标的问题，禁止权涉及的是其他人非法使用注册商标的问题。

使用权和禁止权是商标权不可分割的两个方面。首先，专用权是积极权利，禁止权是消极权利。专用权从积极权利方面确认注册人的权利范围，在这一范围内，注册人得自由支配商标权利。禁止权从消极权利方面规范第三人的行为，使之处于一种对注册人的义务、责任状态，通过约束第三人的商标活动来保证专用权的实现。如若没有专用权作为基础，禁止权的行使便无法律依据；而没有禁止权，专用权的实现则失去了保障。具体而言，假如没有专用权界定商品范围和标志的范围，第三人的使用行为是否构成侵犯注册商标专用权便无从界定；假如不能排除他人对注册商标的非法使用，注册人的专有使用权就会形同虚设。其次，专用权是一种实体权，禁止权是一种请求权，在注册商标的专用权没有受到他人的干涉和侵害时，商标注册人就不需要提出针对特定人的请求权。其注册商标事实上的状态和应然状态是一致的。但只要有人侵入了专用权的保护范围，并由此使注册人的权利受到损害，商标专用权就有了针对特定人的特征，注册人就可以要求停止侵害和赔偿损失，即行使禁止权。这时，禁止权是以请求他人不作为的形式来保护商标专用权的应有状态。从上述意义讲，禁止权来源于专用权，是专用权的对象化，故禁止权不可脱离专用权而独立存在。将禁止权单独出来的意义在于：有权利便有救济，商标专用权的实现在执法层面体现为禁止权，即请求权的行使，没有禁止权的观照，使用权的存在无法体现。

（二）禁止权的范围

禁止权的效力范围大于专用权的范围。根据《商标法》第57条之规定，对于未经许可在同一种商品或者类似商品上使用与其注册商标相同或者近似的商标的，商标权人均有权禁止。这就是说，禁止权的效力范围及于“类似商品”和“近似商标”。

禁止权的效力范围宽于专用权的范围是由商标法防止混淆的基本宗旨决定的。试想，为了保障商标权人的专用权，仅仅排除他人使用该注册商标是否能够达到目的呢？显然不能。因为标志近似和对象的类似都会使人发生辨认困难甚至导致混淆。如果允许其他人在与注册商标近似的范围内和与核定商品类似的范围内使用商标，是无法实现商标法制止混淆和维护消费者权益之目的的。正如实践当中所反映出来的，利用商标近似制造混淆从中获利，是一种惯用的侵权手段，大量近似商标的存在必然对注册商标所有人的合法权益造成损害。从消费者利益考虑，近似性的使用极易造成混淆甚至欺骗，如果容忍在类似商品上并行使用若干近似商标，以致消费者非悉心辨认不可免除混淆和欺骗，商标就失去了其本来意义。

背景材料

商标权禁止权的动态变化①

商标权的司法保护，首先需要明确商标权的范围。商标属于标识类知识产权，而权利的伸缩性是标识类知识产权禁止权的特有属性。该特性表现为，权利保护的范围相对模糊、力度具有弹性。制止商标侵权的基石是避免消费者的混淆和误认。混淆和误认的范围划定了商标权禁止权的界限。在判断消费者混淆和误认的诸多考量因素中，欧美国家通常参考的因素有：商标的显著性、商标的市场知名度、商标的近似程度、商品的类似程度、实际混淆的证据、商品的销售渠道、被告选择商标的意图等。根据我国司法实践，混淆可能性的认定因素有商标的显著性、商品的关联程度、商标本身在客观上的近似性、是否有实际混淆的证据、销售渠道以及所涉商品的功能、用途、价格、质量等多种因素。比较上述标准，不难发现，在混淆可能性的判断标准中，商标的显著性和市场知名度均属于认定侵权的必备要素。一直以来，立法者，尤其是法院持续关注着商标权利的保护，往往忽视了商标的显著性和商标市场知名度的可变性对商标权利保护所带来的影响。如前所述，在商标这一标识类知识产权的法律保护中，尽管商标使用权的范围不会改变，但商标权禁止权的权利范围却会随着商标显著性、商标的知名度以及消费者的注意力的变化而相应地延展或者压缩，法院因此需要在个案审判实践中进行相应的重新界定。商标权禁止权的保护范围是一个不断变化的过程，影响其变动的两大因素为商标的显著性和商标的知名度。一般而言，随着商标绝对显著性的增强，商标权禁止权的范围变宽，随着商标显著性减弱，商标权禁止权的范围变窄；同样，随着商标知名度的提升，商标权禁止权的范围扩大，随着商标知名度的降低，商标权禁止权的范围缩小。因此，在商标权禁止权的保护中，应进行个案分析，根据商标的实时显著性和知名度作出相应的保护。

① 魏大海、孙敏洁：《商标权禁止权的动态变化及个案认定》，载《知识产权》2011年第7期。

三、许可权

使用许可，是指注册商标所有人将其注册商标专用权许可他人行使。使用许可是商标所有人利用商标权的一种重要方式，被许可人的使用行为视同商标权人的使用，如果商标权人许可他人使用商标，即使自己不使用，也不会导致商标权的撤销。行使此项权利的法律形式是商标所有人作为许可人与被许可人签订许可使用合同。对此类合同的详述见“商标权的利用”一章。

四、转让权

转让，是指注册商标所有人将其注册商标所有权转移给他人所有。注册商标转让的法律后果是商标权利主体的变更。转让权是商标所有人处分商标权的一种方式。转让注册商标，应由双方当事人签订合同，并应共同向商标局提出申请，经商标局核准公告后方为有效。关于此类合同详见“商标权的利用”一章。

第三节 未注册商标的法律地位

注册制度决定了法律保护的对象主要是注册商标，对未注册商标有条件的适度保护是这一制度的例外。一般的未注册商标，法律并不给予保护，有条件保护即指对未注册商标中的驰名商标和有一定影响的商标，在注册制度之外给予特别保护。

一、保护未注册商标的必要性

一个商标受到保护的并不是它的标志，而是该标志和市场上商品之间的联系、和商品生产者之间的联系。这种联系就是商标声誉和商标所有人的利益所在。一个商标是否为公众所知、享有声誉，是在市场竞争中形成的一种客观事实，跟它是否注册并无直接关系。实际上，根本没有天生的商标，任何标志要想在市场上实际发挥标示和区分的作用，都必须经历生产营销活动，而经过实际使用的商标一旦驰名之后，更容易受到不正当竞争行为的侵害。正因为如此，对驰名商标的保护成为商标法的重点。追溯驰名商标制度的渊源，《巴黎公约》增订驰名商标条款的根本原因就在于，某些商标没有在请求保护国注册，但事实上已经广为人知，消费者将其视为一个特定来源的标示，因此有必要制止与其相抵触的商标注册。可见，保护驰名商标制度就是为了保护未注册的商标。

从实际情况来看，未注册商标只是在程序上未完成注册，它们当中有的是外国商标在其原属国或者其他国家已经注册，但对中国来说这个商标是一个未注册商标；有的是中国企业的商标，其未注册的情况更为复杂，既有未提出注册申请的，也有注册申请被驳回的，更有许多商标是处在注册程序之中尚未获得核准注册的。最后一种情况现实中已十分普遍，一个商标早已提出注册申请，却因在注册程序中遇到商标异议、商标评审等争议解决程序，致使商标久久不能获准注册，而这个商标早已在市场上使用，商标所有人在商标上的投入也日益增多，已形成了商标上的财产利益。如果对这种正当利益法律不能给予适当保护，显然是不利于商标的合法使用，不利于维护市场公平竞争秩序的。

二、保护未注册商标的条件

注册取得权利是商标法的一项基本原则，这一制度选择不是偶然的。注册制度对于权利归属和权利范围具有公示公信、高效便捷、减少社会成本的优点，同时它固有的弊端也需要从不同角度加以弥补。保护未注册商标就是在坚持注册制度前提下对注册制度的补充。因此，未注册商标的保护需要满足一定条件，否则，就可能导致未注册商标保护的泛化，从而动摇注册制度作为商标法的根基的地位。根据我国《商标法》的规定，受保护的未注册商标应当是驰名的或者有一定影响的。

（一）驰名商标

《巴黎公约》提出保护驰名商标，其本意是保护未注册的驰名商标。按照《巴黎公约》第6条之二的规定，驰名商标所有人可以通过商标异议或者撤销对抗他人对冲突商标的注册申请，并可以禁止他人使用冲突商标。由于凭借商标的知名度可以对抗他人的注册和使用，因此认定一个商标是否已经驰名是驰名商标制度的前提。认定驰名商标的主要依据是商标的使用情况。根据《巴黎公约》和国际惯例，我国《商标法》第14条第1款规定了认定驰名商标应当考虑的几个主要因素：相关公众对该商标的知晓程度；该商标使用的持续时间；该商标的任何宣传工作的持续时间、程度和地理范围；该商标作为驰名商标受保护的记录，以及该商标驰名的其他因素。关于驰名商标认定中的其他问题详见“商标权的保护”一章。

（二）有一定影响的商标

有一定影响的商标在知名度上未达到驰名商标的状态，但它在一定范围内为相关消费者所知，具有一定知名度。判断一个商标的影响力如何，首先要看它是否已经“在商业中实际使用”。使用是商标财产化的基础，也是商标为消费者认知的必经途径，因而这里的“使用”应当作严格解释。首先，应当是实际使用，即商标附着于行销市面的商品或服务的使用，而不仅仅是将商标用于广告宣传或其他交易文书中；其次，是公开使用，即以普通消费者可以接触到、可感知的方式使用，而不仅仅是在生产或销售活动中商标所有人和关联企业的内部使用；持续使用，该商标商品的市场营销活动应连续达到一段时间，时间太短，不足以达到被相关消费者认知的程度。总之，有一定影响和商标的商业使用密不可分，在使用过程中，商标的声誉才能得以积累，而这种声誉正是商标财产性质的基础，没有这一利益基础又未获得注册的商标，便没有给予法律保护的理由。

（三）在先使用的商标

根据我国《商标法》第59条第3款：“商标注册人申请商标注册前，他人已经在同一种商品或者类似商品上先于商标注册人使用与注册商标相同或者近似并有一定影响的商标的，注册商标专用权人无权禁止该使用人在原使用范围内继续使用该商标，但可以要求其附加适当区别标识。”本条说明，对于未注册的商标而言，即使他人已就相同或近似商标在相同或类似商品上注册的，在先使用人可以在附加适当区别性标识的前提下，在原使用范围内继续使用。这意味着我国商标法扩大了对未注册商标的保护范围，在未注册的驰名商标和有一定影响的商标之外，对在先使用的普通商标赋予了在原范围内继续使用的权利。

三、未注册商标的法律保护

（一）禁止注册和使用

我国商标法对符合一定条件的未注册商标予以保护。依据我国《商标法》第13条第2款的规定，未注册的驰名商标，该商标所有人有权禁止他人就相同或类似商品申请注册相同或近似商标，并有权禁止使用。依据我国《商标法》第32条规定，如果未注册商标是有一定影响的，该商标使用人有权禁止他人以不正当手段抢先注册。另据我国《商标法》第15条规定,被代理人或被代表人有权禁止代理人或代表人抢注或使用其未注册商标。该项禁止注册的权利可以通过商标异议也可以通过撤销程序行使。禁止使用的权利可以通过向法院提起民事诉讼或者请求工商行政管理部门查处的途径得以实现。2013 年新增加的第 2 款,更是将禁止抢注他人未注册商标的范围扩大到“合同、业务往来关系或者其他关系而明知该他人商标存在”的情况。

（二）先使用权

先使用权是指,某个商标虽由他人取得注册,但在其申请注册前已经使用的商标,该商标使用人可在原有范围内继续使用。

先使用权的目的是为了保护已经享有信誉的非注册商标的使用人的利益[1],也是对“注册原则”和“申请在先原则”的一个重要补充。如前所述,注册制度和申请在先原则有使成立的商标权稳定,权利主体和权利范围明确等优点。但是,如果先使用的商标已享有信誉,具有财产价值,仅仅因为未取得注册而使该商标使用人丧失已取得的利益,似不公平。这就需要法律在一定条件下对两者的利益作一调整。既要坚持和维护商标注册制度,又要给予已驰名或有一定影响的未注册商标适度保护。“禁止注册和使用”赋予未注册商标所有人消极权利,但是这些“禁止权”还不能使先用人的利益得到充分保护。“先使用权”是积极权利,对于平衡利益具有积极作用。当然,先使用权应当符合一定条件,包括但不限于:(1) 在他人注册前,该商标已实际使用并持续一定时间。“实际使用”要求与特定产品或服务有关,在商业活动中与消费者有直接联系。使用的时间应以消费者知悉、认可该商标的必要时间为长度。(2) 继续使用的范围应限于原使用商品上。先使用权的效力为继续使用。本来,未注册商标在相同或类似商品上使用是注册商标专用权所禁止的,但如果具备上述条件则可允许先使用人继续使用。“继续使用”所保护的是既有事实,因此使用人不得以任何形式扩大使用范围。(3) 如果与注册商标相同,那么未注册商标使用人须增加区别性标识。

（三）未注册商标的其他法律保护

未注册商标的范围很广,“任何一个能够将企业的商品或服务与其他企业的商品或服务区别开来的标记或标记的组合,均应成为商标”,如商品名称、包装、装潢均属于此类商业标志范围,且属于未注册商标。对这样一些未注册商标,不仅有商标法提供保护,还有反不正当竞争法的保护。我国《反不正当竞争法》第 6 条第 1 项涉及的“他人有一定影响的商品名称、包装、装潢”,从标识功能和市场作用来看,实际上就是未注册商标。《反不正当竞争法》的保护和《商标法》一样,需要满足一定的条件,譬如:商品为知名商品,而非普通商品;商品名称、包装等为特有的,而非通用的。此外,两部法律的保护方式也有共同之处:某个未注册商标能否得到保护,保护的范围多大,需在个案中加以确定。

第四节　注册商标的续展和终止

一、注册商标的续展

（一）续展的概念及意义

商标权的续展又称注册商标的续展,是指通过法定程序延续注册商标的有效期限。注

---

[1] 〔日〕纹谷畅男编:《商标法 50 讲》,魏启学译,法律出版社 1987 年版,第 233 页。

册商标的有效期为10年，自核准注册之日起计算。在有效期内，商标注册人对该商标之利用享有排他性权利，有效期届满，商标注册人的权利即告终止。但是续展可使商标权继续维持，因此注册商标续展制度的作用在于将有期限的商标权延续下去。

商标权续展还可以补充其他知识产权保护的不足。带有技术含量的产品或方法可以申请专利保护，但防止他人仿造专利产品只有20年、15年或10年的效力。如果对产品进行商标注册并且及时续展，就可以借助商标权继续保持对产品销售的市场垄断。产品外观设计除了专利保护之外可以申请立体商标，而通过续展可防止他人在专利保护期10年届满后任意仿造。续展制度还有利于企业为培育驰名商标而注重对商品和服务质量的改进提高，从而有利于维护消费者利益和建立市场公平竞争的秩序。

(二) 续展注册

续展注册应依法履行必要程序。续展申请应当在注册商标有效期届满前12个月内办理，这12个月为续展期。如果在续展期未能提出续展申请的，可再给予6个月的期限，在此期限内商标所有人仍可以申请续展注册。这6个月称为宽展期。如果在宽展期仍未提出申请的，则注销该注册商标，该注册商标的所有权利在有效期届满时自动终止。法律之所以规定宽展期，旨在慎重地保护商标所有人的权利，使商标所有人不至于因不可抗力或者其他正当事由错过时机而丧失商标权。

进行续展注册时，每一个申请都应当交送《商标续展注册申请书》一份，商标图样5份，交回原来的《商标注册证》，并按规定缴纳费用。商标局收到续展注册申请后，原则上不进行实质审查，而只是对续展申请进行必要的形式审查，认为符合规定的，即予以核准，将原来的《商标注册证》加注返还，并予以公告。如果认为不符合规定的，不予续展，并以书面形式驳回申请。申请人对商标局驳回续展注册申请不服的，还可以申请复审。

二、商标权的终止

商标权的终止，是指因法定事由的发生，注册商标所有人丧失其对注册商标的权利。注册商标因注销、撤销、无效程序而终止。

(一) 因注销而终止

注销指商标局对注册商标所有人自愿放弃或因故不能使用注册商标的事实予以确认。注销注册商标须由商标局备案，并予以公告。注册商标在下述情况下，因注销而终止：

(1) 未申请续展申请。注册商标有效期届满，宽展期已过，而商标所有人仍未提出续展申请的；或者虽提出续展申请，但依法驳回续展注册申请的。

(2) 自动放弃。商标权可以自由放弃，放弃权利时须办理注销手续。申请注销注册商标或者注销其商标在部分指定商品上的注册的，应当向商标局提交商标注销申请书，并交回原《商标注册证》。

(3) 主体消亡。商标权如无继承人或者继受人的，商标权随之被注销而终止。商标注册人死亡或者终止，自死亡或者终止之日起1年期满，该注册商标没有办理移转手续的，任何人可以向商标局申请注销该注册商标。

背景材料

刚注册的商标就被注销[①]

申请注册并经商标局核准的商标，还没用热乎，却被人起诉侵犯了商标图案的著作权，经营网店的柴先生为此赔偿了7000元，还不得不注销商标。日前，海曙法院向记者通报了这样一个案例。柴先生的网店主要销售鞋类商品，委托工厂代加工。去年，他注册了一个商标用于经营活动，并将该商标印在自己销售的鞋子上。尽管他使用的是自己申请注册并经商标局核准的商标，却仍然有人起诉他侵权。收到起诉状后，柴先生很不解，自己究竟侵犯了他人的什么权利？记者了解到，柴先生拥有的这个商标，是一幅仅由线条绘成的简体双马图案，而绘制该图案的，正是原告陈先生。陈先生认为，柴先生未经自己同意，将他绘制的图案注册为商标使用，侵犯了他的著作权，因此诉至法院，要求柴先生停止侵权、赔偿损失。柴先生抗辩认为，他对陈先生享有著作权没有异议，但他享有商标权也是国家认可的，既然国家都认可他使用这个商标，那他的使用行为就不应当构成侵权，也不需要赔偿损失。可最终的结果却是，柴先生向原告赔偿7000元并办理该商标的注销登记手续。看似没有交叉的著作权与商标权之间，怎么会存在侵权关系？此案承办法官表示，商标的主要功能是帮助相关公众识别商品的来源，商标的注册采用核准制，需要经过国务院工商行政管理部门商标局的核准后，申请人才能获得相关的商标权利。本案中，原告陈先生设计绘制了双马图案，是该美术作品的著作权人，之后被告柴先生将该作品作为自己的商标图案进行了商标注册申请并获得核准，即柴先生的商标权与陈先生在先的著作权之间产生冲突。

法官解释，一个作品自创作完成后，创作者就拥有著作权，柴先生注册商标在后。柴先生使用该美术作品时，自然知道该作品是他人创作，但在未取得他人许可的情况下擅自使用，将其注册为商标，存在主观过错。基于诚实信用的基本准则，申请商标不应当侵犯他人的在先权利，自然需要承担赔偿责任。

（二）因撤销而终止

注册商标的撤销，系指因商标注册人违反注册商标使用的规定而导致其商标权消灭。具体地说，包括以下三种情形：(1) 违法使用注册商标。该情形包括：自行改变注册商标的；自行改变注册商标的注册人名义、地址或者其他注册事项的；自行转让注册商标的。这些使用行为超出了注册商标的保护范围，影响了商标作用的正常发挥，容易引起出处混淆或质量误认，因此为了维护商品交易秩序，可由商标局撤销该注册商标。(2) 连续不使用。商标取得注册后不使用，将妨碍他人使用该商标，无法使商标发挥其本来的作用，甚至还可能给“商标掮客”造成可乘之机。为了避免这种弊端，商标法规定在3年期限内未予使用的注册商标，可由商标局予以撤销。(3) 商品质量低劣。商品质量是商标信誉之基础，商品质量与消费者有着密切的关系，商标管理牵涉商品质量管理，是维护消费者利益的辅助手段。对那些使用注册商标，其商品粗制滥造，以次充好，欺骗消费者的，商标局可以撤销该注册商标。

---

① 中国宁波网：《刚注册的商标就被注销 原来侵犯了他人著作权》，http://news.cnnb.com.cn/system/2017/01/02/008586419.shtml，访问日期：2017-12-27。

应该注意的是,撤销注册商标是较为严厉的行政处罚,故只有当违法使用行为较为严重,拒不改正的,才可给予撤销注册的处罚。

注册商标被注销或者撤销的,其商标专用权即时终止。但是为了防止发生商品出处的混淆,自撤销或者注销之日起 1 年内,对与该商标相同或者近似的商标注册申请,不予核准。这样规定并非保护已被撤销的或注销的商标,而是从保证商标正常发挥作用和维护消费者利益的角度出发,避免造成不必要的混淆。如果被撤销的注册商标是连续 3 年停止使用的,则不受上述限制。

陈奕桥等诉国家工商行政管理总局商标评审委员会撤销复审行政纠纷案[①]

复审商标系第 1309836 号“A 及图”商标,申请日期为 1998 年 5 月 26 日,注册人为深圳市引领平安文化传媒有限公司(简称“引领平安公司”),核定使用在第 41 类:俱乐部服务(娱乐或教育)、组织体育活动竞赛服务上。经续展,商标专用权期限截至 2019 年 8 月 27 日。2014 年 7 月 28 日,陈奕桥就复审商标向国家工商行政管理总局商标局(简称“商标局”)提出连续三年不使用的撤销申请。受理该申请后,商标局经审理作出商标撤三字[2015]第 Y003607 号《关于第 1309836 号“A 及图”注册商标连续三年不使用撤销申请的决定》(简称“第 Y003607 号决定”),认为深圳市锂源动力科技有限公司提供的商标使用证据有效,故复审商标的注册不予撤销。陈奕桥不服第 Y003607 号决定,于 2015 年 6 月 30 日向国家工商行政管理总局商标评审委员会(简称“商标评审委员会”)提出复审申请。2016 年 7 月 27 日,商标评审委员会作出商评字[2016]第 65827 号《关于第 1309836 号“A 及图”商标撤销复审决定书》(简称“被诉决定”),认定:引领平安公司提交的商标使用合同、战略合作协议、委托证明、委托印刷协议、相关发票、照片等证据,可以证明在 2011 年 7 月 28 日至 2014 年 7 月 27 日期间(简称“指定期间”)内,引领平安公司对复审商标在“俱乐部服务(娱乐或教育)”服务上进行了公开、真实、合法的商业使用。综上,商标评审委员会决定:复审商标在俱乐部服务(娱乐或教育)服务上予以维持,在其余服务上予以撤销。陈奕桥不服被诉决定,向北京知识产权法院提起诉讼,请求撤销被诉决定,并判令商标评审委员会重新作出决定。一、二审法院均认为,根据我国《商标法》第 49 条第 2 款的规定,注册商标没有正当理由连续三年不使用的,任何单位或者个人可以向商标局申请撤销该注册商标。本案中,引领平安公司为证明复审商标在“俱乐部服务(娱乐或教育)”服务项目上的使用提交了战略合作协议,其中约定的合作期限为 6 年,自 2013 年 6 月 17 日始,合作期间引领平安公司享有球队的服装标记权、在比赛中所有的广告宣传权(包括球队冠名、服装标记、广告牌宣传、电视、广播、报纸、网络媒体中的广告植入等),广告标记包括复审商标。因此,商标评审委员会认为引领平安公司提交的在案证据已经形成完整的证据链条,能够证明复审商标在指定期间内在“俱乐部服务(娱乐或教育)”服务项目上得到了真实、有效的商业使用是正确的。最终法院判决驳回陈奕桥的全部诉讼请求。

---

① 北京市高级人民法院(2017)京行终 1749 号判决书。

（三）因无效而终止

此种情形是指商标本不具备注册条件但取得注册的，通过无效程序使商标权归于消灭。注册商标无效的原因有以下几种：(1) 注册商标含有禁止使用的标志；(2) 以不正当手段取得注册；(3) 与在先权利冲突；(4) 损害驰名商标(详见本书第二十二章“商标权的无效与撤销”)。

第五节 商标权的限制

商标权的限制，是指在某些情况下对注册商标所有人享有的禁止权所作的必要约束。商标的权利限制分为正当使用、权利用尽和非商业性使用。商标法一般只规定商标的正当使用。商标的非商业性使用的法律依据是其他法律，如宪法关于言论自由的规定，市场竞争法保障商品正常流通的基本原则等。

商标权限制的正当性[①]

商标权限制的正当性：(1) 均衡利益：商标权人、其他竞争性厂商、社会公众间的利益的合理分配。当商标权人的利益与社会公众的利益发生冲突时，除了保障商标权人的合法利益外，社会公众的利益也必须得到保障。对商标权进行限制既是商标权正当行使的保障，也是解决商标权人与社会公众间的利益冲突的保障。(2) 商标法正义价值探寻：公平、合理分享社会财富的手段。公平与正义是法律的重要价值。在私法领域对公平原则的理解通常包括以下内容：主体间公平相待，应本着互利有偿、经济利益合理照顾的原则进行交换，在法定的范围内应兼顾不同当事人之间的利益，财产责任合理分担，当权利人的财产受到损害时应得到同等的价值补偿等。(3) 实现商标法的公共利益：防止商标权人滥用权利。商标权和其他知识产权一样作为一种相对的权利，受到民法的基本原则之一——权利不得滥用原则的约束。权利不得滥用原则也要求权利行使应符合公共利益的需要，不得超出权利设定的正当目的。如所讨论的，商标法本身也具有重要的公共利益目标。总的来说，商标权限制的正当性的基础是利益平衡。

一、正当使用

正当使用是指他人不经商标权人许可，可以在经营活动中以善意的、正当的方式使用其注册商标的标志。正当使用是与“使用取得权利”原则相伴而生的。如前所述，由于承认和保护通过使用取得显著性的商标，一些本来属于公有物的词汇、图形成为商标权的客体。为了防止商标权利扩张而损害他人利益和社会公共利益，商标法里出现了商标权的权利限制，即，允许经营者对描述性标志进行使用，以化解“使用取得显著性”商标所带来的利益冲突。“使用取得显著性”也称为“第二含义”，是指本不具有显著性的标识因为长期反复的使用，已

① 冯晓青：《商标权的限制研究》，载《学海》2006 年第 4 期。

使消费者将其作为指代某商品或服务的标识，使之具备具有了超越原始含义的“第二含义”，具备了识别和区分商品来源的能力。对第二含义商标准予注册，是考虑到对商标所有者投资利益和消费者利益的保护。但同时也产生了一个矛盾：第二含义商标所使用的文字、图形本属于公有领域，其成为商标专用权的对象后可能会妨碍同业其他经营者正常的、不可避免的使用。因此，各国商标法都对商标权的行使规定了必要的限制。例如，美国 1946 年的商标法(《兰哈姆法》)就规定了商标的正当使用是未侵权的辩解之一。欧盟商标法也规定了商标的正当使用。《TRIPS 协议》第 17 条是对商标正当使用的原则性规定，内容为：“成员可以对商标权规定有限的例外。诸如描述性词汇的正当使用，只要此种例外考虑了商标所有人和第三人的合法权益。”我国《商标法》早期缺少权利限制方面的规定，2002 年《商标法实施条例》公布后，才对商标的正当使用作出原则性规定。我国 2002 年《商标法实施条例》第 49 条曾规定：“注册商标中含有的本商品的通用名称、图形、型号，或者直接表示商品的质量、主要原料、功能、用途、重量、数量及其他特点，或者含有地名，注册商标专用权人无权禁止他人正当使用。”由于 2013 年修订的《商标法》将此项内容纳入到了第 59 条第 1 款中进行规定，故 2014 年修订的《商标法实施条例》中删除了原第 49 条的内容。

商标标志的正当使用可分为两种情况，一种是叙述性使用，一种是指示性使用，分述如下，另外顺便介绍比较广告。

（一）叙述性使用

设立商标权限制的初衷是为了解决对描述性商标的叙述性使用。所谓描述性商标，即由直接表示商品质量、主要原料、功能、用途或其他特点的普通词汇、地理名称、姓氏为符号构成的商标。尽管描述性标志经过使用可能产生“第二含义”，可以作为商标注册，但仍无法改变其欠缺显著特征的属性。也就是说，描述性词汇在取得“第二含义”的情况下，它的“原始含义”并未消失，由于该构成商标的文字或词汇是惯常的、公用的，因而他人将不可避免地在原始含义上使用该描述性词汇，用来说明商品的质量、主要原料、功能、用途及其他特点。例如，“通化”是一行政区划名称，不具有商标应具备的显著特征。由于历史的原因，“通化”二字被某家企业作为商标并获得注册。但是吉林省通化市的企业在他们生产的商品上使用“通化”二字以表明商品真实产地，是完全正当的、合理的，商标注册人无权禁止他人对该地理名称在非商标意义上的使用。从商标注册人的角度看，既然选择了一个不适宜独占的公有领域之物作为权利客体，那么就没有理由对其能获得的保护期望过高。描述性商标的排他力受到必要的限制，从而为其他经营者保留公共资源的使用，也使得商标法上的“使用取得显著性”规则具有正当性基础。

叙述性正当使用应当符合以下几个条件：(1) 不可避免地使用。非权利人使用该商标标志的目的是为了说明本商品的型号、质量、主要原料、功能、用途、数量及其他特点，如不使用则无法真实说明产品或服务。(2) 使用出于善意。无意在自己的产品或服务与被使用的商标之间制造混淆，不存在借用他人商标信誉的企图。(3) 在合理范围内使用。仅仅使用了为说明产品或服务所必需的文字、词汇，并未涉及商标中其他成分，并同时标有自己的商标。[①]

① 根据我国《商标法》第 59 条第 1 款之规定，叙述性正当使用应当符合两个条件：一是用于描述产品，二是在合理范围内使用。北京市高级人民法院《关于审理商标民事纠纷案件若干问题的解答》(2004 年 2 月 18 日)的有关规定更具有参考意义。其中第 19 条解答了商标合理使用应具备以下条件：(1) 使用出于善意；(2) 不是作为商标使用；(3) 使用只是为了说明或描述自己的商品或服务；(4) 使用不会造成相关公众的混淆、误认。

（二）指示性使用

商标成文法上的权利限制仅限于叙述性使用。20世纪末期，司法实践又创设了另一种正当使用——“被提及的使用”，即指示性使用。“指示性使用”是指为说明产品种类或说明服务范围而使用他人的商标。其特征是，在商标意义上使用该标志，使用的目的是为了指示商标所有人的产品或服务，但最终是为了说明使用人自己的经营范围或服务项目。指示性使用多见于零配件销售、维修保养行业，如汽车、电子消费品的维修、配件服务。诸如“大众汽车维修”“联想耗材营销”，这种店铺名称或服务招牌中出现的商标即指示性使用。在这里，商标指示了其所有人的商品，但最终是为了表明使用者的经营范围。构成指示性的正当使用必须满足一定的条件：(1) 不使用则无法表示或不可能将自己的经营信息真实传达给消费者；(2) 使用在合理限度内，不得使人误认为使用者与商标所有人之间存在商业上的任何联系，尤其不得使人误以为使用者是商标所有人的特约经销商。《商标法》及其实施条例没有对指示性使用作出规定，但为了解决一些地方的汽车零部件销售商店、汽车维修站点未经商标所有人许可，擅自在店铺的招牌上使用某些中外汽车企业的注册商标的问题，原国家工商行政管理总局曾于1995年发出通知，指出：汽车零部件销售商店、汽车维修站点，为了说明本点经营汽车零部件品种及提供服务的范围，应直接使用叙述性的文字，如“本店销售某某汽车零部件”“本店维修某某汽车”等字样，字体应当一致，不得突出其中的文字商标的部分，也不得使用他人的图形商标或单独使用他人的文字商标。此外，作为招牌或者企业名称使用的，应当经过商标注册人允许。这些规范性文件的出发点是在维护商标专用权，避免消费者陷入混淆的前提下，允许对商标的指示性使用。我国司法机关在实践中对指示性使用予以认可。在丰田自动车株式会社与浙江吉利汽车有限公司等侵犯商标权及不正当竞争一案中，法院在判决中认为：“被告吉利公司在对涉案美日汽车进行宣传时使用‘丰田’及‘TOYOTA’文字，是对涉案美日汽车发动机所具有的性能、来源进行说明，是向消费者介绍汽车产品配置的主要部件的技术、制造等来源情况，以便消费者对企业产品的基本情况有所了解，这种对汽车产品配置进行介绍或说明的方式是符合商业惯例的，未对‘丰田’及‘TOYOTA’注册商标权造成损害。”[①]

背景材料

商标合理使用：一个概念的检讨与澄清[②]

学界通常将商标合理使用分为三大类，即所谓的“描述性合理使用”“驰名商标淡化合理使用”和“指明性合理使用”(nominative fair use)。三种合理使用虽均源于美国司法判例，但只有前两者写入了美国联邦商标法。首先，其规定，当被告将涉诉名称、短语或图案合理善意地用于描述自己的商品、服务及其地理来源，而非作为商标使用时，便构成一种不侵犯商标权的抗辩。此处有两个用语值得特别关注：“非作为商标”和“描述”。一个符号的能指并非只对应一个所指(如“长城”既可指某段城墙，也可指某种电脑)，故仅使用商标的能指，不意味着一定使用了商标。其次，被告使用该符号仅仅是出于“描述”商品的某些性能、特点，

① 北京市第二中级人民法院民事判决书(2003)二中初字第0286号。

② 熊文聪：《商标合理使用：一个概念的检讨与澄清——以美国法的变迁为线索》，载《法学家》2013年第5期。

而非直接"指称"该商品,《兰哈姆法》明确界定了商标指任何用于指称和区分商品或服务的词语、名称、符号或图案。可见,立法者指出了:描述性合理使用乃"非商标意义上的使用"。驰名商标淡化合理使用又被称为"文化意义上使用"。作为一种侵权抗辩事由,"商标合理使用"并非指基于特定利益考虑,第三人即使未经许可使用了他人商标也不构成侵权,而是为了强调某些情形不构成商标意义上的使用,因而不可能侵犯商标权,即以反向列举的方式重申"商标使用"概念。是否为"商标意义上的使用"是判定侵犯商标权的前提与门槛,虽仍由原告负举证责任,但相比"混淆可能规则"有更为明确客观的识别依据,可以降低诉讼成本,避免寒蝉效应,在公众言论表达与商标权人保护范围之间划定一条较为清晰的边界。

海门晨光公司与青岛莱特公司商标侵权纠纷案[①]

海门晨光公司于2008年2月14日经国家工商行政管理总局商标局核准注册了涉案"LONGLIFE"商标,核准使用商品类别为第1101和1103的类似群,商标注册号为4611016。该注册商标经过其多年的使用和培育,具有了很高的知名度,"LONGLIFE"牌灯泡远销国内外。海门晨光公司认为青岛莱特公司为一家生产、出口汽车卤钨灯的公司,于2011年7月20日向海关申报出口卤钨灯93800只到哥伦比亚,其在未经海门晨光公司许可的情况下,在该批出口货物上使用了与涉案注册商标相近似的"LongLife"标识,侵害了海门晨光公司的注册商标专用权,故海门晨光公司提起诉讼。

上诉法院认为:被控侵权商品上关于"LongLife"的使用行为构成"商标合理使用行为"。《中华人民共和国商标法实施条例》(2002年)第四十九条规定:"注册商标中含有的本商品的通用名称、图形、型号或者直接表示商品的质量、主要原料、功能、用途、重量、数量及其他特点,或者含有地名,注册商标专用权人无权禁止他人正当使用。"根据上述规定,为描述自己商品的特点,使用了他人注册商标中不能垄断的内容,而不是作为商标使用,属于合理使用的行为。如前所述,本案中,青岛莱特公司为描述其商品具有"长寿命的"特点,在其生产、销售的涉案被控侵权商品外包装上使用了"LongLife"字样,且其使用行为没有超出正当、合理的描述性使用的范畴,故本院认为青岛莱特公司在控侵权商品中使用"LongLife"的行为构成法定的"商标合理使用行为"。综上青岛莱特公司在其商品上使用"LongLife"标识不构成对海门晨光公司第4611016号"LONGLIFE"商标的侵犯,海门晨光公司的诉讼请求应当驳回。

(三)比较广告

在比较广告中使用竞争对手的商标是否构成商标侵权曾是一个存有争议的问题。所谓比较广告,是指以明示或暗示的方式将自己的商品与竞争对手的商品的某一方面或全面加以对比的广告,其基本特征是将自己的产品与他人的产品相媲美。比较广告具有两面性,有利的一面是向消费者提供更多的信息,从而有利于消费者作出选择。不利的一面是,它可以

① 山东省高级人民法院(2012)鲁民三终字第80号判决书。

用来攀附名牌抬高自己，还可能贬低他人抬高自己，因而给被比较的产品信誉及其经营者声誉造成损害。传统的商标理论曾认为在比较广告中对竞争对手商标的使用构成商标侵权。20世纪末期，各国对比较广告的态度趋于一致，认为只有在广告内容虚假或具有误导性，或者诋毁竞争对手的情况下，才构成对商标权的侵害。这种认识的理论依据是，商标的基本功能是指示出处和区分来源，保护商标权的宗旨在于保证它与商品来源联系的通畅，免于和其他商标相混淆。比较广告的特征在于通过对比，制造差异，突出比较优势，树立品牌形象。在比较广告中对他人商标的使用，是为了指明被比较产品，因为商标是联系产品最直接、最明了的方法。因此，广告中为了两相比较，找出差异的目的而使用他人的商标，非但没有制造两者之间的混淆，反而是在强化商标的指示功能和区分功能，一般不可能构成对商标权的侵权。可能构成商标侵权的比较广告发生在淡化驰名商标的场合。非竞争性产品之间的比较广告，一般是攀附性广告。将不相同也不类似的产品进行对比而使用他人享有盛誉的商标，是为了借助该商标的影响力来抬高自己，这种情形下的商标使用如果不适当，会给驰名商标的显著性或广告价值造成一定的破坏，因而可以根据反淡化理论加以制止。

权衡比较广告的利弊，各国立法多采取肯定比较广告合理性，同时附加一系列限制的做法。例如美国，对于利用竞争对手商标的广告，一般认为如果这种使用不会产生商品来源的任何混淆，并不构成对商标权的侵害，商标权人没有理由阻止这种使用。当存在着混淆的危险或者可能会给竞争对手的商誉造成不利影响时，比较广告应当予以禁止。1997年，欧盟公布了《关于误导广告和比较广告的指令》，该指令允许比较广告，但这样的比较广告必须“不会在广告者和其竞争者的商品或服务之间引起误导或混淆”，并且“不会对商标、商号或其他识别性标志或者竞争产品的声誉作不公平的利用”。我国法律没有明令禁止比较广告。《广告法》第4条规定：“广告不得含有虚假或者引人误解的内容，不得欺骗、误导消费者”，这一条款是规范比较广告的指导性原则。《反不正当竞争法》第8条第1款规定：“经营者不得对其商品的性能、功能、质量、销售状况、用户评价、曾获荣誉等作虚假或者引人误解的商业宣传，欺骗、误导消费者。”这是从制止不公平竞争的角度对比较广告的规制。在实践中，不违反下列原则的比较广告是被允许的：比较的内容是相同的产品或可比的产品，比较之处具有可比性，比较的内容真实、客观，不会造成对竞争对手商业信誉和商品声誉的贬低、损害。比较广告违反上述原则性规定而使竞争对手受到侵害的，可依据广告法、反不正当竞争法给予救济，但一般无法依注册商标专用权给予商标侵权的救济。

二、商标权利用尽

商标权利用尽也称为商标用尽，是指经商标所有人或其本人同意将带有商标的产品投放市场后，任何人使用或销售该产品，商标权人无权禁止。换言之，带有商标的商品投放市场后，商标权人的权利即告终结，再无权以商标权禁止在该商品上使用商标。商标权的核心是专用权和禁止权，商标权人有权排除他人在可能引起混淆的情况下，在相同或类似的商品或服务上使用与注册商标相同或近似的商标。然而，一旦商标所有人自己或许可他人使用了商标并将商品售出，任何人均可在贸易活动中继续使用该注册商标销售商品，因为商标权人已经行使了他应有的权利，权利因行使而穷竭了。由此可见，商标用尽的意义在于保障商品正常流通，保证交易安全。如果没有商标用尽的限制，商标权人可能利用商标控制商品流通，分割市场，保持垄断地位或维持高价。这对其他经营者以及消费者来说显然是不利的。

商标权利用尽后其他人可在贸易活动中继续使用该商标分销或转销已经售出的商品,但须以该商品未发生变化、未经过重新包装为条件。因为在流通过程中重新包装或改变商品都容易破坏商标指示来源和保证质量的功能,同时对消费者来说,如果根据熟悉的商标而选择的商品并不是所期望的,势必影响对商标的信赖程度。

背景材料

连带使用中的不正当竞争行为及法律规制[①]

连带使用,是指在商业活动中,他人在没有造成商品或服务来源上的混淆的情况下享有的使用商标权人商标的权利。我国《商标法》目前尚无商标连带使用的具体规定。但是现实中存在着连带使用的现象,如一些商店将回收的自行车翻新后又重新投放市场等,就是商标的连带使用。(1) 商标的连带使用与商标权权利穷竭理论相一致。商标权权利穷竭又称商标权权利用尽,是指商品由制造商、销售商、零售商到消费者的垂直转手过程中,已经存在着商标默示使用,再转手时,商标专用权已经用尽。换句话说,商标权已经在第一次销售时耗尽,第二次销售或消费者的使用或者转手,不再受商标专用权的限制。连带使用是在商标权人权利穷竭的前提下,诚实地标明商品的来源及质量,是对商标的合理使用,不存在商标侵权的问题。(2) 商标权人不得滥用权利阻止商标的连带使用。商标权人的权利限制已经成为国内外共同遵守的商标法原则。如《欧共体商标条例》第 12 条规定:"共同体商标所有人无权制止第三方在贸易过程中使用自己的名称或地址;有关品种、质量、数量、用途、价值、原产地、生产商标或提供服务的时间或者商品或者提供服务的其他特点的标志;需要标明产品或服务,特别是零部件用途的商标。只要上述使用符合工商业务中诚实惯例。"以上说明商标权人在行使自己的权利的时候不能禁止他方对于商标的合理使用。

背景材料

"旧手机翻新行为"的商标法定性——iPhone 苹果商标案引发的思考[②]

被告人张航以低价收购旧的苹果手机,再订购假冒的标有"iPhone"商标和"苹果"商标的新手机外壳等配件,然后对苹果旧手机的主板进行维修,并装上上述订购的新手机外壳等配件,完成 iPhone 苹果旧手机翻新后,再将 iPhone 苹果翻新手机作为 iPhone 苹果新手机进行出售。被告人张航被抓获时,销售翻新 iPhone 苹果手机所得达 80,300 元,检察机关以假冒注册商标罪对被告人张航提起公诉。深圳市福田区人民法院认为,被告人张航未经注册商标权人许可,在同一种商品上使用与其注册商标相同的商标,情节严重,其行为已构成假冒注册商标罪,判处被告人张航有期徒刑一年,并处罚金五万元。被告人张航不服提出上诉,深圳市中级人民法院二审维持了该判决。关于如何对 iPhone 苹果旧手机翻新行为进行

---

① 喻军、叶进:《连带使用中的不正当竞争行为及法律规制——兼对商标法立法缺失的思考》,载《求索》2007 年第 6 期。

② 祝建军:《"旧手机翻新行为"的商标法定性——iPhone 苹果商标案引发的思考》,载《知识产权》2012 年第 7 期。

商标法定性，曾引发广泛争议。要对旧手机翻新行为进行商标法定性，可以从"商标的质量保证功能"和"商标权用尽原则"的角度进行深入分析。

三、非商业性使用

正当使用和权利用尽属于对商标的商业性使用。这些商业性使用在符合一定条件的情况下属于商标侵权的抗辩事由。此外，商标或商标标志还可以被用于非商业性使用，即与商品或服务无关的使用，这类使用通常属于商标侵权之例外。

（一）新闻报道及评论

商标的非商业性使用主要发生在新闻报道及评论当中。新闻报道和新闻评论中提及商标是一种正当使用，一般不得视为对商标权的损害。新闻媒体在新闻报道和新闻评论中不可避免地提及某个商标，即使是对该商标商品的批评指责，只要基于事实进行客观报道和评论，商标所有人都不能以商标侵权为由阻止此种非商业性使用。如果媒体的报道严重失实，批评不当，构成新闻侵权的，商标所有人可依法维护自己的名誉权。

（二）滑稽模仿

滑稽模仿是对一部严肃作品荒唐可笑的模仿。在著作权领域，滑稽模仿可能被认为是演绎作品的一种。与一般演绎作品所不同的是，滑稽模仿借助于一个作品，通过对其片段、人物对话或者特定情节进行调侃或嘲弄，以达到幽默或讽刺的效果。正是由于滑稽模仿具有讽刺性，就出现了可能被指控侵犯著作权的问题。在一些国家，滑稽模仿被明文列入著作权的限制的范围内，条件是这类模仿不应是原作品的复制品、不应与原作品混淆并且不得损害其声誉，例如法国。[①]

对商标的使用一般不涉及滑稽模仿。但是当一个商标高度驰名而代表着某种社会时尚的时候，可能会成为模仿者模仿的对象或者批评讽刺的目标，这在国外已不乏其例，国内也已经出现这种现象。例如，在影视作品或者文艺表演中借用一个商标，对其进行诙谐可笑的演绎，从而达到喜剧效果。某部贺岁片中，剧中人物多次拿现实中的某些著名商标搞笑。"报喜鸟"被说成是"报丧鸟"，"娃哈哈"说成是"乐哈哈"。听到这样的字眼观众很容易将影片中的虚拟商标与现实生活中的某个商标相联系。这种情形就叫做商标滑稽模仿。在滑稽模仿中，喜剧效果的出现是由模仿和被模仿对象之间的强烈反差形成的。模仿所追求的喜剧效果是否能够实现，取决于被模仿对象的知名度，越是广为人知的，越是容易产生联想和共鸣。因此可以说，商标滑稽模仿主要与驰名商标有关。

从滑稽模仿的特征来看，意欲突出的是模仿对象与被模仿对象的不同，强调二者之间的区别。同时，模仿商标用于表达性使用而非商标意义上的使用，使用的领域也并非商品交易。这就决定了商标滑稽模仿一般不存在混淆的可能。

[深度阅读]

1. 冯晓青：《商标权的限制研究》，载《学海》2006年第4期。
2. 熊文聪：《商标合理使用：一个概念的检讨与澄清——以美国法的变迁为线索》，载

① 法国《知识产权法典》第L.122-5(4)条。

《法学家》2013年第5期。
3. 王莲峰:《商标先用权规则的法律适用——兼评新商标法第59条第3款》,载《法治研究》2014年第3期。
4. 崔国斌:《商标挟持与注册商标权的限制》,载《知识产权》2015年4期。
5. 杜颖:《指明商标权人的商标合理使用制度——以美国法为中心的比较分析》,载《法学论坛》2008年第5期
6. 郑华聪:《利益平衡下的未注册商标保护》,载《中华商标》2008年第10期。
7. 冯晓青:《商标权扩张及其利益平衡机制探讨》,载《思想战线》2006年第2期。

[法条导航]

1.《中华人民共和国商标法》第十三条,第十五条,第三十九条,第四十条,第五十六条,第五十七条

2.《中华人民共和国商标法实施条例》第三十三条

[思考题]

1. 试述商标权的概念。
2. 试述商标专用权的内容。
3. 简述注册商标的续展制度。
4. 商标权的限制有哪些情形?

第二十二章

商标权的无效与撤销

［内容提要］ 注册商标无效的裁决制度是商标法上的一项重要制度。通过本章学习，应重点掌握注册不当商标的表现形式及撤销程序、注册商标争议的条件及裁定的程序、注册商标无效的法律后果；了解不应注册但已经注册的商标的撤销程序。

［关键词］ 注册商标的无效　注册商标的撤销　法律后果

第一节　商标权无效和撤销的概念

商标权的无效，是指商标不具备注册条件但取得注册的，依法定程序使其商标权恢复到未产生的状态。依各国法例，注册无效的事由分为两种情况：一是欠缺显著性等绝对条件，也叫做因绝对理由无效；二是欠缺相对性条件，也叫做因相对理由无效。可见，商标无效是对商标权在形成之始即具有权利之瑕疵却没有被发现而设计的一种补正制度。出于行政成本和社会收益的衡量，法律不可能要求商标审查机关在核准注册审查时事无巨细、面面俱到，从而避免不当注册的出现。但是，基于公平、公正的价值理念，法律赋予利害关系人和行政机关事后的补正机制，即注册商标无效制度。由于商标权在权利形成之初即具有瑕疵，所以，一旦被宣告无效，注册商标自始无效，法律上称之为无效裁决效力的追溯力。

注册商标的撤销是指商标注册之后因违法使用或者不使用而导致商标权丧失。撤销制度更大程度上可以被定性为商标行政管理中的一种行政处罚行为。依我国《商标法》第 49 条的规定，注册商标不使用或者违反有关使用管理的规定，由商标局撤销该注册商标。可见，被撤销的注册商标本身是合法有效、不存在权利瑕疵的，但是因为商标所有人在使用过程中严重违反了商标使用的规定，被行政机关依法撤销。由于被撤销前注册商标是合法有效的，所以撤销行为的效力只能是针对未来，不具有溯及力。

商标权的无效和商标权的撤销在法律性质上是不同的，权利丧失的原因不同，失效程序的设置不同，失效的后果亦有所区别。在 2013 年《商标法修正案》通过之前，我国《商标法》未区分商标权无效和商标权撤销两种制度。2013 年修订后的《商标法》明确区分了商标权的无效和撤销。首先，《商标法》第 44 条[1]、第 45 条规定了商标无效的条件，即已经注册的商

---

① 将规制恶意注册关口前移，在第 33 条、第 44 条第 1 款中增加规定，将不以使用为目的的申请商标注册、商标代理机构违法申请或者接受委托申请商标注册一起纳入异议程序和无效宣告程序中，作为提出商标异议、宣告注册商标无效的事由。

标，违反本法第4条、第10条、第11条、第12条、第19条第4款规定的，或者是以欺骗手段或者其他不正当手段取得注册的，由商标局宣告该注册商标无效；其他单位或者个人可以请求商标评审委员会宣告该注册商标无效。已经注册的商标，违反本法第13条、第15条、第16条第1款、第30条、第31条、第32条规定的，自商标注册之日起5年内，在先权利人或者利害关系人可以请求商标评审委员会宣告该注册商标无效。对恶意注册的，驰名商标所有人不受5年的时间限制。其次，《商标法》第49条设定了商标权撤销的条件，商标注册人在使用注册商标的过程中，自行改变注册商标、注册人名义、地址或者其他事项的，由商标局责令限期改正；期满不改正的，由商标局撤销其注册商标。注册商标成为其指定商品的通用名称或者连续3年停止使用的，任何单位或者个人可以向商标局申请撤销该注册商标。

第二节 商标权的无效

已经注册的商标，违反我国《商标法》第13条、第15条、第16条第1款、第30条、第31条、第32条规定的，自商标注册之日起5年内，在先权利人或者利害关系人可以请求商标评审委员会宣告该注册商标无效。对恶意注册的，驰名商标所有人不受5年的时间限制。

一、商标权无效的事由

（一）欠缺绝对要件而无效

1. 违反禁止性规定

欠缺绝对条件，即违反商标构成的禁用条款，是导致注册无效的主要原因之一。商标标识包含了不得使用的文字、图形或其他标志，因而不具有合法性，这样的商标是不应当给予注册的。我国《商标法》第44条第1款规定，已经注册的商标，违反本法第4条、第10条、第11条、第12条、第19条第4款规定的，或者是以欺骗手段或者其他不正当手段取得注册的，由商标局宣告该注册商标无效；其他单位或者个人可以请求商标评审委员会宣告该注册商标无效。

我国《商标法》第10条列举了8项禁止作为商标使用和注册的标志，包括国家及国际组织的名称或标志，官方标志，有碍于公共秩序、带有不良影响的标志。禁用标志不得作为商标注册，这是商标注册的绝对要件。已注册的商标含有任何一项禁用标志的，其注册都应被宣告无效。

我国《商标法》第11条禁止将商品的通用名称、图形、型号和仅仅直接表示商品内在因素的标志作为商标注册。但这些标志不是绝对被禁止注册，当它们经过使用取得显著特征，便于识别时，可以作为商标注册。不过，由于申请注册时并不要求申请人提交商标使用的证明，此类申请有可能被驳回或者被提起异议，因而只有在后续的复审或异议审查程序中才对该标志是否已取得了显著特征进行认定。此类标志获得商标注册后，任何人可依据《商标法》第11条的规定请求该商标注册无效。

根据我国《商标法》第12条的规定，三维标志可以作为商标注册，但功能性三维标志，即仅仅是由商品自身性质产生的形状、为获得技术效果而需要的商品形状或者使商品具有实质性价值的形状，不得作为商标注册。如果上述三维标志已经被注册了，就存在被宣告无效的原因。

上述违反绝对要件的商标，由于审查人员认识水平的局限性或者技术上的原因而不当注册在所难免。商标权无效制度存在的理由正是为了使这些本不应当注册的商标经过法定程序归于消灭,从而保障商标注册的正当性、合法性。

2. 以不正当手段取得注册

以欺骗或者其他不正当手段取得注册的行为,主要表现为虚构、隐瞒事实真相或者伪造申请文件及有关文件进行注册的。例如,申请人伪造营业执照、涂改经营范围,伪造注册所需的其他证明文件等均属虚构、隐瞒事实真相。

3. 其他不正当注册的情形

在实践中还有其他一些不当注册的情形,商标评审委员会需要根据具体情况进行认定、评审。[①] 其中,转让不当的注册商标亦属注册不当商标。转让不当大致可以分为两种情形:一是转让过程中有不当行为,例如,转让人用药品、烟草制品注册商标的,受让人也必须具有合法的主体资格。受让人如未提供有效的证明文件,甚至其提供的卫生行政部门发给的证明文件或者国家烟草主管机关批准生产的证明文件已经失效或者伪造、涂改了有关证明文件而获准转让的注册商标,即属于转让注册不当。二是因转让可能产生误认、混淆或者不良影响的。按照规定,商标注册人对其在同一种或者类似商品或服务上注册的相同或近似商标,必须一并办理转让。如仅转让部分商标,有可能出现两个以上的商标权利人在相同或类似商品上使用相同或近似的商标的情况,从而造成消费者对商品来源发生混淆。

商标中含有地理标志的,易使人联想到产地。当处于异地的受让人取得该类商标之后,就会出现产地标识与商品真实来源地不符的情况,从而误导公众。此类商标的转让也可能产生转让不当的问题。另外,续展注册是对原注册商标权利的延续,一般说来不应当发生续展注册不当。但由于历史的原因,存在着极不规范的商标,在续展注册中亦可能因未予注销而出现续展注册不当的情形。

(二) 欠缺相对条件而无效

1. 损害他人在先权利

损害他人合法在先权利,是导致注册商标被宣告无效的重要原因。根据我国《商标法》第 32 条的规定,申请商标注册不得损害他人现有的在先权利,也不得以不正当手段抢先注册他人已经使用并有一定影响的商标。最高人民法院《关于审理商标授权确权行政案件若干问题的意见》对何谓在先权利进行了初步的界定:对于商标法已有特别规定的在先权利,按照商标法的特别规定予以保护;商标法虽无特别规定,但根据《民法通则》和其他法律的规定属于应予保护的合法权益的,应当根据该概括性规定给予保护。2017 年最高人民法院《关于审理商标授权确权行政案件若干问题的规定》第 18 条中规定,《商标法》第 32 条规定的在先权利,包括当事人在诉争商标申请日之前享有的民事权利或者其他应予保护的合法权益。因此,在先权利包括但不限于著作权、外观设计专利权、商号权、原产地名称权,以及姓名权、肖像权等其他私法中规定的权益。

(1) 著作权。著作权的客体为作品,其中可作为商标注册的可视性标志主要是绘画、书法、摄影作品。从权利产生的方式看,著作权自作品创作完成之日起产生,而商标权须经注册而取得。这就决定了在同一对象物上,著作权往往先于商标权产生,成为"在先权利"。如果他人创作的作品仍处于著作权保护期内,商标申请人未经许可即将该对象作为商标注册,

① 此处参阅了国家工商行政管理总局商标评审委员会编著:《商标评审指南》,工商出版社 1996 年版,第 35 页相关内容。

就可能会侵犯在先著作权。

(2) 外观设计专利权。外观设计专利权的客体是指在中国取得外观设计专利保护的色彩、形状、图案或者其组合。外观设计本身可以成为著作权保护的作品,当其与产品相结合,成为装饰美化产品的外观并能够在工业上制造时,又可成为专利保护的对象。外观设计由于其自身性质所决定,可能和注册商标互为在先权利,如果将他人外观设计中的图案、形状或三维标志作为商标申请注册,就可能损害他人的专利权。

(3) 肖像权、姓名权。自然人对于自己的姓名、肖像享有专属性权利,禁止他人未经许可而使用。若想用人名、肖像作为商标注册,须获得本人的书面认可。如果未获得本人的书面授权而将其姓名、肖像作为商标注册,属于侵害姓名权、肖像权的行为,并构成商标注册不当。应当注意的是,姓名和肖像的功能均在于标记和表彰人格,所不同的是肖像直接反映自然人的形象,与个人的生活信息乃至隐私有着密切关系。而姓名作为标示自然人的文字符号,是自由择定的结果,与所标示的人的自然状况并无直接联系。又因为用作姓名的文字多为常用字,故重名现象十分普遍。因而以姓名作为商标注册应当着重考虑姓名本身的独创性和本人的社会影响,那些重名率高的姓名、具有其他含义的姓名以及普通人的姓名,即使未得到本人许可而作为商标注册,也很难被认定为侵害姓名权。

迈克尔·乔丹与国家工商行政管理总局商标评审委员会商标争议行政纠纷再审案[①]

2012年10月31日,美国篮球明星迈克尔·乔丹向商标评审委员会提出撤销申请,请求撤销乔丹公司的第6020569号“乔丹”商标(以下简称“争议商标”)。争议商标核定使用在国际分类第28类的“体育活动器械、游泳池(娱乐用)、旱冰鞋、圣诞树装饰品(灯饰和糖果除外)”商品上,于2007年4月26日申请注册,专用权期限自2012年3月28日至2022年3月27日。2014年4月14日,商标评审委员会作出商评字〔2014〕第052058号关于第6020569号“乔丹”商标争议裁定(以下简称“被诉裁定”),裁定维持争议商标。迈克尔·乔丹不服被诉裁定,向北京市第一中级人民法院(以下简称“一审法院”)提起行政诉讼,请求撤销被诉裁定。一审法院认为,争议商标为“乔丹”。“乔丹”为美国人的姓氏,本案证据尚不足以证明单独的“乔丹”明确指向迈克尔·乔丹。而且,争议商标指定使用的“体育活动器械”等商品与迈克尔·乔丹具有影响力的篮球运动领域差别较大,相关公众不易将使用在“体育活动器械”等商品上的争议商标与迈克尔·乔丹相联系。现有证据亦不足以证明争议商标的注册与使用不当利用了迈克尔·乔丹的知名度,或可能对迈克尔·乔丹的姓名权造成其他影响。因此,本案证据尚不足以证明争议商标的注册损害了迈克尔·乔丹的姓名权。乔丹公司对争议商标已进行了长期、广泛的宣传、使用,获得了较高的市场声誉,这一事实与迈克尔·乔丹及耐克公司从事的商业活动并存市场已长达近二十年。通过各自较大规模的宣传、使用,双方已分别形成了各自的消费群体和市场认知,以及较为稳定的竞争秩序,故争议商标不应

① 最高人民法院(2016)最高法行再27号判决书。

被撤销。综上，一审法院判决：维持被诉裁定。

迈克尔·乔丹不服一审判决，向北京市高级人民法院（以下简称"二审法院"）提起上诉，请求撤销一审判决，依法改判撤销被诉裁定。二审法院认为，如果有关标志的注册仅损害特定民事权益，由于商标法已经另行规定了救济方式和相应程序，不宜认定其属于《商标法》第10条第1款第8项规定的"有其他不良影响"的情形。本案中，争议商标标志本身并不具有"有害于社会主义道德风尚或其他不良影响"的因素，商标评审委员会认定争议商标不属于"有害于社会主义道德风尚或者有其他不良影响的标志"并无不当。争议商标的使用是否会造成相关公众的混淆误认，不属于《商标法》第10条第1款第8项规定调整的范围。本案证据不足以证明争议商标系以欺骗手段或者其他不正当手段取得注册。争议商标的使用是否会造成相关公众的混淆误认，亦不属于《商标法》第41条第1款规定调整的范围。二审法院判决：驳回上诉，维持原判。

迈克尔·乔丹不服二审判决，以二审判决认定事实和适用法律均有错误，且遗漏其有关《商标法》第31条的上诉理由为由，向最高人民法院申请再审。最高人民法院经过再审认为，《商标法》第31条规定的"在先权利"包括他人在争议商标申请日之前已经享有的姓名权。再审申请人对争议商标标志"乔丹"享有在先的姓名权。乔丹公司明知再审申请人在我国具有长期、广泛的知名度，仍然使用"乔丹"申请注册争议商标，容易导致相关公众误认为标记有争议商标的商品与再审申请人存在代言、许可等特定联系，损害了迈克尔·乔丹的在先姓名权。乔丹公司对于争议商标的注册具有明显的主观恶意。乔丹公司的经营状况，以及乔丹公司对其企业名称、有关商标的宣传、使用、获奖、被保护等情况，均不足以使得争议商标的注册具有合法性。因此，争议商标的注册违反《商标法》第31条的规定，依照《商标法》第41条第2款的规定应予撤销，应由商标评审委员会就争议商标重新作出裁定。关于争议商标的注册是否属于《商标法》第10条第1款第8项规定的"有害于社会主义道德风尚或者有其他不良影响"的情形，争议商标标志不存在可能对我国政治、经济、文化、宗教、民族等社会公共利益和公共秩序产生消极、负面影响的情形。关于争议商标的注册是否属于《商标法》第41条第1款规定的"以欺骗手段或者其他不正当手段取得注册"的情形，争议商标的注册不属于扰乱商标注册秩序、损害公共利益、不正当占用公共资源，或者以其他方式谋取不正当利益的行为，不属于《商标法》第41条第1款所规定的"其他不正当手段"。再审申请人亦未提供证据证明争议商标的注册系以欺骗手段或者其他不正当手段取得注册。综上所述，最高人民法院判决：一、撤销北京市第一中级人民法院（2014）一中行（知）初字第9163号行政判决；二、撤销北京市高级人民法院（2015）高行（知）终字第1915号行政判决；三、撤销国家工商行政管理总局商标评审委员会商评字〔2014〕第052058号关于第6020569号"乔丹"商标争议裁定；四、国家工商行政管理总局商标评审委员会对第6020569号"乔丹"商标重新作出裁定。

（4）商号权。商标中的文字和企业名称中的字号相同或者近似，使他人对市场主体及其商品或者服务来源产生混淆，从而构成不正当竞争的，应当依法予以禁止。所谓混淆是指将与他人企业名称中的字号相同或近似的文字注册为商标，引起相关公众对企业名称所有人与商标注册人的误认或误解。处理商标与企业名称的混淆，应当遵循维护公平竞争和保护在先合法权利人利益的原则。受保护的商号一般应当是有独创性并为公众熟知的厂商字号，若是普通的字号就难以对抗注册商标。

背景材料

“稻香村”撕“稻香金牌”？南北稻香村商标案掐架3年，要共存？[①]

苏州稻香村（南稻香村）和北京稻香村（北稻香村）商标之争由来已久，从2018年北稻香村被判停止使用“稻香村”标识开始，南北稻香村的商标战波澜不断。

“稻香金牌”商标引争议？

据中国商标网数据，2011年南稻香村提交第10008724号商标申请，指定使用在糕点；甜食；月饼；粽子等第30类商品上。“稻香金牌”商标（以下称诉争商标）已获注册，商标专用权至2023年1月20日。2017年，北稻香村对“稻香金牌”商标提出无效宣告请求申请。2018年，商标评审委员会认定：“稻香金牌”商标与北稻香村所拥有的“稻香村”（引证商标）在文字构成、呼叫等方面构成近似，裁定“稻香金牌”商标无效。南稻香村不服，起诉至北京知识产权法院。

“稻香金牌”遇“稻香村”，商标近似？

北京知识产权法院经审理认为：诉争商标为中文“稻香金牌”，北京稻香村公司相关引证商标——中文艺术体“稻香村”、中文行楷“北稻香”、中文艺术体“北京稻香村”。诉争商标与引证商标在文字构成、字体、呼叫、含义及整体视觉效果上存在区别，消费者不易将三者混淆，故不构成近似商标。

北京知识产权法院判决：“稻香金牌”商标可以与“稻香村”商标共存。

北京知识产权法院一审判决，撤销商标评审委员会此前裁定，由国家知识产权局重新作出裁定。

“稻香金牌”商标3年法庭“对峙”，有果？

国家知识产权局不服一审判决，向北京市高级人民法院提起上诉。国家知识产权局诉称：诉争商标与引证商标构成使用在同一种或类似商品上的近似商标。苏州稻香村公司提供的证据不足以证明诉争商标具有可与引证商标相区分的显著性。

北京市高院经审理裁定：诉争商标与引证商标相比，虽均为文字商标且均含有“稻香”二字，但考虑到苏州稻香村公司和北京稻香村公司各自的历史沿革及申请注册相关商标的情况，“稻香村”更为相关公众所熟悉和认知。故在诉争商标标志“稻香金牌”与各引证商标标志“稻香村”“北稻香”“北京稻香村”在整体外观及整体含义上存有区别的情况下，相关公众对诉争商标标志和各引证商标标志可以予以区分。

北京市高院判决：“稻香金牌”不构成与“稻香村”近似商标。

这场历时三年的商标案迎来结局。虽南北稻香村商标纠纷不断，但双方也有多方面合作，南稻香村在糕点上的“稻香村”商标就曾授权许可北稻香村使用。

真正的大企业的竞争就应该是君子之争，合作共赢共同打造品牌！

纵观近年来各大品牌之间的商标战，是一场场知识产权的法律纠纷，更是一次次国民知

---

① 《“稻香村”撕“稻香金牌”？南北稻香村商标案掐架3年，要共存？》，https://baijiahao.baidu.com/s?id=1675252235917008733&wfr=spider&for=pc，访问日期：2021-10-25。

识产权保护意识的觉醒。商标对于企业而言,不仅仅只是面临法律纠纷时的维权武器,更是企业发展壮大的"敲门砖"。市场竞争日益激烈,希望企业在拥有核心竞争力的同时也要注重商标布局,做到未雨绸缪,百战不殆!

(5) 注册商标专用权。后注册商标与他人在先注册的商标相同或者近似,属于两个商标权之间的冲突,根据保护在先权利的原则,在先的商标注册人可以请求撤销后注册的商标。

2. 侵犯他人合法权益

驰名商标或者有一定影响的未注册商标、地理标志等,在一定条件下可构成商标法保护的正当权益。

(1) 未注册的驰名商标。就相同或类似商品申请注册的商标是复制、摹仿、翻译他人驰名商标的,该驰名商标所有人可请求宣告抢注无效。复制是指与驰名商标完全相同或者基本相同,摹仿是指与驰名商标主体部分相同或基本相同,翻译是指与驰名商标语言文字不同但含义相同。驰名商标所有人或者利害关系人认为已经注册的商标属于抢注其驰名商标的,可以向商标评审委员会提出注册无效的请求,提出请求时,应当提交其商标构成驰名商标的证据材料。保护驰名商标是《巴黎公约》成员国应尽义务,我国《商标法》第13条规定的对驰名商标的保护主要体现在排除他人注册和使用,其中,未注册的驰名商标禁止他人注册和使用的范围限于相同或类似商品(服务),已注册的驰名商标的禁止权扩大到不相同或者不类似商品上。

(2) 有一定影响的未注册商标。有一些商标虽未达到驰名商标的程度,但其标志特征显著,且有一定使用历史和市场销售范围,为相关消费者所熟悉和认可。这样的未注册商标也可能成为某些人抢注的目标。但对这类商标的保护过去缺少相应的法律规定,导致一些不公平竞争行为发生。我国2001年修改以后的《商标法》较好地解决了这个问题。我国现行《商标法》第32条规定,申请注册商标不得以不正当手段抢先注册他人已经使用并有一定影响的商标。未注册商标受保护需满足两个条件:一是商标自身已具有一定影响,二是抢注行为是出于不正当竞争之目的。应当注意的是,由于文字商标习惯于选用吉祥祝福词语,图形图案偏爱于风景名胜、亭台楼阁,因而造成许多近似、雷同的商标。对这种情况很难说谁抄袭、模仿谁的,也并非都是恶意抢注,不能简单凭一个商标"已经使用"就撤销另一个的注册,应当分析抢注的具体情况,从制止违反诚实信用的行为这一基本准则出发,对具有一定市场声誉的未注册商标给予适度保护。这样才能在不动摇注册原则的基础上促进商标的合法使用,维护正常的公平竞争秩序。

(3) 未经授权,代理人或者代表人以自己的名义将被代理人或者被代表人的商标进行注册。代理人基于和被代理人即商标所有人之间存在的贸易关系,如产品加工定作关系、产品销售代理关系,而享有使用商标的权利。在没有授权的情况下,代理人以自己的名义将被代理人的商标进行注册,是一种严重违反商业道德的行为,也必然损害被代理人的利益。商标代表人,是指代表本企业办理商标注册和其他商标事务的人。在代表本企业办理有关事宜时,代表人应忠实履行职责,不能将企业交办注册的商标据为己有,注册在自己名下。对代理人和代表人的抢注行为,如果被代理人、被代表人未提出异议,商标局可予以注册;如提出异议,商标局应不予注册并禁止使用;如已取得注册的,被代理人或被代表人可以请求撤销该不当注册。需要注意的是，根据最高人民法院《关于审理商标授权确权行政案件若干问题的规定》第 15 条的规定，代理人与代表人应作广义上的解释，商标代理人、代表人或者经销、代理等销售代理关系意义上的代理人、代表人未经授权，以自己的名义将与被代理人或者被代表人的商标相同或者近似的商标在相同或者类似商品上申请注册的，人民法院适用《商标法》第 15 条第 1 款的规定进行审理。在为建立代理或者代表关系的磋商阶段，前款规定的代理人或者代表人将被代理人或者被代表人的商标申请注册的，人民法院适用《商标法》第 15 条第 1 款的规定进行审理。商标申请人与代理人或者代表人之间存在亲属关系等特定身份关系的，可以推定其商标注册行为系与该代理人或者代表人恶意串通，人民法院适用《商标法》第 15 条第 1 款的规定进行审理。审判实践中，有些抢注行为发生在代理、代表关系尚在磋商的阶段，即抢注在先，代理、代表关系形成在后，此时应将其视为代理人、代表人的抢注行为。与上述代理人或者代表人有串通合谋抢注行为的商标注册申请人，可以视其为代理人或者代表人。对于串通合谋抢注行为，可以视情况根据商标注册申请人与上述代理人或者代表人之间的特定身份关系等进行推定。

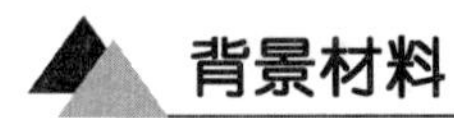

背景材料

最高法：商标申请人与代理人系亲属或视为恶意串通[①]

中新网北京 1 月 11 日电(张尼 汤琪) 2017 年 1 月 11 日上午，最高人民法院在北京举行新闻发布会，发布《关于审理商标授权确权行政案件若干问题的规定》相关内容并回答记者提问。《关于审理商标授权确权行政案件若干问题的规定》对于如何判定商标申请人与代理人或者代表人之间是否存在恶意串通等问题予以明确。商标授权确权行政案件，是指当事人不服国家工商行政管理总局商标评审委员会作出的商标驳回复审、商标不予注册复审、商标撤销复审、商标无效宣告及无效宣告复审等行政行为而向人民法院提起的行政诉讼。近年来，商标授权确权案件数量增长迅速，近两年来增幅尤为迅猛。此类案件不仅数量大，而且社会关注度高。这其中，恶意抢注商标行为频频发生。今日发布的司法解释第 15 条对此明确：商标申请人与代理人或者代表人之间存在亲属关系等特定身份关系的，可以推定其商标注册行为系与该代理人或者代表人恶意串通，人民法院适用《商标法》第 15 条第 1 款的规定进行审理。中新网记者查阅发现，《商标法》第 15 条第 1 款规定：未经授权，代理人或者代表人以自己的名义将被代理人或者被代表人的商标进行注册，被代理人或者被代表人提出异议的，不予注册并禁止使用。最高人民法院民三庭庭长宋晓明分析称，将与代理人或者代表人恶意串通的商标申请人，视为代理人或者代表人，旨在充分发挥该条款制止抢注的功能。宋晓明还强调，在对商标法具体条文的适用上，《规定》充分体现了保护诚实经营、遏制恶意抢注商标的一贯司法导向。今日公布的这则司法解释将从 2017 年 3 月 1 日起施行。

---

① 张尼、汤琪：《最高法：商标申请人与代理人系亲属或视为恶意串通》，http://www.china.com.cn/shehui/2017-01/11/content_40080656.htm，访问日期：2017-12-27。

D·A润滑油有限公司等诉商标评审委员会商标权无效宣告请求行政纠纷案[①]

争议商标为第5146118号DA及图商标,申请注册人是孙睿,核准日期为2009年6月7日。D·A公司于2013年8月19日向商标评审委员会针对争议商标提出无效宣告申请。商标评审委员会作出商评字[2014]第108728号《关于第5146118号DA及图商标无效宣告请求裁定书》(简称被诉裁定),对争议商标予以维持。D·A公司不服被诉裁定,向北京知识产权法院提起行政诉讼。D·A公司主张其提交的在案证据足以证明孙睿与D·A公司之间存在商业上的代理关系,争议商标的注册和使用属于擅自注册被代理人或被代表人商标的情形。法院认为,2001年《商标法》第15条规定:未经授权,代理人或者代表人以自己的名义将被代理人或者被代表人的商标进行注册,被代理人或者被代表人提出异议的,不予注册并禁止使用。D·A公司主张本案争议商标的注册和使用属于擅自注册被代理人商标的情形,其首先应举证证明争议商标的注册申请人孙睿与其存在商业上的代理关系。根据查明的事实,孙睿与D·A公司之间不存在直接的代理关系。D·A公司主张其现有证据能够依次证明D·A公司、广州大牌公司、罗湘琼、深圳大牌公司以及孙睿之间的相互关系,由此可以推定孙睿与其存在代理关系。但从现有证据来看,D·A公司用以证明其与广州大牌公司之间代理关系的主要证据系复印件,该证据的证明效力难以确认,虽然D·A公司在二审诉讼中补充了相关证人证言,用以证明出货单的真实性,但证人与其存在一定利害关系,且该出货单上被D·A公司称为alanluo的签名无法辨认,在交易双方均为中国境内企业法人之间的贸易中使用英文签名亦与常理不符,故依据上述证据不足以认定D·A公司与广州大牌公司之间存在代理关系以及罗湘琼曾经在广州大牌公司任职的事实。同时,依据现有证据,亦无法认定广州大牌公司与深圳大牌公司、广州大牌公司与孙睿之间存在特定关系,不能推定出孙睿与广州大牌公司存在串通合谋抢注行为。综上所述,一审法院判决驳回D·A公司的诉讼请求,二审法院判决驳回D·A公司的上诉,维持原判。

(4) 明知他人在先使用的商标存在,仍然就同一种或类似商品申请注册的商标。根据2013年修正的《商标法》在第15条中新增加的一款,就同一种商品或者类似商品申请注册的商标与他人在先使用的商标相同或者近似,申请人与他人具有前款规定以外的合同、业务往来关系或者其他关系而明知该他人商标存在,该他人提出异议的,不予注册。

(5) 地理标志。地理标志是指标示某商品来源于某地区,该商品的特定质量、信誉或者其他特征,主要由该地区的自然因素或者人文因素所决定的标志。地理标志可以作为对抗商标注册的在先权利。依照我国《商标法》第3条、第16条之规定,地理标志可以作为证明商标或集体商标注册,申请地理标志商标注册的团体、协会或者组织应当由来自该地理标志标示的地区范围内的成员组成。注册后,凡符合该证明商标或集体商标使用条件的人都可以使用该商标。上述法律规定明确了地理标志在商标法上的地位,以及注册人的资格。地理标志如果被不适格主体申请注册,将直接损害产地的声誉和当地经营者的利益,而且会给

---

① 北京市高级人民法院(2016)京行终2638号判决书。

消费者利益造成影响,因此对已经注册的虚假地理标志利害关系人有权提出注册无效的请求。

解决权利冲突所遵循的原则是尊重在先合法权利,维护诚实使用原则,制止不正当竞争。应当说明的是,虽然商标注册应具备相对要件,但在商标权取得程序中审查机关一般只对申请案的商标是否与在先商标存在权利冲突进行审查,而对于是否存在其他在先权利并不主动审查。因此,已注册商标与在先的著作权、姓名权、肖像权、外观设计专利权存在的权利冲突,由权利人通过异议、无效宣告或民事诉讼等法律程序自己主张。在商标评审中,与"在先权利"或在先利益相冲突是商标权无效的最有力的事实依据。

二、商标权无效的程序

(一)无效程序的启动

1. 申请人

因绝对条件提出的无效请求,任何人都可以作为申请人。商标局也可依照职权主动宣告不当注册的商标无效。对商标局作出的宣告注册商标无效的决定,当事人不服的,可以在收到决定通知之日起 15 日内向商标评审委员会申请复审。因相对条件提出无效请求的,申请人应为在先权利人或者利害关系人。凡当事人提出注册无效请求的,均由商标评审委员会进行评审裁定。但申请人对核准注册前已经提出异议并经裁定的商标,不得再以相同的事实或者理由申请裁定。

2. 时限

依据我国《商标法》第 44 条、第 45 条的规定,因绝对要件提出宣告无效请求的,没有时间限制。因相对条件即损害他人已有的在先权利或者合法权益的不当注册,提出无效请求的期限限于自该商标核准注册之日起 5 年内。注册满 5 年之后该注册商标即具有不可争议的法律效力。但是,对恶意注册的,驰名商标所有人不受 5 年期限的限制,任何时候发现商标不当注册构成对驰名商标的侵害,都可以提出宣告无效请求。抢注者的主观恶意由商标主管机关认定。恶意的构成首先应考虑的是,注册人在注册时是否已经知道或者理应知道该驰名商标的存在。被抢注的商标是否为驰名商标,应由无效宣告请求人提供证据加以证明。

3. 申请的途径

无效程序可以直接请求商标评审委员会裁定,也可以在侵权诉讼中提出无效抗辩启动商标评审程序。在商标侵权诉讼中,一旦被控侵权人对商标权的效力提出质疑,法院可以中止侵权诉讼,由商标行政机关对商标权的效力作出裁定后再决定商标侵权诉讼是否继续进行。这和专利权无效的程序并无不同之处,只不过商标权无效抗辩在实践中不及专利权无效抗辩那么多见。在商标侵权诉讼中由被告提出商标权无效抗辩的典型的案例是"PDA"商标案。该案的结果为:商标评审委员会支持了申请人(被告)的请求,撤销"PDA"商标的注册。法院也因此驳回了原告的诉讼请求。[①]

---

① "PDA"商标的注册人为石家庄福兰德公司,该商标核定使用的商品范围为第九类计算机和数据处理装置。在原告准备将"PDA"注册为域名时,发现被告已在先注册了"pda.com.cn"域名。原告以商标侵权、不正当竞争为由起诉,被告抗辩的理由之一是原告的注册商标为电子记事簿产品的通用名称,不应获得注册。被告向商标评审委员会申请宣告 PDA 商标注册无效,法院中止了该案件的审理。最后"PDA"商标被撤销注册,商标侵权案件也被法院驳回。

(二) 无效宣告裁定及其司法审查

1. 无效宣告裁定的性质

无效宣告的请求由商标评审委员会评审,作出维持或者宣告注册商标无效的裁定。商标评审按照商标评审规则,以书面形式进行,实行合议制和少数服从多数的原则。商标评审委员会的决定在行政程序上是终局的。

商标评审委员会是行政执法机构,担负着商标权无效宣告审查、商标确权复审以及商标撤销复审等职能。从程序上看,商标评审工作是商标局商标注册审查、异议审查、商标撤销等程序的行政后续程序。从法律性质看,商标评审委员会的无效宣告决定属于具有司法性质的行政裁决。行政裁决是一种兼有行政性和司法性的行为,裁决的对象是与行政职责有关的处于平等地位的双方当事人之间的民事权益纠纷,如商标权属纠纷、商标确权纠纷等。行政裁决是行政机关以第三人身份主持裁处民事争议的活动,裁决的结果直接对当事人之间的民事权利进行分配。本来民事主体之间的民事权益之争属于司法裁判的范围,由法律将部分属司法机关管辖的事项授权行政机关处理,是为了保证迅速有效地处理专业性、技术性较强的管理事务,但并不因此而改变争议事项的民事纠纷性质。商标评审委员会对商标权无效请求的裁定属于行政裁决,评审的对象是双方当事人之间因注册商标专用权而产生的民事权益之争,商标评审委员会作为裁决者,其地位相当于行政司法机构。

2. 无效宣告裁定的司法审查

司法审查是指依当事人请求,由人民法院对行政机关作出的行政裁决进行合法性审查的行政诉讼活动。为了保证当事人的民事权利得到公正对待,商标法设置了司法审查制度,从程序上保证实体公正。我国《商标法》第 44 条第 2 款、第 3 款规定:“商标局做出宣告注册商标无效的决定,应当书面通知当事人。当事人对商标局的决定不服的,可以自收到通知之日起十五日内向商标评审委员会申请复审。商标评审委员会应当自收到申请之日起九个月内做出决定,并书面通知当事人。有特殊情况需要延长的,经国务院工商行政管理部门批准,可以延长三个月。当事人对商标评审委员会的决定不服的,可以自收到通知之日起三十日内向人民法院起诉。其他单位或者个人请求商标评审委员会宣告注册商标无效的,商标评审委员会收到申请后,应当书面通知有关当事人,并限期提出答辩。商标评审委员会应当自收到申请之日起九个月内做出维持注册商标或者宣告注册商标无效的裁定,并书面通知当事人。有特殊情况需要延长的,经国务院工商行政管理部门批准,可以延长三个月。当事人对商标评审委员会的裁定不服的,可以自收到通知之日起三十日内向人民法院起诉。人民法院应当通知商标裁定程序的对方当事人作为第三人参加诉讼。”司法审查的意义不仅是使我国《商标法》更符合《TRIPS 协议》关于“对于行政的终局决定,程序当事人应有机会提交司法当局复审”的要求,更重要的是使以司法救济为中心的私权救济制度得到进一步的完善。

浙江"好声音"相关的26个商标被判决无效[①]

新浪娱乐讯 自2016年开始,关于"中国好声音"的版权问题,荷兰Talpa公司、浙江唐德影视和灿星制作一直争执不下。继2月27日香港国际仲裁中心仲裁庭将"中国好声音"的中文知识版权归于原版权方荷兰Talpa公司,唐德影视获得使用权之后,今日,关于"中国好声音"的商标权出现新判决。国家工商行政管理总局商标评审委员会判定,浙江卫视[微博]关联公司浙江蓝巨星国际传媒有限公司注册26个跟"好声音"有关的商标无效。据裁定书可见,早在灿星版"中国好声音"第一季大火之后,浙江卫视注册中文"好声音"三个字的商标,其关联公司蓝巨星国际传媒有限公司陆续注册"蓝巨星好声音"等26个跟"好声音"有关的商标。但是根据合约可见,制作公司和播出平台等机构如需申请商标应当获得Talpa的授权,即浙江卫视与蓝巨星传媒无法自己注册商标。今日,浙江卫视与蓝巨星国际传媒有限公司一并被判为违约。国家工商行政管理总局商标评审委员会宣告包括"蓝巨星好声音"等在内的26个商标无效。最新的裁定书中显示,蓝巨星注册商标的行为并未获得荷兰Talpa公司的许可,明显违反约定,被指为"具有进行不正当竞争和牟取非法利益的目的,违反了诚实信用原则,有害于公序良俗"。

第三节 注册商标的撤销

一、注册商标撤销的事由

（一）因违法使用而撤销

根据我国《商标法》第49条第1款的规定,商标注册人在使用注册商标的过程中,自行改变注册商标、注册人名义、地址或者其他事项的,由地方工商行政管理部门责令限期改正;期满不改正的,由商标局撤销其注册商标。

在我国,商标专用权依注册取得,注册公示制度不仅仅为商标所有人表征其权利所必要,更是第三人识别商标专用权主体和内容范围的制度保障。如果在商标的使用过程中,违背登记、注册等公示制度的要求,就会严重损害注册商标的公信力,甚至可能造成消费者误认混淆。为此,我国《商标法》在相关条文中严格限制商标所有人未经公示私自改变注册商标标识、权利主体的行为,并将违反这些禁止性规定的行为作为注册商标撤销的事由。

（二）因无使用而撤销

商标权人对注册商标享有专有使用权和禁止他人非法使用的权利,但是,如果商标权人自己将注册商标长期搁置不用,则不仅使法律授予的权利虚置,商标的价值无从实现,而且阻碍了他人的使用,影响正常的市场竞争。因而,我国《商标法》第49条第2款规定:注册商标成为其核定使用的商品的通用名称或者没有正当理由连续3年不使用的,任何单位或者

---

① 宸安:《浙江"好声音"相关的26个商标被判决无效》,http://ent.sina.com.cn/music/zy/2017-03-03/doc-ifycaafm5028083.shtml,访问日期:2017-12-27。

个人可以向商标局申请撤销该注册商标。作为2013年修正的条款,《商标法》对不同行为区别设定了不同的撤销主体。首先,针对自行改变注册商标、注册人名义、地址或者其他注册事项的行为,认定商标局在限期内不改正的情况下有撤销权。其次,针对注册商标成为其指定商品的通用名称或者连续3年不使用的行为,则认定任何单位或者个人可以向商标局申请撤销该注册商标。

值得指出的是,为了平衡注册商标所有人的利益,2013年修正的《商标法》在第48条界定了何谓"商标的使用",即指将商标用于商品、商品包装或者容器以及商品交易文书上,或者将商标用于广告宣传、展览以及其他商业活动中,用于识别商品来源的行为。可以认为,商标的使用在此采取了广义的解释,使用既包括将商标用于商品、商品包装或者容器以及商品交易文书上,也包括将商标用于广告宣传、展览等商业活动中。但是,仅仅发布商标注册信息,不能视为商标在商业活动中的使用。最高人民法院《关于审理商标授权确权行政案件若干问题的规定》第26条即规定,商标权人自行使用、他人经许可使用以及其他不违背商标权人意志的使用,均可认定为《商标法》第49条第2款所称的使用。实际使用的商标标志与核准注册的商标标志有细微差别,但未改变其显著特征的,可以视为注册商标的使用。没有实际使用注册商标,仅有转让或者许可行为;或者仅是公布商标注册信息、声明享有注册商标专用权的,不认定为商标使用。商标权人有真实使用商标的意图,并且有实际使用的必要准备,但因其他客观原因尚未实际使用注册商标的,人民法院可以认定其有正当理由。

二、商标撤销的程序

(一)商标局依职权撤销

我国2013年修订后的《商标法》,将《商标法实施条例》中商标局依照职权撤销商标的规定纳入到了商标法中,有《商标法》第49条第1款行为之一的,由工商行政管理部门责令商标注册人限期改正;拒不改正的,报请商标局撤销其注册商标。对于连续3年不使用的商标,任何人可以向商标局申请撤销该注册商标,并说明有关情况。商标局应当通知商标注册人,限其自收到通知之日起2个月内提交该商标在撤销申请提出前使用的证据材料或者说明不使用的正当理由,正当理由包括:不可抗力、因国家政策限制停止使用、因破产清算停止使用和其他无法使用等情形;期满不提供使用的证据材料或者证据材料无效并且没有正当理由的,由商标局撤销其注册商标。

(二)商标评审及其司法审查

我国《商标法》第54条规定:对商标局撤销或者不予撤销注册商标的决定,当事人不服的,可以自收到通知之日起15日内向商标评审委员会申请复审,由商标评审委员会作出决定,并书面通知申请人。本着司法最终救济的原则,我国《商标法》在行政救济穷尽之后设置了司法审查程序,《商标法》第54条规定:当事人对商标评审委员会的决定不服的,可以自收到通知之日起30日内向人民法院起诉。

第四节　商标权无效和商标撤销的后果

一、商标权无效的后果

被依法宣告无效的不当注册商标,其商标权视为自始即不存在,自商标注册之日起就无效。与商标使用管理中的可撤销注册不同,注册无效的商标权从一开始就带有缺陷,因此宣告无效的决定具有溯及力,使不当注册恢复到原有状态,即商标权自始不存在。

注册无效具有溯及力这一原则也有某些例外。对于在宣告注册商标无效的决定或者裁定作出之前,人民法院作出并已执行的商标侵权案件的判决、裁定,工商行政管理机关作出并已执行的商标侵权案件的处理决定,以及已经履行的商标转让或者许可合同,不具有溯及力。但是,因商标注册人的恶意给他人造成损失的,应当予以赔偿。

二、商标撤销的后果

可撤销的注册不是因为商标权存在瑕疵,而是在后来的商标使用中具有违法行为。因此,撤销注册的效力不能追溯到注册之时,只能及于后来缺陷产生之时。我国《商标法》第55条第2款规定,被撤销的注册商标,由商标局予以公告,该注册商标专用权自公告之日起终止。

[深度阅读]

1. 崔立红:《商标无效宣告制度比较研究》,载《知识产权》2014年第7期。
2. 曹博:《商标注册无效制度的体系化研究》,载《知识产权》2015年第4期。
3. 陈明涛:《商标连续不使用撤销制度中的"商标使用"分析》,载《法商研究》2013年第1期。
4. 黄汇:《商标撤销制度中"使用"界定基本范畴研究——运用比较研究、逻辑推理和实证分析的方法》,载《知识产权》2013年第6期。

[法条导航]

1.《中华人民共和国商标法》第四十四条至第四十七条,第五十四条
2.《中华人民共和国商标法实施条例》第六十六条至第六十八条
3. 最高人民法院《关于审理商标授权确权行政案件若干问题的规定》

[思考题]

1. 注册不当的商标有哪些表现形式?
2. 简述注册商标的争议及其条件。
3. 已注册的不应注册的商标的表现形式有哪些?
4. 注册商标无效会导致什么法律后果?

第二十三章

商标权的利用

［内容提要］　商标权的利用是商标法中的一项重要制度，也是商标权的私权属性的体现之一。通过对本章的学习，应重点掌握商标权的使用、许可和转让的法律规定，领会我国商标权投资和质押的相关要求。

［关键词］　商标使用　商标许可　商标转让　商标权质押

第一节　注册商标的使用

一、商标使用的含义及其意义

商标的使用是指将商标用于商品、商品包装或者容器以及商品交易文书上，或者为了商业目的将商标用于广告宣传、展览以及其他商业活动中，用于识别商品或服务来源的行为。

商标使用的方式很多，既包括商标直接附着于商品、商品包装或者容器上的使用，即直接使用，也包括商标在商业广告、产品说明书等其他商业文件中的使用，即间接使用。对服务商标来说，在服务场所、服务招牌、服务工具和为提供服务所使用的其他物品上使用商标，均视为使用。商标使用既可以是注册商标人的自行使用，也可以是第三人被许可使用。上述任何一种使用方式都可满足商标法对使用的要求，注册商标也就不会因无使用而被撤销了。

商标保护制度的宗旨决定了在商业活动中使用商标使其发挥应有的经济功能，是对商标提供保护的根本理由。无论对经营者还是消费者，实际使用的商标才有价值，离开了实际使用，商标注册失去意义，也没有给予法律保护的必要。“使用”对商标保护具有的影响，首先体现在商标权的维系方面。在实行“注册原则”的国家，虽然并不要求申请注册时提交使用证明，但却无例外地要求注册后的使用。各国商标法一般都规定了如无正当理由连续3年或5年未使用，便成为注册商标被撤销的理由。在实行“使用原则”的国家如美国，“商标在贸易中使用”是取得注册的条件，并且适用于注册以后商标权的维持，商标所有人如果不继续使用注册商标，又无恢复使用的意图，便构成对商标的实际放弃；如果商标所有人由于未采取措施致使其商标失去了显著性，则推定放弃商标权。为了避免实际或推定放弃的裁决，须有实际的商标使用，而不是象征性的使用。商标保护的国际公约也对“使用”提出了要求。《巴黎公约》第5条第3款规定：“在任何国家，如果注册商标的使用是强制的，只有经过合理的期间，并且有关当事人不能证明其不能使用有正当理由的，才可以撤销注册”，“合理的期间”由国内法规定。《TRIPS协议》第19条有关商标使用的规定，进一步明确了“如果要求使用才可保留注册,那么只有在至少连续3年未使用后才可取消注册,除非商标所有人提出有效的理由说明存在着使用该商标的障碍”。我国实行商标注册和申请在先原则,但是对注册后的使用有明确要求,注册商标没有正当理由连续3年不使用的,任何单位或者个人可以向商标局申请撤销其注册商标(《商标法》第49条)。这些法律规定表明,商标的生命在于使用,一个商标如果没有正当理由连续3年无使用,这个商标就是“死亡”商标、“垃圾”商标,不仅该商标徒有虚名,造成商标资源的浪费,而且影响他人合法使用,这样的商标应当从注册簿中清理出去。

使用不仅关乎商标权的维系,还对商标权的保护产生影响。依《巴黎公约》的规定,各公约成员国乃至于国际社会都应承担给予驰名商标特别保护的义务。保护驰名商标首先要对商标是否为驰名作出认定。目前已为各国共识的认定标准,均包括商标使用的时间和范围、广告持续时间和覆盖范围、商标商品销往的地区等与商标使用有关的情况。我国《商标法》第14条规定的认定驰名商标应考虑的因素,包括该商标使用的持续时间,该商标的任何宣传工作的持续时间、程度和地理范围等,这些因素都与商标的实际使用有直接联系,反映了使用的时间、程度和广度等。由此可见,商标的使用足以决定一个商标是否能够成为驰名商标而受到特殊保护。此外,在商标维权诉讼中,如果注册商标专用权人不能证明此前3年内实际使用过该注册商标,也不能证明因侵权行为受到其他损失的,被控侵权人不承担赔偿责任。

二、商标的正确使用

使用商标不管是直接用于商品,还是以促销为目的用于广告宣传、商业文书中,都应遵守法律规定,符合商业惯例并考虑到有利于商标权的保护。具体地说,应注意以下几点:

(1) 注册商标的使用限定在核准注册的商标标志和核定使用的商品或服务上,商标注册人不得自行作出改变,否则,其使用不被视为注册商标的使用。依据我国《商标法》的规定,自行改变注册商标的,该注册商标还有被撤销的危险。

(2) 使用注册商标时应尽量加注册标志。使用注册商标应当标明“注册商标”字样或者标明注册标记。在商品上不便标明的,应当在商品包装或者说明书以及其他附着物上标明。标明注册标记,有利于防止侵权行为;当发生侵权时,容易证明侵权人的主观意图,还有助于防止商标变为商品通用名称。

(3) 防止商标显著特征的退化。商标所有人的不恰当使用有可能导致商标演变为商品通用名称,尤其是在一种新产品问世,没有其他名称可以用来称呼产品的情况下,商标被用来当做商品的名称,更容易造成商标退化。防止商标退化的有效方法首先是将产品名称和商标区分开来,避免将商标作为产品名称使用。其次,应当正确使用商标,例如,以特别字体使用商标,突出商标和注册标记,以表明该标记是一个商标而不是其他。此外,应注意保存商标使用的相关证据,诸如显示商标最早使用时间、商品销售量和销售额、商标广告宣传情况的发货单、销售合同等,在发生侵权或其他纠纷时,这些都可以用来作为使用的证据。

第二节 商标权的许可

一、商标权许可的概念及其意义

(一) 商标权许可的概念

商标权的许可,是指注册商标所有人允许他人在一定期限内使用其注册商标。使用许可关系中商标权人为许可人，使用注册商标的为被许可人。使用许可关系建立以后，商标权人并不丧失该注册商标专用权，被许可人只取得注册商标的使用权。许可权是商标权的一项重要内容，没有这一权利，商标权作为一种"产权"是不完整的。同时它又是一项从属的权利，是从专用权派生出来的一项权利，商标权人可以行使也可以不行使。

使用许可并非一开始就得到法律认可的。作为一种用来区分来源的标志，商标天生忌讳不同主体同时使用，允许他人使用就无法起到区别作用。在这一点上，商标不同于专利，专利的实施依赖于有实施能力的经营者，专利权人特别是专利的发明人往往需要寻找合作伙伴，实施许可是专利权行使的重要方式。后来，随着商标的经济作用的扩展，商标权使用许可得到法律允许，已成为实现商标财产价值的手段之一。

（二）商标权许可的意义

1. 有利于企业促销增利，为社会提供更好的产品

对商标权人来说，许可他人使用注册商标，是企业以无形资产扩大市场的竞争策略；对被许可人来说，使用他人已享有一定声誉的商标，实际上就是以较先进技术和管理模式经营企业，从而减少了创业风险和产品进入市场的障碍，使短期内获得经济利益有一定保障。在使用许可过程中，为了保证许可使用商标商品的质量，许可人和被许可人在企业管理、生产技术、产品营销及售后服务各个环节互助互惠，不仅带动企业素质的全面提高，同时还可满足消费者对名牌产品的需求，促进市场繁荣。

2. 有利于对外经济技术合作

在国际贸易尤其是国际技术转让活动中，商标使用权的流转具有随附性，即商标权的许可伴随着技术转让、合资经营等一并发生。国内企业获得授权许可使用外国商标，往往是引进国外技术、生产线进行产品制造加工的"副产品"，或者是定牌加工等贸易形式中所产生的结果之一。所以，商标使用许可对大企业来说是开拓国外市场、对外投资经营的一种方式；对中小企业来说，则是吸收劳动力就业，赚取外汇，创造经济效益的一条有效途径。

二、使用许可的方式和种类

（一）合同许可

以合同方式确立使用许可关系最为普遍。商标使用许可合同包括独立的许可协议，也包括其他合同中的商标使用许可条款。如前所述，许多情况下商标许可是技术转让合同、成套设备进口合同等综合性的、含有知识产权其他方面内容的合同的组成部分。通过技术转让合同，被许可人采用专利技术或非专利技术生产经营某项产品，因而可以使用许可方的注册商标。除了技术合同外，商业特许经营、连锁经营也包含着商标的使用许可。例如，在商业特许经营关系中，商标使用许可是构成双方权利义务关系的基础之一，被许可方（受许方）使用许可方（特许方）的商标等知识产权从事经营活动，许可方向被许可方提供经营指导、技术支持、人员培训、物流配送，使被许可方的产品或服务达到许可方的统一标准。又如，在定牌加工合作关系中，加工方生产并销售带有委托方注册商标的商品，也是一种商标使用许可合同关系。

根据被许可人获得的使用权的不同，商标使用许可合同可分为以下三类：

（1）普通许可，即许可人允许被许可人在规定的期限、地域内使用某一注册商标，同时，许可人保留自己在该地区内使用该注册商标和再授权第三人使用该注册商标的权利。

（2）排他许可，即许可人允许被许可人在规定期限、地域内使用某一注册商标，许可人

自己可以使用该注册商标,但不得另行许可他人使用该注册商标。

(3) 独占许可,即许可人允许被许可人在规定的期限、地域内独家使用某一注册商标,许可人不得使用也不得将同一注册商标再许可他人使用。

上述三类许可形式可大致分为独占许可和非独占许可。从合同法上看,非独占许可相当于一个免予起诉被许可人侵权的契约,它不禁止许可人向第三方作出新的许可或自己使用许可标的,也不禁止许可人在被许可人的利益受到侵害时保持沉默。相反,独占许可为被许可人提供更多的保证。它要求许可人在许可合同的范围内抑制竞争,从而使被许可人在这一范围内对权利标的进行排他性的使用。[①] 正是基于许可证的性质,在注册商标专用权被侵害时,独占使用许可合同的被许可人是适格的原告,可以自己的名义提起诉讼;排他使用许可合同的被许可人可以和商标注册人共同起诉,也可以在商标注册人不起诉的情形下,自行提起诉讼;普通使用许可的被许可人经商标注册人明确授权,可以提起诉讼。[②]

(二) 其他方式的许可

合同许可是一种正常的贸易方式,实践中还有的使用许可是作为争议的解决方式而产生的。例如,某一企业追究一起商标侵权纠纷,向法院起诉或者向行政主管机关投诉,而最后的解决方式是双方达成协议,商标权人将商标使用权有偿许可给侵权者。当然也可以对此前未经许可的非法使用行为进行补偿。这样,原来的侵权者成为被许可人,当事人的关系转变为使用许可关系。还可能有另外一种情况:商标申请人发现自己欲申请注册的商标已有人使用。该申请人可以与使用在先的企业取得联系,收购下这一商标,同时为在先使用者留下一段时间逐渐停止使用该商标。在这一期间内,双方当事人的关系为使用许可关系。

商标许可使用不得强制进行。强制许可存在于专利权、著作权领域,当自愿许可交易成本过高或者公众利益需要的特定情况下,可以对专利权、著作权实行强制许可实施。商标权的强制许可是不允许的,这是因为商标是用来识别出处、区分来源的标志,使用的商标差异越明显,区别效果越好,而强制性地让某个商标被他人使用,无论怎么说都是毫无意义的。

三、当事人的主要权利和义务

依照许可证贸易的国际惯例和我国有关法律的规定,凡包含专利技术使用权、专有技术(know-how)使用权和商标使用权在内的许可证贸易,都属于技术转让合同。仅仅涉及商标使用权的许可,不能视为技术转让。但不论是单独的商标使用许可合同还是包含在技术转让合同中的商标使用许可条款,其主要内容均包括以下几点:

(一) 商品质量控制

商标是企业的一项无形资产,商标的价值在于它的声誉。商标声誉的形成并非一朝一夕之功,而是商标所有人经过长期努力,投入大量资金和智慧培育而成的。许可他人使用商标即意味着把商标声誉寄附于被许可人的行为及其提供的商品之上。因此,使用许可协议中质量控制条款是一项最重要的内容,使用许可作为一项商标战略,其成败完全取决于对商品质量的控制。

---

① 参见〔美〕Jay Dratler,Jr:《知识产权许可》(下),王春燕等译,清华大学出版社2003年版,第692页。

② 最高人民法院《关于审理商标民事纠纷案件适用法律若干问题的解释》第4条。

对于许可人来说，商标质量控制就是监督被许可人保证其产品质量。为此，在授予许可使用权之前，许可人应对被许可人的法人资格、生产能力、经营管理、产品质量等进行考察、测试。达不到与自己产品相同水平的，不能授予许可证。许可使用合同签订以后，许可人应密切注意被许可人的生产销售情况，防止被许可人在产品质量、销售服务中有任何有损于商标信誉的现象发生。在整个合同期限内，许可人都有责任对被许可人提供必要的援助及实施必要的监督。

对被许可人而言，质量控制条款就是保证使用注册商标的商品质量，保证不因质量问题或使用商标不当而损害许可人的利益。同时，被许可人必须在使用该注册商标的商品上标明自己的名称和商品产地。被许可人的产品若达不到许可使用的商标的商品质量，许可人有权终止合同，收回商标使用权。

对商品质量的监督和保证是一项法定义务。《商标法》第 43 条第 1 款、第 2 款规定："商标注册人可以通过签订商标使用许可合同，许可他人使用其注册商标。许可人应当监督被许可人使用其注册商标的商品质量。被许可人应当保证使用该注册商标的商品质量。经许可使用他人注册商标的，必须在使用该注册商标的商品上标明被许可人的名称和商品产地。"这一规定尽管比较原则，但它明确划分了双方当事人对商品质量所负有的责任，并要求在商品上明示许可关系，使消费者知晓商品的真实出处。这一规定涉及的商品质量控制义务，当事人不能通过约定排除。

（二）商标权的维护

该项内容主要表现为许可人的义务，即许可人有义务保证商标权的确定性，维护被许可人的使用权。具体而言，许可人应保证许可合同项下的商标权真实可靠，是经商标主管机关核准注册的商标，并且该商标仍处于法律保护的有效期限内。许可人不得在同一地区内与两个以上的人签订独占许可合同。在合同有效期间，许可人不应将该注册商标任意转让给第三人。如转让商标，应向被许可人说明情况，取得被许可人同意或者与被许可人解除使用许可协议。许可人还应采取有效措施维系其商标权并承担所需费用。在商标权受到侵害时，商标注册人应积极与被许可人一起共同维护商标权益。

上海帕弗洛文化用品有限公司诉上海艺想文化用品有限公司、毕加索国际企业股份有限公司商标使用许可合同纠纷案[①]

原告：上海帕弗洛文化用品有限公司

被告：上海艺想文化用品有限公司、毕加索国际企业股份有限公司

案情：被告毕加索公司于 2003 年 5 月 21 日获核准注册涉案商标。2003 年 7 月 9 日，毕加索公司出具《授权证明书》，证明 2003 年 7 月 9 日至 2008 年 12 月 31 日授权原告帕弗洛公司在中国大陆地区使用系争商标。2008 年 9 月 8 日，毕加索公司再次出具《授权证明书》，授权期限自 2008 年 9 月 10 日起至 2013 年 12 月 31 日止。2010 年 2 月 11 日，毕加索公司与

① 《最高人民法院公报》2017 年第 2 期（总第 244 期）。

帕弗洛公司签订《授权契约书》,约定在原契约基础上延展十年,自2014年1月1日起至2023年12月31日止。2012年1月1日,被告毕加索公司与原告帕弗洛公司签订商标使用许可合同备案提前终止协议,但约定双方关于该商标的其他约定不受影响。2012年3月13日,商标局发布2012年第10期商标公告,提前终止许可合同备案,提前终止日期为2012年1月1日。

2012年2月16日,被告毕加索公司与被告艺想公司在上海签订《商标使用许可合同书》。该合同约定:独占使用;许可期限2012年1月15日至2017年8月31日;特别说明:艺想公司知道原来独占许可公司的存在,同日,毕加索公司出具授权书称艺想公司是中国大陆地区唯一独家授权。

原被告就商标许可使用合同纠纷提起诉讼。

判决:上海市高级人民法院依照《中华人民共和国民事诉讼法》第170条第1款第1项之规定,于2015年9月30日判决如下:驳回上诉,维持原判(驳回原告帕弗洛公司的全部诉讼请求。本案一审案件受理费13800元,由帕弗洛公司负担)。

[裁判摘要]

在后商标使用许可合同相对人明知商标权人和在先商标使用许可合同相对人未解除在先商标独占使用许可合同,仍和商标权人签订许可合同,导致先后两个独占许可合同的许可期间存在重叠的,在后合同并非无效,但在后商标使用许可合同相对人不属于善意第三人,不能依据在后合同获得商标的许可使用权,在先取得的独占许可使用权可以对抗在后的商标使用许可合同关系。

四、使用许可合同的管理

注册商标的使用许可是商标权人行使和实现商标权益的重要方式,并且它往往发生在具有一定影响的商标的使用上。因而如何保护商标所有人权益,维护驰名商标的信誉,防止使用商标的商品质量失控而给消费者带来损害,成为商标管理工作的一项重要任务。使用许可合同的管理主要通过备案制度而实施。

首先,许可合同的标的必须是注册商标。商标一经注册即获得专用权,受到法律保护。未注册商标不享有专用权,从理论上说,任何人可以自由使用而无须得到先使用人的许可。

其次,使用许可合同的备案,要求许可使用注册商标应当签订合同,并将合同副本报送商标局备案。商标使用许可合同至少应包括下列内容:许可使用的商标及其注册证号;许可使用的期限;许可使用商标的标识提供方式;许可使用商标的商品质量控制条款。申请合同备案由许可人办理,许可人应当自商标使用许可合同签订之日起3个月内,将合同副本报送商标局备案。备案主要起公示作用,同时也带有行政管理的色彩。商标法虽规定了合同备案,但没有规定不备案的法律后果。根据最高人民法院相关司法解释的规定,商标使用许可合同未经备案的,不影响该许可合同的效力。但在许可合同备案的效力上,2013年修订的《商标法》第43条增加规定,许可他人使用其注册商标的,许可人应当将其商标使用许可报商标局备案,由商标局公告。商标使用许可未经备案不得对抗善意第三人。

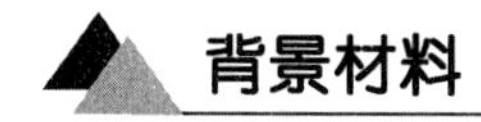

背景材料

许可合同期间商标使用者对商标增值部分的利益分配[①]

在王老吉商标纠纷案中，各界热议的主要问题之一是：许可使用合同期间，因商标使用者的努力使得商标增值，其增值部分如何确定和分配？因为，加多宝集团为王老吉品牌的打造投入了巨大的精力与财力，这个事实是毋庸置疑的。对此，有作者撰文提出问题，加多宝集团是“王老吉”商标的被许可人，经过其十多年的精心培育与巨额营销，“王老吉”商标从价值寥寥飙升至千亿之巨，此时，广药集团作为“王老吉”商标的所有人，是否可以无条件收回商标许可？如果将此部分巨额增值价值归于商标所有人，则势必造成极大的不公平，商标所有人无论如何都不能避免借鸡生蛋、坐收渔利之嫌；而如果将增值价值部分归于被许可人，在我国目前的法律框架下似乎很难找到相应依据。该作者的结论为：商标在许可期间因被许可人的宣传推广所产生的增值价值，应当在商标所有人与被许可人之间进行合理的分割，否则有违市场之公平原则。

第三节　商标权的转让和移转

一、商标权的转让

（一）商标权转让的概念

商标权的转让，是指注册商标所有人将其所有的注册商标转让给他人所有。转让关系成立后，受让人成为新的商标权人，原商标权人不再拥有注册商标所有权。转让是继受取得商标权的重要途径。

商标是有价值的财产。商标权的交易已经成为产权交易的一个组成部分。商标转让可能发生在企业产品调整、企业重组等情况下。一种新出现的情况是，商标法允许自然人注册商标，一些个人设计出商标进行注册后再用于出售，以此作为一种投资手段。

商标权的转让有两种方式：一种是与商标所有人的企业或企业信誉一起转让，称为连同转让；另一种是商标脱离原企业和经营整体而单独转让，称为单独转让。商标的单独转让曾是受限制的。当商标主要用来作为区别来源的标志时，是不允许单独转让的，这是因为担心对消费者造成欺骗。一些国家法律规定，商标的转让只有与其所属企业或商誉同时转让方为有效。[②] 现代各国商标法均已突破连同转让之限制，允许商标的单独转让，这是因为商标已从表示商品来源的标记演进为一种重要的财产权益，商标权的转让、使用许可是商标所有人行使财产权利，满足经济利益的重要方式。从消费者角度而言，更关心的是商品的质量，而不是商品的生产者，只要商品或者服务的质量没有发生变化，经营者即使有所变更，也同样予以认可。可以说，商标的单独转让是商标功能扩展的结果。《TRIPS 协议》承认商标权

---

① 王莲峰：《商标许可合同使用者利益之保护——王老吉与加多宝商标利益纷争之思考》，载《社会科学》2013 年第 4 期。

② 参见《巴黎公约》第 6 条之四。

的单独转让，该协议第21条规定，成员可以决定商标的许可和转让的条件，应当理解为不允许商标的强制许可，且注册商标所有人应当有权将其商标与其使用商标的营业一并转让或者单独转让。我国商标法对转让的方式未作限制，这就意味着注册商标可以脱离原经营者而单独转让。

背景材料

商标转让的理论建构与制度设计①

历史地看，无论各国商标法在具体条款上如何设计，商标转让规则都经历了从连同转让向自由转让的模式转变。早期商品生产往往采取家庭作坊模式，生产工艺大多是口耳相传，打上了鲜明的个人烙印，不同作坊生产的商品在品质上存在很大差异。如果允许商标转让，在客观上无异于放纵企业欺骗消费者。到19世纪末叶，情况仍未有根本改变。受制于生产和运输能力，企业的商品销售主要局限于当地市场。进入20世纪30年代，情况开始发生变化。根据《保护工业产权巴黎公约指南》的描述，当时多数国家的法律允许转让商标而无需同时或一起转让商标所属企业；而另一些国家的法律则规定，商标转让是否有效须视其所属企业是否同时或一起转让而定。现代传媒的发达又促成了商誉的广泛传播，并获得相对于营业的独立地位。在这种情况下，商标转让就不再以所属营业连同转让为前提，更无需整个企业一起转让。正是顺应经济发展和市场变化的实际需求，各国在商标转让问题上才纷纷改弦更张，普遍采取自由转让的立法模式。

（二）商标权转让的限制

虽然商标法并未禁止商标权的单独转让，但对转让作出了一些限制性规定，以保护消费者利益，防止转让引起的市场混淆。具体地说：

（1）在同一种或类似商品上注册的相同或者近似商标必须一并转让。商标注册中核定使用的商品可以是两种以上，如果它们属于同种或者是类似商品，不得分割转让。如果分割转让就会出现同一商标在相同或类似商品上有两个主体在使用的情况，这样势必造成不同出处产品的混淆。按照一并转让之规定，转让人继续从事类似产品的生产经营时不得再使用已转让的注册商标。

（2）联合商标必须一并转让。联合商标是指在同一种或类似商品上注册的两个以上的近似商标。联合商标是商标所有人为了保护已取得较高声誉的本商标而注册的防护性系列商标。我国商标法虽未明文规定有联合商标注册，但实务中曾给予一些企业的系列商标在相同或类似商品上注册。注册商标转让时，如有联合商标的，应一起转让，否则就会产生两个商标所有人在同种商品上使用近似商标的情形，有可能造成商品来源混淆。

（3）已经许可他人使用的商标不得随意转让。商标注册人已经许可他人使用的商标，在许可期内如果将其商标权转让给他人，必须征得被许可人的同意，转让注册核准以后，被许可人仍与受让人保持使用许可关系；如果被许可人不同意转让，就应该先解除许可使用合

① 彭学龙：《商标转让的理论建构与制度设计》，载《法律科学》2011年第3期。

同,再办理转让注册。总之,不得因转让商标而损害在先被许可使用人的利益。

(4) 受让人有保证注册商标商品质量的义务。首先,受让人必须具备商标注册申请人的资格,转让烟草制品、人用药品的注册商标时,必须取得有关部门准许其生产或经营的证明文件。受让人还应具备保证使用该注册商标的商品质量的能力,以维护该商标的声誉和消费者利益。转让集体商标、证明商标的,受让人应当具备相应的主体资格。

(5)禁止转让容易导致混淆或存在其他不良影响的商标。2013 年修正的《商标法》第 42 条新增规定,对容易导致混淆或者有其他不良影响的转让,商标局不予核准,书面通知申请人并说明理由。此规定旨在通过干预商标转让的方式,保护消费者的利益。

背景材料

商标转让需关注的四个问题[①]

简要介绍一下商标转让实践中需要关注的问题:

一、商标交易前的尽职调查:(1) 对商标档案的调查;(2) 对商标可能存在风险的判断;(3) 对商标实际使用情况的调查。

二、交易前的谈判。之所以强调要找到真正的权利人,是因为实践中谈判往往是与权利人的代理人或是实际控制人谈,那么需要谨慎确认其是否有权代替权利人行使权利,最后是否可以签署真实的商标转让合同及转让申请书,以促成转让的顺利完成。

三、签署商标转让合同。一旦谈判成功,就需要签署商标转让合同,尽管目前向商标局提交转让申请已无需提交转让合同,但是签署约定完备的转让合同会为受让人提供有力的保障,因此需要格外重视。

四、提供商标转让所需材料。商标转让合同签署后,最后一步就是转让人与受让人共同签署商标转让申请书、各自提供营业执照、转让人提供自愿转让公证书,双方提交商标转让申请。

(三) 商标权转让合同的核准

注册商标的转让是商标权的变动,由商标权的无形财产性所决定,权利转让须经过公示。根据我国《商标法》第 42 条规定,转让注册商标的,转让人和受让人应当签订转让协议,并共同向商标局提出申请……转让注册商标经核准后,予以公告。受让人自公告之日起享有商标专用权。

南京金箔集团金宝园艺器具有限公司诉南京尚诚家庭用品有限公司商标权转让案[②]

2000 年 11 月 2 日金宝花卉公司召开首次股东会,并做出书面会议纪要,邢华智为金宝

① 徐宁:《商标转让需关注的四个问题》,载《中华商标》2017 年第 5 期。
② 江苏省高级人民法院(2006)苏民三终字第 0055 号判决书。

花卉公司法定代表人;选举陶秋萍为监事,任期三年。2004年12月10日原告做出股东会会议决议一份,决定:邢华智作为公司董事长、法定代表人任期已满,不再委派;陶秋萍作为公司监事任期已满,不再委派;股东会委托时永清作为临时负责人,行使法定代表人职权。2002年3月15日金宝花卉公司申请注册"时尚园丁"图文组合商标,于2003年6月14日获得国家商标局授权,注册号为3114221,核准使用商品为第6类,商标权人为金宝花卉公司。原告在其企业名称变更后未到商标局办理涉案商标的商标权人著录变更手续。2004年5月21日,原告金宝园艺公司监事、主办会计陶秋萍以金宝花卉公司和被告尚诚公司联系人的身份向国家商标局提交转让注册商标申请书(以下简称"申请书")二份和商标代理委托书一份,申请书上载明转让人为金宝花卉公司,受让人为尚诚公司,代理机构为南京华夏商标事务所有限公司(以下简称"华夏公司"),并分别加盖金宝花卉公司公章和被告单位公章,转让商标为第3114221号"时尚园丁"注册商标,联系人为陶秋萍。委托书载明委托人为尚诚公司,其联系人为陶秋萍,被委托人为华夏公司,代理事项为"时尚园丁"商标的转让申请事宜。2004年6月18日,国家商标局做出"转让申请受理通知书"。庭审中,被告认可上述"时尚园丁"商标系无偿转让。

南京市中级人民法院经审理认为:商标专用权属于民事权利,可以依法转让。《中华人民共和国商标法》第39条规定,转让注册商标的,转让人和受让人应当签订转让协议,并共同向商标局提出申请。《中华人民共和国商标法实施条例》第25条规定,转让注册商标的,转让人和受让人应当向商标局提交转让注册商标申请书。转让注册商标申请手续由受让人办理。商标局核准转让注册商标申请后,发给受让人相应证明,并予以公告。根据上述规定,商标专用权转让的本质在于商标专用权主体的变更,即在不改变商标专用权的客体和内容的情况下,实现商标专用权人的更替,因此商标专用权转让应当遵循商标专用权人和受让人的真实意思表示,任何未经商标专用权人许可擅自转让其注册商标的行为,都是对原商标专用权人合法财产的侵犯,原商标专用权人有权提出确认商标专用权转让行为无效的民事诉讼。涉案注册商标"时尚园丁"在转让前金宝花卉公司已经变更企业名称为金宝园艺公司,因此尽管该商标的原注册人名义仍是金宝花卉公司,金宝园艺公司应当被视为该商标权益的原实际所有人,有权对其认为的不当转让行为主张权利。

第三人陶秋萍经办涉案商标转让事宜既不是职务行为,也不是代理原告的行为,其以原告名义与被告办理涉案商标转让的行为对原告不发生法律效力。主要理由是:(1)陶秋萍在经办涉案商标转让事宜时担任原告监事及主办会计,该职务并不具有决定公司财产转移的法定职权。(2)商标权转让系公司重大经营事项,陶秋萍不能提供公司的研究决策依据。(3)陶秋萍虽称受公司委派办理商标转让事宜,但不能提供授权证明,更不能指认具体委派其经办此事的公司领导,这与情理不合。(4)陶秋萍的商标权转让行为事后一直未得到原告追认,对原告不发生法律效力。(5)陶秋萍向原告移交相关企业资料时,未披露商标权转让事实。

综上,第三人陶秋萍利用其在原告金宝园艺公司担任管理工作的便利条件,在原告金宝园艺公司不知情的情况下,非法将原告金宝园艺公司所有的注册商标"时尚园丁"无偿转移至被告尚诚公司名下,割裂了商标专用权人金宝园艺公司与其注册商标"时尚园丁"的所有关系,侵犯了原告金宝园艺公司的财产权利,该商标转让行为应当依法宣告无效。

二、注册商标的移转

注册商标的移转是指因转让以外的其他事由发生的商标权利转移。移转有两种情况：一是注册商标依继承而移转。作为商标权人的公民死亡，由其继承人按照继承法的有关规定继承其商标权。二是企业合并、被兼并，其商标权由合并或兼并的新企业继受。引起注册商标移转的事由发生后，接受该注册商标权利移转的当事人应当凭有关证明文件或者法律文书到商标局办理注册商标专用权移转手续。

注册商标的移转也受到一并移转的限制，即注册商标专用权人在同一种或者类似商品上注册的相同或者近似商标，应当一并移转；未一并移转的，由商标局通知其限期改正；期满不改正的，视为放弃该移转注册商标的申请。

第四节 商标权的质押

一、商标权质押的含义

商标权质押，是指商标注册人以债务人或者担保人身份将自己所拥有的、依法可以转让的商标专用权作为债权的担保，当债务人不履行债务时，债权人有权依照法律规定，以该商标专用权折价或以拍卖、变卖该商标专用权的价款优先受偿。

质押是担保的一种方式，按照质押物的不同种类，可将质押分为动产质押、不动产质押及权利质押。我国《民法典》第440条规定了可以质押的权利，其中第5项是“可以转让的注册商标专用权、专利权、著作权等知识产权中的财产权”，商标专用权的质押属于权利质押。

二、商标权质押的条件

根据我国《民法典》第440条的规定，对商标权进行质押需要满足的条件是“依法可以转让”。商标权是否可以依法转让应注意以下几个问题：

(1) 出质商标应当是有效的注册商标。因此应该了解清楚质押商标是否在注册有效期内，是否已被注销、撤销、宣告无效而丧失了商标专用权。

(2) 没有“限制转让”情形存在。被人民法院查封的商标，在查封期内，人民法院限制该商标转让、许可或质押，因此不能办理质押。已办理过质押登记的商标，在其剩余价值不足以再次质押时，也不能办理质押登记手续。在再次质押时，后位质权人只能在先位质权人得到清偿后才能受偿。

(3) 对同一注册人在与质押商标相同或类似商品或服务上注册的相同或近似商标应一并办理质押登记。按照《商标法实施条例》第31条第2款的规定：“转让注册商标，商标注册人对其在同一种或者类似商品上注册的相同或者近似的商标未一并转让的，由商标局通知其限期改正”，因此在办理质押登记申请时，同一注册人在与质押商标相同或类似商品或服务上注册的相同或近似商标应一并办理质押登记，以保证质押商标可以依法转让，从而保证质权人在债务人不履行债务时可以将质押权利变现以优先受偿。

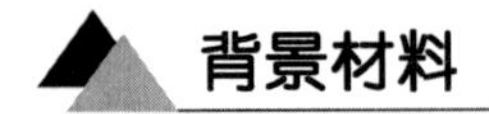

2020年全国商标质押融资622亿 同比增51.7%[①]

深化知识产权领域“放管服”改革国务院政策例行吹风会于2021年5月8日举行。国家知识产权局运用促进司司长雷筱云在会上介绍,2020年,全国全年商标质押融资金额622亿元,同比增长51.7%,质押项目数1807项,同比增长37.9%。

雷筱云表示,2020年,全国全年商标质押融资金额622亿元,同比增长51.7%,质押项目数1807项,同比增长37.9%。从这两个数据来看,也是实现了快速增长。

围绕推进知识产权质押融资工作,国家知识产权局采取了一系列的措施:

一是强化政策指导。新冠疫情发生后,迅速行动,联合市场监管总局和药监局发布《支持复工复产十条》,印发《关于大力促进知识产权运用支持打赢疫情防控阻击战的通知》,指导全国31个省级知识产权管理部门出台了各类应急性政策文件70余份,充分发挥知识产权融资作用,及时纾困助企。

二是优化登记服务。设立了质押登记绿色通道,疫情期间为5000余家企业提供即刻办理的加急服务;大幅提高登记效率,商标质押办理时限压缩至2个工作日。推进地方专利、商标窗口整合,到2020年底,全国27个省市实现了窗口整合,为群众提供了便利。

三是加强交流对接。联合银保监会推动有关地方在53个产业园区开展知识产权“入园惠企”行动,参与的银行和企业超过了1600家。通过政策宣讲、经验交流和银企对接,实现现场签约7.1亿元。

雷筱云指出,下一步,国家知识产权局将继续会同有关部门加大知识产权质押融资工作力度,提高知识产权质押融资普及度和惠益面。一是会同银保监会、发改委继续组织开展知识产权质押融资“入园惠企”行动,推动知识产权质押融资工作深入园区、企业和金融机构基层网点。二是深化与银行业金融机构战略合作,引导金融机构扩大知识产权质押融资规模。三是落实“放管服”精神要求,通过实施告知承诺等方式,推进知识产权质押登记便利化。

三、商标权质押的办理

根据我国《商标法》及《商标法实施条例》的规定,当事人可以直接办理商标专用权质押申请,也可以委托国家认可的具备商标代理资格的组织代理办理(由于质押申请是由双方办理的,因此委托代理时双方可以各自委托代理组织,也可以委托共同的代理组织)。但在中国没有经常居所或营业所的外国人或外国企业应当委托代理组织代理办理,不能直接办理。

根据我国《民法典》第440条、第444条的规定,以依法可以转让的注册商标专用权出质的,质权自办理出质登记时设立。原国家工商行政管理总局制定了《企业动产抵押物登记管理办法》,商标局制定了《商标专用权质押登记程序》,对商标专用权质押的有关问题作了明

① 《官方:2020年全国商标质押融资622亿 同比增51.7%》,https://finance.eastmoney.com/a/202105081914264628.html,访问日期:2021-10-25。

确规定。

（一）质押登记的申请

出质人和债权人应当于订立书面合同之日起20日内，向国家知识产权局商标局申请质押登记，并应提交相应的文件。

登记机关应当于受理登记申请之日起5个工作日内，作出是否予以登记的决定。符合登记条件的，由商标局发给《商标专用权质押登记证》；对出质人不是商标专用权合法所有人、商标专用权归属不明确等不符合法律规定的，不予登记。

（二）质押登记的撤销、变更

有下列情形之一的，登记机关应当撤销登记：登记内容与事实不符的；发现有不予登记的原因的；质押合同无效的。

申请人名称、地址发生变更及因主债权债务转移或其他原因发生质押权利转移的，应当办理商标专用权质押变更登记、补充登记或重新登记。申请变更登记或补充登记，应当提交变更的证明和登记机关发给的《商标专用权质押登记证》。

背景材料

商标专用权质押贷款数据统计分析研究①

开展商标专用权质押贷款，不仅有利于发挥商标品牌的带动效应，增强自主创新能力，持续推进企业的稳定发展，而且可以帮助企业真正实现“知本”到“资本”的转化，即实现知识产权的产业化、资本化，尤其对自主知识产权丰富而缺乏大额不动产、动产的高新企业的融资具有重要意义。近几年，特别是2009年以后，我国商标专用权质押贷款业务呈较好较快发展，出现了大量成功的案例。本文作者正是在搜集了大量商标专用权质押贷款案例数据的基础上，从案例发生时间、分布区域、质权人单位性质、质押商标分类和质押企业所属产业五方面进行的统计分析研究。2012年至2013年，随着国家扶持性政策在各省市逐步落实和完善，商标专用权质押贷款呈蓬勃发展之势。仅2013年，商标专用权质押贷款数量就达720件，同比2008年增长270%，是2010年的2倍还多。大多数出质人为中小型公司，质押贷款数量多，贷款总额大，单笔贷款额度更趋向多元化，多则几个亿，最少有几十万的贷款，但几百万的贷款业务仍是主流。

[深度阅读]

1. 黄晖、冯超：《定牌加工商标侵权问题辨析》，载《电子知识产权》2013年第6期。

2. 王太平：《从“无印良品”案到“PRETUL”案：涉外定牌加工的法律性质》，载《法学评论》2017年第6期。

3. 王莲峰：《商标许可合同使用者利益之保护——王老吉与加多宝商标利益纷争之思考》，载《社会科学》2013年第4期。

4. 崔国斌：《商标许可终止后的商誉分配》，载《知识产权》2012年第12期。

---

① 丁坚、范建永：《商标专用权质押贷款数据统计分析研究》，载《中国科技信息》2015年第1期。

5. 刘铁光、吴玉宝:《“商标使用”的类型化及其构成标准的多元化》,载《知识产权》2015年第11期。

[法条导航]

1.《中华人民共和国商标法》第四十二条,第四十三条,第四十八条

2.《中华人民共和国商标法实施条例》第三十一条,第三十二条

[思考题]

1. 何谓商标权的使用?
2. 商标权许可的种类有哪些?
3. 简述商标权的转让。
4. 简述商标权质押的概念与办理程序。

第二十四章

商标权的保护

[内容提要] 本章是商标法的核心内容之一。商标法功能的有效发挥,关键在于对商标权进行有效的保护。通过对本章的学习,应重点掌握商标侵权行为的表现形式以及在实践中认定侵权的标准;了解商标侵权应承担的民事、行政与刑事责任,重点把握民事责任的适用;掌握我国关于驰名商标的认定与特殊保护的规定。

[关键词] 商标权的保护　侵权行为　即发侵权　驰名商标　商标侵权的法律责任

第一节　商标权的保护范围

一、为防止混淆确定的保护范围

(一) 混淆与商标保护

防止混淆是商标保护的基本出发点,商标是用来区分商品来源的标志,商标功能的实现要求商标的符号构成具有识别性和区别性两种能力,识别性要求商标简洁、可记忆,能够和特定来源相联系;区别性要求商标与他人的商标不相同、不近似,不会引起混淆。识别性和区别性,二者缺一不可,构成了商标的显著特征。商标保护的立论基础是保护标志的显著性,防止商品或服务来源混淆。为了使商标能够有效而可靠地指示商品来源,必须排除第三人使用相同或近似标志。如果容忍同一市场上出现可能造成混淆的冒牌商品,还不如没有商标,那样的话,消费者可以将注意力集中在商品本身,而在似是而非、以假乱真的情况下,认牌购物反而容易受骗。保护商标区分来源的作用,不仅是对商标权人利益的保护,也是对消费者利益的保护。为了避免混淆,在商标权取得过程中,与在先商标相同或者近似的标志不给予注册;在商标权的保护上,为了制止混淆,非权利人使用相同或者近似商标足以造成混淆的,构成对商标权的侵权行为。

世界各国商标法无论实行使用原则还是注册原则,保护商标的立论基础都是防止混淆。商标法规定商标权人有权禁止的使用行为,无不以足以导致误认、混淆为前提。换句话说,混淆既是认定侵权的基础,也决定着商标禁止权的范围。商标理论和商标立法的这一立论基础得到《TRIPS 协议》的确认。《TRIPS 协议》第 16 条“商标所授予的权利”规定:“注册商标所有人有权阻止他人未经许可而在贸易活动中使用与其相同或近似的标志,以防止造成混淆的可能……”“防止混淆”意味着,没有混淆的可能性,就不存在商标侵权行为,就不需要商标保护。

（二）混淆的含义及种类

“混淆”是商标保护中的核心问题，也是商标法中的一个基本概念。混淆的可能，决定着商标权保护的范围，也是认定使用行为是否构成侵权的标准。所谓混淆，是指已经或可能对商品或服务的来源及有关方面发生错误认识。混淆具有广义和狭义之分。狭义的混淆是指商业来源的混淆，即公众可能对商品或服务的出处产生错误，将假冒者的商品或服务误认为是商标权人的商品或服务。狭义混淆所指的“来源”或“出处”混淆一般发生在同一种商品或服务之间。广义的混淆，是指除了来源、出处的混淆以外，对商品或服务的其他方面产生相同性的误认，例如将商标用于不相同、不类似的商品上，公众可能错误地认为两个经营者之间存有某种联系，如误认为两者之间存在隶属关系、赞助关系、许可关系。广义的混淆可以发生在相同、类似商品上，也可以发生在两种不同的商品或服务之间。传统商标法上的混淆仅限于狭义混淆，现在，随着市场经济的发展，经营模式的多样化，商业经营关系的复杂化，混淆的范围扩大了，由狭义混淆扩大到广义混淆。在我国司法实践中，认定行为人的商标使用行为是否容易导致混淆，视其是否易使相关公众对商品的来源产生误认或者认为其来源与原告注册商标的商品有特定的联系而定①，即采用广义混淆的标准。

混淆包括实际混淆和可能混淆。实际混淆即购买者客观上已经发生了误认误购的事实。混淆的可能（likelihood of confusion）也称为混淆之虞，则不要求已经产生混淆的事实，而是存在混淆之可能，足以发生混淆即可。商标法上的混淆，无论狭义混淆还是广义混淆，均只要求存在混淆的可能性而不一定要求有混淆的事实。将认定侵权的标准定为混淆的可能性而不是实际混淆，与商标权人可获得的法律救济有关，一旦实际混淆成立，商标权人享有损害赔偿请求权，而混淆的可能性则是损害尚未实际发生但又可能发生，此时商标权人虽不享有损害赔偿请求权，但却可以享有停止侵害请求权。

（三）混淆的认定

对混淆的认定是司法和行政执法实践中处理商标侵权案件的前提，然而混淆本身又是一个复杂的问题，既涉及事实认定又涉及法律适用，其认定标准很难一概而论。商标法并未就该标准作出具体的、硬性的规定，而是对认定混淆的规则或曰标准给出指导性意见。我国市场监管部门和人民法院在各自工作范围内对如何认定混淆总结了以下规则②：

（1）以相关公众的一般注意力为标准。对混淆之虞进行判断应以消费者认知为准。消费者是产品或服务的接受者和最终裁判者，凡在市场上实际使用的商标，必然面对消费者的认识、理解和选择。因此，混淆之虞的判断须以相关消费者的辨认能力、心理状态为依据。消费者并非实际存在的某个消费者，而是对特定市场一般消费者的模拟，如同专利法中的“所属领域的技术人员”。以消费者认知为准，要求执法或司法人员“身临其境”，模拟相关商品或服务的交易情景，从中揣度消费者对有关商标的印象。

（2）商标和商品的相似性。商标是否会引起混淆，主要地取决于商标的相似程度和商品的类似程度。使用相同商标必然产生混淆，而使用近似商标是否构成混淆，则要结合各种因素加以考虑，包括但不限于：商标近似的程度、商品类似的程度、商标的知名度、商标在市

① 最高人民法院《关于审理商标民事纠纷案件适用法律若干问题的解释》第 9 条。

② 最高人民法院《关于审理商标民事纠纷案件适用法律若干问题的解释》第 10 条规定：“人民法院依据商标法第五十七条第(一)(二)项的规定，认定商标相同或者近似按照以下原则进行：(一) 以相关公众的一般注意力为标准；(二) 既要进行对商标的整体对比，又要进行对商标主要部分的比对，比对应当在比对对象隔离的状态下分别进行；(三) 判断商标是否近似，应当考虑请求保护注册商标的显著性和知名度。”此条规定实际上是“混淆可能性”的认定标准。

场上的使用情况，等等。在上述判断因素当中，商标标志本身的相似性是引起混淆可能性的一个重要因素，正因为如此，一些国家的商标法干脆将认定混淆的标准直接规定为“商品类似且商标近似”。我国《商标法》第57条即采用了这种模式。但必须指出，认定商标侵权的依据是“混淆的可能性”，商标的相似性只是判断标准中的参考因素之一，不是决定因素，更不能作为认定的标准。同时，商标近似性的判断，应当结合商标在实际的市场上的使用情况，而不应仅仅停留在商标标志之间的物理性对比分析上。

（3）商标的显著性和知名度。是否足以产生混淆，与商标自身的显著性和知名度有关。商标的显著特征越强，被他人使用造成混淆的可能性越大。换句话说，显著性强的商标受保护范围较宽；显著性弱的商标，尤其是由普通词汇、通用名词构成的描述性商标，他人的使用即使与其相同，在认定是否构成混淆时也应十分慎重。商标的知名度也是一个重要因素，商标越是著名，使用行为被认定构成混淆的可能性越大。

商标混淆是一个事实问题，每一次认定都在个案中进行，也就是说，混淆可能性应当依据不同案件的具体情形而言，不存在固定不变的公式。因此，有学者将“个案原则”作为认定混淆的首要标准。[1]

背景材料

商标混淆类型分析与我国商标侵权制度的完善[2]

作为商标法中的基本范畴，商标混淆在商标侵权认定和审查（评审）中发挥着不可替代的作用，加强其类型研究有助于商标制度的完善。就法律后果而言，各类商标混淆都会损害商标权人的利益，妨碍消费者认牌购物以及扰乱市场竞争秩序，理当予以禁止。在执法和司法层面，商标混淆的类型不同，构成要件和表现形式各异，准确予以区分有助于法律适用。以美国商标法即《兰哈姆法》为例，商标混淆概念的演进可以概括为以下三个方面：第一，在混淆内容上，从出处混淆扩张到赞助混淆；第二，在混淆主体上，由购买者混淆拓展到旁观者混淆；第三，在混淆时间上，从购买之时延伸到购买前后。正是各类商标混淆的特点决定了商标侵权行为的类型，加强其类型研究有助于商标侵权制度的完善。类型如下：（1）单一出处混淆与多出处混淆；（2）正向混淆与反向混淆；（3）售前混淆与售后混淆；（4）联想性混淆与潜意识混淆。

二、为防止淡化确定的权利范围

（一）淡化与商标保护

混淆是传统的也是严重的侵害商标权的行为。混淆破坏了商标区别来源的基本功能，使得商标无法发挥在经营者和消费者之间传达商品信息的作用。对普通商标而言，制止混淆足以保护商标的区别功能。但是制止混淆却不能解决所有的问题。现代社会商标功能扩大，尤其是驰名商标所拥有的良好声誉和广告价值，使其成为企业进行市场竞争的王牌。借

① 彭学龙：《商标法的符号学分析》，法律出版社2007年版，第193页。
② 彭学龙：《商标混淆类型分析与我国商标侵权制度的完善》，载《法学》2008年第5期。

用驰名商标的知名度，将驰名商标用于非类似、无竞争关系的商品或者服务之上，有意或无意地让人对其商品与知名品牌产生联想，这种使用行为虽然不会引起商品来源的混淆，但却可能冲淡驰名商标的显著个性，削弱驰名商标的影响力，给商标所有人的声誉带来负面影响。因此，对驰名商标的保护单纯制止混淆是不够的，需要在混淆之外，制止其他有损于商标价值和声誉的不当使用行为。反淡化就是这样被提了出来。

反淡化的核心是保护商标的独特个性和良好声誉。驰名商标具有较强的识别性，标志与特定来源之间的关系紧密，能够产生公众吸引力，一些驰名商标甚至产生了特定性，例如，提起“星巴克”就意味着咖啡，提起“劳斯莱斯”就意味着高档轿车。驰名商标这种指示来源的显著性使其具有特殊的保护价值，虽然他人在非类似商品或服务上使用驰名商标和混淆不相干，商标所有人所受到的损害也并非因混淆导致顾客转移，但是却使商标独特的识别功能被削弱，广告价值被减损或者商标声誉被降低。因此，保护驰名商标，就必须保护其独特性。驰名商标如若允准人人使用，就将不复存在。正如美国知识产权学者谢希特(Shecchter)所言，如果容忍或放任“劳斯莱斯”餐馆、“劳斯莱斯”裤子、“劳斯莱斯”糖果存在的话，那么不出10年，“劳斯莱斯”的所有人就不复拥有这个世界驰名的商标。可见，商标淡化不同于传统的商标侵权，并不以在相同或类似商品上使用为前提，也不以引起公众混淆为条件。制止淡化的目的是为了保护商标的识别性，即指示来源显著性。只有高度驰名且显著性强的商标才具有这种受保护的利益，因而反淡化是给予驰名商标的一种特殊保护。

(二) 反淡化立法

淡化理论起源于欧洲，1923年，德国一地方法院禁止使用著名的“4711”古龙水(香水)商标于袜子商品。德国学者将此商标特别保护的立论根据解释为，商标吸引力或显著性受冲淡之危险以及双方合法利益之比较。[①] 1988年12月通过的《欧共体商标指令》中吸收了商标淡化理论，2004年2月通过的《欧洲共同体商标条例》也体现了商标淡化理论，该条例第9条“商标赋予的权利”第2款第3项规定，商标权人有权阻止将与共同体商标相同或近似的任何标志，使用在与共同体商标注册的商品或服务不相类似的商品或服务上，如果共同体商标在共同体内享有声誉，且该标志的使用将无正当理由地利用或损害该共同体商标的显著特征或声誉。该条所禁止的商标使用行为即包含了反淡化救济。1994年德国根据《欧共体商标指令》制定了新的商标法，该法第14条第2款第3项与《欧共体商标指令》第5条第2款第3项内容完全相同，是对驰名商标的特别保护，被视为商标反淡化法。

最早进行商标淡化立法的是美国。20世纪20年代，美国著名学者谢希特的商标淡化理论得到理论界认同，法院也将这一理论运用于司法实践中。1947年马萨诸塞州制定了第一部州反淡化法，此后有二十多个州制定了州一级商标反淡化法。1996年美国国会通过《联邦商标反淡化法》，对《兰哈姆法》第43条增加了一个条款，成为当时世界上唯一一个对商标淡化制定专门法的国家。根据《联邦商标反淡化法》：“驰名商标所有人有权获得禁令救济，禁止他人在其商标或商号驰名以后商业性地使用该标记，并导致该标记所具有的显著性被淡化。”对于商标的“淡化”，该法定义为，系指对著名商标识别其商品或服务的能力的削弱，而无须考虑商标所有人和他人是否存在竞争关系，或是否会在商品之间引起混淆、误认或欺骗。构成商标淡化须存在两个要件：(1) 原告的商标必须著名；(2) 被告的行为必须削弱了该商标的显著性。对于商标淡化的救济，该法案规定为，凡在他人商标或商号著名之后在商

① 曾陈明汝：《商标法原理》，中国人民大学出版社2003年版，第128页。

业上使用该商标,并足以造成该商标显著性淡化的,著名商标所有人基于衡平原则,并在法院认定合理的情况下,得请求发布禁止他人使用的禁令及获得其他救济。一般情况下,著名商标所有人可获得禁令救济;如果能够证明侵权人故意利用其商标声誉谋取利益或者致使著名商标被淡化,则有权依照《兰哈姆法》获得赔偿损失的救济。反淡化法还规定了淡化的例外,商标权人"不得依淡化请求禁止下列行为:(1)他人在比较广告或促销中使用著名商标;(2)非商业性使用著名商标;(3)任何形式的新闻报道和新闻评论的使用"。[1] 1999年和2006年美国国会又对商标反淡化法进行了修改,1999年的修改主要解决了反淡化保护运用于商标异议和商标撤销程序之中的问题。2006年的修改主要针对商标淡化的定义和有关淡化的救济两个方面。根据2006年的修改,淡化分为弱化和玷污两种类型。弱化被定义为"由于一个商标或商号与驰名商标类似而产生的联系,这种联系将损害驰名商标的显著性";玷污被定义为"由于一个商标或商号与驰名商标类似而产生的联系,这种联系将损害驰名的声誉"。对于淡化可获得的救济,2006年修正案采取了一项新的标准:驰名商标所有人有权禁止淡化行为,"不管是否存在实际的或可能的混淆,也不管是否存在竞争或实际的经济损失",只要于该商标驰名后在商业上作为商标或商号使用,可能由于弱化而冲淡或由于玷污而冲淡该驰名商标。

我国《商标法》尚未有明确的反淡化规定。《商标法》在第二次修订时增加了驰名商标保护的规定,即第13条第2款、第3款,"就相同或者类似商品申请注册的商标是复制、摹仿或者翻译他人未在中国注册的驰名商标,容易导致混淆的,不予注册并禁止使用。就不相同或者不相类似商品申请注册的商标是复制、摹仿或者翻译他人已经在中国注册的驰名商标,误导公众,致使该驰名商标注册人的利益可能受到损害的,不予注册并禁止使用"。这一规定的第3款中"致使该驰名商标注册人的利益可能受到损害的",是否属于反淡化保护,理论上看法不一。本书认为,判断我国商标法是否采纳了反淡化理论,需从立法背景及法律规定的体系化加以解释。《商标法》第13条规定是为了入世的需要,履行世界贸易组织《TRIPS协议》中保护驰名商标的义务,在条文表述上基本上采用了《TRIPS协议》第16条之三的行文,该规定表述为:"《巴黎公约》第6条之二原则上适用于与注册商标注册所标识的商品或服务不相似的商品或服务,只要该商标在这些商品或服务上的使用会暗示这些商品或服务与该注册商标所有人之间存在某种联系,从而可能损害该注册商标所有人的利益。"其中"某种联系"和"商标所有人的利益"并没有得到解释,各国立法可以将反淡化解释为其中的应有含义。《商标法》2001年修改之后,《商标法实施条例》和最高人民法院的相关司法解释在细化侵犯注册商标专用权的行为时,规定了几种具体的侵权行为,包括:将与注册商标相同或近似的标志作为商标外商业标识使用;作为企业的字号使用;作为域名使用;在不相同或不相类似商品上使用。这些构成侵权的其他行为都只有在容易使相关公众产生误认的前提下,才构成侵犯商标权的行为,也就是说,认定商标侵权行为的标准仍限于"混淆、误认"。[2] 因此从现阶段商标立法看,我国并未给予驰名商标反淡化保护。

(三)淡化的含义及其表现形式

所谓淡化,根据美国《联邦商标反淡化法》的定义,是指"减损、削弱著名商标识别性和显

---

① 〔美〕苏珊·瑟拉德:《美国联邦商标反淡化法的立法与实践》,张今译,张保国校,载《外国法译评》1998年第4期。

② 最高人民法院《关于审理商标民事纠纷案件适用法律若干问题的解释》第1条。详细内容参见本章第二节之七。

著能力的行为，而不管驰名商标所有人和使用人之间是否存在竞争关系，或者存在混淆或误解的可能性”。

淡化行为产生于现代社会大量生产、大量消费、多种经营的背景之下，是典型的现代式商标侵权行为，其主要表现形式有以下两种：冲淡和玷污。所谓冲淡指无权使用人将相同或近似商标使用在与驰名商标商品不相同或不类似的商品上，从而使该驰名商标与其商品之间的特定联系弱化。冲淡行为使驰名商标对其商品的识别能力逐渐弱化，甚至消失，侵蚀了驰名商标特有的吸引力和广告价值。冲淡的例子诸如：将“劳斯莱斯”用于自行车，将“索尼”使用于糕点、巧克力，等等。虽然使用者是在无竞争关系的商品上使用驰名商标，但这些商品或服务领域可能是驰名商标将要进入的市场。在现代化生产经营中，一些知名企业往往会在人们意想不到的领域出现。例如，已经走向世界的海尔集团，其产品从最初单一的空调、洗衣机等家电产品发展到笔记本电脑甚至橱柜、家具等多种家用产品。海尔集团可能还会开辟新的市场领域，它所凭借的就是“海尔”的市场影响力。因此，保护驰名商标需要保护商标所有人进入相关市场的利益，防止因其指示来源显著性被冲淡而削弱开拓未来市场的能力。

玷污是指一个商标被用于某些不相关的服务或商品上或用于某种环境中，有可能使该商标声誉被贬低、毁损。例如，将一个儿童玩具上的著名商标使用在带有色情内容的网站上；将著名的香水商标用于厕所清洗剂或杀虫剂上。这种使用行为所产生的结果可能使人对驰名商标产生不舒服、厌恶的感情，从而玷污了该商标的形象。

淡化商标既削弱了驰名商标与特定产品的联系，又弱化了该商标告知消费者特定出处的能力，他人对驰名商标的非混淆性使用，目的是通过消费者的联想从他人商标声誉中不正当地获利。一个商标标志与其特定出处之间的联系是其所有人经过苦心经营，投入大量人力财力培育出来的，一旦商标享有声誉，就成为经营者开发相关市场，进行长远投资的无形资产。即使他人将该商标应用在不相关的商品上，即使消费者对商品来源不会发生混淆，商标利益仍会受到损害，这就是商标声誉受损。淡化后果并不像混淆那样直接导致顾客流失、销售量下降，它的不利影响往往是间接的、潜伏的，一时难以量化。正如美国国会 1995 年在说明反淡化法的一份报告中指出的：混淆会导致对商标权人利益的立即伤害，而淡化则是一种不良感染，如果听任其传播，将不可避免地毁灭商标的广告宣传价值。① 因此，反淡化的目的是维护驰名商标与出处之间的特定关系不被破坏、驰名商标声誉不被损害。

对驰名商标的特殊保护丰富了商标法的理论，形成了以混淆为依据的保护范围和以淡化为依据的保护范围。制止混淆侧重于保护商标的区别能力，兼顾商标权人的利益和消费者的利益；制止淡化着眼于保护商标的识别能力，更加关注商标权人的利益。

需要指出的是，商标注册人申请商标注册前，他人已经在同种或类似商品上先于商标注册人使用与注册商标相同或近似并有一定影响的商标的，注册商标专用权人无权禁止该使用人在原使用范围内继续使用该商标，但可以要求附加适当区别标识。

---

① 转引自王景亮：《由“维多利亚的秘密”看美国商标反淡化法之具体应用》，载林晓云主编：《美国法通讯》第四辑，法律出版社 2005 年版。

为了争 Ugg 这个牌子,美国人和澳洲人吵起来了[①]

作为美国注册品牌,Ugg 不时出现在公众视野中,直到脱口秀主持人温弗瑞在新千年之初真正将其捧红。相比而言,普通的羊毛靴身价就低多了。三十多年前,一位名叫 Corky Carroll 的冲浪者看上了类似的一双鞋,当他将靴子打包从澳大利亚带回美国的那一刻,历史也就此开始了。

据澳大利亚商标部门透露,在该国,此类产品出现于 20 世纪 70 年代,在当时的通讯簿广告上也曾有过各类不同的拼写方式,例如 ug 和 ugh 等。该品牌在美国的东家德克斯户外公司则认为,该公司于 20 世纪 90 年代从一位名叫 Brian Smith 的澳大利亚商人那里购买了该品牌名称,毫无争议。而澳方公司在美国出售类似 Ugg 设计的靴子就是侵犯了他们的知识产权。

虽说按照血统来讲,这种羊毛靴来自澳大利亚,但毕竟知名品牌 Uggs 属于一家位于加州的美国公司——现在这家公司要起诉澳洲人用了这个牌子。至于澳洲人——包括首相 Malcolm Turnbull 在内,一致认为 Uggs 就是羊毛靴。据法律专家分析,澳方观点在美国可能站不住脚。虽然在南半球,这个单词(uggs)只是一类款式的泛称,但在美国却不是这样。澳大利亚要拿羊毛靴做文化文章,听起来有点奇怪。不过不少澳洲人对于海外有人占用自家名称和创意感到不满。

纽约大学知识产权法教授 Barton Beebe 认为:"商标法在这个方面有局限性,它更在意相关消费群体。在美国,人们不大会考虑澳洲方面的表达方式。"

澳大利亚一位名叫 Nick Xenophon 的议员在最近的一次发言中提及此次品牌保护事件时引经据典,"如果法国有香槟,葡萄牙有波特酒,西班牙有雪莉酒,希腊有菲达芝士,那么澳大利亚也该捍卫自己的'Ugg'"。但是评论里很多澳洲人认为美国根本不在乎这个名字在澳大利亚有多家喻户晓,他们只在乎自己的大公司。

第二节 侵害商标权的行为

侵害商标权是指未经商标所有人同意,擅自使用与注册商标相同或近似的标志,或者妨碍商标所有人使用注册商标,并足以引起消费者混淆的行为。

我国《商标法》第 57 条以及最高人民法院《关于审理商标民事纠纷案件适用法律若干问题的解释》第 1 条,以列举的方式规定了侵犯注册商标专用权行为,司法实践中按照上述法律规定认定商标侵权行为及其类型。据此,下列行为均属侵害商标权的行为。

一、使用他人注册商标

未经商标注册人的许可,在同一种或者类似的商品或服务上使用与注册商标相同或近

---

① 好奇心日报:《为了争 Ugg 这个牌子,美国人和澳洲人吵起来了》,http://tech.sina.com.cn/roll/2017-10-13/doc-ifymvuys8471053.shtml,访问日期:2017-12-28。

似的商标。此类行为主要发生在商品生产领域,亦即制假行为,行为人为商品的制造商或服务项目的提供者。此种侵权行为直接侵犯了商标权人的禁止权,是一种最典型的侵权行为,也是后面各个环节侵权行为的源头。侵权性使用和注册商标所有人对商标的使用方式和范围一致,包括将商标直接用于商品或服务项目上,以及在各种商业环境中使用商标。凡是对商标权人来说构成商标使用的方式,都可构成侵权性使用。

此种侵权行为又分为四种情形:(1) 在同一种商品上使用相同商标;(2) 在同一种商品上使用近似商标;(3) 在类似商品上使用相同商标;(4) 在类似商品上使用近似商标。在第(1)种情形中,被指控的商标与商标权人主张的注册商标相同,商品亦相同,已构成假冒注册商标行为,是一种严重的商标侵权行为。其余几种情形属于商标或商品之间有相似性,容易造成消费者混淆,因而构成侵犯商标权的行为。

奥克斯集团与奥克斯电梯商标权纠纷案[①]

奥克斯集团初创于 1986 年,于 2013 年 12 月更名为奥克斯集团有限公司,经营范围横跨电力、家电、通讯、地产、医疗、投资等多个产业领域,奥克斯空调就是奥克斯集团最广为人知的主打产品。奥克斯集团于 1995 年 12 月注册第 800469 号"奥克斯"商标、第 800471 号"AUX 奥克斯及图"商标和第 800472 号"AUX"商标,核定使用范围涉及空调、冰箱、电灯等 11 个品类。2006 年 1 月,奥克斯集团取得了第 5108409 号"AUX"注册商标,核定使用在电梯(升降机)、洗衣机等第 7 类商品上。

奥克斯电梯公司于 2009 年 11 月 17 日登记成立,经营范围包括生产销售电梯、电梯配件、装潢配件以及电梯的安装、改造、维修。

2014 年 6 月,奥克斯集团发现某超市内,安装了商标为"奥克斯 AUX"的自动扶梯,经核实发现该电梯的生产厂家为奥克斯电梯公司。后来,奥克斯集团又发现奥克斯电梯公司的注册域名为"www.auxlift.com",其中"aux"与奥克斯集团的英文字号"AUX"完全相同,而且网站栏目中存在"走进奥克斯""ABOUTAUX"等表述。奥克斯集团认为,上述行为已构成商标侵权及不正当竞争。

南京市中级人民法院一审判决奥克斯电梯公司停止在经营中使用"奥克斯"与"AUX"标识,停止在企业名称中使用"奥克斯"字样,停止使用涉案域名"www.auxlift.com",并赔偿奥克斯集团经济损失与合理费用共计 100 万元。江苏省高级人民法院于 2017 年 10 月 30 日作出终审判决,驳回了奥克斯电梯公司的上诉,维持一审判决。

二、销售侵犯商标权的商品

销售侵犯注册商标专用权的商品,此种侵权行为的主体一般为商品经销商。商标侵权行为人的全部目的在于牟取经济利益,侵权产品只有通过销售渠道售出后,这一目的才能实现,因而必然有销售者的参与。禁止和制裁经销侵权商品的行为,无异于在流通环节设置一

① 江苏省高级人民法院(2017)苏民终 207 号判决书。

道法律屏障,使侵权人的目的难以得逞,亦可减少侵权行为对社会造成的危害。

需要注意的是,此种侵权行为的构成与侵权法律责任之间的关系。我国《商标法》第64条第2款规定:“销售不知道是侵犯注册商标专用权的商品,能证明该商品是自己合法取得并说明提供者的,不承担赔偿责任。”这就是说,非法销售行为的构成,并不以销售者在主观上是否存在“明知”或“应知”的过错为前提,只要行为人实际上销售了侵犯注册商标专用权的商品,即构成对商标权的侵害,应当停止继续销售。在民法理论上,“停止侵害”是物权性质的请求权,只要有侵害或有侵害的可能,权利人即可行使这一请求权,而不管行为人主观状态如何。但侵权行为成立并不一定都要负赔偿责任,承担损害赔偿责任的前提是行为人主观上的过错。认定销售者“明知”或“应知”而销售侵权产品,采用过错推定的方式,即,由行为人证明该商品是自己合法取得的并说明提供者;如果不能证明的,即推定行为人主观上存在过错。市场监督管理部门总结多年商标执法查处假冒商品的经验,对行为人具有以下情况之一的,均认为销售商主观上为“明知”或“应知”:(1)更换、调换经销商品上的商标而被当场查获的;(2)因同一违法事实受到处罚后重犯的;(3)事先已被警告,而不改正的;(4)有意采取不正当进货渠道,且价格大大低于已知正品的;(5)在发票、账目等会计凭证上弄虚作假的;(6)专业公司大规模经销假冒注册商标商品或者商标侵权商品的;(7)案发后转移、销毁物证,提供虚假证明、虚假情况的。这些经验对今后行政执法及司法审判工作中认定销售者的主观过错仍然具有一定的指导意义。

三、伪造商标标识

此行为包括伪造、擅自制造他人注册商标标识或者销售伪造、擅自制造的他人注册商标标识。侵权行为的实施者一般为从事商标印制的企业或个体工商户,其行为专为制假售假提供条件。具体包括三种情况:一是未经商标权人授权和委托而制造其商标标识;二是虽有商标权人的授权或委托,但超出授权或委托的范围,制造其注册商标标识;三是销售他人注册商标标识。

按照我国商标印制管理法规的规定,商标印制单位必须是依法登记,并经其所在地县级以上工商机关确定为“指定印制商标单位”的企业或个体工商户。印制单位在承揽商标印制业务时,应当查验商标印制委托人提供的有关证明文件。印制的商标图标应与有关证书上的商标标识一致。严格禁止买卖商标标识。印制过程中的废次商标标识必须销毁。因此,伪造或销售注册商标标识的,不论哪一种形式,都违反法律规定,属于侵犯注册商标专用权的行为。

四、更换商标

更换商标,即未经商标注册人同意,将其注册商标撤下后换上自己或第三人商标并将该更换商标的商品又投入市场的行为。前述三种行为均属复制他人注册商标并用于产品、服务或广告中,试图将自己的产品说成是他人的产品。更换商标与上述行为的方向相反,在商品流通过程中,未经权利人同意撤下原商标换上自己或他人的商标,也就是将他人的产品说成是自己的产品。这种行为又称为“反向假冒”或“产品替代”。多年前发生在北京的“枫叶”诉“鳄鱼”案就是一起典型的反向假冒纠纷案。“鳄鱼”服装的经销商将其购进的北京服装厂制作的“枫叶”牌服装,撕去“枫叶”商标标识,更换上“鳄鱼”商标,再行加价出售。北京服装厂因此起诉了“鳄鱼”服装经销商。乍看起来,商标反向假冒直接针对的是产品而非商标,认定为侵犯商标权的行为似有牵强之嫌。但若全面分析商标之功能、商标权之内容，就可以看到这种行为对商标权的侵害。

商标作为商品和消费者之间的联系纽带，具有表明出处、指示质量、代表信誉、广告宣传等功能。在经营者一端，商标是商品声誉和企业信誉的象征；在消费者一端，商标是辨认和选择商品的依据。经营者要使自己的产品为消费者熟悉和喜爱，必须借助商标的广告宣传作用，让消费者认可和追随商标。消费者要获得自己满意的商品须认清商标，防止误认误购。尽管经营者和消费者处在商品交换的两端，但在防止商标的欺骗性使用上却有着共同的利益。为使商标有效和可靠地发挥作用，商标专用权必须受到保护，不允许他人在商品流通过程之中破坏或妨碍商标的正常使用。撤换注册商标的行为，令商标与商品分离，商标标示出处等功能被破坏。消费者因被蒙骗而购买的是名不副实的商品；经营者使用商标并借此建立商标信誉从而获得利益的机会受到妨碍。从侵权行为人的角度看，以他人的产品替代自己的产品，是因为替代产品具有较好的品质，经得起消费者挑选。否则，行为人也不会选中该产品。实践中已经发生的反向假冒商标纠纷案件中的事实都证明了这一点。毫无疑问，行为人绝不会愚蠢到将自己的商标与一个劣质产品捆绑在一起，成心砸掉自己的牌子的地步。这正好从反面说明，撤换商标的行为无异于掠夺了商标权人使用商标的权利，迫使商标权人为他人做嫁衣。

综上所述，撤换商标的行为之所以构成商标侵权，根本原因在于该行为破坏了商标专用权的行使，妨碍了商标功能的实现。我国《商标法》将撤换他人注册商标视为侵犯商标专用权的行为，从法律技术上明确了该行为的性质，为商标权的保护提供了更加完整的法律依据。

认定反向假冒侵权行为应注意以下条件：第一，须是行为人未经商标所有人同意而擅自更换商标。未经许可是构成侵权的必要条件。应予排除的是自愿为他人提供产品的情况，如在定牌生产、来料加工、来样加工等贸易活动中，经营者生产加工的产品进入市场所使用的商标是许可方的商标，对许可方来说，是利用他人的产品树立自己的声誉。这种经营上的互利合作关系是在双方自愿基础上建立的。第二，撤换商标的行为须发生在商品流通过程之中而尚未到达消费者。如果带有原商标的商品已经到达消费者手中，商标已实现其功能，商标权即告终结。消费者对属于自己财物上的商标标识、标牌如何处置，都无损于他人利益，商标所有人自然无须过问了。

五、为商标侵权行为提供便利条件

2013 年修正的《商标法》将原《商标法实施条例》中的“为商标侵权行为提供便利条件”纳入商标法中，规定“故意为侵犯他人商标专用权行为提供便利条件，帮助他人实施侵犯商标专用权行为的”行为，属于商标侵权。实践中这种帮助侵权主要包括故意为侵犯他人注册商标专用权行为提供制造、仓储、运输、邮寄、隐匿和认证等便利条件。市场上的制假售假活动随着经济的发展也形成了专业化，而且组织起“一条龙”的产、供、销网络。其中仓储、运输、邮寄、隐匿等就是为整个侵权活动服务的不可缺少的环节。从事这些分工协作的人虽然不是直接侵权行为人，但其为制假售假提供便利条件，造成了侵害商标权人利益的后果，因而与直接侵害商标权的行为构成共同侵权。

六、将他人注册商标用作企业字号使用

为了更好地实现与《反不正当竞争法》的衔接，2013 年修正的《商标法》还把实施条例中

"将商标作为企业名称使用"的内容上升到商标法中，规定"将他人注册商标、未注册的驰名商标作为企业名称中的字号使用，误导公众，构成不正当竞争行为的，依照《中华人民共和国反不正当竞争法》处理"。此一侵权行为是指将与他人注册商标相同或者相近似的文字作为企业的字号在相同或者类似商品上突出使用，容易使相关公众产生误认。这种行为的违法性表现在"突出使用"与商标相同或近似的字号。正常情况下，即使商号与商标相同或近似，但规范地使用企业名称全称，并不会引起误认。商标所有人认为他人将其商标作为企业名称不当使用，可能欺骗公众或者造成公众误解的，可以向法院起诉，制止他人对其商标的不当使用，也可向企业名称登记主管机关申请撤销该企业名称登记。

七、其他侵权行为

其他侵权行为，是指在上述侵权行为之外给注册商标造成损害的行为。我国《商标法实施条例》和最高人民法院《关于审理商标民事纠纷案件适用法律若干问题的解释》对此作出了进一步规定。

（一）将商标作为非商标标识使用

与典型的商标侵权行为不同，在同一种或类似的商品上，将商标作为非商标标识使用，并足以造成误认的侵权行为是从商标使用变为其他商业标志使用，其目的是利用他人注册商标的声誉进行不正当竞争。此种行为所导致的危害后果既可能是混淆误认，也可能是商标淡化。如将他人注册商标作为商品名称或装潢使用，可能会导致消费者对商品的来源或行为人与注册商标所有人之间的关系得出错误认识，此即混淆的后果。此外，此种行为可能会使商标与商品之间的关系被弱化及至最终演变为商品通用名称，此即商标淡化的后果。从现有法律规定看，认定此种侵权须以混淆为条件，但同时也为今后对驰名商标的反淡化保护留有余地。

（二）将商标作为域名注册

域名侵犯商标权，是指将与他人注册商标相同或者相近似的文字注册为域名，并且通过该域名进行相关商品交易的电子商务，容易使相关公众产生误认的，构成对注册商标专用权的侵害。域名和商标作为识别性符号具有相通之处。鉴于商标的文字可用于域名并在电子商务中起到服务商标的作用，为了制止不正当竞争，保护注册商标之利益，商标法将其视为侵害商标权的行为。

除了上述侵权行为之外，实践中还有一些行为未在法律规定的列举范围之内，这些行为应该如何认定，仍需要根据商标法理作出具体判断。例如，商标许可合同终止后，被许可人继续销售带有许可人注册商标的商品的，对此北京市高级人民法院认为，商标许可使用合同有约定或者当事人就此问题达成协议的情况下，可以根据具体情况确定它的合理销售期限。在该期限由被许可人销售使用许可合同期限内制造的商品的，不认定为侵权；被许可人逾期销售的，构成侵权。[①]

---

① 北京市高级人民法院《关于审理商标民事纠纷案件若干问题的解答》，2004 年 2 月。

第三节 法律责任及执法措施

一、侵权纠纷的处理方式

商标权具有私权性质。因侵犯商标权引起纠纷时，当事人可以自行协商解决，不愿协商或者协商不成的，商标权人或者利害关系人可以向人民法院起诉，也可以请求市场监督管理部门处理。

市场监督管理部门依法查处商标侵权案件和受理商标侵权纠纷案件是我国知识产权保护的特色。行政保护具有及时快捷和程序简化等特点，在实践中一些权利人在商标权受到侵害时倾向于选择行政救济。如果当事人先向法院起诉，市场监督管理机关不再就同一当事人提出的同一商标侵权纠纷立案受理。如果市场监督管理机关先于人民法院立案，或者行为人对社会经济秩序造成损害而没有受到相应处罚，或人民法院仅就侵权人和被侵权人的损害赔偿纠纷进行审理，市场监督管理机关仍可以受理。在法律适用上，市场监督管理部门对于有关商标法的司法解释可以作为办案的参考，但不宜直接适用司法解释。由于商标侵权纠纷属于民事纠纷，司法救济应是解决民事权利纠纷的最终途径。所以，当事人向市场监督管理部门就商标侵权行为请求处理，又向人民法院提起侵权诉讼请求损害赔偿的，人民法院应当受理。

二、执法措施

(一) 行政执法措施

市场监督管理部门处理时有权认定侵权行为，并采取执法措施责令停止侵权行为，没收、销毁侵权商品和专门用于制造侵权商品、伪造注册商标标识的工具，并可处以罚款。当事人不服责令停止侵权行为的行政处理决定的，可依法提起行政诉讼；侵权人期满不起诉又不履行的，市场监督管理部门可以申请人民法院强制执行。对于侵权行为引起的损失赔偿这一典型的民事救济手段，市场监督管理部门只能应当事人的请求进行调解，调解结果没有强制力，调解不成的，或者不履行调解协议的，当事人可以依法向人民法院提起民事诉讼，市场监督管理部门不应以行政命令的方式干预解决。县级以上市场监督管理部门在对涉嫌侵犯他人注册商标专用权的行为进行查处时，可以行使下述权力：

第一，现场检查，即直接进入当事人涉嫌从事侵犯他人注册商标专用权活动的场所进行现场检查。

第二，查阅、复制有关资料。县级以上市场监督管理部门在调查时，可以查阅、复制当事人有关的合同、发票、账簿以及其他有关资料。行使调查权的市场监督管理部门查阅、复制的资料如不属于违法行为证据，并涉及当事人商业秘密的，应当依法为当事人保密。

第三，向有关人员调查、了解有关情况。县级以上市场监督管理部门在检查过程中，有权向当事人的法定代表人、主要负责人、其他有关人员或者直接当事人调查、了解涉嫌从事侵权活动有关的情况。调查了解情况一般应在检查现场进行，必要时，市场监督管理部门也可以要求有关人员到市场监督管理部门接受调查，但不得限制被调查人员的人身自由。

第四，县级以上市场监督管理部门对涉嫌侵权活动进行查处时，对确有根据认为是侵犯他人注册商标专用权的物品的，有采取查封或者扣押的行政强制措施的权力。

查处商标侵权行为是法律赋予市场监督管理部门的一项法定职权。市场监督管理部门接受群众举报、权利人投诉、查处商标侵权违法行为过程中,发现违法事实涉嫌构成犯罪,依法需追究刑事责任的,必须向公安机关移送。市场监督管理机关有行政处罚权,可对侵权行为处以罚款,没收、销毁用于侵权的工具,但是不得以行政处罚代替移送。移送涉嫌犯罪案件,已经作出行政处罚的,不影响行政处罚的执行。

（二）诉前临时措施

我国《商标法》第 65 条规定:“商标注册人或者利害关系人有证据证明他人正在实施或者即将实施侵犯其注册商标专用权的行为,如不及时制止将会使其合法权益受到难以弥补的损害的,可以依法在起诉前向人民法院申请采取责令停止有关行为和财产保全的措施。”这一措施即诉前临时措施。经过司法实践总结,对于哪些行为可以认定为即将实施侵犯注册商标专用权的行为,北京市高级人民法院的意见认为:(1) 以销售为目的持有侵权商品;(2) 以销售为目的发布侵权商品或服务宣传广告;(3) 以制造或者销售侵权商品为目的,持有侵权标识或者带有侵权标识的包装物;(4) 其他可以认定为即将实施的侵权行为。[1] 申请人民法院采取临时保护措施的,应符合以下条件:第一,申请人必须是商标注册人或者利害关系人,如独占许可合同、排他许可合同的被许可人;第二,申请人必须提供证据,证明他人正在实施或者即将实施侵犯其注册商标专用权的行为,并且证明这种侵权行为如不及时制止,申请人的合法权益将会受到难以弥补的损害;第三,要求申请人提供担保,申请人不提供担保的,人民法院应驳回其申请。人民法院接受申请后,必须在 48 小时内作出裁定;裁定采取临时措施的,应当立即开始执行。申请人在人民法院采取临时措施后,应当在 15 日内向人民法院提起诉讼,15 日内不起诉的,人民法院应当解除所采取的临时措施。申请有错误的,申请人应当赔偿被申请人因财产保全所遭受的损失。当事人对采取临时措施的裁定不服的,可以申请复议一次。复议期间不停止裁定的执行。

三、侵权行为的法律责任

（一）民事责任

1. 停止侵害行为

此项请求权基于商标专用权的排他性而产生,故而不以行为人的主观过错为条件,也不论商标权利人是否受到实际经济损失。停止侵权必须有必要措施相配合,仅凭着发出禁止行为的命令而无必要措施,往往难以奏效。根据我国《商标法》的有关规定,相关行政机关有权采取下列措施制止侵权:(1) 没收、销毁侵权商品和专门用于制造侵权商品、伪造注册商标标识的工具;(2) 收缴并销毁侵权商标标识;(3) 消除现存商品上的侵权商标;(4) 收缴直接专门用于商标侵权的模具、印版和其他作案工具;(5) 采取前四项措施不足以制止侵权行为的,或者侵权商标与商品难以分离的,责令并监督销毁侵权商品。除行政执法之外,人民法院审理商标纠纷案件,应权利人请求,对属于假冒注册商标的商品,不得在仅去除假冒注册商标后进入商业渠道,除特殊情况外,责令销毁;对主要用于制造假冒注册商标的商品的材料、工具,责令销毁,且不予补偿;或者在特殊情况下,责令禁止前述材料、工具进入商业渠道,且不予补偿。考虑到商品流通的渠道特点,商标法通过将销毁和禁止进入商业渠道作为最主要的处置手段,提高侵权行为人的违法成本,更有利于保护权利人的合法权利,将商标

---

[1] 北京市高级人民法院《关于审理商标民事纠纷案件若干问题的解答》,2004 年 2 月。

权保护落到实处。

2. 赔偿损失

赔偿损失是侵权人承担民事责任的主要方式。故意或过失侵犯注册商标专用权给商标权人造成财产损失的,商标权人可以请求赔偿损失。损害赔偿请求权行使之目的是对侵权行为造成的损害获得经济补偿。侵权损害赔偿的构成要件包括四个方面:损害事实、损害与行为之间的因果关系、行为的违法性和行为人的主观过错。与其他的侵权损害行为相比,侵犯商标权等知识产权的行为,证明行为人主观过错有一定困难,尤其是证明销售行为人的主观过错难度很大,如果由权利人举证,不仅给侵权行为的认定带来障碍,客观上也不利于销售商恪守合理注意的义务。因此,法律对损害赔偿责任实行过错推定,由行为人证明自己不存在过错。行为人不能证明的,即推定其在明知或应知的情况下实施违法行为,应当承担赔偿损失的责任。

我国《商标法》完善了被控侵权人的免责规定,第64条规定:"注册商标专用权人请求赔偿,被控侵权人以注册商标专用权人未使用注册商标提出抗辩的,人民法院可以要求注册商标专用权人提供此前三年内实际使用该注册商标的证据。注册商标专用权人不能证明此前三年内曾经实际使用过该注册商标,也不能证明因侵权行为受到其他损失的,被控侵权人不承担赔偿责任。销售不知道是侵犯注册商标专用权的商品,能证明该商品是自己合法取得的并说明提供者的,不承担赔偿责任。"可见第64条界定了两种免责事由:第一,注册商标专用权人不能证明此前3年内曾经实际使用过该注册商标,也不能证明因侵权行为受到其他损失的,被控侵权人不承担赔偿责任。此条为2019年4月23日修订新增加的条款,意味着对于3年内未实际使用的注册商标不予赔偿。增设此条的原因,主要在于与之前商标连续3年不使用可撤销的规定相衔接,既然连续3年不使用的商标可被撤销,那么对3年未使用商标则不存在损害,法院也不应支持商标权人的诉讼请求。第二,如果销售者不知道是侵犯注册商标专用权的商品,能证明该商品是自己合法取得的并说明提供者的。本条说明商标使用人如果尽到了注意义务,且证明商品的合法来源,则不承担损害赔偿责任。

另外,针对实践中商标侵权证据收集和举证困难,我国《商标法》第63条第2款、第3款还采取了两种方式减轻权利人的举证责任,第一,在权利人已经尽力举证,而与侵权行为相关的账簿、资料主要由侵权人掌握的情况下,可以责令侵权人提供与侵权行为相关的账簿、资料;侵权人不提供或者提供虚假的账簿、资料的,人民法院可以参考权利人的主张和提供的证据判定赔偿数额。如此避免了权利人因无法获取侵权使用者相关账簿和资料导致难以确定赔偿数额的情况。第二,权利人因被侵权所受到的实际损失、侵权人因侵权所获得的利益、注册商标许可使用费难以确定的,由人民法院根据侵权行为的情节判决给予500万元以下的赔偿。此条则保证了在确实无法决定赔偿数额的情况下,法院直接根据侵权情节确定赔偿数额。

对于赔偿数额的认定,我国《商标法》第63条第1款规定了以下几种计算方式:第一,按照权利人因被侵权所受到的实际损失确定赔偿数额;第二,在实际损失难以确定的前提下,可以按照侵权人因侵权所获得的利益确定;第三,当权利人的损失或者侵权人获得的利益都难以确定的情况下,参照该商标许可使用费的倍数合理确定。最后,我国《商标法》还明确规定了惩罚性赔偿,即对恶意侵犯商标专用权、情节严重的,可以在按照上述方法确定数额的1倍以上5倍以下确定赔偿数额。赔偿数额应当包括权利人为制止侵权行为所支付的合理开支。

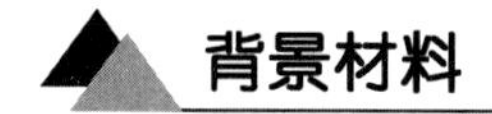

背景材料

商标侵权惩罚性赔偿适用情形研究[①]

我国《商标法》第63条中，“恶意侵犯商标专用权”之“恶意侵权”的含义应是将恶意与过错这两种表示行为人主观心理状态的范畴相并合。由此笔者认为，采恶意的广义定义会更有助于该行为类型化的界定。《商标法》第63条所规定的“恶意侵权”在原则上不包括重大过失，只有在符合法定情形的例外情况下，才可以推定此处的重大过失等同于故意。应当将此处的“恶意”作这样的理解，一般情况下它不作为商标侵权行为的构成要件，而作为对注册商标专用权及其利益是否通过动用惩罚性赔偿来加以保护的标准。结合我国现阶段实际情况，笔者认为，我国《商标法》第63条中规定的“恶意侵犯商标专用权”的侵权行为应包含两种具体类型：第一类即是，行为人明知自己不具有商标权，却故意实施侵犯他人商标专用权之行为的。第二类即是，未尽到一般人最基本的注意义务，致使应当知道却未能知道自己不享有相关商标权利而实施侵犯他人商标专用权之行为的。此类情形不应包括专业性的注意义务，以防止适用惩罚性赔偿主观类推标准的扩大化。此两种恶意侵权类型被允许适用惩罚性赔偿，还需同时达到“情节严重”这一法定程度。

（二）行政责任

行政责任，是指市场监督管理部门对侵犯商标权的行为处以的行政处罚。知识产权行政保护是我国特色的救济模式。对于侵犯商标专用权的行为，地方各级市场监督管理部门有权依法查处，商标权人或其他利害关系人也可以请求市场监督管理部门处理。市场监督管理部门处理时，认定侵权行为成立的，责令停止侵权，没收、销毁侵权商品和专门用于制造侵权商品、伪造注册商标标识的工具。对侵犯注册商标专用权的行为，尚未构成犯罪的，市场监督管理机关根据违法经营额或侵权情节处以罚款。对于违法经营额5万元以上的，可以处违法经营额5倍以下的罚款，没有违法经营额或者违法经营额不足5万元的，可以处25万元以下的罚款。对5年内实施两次以上商标侵权行为或者有其他严重情节的，应当从重处罚。销售不知道是侵犯注册商标专用权的商品，能证明该商品是自己合法取得并说明提供者的，由市场监督管理部门责令停止销售。上述规定无疑细化了商标侵权的行政处罚标准，一方面使得行政执法具有可操作性，另一方面也限制了执法部门以往过大的自由裁量权。

另外，我国《商标法》还专门规定了商标代理组织的责任。根据第68条的规定，商标代理组织存在下列行为的，由市场监督管理部门责令限期改正，给予警告，处1万元以上10万元以下的罚款；对直接负责的主管人员和其他直接责任人员给予警告，处5000元以上5万元以下的罚款：第一，办理商标事宜过程中，伪造、变造或者使用伪造、变造的法律文件、印章、签名的；第二，以诋毁其他商标代理组织等手段招徕商标代理业务或者以其他不正当手段扰乱商标代理市场秩序的；第三，代理商标注册过程中，不以使用为目的申请商标注册、明知委托人不以使用为目的申请商标注册还接受委托、恶意申请商标注册行为、未遵循诚实信

① 舒媛：《商标侵权惩罚性赔偿适用情形研究》，载《法学评论》2015年第5期。

用原则,未尽到保守商业秘密和告知义务,或侵害被代理人其他权益的。如商标代理组织有前述情形,情节严重的,商标局、商标评审委员会并可以决定停止受理其办理商标代理业务,予以公告。同时,商标代理组织违反诚实信用原则,侵害委托人合法利益的,应当依法承担民事责任,并由商标代理行业组织依照章程规定予以惩戒。

查处侵犯"MERCEDESBENZ""Audi"商标专用权案[①]

2017年3月,北京市工商局丰台分局接到戴姆勒股份公司和奥迪股份公司的举报,称北京南平顺泰科技有限公司在其经营场所内销售侵犯其注册商标专用权的汽车制动片,请求查处。

执法人员在该销售场所发现大量带有奔驰图形标识和"MERCEDESBENZ"英文字母标识的汽车制动片,带有奥迪图形标识和"Audi"英文字母标识的汽车制动片。经商标权利人鉴定为假冒注册商标专用权的商品。当事人北京南平顺泰科技有限公司未能提供上述汽车制动片的合法进货票据等凭证,也无法说明合法进货渠道。

当事人北京南平顺泰科技有限公司的上述行为,属于《中华人民共和国商标法》第57条销售侵犯注册商标专用权的商品的行为,依据《中华人民共和国商标法》第60条第2款的规定,北京市工商局丰台分局责令当事人立即停止侵权行为,并作出没收侵权商品及罚款29.5万元的行政处罚。

(三)刑事责任

我国《刑法》第213条、第214条和第215条规定了三种侵犯商标权的犯罪及其刑事责任:

1. 假冒注册商标罪

假冒注册商标罪是指未经注册商标所有人许可,在同一种商品、服务上使用与他人注册商标相同的商标,情节严重的行为。例如,因假冒他人注册商标,被市场监督管理机关给予两次行政处罚又假冒他人注册商标的;假冒他人已经注册的人用药品商标的;利用贿赂等非法手段推销假冒商标商品的;假冒他人注册商标造成恶劣社会影响、国际影响的,均属于情节严重,可构成假冒注册商标罪。有上述行为构成犯罪的,处3年以下有期徒刑,并处或单处罚金;情节特别严重的,处3年以上10年以下有期徒刑,并处罚金。

2. 销售假冒注册商标的商品罪

如果行为人明知是假冒注册商标的商品而非法销售,违法所得数额较大或者有其他严重情节,构成犯罪,处以3年以下有期徒刑,并处或单处罚金;违法所得数额巨大或者有其他特别严重情节的,处3年以上10年以下有期徒刑,并处罚金。

3. 非法制造、销售非法制造的注册商标标识罪

此种犯罪行为包括伪造、擅自制造他人注册商标标识或者销售伪造、擅自制造的注册商标标识。情节严重,构成犯罪的,对行为人处以3年以下有期徒刑,并处或单处罚金;情节特

① 新浪综合:《北京市工商局公布2017年"双打"十大典型案例》,http://finance.sina.com.cn/roll/2017-12-15/doc-ifypsqka0500584.shtml,访问日期:2017-12-28。

别严重的，处3年以上10年以下有期徒刑，并处罚金。

单位犯以上罪行，对单位判处罚金，对直接负责的主管人员和其他直接责任人员，依照上述规定处罚。

假冒"苹果"注册商标案①

2014年9月至2015年3月间，被告人郑惠文利用徐延智（另案处理）的居民身份证在淘宝网上注册了"篡机阁"淘宝商铺，以六种模式对外销售"iphone"系列手机，雇佣徐延智、张立涛（另案处理）做客服。在此期间，为获取非法利益，被告人郑惠文明知其从王某等处购进的"iphone4"手机均系利用假冒苹果公司生产或授权生产的配件进行组装、翻新的带有第5621462号"iPhone"商标和第6281379号"iphone4"商标的假冒手机，仍在其经营的淘宝商铺以400余元至800余元不等的价格对外销售，共销售"iphone4"翻新手机1417部，销售金额共计891165.67元，从中获利20余万元。

原审法院认为，被告人郑惠文明知其销售的手机是假冒苹果公司注册商标的商品，仍予以销售，销售金额891165.67元，数额巨大，其行为已构成销售假冒注册商标的商品罪。二审法院认为，上诉人郑惠文明知其销售的手机是假冒苹果公司注册商标的商品，仍予以销售，销售金额人民币891165.67元，数额巨大，其行为已构成销售假冒注册商标的商品罪。案发后，上诉人郑惠文主动退出绝大部分违法所得，依法可酌情从轻处罚。原审人民法院判决认定的事实清楚，证据确实、充分，定罪准确，审判程序合法。

第四节　驰名商标的特殊保护

一、驰名商标的概念

驰名商标是指经过长期使用，在市场上享有较高信誉并为公众熟知的商标。驰名商标有以下两个特点：第一，具有较强的识别能力。识别和区分不同来源的商品是商标的基本功能。驰名商标与其商品或服务及出处之间建立了较为紧密的联系，它所产生的"顾客吸引力"能够转化为巨大的经济效益。第二，商品或服务质量恒定、优良。驰名商标所标示的商品或服务的质量尽管有档次和价格的差异，但其质量水平都能保持连续性、稳定性。正是商品或服务的良好信誉凝结为商标的知名度，对消费者来说，驰名商标即意味着可靠的商品质量和良好的企业声誉。

一个商标之所以驰名与其在市场上的长期使用分不开。商标附置于商品行销于市或借助广告宣传是造就商标为公众熟知的前提条件。离开商品或服务，无所谓商标；而没有商标所有人对商标的长期使用和宣称，公众无法得知更谈不上熟悉一个商标。可见，商标使用的时间、范围、广告力度决定了商标的知名程度。

① 江苏省高级人民法院(2017)苏刑终40号判决书。

驰名商标并非特定的商标种类,驰名商标的意义在于可能获得的特殊保护。商标的驰名是经由市场活动而形成的一种事实状态。任何一个商标,不管是商品商标还是服务商标,集体商标还是证明商标,都可能成为事实上的驰名商标。驰名商标也不是荣誉称号,更不是终生桂冠。在变幻莫测的市场竞争中,一个商标可能脱颖而出广为人知,也可能一蹶不振,销声匿迹而被人遗忘。

一个商标的驰名与注册与否没有直接关系。注册是取得注册商标专用权的依据,但与"驰名"无关。对消费者来说并不关心一个商标是注册的还是未注册的,未注册的商标经过实际使用,照样可以产生一定影响。

我国《商标法》实施之初并没有规定驰名商标的保护。1985年加入《巴黎公约》以后,就涉及按照公约要求保护驰名商标的问题。在实务中,商标主管部门按照《巴黎公约》的要求积极履行国际义务,对某些外国商标给予驰名商标保护。2001年修订后的《商标法》新增第13条、第14条明确规定了驰名商标的保护。2013年修订的《商标法》再次完善了驰名商标的含义与认定方式,其中第13条第1款规定了何谓驰名商标,即"为相关公众所熟知的商标,持有人认为其权利受到侵害时,可以依照本法规定请求驰名商标保护";第2、3款则规定了驰名商标的特殊保护要求,即"就相同或者类似商品申请注册的商标是复制、摹仿或者翻译他人未在中国注册的驰名商标,容易导致混淆的,不予注册并禁止使用。就不相同或者不相类似商品申请注册的商标是复制、摹仿或者翻译他人已经在中国注册的驰名商标,误导公众,致使该驰名商标注册人的利益可能受到损害的,不予注册并禁止使用"。第14条确认了驰名商标个案认定、作为案件事实认定、个案保护、被动保护原则,要求认定驰名商标应当根据当事人的请求,作为处理涉及商标案件需要认定的事实进行认定。同时还规定了五种认定驰名商标的要素。

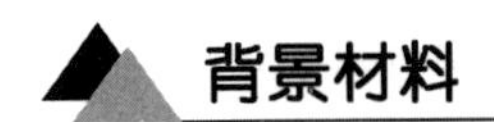

背景材料

我国驰名商标的保护历程[①]

中国对驰名商标的保护始于1985年3月中国成为《巴黎公约》成员国之后。1996年8月14日,中华人民共和国工商行政管理局发布了《驰名商标认定和管理暂行规定》,此时驰名商标规定的特点:(1)规范的驰名商标都是注册商标;(2)商标局是认定驰名商标的唯一合法机构,经商标局认定的驰名商标,可享有3年的有效期,3年之内无需重新认定;(3)驰名商标的认定依据不同的情况可以采取主动认定或者被动认定的方式。中国于2001年对《商标法》进行了第二次修订,明确规定了对驰名商标的保护,主要体现在第13条。这次修订结束了我国一直以来仅承认注册商标驰名的历史,进一步完善了驰名商标保护规定,提高了驰名商标保护尺度。为适应商标保护新形势的需要,2003年4月17日,中华人民共和国国家工商行政管理总局修改了《驰名商标认定和管理暂行规定》(1996),更名为《驰名商标认定和保护规定》,对驰名商标的保护更加完善。2009年,最高人民法院发布了《关于审理涉及驰名商标保护的民事纠纷案件应用法律若干问题的解释》,科学界定驰名商标司法保护的范围,规定了多种措施力图遏制驰名商标异化。扩大驰名商标保护范围主要是增列了驰名

① 杜敏:《我国驰名商标的保护历程及反思》,载《法制与社会》2015年第2期。

商标反淡化保护。2013年第三次修改后的《商标法》吸收了上述司法解释规定的主要精神和实质内容，强调驰名商标被动认定为主导、主动认定为辅助的原则，驰名商标认定的效力必须遵循个案效力原则，只有注册驰名商标才能获得跨类保护。

二、驰名商标的意义

驰名商标作为商标法上的一项制度，其意义在于，以驰名为理由为商标提供注册制度之外的特殊保护，以制止商标的不正当竞争行为。驰名商标制度的初衷是给予未注册商标一定程度的保护。按照注册原则，“不注册，不保护”，这一原则在某些情况下可能导致很不公平的结果，例如，某个商标在其本国或相关国家已经注册并为相关公众所熟知，却未在国外注册，对外国来说该商标即为未注册商标。当该商标在国外被他人抢先注册时，势必对该商标所有人造成损害。早在驰名商标的规定出现之前，一些《巴黎公约》成员国就提出，对那些没有在请求保护国获得注册的商标，如果事实上已广为人知，经过该国主管机关的认定，该驰名商标的所有人对在先申请或注册的相同、近似商标，可以要求拒绝注册、撤销注册、禁止使用。虽未使用但已驰名的多为外国商标。因此，驰名商标的保护一开始就是一个国际问题，保护对象为尚未在本国注册的外国商标。1925年，在《巴黎公约》的海牙修订会议上，驰名商标被写进第6条之二，构成最初的有关驰名商标的法律。《巴黎公约》第6条之二的内容为，凡系被成员国认定为驰名商标的，不论在请求保护的成员国注册与否，他人抢先注册的应禁止注册，已经注册的应撤销注册，并禁止使用。这一规定的基本精神是，未经注册但享有知名度的商标应当和注册商标一样，具有禁止他人注册、使用的效力。换言之，驰名商标所有人享有的权利，并非来自于注册，而是由于商标的知名度。

尽管《巴黎公约》在驰名商标保护上开法律之先河，但仍然遗留了一些问题，例如，服务商标是否同样享受保护、驰名的范围究竟多大为宜、是否实际使用才产生知名度、给予的保护是否只限于相同或类似的商品、没有混淆是否就不能制止他人的使用。[①] 1994年通过的《TRIPS协议》对上述问题作出了回答。《TRIPS协议》第16条第2款、第3款规定：“巴黎公约第6条之二，原则上适用于服务商标。决定一个商标是否驰名时，成员国应考虑该商标在相关公众中的知晓程度，包括在该成员国地域内因宣传商标而使公众知晓的程度。巴黎公约第6条之二原则上适用于与注册商标的商品或服务不相类似的商品或服务上，只要商标在这些类似商品或服务上使用将会表明这些商品或服务与商标所有人之间存在联系，以及注册商标所有人的利益可能因此种使用而受到损害。”可见，《TRIPS协议》对驰名商标制度作了补充和扩大。首先，驰名商标包括服务商标；其次，将驰名商标的保护范围不局限于类似商品和服务；再次，放宽了侵权的标准，承认混淆之外的商标侵害；最后，驰名商标的“知名”，可以通过广告宣称而产生，而不是必须实际使用。从两个国际公约的沿革可以看到驰名商标制度的发展轨迹，如果说《巴黎公约》突破了注册取得权利的限制，使未注册商标因驰名而受到保护，《TRIPS协议》则突破了注册范围的限制，给予驰名商标在非类似商品和服务上的保护。《巴黎公约》遵循制止混淆这一商标保护的传统理论，《TRIPS协议》则更进一步，承认以淡化为依据的现代商标保护标准。

---

① 黄晖：《商标法》，法律出版社2004年版，第248页。

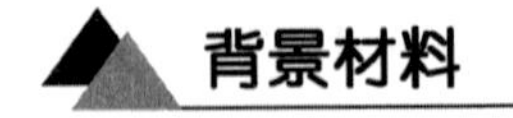

背景材料

与驰名商标相关的认识误区[①]

随着驰名商标保护制度的立法及执法实践的发展，驰名商标是对相关公众熟知商标的保护制度的理念已逐渐被社会认知。但在实践层面，部分商标权利人、地方政府、地方工商部门、市场监管部门、相关社会公众、消费者对驰名商标认定及保护工作仍存在若干认识误区，需要加以澄清和纠正。

误区一：驰名商标是荣誉称号，认定工作是荣誉评比。澄清：驰名商标不是荣誉称号。驰名商标认定是商标主管机关依法履行对相关公众熟知商标的保护职责。驰名商标认定遵循“个案认定，被动保护”原则，只有驰名商标持有人认为其权利受到侵害时，才可以请求驰名商标认定保护。获得驰名商标认定后，在相关个案中驰名商标持有人可以制止涉案对方商标注册并禁止使用。

误区二：驰名商标一经认定，终身有效。澄清：商标的驰名度是一个动态的、不断变化的事实。驰名商标认定遵循“个案认定，被动保护”原则，认定结果仅对该案有效。

误区三：法律禁止“驰名商标”进行广告宣传不合理。澄清：利用“驰名商标”字样进行广告宣传涉嫌不公平竞争。虽然现行商标法没有对生产、经营者之外的主体，例如政府部门宣传驰名商标作出约束性规定，但基于商标法立法本意以及政府部门构建公平竞争市场环境的职责，政府部门自身也应杜绝对市场主体驰名商标进行宣传的行为。

误区四：驰名商标是对产品质量的担保。澄清：驰名商标认定评价的是在特定案件中某一时间段上市场主体商标的知名度问题，产品质量监管并非商标及驰名商标法律制度的功能。

三、驰名商标的认定

驰名商标的认定和特殊保护密切相关，认定“驰名”是提供特殊保护的前提，保护是认定“驰名”的目的。

(一) 认定的方式

按照《巴黎公约》的规定，关于一个商标是否在某一国家驰名这一问题，由该国主管行政机关或司法机关决定。这就是说，如果他人在相同或类似商品上注册与驰名商标相同或近似的商标，由主管行政机关拒绝或撤销注册，并禁止使用。其中的禁止使用，多数情况下应当是由法院作出的裁决。[②] 按照国际通行做法，我国认定驰名商标的机构是商标局或商标评审委员会及人民法院。商标局和商标评审委员会依法行使商标注册、商标评审的职能，在商标确权或商标争议裁定过程中对所涉及的商标是否驰名作出认定。人民法院在审理商标纠纷案中，对涉案商标是否驰名依法认定，属于查明案件事实。不管是行政机关认定还是人民

---

① 工商总局商标局：《谈谈与驰名商标相关的认识误区》，http://www.saic.gov.cn/sbj/gzdt/201707/t20170707_267405.html，访问日期：2017-12-28。

② 〔荷〕博登浩森：《保护工业产权巴黎公约的解说》，汤宗舜、段瑞林译，专利文献出版社1984年版，第82页。

法院认定，都须有当事人的请求，当事人未主张的，商标主管机关和人民法院不予主动认定。即使当事人提出请求，行政机关和人民法院应视案件情况审查是否有必要认定，如果依据商标法可以解决涉案商标的保护和处理商标侵权行为的，就没有必要认定驰名商标。如果涉案商标应当得到保护但难以根据《商标法》给予保护的，有必要先行认定该商标是否为驰名商标。认定商标的“驰名”与否，属于查明案件的基本事实，应由当事人提交证据加以证明。认定机关对提交的证据材料依照法定程序审查判断，认为真实可靠予以采纳的，成为诉讼证据。个案中认定的结果只对本案有效，此后再发生商标侵权纠纷时，曾作为驰名商标受保护的记录可作为重新认定的参考，执法机关应根据该商标当时的状况和案件的具体情况作出判断。

概言之，驰名商标的认定应坚持“个案认定”方式，在商标确权或者商标侵权纠纷发生时，当事人认为其商标构成驰名商标，并提出商标驰名的证据的，商标行政执法机关或者人民法院将依法作出认定。认定驰名商标是个案中查明事实、适用法律的前提，只有在案件需要并有当事人主张时，商标管理机关和人民法院才会先行作出认定。2013 年我国在修订《商标法》时也明确规定了驰名商标的个案认定原则，以当事人的事先请求为前提，新修订的第 14 条新增加了三种个案认定驰名商标的方式：第一，在商标注册审查、工商行政管理部门查处侵犯注册商标专用权案件过程中，当事人主张驰名商标保护的，商标局根据审查、处理案件的需要，可以对商标驰名情况作出认定。第二，在商标争议处理过程中，当事人主张驰名商标保护的，商标评审委员会根据处理案件的需要，可以对商标驰名情况作出认定。第三，在商标民事、行政案件审理过程中，当事人主张驰名商标保护的，最高人民法院指定的人民法院根据处理案件的需要，可以对商标驰名情况作出认定。同时，为了避免实践中当事人将个案认定的驰名商标当做广告宣传，并误导消费者认为驰名商标是国家对商品质量的认定，2013 年修订的《商标法》还专门规定生产者、经营者不得将“驰名商标”字样用于商品、商品包装或者容器上，或者用于广告宣传、展览以及其他商业活动中。

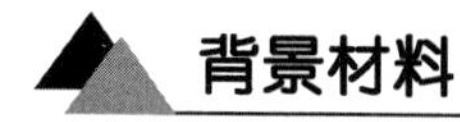

背景材料

未注册驰名商标的司法认定[①]

近些年来，有关未注册商标的法律保护已经引起国内各界的关注。2004 年 11 月 12 日，未注册商标“小肥羊”被国家工商总局商标局认定为中国驰名商标，就曾经引起过争议和广泛的讨论。作为“小肥羊”这样一个未注册商标，通过行政机关认定为驰名商标，应该说是我国商标保护制度的一个进步，其意义是可圈可点的，在我国开创了未注册商标被认定为驰名商标的先河，证实了在我国未注册商标不仅可以受到法律的保护，而且具备驰名商标条件的还可以认定为驰名商标加以保护已经成为现实。这一点已经在有关行政机关、司法机关和学术界广泛达成共识。事隔两年，又一个未注册商标“酸酸乳”再次被认定为驰名商标，所不同之处在于，这次不是通过行政机关，而是通过法院首次将一个未注册商标认定为驰名商标。

① 李顺德：《未注册驰名商标的司法认定》，载《中华商标》2007 年第 2 期。

（二）认定的标准

驰名商标的认定应当依照一定标准进行。有关认定标准在《巴黎公约》第 6 条之二中并没有规定，而是由后来的《TRIPS 协议》作出一个原则性的规定。按照《TRIPS 协议》第 16 条第 2 款，在确定一个商标是否驰名时，各成员应考虑到该商标在相关部门为公众所知晓的程度，包括该商标因宣传而在该有关成员获得的知名度。

一些国际组织提出了更为具体的认定驰名商标的标准，世界知识产权组织 1999 年通过的《关于驰名商标保护规定的联合建议》认为，认定某一商标是否驰名，需要考虑以下要素：相关公众对该商标的了解或知晓程度；该商标持续使用的时间、程度和地理范围；该商标任何宣传的持续时间、程度和地理范围；就该商标申请注册和获得注册的地理范围和时间；有效实施该商标的记录，该商标成功实施商标权的记录，尤其是为主管机关认定为驰名商标的部分；该商标的市场价值。该联合建议还指出，以上标准因素是用以帮助主管机关认定商标是否驰名的指定性因素，而非作出认定的前提条件。在每一个案例中，驰名商标的认定取决于该案例的具体情况。

美国在《联邦商标反淡化法》中规定了认定某一商标是否著名并且具有显著性时，应考虑以下因素：(1) 商标显著性（固有的或取得的）的强弱程度；(2) 商标用于商品或服务上的持续时间及范围；(3) 商标广告与宣传的持续时间与范围；(4) 商标用于商业上的地理范围；(5) 使用商标的商品或服务的交易渠道；(6) 著名商标在贸易区域内及交易渠道中被认知的程度；(7) 第三人使用相同或近似商标的性质与范围；(8) 是否为联邦注册商标。

国际公约及各国立法的上述认定标准并无实质差异，但是适用标准的结果却可能存在差异，甚至同一个商标在不同国家或者同一国家的不同法院、不同时期都会出现大相径庭的认定结论。这是因为认定驰名商标遵循的是“个案”原则，某个商标是否驰名，仅就个案的事实而言，仅对个案的当事人具有约束力。在这个案件中认定为驰名的商标，并不保证在另一个案件中也被认定为驰名。

我国《商标法》第 14 条规定了驰名商标的认定，首先，从有权认定的主体看，2013 年修订的《商标法》明确了认定驰名商标的主体范围，规定：(1) 商标局根据审查、处理商标违法案件的需要；(2) 商标评审委员在处理商标争议过程中；以及 (3) 最高人民法院指定的人民法院在商标民事、行政案件审理过程中，可以对商标驰名情况作出认定。其次，从认定考量因素看，认定驰名商标应当考虑以下因素：(1) 相关公众对该商标的知晓程度；(2) 该商标使用的持续时间；(3) 该商标的任何宣传工作的持续时间、程度和地理范围；(4) 该商标作为驰名商标受保护的记录；(5) 该商标驰名的其他因素。2014 年，原国家工商行政管理总局发布的《驰名商标认定和保护规定》第 9 条也规定了更为细化的考量标准，更明确地规定当事人在请求认定驰名商标时，应当提交以下可以证明其商标驰名的材料：(1) 证明相关公众对商标知晓程度的有关材料。(2) 证明该商标使用持续时间的材料，如该商标使用、注册的历史和范围的材料。该商标为未注册商标的，应当提供证明其使用持续时间不少于 5 年的材料。该商标为注册商标的，应当提供证明其注册时间不少于 3 年或者持续使用时间不少于五年的材料。(3) 证明该商标的任何宣传工作的持续时间、程度和地理范围的材料，如近 3 年广告宣传和促销活动的方式、地域范围、宣传媒体的种类以及广告投放量等有关材料；(4) 证明该商标曾在中国或者其他国家和地区作为驰名商标受保护的材料；(5) 证明该商标驰名的其他证据材料，包括使用该商标的主要商品近 3 年的销售收入、市场占有率、净利润、纳税额、销售区域等材料。需要注意的是，该规定特别指明，商标局、商标评审委员会在认定驰名商标时，应当综合考虑《商标法》第14条规定的各项因素，但不以该商标必须满足该条规定的全部因素为前提。

背景材料

论驰名商标认定的公众范围标准[①]

注册豁免和跨类保护是驰名商标保护的两种动因，而相关公众和普通公众则是驰名商标认定的两种公众范围标准。由于不同的保护动因下驰名商标受到的保护程度不同，对驰名商标本身也提出了不同要求，因此不同的保护动因下驰名商标的认定应采用不同的公众范围标准：对于注册豁免，采用相关公众的公众范围标准认定未注册的驰名商标；对于跨类保护，采用普通公众的公众范围标准认定驰名商标，而不管其注册与否。驰名商标保护动因不仅是相关国际公约创立驰名商标保护制度的初始动机，也是驰名商标持有人保护其驰名商标的基本目的。由于不同的保护动因对驰名商标认定的公众范围标准提出了不同的要求，驰名商标保护的动因是确定驰名商标认定的公众范围标准的出发点：采用相对较低却适当的相关公众的公众范围标准认定请求注册豁免的未注册驰名商标，既能合理地保护未注册驰名商标所有人的利益，又能最大限度地维护注册取得商标权体制的固有优势；不管是注册的驰名商标还是未注册的驰名商标，采用较高的普通公众的公众范围标准认定请求跨类保护的驰名商标，既能有效保护那些真正具有跨类影响力的商标，又能防止普通商标异化为反对竞争的武器。

四、驰名商标的保护

驰名商标的特殊保护体现在商标确权程序和商标权的保护等方面。

（1）拒绝注册或撤销注册。将与他人驰名商标相同或者近似的商标申请注册，容易导致混淆或者致使该驰名商标注册人的利益受到损害的，驳回注册申请；已经注册的，自注册之日起5年内，驰名商标注册人可以请求商标评审委员会予以撤销，但恶意注册的不受5年时间的限制。

云南奥普伟业金属建材有限公司等与杭州奥普电器有限公司商标无效宣告行政纠纷上诉案[②]

2009年11月，杭州奥普向商评委申请宣告“奥普 aopu”商标无效；经过近六年的审理，2015年7月，商评委认定杭州奥普的“奥普 aupu”引证商标为驰名商标，却以证据不足、申请

① 王太平：《论驰名商标认定的公众范围标准》，载《法学》2014年第10期。

② 最高人民法院(2017)最高法行申2986号判决书。

争议超出了5年期限、争议商标核定的金属建筑材料与引证商标核定使用商品不类似、不会产生混淆误认，争议商标与引证商标共存时间长、已经形成持续13年的稳定市场秩序为由，作出维持争议商标“奥普 aopu”注册的裁定。杭州奥普不服，向北京知识产权法院提起行政诉讼。2016年6月，北京知识产权法院经过审理，认定杭州奥普电器的引证商标“奥普 aupu”为驰名商标，争议商标“奥普 aopu”的注册具有恶意，可以突破5年的争议期限进行保护，第6类“金属建筑材料”与驰名商标核定的浴霸等商品存在密切关系，争议商标的注册和使用容易引起市场混淆、误认，无法形成稳定的市场秩序，撤销商评委裁定；2017年3月2日，北京市高级人民法院驳回现代新能源等上诉请求，维持了北京知产法院的判决。随后，云南奥普与现代新能源不服判决，向最高人民法院上诉，最高人民法院驳回再审申请，这场围绕“奥普”商标权的7年战役，终于在杭州奥普的持续抗争中尘埃落定，“奥普 aupu”获得完胜。

(2) 禁止作为商标使用。将他人未在中国注册的驰名商标使用在相同或者类似商品上，容易导致混淆的，禁止使用；将他人已经在中国注册的驰名商标在不相同或者不相类似商品上使用，误导公众，致使该驰名商标注册人的利益可能受到损害的，禁止使用。

(3) 禁止作为商号登记。商标所有人认为他人将其驰名商标作为企业名称登记，可能欺骗公众或者对公众造成误解的，可以向企业名称登记主管机关申请撤销该企业名称登记。

(4) 禁止作为域名注册。商标所有人认为他人将与其驰名商标相同或者近似的文字注册为域名，并且通过该域名进行相关商品交易的电子商务，容易使相关公众产生误认的，可以向域名注册机构申请撤销该域名注册。

驰名商标的意义在于特殊保护。“特殊”即超越注册原则给予扩大保护。具体而言，已注册的驰名商标，保护范围扩大到不相同、不类似的商品或服务上，实行跨类保护。标志的范围延伸到商标外其他的商业标志。未注册的驰名商标，不受注册原则的限制，未注册的同样给予保护，保护范围限定在相同或类似商品上。同时，商标的驰名程度和显著性强弱，决定着保护范围的大小。最高人民法院《关于审理商标授权确权行政案件若干问题的意见》明确规定，对于已经在中国注册的驰名商标，在不相类似商品上确定其保护范围时，要注意与其驰名程度相适应。对于社会公众广为知晓的已经在中国注册的驰名商标，在不相类似商品上确定其保护范围时，要给予与其驰名程度相适应的较宽范围的保护。因此，知名度高的商标要比知名度低的商标获得的保护力度更大；显著性强的商标比显著性弱的商标、固有显著性的商标比取得显著性的商标保护范围更大。

需要指出的是，生产者、经营者不得将“驰名商标”字样用于商品、商品包装或者容器上，或者用于广告宣传、展览以及其他商业活动中，以便维护公平竞争的市场秩序，引导驰名商标回归其立法本意，防止出现制度异化，促使企业在尊重市场规则的前提下真正培育自身品牌的市场竞争力。

[深度阅读]

1. 王太平：《论商标侵权的判断标准：相似性与混淆可能性之关系》，载《法学研究》2014年第6期。

2. 李明德：《商标注册在商标保护中的地位与作用》，载《知识产权》2014年第5期。

3. 彭学龙：《商标混淆类型分析与我国商标侵权制度的完善》，载《法学》2008年第5期。

4. 李军:《商标侵权不停止侵害研究——兼评“非诚勿扰”商标侵权案》,载《河北法学》2016 年第 10 期。

5. 杜颖:《商标法律制度的失衡及其理性回归》,载《中国法学》2015 年第 3 期。

6. 李明德:《中日驰名商标保护比较研究》,载《环球法律评论》2007 年第 5 期。

7. 王太平:《论驰名商标认定的公众范围标准》,载《法学》2014 年第 10 期。

8. 杨叶璇:《试论保护未注册驰名商标的法律依据和法律意义》,载《知识产权》2005 年第 2 期。

9. 郑辉、刘丹冰:《驰名商标法律保护的限制规则》,载《知识产权》2009 年第 3 期。

[法条导航]

1.《中华人民共和国商标法》第十四条,第五十六条至第七十一条

2.《中华人民共和国商标法实施条例》第三条,第七十五条至第八十二条

3.《驰名商标认定和保护规定》

4. 最高人民法院《关于审理商标民事纠纷案件适用法律若干问题的解释》

5. 最高人民法院《关于审理注册商标、企业名称与在先权利冲突的民事纠纷案件若干问题的规定》

6. 最高人民法院《关于审理商标授权确权行政案件若干问题的规定》

7. 最高人民法院《关于审理商标授权确权行政案件若干问题的意见》

[思考题]

1. 试述商标的反向假冒及其法律责任。

2. 简述商标侵权行为的表现形式。

3. 简述商标侵权行为的民事责任。

4. 简述驰名商标的概念及认定标准。

5. 我国对驰名商标规定了哪些特殊保护措施?

博雅

第五编 ｜ 其他知识产权

第二十五章

集成电路布图设计权

［内容提要］ 本章简要介绍了集成电路布图设计权的法律保护，着重介绍了集成电路布图设计权的保护模式、权利内容、权利取得方式、布图设计登记程序、保护措施以及权利限制等内容，重点为集成电路布图设计权的保护模式与权利内容。

［关键词］ 集成电路布图设计　集成电路布图设计权

第一节　集成电路布图设计的概念

集成电路是以蚀刻工艺技术将特定模型置于两层以上金属的绝缘物或半导体的涂层之上，并使其发挥电子电路技术功能的电子产品。按照1989年世界知识产权组织《关于集成电路的知识产权条约》（以下简称《华盛顿条约》）的解释，它是指"一种产品，包括最终形态和中间形态，是将多个元件，其中至少有一个是有源元件，和部分或全部互连集成在一块半导体材料之中或之上，以执行某种电子功能"。我国《集成电路布图设计保护条例》将集成电路定义为："集成电路，是指半导体集成电路，即以半导体材料为基片，将至少有一个是有源元件的两个以上元件和部分或者全部互连线路集成在基片之中或者基片之上，以执行某种电子功能的中间产品或者最终产品。"集成电路属于微电子技术的范畴，是现代电子信息的基础，它具有体积小、速度快、能耗低的特点，被广泛应用于各种电子产品之中。

集成电路是一种综合性技术成果，它包括布图设计和工艺技术。所谓布图设计又称掩膜作品或拓扑图，是附着于各种载体上的电子元件和连接这些元件的连线的有关布局设计。在《华盛顿条约》定义条款中，布图设计是指"集成电路中多个元件，其中至少有一个是有源元件，和其部分或全部集成电路互连的三维配置，或者是指为集成电路的制造而准备的这样的三维配置"。我国《集成电路布图设计保护条例》对布图设计的定义与《华盛顿条约》的定义同出一辙，"集成电路布图设计（以下简称"布图设计"），是指集成电路中至少有一个是有源元件的两个以上元件和部分或者全部互连线路的三维配置，或者为制造集成电路而准备的上述三维配置"。布图设计或是以掩膜图形的方式存在于掩膜板上，或是以图形的方式存在于芯片表面和表面下的不同深度处，或是以编码方式存在于磁盘、磁带等介质中。

第二节　集成电路布图设计的立法保护

集成电路的布图设计，通常需要相当的资金投入和专业的人力资源投入，而复制这种布图设计所需经费很少,依照拍摄电路涂层所得到的照片掩膜即可便捷地完成复制工作。因此有必要采用立法形式保护集成电路布图设计。

集成电路布图设计实质上是一种图形设计,但并非是工业品外观设计,不能适用专利法保护。其理由是:布图设计并不取决于集成电路的外观,而决定于集成电路中具有电子功能的每一元件的实际位置;布图设计尽管需要专业人员的大量劳动,但设计方案不会有多大改变,其设计的主旨在于提高集成度、节约材料、降低能耗,因此不具备创造性的专门要求;集成电路技术发展迅速,产品更新换代很快,所以布图设计不适宜采用耗费时间较多的专利审批程序。

集成电路布图设计是一种三维配置形态的图形设计,在国外有"功能作品"之称,但其并不属于著作权意义上的图形作品或造型艺术作品。其理由是:图形作品是由文字、图形或符号构成的,是一定思想的表现形式;布图设计由电子元件及其连线所组成,它执行着某种电子功能,而不表现任何思想。造型艺术作品基于其"艺术性"而非"实用性"才受到著作权法的保护;而布图设计是多个元件合理分布并相互关联的三维配置,是一种电子产品,不以其"艺术性"作为法律保护的条件。此外,著作权保护期较长,如果将布图设计作为一般作品保护,不利于布图设计的创新与集成电路产业的发展。

由于现有专利法、著作权法对集成电路布图设计无法给予有效的保护,世界许多国家转而采用单行立法的形式,确认布图设计的专有权,即给予其他知识产权的保护。美国是最先对布图设计进行立法保护的国家。1983 年美国国会通过《半导体芯片保护法》,并将其列为《美国法典》版权法编的最后一章。该法实际上是一个独立的法律制度,并不属于美国版权法体系,但它对布图设计专有权的保护,借鉴了版权法与专利法的有关规则和方法。日本是对布图设计给予立法保护的另一类有代表性的国家。1985 年颁布的日本《半导体集成电路的线路布局法》采用单行法规体例,属于知识产权法律体系中独立的法律制度。继美国和日本之后,瑞典、英国、德国、法国、意大利、俄罗斯和韩国等国也相继制定了自己的布图设计法。

与此同时,国际组织也着手研究布图设计的法律保护问题,并通过缔结国际公约的形式,协调各国间的相关立法活动。1989 年 5 月,世界知识产权组织在华盛顿召开的专门会议上通过了《华盛顿条约》。该条约对布图设计的客体条件、保护的法律形式、缔约国之间的国民待遇、专有权保护范围、手续程序及保护期限作了具体规定。世界贸易组织《TRIPS 协议》专节规定了集成电路布图设计的保护问题,其缔约方确认按照上述公约的有关规定对布图设计提供保护。

与工业发达国家相比,我国的集成电路产业相对落后,集成电路布图设计保护的现实必要性并不很强。我国虽为《华盛顿条约》的签字国,由于该条约一直没有生效,国内也没有相关立法对集成电路布图设计提供专门保护。加入世界贸易组织后,为了保护集成电路布图设计专有权,鼓励集成电路技术的创新,促进科学技术的发展,同时也是为了履行保护集成电路布图设计方面应承担的国际义务,2001 年 3 月 28 日国务院第 36 次常务会议通过了《集成电路布图设计保护条例》(以下简称"《条例》")。《条例》共 6 章 36 条,于 2001 年 10 月 1 日开始施行。

第三节 集成电路布图设计专有权

集成电路布图设计专有权是一项独立的知识产权，是权利持有人对其布图设计进行复制和商业利用的专有权利。根据各国有关立法及国际条约的规定，关于集成电路布图设计专有权的规定主要有如下内容：

一、集成电路布图设计专有权的取得

（一）主体资格

根据各国有关立法及国际条约的规定，合格主体主要包括以下两个方面的要求：第一，只有布图设计的创作人、共同创作人、雇佣人或者委托人，以及上述主体的权利继受者才能作为合格主体。在某些国家或地区（如欧盟及其成员国内），在上述主体都不合格时，独占许可证的被许可人可以作为布图设计权的权利人。第二，上述主体只有作为本国国民或居民、在本国首先进行商业利用的人、其所属国与本国同为某一保护集成电路的国际条约的参加国的外国国民或居民、对本国国民或居民提供保护的外国国民或居民以及法律规定可以享受保护的其他人的情况下才能享受保护。

按照我国《条例》第 3 条的规定，中国自然人、法人或者其他组织创作的布图设计，依照本条例享有布图设计专有权。外国人创作的布图设计首先在中国境内投入商业利用的，依照本条例享有布图设计专有权。外国人创作的布图设计，其创作者所属国同中国签订有关布图设计保护协议或者与中国共同参加有关布图设计保护国际条约的，依照本条例享有布图设计专有权。

（二）客体条件

根据各国立法及有关国际条约的规定，合格的客体必须是具有独创性的布图设计。我国《条例》第 4 条对此也作出明确规定。

布图设计的“独创性”与著作权法中作品的“独创性”具有不同的含义。在著作权法上，独创性通常被理解为作者的独立创作，一般没有创作水平或高度的要求。布图设计的独创性具有两层含义：

第一，该布图设计必须是其创作人自己智力创造的结果，而不是简单复制他人的布图设计，或者只是对他人的布图设计进行简单的修改。

第二，该布图设计应具备一定的先进性。该布图设计在创作完成时在创作人当中以及在集成电路行业当中，具有一定的先进性，不能是常用的、显而易见的或者为人所熟知的。对于那些含有常用的、显而易见的成分的布图设计，只有当其作为一个整体具有独创性时，才能受到法律保护。

《华盛顿条约》对布图设计的独创性的规定，颇具代表性。其第 3 条第 2 款规定：“(A) 第 1 款(A)项所指义务适用于具有独创性的布图设计。此种意义的独创性，是指它们是其创作者自己智力创造的结果，并且在创作的时候在布图设计者之间以及集成电路生产者之间不是显而易见的；(B) 由显而易见的元件和与集成电路的互连结合而构成的布图设计，只有当这种结合作为一个整体，符合(A)项的条件时才能受到保护。”

我国作了与此相似的规定，《条例》第 4 条第 1 款规定：“受保护的布图设计应当具有独创性，即该布图设计是创作者自己的智力劳动成果，并且在其创作时该布图设计在布图设计创作者和集成电路制造者中不是公认的常规设计。”第2款同时规定：“受保护的由常规设计组成的布图设计，其组合作为整体应当符合前款规定的条件。”

（三）方式与程序

从目前各国集成电路布图设计立法规定来看，布图设计权的取得方式，主要有以下几种：自然取得、登记取得、使用与登记取得。大多数国家采用的是登记取得制。我国实行登记制度。

在实行登记制度的国家里，登记的程序大致包括申请、审查、驳回复议、登记以及公告。

根据《条例》的规定，我国的布图设计登记程序主要包括以下内容：

(1) 申请。在申请登记时，应向国务院知识产权行政部门提交下列文件：布图设计登记申请表、布图设计的复制件或者图样、含有该布图设计的集成电路样品（针对已投入商业利用的）以及国务院知识产权行政部门规定的其他材料。

(2) 初审。国务院知识产权行政部门在收到申请人的申请后，对申请进行初步审查。《条例》对初步审查是实质审查还是形式审查没有作出明确规定，按照一般理解，所谓“初步审查”往往意味着非实质审查，但《条例》却没有规定“初步审查”之后的“实质审查”程序。

(3) 登记并公告。《条例》第18条规定，布图设计登记申请经初步审查，未发现驳回理由的，由国务院知识产权行政部门予以登记，发给登记证明文件，并予以公告。

(4) 对驳回申请的复审。《条例》没有规定驳回申请的情形和理由，从第18条可知，国务院知识产权行政部门发现驳回理由的，就要驳回申请，不予登记。根据第19条的规定，布图设计登记申请人对国务院知识产权行政部门驳回其登记申请的决定不服的，可以自收到通知之日起3个月内，向国务院知识产权行政部门请求复审。国务院知识产权行政部门复审后，作出决定，并通知布图设计登记申请人。布图设计登记申请人对国务院知识产权行政部门的复审决定仍不服的，可以自收到通知之日起3个月内向人民法院起诉。

(5) 登记的撤销。《条例》第20条规定，布图设计获准登记后，国务院知识产权行政部门发现该登记不符合本条例规定的，应当予以撤销，通知布图设计权利人，并予以公告。布图设计权利人对国务院知识产权行政部门撤销布图设计登记的决定不服的，可以自收到通知之日起3个月内向人民法院起诉。

二、集成电路布图设计专有权的内容及其行使

（一）集成电路布图设计专有权的内容

布图设计权的内容，也就是布图设计权的权能，是指权利的持有人对于权利的客体所能够行使的权利。

从各国有关立法及国际条约的规定来看，集成电路布图设计权的内容主要包括两种权利：复制权和商业利用权。

1. 复制权

所谓复制权，就是指权利人有权通过光学的、电子学的方式或其他方式来复制其受保护的布图设计。

应当注意的是，这里所讲的复制和版权法中的复制的含义是不同的。对布图设计的复制，是通过这样几个步骤实现的：先将含有布图设计的半导体芯片通过化学方法把半导体材料溶解，使体现在上面的布图设计暴露出来，然后用特制的照相机将各个涂层上的布图设计拍摄下来进行放大处理，再按照片输入到计算机中进行处理（可能不作任何改动，也可能进

行修改)，然后制成布图设计的掩膜版(平面的)，再按照集成电路的制作过程将版图体现在集成电路上，成为布图设计。这一过程，与其说是复制，倒不如说是实施。因此，我国《条例》将“复制”定义为“重复制作布图设计或者含有该布图设计的集成电路的行为”。

2. 商业利用权

商业利用权，就是布图设计权人享有的将受保护的布图设计以及含有该受保护的布图设计的集成电路或含有此种集成电路的产品进行商业利用的权利。

对于什么是商业利用，各国立法都予以明确规定。从各国立法规定来看，商业利用一般包括对受保护的布图设计或含有受保护布图设计的集成电路或含有此种集成电路的产品所实施的以下几种行为：(1) 出售；(2) 出租；(3) 为商业目的的其他方式的利用，如展览、陈列等；(4) 为上述目的而进口；(5) 为前述行为发出要约。对于要约的行为，美国规定，只有当要约以书面方式发出而且是在布图设计固定在半导体芯片产品上以后，才属于商业利用，其他国家则没有明确。我国《条例》对“商业利用”的定义是“为商业目的的进口、销售或者以其他方式提供受保护的布图设计、含有该布图设计的集成电路或者含有该集成电路的物品的行为”。

从目前各国集成电路法的规定来看，布图设计权中均不包括精神权利。

此外，权利人按照集成电路法所享有的权利，并不影响权利人根据其他法律对布图设计所享有的权利，如专利权、工业设计权或者版权。

(二) 集成电路布图设计权的行使

集成电路布图设计权作为权利人的一项个人权利，在许多国家里甚至被视为个人财产或者动产，各国法律规定允许依法行使。布图设计权的行使，主要包括三种形式：自己对布图设计进行复制或者商业利用，或是将布图设计权转让给他人所有，以及许可他人对布图设计进行复制和商业利用。后两者亦称为布图设计权的利用，现分述之：

1. 集成电路布图设计权的转让

所谓布图设计权的转让，就是权利人将其全部权利转让给受让人享有。布图设计权转让的后果，使得受让人成为该布图设计权的持有人。布图设计权的转让，实际上就是布图设计权的主体发生了变化，由原来的权利人变为受让人。原权利人丧失了对集成电路的布图设计的一切权利，全部权利都由受让人享有。

布图设计权的转让，只能是就全部权利进行转让，不能只转让部分权利而保留另一部分权利。

按大多数国家的规定，布图设计权的转让，必须以书面方式进行，权利人和受让人必须签订书面文件。同时，在实行布图设计权登记制度的国家，布图设计权的转让必须到有关机构进行登记，否则这种转让将不得对抗经过登记的转让。我国《条例》第 22 条第 2 款规定，转让布图设计专有权的，当事人应当订立书面合同，并向国务院知识产权行政部门登记，由国务院知识产权行政部门予以公告。布图设计专有权的转让自登记之日起生效。

2. 集成电路布图设计权的许可

所谓布图设计权的许可，是指权利人通过许可合同，将其权利的一部分或全部授予他人行使。各国集成电路法对布图设计权的许可，只是作一些原则性的规定，因为布图设计权的许可属于技术转让行为，主要在技术转让法或相关法律中规定。我国《条例》也只是简单地规定，许可他人使用其布图设计的，当事人应当订立书面合同。

三、集成电路布图设计专有权的保护

（一）保护期限

对于布图设计权的保护期限，大多数国家规定为10年。我国《条例》第12条规定，布图设计专有权的保护期为10年，自布图设计登记申请之日或者在世界任何地方首次投入商业利用之日起计算，以较前日期为准。但是，无论是否登记或者投入商业利用，布图设计自创作完成之日起15年后，不再受《条例》保护。

（二）侵权行为

所谓布图设计侵权，是指侵犯了布图设计权人的权利，依法应承担法律责任的行为。侵权行为有很多种类，对于布图设计而言，主要包括非法复制和非法进行商业利用。我国《条例》第30条规定将侵权行为分为两种：一是未经布图设计权利人许可，复制受保护的布图设计的全部或者其中任何具有独创性的部分的行为；二是未经布图设计权利人许可，为商业目的进口、销售或者以其他方式提供受保护的布图设计、含有该布图设计的集成电路或者含有该集成电路的物品的行为。

（三）侵权责任及制止措施

1. 侵权责任的形式

我国《条例》规定了侵犯布图设计专有权的民事和行政责任。

对于民事责任，根据《条例》第30条的规定，侵权行为人必须立即停止侵权行为，并承担赔偿责任。侵犯布图设计专有权的赔偿数额，为侵权人所获得的利益或者被侵权人所受到的损失，包括被侵权人为制止侵权行为所支付的合理开支。

对于行政责任，《条例》第31条规定，国务院知识产权行政部门在处理因侵权而引起的纠纷时，如果认定侵权成立，可以责令侵权人立即停止侵权行为，没收、销毁侵权产品或者物品。当事人不服的，可以自收到通知之日起15日内依照《中华人民共和国行政诉讼法》向人民法院起诉；侵权人期满不起诉又不停止侵权行为的，国务院知识产权行政部门可以请求人民法院强制执行。

2. 即发侵权的制止

《条例》第32条规定，布图设计权利人或者利害关系人有证据证明他人正在实施或者即将实施侵犯其专有权的行为，如不及时制止将会使其合法权益受到难以弥补的损害的，可以在起诉前依法向人民法院申请采取责令停止有关行为和财产保全的措施。

四、集成电路布图设计专有权的限制

（一）合理使用

1. 为个人目的复制

个人为非商业目的而复制他人的布图设计，在大多数国家里都不构成侵权。我国《条例》第23条第1项规定，为个人目的而复制受保护的布图设计可以不经权利人许可，不向其支付报酬。

2. 供教学研究而复制

我国《条例》第23条第1项规定，单纯为评价、分析、研究、教学等目的而复制受保护的布图设计的，可以不经权利人许可，不向其支付报酬。在其他各国集成电路法中也有相同或类似的规定。

(二) 反向工程

所谓反向工程,是指对他人的布图设计进行分析、评价,然后根据这种分析评价的结果创作出新的布图设计。许多先进的布图设计就是在分析他人已有的布图设计的基础之上而创作出来的。如果对于此种行为视为侵权,必将因此而阻碍布图设计技术的进步,影响集成电路产业的发展。因此,美国率先在《半导体芯片法》中对因实施反向工程而复制他人受保护的布图设计给予豁免,不视为侵权行为。

目前各国集成电路法和《华盛顿条约》都明确规定,为实施反向工程而复制他人受保护的布图设计,不构成侵权行为。这是集成电路法对权利人的一项特殊限制。我国《条例》第23条第2项规定,在依据前项评价、分析受保护的布图设计的基础上,创作出具有独创性的布图设计的,可以不经权利人许可,不向其支付报酬。

(三) 权利穷竭

集成电路法中所称的权利穷竭,是指布图设计权人或经其授权的人,将受保护的布图设计或含有该布图设计的半导体集成电路产品投入市场以后,对与该布图设计或该半导体集成电路产品有关的任何商业利用行为,不再享有权利。也就是说,对商业利用的权利"穷竭"了,任何人均可不经权利人或者其授权的人同意而进口、分销或以其他方式进行转让,该行为不构成侵权。我国《条例》也规定了权利穷竭。《条例》第24条规定:"受保护的布图设计、含有该布图设计的集成电路或者含有该集成电路的物品,由布图设计权利人或者经其许可投放市场后,他人再次商业利用的,可以不经布图设计权利人许可,并不向其支付报酬。"

(四) 善意买主

由于布图设计极为复杂细微,没有专门设备无法辨认,各国又不要求权利人必须在布图设计上设置有关标志,因此,即使具有相当专门知识的人也难以辨认自己所购买的集成电路中是否含有他人受保护的布图设计,更不要说那些不具备相当专门知识的人了。如果对一个因不知集成电路产品中含有非法复制的受保护布图设计而出售的行为或其他商业利用一律视作侵权行为,追究侵权责任,势必使很多集成电路产品经销者随时可能面临被指控为侵权的危险,严重挫伤集成电路产品经销者的积极性,影响集成电路贸易的正常进行。因此,对于善意买方因"不知"而从事了与权利人的专有权利相冲突的行为,各国法律给予了豁免。

根据我国《条例》第33条的规定,在获得含有受保护的布图设计的集成电路或者含有该集成电路的物品时,不知道也没有合理理由应当知道其中含有非法复制的布图设计,而将其投入商业利用的,不视为侵权。不过,善意买主得到其中含有非法复制的布图设计的明确通知后,可以继续将现有的存货或者此前的订货投入商业利用,但应当向布图设计权利人支付合理的报酬。

(五) 强制许可

强制许可,又称非自愿许可,是指在不经权利人同意的情况下由有关主管部门直接发放的使用许可,是对布图设计权利人的一项重要限制。由于美国等国家反对对专利权、著作权实施强制许可,所以美国及大多数工业发达国家在集成电路法中没有规定对布图设计权的强制许可,只有少数国家规定了这一制度。《华盛顿条约》对强制许可的问题作了比较详细的规定,缔约各方可以在各自国内立法中规定对布图设计权发放强制许可证。《TRIPS协议》对布图设计权的强制许可限定了严格的条件,与专利权的强制许可相同,这是对各国有关布图设计权的强制许可的一种严格限制。

我国《条例》对非自愿许可也作出了具体规定,包括发放非自愿许可的条件、程序、报酬的确定等事项。

全国首起涉及集成电路专有权案①

原告享有A集成电路布图设计专有权。被告与案外一公司订立协议开发B集成电路。被告对原告销售的芯片进行了反向剖析,形成B集成电路的布图设计,提供给案外公司,获得10万元设计费。

后案外公司委托第三方生产管芯并优先销售给被告,被告将管芯封装后,编码成C、D集成电路向市场销售,获利5万多元。

原告发现后,诉至法院,请求判令被告停止侵害原告A芯片布图设计专有权,销毁侵权产品,赔偿原告经济损失310万元及诉讼费。

南京市中级人民法院经审理认为:被告接受委托制作的布图设计及其销售的集成电路含有的布图设计均与原告享有专有权的涉案布图设计相同。因此,被告依其与案外公司的协议开发B集成电路,通过反向剖析手段,复制了原告涉案A布图设计的全部,并提供给案外公司进行商业利用,未经原告许可,其行为构成对原告A布图设计专有权的侵害。

被告为商业目的,销售了含有其非法复制的布图设计的集成电路,也构成对原告A布图设计专有权的侵害。判决被告立即停止侵犯原告A集成电路布图设计专有权的行为并赔偿原告经济损失共23万余元。

宣判后,双方当事人均未上诉。

20世纪80年代以来,集成电路逐渐成为信息产业的核心和支柱,作为集成电路产品核心技术的布图设计也随之成为世界各国经济发展的基础性支撑条件和国际贸易的关注焦点,决定了一个国家现代化发展水平。但自2001年我国《集成电路布图设计保护条例》颁布实施以来,相关理论探讨仍相当薄弱,全国对该类案件也没有形成成熟的审理模式,尚没有认定侵犯布图设计专有权的在先判决可资借鉴。该案是全国首例判决侵犯集成电路布图设计专有权的案件,在证据固定、权利内容的理解、权利保护范围的确定、侵权判定的原则、方法以及侵权的确定等方面进行了深入有益的探索,为此类案件审理提供了宝贵的经验与样本。

[深度阅读]

1. 中国专利局条法部编:《集成电路和植物品种知识产权保护专辑》,专利文献出版社1998年版。

2. 郭禾:《中国集成电路布图设计权保护评述》,载《知识产权》2005年第1期。

3. 刘文:《集成电路布图设计的知识产权性质和特点》,载《法商研究》2001年第5期。

4. 方诗龙:《集成电路布图设计权的法律保护》,载《科技与法律》2002年第3期。

---

① 郎钟阜、施忠轩:《南京一案例入选中国法院2010年知识产权10大案件》,载《江苏科技报》2011年5月19日第A08版。

5. 张耀明:《中国知识产权保护的新视点——〈集成电路布图设计保护条例〉立法简介》,载《科技与法律》2001年第2期。

[法条导航]

1. 世界知识产权组织《关于集成电路的知识产权条约》
2.《集成电路布图设计保护条例》
3.《集成电路布图设计行政执法办法》

[思考题]

1. 简述集成电路布图设计权的保护模式。
2. 简述集成电路布图设计权的权利内容。
3. 简述集成电路布图设计权的权利限制。

第二十六章

商业秘密权

［内容提要］ 商业秘密是一种无形的信息财产，我国《反不正当竞争法》确认了商业秘密的财产属性，并规定侵权人负有赔偿责任。根据多数国家法律的规定，商业秘密权归属于知识产权领域。商业秘密的构成要件有以下几点：信息性、保密性、未公开性、实用性。本章还阐述了商业秘密权的特征和商业秘密权的法律保护。重点掌握商业秘密的构成要件和商业秘密权的法律保护。

［关键词］ 商业秘密　商业秘密权

第一节　商业秘密保护制度概述

一、概述

据学者考证，有关商业秘密保护的源流最早可以追溯到古罗马时期。古罗马繁荣的奴隶制经济促进了技术的进步，手工业生产中的知识、经验、技艺和诀窍逐渐成为企业发展的一个关键因素。在当时，奴隶被诱使出卖"雇主"商业秘密的情形成为一个十分普遍的社会问题。罗马私法发展了对抗诱骗商业秘密的第三人的诉讼请求制度。根据当时的法律，竞业者如果以恶意引诱或强迫对方的奴隶泄露对方有关商业事务的秘密，奴隶的所有人有权提起"奴隶诱惑之诉"，请求双倍的赔偿，这种损失甚至包括了"雇主"丧失一个原本诚实的奴隶的损失。所以，当时商业秘密的保护就有着尊重商业道德与维护市场交易秩序的作用，但大量的商业秘密在奴隶社会仍处于一种自然状态，只是当事人所持有的一种法外利益。

商业秘密保护的第二个阶段始于18世纪的第一次工业革命，终于20世纪50年代。19世纪中叶，法国和德国在刑法典中规定了对未经许可而泄露工厂秘密的惩处，后来德国在1909年制定了《不正当竞争法》给予侵害商业秘密的行为以私法救济。在英国，1820年衡平法院核准了一项使用和泄露商业秘密的禁令，不久，美国即在1837年审理 Vickey v. Weich一案时继受了英国的商业秘密保护的制度。因此，我们可以认为，"西方国家从规范竞争秩序的角度给予商业秘密以司法保护的法律制度在19世纪已经确立"。[①] 在这一阶段，商业秘密逐步从法外利益演变为法权利益，其保护的范围已逐渐与专利权的保护范围区别开来，只有未取得专利权的那一部分技术信息和经营信息才能作为商业秘密而受到法律的关照。

---

① 参见吴汉东等著：《知识产权基本问题研究》，中国人民大学出版社2005年版，第719页。

商业秘密保护的第三个阶段自20世纪50年代至今，这是商业秘密保护步入成熟的里程碑阶段。众所周知，自20世纪中叶以来，一场以电子技术、生物技术和信息技术为代表的新技术革命在世界范围内蓬勃兴起，其规模之空前以至于使以往的历次革命都显得黯然失色，社会逐步进入了“电子时代”和“信息社会”。与此同时，全球经济步入一体化，技术信息和经营信息的流通范围已不再局限于一国境内，商业秘密的保护遂成为国际知识产权谈判的一个重要内容。为数众多的国家在制定了国内保护商业秘密的法律之后，开始着手商业秘密的国际保护问题。1986年，美国、欧共体、加拿大、澳大利亚等国家和地区在关贸总协定的谈判中，提交了在关贸总协定中保护商业秘密的议案。尽管该议案遭到发展中国家的强烈反对，但由于发达国家的强硬立场，商业秘密的保护最终列入了《TRIPS协议》之中，致使“商业秘密的保护成为国际经济法的一部分”[①]。在同一时期，一些有传统区域经济联系的国家在推进区域经济一体化的进程中，开始统一知识产权的保护标准，其中也涉及商业秘密的保护标准的一致性问题，如《北美自由贸易协定》《安第斯条约》等协议均规定了适用于该区域的商业秘密保护标准。国际条约的制定反过来又极大地促进了各国国内法的发展，日本、韩国、乌克兰、匈牙利、丹麦等国纷纷通过法律的制定或修改来保护商业秘密。我国也在1993年制定了《反不正当竞争法》(2017年、2019年两次修订)，从而填补了商业秘密保护上的空白，有关商业秘密保护的专门法律亦在酝酿之中。

在商业秘密保护的第三个阶段，商业秘密的保护从国内走向国际，无论是在国内法还是在国际公约中，商业秘密的保护都从一种道义上的保护演变为一种法律上的规制，商业秘密的产权观念日益深入人心。

二、商业秘密的概念

商业秘密，一般是指不为公众所知悉，能为权利人带来经济利益，具有商业价值并经权利人采取保密措施的技术信息、经营信息等商业信息。商业秘密是国际上通行的法律术语，有的国家将之称为工商秘密，《TRIPS协议》则将其称为未公开信息。

商业秘密包括经营秘密与技术秘密两方面的内容。经营秘密，即未公开的经营信息，是指与生产经营销售活动有关的经营方法、管理方法、产销策略、货源情报、客户名单、标底及标书内容等专有知识。技术秘密，即未公开的技术信息，是指与产品生产和制造有关的技术诀窍、生产方案、工艺流程、设计图纸、化学配方、技术情报等专有知识。

考察目前各国对商业秘密的概念的界定，我们可以发现有两种立法模式：其一为概括式，即将“商业秘密”概括为某种信息或经营信息，如我国在《反不正当竞争法》第9条第4款规定：“本法所称的商业秘密，是指不为公众所知悉、具有商业价值并经权利人采取相应保密措施的技术信息、经营信息等商业信息。”采取这一方式所界定的概念内涵小、外延大，包容性强，不过，这一概念又显得过于抽象，不利于操作；而且，要想给出十分准确的定义，仍然比较困难。其二为列举式，即将法律所保护的各类信息列举出来作为示范，例如，美国《统一商业秘密法》第1条规定：“商业秘密系指包括公式、图样、汇编、装置、方法、技巧或工序的信息。该信息(1)具有独立的实际或潜在的经济收入，不被普遍所知，不能被从其泄露或使用中取得经济价值的其他人用适当的方法查明；(2)该情报在各种情况下保持其秘密都是正当的。”以这种列举方式所界定的概念较为具体，利于操作，但范围略显得狭窄。

---

① 张玉瑞:《商业秘密法学》，中国法制出版社1999年版，第13页。

三、商业秘密的构成要件

根据《TRIPS 协议》的规定，商业秘密的构成要件有以下几点：它们必须是保密的，即其整体内容或其组成部分的组合或精确排列方式不为公众所知或不是可以容易获得的；它们因为被保密而具有商业价值；它们的合法控制人为保密采取了合理措施。从该协议及世界上多数国家的立法实践来看，商业秘密的构成条件主要有：

(1) 商业秘密必须具有信息性。这里的信息性，是指与工商业活动有关的经营信息、技术信息等商业信息，而不涉及国家秘密、个人隐私等信息。

(2) 商业秘密必须具有保密性。所谓保密性是指商业秘密的持有人在主观上将其所持有的某种信息视为商业秘密并采取客观的保密措施加以管理。例如，《TRIPS 协议》第 39 条第 2 款对商业秘密的保密性作了如下解释："其在某种意义上属于秘密，即其整体或其要素的确切体现或组合，未被通常涉及该信息有关范围的人普遍所知或者容易获得。"无论是英美法系国家还是大陆法系国家，其保密措施的适用一般均涉及文件的管理、雇员的约束、技术设备的控制，等等。我们认为，鉴于客观世界的纷繁多样性，我们不可能要求各企业所采取的保护措施都千篇一律，只要在普通人看来，企业所采取的措施是为了防止第三人得知，且该措施对现已掌握了商业秘密的人有一定的拘束性，即应认为该信息具有保密性。

(3) 商业秘密具有未公开性。所谓未公开性是指信息不为公众所知悉，此处的公众并非指一切人。例如，权利人将自己的商业秘密告知需要使用这种秘密的人或者认为能够保守该秘密的人，并不丧失未公开性。人们一般公认，商业秘密的未公开性标准低于专利技术，后者的新颖性是指该技术在全国或世界范围内的独一无二的特性，而前者并不具有这一特点。

(4) 商业秘密具有价值性。商业秘密因保密而具有商业价值，即能够在生产经营中应用并能带给权利人经济利益，包括现实的或潜在的经济利益和竞争优势。

第二节 商业秘密权

一、商业秘密权的财产权属性

商业秘密是一种无形的信息财产。在商业秘密的国际保护领域，目前最主要的是给予其以产权法律保护。早在 20 世纪 60 年代，国际商会(ICC)就率先将商业秘密视为知识产权，世界知识产权组织在其成立公约中亦暗示商业秘密可以包含在知识产权之内；至 20 世纪 90 年代，《TRIPS 协议》专门规定了"未公开信息"问题，明确其属于知识产权的范围。英美法系国家一般将商业秘密视为知识产权或无形产权，其立法例以英国 1981 年《保护商业秘密权利法草案》与美国 1979 年《统一商业秘密法》为代表。大陆法系国家曾长期依据合同法或侵权法理论保护商业秘密，目前也在一定程度上承认商业秘密的产权性质。例如，日本新商业秘密保护制度，即依照民法物权救济方法，给予商业秘密的合法控制人以排除妨害的请求权。这意味着上述国家虽未完全接受产权理论，但已承认商业秘密包含有财产利益，给予其类似物权的法律保护。

我国《反不正当竞争法》确认了商业秘密的财产属性，并规定侵权人负有赔偿责任。

这说明,商业秘密权是一种财产权,即商业秘密的合法控制人采取保密措施,依法对其经营信息和技术信息享有的专有使用权。与有形财产权不同,商业秘密权的对象是一种无形的信息,不占据一定的空间,不发生有形的损耗,因此其权利是一种无形财产权。就权利内容而言,商业秘密的权利人与有形财产所有权人一样,依法享有占有、使用、收益和处分的权利,即有权对商业秘密进行控制与管理,防止他人采取不正当手段获取与使用商业秘密;有权依法使用自己的商业秘密,并不受他人的干涉;有权通过自己使用或者许可他人使用商业秘密,从而取得相应的经济利益;有权处分自己的商业秘密,包括放弃占有、无偿赠与或转让等。

二、商业秘密权的特征

根据多数国家法律的规定,商业秘密权归属于知识产权领域。就客体的非物质性而言,商业秘密权与其他知识产权具有无形产权的相同的本质属性,但前者却不具备传统类型知识产权的主要特征。

(1) 商业秘密权在权利取得上与普通知识产权不同。专利权、商标权等权利的取得,往往需要经过国家机关的审批,即具有国家授予的特点;而商业秘密权的取得无需国家授权,只要其符合法律的规定,便可自动受到法律的保护。这种特点主要是因为商业秘密具有不公开性,不可能由国家来审批。

(2) 商业秘密权不受时间和地域的限制。专利权、著作权等权利往往有时间限制,当法定的保护期限届满,该权利即不再受到法律的保护;而商业秘密具有保密性,只要其被采取适当保密措施,不被泄露出去,商业秘密就一直受到法律的保护,故商业秘密权通常无时间上和地域上的限制。

(3) 商业秘密权的效力具有相对性。著作权、专利权、商标权等普通的知识产权在效力上具有较强的排他性,权利人可以排斥他人未经许可以营利为目的对同一知识产品的利用;而商业秘密权只具有相对的排他性,权利人不能禁止他人对自己开发的商业秘密进行营利性使用。而且,一旦商业秘密泄露出去成为人所共知的信息,则商业秘密持有人也无法再控制其秘密信息,原权利最终无法行使。

(4) 商业秘密本身也不同于一般知识产品。作品、专利技术等知识产品均具有一定的创造性;而在商业秘密中,技术秘密的创造性有高有低,商业信息通常无明显的创造性。因此,在确认一项信息是否属于商业秘密时,该信息的秘密性、保密性和价值性则成为关键的判断因素。

尽管如此,商业秘密主要是一种智力创造成果,其权利形态与著作权、专利权、商标权一样都具有无形产权的本质属性,因此相关国际公约将商业秘密权视为某种知识产权是有道理的。

第三节 商业秘密权的法律保护

一、侵犯商业秘密的行为

侵犯商业秘密,是指行为人未经权利人(商业秘密的合法控制人)的许可,以非法手段获取商业秘密并加以利用的行为,这里讲的行为人包括:负有约定的保密义务的合同当事人;

实施侵权行为的第三人;侵犯本单位商业秘密的行为人。行为人并不限于经营者,经营者以外的自然人、法人和非法人组织也可以成为侵犯商业秘密的行为人。所谓非法手段则包括:直接侵权,即直接从权利人那里窃取商业秘密并加以公开或使用;间接侵权,即通过第三人窃取权利人的商业秘密并加以公开或使用。

根据我国《反不正当竞争法》第 9 条的规定,侵犯商业秘密的具体表现形式主要有以下几种:

(1) 以盗窃、贿赂、欺诈、胁迫、电子侵入或其他不正当手段获取权利人的商业秘密。所谓盗窃商业秘密,包括单位内部人员盗窃、外部人员盗窃、内外勾结盗窃等手段;所谓以贿赂手段获取商业秘密,通常指行为人向掌握商业秘密的人员提供财物或其他优惠条件,诱使其向行为人提供商业秘密;所谓以欺诈手段获取商业秘密,是指行为人采取欺骗手段,使他人在因为欺骗而陷入错误认识的情况下提供商业秘密;所谓以胁迫手段获取商业秘密,是指行为人采取威胁、强迫手段,使他人在受强制的情况下提供商业秘密;所谓以其他不正当手段获取商业秘密,是指上述行为以外的其他非法手段,例如,通过商业洽谈、合作开发研究、参观学习等机会套取、刺探他人的商业秘密等。

(2) 披露、使用或允许他人使用以不正当手段获取的商业秘密。所谓披露,是指将权利人的商业秘密向第三人透露或向不特定的其他人公开,使其失去秘密价值;所谓使用或允许他人使用,是指非法使用他人商业秘密的具体情形。需要指出的是,以非法手段获取商业秘密的行为人,如果将该秘密再行披露或使用,即构成双重侵权;倘若第三人从侵权人那里获悉了商业秘密而将秘密披露或使用,同样构成侵权。

(3) 违反保密义务或违反权利人有关保守商业秘密的要求,披露、使用或允许他人使用其所掌握的商业秘密。合法掌握商业秘密的人,可能是与权利人有合同关系的对方当事人,也可能是权利人单位的工作人员或其他知情人,上述行为人违反保密义务或违反权利人有关保守商业秘密的要求,将其所掌握的商业秘密擅自公开,或自己使用,或许可他人使用,即构成对商业秘密的侵犯。

(4) 教唆、引诱、帮助他人违反保密义务或者违反权利人有关保守商业秘密的要求,获取、披露、使用或者允许他人使用权利人的商业秘密。

(5) 第三人明知或者应知商业秘密权利人的员工、前员工或者其他单位、个人实施上述违法行为,仍获取、披露、使用或者允许他人使用该商业秘密的,视为侵犯商业秘密。这是一种间接侵权行为。行为人知悉其他人的商业秘密,并明知或应知系侵犯商业秘密的情形,依然获取、使用、披露或允许他人使用该秘密,所以法律将这种行为也作为侵犯商业秘密行为来对待。

二、商业秘密的法律保护

对于侵犯商业秘密的行为,主要采取行政制裁、民事制裁以及刑事制裁的手段。我国《反不正当竞争法》第 17 条规定了侵犯商业秘密的民事责任,即经营者违反该法规定,给被侵害的经营者造成损害的,应当依法承担民事责任。因不正当竞争行为受到损害的经营者的赔偿数额,按照其因被侵权所受到的实际损失确定;实际损失难以计算的,按照侵权人因侵权所获得的利益确定。经营者恶意实施侵犯商业秘密行为,情节严重的,可以在按照上述方法确定数额的 1 倍以上 5 倍以下确定赔偿数额。赔偿数额还应当包括经营者为制止侵权行为所支付的合理开支。经营者违反本法第 6 条、第 9 条规定,权利人因被侵权所受到的实际损失、侵权人因侵权所获得的利益难以确定的，由人民法院根据侵权行为的情节判决给予权利人500万元以下的赔偿。第21条规定了相应的行政责任，即对侵犯商业秘密的行为，监督检查部门应当责令停止违法行为，没收违法所得，根据情节处以10万元以上100万元以下或50万元以上500万元以下的罚款。我国《刑法》第219条规定了侵犯商业秘密罪，即实施侵犯商业秘密行为，情节严重的，处3年以下有期徒刑，并处或者单处罚金；情节特别严重的，处3年以上10年以下有期徒刑，并处罚金。第219条之一规定，为境外的机构、组织、人员窃取、刺探、收买、非法提供商业秘密的，处5年以下有期徒刑，并处或者单处罚金；情节严重的，处5年以上有期徒刑，并处罚金。

背景材料

美国《商业秘密保护法》介绍①

商业秘密往往是具有较高经济价值的信息，涵盖金融、科学、技术等众多领域。在当今工业化和信息化大发展、大繁荣的时代中，商业秘密已然成为工商企业在激烈的商业竞争中获得竞争优势的秘密武器。在美国，作为知识产权的一种重要形式，商业秘密与专利权、商标权、著作权等知识产权的保护形式互为补充。但是与这些权利不同的是，商业秘密并不遵从公示公信的原则，而是采取多种保密措施进行保护。因此，商业秘密的保护成本很高，一旦被泄露或是为他人利用就会给权利人造成不可估量的损失，在立法中给予商业秘密所有者诉权以及获得救济的权利对于维护合法商业利益尤为重要。美国近期正式生效的《商业秘密保护法》(Defend Trade Secrets Act，DTSA)，体现出美国对于保护商业秘密的重视。

DTSA由7条规定组成，分别对商业秘密窃取案件的联邦管辖权、案件执行、境外案件报告、国会相关共识以及行为规范、责任豁免等进行详细规定。其主要包括以下内容：

1. 单方民事扣押

DTSA规定的单方民事扣押制度规定在侵害商业秘密的民事诉讼中，原告有权单方申请对被告涉及商业秘密的财物或信息进行民事扣押，使得商业秘密所有者在诉讼程序获得进展及丧失商业秘密之前能够预先牵制对方。该法还明确规定，只有在“特定情况下”才能采取单方民事扣押的行动，且对于扣押的范围进行限缩。同时，该法还包含国会就单方民事扣押达成的共识，强调申请人、被申请人以及第三人之间利益平衡的重要性。最后，该法为扣押令的执行提供行为规范，对于行政部门进行权力约束，确保扣押在合理范围内以合理方式执行。同时，DTSA对执法人员执行扣押令的行为也进行限制，比如执行的具体时间、采取的执行方式、是否有权进入密闭领域等都进行规定，要求将扣押造成的不利影响最小化。在法院允许的情况下，州或当地的权力部门、技术专家可“参与”扣押过程，但绝对禁止申请人及其代理人参与扣押过程。因错误或者过度的扣押行为受损的当事方亦可提起民事诉讼。

① 李冬梅：《美国〈商业秘密保护法〉正式生效》，www.sipo.gov.cn/zlssbgs/zlyj/201701/t20170111_1307728.html，访问日期：2018-01-24。

2. 救济措施

DTSA 中侵害商业秘密的救济措施则与美国现行联邦法中给予著作权、商标权、专利权等知识产权的救济措施相一致，包含损害赔偿金、禁令救济、律师费的赔偿等。其中，损害赔偿金包含实际损失、不当得利、合理许可费以及惩罚性赔偿四种计算方式，在侵害方存在故意或恶意的情形下，法院可判决被告方支付原告方高达两倍的损害赔偿金以及律师费用。其中禁令救济制度在法律效果方面与其他国家的制止违法行为是一样的，但禁令适用的条件范围却是详细而有针对性的，便于判决的执行和具体操作。除了规定提供给原告的救济之外，DTSA 还规定，存在恶意诉讼的情况下，以及恶意提起或反对解除禁令时，被告及其他受损害方也可针对原告起诉。原告的民事诉讼权利还受到三年诉讼时效的限制。DTSA 规定的救济制度体现利益均衡原则，有助于商业秘密获得合理与有效的保护，也有助于避免不利影响的产生。

3. 涉外案件报告

DTSA 中要求针对发生在美国境外的盗用美国公司商业秘密的案件进行追踪与报告。司法部长应向参议院与众议院的司法委员会提交报告，并在司法部门的网站上进行公布，通过其认同的途径进行传播，同时对于报告应当包含的内容也进行了详细规定，如境外案件发生的地域及范围、受外国政府、外国机构或者外国代理人赞助的程度、可能被窃取的威胁等等。报告的出具有利于美国政府了解与分析境外窃取商业秘密案件的情况，从而及时制定合理对策，减少因美国公司商业秘密被盗用而产生的不利影响。

4. 责任豁免

DTSA 对于在法院立案中或者向政府机关非公开性地披露商业秘密的行为，豁免其行为人的民事责任。因为在上述情况下，商业秘密的泄露是基于合法目的、合理且必要的，比如为了报告或调查涉嫌违法事件而泄露商业秘密。同时，对于雇主、雇员之间就商业秘密保护的权利义务及责任豁免的情形进行专门规定，有利于处理雇主雇员之间因商业秘密保护而产生的纠纷。在该法中，对于因立法过程中或向行政部门不公开地披露商业秘密的行为提供责任豁免，在报复性诉讼中也主张对于雇员的责任进行限制。

"天府可乐"配方及生产工艺商业秘密案[1]

1. 案情介绍

天府可乐浓缩液乙料的成分、配方及其生产工艺是天府可乐配方中的核心部分，原为中国天府可乐集团公司(重庆)的前身重庆饮料厂与四川省中药研究所合作研究生产，双方均采取了保密措施，后天府可乐集团给付后者 25 万元人民币而成为该技术成果的权利人。天府可乐集团与美国百事公司的子公司肯德基国际控股公司于 1994 年 1 月签订合资合同，合资设立重庆百事天府饮料有限公司(以下简称"百事天府公司")，约定了双方出资、合资公

① 《2010 年中国法院知识产权司法保护十大案件简介》，参见"人民网"，http://legal.people.com.cn/GB/14467075.html，访问日期：2018-01-30。

司生产天府可乐饮料和浓缩液、天府商标作价人民币 350 万元转让给合资公司并就此另行签订合同、纠纷协商不能解决则提交仲裁等内容。1994 年 8 月，经验资报告验证，天府可乐集团投入百事天府公司的资本包括土地使用权、房屋及建筑物、机器设备。百事天府公司使用天府可乐配方及生产工艺生产天府可乐饮料及浓缩液，并将其视为商业秘密，天府可乐集团知悉该使用。2006 年 3 月，天府可乐集团签订协议将其持有的全部股权转让给百事(中国)投资有限公司，并约定纠纷协商不能解决则提交仲裁。天府可乐集团起诉请求法院确认天府可乐配方及其生产工艺商业秘密属于其所有，判决百事天府公司立即停止使用涉案商业秘密，立即归还涉案商业秘密的技术档案，判决两被告共同赔偿其损失 100 万元。

重庆市第五中级人民法院一审认为，提交仲裁的纠纷属于合同纠纷，本案是商业秘密权的确认之诉和侵权之诉，依法可以向有管辖权的法院提起；天府可乐浓缩液乙料的成分、配方及其生产工艺构成商业秘密；合资合同和验资报告没有表明涉案商业秘密作为注册资本投入合资企业，结合双方合资的事实，仅依据天府可乐集团合资期间知悉和同意百事天府公司使用涉案商业秘密，不足以证明天府可乐集团同意将涉案商业秘密作为注册资本投入到百事天府公司；但应当认为天府可乐集团许可百事天府公司使用该商业秘密；合资合同没有约定许可使用费用，至本案纠纷发生，天府可乐集团也没有向百事天府公司主张过使用费，应当认为天府可乐集团许可百事天府公司免费使用。在本案判定之前百事天府公司对涉案商业秘密的使用不构成侵权。现在天府可乐集团以权利人身份明确表示不再同意百事天府公司使用涉案商业秘密，并表示不愿意协商许可问题，其请求应予支持。据此，法院判决确认天府可乐集团是涉案商业秘密的权利人，百事天府公司停止使用涉案商业秘密并返还其从天府可乐集团取得的与涉案商业秘密有关的资料，驳回其他诉讼请求。

2. 典型意义

对于饮料企业来说，其产品配方及生产工艺构成企业的核心资产，本案的审理既关乎天府可乐这一民族品牌的生存和发展，也关乎贯彻对外开放政策、维护良好投资环境等问题，受到广泛关注。在审理中，双方当事人围绕案件管辖、请求保护的技术是否构成商业秘密及其权利归属、是否侵权等主要问题均有争议，本案判决全面客观地认定了事实，从法律、司法解释和相关规定入手，界定性质，明确要件，细致分析，综合评判，说理严谨充分。一审宣判后，被告请求在审判案件的合议庭见证下自动履行判决义务，原告公司及其部分职工专门到法院致谢，实现了法律效果和社会效果的统一。

[深度阅读]

1. 崔明霞:《商业秘密“不可避免披露”原则初探》，载《中南财经政法大学学报》2003 年第 4 期。

2. 胡良荣:《博弈策略:商业秘密权保护与劳动关系双方当事人权益平衡》，载《商场现代化》2007 年第 23 期。

3. 韩中节:《商业秘密侵权案件的几点思考》，载《法律适用》2007 年第 6 期。

4. 黄武双:《“具有报道价值的公共利益”可否阻却临时禁令发布——美国商业秘密案件中的一个备受关注的规则》，载《政治与法律》2007 年第 4 期。

5. 胡良荣:《商业秘密的侵权救济与竞业禁止合同的规制》，载《法律适用》2007 年第 10 期。

6. 朱谢群:《商业秘密法中“不可避免披露”原则的规范性分析》,载《科技与法律》2003年第4期。

7. 傅宏宇:《美国〈保护商业秘密法〉的立法评价》,载《知识产权》2016年第7期。

[法条导航]

1.《中华人民共和国反不正当竞争法》

2. 最高人民法院《关于审理不正当竞争民事案件应用法律若干问题的解释》

[思考题]

1. 简述商业秘密的构成要件。

2. 比较商业秘密权与其他传统类型知识产权的异同。

3. 列举我国相关法律所规定的侵犯商业秘密的具体表现形式。

第二十七章

地理标志权

［内容提要］ 地理标志权，又称原产地名称权，知识产权是其本质属性。目前各国在立法上对地理标志权有较完备的保护。本章简要介绍了地理标志的概念、法律特征和功能，着重介绍了地理标志的法律保护，包括国际保护、国内保护和我国的保护。

［关键词］ 地理标志　地理标志权

第一节　地理标志概述

一、地理标志的概念与特征

地理标志是指标示某商品来源于某地区，该商品的特定质量、信誉或其他特征主要由该地区的自然因素或人文因素所决定的标志。[①]

地理标志是《TRIPS 协议》使用的概念，但在地理标志的保护过程中，地理标志并不是唯一的术语，如《巴黎公约》《保护原产地名称及其国际注册里斯本协定》《发展中国家原产地名称和产地标记示范法》使用的都是原产地名称这一概念。但是，从其定义来看，地理标记与原产地名称的含义基本相同。《TRIPS 协议》第 22 条第 1 款规定：地理标志是指标示某商品来源于某地区，该商品的特定质量、信誉或其他特征，主要由该地区的自然因素或者人文因素所决定的标志。《原产地名称保护及其国际注册里斯本协定》第 2 条将原产地名称定义为"某个国家、地区或地方的地理名称用于指示某项产品来源于该地，其质量或特征完全或主要取决于地理环境，包括自然和人文因素"的标志。由此可见，地理标志和原产地名称系同义语。

地理标志具有如下特征：

（1）地理标志的地理名称具有真实性，标明了商品或服务的真实来源地。地理名称必须是真实存在的，不是臆造的、虚构的地名。

（2）地理标志所标示的商品为驰名的地方特产，该商品由于受到当地特殊自然条件或人文条件的影响而具有独特的品质、信誉或其他特征。

（3）地理标志不是单一的地理名称，只有当一个地名与其所标示的具有特定品质的商品相关联时，该地名才是这一商品的地理标志。

---

① 我国《商标法》第 16 条第 2 款。

（4）地理标志的使用人是该产地利用相同的自然条件、采用相同传统工艺的生产经营者。

二、地理标志与相关概念的比较

（一）地理标志与货源标志

货源标志是指用于标示产品或服务起源于某个国家、地区或特定地点的任何表达形式或标记。1883年《巴黎公约》在缔结时就有保护货源标志的规定，公约要求商品标定的地理名称来源地必须真实，当时并无地理标志这一概念，直到1925年修订《巴黎公约》时才将地理标志（原产地名称）列为受工业产权保护的对象。

货源标志是与地理标志相近的一个概念，两者都与商品来源相联系，但又有所差别。货源标志仅表示某一商品的产出地，与产品质量没有直接联系，更不表明产品的特定品质，如“上海制造”仅仅标明该商品的产地是上海；地理标志不仅标示商品的产地，而且还表示该商品因源自该地域而具有某种特殊的品质，如“茅台酒”表明该商品来自茅台，并且因为受到当地特殊的自然条件与人文条件的影响而具有特定的品质。

（二）地理标志与商标

地理标志与商标都属于知识产权保护的对象，都具有区别商品来源的功能，都是表示商品来源的专用标记，便于消费者认牌购货，避免发生误认。但是，两者有一定的区别：（1）区别商品来源的功能不同，商标区别的是同一类商品的生产经营者或服务提供者；而地理标志表示的是商品的来源地，与当地具有特定品质的商品相联系。（2）构成要素的要求不同，商标的构成要素一般不能是地理名称；地理标志的构成要素是直接以地理名称来说明产品的地理来源，暗示产品所具有的特定品质和良好信誉。（3）权利的主体不同，商标的权利主体主要是单一的企业或个人；而地理标志权是一种集体性权利，其权利的主体应为特定地域内的生产经营者，而非任何单一的主体，凡是该地域范围内的生产经营者，只要其提供的产品源于该地理场所并符合确定的质量标准，都有权使用该标记。（4）权利的内容不同，商标可以许可他人使用，也可以依法转让；而地理标志既不能许可他人使用，也不能转让，只能由该地域内的人共同使用。（5）权利的保护期限不同，商标权受到时间的限制，一旦保护期限届满，该商标便进入公有领域，不再为权利人所专有；而地理标志权不受时间的限制，只要生产于该地的某商品的特定品质存在，即可永久受到保护。

三、地理标志的功能

（一）表示商品来源的功能

地理标志具有标明商品来自某地域的功能，表明商品来源于该地理区域的任何一个经营主体。这一标记在区别商品来源的同时，实际上在市场销售份额的划分方面往往也起着十分关键的作用，使用知名的地理标志的商品往往可以取得超出一般商品的超额利润，因而地理标志往往被视为企业的一项无形财产。

（二）品质保证的功能

地理标志不仅可以表示商品的地理来源，而且可以体现商品特有的品质。地理标志使用者的长期的共同维护，代表的不仅仅是质量，而且是原产地的生产者在多年的经营中积累起来的一种信誉，是社会对这种标记的综合评价。

（三）广告促销的功能

地理标志往往与商品原产地及品质相联系，长期使用会在消费者心目中形成较稳定的品牌形象，成为消费者选购的依据。因此，它们具有类似广告宣传的作用。

（四）进行外贸管制的需要

在国际贸易中，对进出口货物标示产地标记是一种通行做法，以表明产品的生长地、出生地、出土地或生产、加工、制造地以及某项服务来源地。国家出于外贸政策而对某国进口货物设定配额或数量限制时，产地名称就成为判断商品进口国的重要依据。例如，对他国进行反倾销、反补贴等贸易制裁时，都将涉及原产地的认定。

第二节　地理标志权及其法律保护

一、地理标志权的法律特征

地理标志权是私权，是一种无形财产权，是知识产权。其主要特点表现在以下几方面：

（1）地理标志权是一种集体性权利。首先，地理标志不能由个人独自注册，只能以集体、组织或协会的名义申请注册，地理标志权一旦被确认下来，便属于该地域内生产同一商品的所有生产者，而不是归某一权利人单独享有，生产者只要符合条件都有资格使用该地理标志。其次，发生盗用、假冒地理标志行为时，任一权利人均可提起诉讼。

（2）地理标志权具有永久性。与一般的知识产权的时间性特点不同，地理标志权无保护期间的限制，是一项永久性的财产权利，是一种无法定消灭事由的永续性权利。

（3）地理标志权具有不可转让性。地理标志权虽然是一项财产权，但使用这一标记的任何生产经营者都不得转让或许可使用，这是由权利客体即地理标志的本源性决定的。若地理标志转让使用，即会引起商品地域来源的混淆，扰乱社会经济秩序，也就丧失了地理标志的本来功能和作用。

（4）地理标志权的所有人与使用人相分离。地理标志权的所有人一般是该地区生产特定商品的行业协会或组织，而使用人则是该地特定产品的所有生产者。

二、地理标志的法律保护

地理标志是一种知识财产，具有经济价值，该地域的具有特定品质的商品的生产经营者均可从该标志的使用中获得经济利益，从而促进当地经济的发展。地理标志权的知识产权属性是其本质属性。在商品经济条件下，具有优良信誉的地理标志在市场竞争中起着非常重要的作用。盗用、假冒地理标志，造成商品产地来源的混淆，不仅侵犯了地理标志权人的权益，而且欺骗了消费者，损害了消费者的利益，破坏正常的市场经济秩序。因此，地理标志逐步成为各国法律和国际公约所保护的对象。

（一）地理标志的国际保护

1.《巴黎公约》

《巴黎公约》是最早保护地理标志的国际公约，《巴黎公约》第 2 条明确将货源标志与原产地标记即地理标志列入工业产权的保护对象，同时对侵权行为也作了规定。根据《巴黎公约》第 10 条规定，有人直接或间接假冒产品的原产地时，适用《巴黎公约》第 9 条规定的制裁措施，即当非法标有地理标记的商品进入本国而侵犯本国受保护的地理标记权时，该成员国有权予以扣押。

2.《制止商品来源的虚假或欺骗性标志协定》

1891年在马德里缔结的《制止商品来源的虚假或欺骗性标志协定》,是《巴黎公约》的一个特别协定,对成员国之间制止虚假货源标记作了具体规定。该协定要求其成员国履行如下义务:如果发现任何商品上带有涉及该协定某成员国或成员国某地的虚假标记的产品,都必须禁止该产品的进口或在进口时给予扣押,或采取其他制裁措施。此外,该协定还禁止在招牌、广告、发票等任何商业文件中使用虚假的产地标记。但该协定未区分货源标记和地理标志,侧重于对货源标记的保护。

3.《保护原产地名称及其国际注册里斯本协定》

1958年《巴黎公约》的部分成员国在里斯本签订了《保护原产地名称及其国际注册里斯本协定》,确立了在该协定成员国的国家保护基础上对地理标志的国际保护体系。该协定首次概括了原产地和原属国的定义,还对保护地理标志的目的及原产地的国际注册作了规定。协定规定,可冠以地理标志的产品必须与地域之间存在某种必然的联系,即产品的质量或特征完全或主要取决于该地理环境。对于地理标志,有关缔约国的主管部门可向世界知识产权组织国际局申请注册,并说明产地的地理名称、使用该原产地的商品项目以及该原产地产品的使用人,注册后的地理标志在所有成员国都受到保护。依照协定的要求,在其领域内保护其他国家产品的地理标志,禁止本国的任何产品的生产经营者不经许可便使用该地理标志。

4.《发展中国家原产地名称和产地标记示范法》

20世纪60年代通过的《发展中国家原产地名称和产地标记示范法》,为广大发展中国家保护地理标志提供了一个立法的范本,并对此提供了更完善的保护措施,详细规定了地理标志的保护条件以及违法使用的责任等。

5. 世界贸易组织《TRIPS协议》

1993年通过的《TRIPS协议》中的第3节第22条1—4款,把地理标志作为一项独立的知识产权加以保护。《TRIPS协议》是目前保护地理标志的最新、也是最全面的国际条约。它明确界定了地理标志的概念,并要求成员为利害关系人提供法律救济手段,包括:(1) 他人以任何方式在商品的称谓或表达上,明示或暗示有关商品来源于一个非真实产地的地域,并足以导致公众对商品来源误认的,利害关系人有权制止;(2) 不论他人采取任何行为,如果构成《巴黎公约》1967年文本第10条之二所指的不正当竞争,则利害关系人有权予以制止;(3) 含有地理标志的商标,但使用该商标的商品并非真正来源于该标志所标示的地域,且会误导公众,则应防止其不当注册,如果立法允许,成员应依职权驳回或撤销该商标的注册,或者依一方利害关系人的请求驳回或撤销该商标的注册;(4) 如果某地理标志虽然真实指明商品的来源地,但仍误导公众以为该商品来源于另一地域,则亦应适用以上规定(即第22条第3款)。此外,《TRIPS协议》第23条对用于识别葡萄酒及白酒的地理标志作了补充规定,体现了对这些标志的特殊保护。

(二) 国外立法对地理标志的保护

大多数国家都已保护地理标志,但在保护模式上有所差别,主要有以下三种类型:专门立法保护、商标法保护和反不正当竞争法保护。

1. 专门法保护

法国是对地理标志保护最早的国家,对地理标志的专门法保护较为完备。法国于1919

年5月6日颁布了《原产地标志保护法》，确立了原产地命名制度，1990年和1996年又对该法进行了修改。该法明确规定了一般地理标志的注册登记制度以及保护地理标志的行政和司法程序，民事法庭和有关行政机构可根据地理标志利害关系人的请求，根据地理来源和质量等标准，确定地理标志。在确定的产地范围内，特定经营者对地理标志享有专属使用权和禁止权，盗用地理标志属不法行为。葡萄酒和白酒适用特殊制度。

2. 商标法保护

采用商标法保护模式的国家，一般是把地理标志当做一种特殊的标记，将其注册为集体商标或证明商标加以保护。例如，英、美、欧盟等国家或组织在其商标法中规定，地理标志可以作为一类证明商标获准注册，并取得保护，注册人可以依据商标权对假冒等行为追究侵权责任。同时，这些国家对商标注册人的主体资格作了限制，一般规定具有实施合法管理职权的政府机构或民间组织才有权申请注册，并取得商标权。商标注册人制定使用该地理标志的规章，授权符合使用条件的企业或个人使用。由于该模式兼顾了地理标记与商标之间的联系，因而日益受到多数国家的重视和采用，也成为国际流行的一种保护方式。

3. 反不正当竞争法保护

德国、日本、瑞典等国家利用反不正当竞争法，对市场上使用地理标志的行为予以规制，通过实施反不正当竞争法来规范市场经济秩序，预防和惩治假冒、滥用地理标志的行为，维护合法使用者的权益。这种立法模式强调了假冒产地名称的不正当竞争行为的性质，侧重于从维护市场秩序和消费者利益的角度保护地理标志。

（三）我国对地理标志的保护

中国地大物博，气候多样，有许多具有原产地意义的土特产品。建立地理标志保护法律制度，对提高我国农产品的国际贸易竞争力、促进我国区域经济的发展、维护消费者的利益具有十分重要的作用。从1986年起，原国家工商行政管理总局就下文对“原产地名称”的含义予以解释并表明它可在我国受到法律保护。不久，原国家工商行政管理总局根据《巴黎公约》的要求，率先对外国的地理标志给予了保护，发文要求国内企业停止使用“丹麦牛油曲奇”“香槟”等原产地名称。目前我国采用的是以商标法为主、专门法与反不正当竞争法等其他法为辅的多种保护方式。

1. 商标法对地理标志的保护

我国《商标法》在第10条第2款规定：“县级以上行政区划的地名或者公众知晓的外国地名，不得作为商标。但是，地名具有其他含义或者作为集体商标、证明商标组成部分的除外；已经注册的使用地名的商标继续有效。”这一规定起到了间接保护地理标志的作用。

1994年12月30日，原国家工商行政管理总局发布了《集体商标、证明商标注册和管理办法》，该办法将证明商标定义为：用以证明该商标或服务的原产地、原料、制造方法、质量、精确度或其他特定品质的商品商标或服务商标，地理名称可作为证明商标的一种。据此，地理标志可注册为证明商标而受到保护。这是我国第一次在商标法律制度中确定了地理标志的法律地位。2001年10月27日我国《商标法》第二次修正案中，则正式明确了对地理标志的保护，规定了地理标志的概念和保护内容。其中规定，商标中有商品的地理标志，而该商品并非来源于该标志所标示的地区，误导公众的，不予注册并禁止使用。

《商标法》第16条规定的地理标志，可以依照《商标法》及其实施条例的规定，作为证明商标或者集体商标申请注册。以地理标志作为证明商标注册的，其商品符合使用该地理标志条件的自然人、法人或者其他组织可以要求使用该证明商标，控制该证明商标的组织应当允许。以地理标志作为集体商标注册的，其商品符合使用该地理标志条件的自然人、法人或者其他组织，可以要求参加以该地理标志作为集体商标注册的团体、协会或者其他组织，该团体、协会或者其他组织应当依据其章程接纳为会员；不要求参加以该地理标志作为集体商标注册的团体、协会或者其他组织的，也可以正当使用该地理标志，该团体、协会或者其他组织无权禁止。

2. 专门法规对地理标志的保护

1999年8月17日，原国家技术监督局发布了《原产地域产品保护规定》。这是我国第一部专门规定原产地域产品保护的规章，标志着中国原产地域产品保护制度的初步建立。它首次界定了原产地域产品的概念，规定了原产地域产品的注册登记制度。依此规定，地理标志权由原产地域产品申报机构持有并负责申报和管理使用。该机构由有关地方的质量技术监督行政部门、行业主管部门、行业协会和生产者代表组成，生产者需要使用原产地域产品专用标志的，应当向申报机构提出申请。之后，原国家技术监督局又制定颁布了《原产地域产品通用要求》等强制性国家标准，初步形成了中国原产地域产品保护制度的法规体系。为了有效保护我国的地理标志产品，规范地理标志产品名称和专用标志的使用，保证地理标志产品的质量和特色，根据我国《产品质量法》《标准化法》《进出口商品检验法》等有关规定，《地理标志产品保护规定》经2005年5月16日国家质量监督检验检疫总局局务会议审议通过，自2005年7月15日起施行。原国家技术监督局公布的《原产地域产品保护规定》同时废止。

3. 其他法律对地理标志的保护

我国《反不正当竞争法》第6条禁止足以引人误认为是他人商品或者与他人存在特定联系的混淆行为。《产品质量法》和《消费者权益保护法》也从维护消费者合法权益，维护社会经济秩序的角度出发，禁止伪造、冒用产品的产地，并对违法者规定了相应的制裁措施。

由上可见，地理标志在我国已经得到了相应的法律保护，但许多学者认为这样一个多角度的法律保护状况将导致行政管理部门之间管理权限的冲突和缺位。例如，按照我国商标法规定，原国家工商行政管理总局商标局多年来一直承担着原产地证明商标的注册和管理工作，而原国家质量监督检验检疫总局是对原产地域产品实施保护工作的主管部门，负责对原产地域产品保护的申请进行审核、注册登记管理工作。因此，在具体的立法保护中应该建立以《TRIPS协议》关于地理标记保护的规则为核心，以专门法为主体，附以地方立法保护的开放、积极、统一、有效的保护法律体系。[①]

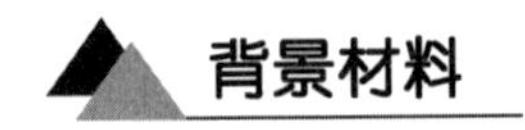

背景材料

地理标志权和商标权冲突的原因[②]

一、普遍原因

1. 巨大经济利益驱动。地理标志与商标所蕴含着的巨大经济利益唤醒了人们的知识产权意识，使曾经潜在的冲突显现出来。某一区域的特定商品经过千百年的历史积淀，获得

① 王莲峰：《地理标志的法律保护》，载《郑州大学学报》(哲学社会科学版)2003年第5期。

② 李亮：《论商标权与地理标志权冲突的危害、成因与对策》，载《法律适用》2008年第10期。

了社会公众的广泛认可，使其本身就具有了经济价值。而企业在注册商标时，又会努力寻找一种既具内蕴价值又含外生价值的商标。

2. 经济全球化使知识产权的地域性淡化。根据知识产权的地域性原则，同名的地理标志和商标可以在不同的国家内并存，一般不会发生矛盾和冲突。但是随着贸易的全球化和通讯技术的飞速发展，特别是无国界的国际互联网的出现，使知识产权的地域性原则受到了严重的侵蚀，地理标志和商标的冲突成为国际贸易中的一个现实的、迫切需要解决的法律问题。例如，为何南非已经在国内葡萄酒商品上使用"雪利"商标很多年了都没发生什么问题，却在近几年，欧盟"突然"与之谈判，成功地使其禁止使用了该商标？其中的原因无外乎是经济全球化了，在全球的贸易市场上，南非的这家葡萄酒损害到了欧盟生产商的利益。

3. 自然因素和人文的再创造因素对商品的作用孰轻孰重难以判断。随着媒体对公众的影响力越来越大，到底是产品历经千年的优良品质还是企业夺人眼球的独特包装驱使消费者购买该产品，两者的作用孰轻孰重……这类问题逐渐浮出水面，也导致冲突的发生，特别是已经具有很高知名度的，甚至是驰名商标与地理标志的冲突。

4. 国际立法的不完善和各国立法的不统一。对于地理标志，国际上还没有制定相关的专门的制度或者法律进行保护，只是在《TRIPS 协议》等与知识产权相关的协定中有所涉及，而各国的保护制度和法律又存在着巨大的差别，难以达成一致。例如欧盟保护地理标志的法律相对比较完善，与之相比，众多发展中国家的立法就有待改善。于是出现基于本国的法律应该属于合法的事情，一摆到国际上就会引发冲突的现象。

二、中国特有原因

1. 历史遗留问题。我国 1982 年颁布的《商标法》并未禁止地名商标，因此许多符合地理标志特点的地名被注册为商标。1993 年修改后的《商标法》则明确规定："县级以上行政区划的地名或者公众知晓的外国地名，不得作为商标，但是，地名具有其他含义的除外；已经注册的使用地名的商标继续有效。"这样，在 1982 年至 1993 年间的地名商标就得以存留，以致产生冲突。

2. 中国的多重保护模式。(1) 商标法的保护模式；(2) 专门法保护模式；(3) 反不正当竞争法保护模式。多重法律的保护模式，导致冲突的产生。

杭州西湖龙井茶产业协会打赢"地标保卫战"[1]

2011 年 6 月 28 日，杭州市西湖区龙井茶产业协会申请注册的西湖龙井地理标志证明商标由国家工商总局商标局核准注册，商标注册证号为第 9129815 号，核定使用商品为第 30 类茶叶，商标专用权期限至 2021 年 6 月 27 日。2012 年 5 月，西湖龙井商标被认定为驰名商标。

就在杭州市西湖区龙井茶产业协会取得西湖龙井地理标志证明商标专用权一年半后，

[1] 《杭州西湖龙井茶产业协会打赢"地标保卫战"》，载《中国工商报》2015 年 1 月 27 日 A06 版。

2013年1月14日，一批外包装标有“西湖龙井”字样的礼盒装茶叶出现在北京永辉超市有限公司位于东城区建国门内大街18号的门店(恒基店)的货架上，这批茶叶的生产企业为杭州巨佳茶业有限公司，出品商为北京四海源科贸有限公司。

获悉上述情况后，杭州市西湖区龙井茶产业协会于2013年3月1日分别致函北京永辉超市有限公司、杭州巨佳茶业有限公司和北京四海源科贸有限公司，要求对方停止侵权行为，同时向北京市东城区人民法院提起民事诉讼。

2014年6月12日，北京市东城区人民法院受理此案，并于2014年7月29日和8月29日分两次公开审理。法院经审理认为，原告是涉案第9129815号西湖龙井地理标志证明商标的注册人，且该商标在有效期内，原告依法享有的注册商标专用权受法律保护。原告有权禁止他人在并非产于西湖龙井茶区的茶叶包装上标注与该注册商标相同或近似的标识，并可以依法追究他人侵犯其商标权的责任。

杭州巨佳茶业有限公司生产、销售的标有“西湖龍井”及“西湖龙井”字样的礼盒装茶叶与原告注册商标西湖龙井核定使用的第30类商品为同类商品，虽“西湖龍井”字样中的“龍”与原告注册商标简繁体不相同，但读音、含义相同，已构成近似；而“西湖龙井”字样与原告注册商标西湖龙井读音、含义相同，构成相同；且均在侵权商品上以突出方式标注，会使相关公众认为涉案商品系原产于西湖龙井茶区的茶叶。故在杭州巨佳茶业有限公司不能证明其生产、销售的涉案商品原产地为西湖龙井茶区的情况下，法院认定其在所生产、销售的涉案商品上标注“西湖龍井”“西湖龙井”字样的行为不属于正当使用，侵犯了原告的商标专用权。

此外，北京永辉超市有限公司、北京四海源科贸有限公司销售的标有“西湖龍井”及“西湖龙井”字样的涉案侵权商品，非为原告授权使用注册商标的商品，亦侵犯了原告的注册商标专用权。但是，北京永辉超市有限公司所销售的涉案茶叶系从北京四海源科贸有限公司进货，具有合法的进货渠道和来源，根据《商标法》第六十四条第二款“销售不知道是侵犯注册商标专用权的商品，能证明该商品是自己合法取得并说明提供者的，不承担赔偿责任”的规定，北京永辉超市有限公司不用承担赔偿责任。

最终，北京市东城区人民法院作出如下判决：杭州巨佳茶业有限公司立即停止生产、销售侵犯第9129815号注册商标专用权商品的行为，北京永辉超市有限公司、北京四海源科贸有限公司立即停止销售侵犯第9129815号注册商标专用权商品的行为，杭州巨佳茶业有限公司赔偿杭州市西湖区龙井茶产业协会经济损失5万元及为制止侵权所支出的合理开支609元，北京四海源科贸有限公司赔偿杭州市西湖区龙井茶产业协会经济损失2万元及为制止侵权所支出的合理开支609元。

此“香槟”非彼香槟——法国香槟酒诉中国企业侵权获支持[①]

2012年，法国香槟酒行业委员会向北京市第一中级人民法院起诉北京一家进口销售苏

① 《此“香槟”非彼香槟 法国香槟酒诉中国企业侵权获支持 北京市一中院判决被告承担民事责任》，载《中国工商报》2015年6月9日A8版。

打饮料的公司，理由是这家公司销售的产品使用了香槟和Champagne字样，侵犯其地理标志商标专用权。香槟和Champagne地理标志集体商标已于2013年3月21日在第33类商品上获得核准注册。

早在1989年10月，国家工商局即发布了《关于停止在酒类商品上使用香槟或Champagne字样的通知》。通知指出，香槟是法文“Champagne”的译音，指原产于Champagne省的一种起泡白葡萄酒。它不是酒的通用名称，是原产地名称。我国企业、事业单位和个体工商户以及在中国的外国（法国除外）企业不得在酒类商品上使用Champagne或香槟（包括大香槟、小香槟、女士香槟等）字样。

北京市第一中级人民法院在判决书中表示，我国相关行政机关曾多次明确指出，香槟Champagne并非酒类商品的通用名称，而是作为原产地名称受到保护。经过香槟产区生产商在中国的大量宣传和使用，香槟作为起泡酒上的地理标志已在中国具有较高的知名度，我国相关公众已经将其作为标示来源于法国香槟省起泡酒的地理标志加以识别。而且，在中国加入WTO后，根据《TRIPS协议》，对合法有效的地理标志提供法律保护，也是中国作为《TRIPS协议》成员方的义务之一。因此，不论香槟和Champagne注册与否，都应予以保护。被告在所售产品的显著位置使用了香槟和Champagne字样，虽然它属于不含酒精的汽水饮料，但与起泡酒在功能、用途和销售对象上相近或存在关联，会使消费者误认为该产品也来源于香槟省，从而产生混淆误认，因此被告的行为构成侵权。

［深度阅读］

1. 熊英：《论地理标志权的特性和法律保护》，载《北京工商大学学报（社会科学版）》2002年第5期。

2. 张玉敏：《我国地理标志法律保护的制度选择》，载《知识产权》2005年第1期。

3. 曹新明：《我国地理标志保护制度之完善——以促进我国农业经济发展为视角》，载《知识产权》2007年第1期。

4. 董炳和：《地理标志知识产权制度研究》，中国政法大学出版社2005年版。

5. 李亮：《论商标权与地理标志权冲突的危害、成因与对策》，载《法律适用》2008年第10期。

［法条导航］

1.《中华人民共和国反不正当竞争法》

2.《集体商标、证明商标注册和管理办法》

3.《地理标志产品保护规定》

4.《中华人民共和国商标法》第十六条

［思考题］

1. 简述地理标志的法律特征。

2. 简述地理标志与原产地名称的关系。

3. 简述地理标志与货源标志的区别。

4. 简述地理标志的国际保护。

5. 简述地理标志在我国的法律保护。

第二十八章

植物新品种权

[内容提要] 本章简要介绍了植物新品种权的法律保护，着重介绍了植物新品种权的保护模式、内容、审查程序、侵权责任与权利限制等内容，重点内容为植物新品种权的保护模式与权利内容。

[关键词] 植物新品种 植物新品种权

第一节 植物新品种保护概述

一、植物新品种的定义及保护意义

《国际植物新品种保护公约》将“品种”定义为“已知植物最低分类单元中单一的植物群，不论授予品种权的条件是否充分满足，该植物群可以是：以某一特定基因型或基因型组合表达的特性来确定；至少表现出上述的一种特性，以区别于任何其他植物群，并且作为一个分类单元，其适用性经过繁殖不发生变化”。一般认为，植物新品种是指经过人工培育的或者对发现的野生植物予以开发，具备新颖性、特异性、一致性和稳定性并有适当命名的植物品种。

植物新品种的产生，来源于人们对植物的人工培育或对野生植物的开发。植物新品种的培育，提高了农作物和林业的质量，减少了因病虫灾害所产生的损失，对于促进国民经济的健康发展和社会稳定具有极为重要的意义。因此，许多国家制定保护植物新品种的法规，授予植物新品种培育者以排他（独占）权以保证其先前的投资获得合理回报。这些权利为将来的继续投资或增加投资提供了刺激，也肯定了创新者的精神权利和对其付出的努力获得报酬的经济权利。

二、植物新品种保护制度的沿革

（一）国际公约

1.《国际植物新品种保护公约》

20 世纪后半叶以来，发达国家将生物作为知识产权的客体呈兴起之势，植物品种的保护（或植物育种者权利）即起源于此期间在发达国家占优势的经济体制和农业环境。1957 年 2 月 22 日，法国邀请 12 个国家以及保护知识产权联合国际局、联合国粮农组织和欧洲经济合作组织，参加在法国召开的第一次植物新品种保护外交大会，形成会议决议。在此基础上，于1961年12月2日在巴黎签订并讨论通过了《国际植物新品种保护公约》（以下简称《公约》）。作为一种日渐普遍的新型知识产权，植物品种权反映了私人育种者对保护其知识产权日益增长的关注。为适应国际形势，《公约》分别于1972年11月10日和1978年10月23日在日内瓦进行了修订，并于1991年3月19日由国际植物新品种保护联盟重新颁布，向联合国秘书处登记。在保护内容上，《公约》旨在确认各成员国保护植物新品种育种者对其育成的品种的排他独占权，他人未经品种权人的许可，不得生产和销售植物新品种，或须向育种者交纳一定的费用；在保护原则上，《公约》采用国民待遇与互惠兼顾的原则；在保护方式上，成员可以自由选择专门法或专利法或二者并用保护植物新品种；在保护对象上，可以受保护的植物无种类限制，但保护期有差别。与1978年文本相比，1991年文本提高了植物新品种的保护水平，并扩大了适用的范围。《公约》是至今为止对保护植物新品种规定最为详细、参加国最多的国际公约，其1991年文本是迄今有关植物新品种保护的最权威的法律。我国参加的是《公约》1978年文本，现在正在为加入1991年文本做准备。

2.《TRIPS协议》

按照《公约》规定，取得植物新品种的保护须申请。申请人在任何一个成员国第一次提出申请后，12个月内可在公约其他成员国享有优先权。此外，同一个植物新品种在不同成员国所受的保护互相独立。为了进一步加强对植物新品种的国际保护，《TRIPS协议》第27条第3款规定："……缔约方应以专利方式或者一种专门的制度或两者的结合对植物新品种给予保护……"可见，《TRIPS协议》实际上是承继了《公约》的保护方式。

（二）各国主要立法模式

就目前而言，各国保护植物新品种的立法模式有三种：特别法模式、专利法模式以及特别法与专利法相结合模式。德、法等国在专利法的范围内保护植物新品种，但自《欧洲专利公约》签订之后，这些国家及该公约的所有缔约国的专利法都将植物新品种的发明排除在专利法保护的对象之外，而依特别法给予保护。英国、澳大利亚和欧盟等多数国家和国际组织则采用了特别法形式保护植物新品种。极少数的国家如美国、丹麦、日本等国以专利法和特别法结合的方式保护植物新品种。1930年5月23日，美国颁布了世界上第一部植物专利法，将无性繁殖的植物品种（块茎植物除外）纳入了专利保护范畴，开创了人类利用专利制度保护植物育种者权利的先河。之后美国又于1970年制定了植物新品种保护的特别法，使用了植物专利、普通专利和品种保证书三种方式的"多轨制"保护方法，涉及有性繁殖和无性繁殖两大领域，成为将专利法和特别法结合起来保护植物新品种的国家。日本目前通过对种苗法的修改来保护植物新品种。

（三）我国的植物新品种保护制度

我国《专利法》第25条规定，植物品种不属于专利法的保护对象。为了加强对植物新品种的保护，鼓励培育和使用植物新品种，促进农业和林业的发展，我国于1997年3月20日由国务院发布了《植物新品种保护条例》，并于1997年10月1日起施行。1998年8月29日，第九届全国人大常委会第四次会议决定加入《国际植物新品种保护公约》1978年文本，同时声明，在中华人民共和国政府另行通知之前，该文本暂不适用于中华人民共和国香港特别行政区。尽管我国是在1999年加入《公约》1978年文本，成为该联盟的第39个成员方，但是国内相关的法规《植物新品种保护条例》早在1997年就已出台。随后，为了配合《公约》，国务院原农业部和原国家林业局又于1999年6月16日和8月10日分别颁布了《植物新品种保护条例实施细则》的农业部分（2007年9月19日、2011年12月31日、2014年4月25

日修订)与林业部分(2011 年 1 月 25 日修改部分条款),就此基本上形成了一整套的保护植物新品种的法律体系。2013 年 1 月 16 日,国务院对《植物新品种保护条例》作了第一次修订;2014 年 7 月 29 日,国务院根据《国务院关于修改部分行政法规的决定》对《植物新品种保护条例》进行第二次修订。

第二节 植物新品种权的内容、归属及限制

一、植物新品种保护的法定条件

根据我国《植物新品种保护条例》及其实施细则,植物新品种必须具备以下条件才能受到法律保护:(1) 申请品种权的植物新品种应当属于国家植物品种保护名录中列举的植物的属或者种。(2) 授予品种权的植物新品种应具有新颖性。新颖性是指申请品种权的植物新品种在申请日前该品种繁殖材料未被销售,或者经育种者许可在中国境内销售该品种繁殖材料未超过 1 年,在中国境外销售藤本植物、林木、果树和观赏树木品种繁殖材料未超过 6 年,销售其他植物品种繁殖材料未超过 4 年。(3) 授予品种权的植物新品种应当具备一致性,即申请品种权的植物新品种经过繁殖,除可以预见的变异外,其相关的特征或特性一致。(4) 授予品种权的植物新品种应当具备稳定性,即申请品种权的植物新品种经过反复繁殖后或者在特定繁殖周期结束时,其相关的特征或者特性保持不变。(5) 授予品种权的植物新品种应当具备适当的名称,并与相同或者相近的植物属或者种中已知品种的名称相区别。该名称经注册登记后即为该植物新品种的通用名称。(6) 不危害公共利益、生态环境。《植物新品种保护条例实施细则》(农业部分)第 4 条规定,对危害公共利益和生态环境的植物新品种不授予品种权。

二、植物新品种权的内容

品种权人是品种权法律关系的主体,其依法享有的权利是品种权保护制度的核心。《植物新品种保护条例》第 6 条规定:“完成育种的单位或者个人对其授权品种,享有排他的独占权。任何单位或者个人未经品种权所有人(以下称品种权人)许可,不得为商业目的生产或者销售该授权品种的繁殖材料,不得为商业目的将该授权品种的繁殖材料重复使用于生产另一品种的繁殖材料;但是,本条例另有规定的除外。”根据该条规定,品种权人享有的权利主要表现为一种排他权,即禁止他人未经许可利用其授权品种的权利。具体而言,品种权人享有的权利主要有:

(1) 生产权。对品种权人生产授权品种繁殖材料专有权的保护,是世界上实施植物新品种保护制度的国家的普遍做法。生产权系指品种权人有权禁止他人未经其许可,为商业目的生产该授权品种的繁殖材料。在农业方面,繁殖材料是指可繁殖植物的种子和植物体的其他部分。在林业上则是指整株植物(包括苗木)、种子(包括根、茎、叶、花、果实等)以及构成植物体的任何部分(包括组织、细胞)。按照这一规定,品种权不能延及从授权品种的繁殖材料中所收获的产品,例如粮食、水果、蔬菜等。

(2) 销售权。系指授权品种的繁殖材料的销售行为需要经过品种权人的许可。销售是实现品种权人经济利益的重要方式之一,品种权人有权禁止未经其许可销售该授权品种的繁殖材料的行为。

(3) 使用权。系指品种权人有权禁止他人未经许可将该授权品种的繁殖材料为商业目的重复使用于生产另一品种的繁殖材料。对于非生产繁殖材料用途的其他使用,如生产农作物,品种权人则无权禁止。

(4) 名称标记权。系指品种权人在自己的授权品种包装上标明品种权标记的权利。根据《植物新品种保护条例》及其实施细则,新品种命名不得有以下情形:仅以数字组成;违反国家法律或者社会公德或者带有民族歧视性;以国家名称命名;以县级以上行政区划的地名或者公众知晓的外国地名命名;同政府间国际组织或者其他国际国内知名组织及标识名称相同或者近似;对植物新品种的特征、特性或者育种者的身份等容易引起误解;属于相同或相近植物属或者种的已知名称;夸大宣传。

(5) 许可权。根据品种权人拥有的独占权,品种权人不仅自己可以实施授权品种,还有权许可其他单位或者个人实施。许可他人实施的,双方应订立书面合同,明确规定双方的权利和义务,如许可的内容(生产、销售、使用)、数量、区域范围以及利益分配等。

(6) 转让权。系指品种权人对自己拥有的新品种申请权和品种权的处分权。新品种的申请权也是一项独立的财产权,品种权人转让申请权或者品种权的,应当与受让方订立书面合同,并由审批机关登记和公告。

(7) 追偿权。品种权获得授予后,在初步审查合格公告之日起至被授予品种权之日止的期间内,对未经申请人许可而为商业目的生产或者销售该授权品种的繁殖材料的单位和个人,品种权人依法享有追偿的权利。

三、品种权的归属

执行本单位的任务或者主要是利用本单位的物质条件所完成的职务育种,植物新品种的申请权属于该单位;非职务育种,植物新品种的申请权属于完成育种的个人。植物新品种的申请权可以依法转让。申请被批准后,品种权属于申请人。委托育种或者合作育种,品种权的归属由当事人在合同中约定;没有合同约定的,品种权属于受委托完成或共同完成育种的单位或者个人。

四、品种权的限制

(一) 合理使用

利用授权品种进行育种及其他科研活动,农民自繁自用授权品种的繁殖材料,均可以不经品种权人许可,不向其支付使用费,但不得侵犯品种权人的其他权利。

(二) 强制许可使用

为了国家利益或者公共利益,审批机关可以作出实施植物新品种强制许可的决定,并予以登记和公告。取得实施强制许可的单位或者个人应当付给品种权人合理的使用费,其数额由双方商定;双方不能达成协议的,由审批机关裁决。品种权人对强制许可或强制许可使用费的裁决不服的,可以自收到通知之日起3个月内向人民法院提起诉讼。

根据《植物新品种保护条例实施细则》(林业部分)第9条的规定,有下列情形之一的,国家林业和草原局可以作出或者依当事人的请求作出实施植物新品种强制许可的决定:

(1) 为满足国家利益或者公共利益等特殊需要;

(2) 品种权人无正当理由自己不实施或者实施不完全,又不许可他人以合理条件实施的。

请求植物新品种强制许可的单位或者个人，应当向国家林业和草原局提出强制许可请求书，说明理由并附具有关证明材料各一式两份。请求国家林业和草原局裁决植物新品种强制许可使用费数额的，当事人应当提交裁决请求书，并附具不能达成协议的有关材料。国家林业和草原局自收到裁决请求书之日起3个月内作出裁决并通知有关当事人。

第三节 植物新品种权的审查程序

植物新品种培育完成后，必须由完成植物新品种的单位或个人或其受让人向国家主管部门申请，经主管部门审查和批准后，才能取得植物新品种权。

一、申请

中国单位或个人申请品种权的，可以直接或者委托代理机构向审批机关提出申请。如果所涉品种涉及国家安全或者重大利益需要保密的，应按国家有关规定办理。外国人、外国企业或者外国其他组织在中国申请品种权的，应当按其所属国与中华人民共和国签订的协议或者共同参加的国际条约办理，或者按互惠原则依条件办理。申请时，申请人应当向审批机关提交符合规定格式要求的请求书、说明书和该品种的照片。申请文件应用中文书写。

二、受理

植物新品种权的审批机关是国务院农业、林业行政部门，它们按照职责分工共同负责植物新品种权申请的受理和审查。

审批机关收到品种权申请文件之日为申请日；申请文件是邮寄的，以寄出的邮戳日为申请日。申请人自在外国第一次提出品种权申请之日起12个月内，又在中国就该植物新品种提出品种权申请的，依照该外国与中国签订的协议或者共同参加的国际条约或者根据相互承认优先权的原则，可以享有优先权。申请人要求优先权利的，应当在申请时提出书面说明，并在3个月内提交经原受理机关确认的第一次提出的品种权申请文件的副本；未依照规定提出书面说明或者提交申请文件副本的，视为未要求优先权。

对于符合规定的品种权的申请，审批机关应当予以受理，明确申请日，给予申请号，并自收到申请之日起1个月内通知申请人缴纳申请费。对不符合或经修改后仍不符合规定的品种权申请，审批机关不予受理，并通知申请人。在品种权授予前，申请人可以修改或者撤回申请。如果中国单位或者个人将国内培育的植物新品种向国外申请品种权的，应当向审批机关登记。

三、审批

审批机关的审批程序如下：

（一）初审

申请人缴纳申请费后，审批机关对品种权申请的下列内容进行初步审查：是否属于植物品种保护名录中列举的植物属或者种的范围；是否属于有资格申请品种权的外国人、外国企业或其他外国组织；是否符合新颖性的规定；植物新品种的命名是否适当。审批机关应当自受理品种权申请之日起6个月内完成初步审查。对经初步审查合格的品种权申请，审批机关予以公告，并通知申请人在3个月内缴纳审查费。对经初步审查不合格的品种权申请，审批机关应当通知申请人在3个月内陈述意见或者予以修正;逾期未答复或者修正后仍然不合格的,驳回申请。

(二)实质审查

申请人按照规定缴纳审查费后,审批机关对品种权申请的特异性、一致性和稳定性进行实质审查。审查时,审批机关主要依据申请文件等书面材料进行审查。审批机关认为必要时,可以委托指定的测试机构进行测试或者考察业已完成的种植或者其他试验的结果。对经实质审查符合规定的品种权申请,审批机关应作出授予品种权的决定,颁发品种权证书,并予以登记和公告。对经实质审查不符合规定的品种权申请,审批机关予以驳回,并通知申请人。

(三)复审

申请人对于审批机关驳回品种权申请的决定不服的,可以自收到通知之日起3个月内,向植物新品种复审委员会请求复审。植物新品种复审委员会应当自收到复审请求书之日起6个月内作出决定,并通知申请人。申请人对植物新品种复审委员会的决定不服的,可以自接到通知之日起15日内向人民法院提起诉讼。

第四节 植物新品种权的期限、终止和无效

一、品种权的期限

按照我国《植物新品种保护条例》第34条,植物新品种权有保护期限,自授权之日起,藤本植物、林木、果树和观赏树木为20年,其他植物为15年。可见,我国对植物新品种的保护期限长于《公约》1978年文本的时间下限,但短于1991年文本的要求。

期限的确定具有法律上的意义,品种权人应当自被授予品种权的当年开始缴纳年费,并按照审批机关的要求提供用于检测的该授权品种的繁殖材料。

二、品种权的终止

按照条例,如有下列情形之一,品种权在其保护期限届满前终止:

(1)品种权人以书面声明放弃品种权的;

(2)品种权人未按照规定缴纳年费的;

(3)品种权人未按照审批机关的要求提供检测所需的该授权品种的繁殖材料的;

(4)经检测该授权品种不再符合被授予品种权时的特征和特性的。

品种权的终止,由审批机关登记和公告。

三、品种权的无效

自审批机关公告授予品种权之日起,植物新品种复审委员会可以依据职权或依据任何单位或者个人的书面请求,对不符合《植物新品种保护条例》所规定的新颖性、特异性、一致性和稳定性条件的植物新品种,宣告品种权无效;对不符合名称规定的予以更名。宣告品种权无效或者更名的决定,由审批机关登记和公告,并通知当事人。

品种权人或无效宣告请求人对植物新品种复审委员会的决定不服的,可以自收到通知之日起3个月内向人民法院提起诉讼。

被宣告无效的品种权视为自始不存在。宣告品种权无效的决定,对在宣告前人民法院作出并已执行的植物新品种侵权的判决、裁定,省级以上人民政府农业、林业行政部门作出并已执行的植物新品种侵权处理决定,以及已经履行的植物新品种权实施许可合同和植物新品种权转让合同,不具有追溯力;但是,因品种权人恶意给他人造成损失的,应当给予合理赔偿。依前述规定品种权人或者品种权转让人不向被许可实施人或受让人返还使用费或转让费,明显违反公平原则的,品种权人或者品种权转让人应当向被许可实施人或者受让人返还全部或者部分使用费或者转让费。

第五节 侵犯植物新品种权的法律责任

我国《植物新品种保护条例》对于侵犯植物新品种权的行为分别规定了应承担的民事责任、行政责任和刑事责任:

(1) 未经品种权人许可,以商业目的生产或销售品种的繁殖材料的,品种权人或利害关系人可以请求省级以上人民政府农业、林业行政部门依据各自的职权进行处理,也可以直接向人民法院提起诉讼。

省级以上人民政府农业、林业行政部门依据各自的职权,可根据当事人自愿的原则,对侵权所造成的损害赔偿进行调解。调解达成协议的,当事人应当履行;调解未达成协议的,品种权人或利害关系人可以依照民事诉讼程序向人民法院提起诉讼。

省级以上人民政府农业、林业行政部门依据各自的职权处理品种权侵权案件时,为维护社会公共利益,可以责令侵权人停止侵权行为,没收违法所得和植物品种繁殖材料;货值金额5万元以上的,可处货值金额1倍以上5倍以下的罚款;没有货值金额或者货值金额5万元以下的,根据情节轻重,可处25万元以下的罚款。

(2) 假冒授权品种的,由县级以上人民政府农业、林业行政部门依据各自的职权责令停止假冒行为,没收违法所得和植物品种繁殖材料;货值金额5万元以上的,处货值金额1倍以上5倍以下的罚款;没有货值金额或者货值金额5万元以下的,根据情节轻重,处25万元以下的罚款;情节严重,构成犯罪的,依法追究刑事责任。

此外,省级以上人民政府农业、林业行政部门依据各自的职权在查处品种权侵权案件和县级以上人民政府农业、林业行政部门依据各自的职权在查处假冒授权品种案件时,根据需要,可以封存或扣押与案件有关的植物品种的繁殖材料,查阅、复制或者封存与案件有关的合同、账册及有关文件等。

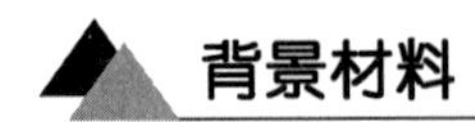

背景材料

国际植物新品种保护的发展趋势[①]

无论是《国际植物新品种保护公约》1991年版本还是《TRIPS协议》都没有实现国际植物新品种保护的统一性。尽管《公约》的产生和发展推动了国际植物新品种保护的统一进程,但目前其作用毕竟是有限的。首先,由于参加《公约》的成员国的有限性,使得育种者的

---

① 原晓爽:《国际植物新品种保护的发展趋势》,载《山西大学学报(哲学社会科学版)》2006年第3期。

权利难以在世界范围内得到有效的保护。由于只有加入《公约》的国家才对植物新品种给予保护,而对于全世界的国家而言,加入《公约》的国家只是很少的一部分,所以植物新品种只会在世界上有限的国家得到保护,从而使用于植物新品种开发和研究的投入收回的有效性受到了限制。这将会影响到植物新品种研发和推广的积极性。其次,《公约》难以平衡发达国家和发展中国家对于植物新品种保护的不同立场,发达国家与发展中国家在植物新品种保护,尤其是农业植物新品种保护方面的合作与斗争将长期存在。发达国家农业生物技术的飞速发展,使得发展中国家广阔的农业市场成为他们猎取的目标。而发展中国家不断增长的对食品的需求,增加了这些国家对农业生物技术的依赖,但是掌握这些先进技术和先进品种的国家往往是发达国家,发展中国家引进的同时面临的是高额的技术和品种的许可使用费,尽管为了经济的发展这些发展中国家愿意支付这些费用,也愿意忽视转基因农业品种的道德风险,但有理由相信高额的许可费用依然是发展中国家选择给予植物新品种以高水平保护难以逾越的障碍。几年来,美国种子巨头孟山都公司与阿根廷转基因大豆的专利权之争是发达国家与发展中国家在植物新品种方面合作与斗争最好的证明。20 世纪 90 年代时,孟山都公司从未在阿根廷正式为其专利登记,并以相对低廉的价格供应种子。当阿根廷人认识到孟山都"抗农达"转基因大豆种子占领了大草原的时候已经太晚了。"抗农达"是由孟山都生产的除草剂的名称,它可以除掉全部杂草,只有孟山都的大豆种子对其有耐受性,阿根廷民族种子制造商对此无能为力。在阿根廷,农民可以将自己收获的转基因大豆种子用于播种,这显然不符合类似于孟山都公司这样的跨国公司的经济利益。当孟山都公司的产品已经成为阿根廷农业的支柱以后,为了剥夺阿根廷农民的此项权利,孟山都公司与布宜诺斯艾利斯展开了一场斗争。孟山都公司称使用合法、得到批准的种子种植的农田不到 20%,并指责政府容忍这种交易存在。阿根廷农业部也不否认全国都在进行非法的、活跃的"抗农达"大豆种子交易。这场战争仍然在继续,无论结果如何,发展中国家与发达国家在植物新品种保护方面的矛盾将长期存在。最后,发达国家之间也难以在短时间内统一对于植物新品种保护的立法。虽然,美国通过 J. E. M. Ag Supply 的判决,明确了植物可以获得实用专利,《公约》1991 年文本和《TRIPS 协议》事实上也已经认可了对于植物新品种的专门保护和专利保护并存的世界格局。但是在世界范围内实现给予植物以专利保护还是一个悬而未决的问题。就欧洲等发达国家而言,给予植物新品种以专利保护依然是不被广泛接受的。在欧洲,转基因植物的可专利性并不如转基因动物(哈佛鼠)可专利性那样清楚明确。因为对于植物品种在国际上已有《公约》予以保护,故欧洲专利公约自成立时便将植物品种排除于可专利标的之外,他们认为同时对植物品种授予新品种保护及专利权保护是不适当的。

在美国,目前所实行的三轨制的植物新品种保护也还没有被证实是完美无缺的。由于美国对于植物新品种的高水平的保护,美国农民的负担远远重于巴西和阿根廷,因此使他们丧失了积极性,美国作为大豆出口第一国的地位在今后几年可能被巴西或阿根廷替代。近日美国田纳西州的一位农民凯姆·拉尔夫被孟山都公司告上法庭,被判服刑 8 个月,还得赔偿孟山都 170 多万美元。这是由于该农民使用了孟山都的转基因种子但又没有遵守合同,而是自己保留了种子用以播种。拉尔夫的判例被视为美国农民噩梦的开始,因为拉尔夫是美国第一位因种植孟山都的种子产品而获罪的人。一方面孟山都公司的研发成果使农民获益,现在美国约 85%的大豆是经过遗传工程改进的,其特点是可以耐受除草剂,这就可以让农民轻易地除掉田间的杂草但又保护庄稼,因而种植庄稼的成本降低。孟山都和一些农民认为,这是一种非常有效的方法,既能付出低廉的成本,又能提高大豆的产量。另一方面农民在享受科学技术的成果的同时必须面对新的制约。一般农民在购买孟山都公司的种子时必须要与种子生产公司签订协议,农民对于收获的种子不得留种,否则将如凯姆·拉尔夫一样难逃诉讼。孟山都公司并不会为凯姆·拉尔夫的入狱而庆幸,正如该公司首席知识产权保护执行官斯考特·鲍克姆所说,孟山都公司在起诉农民时极力寻找比较好的方式,对于公司来说,这么做是非常不舒服的,因为农民是公司的顾客,他们对于公司的发展是非常重要的。另外,孟山都起诉的对象也不会束手就擒。比如,作为孟山都起诉的对象,食品安全中心也在近日建立了一条热线电话,鼓励受到孟山都起诉的农民通过热线获得援助。该中心还希望在辩护律师中召开一个会议以探讨法律战略,应战孟山都公司。

美国是给予植物新品种以实用专利保护的先驱。《TRIPS 协议》的出台,并不能证明美国已经将这一法律制度推向世界。《TRIPS 协议》只规定了成员国对于植物新品种应给予专利保护或给予《公约》下的植物新品种权的保护,并没有具体规定如何在这两种保护下实现统一。事实上,除了国际范围内保护知识产权的协议,各国国内法的适用和执行与各生物技术公司对寻求植物新品种权和有生命物质的专利保护息息相关。在这方面,问题的关键并不仅仅在于法律对知识产权的保护,更在于法院、专利管理机关和外国政府如何适用这些条款。在巴西,有关部门对于转基因植物的安全性和对环境影响的测试已经完成,但对于在巴西种植孟山都公司的"抗农达"大豆是否合法依然悬而未决;在阿根廷,政府部门和立法者已经着手开始对植物新品种的保护,并规定出售被保护大豆种子需取得证明,但国内对于"抗农达"大豆种子的需求已经创造了高获利的买卖黑市,种植者对于种子的迫切需求使他们宁愿冒侵犯植物新品种权被发现的风险,而阿根廷的执法条件,使这些种植者认为其侵权行为被发现的可能性并不大。因此,植物新品种和转基因物质能否被授予专利是一回事,而发明创造者面对非显而易见性等传统要求的挑战能否真正取得专利并在随后的发展中国家的侵权诉讼中获胜又是另一回事。

尽管美国已经给予其植物新品种以专利保护,但其依然难以实现其他国家对这种保护的认可,尤其是发展中国家,不同的历史背景和经济条件使这些国家根本不具备认可的条件。目前,加入《公约》的只有 58 个国家,这也意味着有许多国家还没有承认植物新品种权,更不用说给予专利保护了,统一国际植物新品种的保护任重道远。

不得为商业目的生产或者销售授权的植物新品种[①]

2000 年 5 月 1 日,原告山东省登海种业股份有限公司自行培育的登海 9 号玉米杂交种被国家农业部授予植物新品种权,品种权号为 CAN19990061。2001 年 9 月,被告山东省莱州市农业科学研究所(有限责任公司)未经品种权人(原告)授权许可,擅自委托内蒙古赤峰市宁城县山头乡山头村村委会主任马军为其代为繁育原告受法律保护的登海 9 号玉米杂交

① 《山东省登海种业股份有限公司诉莱州市农业科学研究所侵犯植物新品种权案》,http://www.pkulaw.cn/case/pfnl_a25051f3312b07f37274da36087924694f793f3d50d521a4bdfb.html,访问日期:2018-01-30。

种。为此，原告起诉。内蒙古呼和浩特市中级人民法院判令被告：立即停止侵权，在法院的监督下将生产的侵权品种销毁，并在媒体上公开赔礼道歉；赔偿因侵权造成的经济损失及原告因制止侵权所支出的费用，承担本案的诉讼费、保全费及鉴定费。

被告辩称：被告的种植行为是单位正常的科研行为，不构成对原告品种权的侵犯；依鉴定结论认定被告方侵权没有证明力。因鉴定结论对被鉴定物中46%的籽料与“登海9号”不同的认定仅是分析认定，到底分析的内容是否成立，必须经过田间种植后方可认定，因田间种植鉴定是近年来经国家许可，广泛使用的一种方法，具有其他方法不可替代的直观性。

法院经审理认为：植物新品种是经过人工培育的或者对发现的野生植物加以开发，具有新颖性、特异性、一致性和稳定性，并有适当命名的植物品种。完成育种的单位或者个人对其授权品种，享有排他的独占权，任何单位或个人未经品种权所有人许可，不得以商业目的将该授权品种的繁殖材料重复使用于生产另一品种的繁殖材料。本案中原告于2001年1月15日通过转让的方式取得了登海9号玉米杂交种的品种权资格，享有排他的独占权，应受法律保护。被告未经品种权人的许可，以生产(繁殖)掖单53号(汇元53号)玉米杂交种的名义，擅自生产登海9号玉米杂交种。所生产的玉米品种经鉴定为登海9号，对此被告应承担侵权的法律责任。被告辩称其生产的玉米杂交种为汇元53号(掖单53号)的理由不能成立。经本院查证，被告在内蒙古赤峰市宁城县山头乡山头村繁殖的玉米杂交种，不但在内蒙古种子管理站领取了“主要农作物种子生产许可证”，而且与马军签订了农作物种子预约生产合同。其种植行为为制种，即生产种子，而非科研活动。故被告认为其制种行为属于正常的科研活动的辩称理由也不能成立。

我国《植物新品种保护条例》第6条及第10条规定，完成育种的单位或者个人对其授权品种，享有排他的独占权。任何单位或者个人未经植物新品种权所有人许可，不得为商业目的生产或者销售该授权品种的繁殖材料，不得为商业目的将该授权品种的繁殖材料重复使用于生产另一品种的繁殖材料。但在“利用授权品种进行育种及其他科研活动；农民自繁自用授权品种的繁殖材料”这两种情况下使用授权品种的，可以不经品种权人许可，不向其支付使用费。据此规定，行为人在未经许可的情况下，并非出于科研目的而是出于商业目的生产他人享有植物新品种权的农作物，该行为已经超出了法规允许的不经品种权人许可的范围。该行为人须因此而承担侵权责任。

[深度阅读]

1. 农业部植物新品种保护办公室：《植物新品种保护基础知识》，蓝天出版社1999年版。

2. 罗忠玲、凌远云、罗霞：《UPOV联盟植物新品种保护基本格局及对我国的影响》，载《中国软科学》2005年第4期。

3. 原晓爽：《国际植物新品种保护的发展趋势》，载《山西大学学报》(哲学社会科学版)2006年第3期。

4. 周宏：《亚非拉部分国家植物新品种保护制度比较研究》，载《知识产权》2007年第6期。

5. 段立红：《植物新品种的法律保护》，载《科技与法律》2001年第1期。

6. 董新忠：《美国植物新品种的专利保护——基于Pioneer Hibred案看美国植物新品种的可专利性》，载《知识产权》2006年第1期。

7. 中国专利局条法部编:《集成电路和植物品种知识产权保护专辑》,专利文献出版社1998年版。

[法条导航]

1.《中华人民共和国植物新品种保护条例》

2. 最高人民法院《关于审理侵犯植物新品种权纠纷案件具体应用法律问题的若干规定》

3.《中华人民共和国植物新品种保护条例实施细则》(农业部分)、(林业部分)

[思考题]

1. 简述植物新品种权的保护模式。

2. 简述植物新品种权的权利内容。

3. 简述植物新品种权的审查程序。

4. 简述我国对植物新品种权的法律保护。

第二十九章

商　号　权

[内容提要]　商号属于知识产权保护对象之一，由于我国没有专门的法律来保护商号权，所以在术语的使用、权利属性、保护举措等问题上不够明确。本章首先通过商号与相关概念的比较明确了商号这一术语的选择与适用，继而对商号权的法律特征、性质、权利的取得、权利内容以及法律保护作了评介。

[关键词]　商号　商号权

第一节　商　　号

一、商号的概念

商号是民商事主体进行工商业经营活动时用来标示自己并区别于他人的一种标志，包括各种所有制企业的名称，各种形式的经营组织和各类公司的名称。商号是生产经营者的营业标志，体现着特定的企业的商业信誉和服务质量，一个商号如果被市场认可，就可以产生良好的商业信誉；信誉好的企业，其名称或标志对消费者有着巨大的吸引力，是企业重要的无形财产。

二、商号与相关概念的区别

（一）商号与企业名称

商号与企业名称，是现有的论著及立法中广为使用的、用来指称商业领域经营主体的两个概念，有的混同地使用商号与企业名称，有的则认为两个概念有着本质上的区别。

从国外有些国家的规定来看，商号的内涵和外延与我国《企业名称登记管理规定》中的企业名称大致相同。如根据美国的普通法，产品、服务或商业企业的描述性词汇，以及人名、合伙名、公司名或特殊地理位置的名称，当它们被法院承认在商业交易中普遍使用，即属于"商号"。在日本立法上，商号指的是商事主体的名称。其中，商人的商号可以是其姓氏、姓名或其他名称，而公司的商号通常是无限公司、两合公司或股份公司等。在德国，商号可以分为简单商号和组合商号，简单商号仅由一个姓名组成，而组合商号由核心部分（一个名称）和附属部分组成，两部分具有同样的意义和地位。[1]

---

[1] 聂卫东：《商业名称的法律保护》，载《法律科学》1999年第3期。

从我国规制企业名称的专门法《企业名称登记管理规定》来看，商号与企业名称应当属于不同的概念，企业名称包含了商号，商号是企业名称的核心部分。《企业名称登记管理规定》第6条规定，企业名称由行政区划名称、字号、行业或者经营特点、组织形式组成。例如，“深圳润迅科技服务有限公司”是一个已经注册的企业名称，其中“深圳”是地理名称，“润迅”是商号，“科技服务”属行业公有名称，“有限公司”是其组织形式。在所有的组成部分中，该公司只对其商号“润迅”享有专有权，而不能对“深圳”“科技服务”或“有限公司”享有专有性权利，因为行政区划名称、行业公有名称和组织形式是所有民商事主体所共有的，不能成为某一个企业的私有财产。

所以，作为知识产权保护对象的应该是商号，而不是企业名称，商号是企业以及其他商业主体为表明不同于他人的特征而使用的名称，企业名称是表明企业的注册地或营业地、商号、行业、组织形式等特点的全称。

（二）商号与商标

商号和商标是与工商业经营者密切相关的标志，而且在有些情况下，两者可以合二为一，例如，“全聚德”“IBM”“联想”既是商号，又是商标。但是，二者有着明显的差别：(1) 两种标志附着于不同的载体，具有不同的表示功能。商号是商品的生产经营者使用的标记，是用来区别不同生产经营者的标志；商标是使用在商品上的标记，是用来区别商品来源的标志。(2) 一个生产经营者只能有一个商号，但可以有多个商标使用在其生产经营的商品上。(3) 两者的效力范围不同。商号只在其登记注册的范围内有效，在全国范围内有可能存在相同的商号；注册商标在全国范围内有效，其权利人享有专有使用权。(4) 商号权无法定时间限制，与权利主体并存，只要该主体存在，商号权就存在；而商标权受到时间的限制。

第二节 商号权及其法律保护

一、商号权的概念与法律特征

商号权，是指企业对自己使用的营业标志所依法享有的专用权。确立该项权利的法律意义在于：在他人使用相同或类似的名称时，权利人可以要求停止使用，避免发生混同；在他人非法侵权而造成损失时，权利人可以要求赔偿损失。

商号权是私权的一种，属于无形财产权，是知识产权的保护对象。商号权具有知识产权的某些共同特征，例如客体的非物质性、权利的专有性、地域性等。但是，与专利权、商标权等其他知识产权相比较，商号权还具有自身的特点：

(1) 相对的排他效力。商号权虽为知识产权之一种，具有绝对性的特点，但仅在其有效登记的范围内有排他的效力，即只有在其所属的同一行政区域、同一行业内享有排他性的专有权。较之专利权、商标权在授予国范围内的效力，商号权是一种相对的绝对权。[①]

(2) 无期限的存续效力。商号权具有一般人格权的某些属性，无法定的保护期限。商号与企业共存亡，只要企业存在，其商号权就得以无限期地继续存在。

---

① 张国键：《商事法论》，台湾三民书局1980年版，第102页。

二、商号权的性质

关于商号权的性质有如下几种观点：(1) 姓名权说。该观点认为法人、个体工商户、个人合伙的商号权就是姓名权，“法人、个体工商户和个人合伙的姓名权”称为“名称权”。[①] 持这种观点的学者多以我国台湾地区学者的主张为依据，因为他们认为将法人的名称权解释为姓名权后，根据民法对公民姓名权的保护方式来保护法人的名称权，较有利于被害人。[②] (2) 财产权说。该观点认为商号权具备财产权的一般特征，是一项可以获得收益的财产，因而这种名称不是营业主体的人格，不属于人格权范畴而属于财产权范畴，是财产权的一种。[③] (3) 身份权说。有人认为名称权与姓名权不属同一性质的权利，姓名权是人格权，而名称权可以被转让和继承，因而它不是人格权而是身份权。(4) 人格权说。该观点认为，首先，名称权的客体是法人等的人格利益，名称是主体相互区别的必要条件；其次，名称权具有人格权的全部特征，是固有权、专属权和必备权；再次，名称权虽具有某些无形财产权的属性，但这是其附属性质而非本质属性。[④] (5) 双重性质说。该观点认为商号权兼有人格权和财产权的属性。一方面，对于法人等具有独立人格的主体来说，拥有自己的名称是其取得民事主体资格的必备条件，即使对于那些不具备主体资格的社会组织来说，它们要以团体的名义从事民事活动也必须享有名称权。另一方面，名称权也具备财产权的属性，它可以作为财产标的使用、收益、转让和处分。由于名称无固定形态，故属于无体财产权。[⑤]

我们认为，一方面，商号是企业主体人格的标志，具有区别生产经营者的功能，同时商号也是企业从事生产经营活动的前提条件。另一方面，商号是企业的无形资产，它的使用、许可使用、转让和继承，均能获得财产利益，盗用、假冒商号将产生相应的财产后果。所以，商号权应是兼有人格与财产内容的复合性权利。

三、商号权的取得方式

商号权的取得方式通常有以下几种：

(1) 使用取得主义。使用取得主义是指商号一经使用，使用者即可取得商号权，无需履行法定申请手续。目前，在少数国家采用该制度。例如，在法国，只要商号面向社会，与公众接触，即构成使用行为，使用者可取得商号权。《巴黎公约》第 8 条也要求成员国对商号予以保护，而不论其是否申请或注册。采取使用取得主义，比较利于保护先使用人的利益，一个商号只有经过使用，才能为公众所知，才能体现其价值。不过，采取该制度的弊端在于发生纠纷时难以解决，如果一个商业名称同时为多个主体所使用，需要确定谁是最先使用人时极为困难，因而在实践中采取该制度的国家不多。

(2) 登记对抗主义。登记对抗主义是指商号权的取得不需经过登记，但不经登记不足以产生对抗第三人的效力。《日本商法典》采取了此制度。未经登记的商号尽管可以使用，但不具有排他性，其在使用效力、转让效力上均逊于已登记的商号。

---

① 孟玉：《人身权的民法保护》，北京大学出版社 1988 年版，第 8 页。
② 曾隆兴：《现代损害赔偿法论》，台湾泽华彩色印刷事业有限公司 1988 年版，第 50 页。
③ 龙显铭：《私法上人格权之保护》，中华书局 1948 年版，第 89 页。
④ 杨立新：《人身权法论》，中国检察出版社 1996 年版，第 448 页。
⑤ 王利明等编著：《人格权法》，法律出版社 1997 年版，第 98 页。

(3) 登记生效主义。所谓登记生效主义，是指商号只有经过登记才可使用，才具有排他性专用权。目前，德国等国的商法采用该制度。采取该制度，一方面有利于确定商号权的归属，减少纠纷，另一方面也有利于通过登记而向公众公示，便于维护交易安全和交易秩序。

我国在 2020 年 12 月修订了《企业名称登记管理规定》并于 2021 年 3 月 1 日起实施。此次修订将企业名称由"预先核准"制度修改为"自主申报"制度，提高了企业名称注册效率。《企业名称登记管理规定》第 16 条规定，企业名称由申请人自主申报。申请人可以通过企业名称申报系统或者在企业登记机关服务窗口提交有关信息和材料，对拟定的企业名称进行查询、比对和筛选，选取符合本规定要求的企业名称。申请人提交的信息和材料应当真实、准确、完整，并承诺因其企业名称与他人企业名称近似侵犯他人合法权益的，依法承担法律责任。进行自主申报的企业可以通过申报系统事前筛查拟申报企业名称，有效避免重复名称，提高企业名称注册效率。

在我国，县级以上人民政府市场监督管理部门(以下统称"企业登记机关")负责中国境内设立企业的企业名称登记管理。国务院市场监督管理部门主管全国企业名称登记管理工作，负责制定企业名称登记管理的具体规范。省、自治区、直辖市人民政府市场监督管理部门负责建立本行政区域统一的企业名称申报系统和企业名称数据库，并向社会开放。

四、商号权的内容

(一) 设定权

商号设定权是指民商事主体享有的依法决定其商号的权利。关于商号的组成部分，根据《企业名称登记管理规定》，企业名称不得含有下列内容和文字：(1) 损害国家尊严或者利益；(2) 损害社会公共利益或者妨碍社会公共秩序；(3) 使用或者变相使用政党、党政军机关、群团组织名称及其简称、特定称谓和部队番号；(4) 使用外国国家(地区)、国际组织名称及其通用简称、特定称谓；(5) 含有淫秽、色情、赌博、迷信、恐怖、暴力的内容；(6) 含有民族、种族、宗教、性别歧视的内容；(7) 违背公序良俗或者可能有其他不良影响；(8) 可能使公众受骗或者产生误解；(9) 法律、行政法规以及国家规定禁止的其他情形。

(二) 使用权

商号使用权是指商号权人对其商号享有独占使用的权利，并且在核准登记的地域范围内有权禁止他人使用与自己的商号相同或相近似的名称。这种禁止性权利表现在两个方面：一是排斥他人在核准登记的辖区内登记与同行业已有的商号相同或近似的厂商名称。例如，我国《企业名称登记管理规定》第 4 条明确要求"企业只能登记一个企业名称"。二是排斥他人未经许可以营利为目的在核准的辖区内使用与自己商号相同或近似的商号。例如，我国《反不正当竞争法》第 6 条第 2 项将擅自使用他人有一定影响的企业名称或姓名造成误认的行为视为不正当竞争行为，商号权人有权要求其承担法律责任。

(三) 转让权

商号作为区分不同民商事主体的一种标志，可产生识别作用，因此商号往往是企业商誉外在表现的一个载体，从而使商号权具有了一定的财产属性，可以成为转让的对象。在商号权的转让上，各国立法存在不同的立法方式：一是绝对转让主义，即商号权应与企业一并转让,或在企业终止时转让,商号权转让后,转让人不再享有商号权,受让人成为新的权利主体。例如,《日本商法典》第 24 条第 1 款规定:商号只能和营业一起转让或在废止营业时转让。多数国家的商法典中都采取了这种立法方式。二是相对转让主义,即商号权可与企业分离而单独转让,转让后,转让人和受让人都享有商号权并且多个企业可使用同一个商号。由于相对转让主义容易造成商号使用及管理上的混乱,引起公众严重的误解,甚至造成转让人转嫁债务或与受让人恶意串通损害债权人的情况,所以现代多数国家的民商法规定商号权不得与企业分离而单独转让。我国《企业名称登记管理规定》第 19 条规定,企业名称转让或者授权他人使用的,相关企业应当依法通过国家企业信用信息公示系统向社会公示,放开了对"企业名称转让获授权他人使用"的限制。

(四) 许可使用权

商号权作为一种财产性权利,可以许可他人使用。当事人双方可以以协议方式准许被许可人在特定范围内使用其商号,授权给他人使用的,相关企业应当通过国家信用信息公示系统向社会公示。

五、商号权的法律保护

鉴于商号的重要作用,自 18 世纪开始,一些国家就以法律的形式对其进行保护。迄今为止,各国关于商号权保护的立法例主要有以下三种类型:第一类是以单行法规的形式加以保护,如英国 1916 年颁布的《厂商名称登记法》,荷兰 1921 年颁布的《企业名称法》,马拉维 1922 年颁布的《商号名称登记法》等,这类单行法强调国家对商号的管理,行政干预色彩较浓;第二类是以商法典的形式来加以保护,如德、日、法等采取民商分立模式的国家;第三类是以民法典的形式加以规范,如意大利等采取民商合一模式的国家。

在国际上,最早保护商号权的国际公约是《巴黎公约》,其第 8 条规定商号应在各成员国受到保护。随后,世界知识产权组织《发展中国家商标、商号和不正当竞争行为示范法》就商号权的保护作出了一些示范性规定。

中华人民共和国成立后,我国在《民法典》《反不正当竞争法》《公司法》《产品质量法》《消费者权益保护法》《企业名称登记管理规定》等法律法规中规定了对商号权的保护。从我国现行法律的规定来看,有关商号权的法律保护措施主要有以下几种:

(1) 在法定范围内享有独占使用权,禁止他人在核准登记的行政区域范围内使用相同的商号。经相应市场监督管理部门核准后,凡冠以市名或县名的商号,在同一市、县范围内,同行业企业不得重名;凡冠以省名、自治区名而不冠以市名、县名的,在省、自治区范围内,同行业企业不得重名;凡使用"中国""中华"字样的,在全国范围内,同行业企业不得重名。

(2) 商号经登记注册后得以对抗第三人。凡注册登记的商号因相同而发生争议的,按申请登记的先后顺序处理,即先申请注册的享有优先权;盗用、假冒他人商号的,构成侵犯商号权,应承担相应的法律责任。

目前,我国相关法律、法规对商号的规定过于零散、笼统、简单、不统一,因此,有学者建议,应当对于商号的保护进行专门立法,或者参照世界知识产权组织拟定的《发展中国家商标、商号和不公平竞争行为示范法》,将商号权法律制度与相关知识产权制度进行合并立法。

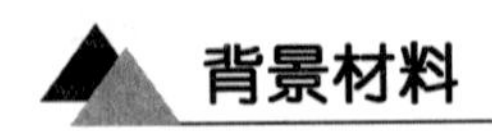
背景材料

传统老字号商号权的知识产权法保护①

传统老字号,是中国商业文化的典型代表,是中国优秀传统文化中的耀眼奇葩。它不仅蕴涵着中国传统的物质文化、行为文化以及经营主体的价值观念、道德风尚、行业修养、民族情感等观念文化,由于它是经营主体长期培育的商业信誉的载体,并兼具商标性质,所以还蕴涵着宝贵的无形财产。保护传统老字号,于理于法、于公于私,都具有重要意义。保护传统老字号,必然涉及其商号权的保护问题。

传统老字号商号权的知识产权法保护应采取下列几种保护措施:

1. 通过国际公约实现域外保护。《巴黎公约》(中国 1984 年加入)将商号列入工业产权保护对象的范围,并在其第 8 条规定:商号应在本同盟一切成员国内受到保护,无须申请或注册,也不论其是否为商标的组成部分。世界知识产权组织的《发展中国家商标、商号和不正当竞争行为示范法》也对商号权的保护作出了示范性规定。传统老字号可以通过这些直接保护商号的国际法,实现域外保护。

2. 通过申请驰名商标实现国内和域外保护。《巴黎公约》第 6 条之二,对驰名商标给予了特别保护,不论是注册的还是没有注册的驰名商标,都可以对抗与其相同或近似的商标获得注册。我国《商标法》第 13 条、第 14 条对驰名商标的保护和认定作出了明确规定。我国于 2003 年 6 月 1 日起施行的《驰名商标认定和保护规定》较之以前加强了对驰名商标的保护力度,并做到了与国际公约的接轨。无论是已将传统老字号注册商标的还是未注册的,只要该传统老字号满足“相关公众广为知晓”和“享有较高声誉”两个基本条件的,应主动申请中国驰名商标的认定,纳入驰名商标名录。也可以在认为受到侵害时,事后提出认定和保护申请。

3. 将传统老字号直接注册为商标,通过《商标法》来保护。

4. 在企业变更中保护。传统老字号在合资、合并、转让时,应通过无形资产评估作价参股和注册商标等手段将它利用或保护起来。切不可将其老字号轻易抛弃,让无形资产白白流失。

5. 通过注册域名保护。企业域名目前法律还没有承认它的权利,但老字号可以通过域名注册手段来保护其商号权,防止他人恶意抢注。另外,商号中的图案设计受著作权法保护。

---

① 张术麟:《论传统老字号商号权的法律保护》,载《湖北民族学院学报(哲学社会科学版)》2004 年第 3 期。

昆明云缆电工配套有限公司诉云南云缆电缆(集团)有限公司侵犯企业名称(商号)权纠纷[①]

2001年11月5日,原告在昆明市工商行政管理局登记成立,企业名称为"昆明云缆电工配套有限公司",行业代码为"F5175五金产品批发",经营范围为"电线电缆的销售及技术咨询服务;电工配套产品、仪器仪表、五金交电、橡胶制品、矿产品、金属材料、建筑材料、装饰材料、汽车配件、文化办公用品、电子产品、日用百货、服装、鞋帽、工艺美术品、农副土特产品的销售"。原告认为其对"云缆"二字享有商号专用权,被告经工商机关错误登记,在同行业内使用了与原告相同的商号,侵犯了原告的企业名称专用权(商号权),遂诉至法院。

一审法院认为,基于原告针对其主张事实所举证据的情况,法院无法认定"云缆"二字业已通过原告的使用,而被赋予了专属于原告自身的企业标识功能以及商业信誉。被告企业名称中字号亦有"云缆"二字,经营范围为"电线电缆、输配电及控制设备、电子器材、仪器仪表、五金交电的制造销售;项目投资的管理",行业代码为C类电线、电缆、光缆及电工器材制造业。从以上工商登记信息看,原、被告双方虽然在经营范围上略有交叉,但各自经营范围又有明显不同,且双方按照国民经济行业类别所登记的行业代码亦不相同,故不能据此认定原、被告双方属于相同的行业。被告依法使用其经依法登记注册的企业名称未侵害原告的企业名称专用权(商号权)。二审法院认为原审判决认定事实清楚,适用法律正确,予以维持。

[深度阅读]

1. 黄武双:《书名、商标与商号三者功能之辨析》,载《法学杂志》2007年第6期。
2. 曲冬梅:《商标与商号的权利冲突及救济》,载《山东师范大学学报》(人文社会科学版)2007年第2期。
3. 张元:《商号法律保护问题研究》,载《法律适用》2006年第9期。
4. 任尔昕:《论营业转让与商号转让》,载《甘肃社会科学》2007年第2期。
5. 刘淼:《商号权与商标权权利冲突问题的分析》,载《江苏社会科学》2005年第2期。
6. 顾肖荣:《行政机关和人民法院处理商号权与商标权冲突的界限》,载《政治与法律》2004年第1期。

[法条导航]

1.《中华人民共和国合伙企业登记管理办法》(2019年修订)
2.《企业名称登记管理规定》(2020年修订)
3.《企业名称登记管理实施办法》(2004年修订)

---

① 《2014知识产权司法保护十大典型案例(云南省)之五:昆明云缆电工配套有限公司诉云南云缆电缆(集团)有限公司侵犯企业名称(商号)权纠纷》,http://www.pkulaw.cn/case/pfnl_a25051f3312b07f3ae7fb77f071d953f03de1c79a132b15bbdfb.html? keywords=%E5%95%86%E5%8F%B7&match=Exact,访问日期:2018-01-27。

4. 原国家工商行政管理局《关于〈企业名称登记管理规定〉有关问题的答复》(2001)

[思考题]

1. 简述商号与企业名称的关系。
2. 简述商号与商标的区别。
3. 试述商号权的性质与特征。
4. 简述商号权的内容。
5. 简述我国对商号权的法律保护。

第三十章

反不正当竞争

[内容提要] 国际上对不正当竞争行为的概念的规定虽不一致,但从立法体系来看,多数国家都将反不正当竞争法归类于知识产权法律体系之中。本章主要阐述了不正当竞争的概念和特征、反不正当竞争法归类于知识产权法律体系之中的理由以及与知识产权有关的不正当竞争。要求重点掌握我国相关立法所列举的与知识产权有关的不正当竞争行为。

[关键词] 不正当竞争

第一节 不正当竞争行为的概念和特征

一、概述

竞争是商品经济的本质属性。市场经济形态的竞争应当是一种正当的、有序的竞争,它要求竞争者之间地位平等,同时遵循公平、诚实信用的原则。然而,市场经济中存在形形色色的各种不正当竞争行为,它们破坏了正常的竞争秩序,违反了公认的公平竞争原则,因此各国都十分关注对不正当竞争行为的法律调整。

从各国的规定来看,国际上对不正当竞争行为的概念的规定并不一致。例如,《巴黎公约》规定,凡在工商业事务中违反诚实的习惯做法的竞争行为构成不正当竞争行为。世界知识产权组织拟定的《发展中国家商标、商号和不正当竞争行为示范法》认为:违反工业或商业事务中诚实做法的任何行为即为不正当竞争行为。而在各国立法中,有的采用概括方式,如德国将不正当竞争行为表述为“在营业中为竞争目的采取的违反善良风俗的行为”;而有的国家则采列举式方式,如日本法罗列了 6 种“不公平交易方法”。从以上规定我们可以看出:无论是在国际公约还是在各国立法中,不正当竞争行为都具有违反“诚实”“公平”原则的特征。因此,从实质上来看,不正当竞争行为实质是一种违反平等公正、诚实信用的竞争规则的非法行为。

二、特征

我国于 1993 年通过了《反不正当竞争法》,2017 年对其进行了修订,2019 年 4 月 23 日第十三届全国人民代表大会常务委员会第十次会议又对其进行了修正。该法第 2 条第 2 款规定:“本法所称的不正当竞争,是指经营者在生产经营活动中,违反本法规定,扰乱市场竞争秩序,损害其他经营者或者消费者的合法权益的行为。”上述规定是判定不正当竞争行为

的法律依据,因此我们可以将不正当竞争行为的特点概括如下:

(1) 不正当竞争行为发生在竞争活动之中。不正当竞争行为只能存在于经济活动之中,因为只有在经济活动中才能存在竞争行为,这是该行为区别于一般民事侵权行为的重要特征。例如,对企业名誉权的侵犯,侵权人与受害人无竞争关系时按一般侵权行为来对待,只有在诋毁、排挤竞争对手的情况下才构成不正当竞争。

(2) 不正当竞争行为违反了诚实、公平的原则。市场竞争的主体为从事生产经营活动的自然人、法人或其他组织,即经营者。经营者在市场交易之中应当遵循自愿、平等、公平、诚实信用的原则,遵守公认的商业道德。凡是违反上述基本原则的交易行为,都应视为不正当竞争行为。

(3) 不正当竞争行为造成了扰乱社会正当交易秩序的危害后果。由于不正当竞争行为是一种以损害竞争对手来谋利的行为,因此该行为具有伤他性,其直接后果是妨碍正常的市场运行机制,扰乱正当的市场交易秩序。制定《反不正当竞争法》的目的,正是为了鼓励和保护公平竞争,制止不正当竞争行为,保护经营者和消费者的合法权益,以保障和促进市场经济的健康发展。

第二节 反不正当竞争法

一、反不正当竞争法概述

反不正当竞争法是调整市场交易活动中各经营者之间的竞争关系的各种法律规范的总称。在狭义上,它仅涉及反对不正当竞争的内容;在广义上,它则包括狭义的反不正当竞争以及反垄断和限制竞争的内容。由于各国政治状况、经济发展水平及法律传统的差异,其相关立法在法律名称与法律内容等方面存在较大的差异。归纳起来,各国关于此类立法主要有两种立法例:一是分立式,即采取分别立法的模式,制定反垄断法、防止限制竞争法和反不正当竞争法,如德国和日本;二是合并式,即采取统一立法的模式,将反垄断、禁止限制竞争和反不正当竞争合并立法,如美国等。在西方发达国家,包括反垄断法在内的反不正当竞争法具有十分重要的法律地位,以致成为国家经济法律体系的核心内容,从而享有“经济宪法”“市场经济大宪章”等美誉。在实行分立式立法例的国家,严格意义上的反不正当竞争法只限于对部分不正当竞争行为的规范,而其他相关行为则在反垄断法与禁止限制竞争的法律之中规范。可以说,在这些国家,反不正当竞争法与反垄断法有相互渗透的趋势。我国在市场经济立法中,率先制定了《反不正当竞争法》,并于2007年制定《反垄断法》。根据市场经济发展的实际情况和规范市场竞争行为的实际需要,我国立法借鉴了合并式模式,即在反不正当竞争法中规制了两类对象:一类是传统的违背诚信、公平原则的不正当竞争行为,一类是影响市场机能正常发挥的限制竞争行为。

二、反不正当竞争法的立法体系

从立法体系来看,多数国家都将反不正当竞争法归类于知识产权法律体系之中。例如,《巴黎公约》1967年斯德哥尔摩文本将专利、实用新型、外观设计、商标、服务标记、厂商名称、货源标记或原产地名称与制止不正当竞争列为工业产权的保护对象。1967年签订的《成立世界知识产权组织公约》也将不正当竞争行为纳入知识产权的调整范围。《TRIPS协议》强调缔约方应当遵守《巴黎公约》的有关条款，即认可《巴黎公约》将反不正当竞争法作为知识产权法律制度组成部分的规定。

我们认为，反不正当竞争法之所以属于知识产权法律体系的理由是：

(1) 反不正当竞争法以其他知识产权法的调整对象作为自己的保护对象，即对于侵犯著作权、专利权、商标权的行为予以法律制裁。因此，在某些情况下会出现法条竞合及优先适用何种法律的问题。

(2) 反不正当竞争法对与各类知识产权有关而相关法律不能规制的客体给予保护，以弥补单一法律制度所产生的"真空地带"。

(3) 反不正当竞争法对各类知识产权客体的交叉部分给予"兜底保护"，使知识产权的保护对象连结起来形成一个整体。因此我们可以认为，该法是知识产权领域中所涉范围更为广泛的一种法律制度。尽管在当前的立法例之中，反不正当竞争法的调整范围已越来越广，扩大到许多与知识产权毫无关系的其他领域，但以保护知识产权为重点仍然是反不正当竞争法的主要任务。

第三节 与知识产权有关的不正当竞争

一、概述

目前在有关的国际公约中，对不正当竞争行为有着详细的列举与概括的描述。世界知识产权组织草拟的《发展中国家商标、商号和不正当竞争行为示范法》在解释中，列举了12种不正当竞争行为：(1) 贿赂竞争对手的买主，以获得和保持他们的惠顾；(2) 通过间谍活动或贿赂其雇员，获取竞争对手的商业秘密或交易秘密；(3) 未经许可而使用或公开竞争对手的"技术秘密"；(4) 引诱竞争对手的雇员，以破坏他们的雇佣合同或使他们离开其雇主；(5) 以提起专利或商标侵权诉讼威胁竞争对手，而这种威胁是欺诈性的，并以减少竞争对手的交易量和阻止竞争为目的；(6) 联合抵制贸易以阻止或妨碍竞争；(7) 倾销，即以低于成本的价格销售，并有阻止或压制竞争的意图或后果；(8) 给消费者造成一种印象，即他正在获得一个以优惠条件购买商品的机会，而事实并非如此；(9) 依样模仿竞争对手的商品、服务、广告或贸易的其他特点；(10) 鼓励或利用竞争对手的违约行为；(11) 进行与竞争对手的商品或服务作比较的广告宣传；(12) 违反不直接涉及竞争的法律，以获得超过竞争对手的不正当利益。该组织于1993年、1996年分别草拟的"对反不正当竞争的保护"的综合性文件及《反不正当竞争示范法》则将不正当竞争行为概括为：(1) 混淆商品或服务的来源；(2) 以夸大方式进行欺骗，使人对所提供的商品或服务产生误解；(3) 贬损竞争对手；(4) 侵犯商业秘密；(5) 不合理地利用他人已被消费者承认的成果；(6) 以对比方式做广告；(7) 有奖销售等其他行为。

上述条款较为全面地囊括了不正当竞争行为的各个方面。但在一些国家的竞争法中，与知识产权保护有关的不正当竞争行为才是立法的重点，例如商品假冒行为、欺骗性宣传、商业诽谤行为、侵犯商业秘密、滥用工业产权专有权的行为等，而贿赂销售、有奖销售等多交由其他法律调整。

二、我国法律的相关规定

在我国相关立法所列举的不正当竞争行为中，下列情形可归属于知识产权保护领域：

(1) 混淆行为。混淆行为是指通过一系列混淆的手段引人误认为是他人商品或者与他人存在特定联系的行为。按照我国《反不正当竞争法》第6条的规定，商品混淆行为表现为4种情形：一是擅自使用与他人有一定影响的商品名称、包装、装潢等相同或者近似的标识；二是擅自使用他人有一定影响的企业名称(包括简称、字号等)、社会组织名称(包括简称等)、姓名(包括笔名、艺名、译名等)；三是擅自使用他人有一定影响的域名主体部分、网站名称、网页等；四是其他足以引人误认为是他人商品或者与他人存在特定联系的混淆行为。

(2) 虚假宣传行为。虚假宣传行为，是指经营者利用广告或者其他方法对商品作与实际情况不符的虚假宣传，导致用户和消费者误认的行为。我国《反不正当竞争法》就虚假宣传行为作了明确的规定。虚假宣传行为所采用的宣传手段主要是广告形式，诸如报纸、杂志、广播、电视、广告牌、商品宣传栏等各种广告媒介；此外还包括其他宣传形式，例如商品信息发布会、商品展销会、产品说明书等推销商品和介绍服务的宣传形式。2017年修订的《反不正当竞争法》明确规定经营者对其商品的性能、功能、质量、销售状况、用户评价、曾获荣誉等作虚假或者引人误解的商业宣传，欺骗、误导消费者，通过组织虚假交易等方式，帮助其他经营者进行虚假或者引人误解的商业宣传均属于虚假宣传行为。

虚假宣传的内容涉及商品的质量、制作成分、性能、用途、生产者、有效期、产地等。其表现形式有两类：一种是与实际情况不符的虚假宣传，例如将一般产品宣传为名牌产品，将国产商品宣传为进口商品，将人为合成材料宣传为天然材料等；另一种是引人误解的宣传，即通过宣传上的渲染手段导致用户和消费者对商品的真实情况产生错误的联想，从而影响其对商品的选择。

(3) 侵犯商业秘密。侵犯商业秘密是指行为人未经权利人的许可，以非法手段获取商业秘密并予以披露或使用的行为。关于商业秘密的法律保护，各国采取不同的立法例，有的制定单行法，有的规定在反不正当竞争法中，有的适用一般侵权行为法。我国《反不正当竞争法》规定了商业秘密的保护问题，在该法中，竞争行为的主体一般为经营者，而商业秘密的侵权人却可能涉及经营者以外的其他人。鉴于上述缺憾及商业秘密保护的重要性，一些学者建议制定单行的专门法律。本书第二十六章对商业秘密权也作了专门论述。

(4) 商业诽谤行为。商业诽谤行为，是指经营者采取捏造、散布虚伪事实等不正当手段，对竞争对手的商业信誉、商品声誉进行诋毁、贬低，以削弱其竞争实力的行为。《反不正当竞争法》第11条规定了商业诽谤行为，商业诽谤行为表现为编造、传播虚假信息或者误导性信息。所谓编造虚假信息，是指行为人描述竞争对手的情况与客观事实不符。传播虚假信息既包括向不特定的人散布，也包括向特定的用户或同行业经营者散布。编造、传播虚假信息或者误导性信息的常见手法有：刊登对比性广告或声明性公告等，贬低竞争对手声誉；唆使或收买某些人，以客户或消费者名义进行投诉，败坏竞争对手的声誉；通过商业会议或发布商业信息的方式，对竞争对手的商品质量进行诋毁等。商业诽谤行为侵害的客体是竞争对手的商业信誉。商业信誉，包括商品声誉，是对经营者的积极社会评价，是经营者赖以生存和发展的保证。这种信誉或声誉，在民法中属于法人的名誉权和荣誉权的客体，应该受到法律的保护。

我国《反不正当竞争法》规定，对混淆行为，应责令停止违法行为，没收违法商品。违法经营额5万元以上的，可以并处违法经营额5倍以下的罚款；没有违法经营额或者违法经营额不足5万元的，可以并处25万元以下的罚款。情节严重的，吊销营业执照。对于虚假宣传行为，应责令停止违法行为，处20万元以上100万元以下的罚款；情节严重的，处100万元以上200万元以下的罚款,可以吊销营业执照。对于商业诽谤行为应当给予责令停止违法行为、消除影响,处10万元以上50万元以下的罚款;情节严重的,处50万元以上300万元以下的罚款的处罚。我国《刑法》规定,商品假冒行为、虚假广告行为构成犯罪的,对行为人处以有期徒刑或者拘役,并处或者单处罚金。

背景材料

知识产权法与反不正当竞争法的一般关系①

关于反不正当竞争法与知识产权法两者之关系,涉及它们在私法领域中的地位及其关联性问题,这是我国近年来法学理论研究的一个热点问题。相关法律的一般关系分析,有必要从权利属性以及与权利有关的行为属性出发,即以知识产权与反不正当竞争的法律品性作为问题研究的基点。

知识产权是特定主体对知识财产所享有的一种专有权。权利的"专有性",在英文中通常表示为"exclusive"或"monopoly",我国知识产权著述将其译为"独占性"或"垄断性"。基于专有性即法定垄断性的特性,知识产权在形式上可视为是一种合法的垄断权。这种合法垄断表现在两个方面:第一,知识产权是国家为激励创新、促进知识财富增长而创设的制度产品,其"存在"本身即竞争法的除外领域,即知识产权作为合法垄断,不是反不正当竞争法的规制对象;第二,知识产权是基于智力创造成果所设置的私人产权,其权利主体进行智力劳动或投资是为竞争目的,或在竞争过程中产生智力成果,知识产权保护有助于增强权利主体的市场竞争力。但是,知识产权的"使用"如果构成滥用行为,就会受到反不正当竞争法的制裁。

反不正当竞争是经营者遭受利益损害时得以请求救济的权利。1967年《成立世界知识产权组织公约》在第2条"知识产权"项下,列举了作品、发明、标记等智力活动领域产生的权利,其中包括"制止不正当竞争"。受公约影响,在一段时期,我国一些学者采用"反不正当竞争权"或"禁止不正当竞争权"的说法,强调反不正当竞争权是知识产权的一部分,与专利权、商标权、著作权处于并列位置。对"反不正当竞争权",有学者提出质疑,认为其曲解了反不正当竞争的法律性质,"既无特定的客体,又无积极的权利内容",不宜作为著作权、专利权、商标权以外的一种新的权利。笔者认为,"反不正当竞争权"在语义上容易产生误解,如果作为"权利"看待也只能在规定意义上使用。这是因为,反不正当竞争只是一种救济权,它是基于原权利(如基于有体财产而产生的所有权、基于知识财产而产生的知识产权、基于合同而产生的债权)而派生的权利,其目的在于救济被侵害的原权利。就其实质属性而言,所谓反不正当竞争权是权利受到侵害后,权利人请求侵权人承担民事责任的主张或诉求。此外,反不正当竞争法对知识产权的保护,只是其法律调整功能的有限部分,受该法规制的不正当竞争行为许多与知识产权无涉。因此,将反不正当竞争视为一种积极权利,甚至将其归类为知识产权本身,这种观点是值得商榷的。

尽管知识产权与反不正当竞争具有本原权利与救济权利之分,但两部法律无论是在功能目标,还是在保护对象方面都有相通之处,其一般关系在学术界有不同认识,主要有以下两种代表性观点:

① 吴汉东:《论反不正当竞争中的知识产权问题》,载《现代法学》2013年第1期。

一是独立说。该学说认为知识产权法与反不正当竞争法虽然有紧密联系,但两法并不能因此融为一体,即知识产权法不能涵盖反不正当竞争法的全部,反不正当竞争法也不可能囊括知识产权法的所有内容;有学者进一步指出,两法在价值取向、作用机制、立法技术等方面各具特色,反不正当竞争法属于经济法,知识产权法属于民商法;也有学者将反不正当竞争法归类为与专利法、商标法相平行的“第三工业产权法”;还有学者从商标权益保护着手,认为知识产权法和反不正当竞争法是并列与同位关系,它们分别有独立的保护对象、规制方式、效力范围和保护重点。

二是补充说。该学说认为知识产权法与反不正当竞争法形成了相辅相成的互动关系,在某种意义上,反不正当竞争即是知识产权法律体系的有机制度构成,换言之,知识产权也是反不正当竞争法的重要规制内容。我国诸多学者认为反不正当竞争法为知识产权提供“兜底保护”。日本学者满田重昭认为反不正当竞争法是商标法的补充保护法,即该法为不受商标法保护的未注册商标提供补充保护。

笔者赞成补充说,即反不正当竞争法具有对知识产权提供保护的补充功能,这在德国法中被称为是“竞争法上的智力成果保护”。在这个意义上说,反不正当竞争法可以归类于知识产权法律体系之中,其理由是:第一,反不正当竞争法以其他知识产权法的调整对象作为自己的保护对象,即对于侵犯著作权、专利权、商标权的行为予以法律制裁。因此,在某些情况下会出现法条竞合及优先适用何种法律的问题。第二,反不正当竞争法对与各类知识产权有关而相关法律不能管辖的客体给予保护,以此弥补单一法律制度产生的“真空地带”。第三,反不正当竞争法对各类知识产权客体的交叉部分给予“兜底保护”,使知识产权的保护对象连结起来形成一个整体。可以说,该法是知识产权领域所涉内容更为广泛的一种法律制度。尽管在当前的立法例中,反不正当竞争法的调整范围已越来越广,扩大到许多与知识产权毫无关系的其他领域,但是,保护知识产权仍是反不正当竞争法的重要任务。

反不正当竞争法与知识产权法的关系,不是等同关系,不能相互替代,而是相互配合、补充地发挥法律功能。正如世界知识产权组织 1988 年所宣传的那样,“反不正当竞争法实际保护着专利法、商标法等专门法所保护不到的那些应予保护的权利”。反不正当竞争法在对知识产权提供保护时与专门的知识产权制度有所不同:专门制度是“基本权利法”,即以专有权利为中心,形成主体、客体、内容、取得、行使、限制以及救济的规范体系:而反不正当竞争法是“行为规制法”,即以维护市场竞争秩序为核心,对各种利用知识产权的行为作为市场行为进行规范,构建了一个“不正当竞争行为”与“反不正当竞争行为”的规范体系。

百度“搭便车”,法院判决构成不正当竞争[①]

汉涛公司经营的大众点评网(www.dianping.com)创建于 2003 年 4 月。汉涛公司为经

① 《上海汉涛信息咨询有限公司诉北京百度网讯科技有限公司等不正当竞争纠纷案——大众点评诉百度不正当竞争索赔 9000 万一案》,http://www.pkulaw.cn/case/pfnl_a25051f3312b07f3c9944976940be4559f43d13e86349511bdfb.html?keywords=%E5%A4%A7%E4%BC%97%E7%82%B9%E8%AF%84%E8%AF%89%E7%99%BE%E5%BA%A6&match=Exact,访问日期:2018-01-26。

营大众点评网，投入了大量经营成本。大众点评网收集了大量商户信息，并吸引大量消费者通过真实体验发布点评信息。大众点评网中用户点评等内容已经成为广大消费者选择相关商家和服务的重要参考资料，为汉涛公司取得了良好的社会效益和经济效益。自2012年以来，百度公司未经许可，在未付出相应劳动及支出相应成本的情况下，在百度地图、百度知道中大量抄袭、复制大众点评网点评信息，直接替代了大众点评网向用户提供内容。

法院认为，市场经济鼓励市场主体在信息的生产、搜集和使用等方面进行各种形式的自由竞争，但是这种竞争应当充分尊重竞争对手在信息的生产、搜集和使用过程中的辛勤付出。本案中，百度公司的搜索引擎抓取涉案信息并不违反Robots协议，但这并不意味着百度公司可以任意使用上述信息，百度公司应当本着诚实信用的原则和公认的商业道德，合理控制来源于其他网站信息的使用范围和方式。而百度公司大量、全文使用涉案点评信息，实质替代大众点评网向用户提供信息，对汉涛公司造成损害，其行为违反了公认的商业道德和诚实信用原则，具有不正当性，构成不正当竞争。

[深度阅读]

1. 王晓晔：《重要的补充——反不正当竞争法与相邻法的关系》，载《国际贸易》2004年第7期。

2. 蒋志培、孔祥俊、王永昌：《〈关于审理不正当竞争民事案件应用法律若干问题的解释〉的理解与适用》，载《法律适用》2007年第3期。

3. 邵建东：《论我国反不正当竞争法保护"经营性成果"的条件——对若干起典型案例的分析》，载《南京大学学报(哲学人文科学社会科学版)》2006年第1期。

4. 张瑞萍：《反垄断法应如何对待知识产权》，载《清华大学学报(哲学社会科学版)》2001年第4期。

5. 孙颖：《论反不正当竞争法对知识产权的保护》，载《政法论坛》2004年第6期。

[法条导航]

1.《中华人民共和国反不正当竞争法》

2.《中华人民共和国反垄断法》

3. 最高人民法院《关于审理不正当竞争民事案件应用法律若干问题的解释》

4.《关于禁止商业贿赂行为的暂行规定》

[思考题]

1. 简述不正当竞争行为的特点。

2. 简述反不正当竞争法的立法体系及其理由。

3. 简述我国相关立法所列举的与知识产权有关的不正当竞争行为。

博雅

第六编 | 知识产权国际保护

第三十一章

知识产权国际保护制度概述

［内容提要］ 知识产权国际保护问题在当今社会已成为国际贸易的一个重要方面，其随着国家间政治、经济、文化交流的频繁而逐步产生，先后经历了"巴黎联盟与伯尔尼联盟时期""世界知识产权组织时期""世界贸易组织时期"。国民待遇原则、最低保护标准原则、公共利益原则是知识产权国际保护制度的主要原则。知识产权国际保护的主要公约包括《伯尔尼公约》《巴黎公约》《TRIPS 协议》等等。

［关键词］ 世界贸易组织 《TRIPS 协议》 知识产权国际保护

第一节 知识产权国际保护制度的成因

随着各国科学技术和文化交流的日益密切、知识产品国际市场的不断发展，从而使得知识产权在国外取得法律保护成为必要。自 19 世纪下半叶以来，各国间先后签订了一系列保护知识产权的国际公约。经过一个世纪的发展，一系列知识产权的国际保护标准得以确立，并出现了知识产权国际组织，知识产权国际保护体系基本形成，知识产权国际保护制度进入了组织化的发展阶段。

知识产权的国际保护制度是指以多边国际公约为基本形式，以政府间国际组织为协调机构，通过对各国国内知识产权法律进行协调并使之形成相对统一的国际法律制度。从制度史上说，知识产权国际保护并不是随着知识产权制度的产生而产生的，它是国际经济贸易关系不断发展的产物，也是知识产权制度自身变革的结果，现已形成为国际经济、文化、科技、贸易领域中的一种法律秩序。这一制度的建立有以下两个原因：

一、国际经济贸易的发展与知识产权地域性限制的克服

知识产权的基本特征之一在于它的地域性。这种地域性表现在两个方面：首先，按照一国法律获得确认和保护的知识产权只在该国范围内发生效力，超出这一地域限制，作为该国保护对象的知识财产便被视为公有领域的知识资源；其次，按照一国法律获得确认和保护的知识产权，非经他国的国内法程序，不能得到该国保护。这意味着权利人不可能援引本国法在他国维护自己的知识产权利益，他国没有义务对另一国所授予的知识产权给予保护。在知识产权领域出现国际条约之前，任何人要想在其他国家获得知识产权保护是非常困难的。

地域性特征“使得知识产权具有分割市场，阻碍国际贸易发展的内在本质”。[①] 随着科学技术的日益进步和工商业的迅速发展，在国际经济贸易不断扩大的同时，知识产权贸易市场也开始形成。许多知识产品打破一国界限流入其他国度，促进了各国之间的科技与文化交往。这样，知识产权地域性限制与知识产品的国际性需求之间出现了巨大的矛盾。在这种情况下，国际社会谋求对知识产权保护问题进行国际协调，以最大限度地消除知识产权地域性对国际经济贸易秩序的妨碍，其结果导致以多边国际条约为核心的知识产权国际保护体制的形成。

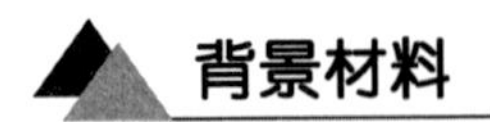
背景材料

知识产权贸易迅速发展[②]

当代的国际贸易从标的来划分，可以分为货物贸易、服务贸易和知识产权贸易。货物贸易是以有形的货物作为贸易的标的，服务贸易是以服务行为作为交易对象，而知识产权贸易是以人类所创造的无形的知识作为交易对象。随着知识经济的发展，以专利、商标和版权的许可和转让为交易内容的知识产权贸易正在成为国际贸易的重要组成部分，而且其增长速度远远高于一般货物贸易。全世界技术贸易总额平均每5年翻一番，增长速度超过同期商品贸易增长速度。目前，视听产品已经成为美国仅次于航空航天的主要换汇产品，居于出口贸易的第二位。英国2002年文化产业出口达到175亿美元，2003年成为仅次于金融业的全国第二大产业。根据世界贸易组织提供的统计数据，1995年全球知识产权许可和特许服务贸易出口和进口分别为555亿美元和528亿美元，到2004年已迅速增加到了1160亿美元和1300亿美元，十年时间增长了一倍多。其中2000年至2004年，全球知识产权许可和特许以年均11%的速度递增，高于全球服务贸易9%的年均增长率，在服务贸易总额中所占的份额也增加到了6%(见下表)。

1995—2004年全球知识产权许可和特许进出口情况对比 单位:10亿美元

年份	1995	2000	2001	2002	2003	2004
进口	52.8	85.7	86.5	94.5	109.3	130
出口	55.5	81.7	79.4	86.2	97.8	116

二、知识产权保护的国际协调与国内法单独体系的改变

知识产权的保护，最初由国内法规定，现在依然归结为国内法问题。这是因为，知识产权国际保护制度所表现的国际公约，最终要通过国内法程序，才能在一定国家内发生法律效力。[③] 知识产权制度从国内法单独保护体系走向国际法一体保护体系，是国际社会对知识产

① 万鄂湘主编:《国际知识产权法》，湖北人民出版社2001年版，第13页。

② 国家知识产权局、国家知识产权培训(湖北)基地:《国际贸易中的知识产权保护》，知识产权出版社2014年版，第4—5页。

③ 张乃根:《国际贸易的知识产权法》，复旦大学出版社1999年版，第53—54页。

权保护进行协调的结果。传统理论认为，知识产权国际保护有四种途径：一是单方保护，即一国通过其国内立法，单方面对外国知识产权实行保护；二是互惠保护，即根据互惠原则，以外国保护本国知识产权为条件对等保护该外国知识产权；三是双边条约保护，即通过两国政府之间的双边协商，达成双方接受的知识产权保护制度；四是多边条约保护，即通过各国政府之间全球性或区域性的多边协商，形成包含有知识产权实体性国际标准与程序性国际规则的多边国际条约，并通过各缔约方的国内法加以推行的知识产权国际保护制度。[①] 我们认为，严格来讲，单方保护、互惠保护仅是一般意义上的知识产权涉外保护，且建立在国内法的基础之上。例如，在单方保护方式中，法国1852年版权法令宣布对一切作品给予保护；在互惠保护方式中，美国、西班牙、瑞典等国著作权法规定有互惠原则，以上都属于国内法的单独保护体系，后两种方式才是本来意义上的知识产权国际保护制度。这种通过国际协调所产生的国际保护制度，旨在克服基于各国主权的地域限制所带来的知识产权地域限制，建立双边或国际的一体化保护制度。其主要途径是：通过政府间的双边或多边协商，订立双边或多边国际条约，形成相对一致的知识产权保护标准与规则，并通过缔约方的国内法加以推行。

背景材料

知识产权国际公约在我国法院的适用原则[②]

我国在处理国际条约法律适用问题上大致有三种方式。第一种是将国际条约的规定在国内法上直接予以规定，如《宪法》第18条关于对外国投资者保护的规定即属此例。第二种是根据我国缔结或参加的国际条约的规定，及时对国内法作出相应的修改或补充，如在我国入世前修改《专利法》《著作权法》及《商标法》就吸收了《TRIPS协议》的内容。这两种方式实际上是将国际条约的规定转化为国内法。第三种适用方式是虽然没有将国际条约、国际法规则的规定转化为国内法，但是就国际条约的适用问题作出原则性规定。如《民事诉讼法》(1991年)第262条有关涉外民事诉讼送达和司法协助的规定。此种方式实际上是将国际条约直接纳入国内法。

在知识产权国际公约在我国法院的适用上同样应遵循“国际条约优先适用”的原则。不过，在知识产权国际公约的适用上，应注意以下两点：(1) 国际公约仅应在涉外案件中适用，即只有当涉案的原告为外国知识产权权利人时才存在国际公约的适用问题；(2) 国际公约的作用仅在于确定外国权利人是否有权在中国主张权利以及能保护何种类型的知识产权，至于侵权是否成立及侵权成立后侵权人应承担的民事责任，法院只能适用国内法的规定，这是由知识产权的地域性原则所决定的。

在知识产权国际保护中，国际公约的作用是协调各国的知识产权国内法，促使各缔约方按照国际条约的要求，依照本国法律承认和保护外国人的知识产权。一国缔结或参加的国际条约，只是承诺对成员国国民的知识产权予以保护，但保护的具体依据不是国际条约，而

① 郑成思：《知识产权法》，法律出版社1997年版，第118页；刘文华主编：《WTO与中国知识产权制度的冲突与规避》，中国城市出版社2001年版，第43—44页。

② 张广良、芮松艳：《TRIPS协议及相关国际公约在我国的适用》，载《知识产权》2007年第5期。

是本国法。这是由知识产权的独立性原则所决定的。只有在本国法的保护水平低于国际公约的要求时，才应依据国际条约予以保护。因此，在涉外知识产权保护中，对于外国人要求我国给予知识产权保护的，除了我国法律另有规定，首先要考虑的是主张权利的外国人所属国与我国是否缔结或共同参加了国际条约，我国是否承诺给该国国民以知识产权保护；其次，在适用我国相关知识产权法给该外国人知识产权保护时，要考虑我国相关法律规定的保护标准是否达到了国际条约的要求。

上海利华有限公司诉广州经济技术开发区商业进出口贸易公司商标侵权案[①]

原告上海利华有限公司是中外合资企业，主要生产“LUX”（力士）香皂、香波等知名产品。1998年10月5日，原告与“LUX”“LUX力士”注册商标所有人联合利华有限公司在1997年9月22日签订的原商标许可使用合同的基础上进一步签订了修订协议，将“LUX”等注册商标的许可使用方式明确为独占许可使用。此后，原告多次在报纸等媒体上声明告知公众协议的主要内容，上述协议也已依法在国家工商行政管理局商标局备案，原告还依法向海关总署进行了海关备案。1999年5月28日，中国佛山海关发现并依法扣留了被告进口的泰国产“LUX”香皂一批共895箱。原告认为被告未经许可进口、销售了泰国产“LUX”香皂冲击国内市场，侵犯了原告“LUX”及“LUX力士”商标独占使用权。

被告辩称，其接受客户委托，从泰国、香港进口的香皂来源合法，并非假冒物品。被告进口的仅是“LUX”牌香皂，并未使用“LUX力士”商标，故原告主张的“LUX力士”商标的有关权利与本案无关。原告虽与“LUX”等商标所有权人签订商标独占许可使用合同且在报纸上多次声明，但不能肯定被告知道。本案是一个平行进口的典型案例，现认定侵权缺乏法律依据。故被告的行为并没有构成对原告“LUX”等商标独占使用权的侵犯。况且，被告只是在佛山海关经营了一次业务，原告要求被告在全国性的媒体上公开赔礼道歉不符合事实，且原告索赔11万元亦无事实依据，请求法院驳回原告的诉讼请求。

法院认为，原告是注册号为161679号“LUX”商标及注册号为633024号“LUX力士”商标在中国（不包括香港、澳门、台湾地区）的独占许可使用人，其对上述商标独占使用的权利受法律保护。被告进口的“LUX”牌香皂，是在与161679号注册商标核定使用商品之一香皂的同一种商品上使用了与该注册商标相同的商标，也是在与633024号注册商标核定使用商品之一肥皂的类似商品上使用了与该注册商标近似的商标，633024号注册商标虽然除“LUX”英文字母外还包括“力士”中文字，但鉴于后者是前者的中文音译，整体而言该注册商标与被告进口的香皂上使用的“LUX”商标的音、形仍然相近似，被告抗辩认为633024号注册商标与本案无关的理由不能成立。在未经得上述两注册商标的权利人许可的情况下，由被告进口的上述香皂应属侵犯上述两注册商标权的商品。被告进口上述香皂且在海关扣押后交纳反担保金提取该批货物并承认已交付他人，应属经销行为，被告也未提交足够证据证

① 参见广东省广州市中级人民法院民事判决书(1999)穗中法知初字第82号判决书。

明其系代理他方进口上述香皂。鉴于原告早已在此之前在国内多家报纸刊登其享有“力士”(LUX)等商标独占许可使用权的声明,故应认定被告经销了应知是侵犯他人注册商标权的商品,侵犯了原告对上述两注册商标享有的独占许可使用权。至于被告还抗辩主张本案是属平行进口的问题,由于其并未提交足够的证据证明该批香皂系来源于上述两注册商标的注册人或经得商标注册人的许可,故被告的此种抗辩亦不能成立。被告应立即停止侵权行为,向原告赔礼道歉并赔偿损失。但原告以其自行委托审计的利润作为推算被告经销获利的依据不能成立,其要求被告在广东及上海的多家报纸上赔礼道歉亦缺乏充足的理由,鉴于原告因被侵权所受的损失和被告因侵权而获得的利润均无相应的证据证实,本院参考被告的侵权时间、方式、程度及造成不良影响的范围,酌情判定赔偿额并责令被告在《南方日报》上向原告公开赔礼道歉。

第二节 知识产权国际保护制度的主要原则

依据法律原则的普适性与层次性,知识产权国际保护制度的原则分为两个类型:一是构建该项法律制度而具有基础性意义的准则;二是存在于该项法律制度之中且本身可以直接适用的原则。本书在后者意义上来说明知识产权国际保护制度的原则。这种原则应是规定在国际公约之中,其本身具有直接适用性,但不应是某一专门制度所特有,而应具备整个知识产权国际保护制度的普遍适用性。基于上述理由,本书认为,知识产权国际保护制度的基本原则应包括国民待遇原则、最低保护标准原则和公共利益原则。

一、国民待遇原则

国民待遇原则是众多知识产权公约所确认的首要原则。其基本含义是指在知识产权保护方面,各缔约国(成员,以下略)[①]之间相互给予平等待遇,使缔约国国民与本国国民享受同等待遇。所谓国民待遇包含两方面的内容:(1) 各缔约国依本国法已经或今后可能给予其本国国民的待遇;(2) 各该条约所规定的特别权利,即各该条约规定的最低保护标准。关于缔约国国民与本国国民享有同等待遇,国际公约对此有不同的表述,或称为“不低于”“不歧视”,或称为“不应较为不利”,但总的说来,并不意味着只能给予其他缔约国国民“等同于”本国国民的待遇。换言之,缔约国可以根据本国经济发展的实际状况,给予其他缔约国国民高于本国国民的待遇。例如,《巴黎公约》第 2 条、第 3 条规定,在工业产权的保护上,每个缔约国必须以法律给予其他缔约国国民以本国国民所享受的同等待遇。即使对于非缔约国的国民,只要他在任何一个缔约国内有法律认可的住所或有实际从事工商业活动的营业所,也应给予其相同于本国国民的待遇。《伯尔尼公约》第 5 条也规定,公约缔约国应给予以下三种作者的作品以相当于本国国民享受的著作权保护:其他缔约国的国民;在任何缔约国有长期住所的人;在任何缔约国首次发表其作品的人(即使他在任何缔约国中均无国籍或长期住所)。国民待遇原则是不同社会经济制度和不同发展水平的国家都能接受的一项原则。这一原则既不要求各国法律的一致性(不涉及知识产权保护水平问题),也不要求适用外国法的规定(不涉及国家主权的地域限制问题),只是要求每个国家在自己的领土范围内独立适

---

① 《TRIPS 协议》的缔约方称为“成员”,包括国家及其他主体。

用本国法律,不分外国人还是本国人而给予平等保护。

在知识产权国际保护领域,与国民待遇原则相关的还有一个最惠国待遇原则。这是《TRIPS 协议》独有而其他相关国际公约未予涉及的一项原则。其基本含义是:任何一个国家(不限于缔约方成员)的国民在一个成员所受到的而其他国家享受不到的待遇(包括任何利益、优惠、特权或豁免),都应当立即和无条件地给予其他成员的国民。质言之,不应优待某一特定国家的国民而歧视其他国家的国民。最惠国待遇原则是世界贸易组织的根本原则之一,是为保证贸易的公平竞争所必要,因此"与贸易有关"的《TRIPS 协议》自然对此加以确认。此外,奉行这一原则,盖与 20 世纪下半叶知识产权国际保护的一些实际做法有关。当时的双边条约保护,常常出现一方给予对方某些优惠的情形。例如,20 世纪 80 年代中期,在美韩双边协议中韩国承诺保护其本国法本来不予保护的美国药品和农业化学产品专利,而这一承诺构成了对欧共体国家相关专利的歧视。90 年代初期,中美知识产权谅解备忘录中中国承诺对美国药品和农业化学物质产品专利给予行政保护,也引起欧共体国家及日本的同样要求。《TRIPS 协议》关于最惠国待遇的规定,旨在防止此类问题的发生。

国民待遇原则与最惠国待遇原则都是针对外国人知识产权保护所设定的规则,但两者有所不同。前者意在给予外国人与本国人以同等待遇,解决的是"内外有别"的不平等待遇问题;后者意在给予其他外国人与特定外国人以同等待遇,解决的是"外外有别"的歧视性待遇问题。

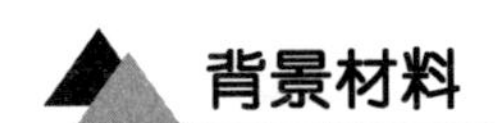

背景材料

"最惠国"法律概念的起源[①]

"最惠国"这一法律概念起源于并主要应用于国际贸易。其萌芽最早可追溯到 11 世纪。当时地中海沿岸的意大利各城邦、法国和西班牙城市的商人到外国做生意,开始总想独占那里的市场挤走别人;在做不到这点时,就退而求其次,要求在该国市场上获得同等机会。为满足这种要求,西北非阿拉伯王子们曾颁布命令,给予他们与捷足先登的威尼斯、比萨等城邦以同样的特许权。12 世纪,威尼斯也曾向拜占庭皇帝要求同样的特许权,使该城邦商人获得与热那亚、比萨的商人平等竞争的地位。这种在市场竞争中"机会均等"的权利形式,即是最惠国的原始形态。虽然这个时期的最惠国都是单方面地只给商人的个人权利和管辖优惠,但最惠国的灵魂——"市场竞争,机会均等"则自此发轫。15 世纪,"最惠国"开始出现在双边条约的规定中并逐渐流行,但大多属于强国迫使弱国单方面给予的。

具有近代意义的"最惠国待遇"(Most Favouredo Nation Treatment)滥觞于 17 世纪的欧洲。当时欧洲各国普遍重视对外贸易,不允许一国给予另一国特殊权利或待遇,要求利益均沾,其内容一般为通商、航运、关税、赋税、投资、营业、居住、旅行、人身、财产及其他法律权利。18 世纪,随着国际贸易规模的日益扩大,导致了政治条约与贸易(通商)条约的分家,并因此开始出现了一些相互给予"最惠国地位"的做法。其代表是 1713 年英法《乌特勒支通商条约》,该条约规定:一方保证把它给予第三国在通商与航运方面的好处,给予另一方。但

① 搜狗百科:"最惠国待遇原则",http://baike.sogou.com/v66476.htm? fromTitle=%E6%9C%80%E6%83%A0%—E5%9B%BD%E5%BE%85%E9%81%87,访问日期:2017-11-26。

是,这种相互给予“最惠国地位”的做法,一直处于沉重的重商主义阴影笼罩之下,在长时期内没有获得大的进展。从17世纪以来,伴随着国家主义的兴起,在欧洲的国际贸易领域的主要指导原则,是重商主义(Mercantilism),即把积攒金银作为本国财富的储备手段,在贸易政策上追逐的目标是:奖励出口,以达到本国盈余;而贸易盈余和财富积累又是与国家政治地位和权力紧密联系在一起的。正是从这一意义上,对外贸易从一开始便是本国外交政策和活动的一部分。正因为如此,从18世纪直到19世纪中期以前,相互给予“最惠国地位”的做法并不是建立在科学的经济理论基础之上,而是作为处理国家之间政治关系的附庸而存在的。虽然18世纪后期和19世纪初著名经济学家亚当·斯密(Adam Smith)和大卫·李嘉图(David Ricardo)的贸易自由和比较优势理论早已为处理各国间经济关系的国际经济法奠定了科学的理论基础,但是他们的卓识高见,得到人们尤其是当政人士的认可和接受,却花费了半个世纪之久。

一直到19世纪中期,“最惠国待遇”才发生了质的飞跃。1846年英国部分地区遭到天灾,饥荒遍野,当时的首相皮尔(Sir Robert Peer)大胆地废止了禁止粮食进口的“谷物法”(Corn Law),进而接受了亚当·斯密关于单方面贸易自由化也能增加国家财富的观点,任用了当时积极主张贸易自由的科布登(Lord Cobden)为贸易部长,与当时法国贸易部长切维利尔(Chevalier)于1860年在荷兰乌特勒支签订了具有历史意义的第一个贸易自由双边通商协定——“科布登切维利尔条约”。该协定首创了无条件最惠国待遇的现代模式,为双边条约的多边效应开辟了道路。自此,最惠国条款才真正成为“现代通商条约的柱石”。

二、最低保护标准原则

最低保护标准原则,是指各缔约国依据本国法对某条约缔约国国民的知识产权保护不能低于该条约规定的最低标准,这些标准包括权利保护对象、权利取得方式、权利内容及限制、权利保护期间等。该项原则在《伯尔尼公约》第5条、第19条,《TRIPS协议》第1条等条款中均有体现。

最低保护标准原则是对国民待遇原则的重要补充。国民待遇原则基于各国经济、科技、文化发展不平衡的现状,承认各国知识产权制度的差异,从而保证了知识产权制度国际协调的广泛性和普遍性。但是这种国际协调不仅要求有普遍性,而且要求做到有效性。如果将国民待遇原则推向极端,将导致各国在知识产权保护水平方面差异过大,造成缔约国之间权利义务的不平等,进而使国际条约的有效施行成为不可能。[①] 因此,在知识产权制度的国际协调体系中,仅有国民待遇原则是不够的,为了避免因制度差异而给国际协调带来的不利影响,国际公约遂规定了最低保护标准原则。

最低保护标准原则旨在促使缔约国在知识产权保护水平方面统一标准。缔约国以立法形式将知识产权国际公约(国际法)的相关规定转化为该国知识产权制度(本国法)的具体规范,遵循的即是最低保护标准原则。正是这一原则的适用,才导致各国知识产权制度出现统一保护标准的可能,学者们将上述状况称为知识产权立法的“一体化”或“国际化”。

① 罗文正、古祖雪:《试析国际知识产权法的基本原则》,载《湖南社会科学》2002年第4期。

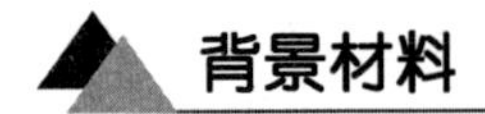

背景材料

知识产权国际保护标准整体上是利益均衡的产物[①]

在国际贸易迅猛发展的今天，为了保证商品、特别是知识产权商品的自由流通以及在世界范围内维护知识产权人的利益，需要在世界各国建立起大致统一且行之有效的知识产权保护规则。由于各国际公约无法达到令其满意的效果，从1982年起，以美国为首的发达国家便试图在协调各国货物贸易的《关税与贸易总协定》(GATT)框架下，制定一个国际知识产权最低保护标准。经过长达12年的艰苦谈判，最终形成了《TRIPS协议》。从《TRIPS协议》的产生过程可以看出，其作为知识产权国际保护标准的核心，实质上是知识产权制度国际协调的产物，是各国或主要发达国家国内知识产权法国际化的结果，它应当体现着激励创造与保护公共利益的平衡。

首先，作为一个以保护知识产权为目的的国际协定，《TRIPS协议》详尽规定了各国需要立法加以确认的最低限度的知识产权保护规则，包括需要保护的知识产权种类、授予知识产权人垄断权范围、知识产权执法手段等等。同时，它又将国家间的知识产权争端引入WTO争端解决机制(DSB)体制内，使其更有强制力。这种将知识产权保护最低标准与争端解决相结合的协定，使得一国在没有建立起符合其要求的知识产权保护体系时，有可能遭到其他国家合法的交叉报复等制裁措施，迫使世界各国迅速着手构建底线一致的、完善的知识产权法。《TRIPS协议》的这种特点使其成为人类有史以来第一个对知识产权权利人的垄断权利给予最全面、最有效保护的世界标准，充分起到了激励创造的作用。

其次，在对知识产权人的垄断权进行保护的同时，《TRIPS协议》也没有忽略对平衡机制的构建，几乎每一项权利保护后面都附加了限制条款，包括对保护客体的限制、对保护期的限制、对保护例外的规定等。同时，它对各种权利都不给予永久保护，使其在保护期届满后进入公有领域为公众所利用。

再次，从理念上看，《TRIPS协议》明确了知识产权的保护和执法应当确立在一定程度上"以有利于社会及经济福利的方式去促进技术知识的生产者与使用者互利，并促进权利与义务的平衡"(《TRIPS协议》第7条)的目标，并将"采取必要措施以保护公众的健康与发展，以增加对其社会经济与技术发展至关紧要之领域中的公益"(《TRIPS协议》第8条第1款)作为其一项重要原则。这些对目标和原则的规定要求我们在解释和适用《TRIPS协议》时，必须将保护公共利益作为一项重要的宗旨来看待，进而"依其用语按其上下文并参照条约之目的及宗旨所具有之通常意义，善意解释"(《维也纳条约法公约》第31条第1款)。在这种情况下，即使一些为了公共利益采取的措施可能与《TRIPS协议》的规定在字面上不尽一致，也应当考虑其与该协议总体上的一致性，尤其是与公共政策目标以及促进社会经济福利的关系，进行有利于公共利益的解释。这一点在《TRIPS协议与公共健康多哈宣言》(以下简称《多哈宣言》)中得到进一步证明。该宣言第4条规定："《TRIPS协议》不会，也不应该妨碍各成员采取措施以保护公共健康。因而，在重申我们对《TRIPS协议》的承诺的同时，我们确认该协议能够而且应当在解释和执行方面支持WTO成员保护公共健康的权利，特别是各成

① 刘亚军、张念念：《知识产权国际保护标准的解读与启示——以利益平衡为视角》，载《吉林大学社会科学学报》2006年第4期。

员取得药品的权利。”该规定再一次明确了各国有基于公共健康这一重要公共利益的考虑，依据对《TRIPS协议》的合理解释来采取相应措施的权力。

不可否认，《TRIPS协议》的一些条文显然更有利于知识产权人，对公共利益造成了一定消极影响。如第31条第6款中关于国内市场销售的规定等。而且《TRIPS协议》对公共利益保护的规定往往比较概括，没有保护知识产权的条款细致。但这是和《TRIPS协议》本身作为知识产权保护条约的定位分不开的。因此，从总体上看，《TRIPS协议》所确立的知识产权国际保护标准虽然赋予了权利人广泛的垄断权利，但同时又在理念上和制度上将此种垄断变成一种有选择的垄断、有期限的垄断和有例外的垄断，使激励创造和维护社会公共利益的目的同时得到了体现。虽然它还存在一些弊端，但并没有超然于知识产权法的根本理念之外，仍然是以“利益均衡”理念为指导的较为公正的制度。

三、公共利益原则

公共利益原则，是指知识产权的保护和权利行使，不得违反社会公共利益，应保持公共利益和权利人利益之间的平衡。公共利益原则既是一国知识产权制度的价值目标，也是知识产权国际保护制度的基本准则。在传统的知识产权国际公约中，公共利益原则多是通过知识产权限制的有关制度来体现的。例如，《巴黎公约》第5条规定的强制许可制度，《伯尔尼公约》第10条规定的著作权合理使用制度等。而最新的知识产权国际公约，则在保留具体规定的同时，还对公共利益原则作了明确的宣示。例如，1996年世界知识产权组织通过的《版权条约》《表演与录音制品条约》(二者概称为《互联网公约》)均在序言中明文规定，有必要保持作者的权利与广大公众的利益尤其是教育、研究和获得信息的利益之间的平衡。《TRIPS协议》在序言中确认知识产权保护制度所奉行的公共利益目标：(1) 保护公共健康和营养；(2) 促进对其社会经济和技术发展至关重要的部门的公共利益。

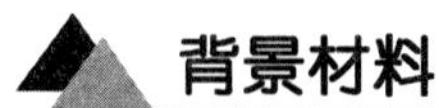

背景材料

美国知识产权法中的公共利益原则[①]

以促进科技文化创新、推动经济社会发展等公共利益为目的和原则是知识产权法自诞生以来逐渐形成和发展的历史传统。各国在知识产权法创建之初，几乎直接把促进科技文化创新和经济社会发展作为自己的根本目的和基本原则，而将授予知识产品有限的知识产权作为实现上述目的的手段和工具。

在美国，早期各州的版权法同时承认作者个人的财产利益和通过版权制度促进学术进步和发展的公共利益，体现了财产权原理与公共利益原理的并行，如美国1783年《康涅狄格州版权法》《北卡罗来纳州版权法》等。此后出台的美国宪法中的知识产权条款，提升了公共利益的地位，把知识产权制度的目的明确表述为促进科学和实用技术的发展，即通过促进信息和知识的创造与传播，增进公共利益，发展国家的一般福利，而非增加知识产权创造者的

① 严永和、甘雪玲：《知识产权法公共利益原则的历史传统与当代命运》，载《知识产权》2012年第9期。

财富。与宪法的知识产权条款相一致,1790年美国《版权法》以鼓励创作为目的和原则,保护作者或者其继承人的财产权则不是国会的主要目的。此后,美国最高法院在诸多判例中指出,版权保护的主要目的不是奖励作者,而是通过鼓励作品的创作使公众受益;版权法的兴趣不是简单地对勤劳的个人授予垄断权,而是通过对艺术活动的奖励以促进公共福利。直到美国1976年《版权法》,国会仍然坚持版权的公共利益目的和原则。正如美国国会"专利、商标和版权"司法分委会主席、参议员麦克莱伦指出的:"宪法清楚地表明,保护作者权利的目的是促进公共利益。对作者授予排他权,同时也对公众授予了一种比排他权更重要的法律利益。"可以看出,这种公共利益在法律位阶上重于作者等知识产权人的利益。1790年美国《实用技术促进法》也表明了其促进实用技术发展的公共利益目的。此后,美国《专利法》经过了多次修改,但长期坚持了促进公共利益的目的及原则,联邦专利法虽然对个体发明者授予专利权,但同时承认公共利益,如要求向公众披露有用的发明等,力求达到二者的平衡。此后,美国最高法院在19世纪中期至21世纪初的诸多专利判例中阐述、明确了专利法的公共利益目的与原则。

第三节 知识产权国际保护制度的历史分期

知识产权国际保护制度一般被分为三个时期,即巴黎联盟与伯尔尼联盟时期、世界知识产权组织时期和世界贸易组织时期,其发展与变革,可以概括为从双边安排到多边国际条约的形成过程。知识产权国际保护制度发端于两个国家之间签订知识产权双边保护协定,约定保护对方的知识产权。到19世纪末期,1883年《巴黎公约》和1886年《伯尔尼公约》的出现使知识产权国际保护进入了多边条约时代。多边条约时代知识产权国际保护制度最重要的成就是将"国民待遇"原则作为知识产权国际保护的基本原则之一。"国民待遇"原则的确立彻底改变了传统知识产权制度偏向保护本国国民利益的初衷,其优点是在满足国际公约最低标准的前提下,允许一国自主地发展和实施自己的法律。20世纪末期,世界贸易组织的建立与《TRIPS协议》的形成,标志着知识产权高水平保护标准的初步实现。《TRIPS协议》被置于世界贸易组织管辖之下,是加入世界贸易组织的必备条件之一,从而大大扩展了知识产权国际保护制度的适用范围,建立起了有力的监督执行机制,保证了协议在各缔约国的实施,给21世纪的国际贸易体制与知识产权国际保护制度带来了深远的影响。

一、巴黎联盟与伯尔尼联盟时期:知识产权国际保护制度的形成

知识产权国际保护制度的建立,始于1883年《巴黎公约》和1886年《伯尔尼公约》。两大公约生效后,《巴黎公约》的缔约国组成巴黎联盟,《伯尔尼公约》的缔约国组成伯尔尼联盟。两个联盟分别设有自己的执行机构,称为"国际局"(International Bureau)。两个国际局各自管理上述国际公约,并置于瑞士联邦政府的监督之下。1893年,瑞士联邦政府决定将两个国际局合并,称为"保护工业产权和文学艺术产权联合国际局",后来该机构名称几经变化,最后定名为"保护知识产权联合国际局"(BIRPI)。联合国际局不仅管理《巴黎公约》和《伯尔尼公约》,而且还管理在《巴黎公约》下缔结的"专门协定"。作为知识产权保护的国际组织,联合国际局的主要任务是促进各国对知识产权的保护,准备公约的修订并加以改进

等。第二次世界大战以后，联合国于 1945 年成立。作为联合国专门机构的教科文组织主持缔结和管理了一些重要的国际公约，也成为一个促进知识产权国际保护的机构。

巴黎联盟与伯尔尼联盟时期，是知识产权国际保护制度的产生与形成阶段。这一阶段的主要特点是：第一，联合国际局着力于各国政府之间全球性或区域性的多边协商，促使保护知识产权的国际协调始终朝着整体化和全面化的方向发展。[①] 通过《巴黎公约》与《伯尔尼公约》的有效运作，从而在联盟内实现了相对统一的知识产权保护制度。第二，国际社会所缔结的一系列工业产权公约，概以《巴黎公约》为主导：或是制定实体性保护条约但只向巴黎联盟成员国开放，如 1891 年《减少虚假或欺骗性商品来源标志马德里协定》；或是制定隶属于《巴黎公约》之下的程序性条约，如 1891 年《马德里协定》、1925 年《外观设计国际注册海牙协定》；或是制定基于《巴黎公约》实施需要的国际分类的专门协定，如 1957 年《商标注册用商品与服务国际分类尼斯协定》、1958 年《原产地名称保护及其国际注册里斯本协议》。

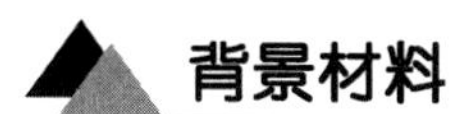

19 世纪知识产权国际保护规则的初步形成[②]

知识产权从纯粹的国内法变成一项国际制度规则，始于 19 世纪。在 19 世纪之前，由于各国经济与社会发展水平不同，且国与国之间经济贸易交流较少，因此知识产权仅在部分国家存在，且保护水平、标准与强度因各自发展阶段而不同。然而，随着国家之间贸易交流的日益频繁，技术作为生产力主要因素，其保护受到各国企业的重视。为了防止技术创新在国际贸易和交流过程中被他人窃取，欧洲各国之间开始通过双边协定的方式，使得发明和商标在条约国内得到一致的保护。然而，以双边条约形式保护知识产权手续繁琐、内容各异、效力不一，于是以欧洲国家为主的多个国家开始寻求通过多边公约的形式保护知识产权，因此于 19 世纪中后期分别在维也纳和巴黎召开了与工业产权保护相关的国际会议，旨在起草一份保护工业产权的国际公约，统一各国对工业产权的保护标准。上述提议的最终结果，即是 1883 年《巴黎公约》的签订。《巴黎公约》也因此成为第一个实质意义上的知识产权国际保护条约，在各国之间达成知识产权保护水平一致性的道路上迈出了第一步。

与工业产权国际保护的源起相同，随着国际贸易范围的扩大，文学艺术作品保护水平一致性也提上了日程。为了阻止文学艺术作品在部分国家被盗版，19 世纪中叶，欧洲部分国家开始通过双边协定的方式来统一著作权保护标准，并于 1858 年在布鲁塞尔召开了文学艺术作品创作者代表会议，探讨建立统一的著作权国际保护机构，最终于 1886 年通过了《伯尔尼公约》。至此，知识产权国际保护从双边协定进入了多边条约时代。

二、世界知识产权组织时期：知识产权国际保护制度的发展

世界知识产权组织的建立，意味着知识产权国际保护制度进入新的发展阶段。1967

① 张乃根：《国际贸易的知识产权法》，复旦大学出版社 1999 年版，第 54 页。

② 国家知识产权局、国家知识产权培训（湖北）基地：《国际贸易中的知识产权保护》，知识产权出版社 2014 年版，第 6—7 页。

年,《巴黎公约》和《伯尔尼公约》的缔约国在瑞典斯德哥尔摩签订了《成立世界知识产权组织公约》;1970年,世界知识产权组织成立,并设立"知识产权国际局"取代原两大联盟的联合国际局;1974年,总部在瑞士日内瓦的世界知识产权组织成为联合国组织系统的特别机构之一。

世界知识产权组织的建立,使得基于巴黎联盟和伯尔尼联盟所成立的知识产权国际局脱离瑞士联邦政府而独立,并成为联合国的专门机构。创议者认为这可能有两个好处:"一是世界知识产权组织的特权和任务使处理知识产权的事实可以得到全世界的承认,二是世界知识产权组织可能或多或少有与联合国一样多的成员,尤其是许多发展中国家会参加该组织(原来参加保护知识产权联合国际局的发展中国家很少)。"[①]世界知识产权组织建立后,注意向发展中国家提供援助,其援助工作主要是提供咨询意见、培训和提供文件及设备。具体而言,包括帮助发展中国家制定知识产权法律或使这种法律现代化;集体的或个别的培训,使政府、工业和执法部门拥有更多的专家;提供专利信息服务等。值得指出的是,世界知识产权组织通过专家委员会或有关国家政府,先后制定了《为发展中国家制定的突尼斯样板版权法》(1976年),修订了《发展中国家保护发明示范法》(1974年),连同联合国际局此前起草的《发展中国家商标、商号和不正当竞争行为示范法》《发展中国家外观设计示范法》等,改善和提高了发展中国家相关立法的水平,为知识产权国际保护制度的推行,发挥了重要的作用。世界知识产权组织的建立,为发展中国家争取知识产权利益提供了国际舞台。自20世纪60年代以来,发展中国家通过世界知识产权组织这一讲坛,呼吁修改知识产权国际公约的有关规定,建立新的知识产权国际保护制度,以维护其经济利益和促进本国文化科学技术的发展。

世界知识产权组织的建立,推动了知识产权立法一体化的进程。自1967年以来,在世界知识产权组织及其前身保护知识产权联合国际局的主持下,先后缔结了二十多个国际条约,其中有提供实质性权利保护的条约,还有便于多国获得知识产权保护的条约以及建立国际分类的条约。这些条约通过各缔约国的国内立法加以实施,从而在国际上形成了相对统一的知识产权保护制度。与此同时,在世界知识产权组织的有效运作与影响下,促使更多的国家接受了《巴黎公约》与《伯尔尼公约》。在1967年,参加上述两大公约的国家分别为78个和60个,而到2018年12月,两大公约的缔约国分别达到196个和174个。这就大大扩展了知识产权国际保护体系的范围。

三、世界贸易组织时期:知识产权国际保护制度的变革

世界贸易组织的建立与《TRIPS协议》的形成,标志着知识产权国际保护制度进入到一个高水平、一体化保护的新的历史时期。1994年4月15日,关税与贸易总协定发起的"乌拉圭回合"谈判的最后文件在摩洛哥的马拉喀什签署。"乌拉圭回合"谈判的一揽子协定有两项主要成果:一是宣布建立世界贸易组织,结束了关税与贸易总协定的临时适用状态;二是达成包括《TRIPS协议》在内的"一揽子协定",并由世界贸易组织管辖。

世界贸易组织在新的知识产权国际保护体制中发挥了主导作用。在"乌拉圭回合"谈判之前,知识产权保护体系在国内与国际上虽已普遍建立,但从总体看来存在明显不足:一是许多国家尤其是发展中国家的知识产权制度不甚健全,保护水平较低;二是许多知识产权国

① 汤宗舜:《知识产权的国际保护》,人民法院出版社1999年版,第27页。

际公约的缔约国数目太少，相关条约缺少有效机构保证其实施，各公约之间缺乏协调机制等。以往的关贸总协定在知识产权国际保护领域基本上没有发挥作用。由于《TRIPS 协议》的形成并将这一协定置于世界贸易组织管辖之下，上述问题得到显著改变：规定了较高的保护标准的《TRIPS 协议》，是世界贸易组织法律框架的重要组成部分；世界贸易组织成员广泛，遵守《TRIPS 协议》是“入世”的必备条件，从而大大扩展了知识产权国际保护制度的适用范围；世界贸易组织建立了比较有力的监督执行机制，保证了《TRIPS 协议》在各缔约国的实施。这一状况将对 21 世纪新的国际贸易体制与知识产权国际保护制度带来深远的影响。

世界知识产权组织在保护知识产权的国际协调中注重与世界贸易组织的合作。1995 年 12 月 22 日，上述两个国际组织的总干事在日内瓦签署《世界知识产权组织与世界贸易组织间的协定》。该协定规定了上述两个国际组织之间在法律和规章的交流与利用方面所进行的合作；对于落实《巴黎公约》关于不得作为商标进行注册的徽章和官方印记的规定作出了安排；对发展中国家的法律技术援助和技术合作、国际局与世界贸易组织秘书处之间的合作、信息的交流作出了安排。在寻求合作的同时，两个国际组织就知识产权国际保护还分别做了大量工作：世界知识产权组织致力于全面提高知识产权保护的国际水平，先后主持制定了包括《商标法条约》《版权条约》《表演与录音制品条约》在内的一些新条约，解决了《巴黎公约》《伯尔尼公约》未能涉及的一些问题；世界贸易组织则着力于落实缔约国关于《TRIPS 协议》的履行，并在协调不发达国家与发达国家在知识产权利益分享方面，对地理标记、传统知识、生物多样化的知识产权保护和安排多边谈判等方面都作出了努力。

古巴诉澳大利亚：对香烟产品及包装的商标和包装要求（WT/DS458、WT/DS467）[①]

2013 年 5 月 3 日，古巴提出就香烟产品及包装的商标和包装要求与澳大利亚磋商。古巴认为，澳大利亚的香烟简装法违反了《TRIPS 协议》的相关条款，也不符合 GATT 第 3 条。2013 年 4 月 25 日，争端解决机构（DSB）应古巴的请求决定成立专家组。2013 年 9 月 25 日，印尼就同一问题要求与澳大利亚磋商。2014 年 3 月 26 日，DSB 应印尼的请求决定成立专家组。2014 年 5 月 5 日，经总干事指定组成的单一专家组审理由乌克兰（DS434）、洪都拉斯（DS435）和多米尼加（DS441）提出的申诉。阿根廷、巴西、加拿大、智利、中国、古巴、欧盟、危地马拉、洪都拉斯、印度、印尼、日本、韩国、马来西亚、墨西哥、新西兰、尼加拉瓜、尼日利亚、挪威、秘鲁、菲律宾、俄罗斯、沙特阿拉伯、新加坡、南非、中国台北、泰国、特立尼达和多巴哥、土耳其、乌克兰、美国、乌拉圭和津巴布韦要求保留作为第三方介入的权利。本案是 WTO 争端解决机制运行以来第三方最多的案件。2014 年 5 月 5 日，专家组组成。到 2015 年年底，专家组仍在工作。

---

① 朱榄叶编著：《世界贸易组织国际贸易纠纷案例评析（2013—2015）》，法律出版社 2016 年版，第 325 页。

［深度阅读］

1. 吴汉东:《知识产权国际保护制度的变革与发展》,载《法学研究》2005 年第 3 期。

2. 吴汉东:《知识产权国际保护制度研究》,知识产权出版社 2007 年版。

3. 何隽:《知识产权公约中国民待遇的“例外”》,载《清华法学》2013 年第 2 期。

4. 冯晓青:《知识产权法与公共利益探微》,载《行政法学研究》2005 年第 1 期。

5. 国家知识产权局、国家知识产权培训(湖北)基地:《国际贸易中的知识产权保护》,知识产权出版社 2014 年版。

［法条导航］

1.《建立世界知识产权组织公约》

2.《保护文学艺术作品伯尔尼公约》

3.《保护工业产权巴黎公约》

4.《与贸易有关的知识产权协议》

［思考题］

1. 知识产权的国际保护制度是如何产生的?

2. 试述知识产权国际保护的基本原则。

3. 知识产权国际保护制度经历了哪些发展阶段?各阶段的代表性立法文件有哪些?

第三十二章

世界知识产权组织及其相关知识产权国际公约

［内容提要］ 世界知识产权组织是知识产权国际保护制度发展的产物，管辖范围包括《巴黎公约》《伯尔尼公约》以及《因特网条约》等重要国际公约。

［关键词］《巴黎公约》《伯尔尼公约》《因特网条约》

第一节 世界知识产权组织与知识产权国际保护

一、世界知识产权组织在知识产权国际保护体系中的地位

世界知识产权组织（World Intellectual Property Organization，WIPO），是根据1967年7月14日签订、1970年4月26日生效的《建立世界知识产权组织公约》设立的。到2019年4月为止，该公约已有192个成员国。我国于1980年3月正式参加这一条约。

世界知识产权组织是知识产权国际保护制度发展的产物。早在19世纪80年代，世界上已有两个保护知识产权的重要国际条约，即《巴黎公约》和《伯尔尼公约》。这两个公约最初由瑞士政府代为管理。1893年，《巴黎公约》和《伯尔尼公约》的管理机构进行合并，成立了保护知识产权联合国际局。1967年保护知识产权联合国际局提议建立世界知识产权组织。同年7月，召开了有51个国家参加的斯德哥尔摩会议，签订了《成立世界知识产权组织公约》，并成立了该组织。1974年世界知识产权组织成为联合国的专门机构之一。

世界知识产权组织的宗旨是：通过国家之间的合作，并在适当的情况下，与其他国际组织进行合作，以促进在全世界范围内保护知识产权，并保证知识产权组织各联盟之间的行政合作。其主要任务是：促进世界各国对知识产权的保护，并协调各国的立法，鼓励各国缔结保护知识产权的新的国际协定；执行巴黎联盟（包括与该联盟有关的其他联盟）和伯尔尼联盟的行政任务；担任或参加其他促进保护知识产权的国际协定的行政事务；对发展中国家知识产权的立法及建立机构等提供援助；收集和传播有关保护知识产权的情报，从事和促进这方面的研究工作并公布研究成果。

背景材料

世界知识产权组织拥有的全球数据库和检索工具[①]

WIPO拥有五个全球数据库，涵盖所有类型已注册的知识产权通过申请和注册而公开的信息；涉及知识产权的各国、区域和国际法律和条约；以及知识产权统计资料。这些数据库使政策制定者、企业和学术界能利用知识产权体系产生的经济和商业情报。它们为更好的政策分析和商业决策以及获取技术和知识提供了实证基础。

1. PATENTSCOPE

WIPO专利数据库PATENTSCOPE已成为宝贵且真正全球的专利数据库，越来越多的国家知识产权局将其专利资料贡献给该数据库。WIPO改善了PATENTSCOPE的可用性、安全性和培训功能。例如，通过切换到https，对目前PATENTSCOPE的流量进行了加密，确保用户的活动不被监测。新的导出功能可把上万条检索结果传送到一张电子数据表上，从而增强其可视性和分析性展示。此外，PATENTSCOPE与全世界150多个知识产权局的网站建立了链接，并以此创建了一个新的全球门户“专利注册门户”，从而增强了获取各国专利法律信息的能力。

2. 全球品牌数据库和全球外观设计数据库

全球品牌数据库载有马德里体系的商标资料；里斯本体系的原产地名称资料；《巴黎公约》第6条之三所保护的徽记；以及22个国家有关注册商标的各国资料。全球品牌数据库基于图像的创新检索功能使用户能检索全世界商标中视觉上相似的图像和图形要素，该功能获得了知识产权局和用户的盛赞，目前在继续开展进一步优化该功能的工作。全球外观设计数据库于2015年1月启用，目前提供海牙体系的外观设计资料以及五国的数据资料，包括加拿大、日本、新西兰、西班牙和美利坚合众国。接下来，会上传更多国家的数据资料。

3. WIPO Lex

WIPO Lex以最全面、权威和可靠的方式汇聚了196个国家的知识产权法律、法规和条约。它包含13,000多个法律文件，可通过六种语言的界面查询。尽管大多数文件以原文形式存在，但WIPO致力于尽可能提供所有联合国正式语言的译本。2014年，WIPO Lex的用户超过150万，若干发展中国家跻身排名前十的最活跃国家用户行列。事实上，非洲、亚洲和拉丁美洲的WIPO Lex用户数量迅速上升，超过了用户仍稳步上升的欧洲和北美。例如，菲律宾的WIPO Lex用户数量从2010年的第26位上升到2013年和2014年连续两年的第二位。新增的语言界面(阿拉伯文、中文和俄文)大受欢迎，为不断提高WIPO Lex的用户数量作出了贡献。

4. 统计数据

知识产权统计数据已成为为众多决策者提供信息的重要指标。全世界的专利商标局依靠知识产权统计数据管理和规划其业务。作为在不同国家和不同时间跟踪创新活动的几个现有指标之一，知识产权统计数据在监测创新体系的表现方面也发挥着中心作用。因此，WIPO的统计数据为形成对全球知识产权制度和全世界创新表现的看法提供了资源。

---

① 世界知识产权组织：《2015年一年回顾：总干事的报告》，http://www.wipo.int/edocs/pubdocs/zh/wipo_pub_1050_15.pdf，访问日期：2017-12-28。

WIPO已收集并报告了可追溯到19世纪末的知识产权统计数据，今天提供的丰富统计信息涵盖全球大多数知识产权活动。WIPO认识到不同的用户有不同的统计需求，为此提供了若干免费使用的统计产品来获取数据，包括通过知识产权统计数据中心定制下载原始数据摘录、《世界知识产权指标》年度出版物中的主要全球趋势概览以及《知识产权事实与数据》小册子或知识产权国别统计概况中提供的摘要。最后，PCT、马德里和海牙体系年度回顾提供了这些申请体系演变的统计分析。

二、世界知识产权组织管理的公约、条约及协定

世界知识产权组织管理的公约、条约及协定主要有：(1) 在工业产权方面：《保护工业产权巴黎公约》《制裁商标来源的虚假或欺骗性标志马德里协定》《商标国际注册马德里协定》《商标法条约》《工业品外观设计国际保存海牙协定》《商标注册用商品与服务国际分类尼斯协定》《保护产地名称及其国际注册里斯本协定》《建立工业品外观设计国际分类洛迦诺协定》《专利合作条约》《国际专利分类斯特拉斯堡协定》《建立商标图形要素国际分类维也纳协定》《国际承认用于专利程序的微生物保存布达佩斯条约》《保护奥林匹克会徽内罗毕条约》；(2) 在著作权方面：《保护文学艺术作品伯尔尼公约》《保护表演者、录音制品制作者与广播组织罗马公约》《保护录音制品制作者防止未经许可复制其录音制品公约》《发送卫星传输节目信号布鲁塞尔公约》《世界知识产权组织版权条约》《世界知识产权组织表演和录音制品条约》《视听表演北京条约》。

三、世界知识产权组织的组织架构

世界知识产权组织下设四个机构：(1) 大会。即该组织的最高权力机构，由成员国中参加巴黎联盟和伯尔尼联盟的国家组成。(2) 成员国会议。由全体成员国组成，其任务是讨论知识产权领域各国共同感兴趣的问题，制定法律—技术计划及该计划的财政预算。(3) 协调委员会。由巴黎联盟和伯尔尼联盟执行委员会的成员国组成，其职责是就一切有关行政和财务问题提出意见，拟定大会的议程草案，提出总干事若干人；负责组织有关会议，准备有关文件和报告，收集向各国提供的知识产权情报，出版有关刊物，办理国际注册等。(4) 国际局。即该组织的常设办事机构，设总干事一人、副总干事若干人。国际局负责执行在知识产权领域内增进成员国国际合作的计划，并为会议提供必要的资料和其他服务。

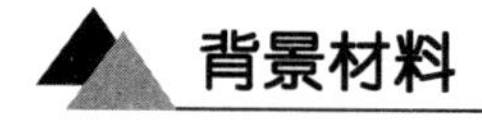

背景材料

WIPO总干事弗朗西斯·高锐[①]

弗朗西斯·高锐于2008年10月1日起担任世界知识产权组织总干事。他于2014年5月获得再次任命，第二个六年任期至2020年9月结束。他拥有墨尔本大学的法律学位、剑桥大学的博士学位，精通英语和法语，并在多个国家的多所大学担任名誉教授、持有名誉博

① 世界知识产权组织：《弗朗西斯·高锐简历》，http://www.wipo.int/about-wipo/zh/dgo/，访问日期：2017-12-28。

士学位。他还是多部出版物的作者，其中由牛津大学出版社出版的《高锐论破坏信用》(*Gurry on Breach of Confidence*)已在联合王国成为标准法律文本。

在总干事的领导下，WIPO正在处理众多重大挑战。这些挑战包括：对快速的技术变革、全球化和不断增加的需求给国际专利和版权制度造成的压力进行管控；缩小发达国家和发展中国家之间的知识差距；以及确保知识产权制度发挥鼓励各国创造和创新这一根本作用。为了让WIPO有能力应对这些不断变化的挑战，弗朗西斯·高锐发起了一项对本组织的计划、资源和结构进行全面调整的组织改革计划，提出了一套新的战略目标。WIPO的九项战略目标是成员国在本组织内部一项全面的战略调整进程的第一阶段，于2008年12月通过。这些战略目标反映了在当今迅速变化的环境中WIPO和知识产权所面对的不断演变的各项挑战：(1) 以兼顾各方利益的方式发展国际规范性框架；(2) 成为全球知识产权服务的首要提供者；(3) 为利用知识产权促进可持续发展提供便利；(4) 协调并发展全球知识产权基础设施；(5) 为全世界提供知识产权信息与分析的参考源；(6) 开展国际合作树立尊重知识产权的风尚；(7) 根据全球政策主题处理知识产权问题；(8) 在WIPO、其成员国和所有利益攸关者之间建立敏感的交流关系；(9) 建立有效、透明的行政和财政支助结构以便WIPO完成其各项计划。

背景材料

世界知识产权组织发布《2017年世界知识产权报告》①

世界知识产权组织日前发布的《2017年世界知识产权报告》称，对全球价值链的研究结果显示，在全球销售的制成品价值中，逾30%的价值源于品牌、外观设计和科学技术等无形资本。报告特别举例说，科技创新作为无形资本的主要形式，正在促使全球光伏太阳能电池板制造价值链发生深刻变革，随着中国在该行业的专利申请持续增长，其市场份额也将大幅增加。

这份题为“全球价值链中的无形资本”的报告，深入研究了在占全球经济总量四分之一的各类制造业活动中，属于全球价值链生产的劳动力、有形资本和无形资本收入数量和占比。世界知识产权组织总干事弗朗西斯·高锐在报告发布会上说：“当今全球价值链中的无形资本将逐渐决定企业的命运和财富。它隐藏在我们所购买产品的外观、感受、功能和整体吸引力中，决定了产品在市场上的成功率，知识产权则是企业维持无形资本竞争优势的手段。”

根据这份报告，从2000年到2014年，无形资本收入实际增长了75%，平均占所销售制成品总值的30.4%，在食品、机动车辆和纺织品等三大产品的总收入中更是高达近50%。报告重点对智能手机、咖啡和太阳能电池板行业开展了案例研究。结果显示，在智能手机行业，无形资本驱动产生了重大收益。智能手机公司和技术提供商高度依赖专利、商标和工业品外观设计，这些无形资本为其带来了高额回报。事实上，在专利领域，全球所有首次申请

① 世界知识产权组织：《价值链中无形资本决定企业命运》，http://www.sohu.com/a/206094745_118392，访问日期：2017-12-28。

中涉及智能手机的比例高达35%。苹果公司每售出一部约810美元的iPhone7,就有42%的销售收入归属苹果公司,显示出该行业无形资本的高回报率。

第二节 世界知识产权组织管理下的主要国际条约

一、《保护工业产权巴黎公约》

(一)《巴黎公约》概述

《巴黎公约》签订于1883年3月20日,1884年7月7日正式生效。《巴黎公约》历经数次修订,形成了若干个文本,最新的文本是1967年斯德哥尔摩文本。虽然此前的三个文本仍然有效,但一般情况下,《巴黎公约》仅指1967年斯德哥尔摩文本。

截止到2018年12月,《巴黎公约》的成员国共有196个。中国于1984年12月19日向世界知识产权组织总干事交存了《巴黎公约》(1967年斯德哥尔摩文本)的加入书,同时对《巴黎公约》第28条第1款[①]的规定提出了保留。《巴黎公约》(1967年斯德哥尔摩文本)于1985年3月19日对中国生效。[②]

(二)国民待遇

关于在工业产权保护方面的国民待遇是《巴黎公约》的重要内容。《巴黎公约》第2条第1款要求:"任何本同盟成员国的国民,在工业产权保护方面,在其他本同盟成员国内应享有各该国法律现在或今后给予该国国民的各种便利。"

根据公约的规定,在公约成员国内,其他成员国的国民在遵守对该国国民适用的条件和手续的情况下,应和该国国民享受同样的保护,并在他们的权利遭受任何侵害时,得到同样的法律救济。只要是成员国的国民,在工业产权的取得、行使和保护方面,在其他成员国内享有与该国国民相同的"便利"。《巴黎公约》第2条第2款特别禁止被请求保护的国家要求成员国国民必须在该国有永久住所或营业所才能享有工业产权。而且,根据《巴黎公约》第3条的规定,即使非成员国的国民,只要他们在一个成员国的领土内有永久住所或工商营业所,应享有与成员国国民同样的待遇。

不过,公约所规定的国民待遇并不是全面的和绝对的。从公约的规定来看,在工业产权保护方面的国民待遇主要适用于:取得工业产权的条件和手续,所享受的工业产权,以及在遭受侵害时所得到的法律救济。而在其他方面,公约允许成员国作出保留。《巴黎公约》第2条第3款规定:"本同盟成员国法律关于司法及行政程序、管辖权以及送达通知地址的选定和代理人的指定的规定,凡属于工业产权法律所要求的,特声明保留。"

(三)优先权

《巴黎公约》第4条第A(1)款规定:"已在一个本同盟成员国正式提出过一项发明专利、一项实用新型、一项工业品式样或一项商标注册的申请人或其权利继承人,在下列规定的期限内在其他本同盟成员国提出同样申请时得享有优先权。"

---

① 该款规定:"两个或两个以上本同盟成员国之间对本公约的解释或适用有争议不能协商解决时,任一有关国家可根据国际法院规约向国际法院起诉,除非有关国家同意通过其他办法解决。向法院起诉的国家应通知国际局,国际局应将此事提请其他本同盟成员国注意。"

② 该文本在1997年7月1日对香港特别行政区、1999年12月20日对澳门特别行政区生效。

根据《巴黎公约》第 4 条第 B 款的规定，在公约规定的期间届满前在本联盟的任何其他国家后来提出的任何申请，不应由于在这期间完成的任何行为，特别是另外一项申请的提出、发明的公布或利用、外观设计复制品的出售或商标的使用而成为无效，而且这些行为不能产生任何第三人的权利或个人占有的任何权利。不过，第三人在首次申请日之前已获得的权利，不受优先权的影响。

公约规定的优先权，对于不同的工业产权来说期间是不同的，发明专利和实用新型专利为 12 个月，工业品外观设计专利和商标为 6 个月，均自首次申请日起算。

公约规定的优先权，并不适用于一切工业产权，而只适用于发明专利、实用新型专利、工业品外观设计专利和商标，而对于公约规定的其他工业产权，如商号、产地名称等则不适用。

(四) 对专利保护的最低要求

1. 专利独立性

《巴黎公约》第 4 条之二第 1 款规定："本同盟成员国的国民向本同盟各成员国申请的专利与他在本同盟其他成员国或非本同盟成员国为同一发明所获得的专利无关。"这就是通常所讲的专利独立性原则。

2. 发明人的署名权

《巴黎公约》第 4 条之三规定，发明人有权在专利证上署名。这便是人们通常所说的属于"精神权利"范畴的发明人的署名权。

3. 对驳回申请和撤销专利的限制

为了防止出现某些不合理或不公正的情况，公约对特殊情况下驳回申请和撤销专利进行了限制。

《巴黎公约》第 4 条之四规定："不得以本国法律禁止或限制出售某项专利制品或以某项专利方法制成的产品为理由，拒绝核准专利或使专利失效。"

《巴黎公约》第 5 条第 A(1)款规定："专利权人将在任何本同盟成员国制造的物品输入到核准专利的国家不得导致该项专利的撤销。"

《巴黎公约》第 5 条第 A(3)款规定："除强制许可的授予不足以防止上述滥用外，不应规定专利的取消。自授予第一个强制许可之日起两年届满前不得提起取消或撤销专利的诉讼。"

4. 强制许可

《巴黎公约》对各成员国实行强制许可规定了基本的条件和限制。《巴黎公约》第 5 条第 A(4)款规定："自提出专利申请之日起 4 年届满以前，或自授予专利之日起 3 年届满以前(以任一最后满期的期间为准)，不得以不实施或不充分实施为理由申请强制许可；如果专利权人的不作为有正当理由，应拒绝强制许可。这种强制许可不是独占性的，而且除与利用该许可的部分企业或商誉一起转让外，不得转让，包括授予分许可证的形式在内。"

5. 专利权的例外

《巴黎公约》第 5 条之三规定了专利权的两项基本例外。依该规定，在成员国内，下列两种情况不应认为是侵犯专利权人的权利：

第一，其他成员国的船舶暂时或偶然地进入上述成员国的领水时，在该船的船身、机器、滑车装置、传动装置及其他附件上使用构成专利主题的装置设备，但以专为该船的需要而使用这些装置设备为限；

第二，其他成员国的飞机或陆上车辆暂时或偶然地进入上述成员国时，在该飞机或陆上车辆的构造或操纵中，或者在该飞机或陆上车辆附件的构造或操纵中使用构成专利主题的装置设备。

6. 对利用进口国的专利方法制造的产品的进口权

《巴黎公约》第5条之五规定："一种产品输入到对该产品的制造方法有专利保护的本联盟国家时，专利权人对该输入产品应享有输入国法律根据方法专利对在该国制造的产品所授予的一切权利。"据此规定，专利权人对利用进口国的专利方法制造的产品享有进口权。

（五）适用于商标的规则

1. 商标的独立性及其例外

《巴黎公约》第6条规定了商标独立原则。该条第1款规定："商标的申请和注册条件，在本联盟各国由其本国法律决定。"

《巴黎公约》第6条之五详细规定了商标独立性的例外。根据《巴黎公约》第6条之五第A(1)款的规定："在原属国正式注册的每一商标，除应受本条规定的保留条件的约束外，本联盟其他国家也应和原属国注册那样接受申请和给予保护。"

2. 驰名商标

驰名商标的特别保护是《巴黎公约》关于商标问题的一项重要内容。《巴黎公约》第6条之二规定：

"(1) 本联盟各成员国承诺，当某一商标已经为本公约受益人所有，且已被有关注册或者使用国主管部门视为在该国驰名时，若另一商标构成对此商标之复制、模仿或者翻译，并足以造成误认，在其本国立法允许之情况下依职权，或者应有关当事人之请求，驳回或者撤销后一商标之注册，并禁止其使用于相同或者类似之商品上。当一商标之基本组成部分构成对任何此种驰名商标之复制或者模仿，并足以造成误认时，此等规定亦应适用。

(2) 自一商标注册之日起至少5年内，应允许提出撤销此种商标注册之请求。允许提出禁止使用请求之期限得由本联盟各成员国规定。

(3) 当一商标之注册或者使用有恶意时，此种撤销注册或者禁止使用之请求不应有时间限制。"

3. 不得作为商标使用的标记

《巴黎公约》第6条之三第1款第a项规定，本联盟各成员国同意，对未经主管机关许可，而将本联盟国家的国徽、国旗和其他国家徽记、各该国用以表明监督和保证的官方符号和检验印章以及从徽章学的观点看来的任何仿制用作商标或商标的组成部分，拒绝注册或使其注册无效，并采取适用措施禁止使用。此外，由公约一个或一个以上成员国参加的政府间国际组织的徽章、旗帜、其他徽记、缩写和名称，也适用上述禁止性规定。

4. 商标的转让

《巴黎公约》第6条之四第1款要求，如果商标所有人在某成员国内有营业，只要将在该成员国的营业连同商标一起转让给受让人，就应承认这种转让为有效。不过，如果受让人使用受让的商标事实上会造成对使用该商标的商品的原产地、性质或重要品质发生误解的，成员国可以不承认这种转让的效力。

5. 代理人或代表人的注册

如果商标所有人的代理人或代表人未经所有人同意而以自己的名义将该商标注册，根据《巴黎公约》第6条之七的规定，该所有人有权反对所申请的注册或要求取消注册；如果核准注册的国家的法律允许，该所有人可以要求将该项注册转让给自己，除非该代理人或代表人能证明其行为是正当的。

6. 使用商标的商品的性质对商标注册的影响

《巴黎公约》第7条规定,使用商标的商品的性质绝不应成为该商标注册的障碍。公约这样规定的目的在于使商标注册不因法律对某种商品的生产或销售的限制而受影响。

7. 集体商标

对于某些社团申请注册集体商标的问题,《巴黎公约》第7条之二规定,只要这些社团的存在不违反其原属国的法律,各成员国应受理申请,并保护属于该社团的集体商标。成员国不得以该社团没有工商业营业所,或在本国没有营业所,或该社团不是根据本国法律所组成等为理由,拒绝对该社团的集体商标予以保护。

(六)有关工业产权的其他规则

1. 工业品外观设计的保护

《巴黎公约》第5条之五规定,外观设计在本联盟所有国家均应受到保护。但对于采取何种形式保护,以及具体的保护标准和要求,公约都未明确规定。

2. 服务商标

《巴黎公约》第6条之六要求成员国承担义务对服务商标进行保护。但公约并不要求成员国必须建立服务商标的注册制度。

3. 厂商名称

《巴黎公约》第8条规定,厂商名称应在本联盟一切国家内受到保护,没有申请或注册的义务,也不论其是否作为商标的一部分。也就是说,不论厂商名称是否经过申请或注册,各国都应予以保护。但对如何保护厂商名称,公约则没有具体要求。

4. 不正当竞争

《巴黎公约》第10条之二规定,成员国有义务对各该国国民保证给予制止不正当竞争的有效保护。对于下列行为,公约规定特别应予禁止:第一,不择手段地对竞争者的营业所、商品或工商业活动造成混乱的一切行为;第二,在经营商业中,具有损害竞争者的营业所、商品或工商业活动商誉性质的虚伪说法;第三,在经营商业中使用会使公众对商品的性质、制造方法、特点、用途或数量易于产生误解的表示或说明。

二、《专利合作条约》及其实施细则

(一)《专利合作条约》概述

为了加强在专利领域的国际合作,简化专利国际申请的程序,方便申请人,在1966年9月巴黎联盟执行委员会会议上,美国提议签订一个在专利申请案的接受和初步审理方面进行合作的多边条约。1970年6月19日,在华盛顿召开的《巴黎公约》成员国外交会议上通过了《专利合作条约》(简称为PCT)。《专利合作条约》于1978年1月24日生效。

《专利合作条约》生效后,分别于1979年9月28日、1984年2月3日和2001年10月3日进行了修订和修改。《专利合作条约实施细则》于1970年6月19日通过后,历经多次修订,现行有效的是2019年10月9日修订、2020年7月1日生效的版本。

《专利合作条约》是一个封闭性条约,只有《巴黎公约》的成员国才有资格参加。截止到2018年12月,条约的成员国共有152个。中国于1994年1月1日起成为该条约的成员国。[①]

(二) 国际申请

1. 申请人

根据《专利合作条约》第9条的规定,国际申请的申请人包括:(A) 缔约国的任何居民或国民;(B) 由大会决定允许的《巴黎公约》缔约国但不是本条约缔约国的居民或国民。

2. 国际申请文件

根据《专利合作条约》的规定,国际申请应包括请求书、说明书、权利要求、附图及摘要。

3. 申请的提出

根据《专利合作条约》第10条的规定,国际申请应向受理局提出。在中国,按照《专利合作条约》程序提出国际申请的受理局是中国专利局。申请人将条约和实施细则所要求的文件提交受理局,即提出了国际申请。

4. 受理局对申请的处理

受理局应按条约和实施细则的规定对国际申请进行检查和处理。

根据《专利合作条约实施细则》第20条规则的要求,国际申请的受理程序基本上是:(A) 注明日期和编号,(B) 检查,(C) 确定国际申请日和国际申请号,(D) 对不符之处的处理,(E) 制作复制件并送交文本,(F) 国际局及国际检索单位的通知,(G) 对国际申请中的缺陷的检查。

(三) 国际检索

国际检索是每一国际申请都必须经过的程序,检索的目的是发现有关的现有技术。

1. 国际检索单位

国际检索应由国际检索单位进行。根据条约成员国大会的决定,瑞典、澳大利亚、美国、奥地利、西班牙、中国、俄罗斯、日本的专利局和欧洲专利局在目前起这种检索局的作用。

2. 国际检索单位的程序

国际检索依国际检索单位的程序进行。该程序应依照条约、实施细则以及国际局与该单位所签订的协议的规定,但协议不得违反条约和实施细则的规定。

3. 国际检索报告

国际检索报告应在规定的期限内按规定的形式做出,国际检索报告应尽快送交申请人和国际局,国际局应将国际申请连同国际检索报告按实施细则的规定送达每一指定局。

(四) 国际公布

根据《专利合作条约》第21条第1款的规定,国际局应公布国际申请。

1. 国际公布的时间

在申请人没有请求的情况下,除了有关国家按《专利合作条约》第64条第2款规定提出保留的以外,国际公布应自该申请的优先权日起满18个月后迅速予以办理。申请人可以要求国际局在上述期限届满之前的任何时候公布其国际申请,国际局应予以办理。

2. 国际公布的形式

国际申请应以小册子形式公布,小册子的形式与方式的要求,由《专利合作条约》第58条第4款规定的行政指示确定。《专利合作条约实施细则》第48条第2款对小册子应包括的内容作了具体规定。

---

① 《专利合作条约》自1997年7月1日起适用于香港特别行政区,但不适用于澳门特别行政区。

3. 国际公布的语文

如果申请是以中文、英文、法文、德文、日文、俄罗斯文或西班牙文提出的，应按该种语文公布国际申请。对于用上述语文之外的其他语文提出的国际申请，应翻译成英文公布。如果国际申请以英文之外的其他语文公布，国际检索报告或有关宣告、发明的名称、摘要等应以该种语文和英文公布。

4. 国际公布的效力

根据《专利合作条约》第29条的规定，就申请人在指定国任何权利的保护而言，国际申请的国际公布在该国的效力，除另有规定外，应与指定国的本国法对未经审查的国家申请在国内强制公布所规定的效力相同。

（五）国家处理程序

在上述程序完成之后，国际申请即进入国家处理程序。根据条约和实施细则的要求，在国家处理程序，指定局将对转入国家申请程序的国际申请作为直接向本国提出的正规国家申请一样来处理。指定局在处理时应按照本国的法律和本条约及实施细则的要求办理。

（六）国际初步审查

《专利合作条约》第二章对国际初步审查的有关问题进行了规定。根据条约的规定，国际初步审查并不是国际申请的必经步骤，依申请人的请求而进行。

1. 国际初步审查的目的

国际初步审查的目的是对发明的新颖性、创造性和工业实用性提出初步的无约束力的意见。

2. 国际初步审查单位

国际初步审查应在国际初步审查单位进行。受理局和国际专利合作联盟大会应按照有关的国际初步审查单位与国际局之间适用的协议来确定主管初步审查的国际初步审查单位。

3. 国际初步审查的程序

国际初步审查按照国际初步审查单位的程序进行。该程序应遵守条约、实施细则以及国际局与该单位签订的协议。国际初步审查单位按规定的程序进行初步审查之后，应在规定的期限内按规定的形式做出国际初步审查报告。国际初步审查报告，连同规定的附件，应送交申请人和国际局。国际局译成规定的语言后将国际初步审查报告及其译本递交每一选定局，申请人应按条约和实施细则的规定向每一个选定局提交国际申请的副本和译本，并缴纳国家费用，由此转入国家处理程序。

根据《专利合作条约》第42条的规定，接到国际初步审查报告的选定局，不得要求申请人提供任何其他选定局对同一国际申请的审查有关的任何文件副本，或有关其内容的情报。这表明，国际初步审查报告相当于根据选定国法律规定的国内初步审查报告的效力。

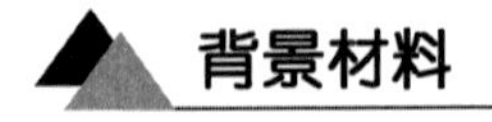

背景材料

PCT申请的优点[①]

PCT申请通常分为2个阶段，第一阶段称为国际阶段，包括国际申请的提出、形式审查、

① 欧阳雪宇、何杰、马秋娟等：《医药领域专利合作条约申请现状及策略》，载《中国药学杂志》2014年第14期。

国际检索和国际公布。如果申请人要求，还包括国际初步审查。第二阶段称为国家阶段，主要指授权程序，其仍然保持传统申请程序的特征。

PCT申请体系具有诸多方面的优点。第一，简化提出申请的手续，及时获得在各指定国均为有效的国际申请日；第二，推迟决策的时间，PCT申请的申请人可以在申请提出之后的一年半（甚至更长的时间）里进行思考，直到自优先权日起30个月届满前再确定需要进入哪些国家；第三，提高决策的准确性，PCT申请国际阶段，申请人将获得国际检索单位提供的PCT国际检索报告，该报告将提供与申请最接近的现有技术，并对该申请是否存在新颖性、创造性和工业实用性出具意见，有利于申请人准确判断申请是否具备授权的前景，因此决定是否进入后续国家阶段；此外，如果申请人对国际检索报告的结果不甚满意，还可以请求进行"补充国际检索"，以获得更全面的信息；第四，提高投入资金的精确性，国家阶段的花费比起国际阶段的花费要多很多，是申请过程中的主要投入，PCT申请程序可以使大量资金的投入推迟到最后阶段，使其更为精确、减少盲目性，从某种意义上说是经费上的节省；第五，在PCT申请程序的国际阶段有多次修改申请文件的机会，特别是在国际初步审查过程中，申请人可以在审查员的指导下进行修改，使申请文件更为完善。

三、《商标国际注册马德里协定》

（一）《马德里协定》概述

为了在商标注册方面实现国际合作，1891年4月14日，由当时已实行了商标注册制度的法国、比利时、西班牙、瑞士和突尼斯等国家发起，在马德里缔结了《商标国际注册协定》，简称为《马德里协定》。《马德里协定》于1892年7月生效。

《马德里协定》历经多次修订，并形成了6个不同文本，目前只有1957年尼斯文本和1967年斯德哥尔摩文本仍然有效。本书凡提及《马德里协定》之处，除非特别说明，均指1967年斯德哥尔摩文本。商标国际注册特别联盟大会及各国工业产权局局长委员会于1988年在日内瓦举行的特别联席会议上通过了《马德里协定》的实施细则。

《马德里协定》是《巴黎公约》框架内的一个程序性协定，只对《巴黎公约》成员国开放。据世界知识产权组织统计，截止到2018年12月，共有119个成员国。中国自1989年10月4日起成为《马德里协定》的成员国[①]。

（二）国民待遇的适用

为了落实《巴黎公约》规定的国民待遇，《马德里协定》具体规定了以下几个问题：

1. 来源国

来源国是《巴黎公约》和《马德里协定》涉及商标保护和注册时的一个重要概念。按照协定第1条第3款的规定，所谓来源国，是指作为协定缔约国的下述三种国家：(A) 申请人在其境内有真实和有效的工商业营业场所；(B) 如果申请人在其境内没有上述工商业营业场所，但在其境内有惯常住所；(C) 虽然申请人在其境内既无工商业场所又无惯常住所，但具有其国籍。

如果缔约国国民的商标在"来源国"已获得注册，根据《马德里协定》第1条第2款的规

① 该协定不适用于香港特别行政区和澳门特别行政区。

定，经由“来源国”的注册当局向国际局提出申请，在其他所有缔约国内均应受到保护。

2. 国民

结合《巴黎公约》和《马德里协定》的规定，所谓的缔约国国民，是指：(A) 具有某一缔约国的国籍的人，包括自然人和法人。(B)《巴黎公约》第 3 条规定的非缔约国国民，只要其在一缔约国境内有永久住所或真实的、有效的工商业营业场所，即应视为缔约国的国民。

(三) 商标国际注册申请的当事人、商标以及申请文件

1. 申请当事人

根据《马德里协定》及其实施细则的规定，申请当事人主要包括以下几种：(A) 申请人；(B) 持有人；(C) 代理人。

2. 申请注册的商标

按照《马德里协定》的规定进行国际注册的商标必须是在其所属国已经登记的用于商品或服务项目的标记。这就是说，凡未在其所属国进行登记的商标，不得进行国际注册。这里的商标包括服务商标在内。

3. 申请文件

根据《马德里协定》第 3 条的规定，每一个国际注册申请必须采用《实施细则》所规定的格式提出。根据《实施细则》第 9 条规则的规定，申请书中应包括下列内容：申请人姓名，申请人的地址，代理人的姓名和地址，优先权的声明及说明，商标标识的复制件，标准字母标识的声明，根据协定第 3 条第 3 款对将颜色作为其商标的一个显著特点以及以文字对所要求的颜色或颜色的组合的说明，对立体商标的说明，对声音商标的说明，对集体商标或证明商标或保证商标的说明，对文字标识的描述，对非拉丁文字的文字及非阿拉伯数字和罗马数字的翻译，商品或服务的名称，费用支付，等等。

另外，根据实施细则的要求，国际申请还应包含一些其他内容。

中国国家市场监督管理总局商标局印制有书面的“商标国际注册申请书”，通过中国商标局提出商标国际注册申请的应使用该申请书。该申请书的主要内容包括：商标的原属国、申请人的名称地址、代理人的名称地址、原属国商标的申请和注册、优先权要求、商标标识、商标适用的商品和服务的国际分类、指定保护的国家、注册费及规费的缴纳、申请人签名等。

(四) 国际申请的提出与受理

1. 国际申请的提出

根据协定的要求，商标国际注册应通过原属国的注册当局向国际局提出，商标国际注册申请必须采用细则所规定的格式提出。对于提出申请的方式，根据《实施细则》第 2 条规则的规定，有两种可以接受的方式：一是书面形式，二是电子形式。

2. 国际申请费用的支付

申请商标国际注册需要缴纳一定的费用。根据《马德里协定》第 8 条的规定，在国际局的商标注册预收国际费用。这些费用包括：(A) 基本费；(B) 附加费；(C) 补加费。

上述费用每 10 年分两期缴纳。如果没有缴纳上述费用，国际注册视为撤回或放弃。

3. 来源国注册当局对申请的处理

商标国际申请是由国际局受理的，但需要通过来源国的注册当局向国际局提出申请。因此，虽然来源国的注册当局事实上并不是国际申请注册的当事方，但在收到申请人提出的国际申请之后，仍有一些工作需要进行。这些工作主要包括以下三个方面：一是对国际申请

中的具体项目进行认证,二是提供商标在来源国申请和注册的日期和编号,三是提供申请国际注册的日期。另外,根据《马德里协定》第 3 条第 2 款的规定,对于申请人所作的类别说明须经国际局检查,由国际局会同来源国注册当局进行检查。

4. 国际局的注册

《马德里协定》第 3 条第 4 款规定,国际局对根据第 1 条规定提出申请的商标立即进行注册,并将这种注册通知有关注册当局,将注册申请的具体项目在国际局所出的定期刊物上公布。

（五）国际注册的法律效力

1. 国际注册的法律效力

根据《马德里协定》第 4 条的规定,经国际注册的商标,在每一个有关缔约国内的保护,应如同该商标直接在那里提出注册的一样。不过,如果有关缔约国已经根据协定第 5 条进行了批驳,则该商标不受保护。根据《马德里协定》第 6 条的规定,在国际局的商标注册的有效期为 20 年,并可续展。

2. 领域延伸要求的提出

商标在国际局进行注册并不能使该商标在缔约国内自动受到保护。根据《马德里协定》的规定,申请人必须提出领域延伸的要求,指定要求保护的国家。这种要求应在提出注册申请时一并提出。如果在注册之后提出领域延伸的要求,必须采用细则所规定的格式,向来源国的注册当局提出。

3. 各国注册当局的批驳

国际局对商标国际申请的注册并不能代替各国的注册机构的注册。各国注册当局在接到国际局的注册通知之后,可在一定的时间内进行批驳,拒绝予以保护。《马德里协定》第 5 条对这种批驳的时间、条件、效力、法律救济等作出了具体规定。

4. 国际注册与原属国保护的关系

根据《马德里协定》的规定,国际注册与在所属国原先注册的国家商标存在着一定的法律上的联系。

《马德里协定》第 6 条第 3 款规定,自国际注册的日期开始 5 年内,如果该商标在原属国已全部或部分不受法律保护,则国际注册所得到的保护也全部或部分不再产生权利。这样,国际注册的商标的法律效力,在国际注册开始的 5 年内,需要以其在原属国的法律保护为基础。如果在原属国不受保护,国际注册也就不受保护。

但是,如果从国际注册的日期开始满 5 年,国际注册即与在原属国注册的国家商标完全无关。即使商标在原属国不受法律保护,国际注册也继续有效,在有关缔约国应受保护。这一规定体现在协定第 6 条第 2 款之中。

四、《关于马德里协定的议定书》

由于《马德里协定》存在着一些缺陷,世界知识产权组织于 1989 年主持缔结了《关于马德里协定的议定书》(以下简称“《马德里议定书》”),对商标国际注册的有关问题进行了重新规定。截止到 2018 年 12 月,《马德里议定书》有 103 个成员,中国于 1995 年 12 月 1 日成为成员。[1]

（一）与《马德里协定》的关系

《马德里议定书》的结构和内容与《马德里协定》有非常相似之处，许多条款完全一样。从内容和技术上来讲，《马德里议定书》明显是《马德里协定》的延续和发展。但从法律上，两者却是完全独立的。

1. 缔约国

根据《马德里议定书》第 1 条的规定，不论是否作为《马德里协定》的缔约国，均可作为议定书的缔约国。不过，议定书也要求，作为国家参加议定书，必须是《巴黎公约》的缔约国。议定书还将其成员扩大到政府间的国际组织。

2. 对《马德里协定》的保护

《马德里议定书》第 9 条之六专门规定了对《马德里协定》的保护。

依议定书第 9 条之六第 1 款的规定，对于某个特定的国际申请或国际注册而言，如果来源国既是议定书的缔约国又是协定的缔约国，则本议定书的任何规定在其他任何既是议定书的缔约国又是协定的缔约国的国家境内不产生任何效力。

依该条第 2 款的规定，大会可通过 3/4 多数取消上述第 1 款或限制其适用的范围，但须在本议定书生效 10 年以后进行，而且在《马德里协定》缔约国中的多数国家成为本议定书的缔约国之日起 5 年内不得为之。在投票时，只有那些同为《马德里协定》和本议定书的缔约国的国家才有权参与。

（二）与《马德里协定》相同的规定

《马德里议定书》的大部分实体规定与《马德里协定》相同或基本相同。因此，《马德里议定书》所规定的国际注册程序与《马德里协定》所规定的程序基本相同或大致相仿，在此无需逐一介绍。

（三）与《马德里协定》的不同之处

《马德里议定书》虽然规定了与《马德里协定》基本相同的国际注册程序，但也有许多明显的差别。

第一，《马德里议定书》放宽了申请国际注册的条件。除了在原属国已获得注册的商标外，那些已经提出申请但尚未获得注册的商标也可以申请国际注册。

第二，《马德里议定书》延长了成员国可拒绝保护的期限，由《马德里协定》的一年改为 18 个月。

第三，《马德里议定书》规定国际注册的收费标准由各成员国自行确定，各成员国的实际收费大大高于《马德里协定》统一规定的收费。

第四，《马德里议定书》增加了一项新规定，使申请人在其国际注册因原属国的基本注册被宣告无效而被国际局撤销的情况下，可向原国际注册生效的国家申请国家注册，以国际申请日作为其申请日。

第五，《马德里议定书》增加了国际申请所使用的语言，由《马德里协定》的法语改为英语和法语。

---

① 该议定书不适用于香港特别行政区和澳门特别行政区。

五、《保护文学艺术作品伯尔尼公约》

《伯尔尼公约》是目前著作权国际保护领域中影响最大的多边条约[①]，对其后出现的各个版权条约以及有关国家的国内版权立法都有重大影响。

《伯尔尼公约》自 1886 年缔结以来，历经多次修改与补充，形成了多个文本。目前仍然有效的文本有 4 个：1928 年罗马文本、1948 年布鲁塞尔文本、1967 年斯德哥尔摩文本和 1971 年巴黎文本。截止到 2018 年 12 月，《伯尔尼公约》共有 174 个成员国。中国于 1992 年 10 月 15 日加入该公约，适用 1971 年巴黎文本。[②]

《伯尔尼公约》的正文有 38 条，另有一个附录。其中第 1 条至第 21 条为实体规定，主要包括四个方面的内容：基本原则，受保护的作品，最低限度保护的规定，对发展中国家的特殊规定。

（一）《伯尔尼公约》的基本原则

《伯尔尼公约》第 5 条规定了公约的基本原则：国民待遇原则、自动保护原则和版权独立原则。

1. 国民待遇原则

《伯尔尼公约》第 5 条第 1 款规定：根据本公约得到保护的作品的作者，在除作品起源国之外的本联盟各成员国，就其作品享受各该国法律现在给予或今后将给予其国民的权利，以及本公约特别授予的权利。

“起源国”（或称“来源国”）是《伯尔尼公约》中一个重要的概念。《伯尔尼公约》第 5 条第 4 款对“起源国”的含义进行了解释。根据这项解释，对于已出版作品，起源国即作品首次出版的国家；对于未出版作品，起源国即作者的国籍或居所所属国或建筑艺术作品的所在国。

由于某些缔约国国内法律给予本国作者的版权权利可能低于《伯尔尼公约》的规定，或者提出了比《伯尔尼公约》规定更严格的限制或条件，如果完全实施国民待遇，使受公约保护的作者按照国民待遇受到的保护还不如公约规定的最低标准。为了避免出现这种不合理的现象，公约特别规定，受公约保护的作者在各成员国除了享受国民待遇外，还享受本公约特别授予的权利。

版权保护的国民待遇原则——Giorgetti Spa v. Cantu Meubelen Br. 案[③]

Giorgetti Spa(G)是意大利的家具制造商，它指控荷兰的 Cantu Meubelen Br. (C)公司侵犯它的关于椅子设计方面的版权。荷兰的这家 C 公司从意大利进口上述涉及的椅子框

---

① 著作权国际公约主要有 1886 年的《伯尔尼公约》和 1952 年的《世界版权公约》。美国虽于 18 世纪末制定了版权法，但长期未参加《伯尔尼公约》。为了使美国能够参加国际版权体系，国际上于 1952 年签订了《世界版权公约》，并由联合国教科文组织管理。1986 年，美国退出教科文组织，不久即加入《伯尔尼公约》。两大公约相比较而言，《伯尔尼公约》提供的版权保护水平要高于《世界版权公约》。《TRIPS 协议》明确要求其缔约方应遵守《伯尔尼公约》中除精神权利外的其他实质性条款，显见《伯尔尼公约》的影响大大增加，《世界版权公约》的作用相对降低。我国于 1992 年 10 月 30 日加入《世界版权公约》，适用 1971 年巴黎文本。

② 该文本在 1997 年 7 月 1 日对香港特别行政区、1999 年 12 月 20 日对澳门特别行政区生效。

③ 王传丽主编：《国际经济法案例评析》，中国政法大学出版社 1999 年版，第 236—246 页。

架，然后加以装饰在荷兰出售。荷兰的一审法院和上诉法院驳回了G的临时救济请求，认为意大利的家具无权享有荷兰的版权保护。ECJ(欧洲法院)认为，根据《罗马条约》第7条第1款(现在为《欧盟条约》第6条第1款)的非歧视待遇的规定，其他成员国的国民有权享有荷兰国民的版权保护，包括首次在国外发表的作品。法院还认为，根据荷兰的法律，椅子设计成了艺术作品，应受到版权保护。C所进口的椅子框架是仿制品，因此构成了侵犯G的版权。意大利和荷兰都是《伯尔尼公约》的成员国，按照《伯尔尼公约》的国民待遇原则，意大利的作者的作品在荷兰境内应享受与荷兰国民同等的版权保护，本案中的荷兰一二审法院拒绝给予这种保护，就违背了这条原则。

2. 自动保护原则

《伯尔尼公约》第5条第2款规定，受保护作品的作者享受和行使根据国民待遇而获得的权利，不需要履行任何手续。这就是所谓的“自动保护原则”。公约允许各成员国作出一项保留，即“固定要求”：各缔约国法律有权规定仅保护表现于一定物质形式上的文学艺术作品。

3. 版权独立原则

《伯尔尼公约》第5条第2款规定：“享受和行使这类权利不需要履行任何手续，也不管作品起源国是否存在有关保护的规定。因此，除本公约条款外，只有向之提出保护要求的国家的法律方得规定保护范围及向作者提供的保护其权利的补救方法。”

公约的这项规定，实际包含了两层含义：第一，作品在缔约国所享受的保护，不依赖于其在起源国所受到的保护；第二，作品在缔约国的保护，完全依照该缔约国的法律。

(二) 受保护的作品

《伯尔尼公约》第2条对受保护的作品作了具体规定，“文学艺术作品”一词包括科学和文学艺术领域内的一切作品，而不论其表现方式或形式如何。

1. 作品的范围

《伯尔尼公约》第2条第1款对受保护的作品进行了列举，包括：书籍、小册子及其他文字作品；讲课、演讲、讲道及其他同类性质的作品；戏剧或音乐作品；舞蹈艺术作品及哑剧作品；配词或未配词的乐曲；电影作品或以与电影摄影术类似的方法创作的作品；图画、油画、建筑、雕塑及版画；摄影作品及以与摄影术类似的方式创作的作品；实用美术作品；插图，地图，与地理、地形、建筑或科学有关的设计图、草图及造型作品。

2. 演绎作品

公约规定，文学艺术作品的翻译、改编，乐曲的改写，以及用其他方式改变了原作而形成的作品，在不损害原作版权的情况下，同原作一样受保护。

3. 汇编作品

公约规定，文学艺术作品的汇编，诸如百科全书、文选，由于其内容的选择与编排而构成智力创作的，在其本身不损害构成它的各个作品的版权的情况下，同样受到保护。

4. 法律和官方文件

对于立法条文、行政及法律性质的官方文件，以及这些作品的官方译本的版权保护问题，公约规定由各缔约国国内立法自行决定。

5. 实用美术作品、工业品外观设计和模型

公约规定，各成员国可自行以立法决定本国法律对实用艺术品、工业品平面与立体外观

设计等的适用程度，以及这些艺术作品、工业品平面与立体外观设计的受保护条件。

（三）最低限度保护的规定

鉴于各成员国的利益冲突和立法的差异等原因，《伯尔尼公约》没有对各国在版权国际保护方面的所有规定进行统一，只是规定了一系列最低限度的保护标准。这些标准，是各国在订立版权法以及在版权国际保护方面必须做到的基本要求。公约的最低限度保护标准主要包括以下几个方面：

1. 作者的经济权利

公约规定的经济权利主要包括以下几种：

（1）翻译权。《伯尔尼公约》第 8 条规定，受本公约保护的文学艺术作品的作者，在对原著权利的整个保护期内，享有翻译和授权翻译其作品的专有权。

（2）复制权。《伯尔尼公约》第 9 条第 1 款规定，受本公约保护的文学艺术作品的作者，享有批准以任何方式和采取任何形式复制这些作品的专有权。第 3 款进一步指出，所有录音或录像均应被视为本公约所指的复制。

（3）表演权。《伯尔尼公约》第 11 条第 1 款规定，戏剧作品、音乐戏剧作品或音乐作品的作者，享有许可以各种手段和方式公开演奏和公演其作品的专有权，以及许可用各种手段公开播送其作品的表演和演奏的权利。

（4）广播权。《伯尔尼公约》第 11 条之二规定，文学和艺术作品的作者享有专有权以授权：广播其作品，或以任何其他无线电传送信号、声音、图像的方式将作品传播给公众；原广播组织之外的广播机构，将其作品以有线方式向公众传送，或向公众重播；以扬声器向公众传播或以同类传播信号、声音、图像的工具传播其作品。

（5）朗诵权。《伯尔尼公约》第 11 条之三第 1 款规定，文学作品的作者享有许可用各种方式或手段公开朗诵其作品的专有权，以及许可用各种手段公开播送其作品的朗诵的专有权。根据《伯尔尼公约》第 11 条之三第 2 款的规定，文学作品的作者在其作品的权利保护期内，对作品的译本享有同样的权利。

（6）改编权。《伯尔尼公约》第 12 条规定，文学和艺术作品的作者享有批准对其作品进行改编、整理和其他改变的专有权。

（7）制片权。《伯尔尼公约》第 14 条规定，文学和艺术作品的作者享有将其作品改编为电影作品并将后者复制发行的专有权和将经过改编或复制的作品公开演出或以有线方式向公众传播的专有权。

《伯尔尼公约》规定的作者的经济权利并不是著作财产权的全部内容，只是缔约各国必须保护的基本权利。事实上，许多国家的版权法规定的经济权利都超过公约规定的水准。为此，《伯尔尼公约》第 19 条明确规定，本公约的规定不妨碍作品要求得到本联盟成员国的法律所给予作者的、高于公约规定的保护。

2. 作者的精神权利

《伯尔尼公约》第 6 条之二规定了各缔约国应当保护的精神权利。这些精神权利，不依赖于经济权利而独立存在，甚至在作者将其经济权利转让之后仍然存在。公约规定的精神权利主要包括两项：

（1）署名权，即作者主张对作品的作者身份的权利；

（2）维护作品完整权，即反对任何对其作品的有损作者声誉的歪曲、篡改或其他更改或贬损。

对于通过何种救济方式保护这些权利,公约规定适用保护有关权利的国家的法律。

3. 版权保护期限

《伯尔尼公约》第7条规定了版权保护期限。一般作品的保护期限为作者有生之年加死后50年,共同作品应以共同作者中最后去世的作者为准。对电影作品,为自公映后50年。如摄制完成后50年内未公映,自作品摄制完成后50年期满。匿名及假名作品,其保护期限为其合法向公众发表之日起50年。如作者采用的笔名不致引起对其身份发生任何怀疑时,或匿名作品及假名作品的作者在上述期间内披露其身份,则从一般作品的保护期。摄影作品及实用艺术品的保护期为自该作品完成时算起25年。

上述保护期限,是各国应保护的最短期限。任何缔约国对作品提供保护不得少于上述期限。当然,可以规定更长的保护期限。公约规定,在一切情况下,期限由向之提出保护要求的国家的法律加以规定。但除该国法律另有规定外,这个期限不得超过作品起源国规定的保护期限。

4. 追溯力

《伯尔尼公约》第18条规定,公约规定的最低保护,不仅适用于成员国参加公约之后来源于其他成员国的作品,而且适用于该国参加公约之前即已经存在,在其他缔约国仍受保护的作品。但公约允许缔约国通过多边或双边协定来限制公约追溯力的规定在它们之间的适用。

(四)对发展中国家的特殊规定

对发展中国家的特殊规定,是1971年公约进行修订时增加的,其主要内容是允许发展中国家对翻译专有权和复制专有权实行非自愿许可。不过,公约对此规定了若干严格的条件,事实上使发展中国家很难享受到特殊的利益。

(五)对版权的限制

1. 对复制权的限制

《伯尔尼公约》对复制权的限制主要体现在第9条第2款、第10条、第10条之二当中。

《伯尔尼公约》第9条第2款规定,本联盟各成员国可自行在立法中准许在某些特殊情况下复制有关作品,只要这种复制与作品的正常利用不相冲突,也不致不合理地损害作者的合法利益。

《伯尔尼公约》第10条规定了两种不同的使用作品的行为:一是摘录,二是讲解。该条第1款规定,本公约准许从公众已经合法获得的作品中摘录原文,只要摘录行为符合公平惯例,摘录范围未超过摘录目的所允许的程度。第2款规定,本联盟各成员国可自行立法或依据各成员国之间现有的或行将签订的专门协定,准许在合理目的下,以讲解的方式将文学艺术作品用于出版物、广播、录音或录像,以作为教学之用,只要这种利用符合公平惯例。不过,根据该条第3款的规定,根据前两款规定使用某作品时,须标明该作品的出处。如原作品上有作者署名,则须标明作者姓名。

《伯尔尼公约》第10条之二第1款规定,本联盟成员国可自行在立法中准许通过报刊及无线广播或有线广播,复制报纸杂志上关于经济、政治、宗教等时事性文章,以及同类性质的广播作品,只要该文章、作品中未明确保留复制权与广播权。但在任何情况下,均须明确指出作品的出处;若未指出,则由保护有关作品的国家的立法决定其应负的法律责任。

公约的上述规定实际上就是版权法上通常所讲的"合理使用"。对于合理使用的具体条件及情形,公约留由缔约国自行决定。

2. 对翻译权和复制权的强制许可

《伯尔尼公约》在有关发展中国家优惠的附件中对翻译权和复制权的强制许可进行了规定。有关情况在前面“对发展中国家的特殊规定”中已作介绍。

《伯尔尼公约》从缔结到现在已经有一百多年了,其间曾根据不断出现的新情况进行了数次修订,世界上大多数国家已成为公约的缔约国。随着美国的加入,《伯尔尼公约》真正成为一个世界范围的统一体系,成为著作权国际保护的事实上的标准。在《伯尔尼公约》之后的有关著作权的重要国际条约,均将公约的规定作为基本要求,并对公约进行了保护,如《世界版权公约》《知识产权协议》《世界知识产权组织版权条约》等。

六、《保护表演者、录音制品制作者与广播组织罗马公约》

为了保护表演者、录音制品制作者与广播组织在传播作品过程中所产生的合法权益(即通常所说的邻接权),1961 年在联合国劳工组织、教科文组织以及世界知识产权组织的共同主持下,在罗马订立了《保护表演者、录音制品制作者与广播组织罗马公约》,即《罗马公约》。截止到 2018 年 12 月,《罗马公约》共有 93 个成员国。我国未参加该公约。

《罗马公约》共 34 条,其中第 1 条至第 15 条为实体性规定,第 16 条至第 34 条为行政性条款。

(一) 邻接权保护与版权保护的关系

《罗马公约》第 1 条规定:“本公约所授予的保护不触及而且也不以任何方式影响对文学和艺术作品的版权保护。因此,不得对本公约的任何规定作出有损于版权保护的解释。”

(二) 国民待遇

国民待遇原则是知识产权国际保护中的一项最基本的原则,《罗马公约》也不例外。《罗马公约》关于国民待遇的规定主要包括三项内容:

1. 国民的含义

在《罗马公约》中,国民是指:(A) 对于表演者,表演在该缔约国境内发生、广播或首次固定;(B) 对于录音制品制作者,录音制品在其境内首先固定或出版;(C) 对于在其境内设立总部的广播组织,广播由位于其境内的发射装置发射。

2. 国民待遇的授予

《罗马公约》区别表演者、录音制品制作者和广播组织三种不同主体分别规定了国民待遇的授予。

对于表演者,只要符合下列条件之一,即可获得国民待遇:表演发生在另一缔约境内;表演被录制在根据本公约第 5 条规定受保护的录音制品上;未固定在录音制品上的表演,由根据本公约第 6 条规定受保护的广播传送。

对于录音制品,只要符合下列条件之一,即可获得国民待遇:录音制品制作者是另一缔约国的国民,声音的首次固定发生在另一缔约国,录音制品首次在另一缔约国内出版(出版标准)。

对于广播组织,只要符合下列条件之一,即可获得国民待遇:广播组织的总部设在另一缔约国,广播由位于另一缔约国的发射装置发射。

3. 公约规定的保护

国民待遇应受本公约特别规定的保护和限制的约束。这就是说,如果某一缔约国根据本国法律对其本国国民的表演权、录音制品制作者权和广播组织权的保护低于公约规定的标准,也不得借口国民待遇给予低于公约特别规定的保护。

(三)邻接权的内容

1. 表演者权

根据《罗马公约》第 7 条的规定,表演者应享有制止下列三种行为的可能性:未经其同意而将其表演进行广播或向公众传播,但专为广播或向公众传播而作的表演以及根据已固定的表演而作的表演除外;未经其同意而将其未固定的表演加以固定;未经其同意而复制其已经固定的表演,或者复制的目的不同于表演者同意的目的,或者原始固定是根据第 15 条(邻接权的例外)的规定而为但复制却出于不同于该条规定的目的。

在广播是经表演者同意而为的情况下,对转播、为广播目的的固定以及为广播目的而复制此种固定是否受保护,由被请求的缔约国的国内法决定。对于广播组织使用为了广播目的而制作的固定的条件,亦应由被请求保护的缔约国的国内法决定。但上述国内法不得剥夺表演者通过合同控制其与广播组织的关系的能力。

如果数个表演者参与同一个表演,为了每个表演者行使权利的方便,《罗马公约》第 8 条规定,任何缔约国得通过其国内法律与规章,指定一定的方式来代表表演者行使其权利。

《罗马公约》第 7 条和第 8 条规定的表演者保护,是针对文学或艺术作品的表演者。如果所表演的不是文学或艺术作品,如杂耍、马戏等,《罗马公约》第 9 条规定,任何缔约方得通过其国内法律和规章,将本公约给予的保护延及非文学或艺术作品的表演者。

2. 录音制品制作者权

《罗马公约》第 10 条规定,录音制品制作者应享有授权或禁止直接或间接复制其录音制品的权利。

根据《罗马公约》第 11 条的规定,如果一缔约国根据其国内法的规定,将履行一定的手续作为对录音制品制作者权利或与录音制品有关的表演者权利保护的一个条件,只要录音制品含有规定的标记,应视为已完全履行了所有手续。

《罗马公约》第 12 条规定,如果将为商业目的而出版的录音制品或其他复制品直接用于广播或任何公共传播,使用者应向表演者和/或录音制品制作者支付一笔公平的补偿金。在当事人无协议的情况下,国内法得规定该补偿金的分配条件。

3. 广播组织权

《罗马公约》第 13 条规定了对广播组织的最低限度保护。依该条规定,广播组织享有授权或禁止下列行为的权利:转播其广播;将其广播进行固定;复制未经其同意的其广播的固定,以及,如果该未经其同意的固定是根据第 15 条规定而制作,为了不同于该规定的目的而进行的复制;向公众传播其电视广播,如果传播发生在公众付入场费才能进入的地方。行使这项权利的条件由被请求保护的国家的国内法决定。

(四)邻接权的保护期

根据《罗马公约》第 14 条的规定,本公约授予的保护的期限至少应为 20 年。

(五)保护的例外

《罗马公约》第 15 条规定,任何缔约国可在其国内法律和规章中规定,下列行为属于公约所提供的保护的例外:(1)私人使用;(2)为报道当前发生的事件而少量使用;(3)广播组织为了方便自己在广播中使用而短暂固定;(4)纯粹出于教学或科学研究目的的使用。

除了上述例外以外,公约规定,任何缔约国可以将其国内法律和规章中对文学艺术作品版权保护的限制,同样地适用于对表演者、录音制品制作者和广播组织的保护。但是,对强制许可应遵守本公约的有关规定。

（六）电影中的表演者权

根据《罗马公约》第 19 条的规定，一旦表演者同意将其表演用于可视性或可视可听性的固定（即电影）上，第 7 条的规定不再适用。这就是说，对于视听作品中的表演，表演者不能主张表演者权。

七、《保护录音制品制作者防止未经许可复制其录音制品公约》

《保护录音制品制作者防止未经许可复制其录音制品公约》（简称《录音制品公约》或《唱片公约》）是在世界知识产权组织主持下于 1971 年 10 月 29 日在日内瓦缔结的一个邻接权国际公约。截止到 2018 年 12 月，公约共有 79 个成员国，中国于 1993 年 4 月 30 日成为该公约的成员国[①]。公约非常简短，共 13 条，其中第 1 条至第 7 条为实体条款，第 8 条至第 13 条为行政条款。

（一）定义

《录音制品公约》第 1 条首先对 4 个关键概念进行了定义。这 4 个概念是："录音制品""录音制品制作者""复制品"和"向公众发行"。

（1）录音制品。公约所使用的"录音制品"一词，是指任何仅听觉可感知的、将表演声音或其他声音固定下来的制品。

（2）录音制品制作者。所谓录音制品的制作者，是指首次将表演声音或其他声音固定下来的自然人或法人。

（3）复制品。所谓复制品，是指一制品中的音响直接或间接来自一录音制品，并含有该录音制品中已固定的声音之全部或实质性部分。

（4）向公众发行。所谓向公众发行，是指直接或间接向公众或公众中的一部分提供录音制品的复制品的任何活动。

（二）对录音制品的保护

《录音制品公约》第 2 条规定，每一缔约国应保护作为其他缔约国的国民的录音制品制作者，以防止未经制作者同意而制作复制品、进口此种复制品，只要制作或进口的目的在于向公众发行，以及向公众发行此种复制品。

《录音制品公约》第 3 条规定，实施本公约所采用的方式，应由各缔约国国内法自行确定，其中应包括下列一种或几种方式：通过授予版权或其他专门权利的方式加以保护；通过有关不正当竞争的法律的方式加以保护；通过刑事制裁的方式加以保护。《录音制品公约》并没有统一规定各缔约方采用何种方法保护录音制品制作者，甚至没有将对录音制品制作者的保护上升为一种权利。

（三）保护的期限

关于对录音制品制作者保护的期限，《录音制品公约》第 4 条首先规定，这个问题应由每一缔约国国内法来确定。同时，公约提出了一个最低限度，即：如果国内法规定了保护期限，该期限不得少于 20 年，从录音制品中包含的声音首次被固定之年或录音制品首次出版之年的年末起算。

---

① 公约自 1997 年 7 月 1 日起适用于香港特别行政区。

（四）取得保护的手续

《录音制品公约》没有采取自动保护原则。《录音制品公约》第5条在允许各缔约国要求履行一定手续的前提下，将所有的手续简化为在录音制品复制品或其包装上加以适当标记。

（五）保护的限制

《录音制品公约》第6条对保护的限制作出了规定。根据该条规定，对录音制品保护的限制主要有两个方面：一般例外和强制许可。

1. 一般例外

公约规定，以版权或其他专门权利提供保护或以刑事制裁方式提供保护的缔约国，可在其国内法中，针对录音制品的保护，作出类似于对文学艺术作品的作者保护时所允许的权利限制的规定。

2. 强制许可

根据公约规定，只有在下述三个条件均得到满足时方可颁发强制许可：仅为教学或科学研究目的而进行复制；复制许可证仅在颁发许可证当局所在国地域内有效，复制品不得用于出口；有关当局对于依照这种许可证进行的复制，在考虑到将复制的数量的基础上，规定公平的付酬额。

（六）保留性规定

《录音制品公约》第7条对一些问题做出了保留性规定。

1. 对版权及邻接权的保护

《录音制品公约》第7条第1款规定，不得以任何方式将本公约解释为限制或减损根据国内法或国际协定给予作者、表演者、录音作品制作者或广播组织的其他保护。

2. 表演者保护

根据《录音制品公约》第7条第2款的规定，对于其表演被固定于录音制品中的表演者，其是否有权享受保护、享受保护的范围以及享受此种保护的条件，均应由缔约国国内法确定。

3. 追溯力

根据《录音制品公约》第7条第3款的规定，公约不具有追溯力。因此，在本公约对一缔约国生效之前已经固定的录音制品，不得要求该缔约国适用本公约的规定。

4. 以固定标准替代国籍标准

如果任何缔约国在1971年10月29日之前，仅仅以录音制品的首次固定地为依据提供对录制者的保护，可向世界知识产权组织总干事交存一份通知，声明该国将采用首次固定地标准，而不采用录制者国籍标准。

八、《视听表演北京条约》

2012年6月20日至26日，由世界知识产权组织（WIPO）主办、中国国家版权局和北京市人民政府共同承办的保护音像表演外交会议在北京成功举办，来自155个WIPO成员国和49个国际组织的204个代表团的721名代表出席会议。外交会议上，《视听表演北京条约》（简称《北京条约》）正式签署。该条约是继《罗马公约》、《TRIPS协议》和《世界知识产权组织表演和录音制品条约》（简称WPPT）以来涉及对表演者权利进行保护的又一国际条约。条约的签署，填补了视听表演领域国际版权条约的空白，进一步完善了国际版权保护体系，是世界知识产权组织在版权保护方面的重要里程碑。《北京条约》于2020年4月28日起正式生效。我国于2014年4月24日加入《北京条约》成为缔约国。同时声明：

> 一、中华人民共和国不受《视听表演北京条约》第十一条第一款和第二款规定的约束。
>
> 二、在中华人民共和国政府另行通知前，《视听表演北京条约》暂不适用于中华人民共和国香港特别行政区。

《北京条约》包括序言和30个条款，其中实质性条款20个，行政条款和最后条款共10个，关于部分条款的议定声明12项。《北京条约》的缔结和生效，将全面提升国际社会对表演者权利保护的水平，从而充分保障视听表演者的权利，进一步激发其创造热情，丰富精神文化产品，推动视听产业健康发展，保护传统文化和民间文艺，促进文化多样性发展。世界知识产权组织总干事高锐先生高度赞扬《北京条约》，称其为国际知识产权保护的一个重要里程碑。

（一）缔结《北京条约》的背景

1961年，世界上第一部保护邻接权的国际公约——《罗马公约》在第7条中赋予了表演者一系列专有权利，包括禁止他人未经许可对其表演进行现场直播、录制其尚未被录制的表演（也即录制其现场表演）和复制其表演的录制品的权利。但是，由于担心保护电影演员的表演者权，会妨碍对影视作品的后续利用并影响影视产业的发展，《罗马公约》在第19条明确规定："一旦表演者同意将其表演纳入视觉或视听录制品中，第7条即不再适用"。"视听表演"未能获得充分国际保护的问题由此产生。之后的《TRIPS协议》和WPPT对"视听表演"的保护均沿用了《罗马公约》的做法，即区别对待以音频形式利用表演的行为和以视频形式对待表演的行为，从而产生了歧视"视听表演"的问题。

为给予"视听表演"以保护，世界知识产权组织从1994年开始便付诸努力进行条约的起草工作，这一过程极为艰辛。从1994年世界知识产权组织展开讨论开始，美国和欧共体由于各自产业利益和法律构架的不同，在是否对视听录制品中的表演提供保护、是否应扩大"国民待遇"的范围和是否应"推定权利转让"等问题上发生了激烈争议。这两大利益体的严重分歧导致世界知识产权组织于1996年和2000年召开的两次外交会议均未能实现充分保护表演者的目标。这一问题直至2012年6月20日—26日在北京召开的世界知识产权外交会议缔结《视听表演北京条约》时才得以解决。这一新的邻接权国际保护条约对以视听形式录制和传播的表演提供了充分的保护。

（二）《北京条约》的内容

1.《北京条约》与其他公约和条约的关系

《北京条约》第1条特别指出："一、本条约的任何内容均不得减损缔约方相互之间依照《世界知识产权组织表演和录音制品条约》或依照一九六一年十月二十六日在罗马签订的《保护表演者、录音制品制作者和广播组织国际公约》已承担的现有义务。二、依本条约给予的保护不得触动或以任何方式影响对文学和艺术作品版权的保护。因此，本条约的任何内容均不得被解释为损害此种保护。三、除《世界知识产权组织表演和录音制品条约》之外，本条约不得与任何其他条约有任何关联，亦不得损害任何其他条约所规定的任何权利和义务。"

2. 条约中涉及的有关定义

（1）表演者：指演员、歌唱家、音乐家、舞蹈家以及对文学或艺术作品或民间文学艺术表达进行表演、歌唱、演说、朗诵、演奏、表现或以其他方式进行表演的其他人员。

（2）视听录制品：指活动图像的体现物，不论是否伴有声音或声音表现物，从中通过某种装置可感觉、复制或传播该活动图像。

（3）广播：指以无线方式的传送，使公众能接收声音或图像，或图像和声音，或图像和声音的表现物；通过卫星进行的此种传送亦为“广播”；传送密码信号，只要广播组织或经其同意向公众提供了解码的手段。

（4）向公众传播：指通过除广播以外的任何媒体向公众传送未录制的表演或以视听录制品录制的表演。

3．条约保护的受益人

（1）缔约国：缔约各方应将本条约规定的保护给予系其他缔约方国民的表演者。

（2）非缔约国：非缔约方国民但在一个缔约方境内有惯常居所的表演者，在本条约中视同该缔约方的国民。

4．国民待遇

国民待遇原则是知识产权国际保护中一项最基本的原则，《北京条约》也不例外。条约规定，每一缔约方应将其给予本国国民的待遇给予其他缔约方的国民。

5．表演者的权利

《北京条约》第 2 条第 1 款对“表演者”下了定义，表演者所享有的具体权利包括：

（1）精神权利。

即表演者对其现场表演或以视听录制品录制的表演享有的不依赖于其经济权利而存在的权利。包括：第一，要求承认其系表演的表演者，除非因使用表演的方式而决定可省略不提其系表演者；第二，反对任何对其表演进行的将有损其声誉的歪曲、篡改或其他修改，但同时应对视听录制品的特点予以适当考虑。

（2）对尚未录制的表演的经济权利。

即表演者应享有专有权，对于其表演授权：第一，广播和向公众传播其尚未录制的表演，除非该表演本身已属广播表演；第二，录制其尚未录制的表演。

（3）复制权。

表演者应享有授权以任何方式或形式对其以视听录制品录制的表演直接或间接地进行复制的专有权。

（4）发行权。

表演者应享有授权通过销售或其他所有权转让形式向公众提供其以视听录制品录制的表演的原件或复制品的专有权。

（5）出租权。

表演者应享有授权按缔约各方国内法中的规定将其以视听录制品录制的表演的原件和复制品向公众进行商业性出租的专有权，即使该原件或复制品已由表演者发行或经表演者授权发行。

（6）提供已录制表演的权利。

表演者应享有专有权，以授权通过有线或无线的方式向公众提供其以视听录制品录制的表演，使该表演可为公众中的成员在其个人选定的地点和时间获得。

（7）广播和向公众传播的权利。

即表演者应享有授权广播和向公众传播其以视听录制品录制的表演的专有权。

6. 权利转让

第一，缔约方可以在其国内法中规定，表演者一旦同意将其表演录制于视听录制品中，《北京条约》第7条至第11条所规定的进行授权的专有权应归该视听录制品的制作者所有，或应由其行使，或应向其转让，但表演者与视听录制品制作者之间按国内法的规定订立任何相反合同者除外；第二，缔约方可以要求，对于依照其国内法的规定制作的视听录制品，此种同意或合同应采用书面形式，并应由合同当事人双方或由经其正式授权的代表签字；第三，不依赖于上述专有权转让规定，国内法或者具有个人性质、集体性质或其他性质的协议可以规定，表演者有权依照本条约的规定，包括第10条和第11条的规定，因表演的任何使用而获得使用费或合理报酬。

7. 限制和例外

缔约各方可以在其国内立法中，对给予表演者的保护规定与其国内立法给予文学和艺术作品的版权保护相同种类的限制或例外。

8. 保护期

依本条约给予表演者的保护期，应自表演录制之年年终算起，至少持续到50年期满为止。

9. 缔约各方应履行的义务

(1) 关于技术措施的义务：缔约各方应规定适当的法律保护和有效的法律补救办法，制止规避由表演者为行使本条约所规定的权利而使用并限制对其表演实施未经该有关表演者许可的或法律不允许的行为的有效技术措施。

(2) 关于权利管理信息的义务：缔约各方应规定适当和有效的法律补救办法，制止任何人明知，或就民事补救而言，有合理根据知道其行为会诱使、促成、便利或包庇对本条约所规定的任何权利的侵犯，而故意实施以下活动：第一，未经许可去除或改变任何权利管理的电子信息；第二，未经许可发行、为发行目的进口、广播、向公众传播或提供明知未经许可而被去除或改变权利管理电子信息的表演或以视听录制品录制的表演的复制品。其中，“权利管理信息”系指识别表演者、表演者的表演或对表演拥有任何权利的所有人的信息，或有关使用表演的条款和条件的信息，以及代表此种信息的任何数字或代码，各该项信息均附于以视听录制品录制的表演上。

10. 组织机构

(1) 大会：大会应处理涉及维护和发展本条约及适用和实施本条约的事项；大会应履行依第23条第2款向其指定的关于接纳某些政府间组织成为本条约缔约方的职能；大会应对召开任何修订本条约的外交会议作出决定，并给予世界知识产权组织总干事筹备此种外交会议的必要指示；凡属国家的每一缔约方应有一票，并应只能以其自己的名义表决；凡属政府间组织的缔约方可以代替其成员国参加表决，其票数与其属本条约缔约方的成员国数目相等。如果此种政府间组织的任何一个成员国行使其表决权，则该组织不得参加表决，反之亦然；大会应由总干事召集，如无例外情况，应与世界知识产权组织大会同时同地举行；大会应努力通过协商一致作出决定，并应制定自己的议事规则，包括召集特别会议、法定人数的要求，以及按本条约的规定，作出各类决定所需的多数等规则。

(2) 国际局：与本条约有关的行政工作应由世界知识产权组织国际局履行。

11. 程序性规定

(1) 手续：享有和行使本条约所规定的权利无须履行任何手续。

（2）保留：除第11条第3款的规定外，本条约不允许有任何保留。即除有关“广播权”和“广播获酬权”的规定之外，条约不允许有任何保留。

（3）时间上的适用范围：第一，缔约各方应对本条约生效之时存在的已录制的表演，以及本条约对缔约各方生效之后进行的所有表演，给予本条约所规定的保护；第二，缔约方可通过声明的方式，使本条约仅适用于该缔约方生效之后进行的表演；第三，本条约规定的保护不得损害本条约对每一缔约方生效之前实施的任何行为、订立的任何协议或取得的任何权利。

（4）关于权利行使的条款：第一，缔约各方承诺根据其法律制度采取必要的措施，以确保本条约的适用；第二，缔约各方应确保依照其法律可以提供执法程序，以便能采取制止对本条约所规定权利的任何侵权行为的有效行动，包括防止侵权的即时补救和为遏制进一步侵权的补救。

（5）成为本条约缔约方的资格：第一，世界知识产权组织的任何成员国均可以成为本条约的缔约方；第二，如果任何政府间组织声明其对于本条约涵盖的事项具有权限和具有约束其所有成员国的立法，并声明其根据其内部程序被正式授权要求成为本条约的缔约方，大会可以决定接纳该政府间组织成为本条约的缔约方；第三，欧洲联盟在通过本条约的外交会议上作出上款提及的声明后，可以成为本条约的缔约方。

（6）条约的签署和生效：本条约通过后即在世界知识产权组织总部开放以供任何有资格的有关方签署，期限1年。本条约应在第23条所指的30个有资格的有关方交存批准书或加入书3个月之后生效。2020年1月28日，印度尼西亚成为该条约关键的第30名成员，这一备受瞩目的国际版权条约得以在2020年4月28日生效。

（三）《北京条约》对我国的意义和影响

《北京条约》关注的是著作权中表演者的权利。在表演领域中，著作权法的保护范畴主要包括两种类型的权利：一是表演权，即著作权人依法享有的“公开表演作品，以及用各种手段公开播送作品的表演的权利”，这是作者的权利，例如，作家老舍先生对其作品《骆驼祥子》拥有许可该作品搬上话剧舞台的表演权；二是表演者权，即表演者（如歌手、演员等）依法享有的许可或禁止他人使用其在表演作品时的形象、动作、声音等一系列表演活动的权利，包括对其表演进行现场直播、录制、制作音像制品发行，以及通过网络进行传播的权利，这是表演者的权利，属于作品传播者所享有的邻接权的一种。

《北京条约》是基于国际社会对表演者和表演者权利的重视，对表演者的声音和形象给予全面保护的新的国际规范，主要针对录制在“视听录制品”中的表演，为表演者规定了广泛的权利，包括表明身份权、禁止歪曲权、复制权、发行权和信息网络传播权；以及缔约方可视具体情况规定的出租权、广播和以其他方式进行传播的权利。条约最大的亮点是填补了视听表演领域给予表演者全面保护的国际条约的空白，平衡了创作者、制片人、表演者等各环节的利益关系。

我国批准《北京条约》意义重大：一是作为《北京条约》的缔结地，我国批准该条约，将在成功举办外交会议和推动缔结《北京条约》的基础上，大大提升我国在保护知识产权方面的形象，增加我国在知识产权领域的国际话语权，有助于我国加强与国际社会的合作，发挥我国在国际知识产权领域的积极作用；二是《北京条约》生效以后，表演者在其“视听录制品”中的权利将得到承认和充分的保障，表演者的创造热情将进一步激发，从而促进表演作品的创作和广泛传播；三是表演行业类型丰富，广播、影视、舞台门类多，《北京条约》将使更多的人投入到文化产业，特别是演出产业中，会推动相关产业的发展，促进国民经济的发展，并会使更多的人享受到丰富的精神文化产品；四是《北京条约》把“民间文学艺术表达”的表演者纳入保护范围，对于拥有五千年悠久历史的我国而言，也有利于促进我国传统民间表演艺术发展，挖掘、推广我国传统民族表演艺术，推动中国传统文化“走出去”；五是该条约是以北京市这个城市命名的，有利于推进北京国际化城市建设。

批准这个条约利大于弊，具体说，一是我国政府一直重视对表演者权利的保护，现行法律、法规从总体上已基本达到《北京条约》规定的标准；二是《北京条约》延伸了表演者的保护范围，涵盖了“文学或艺术作品”和“民间文学艺术表达”的表演者，而我国的“民间文学艺术表达”资源和相应的表演者数量是其他国家难以相比的；三是根据我国视听产品出口量小于进口量的现实情况，我国将在《北京条约》第 11 条第 3 款许可的前提下，对我国现行法律、法规中尚未规定的该条约第 11 条第 1 款和第 2 款关于“广播和向公众传播的权利”予以保留；四是《北京条约》生效后，中国表演者将在同是《北京条约》批准或加入国的国家获得全面保护，当然，中国政府也将承担相应的国际义务。

背景材料

缘何“音像表演”变身“视听表演”？①

为什么原来称为《音像表演条约》，但后来更名为《视听表演北京条约》呢？华东政法大学教授王迁解释说，无论是“视听表演”还是“音像表演”，对应的英文都是 Audiovisual Performances。早在 1996 年世界知识产权组织主持缔结 WPPT 时，就希望对视听表演进行全面保护，但因当时存在意见分歧，没有成功。于是外交会议就通过了一个决议，要求各方继续协商谈判，以召开一个新的外交会议，专门对视听表演提供保护。在该文件的中文文本中，世界知识产权组织将准备召开的外交会议名称翻译为“音像表演外交会议”。到 2000 年，该外交会议召开时，中文名称也是“音像表演外交会议”，而本次在北京召开的外交会议是对 2000 年外交会议的延续，因此外交会议的名称保持不变。

之所以最后将条约的名称改为《视听表演北京条约》，是因为从 1996 年至 2012 年这 10 余年时间内，技术发展变化非常快，一些术语也有了新的中文译法。在这期间，国内学术界越来越关注国外《著作权法》中的一类作品名称，英文为 Audiovisual Work，所有人都将其翻译为“视听作品”，没有人翻译成“音像作品”。《著作权法》第三次修改草案中也使用了“视听作品”这一术语。显然，在同一部法中，不应出现对同一单词 Audiovisual 的两种译法，即将 Audiovisual Work 译为“视听作品”，而将“Audiovisual Performance”译为“音像表演”。考虑到对条约名称的翻译需要和我国国内立法进行衔接，因此，最终决定把“音像表演”改为“视听表演”。再有，“视听”可以更形象、准确地反映国际条约的本意，即不仅要保护观众用耳朵“可听”的表演，也要保护用眼睛“可视”的表演；不仅要保护已经录制在音像载体上的表演，也要保护尚未录制的现场表演。

① 邹韧：《解读视听表演北京条约》，http://www.dajianet.com/news/2012/0628/189606.shtml，访问日期：2017-12-27。

第三节 世界知识产权组织的《因特网条约》

一、背景与经过

(一)《伯尔尼公约》在新技术面前的不足

由前文所述的讨论可知,现代科学技术的新发展使著作权法面临着挑战,从而产生了许多新的问题。《伯尔尼公约》表现出明显的不足,尤其在以下两个方面:

1. 计算机程序与数据库的法律地位

在《伯尔尼公约》中,根本没有计算机程序和数据库这样两个概念,而它们又是计算机应用中必不可少的。虽然世界知识产权组织多次表示,计算机程序应作为《伯尔尼公约》中的文字作品受到保护,而数据库也应适用《伯尔尼公约》关于"汇编"的规定。但是,这毕竟不是《伯尔尼公约》的本来规定。在《TRIPS协议》对计算机程序和数据库的法律地位作出明确规定之后,作为著作权领域中最基本的国际条约的《伯尔尼公约》不能不作出相应的规定。

数据库的法律概念①

对于数据库的版权保护,世界贸易组织(WTO)、世界知识产权组织(WIPO)和《伯尔尼公约》都是将数据库作为汇编作品予以保护的。我国同样通过《著作权法》第14条在法律上赋予了数据库以版权,受版权保护。

对于将数据库归入汇编作品予以版权保护,应该说没有任何疑义。然而上述组织、条约和我国新《著作权法》都没有明确界定数据库在法律上的概念。欧洲议会和欧盟理事会于1996年颁布的《关于数据库法律保护的指令(96/9/EC)》(以下简称《欧盟指令》)对数据库的定义,是最值得借鉴的。《欧盟指令》第1条第2款规定:"在本指令中,'数据库',是指经系统或有序的安排,并可通过电子或其他手段单独加以访问的作品、数据或其他材料的集合"。对该定义可作如下理解:(1) 数据库是作品、数据或其他材料的集合,即构成数据库的元素是广泛的,可以是文学、艺术、音乐等作品,也可以是文字、声音、图像、数字、事实等材料。据此,数据库可分为以版权材料为内容的数据库和以非版权材料为内容的数据库。(2) 这些作品、数据或其他材料是经系统或有序的安排,并可通过电子或其他手段单独加以访问。强调了数据库的独立性和可访问性,同时并未把数据库仅限定为"电子数据库",而是可以是"任何形式"的。据此,数据库又可分为电子数据库和非电子数据库。

2. 作者的权利

在数字化技术和网络技术的双重作用下,《伯尔尼公约》原先规定的权利越来越不适应技术的发展。《伯尔尼公约》未作出明确规定,但又对作者的合法权利产生重大影响的主要

① 许春明:《论数据库的版权保护》,载《法学杂志》2002年第4期。

问题有：

第一，对网络传播的控制。按照一般理解，将作品在网络环境中进行传输，但没有制作任何有形的复制件，通常不被认为是版权法的复制，但也不属于《伯尔尼公约》规定的广播权的范围。而这种行为如果不加控制，有关作者的合法权益必将受到严重损害。因此，从理论上讲，作者应有权控制作品在网络环境下的传播。但这在《伯尔尼公约》中是找不到合适依据的。

第二，对数字化作品的出租权。《伯尔尼公约》本身没有规定出租权，对于传统的文学艺术作品而言，作品的出租并不是主要的商业利用方式，对作者的利益影响并不是太大。但在数字化技术广泛应用之后，对数字化作品的出租却足以影响作者的合法权利，因为数字化作品的出租极易造成大量的不受控制的复制。因此，有必要规定作者的出租权，尤其是对数字化作品的出租权。

第三，对有关技术措施的保护。如同我们现在经常看到的，许多计算机软件的开发商为了防止非法盗版，对其计算机软件进行了各种技术处理。这种技术措施经常遭到一些人的破坏，但《伯尔尼公约》并不对这些技术措施提供任何保护。

因此，如何完善以《伯尔尼公约》为基础的现行版权国际保护体系，使之更适应于技术的发展和进步，成为国际社会关注的重大问题。

（二）《罗马公约》面临的挑战

数字网络技术不仅对作者的利益产生影响，而且对作品的传播者的利益也产生了重要影响。《罗马公约》难以适应数字网络环境下充分保护表演者、录音制品制作者的合法权益的需要，面临着与《伯尔尼公约》相同的问题。如何完善《罗马公约》的规定，切实保护表演者、录音制品制作者的合法权益，也引起了国际社会的广泛关注。

（三）世界知识产权组织的行动

为了克服《伯尔尼公约》的不足，使《伯尔尼公约》适应新技术的发展，早在1989年，伯尔尼联盟大会和代表会议就通过了世界知识产权组织提出的方案，决定成立一个专家委员会，以审查缔结一项有关《伯尔尼公约》议定书的问题。

专家委员会成立以后便开始了工作，对将要起草的《伯尔尼公约》议定书可能涉及的内容进行了广泛的讨论。伯尔尼联盟大会与代表会议在1992年决定加强专家委员会的工作，将原先的专家委员会分为两个，一个负责起草拟议中的《伯尔尼公约》议定书，另一个负责起草保护表演者权和录音制品制作者权的新的条约。

两个专家委员会在1996年2月的会议上建议在1996年12月召开外交会议以缔结适当的条约。1996年5月20日至24日，外交会议筹备委员会、世界知识产权组织大会和伯尔尼联盟大会在日内瓦召开，筹备委员会和大会决定，关于版权及邻接权若干问题的世界知识产权组织外交会议于1996年12月2日至20日召开。

专家委员会主席于1996年2月的会议上被授权负责为外交会议起草条约草案。专家委员会主席提出了三个条约的实质条款的基本建议："有关文学艺术作品保护的若干问题的条约""保护表演者和录音制品制作者权利条约""关于数据库知识产权条约"。

1996年12月2日，关于版权及邻接权若干问题的外交会议在日内瓦召开。会议最后经过讨论，于1996年12月20日通过了《世界知识产权组织版权条约》以及《世界知识产权组织表演和录音制品条约》，这即是知识产权界所称的《因特网条约》。对于《数据库知识产权条约》，大会没有进行讨论，只是在最后发表了一个"关于数据库的建议"，要求世界知识产权组织进行进一步的工作，为缔结一项有关数据库的条约做准备。

两条约的缔结方都已达到条约生效的要求，分别于2002年3月6日和5月22日生效。截止到2018年11月，《世界知识产权组织版权条约》有99个签约方，《世界知识产权组织表演和录音制品条约》也有99个签约方。中国目前尚未参加这两个条约。

二、《世界知识产权组织版权条约》

《世界知识产权组织版权条约》（WCT，以下简称《条约》）共25条，另有一个简短的序言。其中，第1条至第14条为实体部分，第15条至第25条为行政条款。

《条约》从表面上看内容很简单，但由于它与《伯尔尼公约》的特殊关系，实际上是在《伯尔尼公约》的基本原则和规则基础上明确了公约中不明确的问题，并补充了一些新的规定。下面简要介绍《条约》实体部分的主要内容。

（一）对《伯尔尼公约》的保护及适用

1. 与《伯尔尼公约》的关系

根据《条约》第1条第1款规定，对于《伯尔尼公约》的成员国而言，本条约是《伯尔尼公约》第20条含义下的一个特别协定。需要说明的是，《条约》作为《伯尔尼公约》第20条含义之下的特别协定，是针对缔约方中的那些同时为《伯尔尼公约》成员国的国家而言的。对于非《伯尔尼公约》成员国而言，条约与《伯尔尼公约》在法律上是独立的。

《条约》第1条第2款规定，本条约中的任何规定均不得减损缔约方根据《伯尔尼公约》应相互承担的现存义务。

《条约》第1条第4款规定，各缔约方应遵守《伯尔尼公约》第1条至第21条和附件的规定。

2. 对《伯尔尼公约》第2条至第6条的适用

从《条约》的条文表面上，我们看不到有关版权保护的对象、主体、基本原则等重要问题的规定。条约不是没有规定这些问题，而是在这些问题上直接援用了《伯尔尼公约》的规定。

《条约》第3条规定："对于本条约所提供的保护，各缔约方原则上应适用《伯尔尼公约》第2条至第6条的规定。"《条约》将《伯尔尼公约》第2条至第6条的规定转换为《条约》的规定，要求缔约方将上述规定经适当修改后适用于本《条约》所提供的保护。

3. 对《伯尔尼公约》第18条的适用

对于《条约》在时间上的适用范围，《条约》完全采纳了《伯尔尼公约》第18条的规定。《条约》第13条规定："缔约方应将《伯尔尼公约》第18条的规定适用于本条约所提供的所有保护。"这意味着，本《条约》适用于在其生效之日在来源国尚未因保护期届满而进入公有领域的一切作品，直到作品的保护期届满为止；但如果作品在此之前保护期已届满而进入公有领域，则不得重新受到保护。

（二）版权保护的范围

《条约》第2条规定："版权保护及于表达而不及于思想、过程、操作方法或数学概念本身。"这项规定同于《TRIPS协议》第9条第2款的内容，只是删去了"及于"之前的"应"(shall)字。

（三）计算机程序与数据汇编（数据库）

《条约》第4条规定："计算机程序作为《伯尔尼公约》第2条含义中的文字作品受保护。

此种保护适用于计算机程序，而不论其以何种方式或形式表达出来。”

《条约》第 5 条规定：“数据或其他材料的汇编，不论何种形式，由于其内容的选择和安排而构成智力成果，得受同等保护。此种保护不及于数据或其他材料本身，且不得减损汇编中所包含的数据或其他材料所享有的任何版权。”

（四）发行权、出租权与公共传输权

1. 发行权及其穷竭

《条约》第 6 条第 1 款规定：“文学和艺术作品的作者享有专有权，以授权通过出售或其他转让所有权的方式使其作品的原件或复制件可为公众利用。”

《条约》第 6 条第 2 款对发行权的穷竭问题进行了规定。该款规定：“本条约中的任何规定，均不影响缔约方在可能的情况下确定第 1 款的权利在作品的原件或一份复制件经作者授权而首次出售或以其他方式转让所有权之后穷竭所适用的条件的自由。”

2. 出租权

《条约》第 7 条第 1 款规定，计算机程序、电影作品以及缔约方国内法所确定的录音制品中包含的作品的作者享有专有权，以授权将其作品的原件或复制件向公众进行商业性出租。

《条约》第 7 条第 2 款规定，对于计算机程序而言，如果程序本身并不是出租的实质的标的，则不适用上述第 1 款的规定；对于电影作品而言，除非商业出租已导致对该作品的大规模复制从而实质上影响了复制专有权，上述第 1 款的规定应不予适用。

根据《条约》第 7 条第 3 款的规定，尽管有上述第 1 款的规定，如果一缔约方在 1994 年 4 月 15 日已经建立并继续实施了一项制度，要求为出租录音制品中所包含的作品的复制件而向作者支付合理补偿，则可保留该项制度，除非对录音制品中所包含的作品的商业出租对作者的复制专有权产生实质性损害。

3. 公共传输权

公共传输权是《条约》针对网络传输等新的作品传播方式和手段而规定的一项权利。《条约》第 8 条规定：“在不损害《伯尔尼公约》第 11 条第(1)款第(ii)目、第 11 条之二第(1)款第(i)和(ii)目、第 11 条之三第(1)款第(ii)目、第 14 条第(1)款第(ii)目和第 14 条之二第(1)款的规定的情况下，文学和艺术作品的作者应享有专有权，以授权将其作品以有线或无线方式向公众传播。包括将其作品向公众提供，使公众中的成员在个人选定的地点和时间可获得这些作品。”

虽然《伯尔尼公约》对作者控制作品公共传播的权利作出了规定，但《世界知识产权组织版权条约》所规定的公共传播权却被认为是一项新的权利。公共传播权之“新”，主要表现在以下三个方面：

第一，公共传播权是一项独立的权利，是与复制权、发行权、表演权、改编权等处于同一水平的基本版权权利。

第二，公共传播权适用于所有类型的作品，而不限于某种类型的作品。

第三，公共传播权适用于任何传播手段和传播方式。传统的公共传播、网络传输以及新近出现或将来可能出现的一切新的传播方式(如网络电视)，都适用公共传播权。

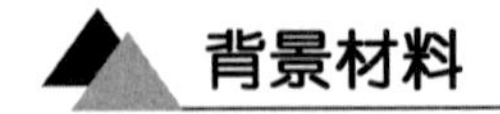

背景材料

公共传播权对图书馆的影响[①]

总的来讲,公共传播权对图书馆服务构成一种威胁。WCT 第 8 条对公共传播权的规定事实上是就作品"上载"问题作出的,但是,如果在探讨公共传播权对图书馆的影响时,仅仅着眼于"上载"并不全面,还必须对网络传输涉及的相关权利特别是复制权进行分析。因为,网络传输作为由前后相继的有序连锁的若干个技术环节组成的完整活动,可能造成复制权、发行权、表演权、展示权等多项权利的"重合",这些权利同样受到权利人的控制,其中复制权则是贯穿网络传输始终的。

一般情况下,网络传输包括三个程序:一是传统作品的数字化;二是数字化后的作品暂时存储在计算机内部随机存储器 RAM 中;三是访问网页,下载作品。由此产生了一系列版权问题:作品数字化是否为版权人的专有权?作品数字化的性质如何?暂时复制是否属于复制权的范围?怎样判断下载作品行为的合法性?下载后的作品能否进一步向读者传播?等等。

将传统馆藏作品有重点、有计划地数字化后上网服务,实现资源共享是数字图书馆的重要任务。据报道,美国国会图书馆打算在 2000 年实现 200 万种图书资料的数字化。大多数学者的观点是,作品数字化不是任何人都能随意进行的行为,把传统作品数字化属于版权人的专有权利。作品数字化的实质是增加了利用作品的方式,依照版权法精神,版权人的财产权和利用作品的方式是联系在一起的。由于作品数字化是网络环境中利用作品的必要条件,从保护版权人合法权益的角度出发,就应将作品数字化这种新的利用方式确认为版权人的专有权。理论研究与立法大都主张把作品数字化归入现行版权体系中的复制权范畴。WCT 议定声明指出,将一印刷品扫描成数字文档构成复制。英国 1998 年版权法有着类似的规定。可见,图书馆把受版权保护的传统作品数字化应事先取得授权。

"暂时复制"问题的解决对数字图书馆有着重要意义,因为,"缓存"(caching)、"数字测览"(browing)等数字图书馆必需的和常用的文献信息收集或服务方式,无一例外地与该问题有关。日本通产省 1993 年的"知识产权对多媒体影响的提案"、日本文部省 1993 年及 1995 年关于多媒体和版权保护的报告、1995 年美国白皮书、1996 年欧盟绿皮书均认定"暂时复制"受复制权控制。WCT 第 1 条第 4 款规定:"缔约各方应尊重伯尔尼公约第一至二十一条与附件的规定"。WCT 议定声明第 1 条第 4 款指出:"伯尔尼公约第九条所规定的复制权及其所允许的例外,完全适用于数字环境,尤其是以数字形式使用作品的情况。不言而喻,在电子媒体中以数字形式存储受保护的作品,构成伯尔尼公约第九条意义上的复制。"因为受到广大发展中国家的反对,最后形成的 WCT 删去了"暂时复制"的条款,但间接的条文解释给"暂时复制"留下了余地。从发展态势看,国际知识产权界正逐步就"暂时复制属于复制行为"的观点达成共识,一旦"暂时复制权"得到国际版权保护条约的认可,势必严重阻碍数字图书馆功能的发挥。

下载作品是复制行为。图书馆下载未发表的作品必须经过版权人的授权;对版权人明

① 秦珂:《公共传播权和数字图书馆》,载《国家图书馆学刊》2000 年第 4 期。

确宣布不允许下载的作品或其片段,图书馆不得下载;图书馆下载作品的目的、数量要符合版权法的要求,且不得对该版权作品的潜在市场造成大的影响。值得注意的是,网络传播不存在如传统传播那样的"权利穷竭"(exhaustion of right)问题。图书馆合法下载作品仅仅是针对该次下载行为本身而言的,形成的复制件仍然受到版权人的控制,未经许可,不得将该复制件进一步向读者传播,以免侵害版权人的公共传播权。

(五)摄影作品的保护期

《条约》第9条规定:"对于摄影作品而言,缔约方不得适用《伯尔尼公约》第7条第4款的规定。"《条约》将摄影作品的保护期予以延长,同一般作品的保护期相同。

(六)限制与例外

《条约》第10条分两种不同情况规定了版权保护的限制与例外:条约保护的限制与例外和《伯尔尼公约》保护的限制与例外。

1. 条约保护的限制与例外

《条约》第10条第1款规定,对于本条约授予文学艺术作品的作者的权利,缔约方得在其国内法中规定某些特殊情况下的限制或例外,但不得与作品的正常使用相冲突,也不得不合理地损害作者的合法利益。

2.《伯尔尼公约》保护的限制与例外

依《条约》第10条第2款的规定,在适用《伯尔尼公约》时,缔约方应将公约规定的限制与例外限定于某些特殊情况,不得与作品的正常利用相冲突,也不得不合理地损害作者的合法利益。

(七)有关技术措施和权利管理信息的义务

为了保护自己的版权,权利人经常采取一些技术措施,防止他人未经其许可而复制其作品,如在计算机软件产业中经常被采用的加密等。同时,权利人为了使他人注意到其版权的存在,通常要在作品的复制件上声明自己的权利,提供有关其权利的信息等。

《条约》第11条规定,缔约方应提供充分的法律保护和有效的法律救济,以反对那些破坏作者为行使本条约或《伯尔尼公约》规定的权利或为限制那些未经有关作者同意或法律准许的与作品有关的行为而采取的技术措施的行为。

《条约》第12条规定,缔约方应提供充分的法律保护和有效的法律救济,以制止任何人明知或有合理理由知道其行为将导致、促使、便利或隐藏侵犯本条约或《伯尔尼公约》所规定的权利而故意实施下列行为:未经授权移走或改变任何电子权利管理信息;未经授权发行、为发行而进口、广播或向公众传播明知电子权利管理信息未经授权已被移走或改变的作品或作品的复制件。

(八)权利实施的规定

关于权利实施的规定是条约的一项重要内容,关系到条约所规定的版权保护能否真正实现。根据《条约》第14条第1款,缔约方承诺,根据其法律制度,采取必要措施保证本条约的实施。实施条约所规定的版权保护的关键在于两个方面:一是有适当的、便捷的诉讼或相关程序,二是有充分的法律救济。《条约》第14条第2款从这两个方面规定了缔约方的义务。

依《条约》第14条第2款的规定,缔约方应保证其实施程序能够对任何侵权行为提起有效的法律诉讼,包括为制止侵权行为而规定及时高效的救济和足以对进一步的侵权起威慑作用的救济。

典型案例

“索尼诉欧文案”和“索尼诉保尔案”[①]

两案的事实背景基本相同:索尼公司在英国生产和销售 PlayStation 游戏机和与之相配套的游戏软件。为了防止用户使用盗版并对游戏光盘的销售施加区域控制,索尼公司在游戏机和游戏软件光盘中均设有相互匹配的“控制码”,且在不同国家销售的游戏机和光盘所使用的“控制码”是不同的。例如,如果有人企图将盗版游戏光盘或在澳大利亚购买的正版游戏光盘插入在英国购买的游戏机,都会因为游戏机无法从光盘中读出与之相匹配的“控制码”而无法运行游戏。两案被告则向用户提供一种用于破解“控制码”的特定芯片,用户将该芯片安装到索尼公司的游戏机上之后,无论放入的游戏光盘是否含有正确的“控制码”,游戏都可以正常运行。

在用户使用被告提供的芯片运行盗版游戏软件光盘的全过程中,唯一可能涉及版权侵权的行为就是光盘中的游戏软件会被临时调入游戏机的内存中,形成持续时间极为短暂的“临时复制”。审理两案的英国法院均认为内存中发生的“临时复制”就是版权法意义上的复制行为。在“索尼诉欧文案”中,法院指出,“将游戏软件调入游戏机(内存)中当然是复制行为”。在“索尼诉保尔案”中,法院同样认为,“当游戏光盘被插入游戏机中时,其中的计算机程序将会从光盘中被读取且被复制到游戏机的内存中,该行为是一个复制行为”。正因为如此,用户在游戏机中运行盗版游戏光盘就构成了对复制权的侵犯,而用于阻止用户运行盗版光盘的“接触控制措施”——“控制码”也就能够起到防止版权侵权的作用。这样一来,此类“接触控制措施”受到英国版权法的保护也就顺理成章了。

然而,这种将“临时复制”认定为版权法意义上的复制行为,从而以保护复制权为由为保护“接触控制措施”寻求正当性的理论,在包括中国在内的许多国家是不适用的。且不论将“临时复制”界定为复制行为存在理论上的根本缺陷,该观点也根本未被普遍接受。

三、《世界知识产权组织表演和录音制品条约》

《世界知识产权组织表演和录音制品条约》(以下简称《条约》)共 5 章 33 条,第一章为“总则”,第二章为“表演者权利”,第三章为“录音制品制作者权利”,第四章为“一般性规定”,第五章为“行政及最后条款”。

(一) 与其他公约的关系

《条约》首先对《保护表演者、录音制品制作者和广播组织公约》(以下简称《罗马公约》)进行了保护。《条约》第 1 条第 1 款规定:“本条约的任何内容均不得减损缔约方相互之间依照于 1961 年 10 月 26 日在罗马签订的《罗马公约》已承担的现有义务。”

由于表演者权与录音制品制作者权的保护通常涉及以录音制品体现出来的作品的版

① 王迁:《版权法保护技术措施的正当性》,载《法学研究》2011 年第 4 期。

权，因此，《条约》第 1 条第 2 款规定，依本条约授予的保护不得触动或以任何方式影响对文学和艺术作品版权的保护。关于《条约》第 1 条第 2 款的议定声明指出："不言而喻，第 1 条第 2 款澄清本条约规定的对录音制品的权利与以录音制品体现的作品的版权之间的关系。在需要以录音制品体现的作品的作者与对录音制品持有权利的表演者或制作者许可的情况下，获得作者许可的需要并非因同时还需获得表演者或制作者的许可而不复存在，反之亦然。"

《条约》既不是《罗马公约》框架内的协定或条约，也不是《伯尔尼公约》框架内的协定或条约，因此，《条约》第 1 条第 3 款明确规定，本条约不得与任何其他条约有任何关联，亦不得损害依任何其他条约的任何权利和义务。

（二）受保护的受益人及国民待遇

《条约》第 3 条第 1 款要求，缔约各方应将依本条约规定的保护给予系其他缔约方国民的表演者和录音制品制作者。

（三）表演者的权利

1. 表演者的精神权利

《条约》第 5 条第 1 款规定，不依赖于表演者的经济权利，甚至在这些权利转让之后，表演者仍应对于其现场有声表演或以录音制品录制的表演有权要求承认其系表演的表演者，除非使用表演的方式决定可省略不提其系表演者，并有权反对任何对其表演进行将有损其名声的歪曲、篡改或其他修改。

表演者精神权利在表演者死亡之后应继续保留，至少到其经济权利期满为止，并应可由被要求提供保护的缔约方立法所授权的个人或机构行使。如果缔约方在批准或加入《条约》时其立法尚未规定在表演者死亡后保护上述全部精神权利的，可规定其中部分权利在表演者死亡之后不再保留。

2. 表演者对其尚未录制的表演的经济权利

《条约》第 6 条规定，对于尚未录制的表演，表演者享有下列专有权，以授权：

（1）广播和向公众传播其尚未录制的表演，除非该表演本身已广播表演；

（2）录制其尚未录制的表演。

3. 表演者的复制权

《条约》第 7 条规定，表演者应享有授权以任何方式或形式对其以录音制品录制的表演直接或间接地进行复制的专有权。

这里所讲的复制，根据议定声明，在电子媒体中以数字形式存储受保护的表演或录音制品，构成这些条款意义下的复制。

4. 表演者的发行权

《条约》第 8 条规定，表演者应享有授权通过销售或其他所有权转让形式向公众提供其以录音制品录制的表演的原件或复制品的专有权。

对于在已录制的表演的原件或复制品经表演者授权被首次销售或其他所有权转让之后适用本条第 1 款中权利的用尽所依据的条件（如有此种条件），本条约的任何内容均不得影响缔约各方确定该条件的自由。

这里的"复制品"和"原件和复制品"，专指可作为有形物品投放流通的固定的复制品。

5. 表演者的出租权

《条约》第 9 条规定，表演者应按缔约各方国内法中的规定享有授权将其以录音制品录制的表演的原件和复制品向公众进行商业性出租的专有权，即使该原件或复制品已由表演者发行或根据表演者的授权发行。

6. 表演者的提供已录制表演的权利

《条约》第10条规定，表演者应享有专有权，以授权通过有线或无线的方式向公众提供其以录音制品录制的表演，使该表演可为公众中的成员在其个人选定的地点和时间获得。

（四）录音制品制作者的权利

《条约》专门授予了录音制品制作者的四项基本权利：复制权、发行权、出租权和提供录音制品的权利。

1. 复制权

《条约》第11条规定，录音制品制作者应享有授权以任何方式或形式对其录音制品直接或间接地进行复制的专有权。

2. 发行权

《条约》第12条规定，录音制品制作者应享有授权通过销售或其他所有权转让形式向公众提供其录音制品的原件或复制品的专有权。

该条同时规定，对于在录音制品的原件或复制品经录音制品的制作者授权被首次销售或其他所有权转让之后适用本条第1款中权利用尽所依据的条件（如有此种条件），本条约的任何内容均不得影响缔约各方确定该条件的自由。

3. 出租权

《条约》第13条规定，录音制品制作者应享有授权对其录音制品的原件和复制品向公众进行商业性出租的专有权，即使该原件或复制品已由录音制品制作者发行或根据录音制品制作者的授权发行。

4. 提供录音制品的权利

《条约》第14条规定，录音制品制作者应享有专有权，以授权通过有线或无线的方式向公众提供其录音制品，使该录音制品可为公众中的成员在其个人选定的地点和时间获得。

（五）共同条款

1. 因广播和向公众传播获得报酬的权利

《条约》第15条规定，对于将为商业目的发行的录音制品直接或间接地用于广播或用于对公众的任何传播，表演者和录音制品制作者应享有获得一次性合理报酬的权利。

2. 限制与例外

《条约》第16条规定，缔约各方在其国内立法中，可在对表演者和录音制品制作者的保护方面规定与其国内立法中对文学和艺术作品的版权保护所规定的相同种类的限制或例外。

不过，《条约》同时要求，缔约各方应将对本条约所规定权利的任何限制或例外限于某些不与录音制品的正常利用相抵触、也不无理地损害表演者或录音制品制作者合法利益的特殊情况。

3. 保护期

《条约》对表演者的保护期规定为至少50年，应自表演以录音制品录制之年年末算起。

对录音制品制作者的保护期，应自该录音制品发行之年年末算起，至少持续到50年期满为止；或如果录音制品自录制完成起50年内未被发行，则保护期应自录制完成之年年末起至少持续50年。

4. 关于技术措施与权利管理信息的义务

《条约》第18、19条分别规定了关于技术措施与权利管理信息的义务,其内容与《世界知识产权组织版权条约》第11、12条只有个别文字上的差别。

5. 手续

《条约》第20条规定,享有和行使本条约所规定的权利无须履行任何手续。这意味着条约实行的是自动保护原则。

6. 关于权利行使的条款

《条约》第23条要求,缔约各方承诺根据其法律制度采取必要的措施,以确保本条约的适用。

缔约各方应确保依照其法律可以提供执法程序,以便能采取制止对本条约所涵盖权利的任何侵犯行为的有效行动,包括防止侵权的快速补救和为遏制进一步侵权的补救。

[深度阅读]

1. 〔奥地利〕博登浩森著:《保护工业产权巴黎公约指南》,汤宗舜、段瑞林译,中国人民大学出版社2003年版。

2. 郑成思:《WTO知识产权协议逐条讲解》,中国方正出版社2001年版。

3. 张乃根:《国际贸易的知识产权法》(第二版),复旦大学出版社2007年版。

4.〔德〕约瑟夫·施特劳斯:《经济全球化背景下知识产权的新作用》,载《中国知识产权报》2005年2月18日第3版。

5. 吴汉东:《知识产权国际保护制度研究》,知识产权出版社2007年版。

6. 王迁:《我国著作权法中广播权与信息网络传播权的重构》,载《重庆工学院学报(社会科学版)》2008年第9期。

7. 胡开忠:《世界知识产权组织音像表演条约及其对我国著作权立法的影响》,载《知识产权》2012年第5期。

[法条导航]

1.《保护工业产权巴黎公约》

2.《保护文学艺术作品伯尔尼公约》

3.《保护表演者、录音制品制作者与广播组织罗马公约》

4.《保护录音制品制作者防止未经许可复制其录音制品公约》

5.《世界知识产权组织版权条约》

6.《世界知识产权组织表演和录音制品条约》

[思考题]

1. 世界知识产权组织管理的公约、条约及协定主要有哪些?

2. 试述《巴黎公约》关于驰名商标保护的规定。

3. 试述《伯尔尼公约》的基本原则。

4. 试述《世界知识产权组织版权条约》规定的公共传输权。

第三十三章

世界贸易组织及其《TRIPS 协议》

[内容提要] 作为世界贸易组织的重要组成部分,《TRIPS 协议》系统而全面地规定了知识产权保护的原则、知识产权的行使、权利的取得与维持及有关程序、争端的防止和解决等内容。《TRIPS 协议》面临着新的议题。

[关键词] 《TRIPS 协议》 知识产权保护标准 知识产权的实施

第一节 世界贸易组织与知识产权国际保护

一、《关税与贸易总协定》对知识产权问题的谈判

(一)《关税与贸易总协定》与乌拉圭回合

《关税与贸易总协定》是第二次世界大战后调整国际经济贸易和金融关系的三大支柱之一,为战后的经济恢复和发展起到了重要的作用。自 1947 年签订以来,《关税与贸易总协定》一直作为一个"事实上"的国际贸易组织,主持关税和贸易领域的多边谈判。

1986 年,《关税与贸易总协定》发起第八轮多边贸易谈判,即"乌拉圭回合"。经过长达近八年的艰苦谈判,乌拉圭回合谈判于 1993 年 12 月 15 日正式结束。1994 年 4 月 15 日,乌拉圭回合谈判最后文件在摩洛哥的马拉喀什签署。乌拉圭回合取得了重大成果,主要表现在两个方面:一是就各项谈判议题达成了"一揽子协议",二是建立了世界贸易组织(WTO),结束了《关税与贸易总协定》的临时适用状态。

(二)与贸易有关的知识产权问题谈判的背景

在总协定乌拉圭回合谈判之前,知识产权保护体系在国内、国际水平上已普遍建立起来。但从总体上看,知识产权保护还存在着很大不足:一方面,许多国家尤其是发展中国家的知识产权制度不健全,保护水平较低。另一方面,现存的知识产权国际保护体系存在着许多缺陷,许多国际条约的缔约国数目太少,各条约缺少强有力的机构来保证其实施,各公约缺少相互协调机制,等等。

在乌拉圭回合之前,《关税与贸易总协定》在知识产权国际保护领域基本上没有发挥过作用。知识产权国际保护不力已经对国际贸易构成严重的障碍,发达国家对此深感不利。由于《关税与贸易总协定》成员广泛,而且具有比较有力的监督执行机制,因此,发达国家极力主张在乌拉圭回合中就知识产权问题进行谈判,以期将知识产权问题纳入《关税与贸易总协定》多边法律框架当中。

（三）知识产权问题谈判的原则和目标

乌拉圭回合部长宣言阐述了知识产权问题谈判的原则和目标：

“为了减少对国际贸易的扭曲和障碍，考虑到促进充分有效地保护知识产权的必要性，并保证实施知识产权的措施和程序本身不对合法贸易构成障碍，谈判应旨在澄清《关税与贸易总协定》的规定，并视情况制定新的规则和纪律。

“谈判应旨在拟订处理国际冒牌货贸易的多边原则、规则和纪律的框架，同时应考虑到总协定已进行的工作。

“这些谈判不得有碍于世界知识产权组织和其他机构在处理这些问题方面可能采取的其他补充行动。”

（四）谈判的进程

《乌拉圭回合部长宣言》通过以后，“乌拉圭回合”正式开始。就知识产权而言，按最初的议题，只对与贸易有关的知识产权问题进行谈判。但随着谈判的进展，谈判超出了原定范围，几乎涉及知识产权各个领域。

背景材料

WTO 乌拉圭回合谈判①

《关税与贸易总协定》的缔结与发展是通过多次多边谈判实现的。习惯上把各次谈判称为“回合”(Round)，也就是“一轮”谈判的意思。如果把缔结《关税与贸易总协定》的 1947 年的第一轮谈判，算作第一个“回合”的话，到 1993 年年底已经经历了 8 个回合的谈判。在前几个回合的谈判中，仅仅以降低关税为谈判的主要目标。

1948 年，也就是《关税与贸易总协定》的“临时适用议定书”刚刚生效，即在法国安纳西举行了第二轮谈判（通称“安纳西回合”）；1950 年 9 月至 1951 年 4 月在英国的托奎举行第三轮谈判（通称“托奎回合”）；1956 年 1 月到 5 月在日内瓦举行了第四轮谈判（通称“日内瓦回合”）；1960 年到 1961 年在日内瓦举行了第五轮谈判（通称“迪龙回合”）。这几个回合均只涉及关税减让问题。

1964 年 5 月到 1967 年 6 月在日内瓦举行的第六论谈判（通称“肯尼迪回合”）第一次在关税减让之外，涉及了反倾销问题。1973 年 9 月到 1979 年 7 月，在东京发起、在日内瓦结束的第七轮谈判（通称“东京回合”，又称“尼克松回合”）还涉及非关税壁垒（主要是技术壁垒）问题。读者可以看到：从那时开始，《关税与贸易总协定》已开始超出关税范围，向其他领域扩展。

几乎所有的“回合”，均是在美国提议和推动下开始的。所以很多次“回合”都被人们以美国代表（例如“迪龙”）或当时的美国总统（例如“肯尼迪”“尼克松”）的名字称谓。

实际于 1986 年 9 月 15 日在乌拉圭的埃斯特角城发起、于 1993 年 12 月 15 日在日内瓦结束的第八轮谈判（通称“乌拉圭回合”），则把谈判的范围进一步扩大。在乌拉圭的部长级会议上，瑞士等二十个国家提出提案，要求把“服务贸易”“投资保护”和“知识产权”，作为三

① 郑成思：《乌拉圭回合最后文件中的知识产权若干问题》，载《中国社会科学院研究生院学报》1994 年第 4 期。

个新的议题纳入谈判范围。美国代表甚至提出“如果不将知识产权等问题作为新议题纳入，美国代表将拒绝参加第八轮谈判”。一些发展中国家的代表则认为：“知识产权等问题根本不属于关贸总协定规范和管理的内容，不应当纳入谈判。”巴西代表还曾认为，如果把知识产权等问题放到《关税与贸易总协定》中去，就如同把病毒输入计算机一样，其结果只会进一步加剧国际贸易中已经存在的不平衡。

1988年年底，在加拿大的蒙特利尔举行的又一次乌拉圭回合的部长级会议，也没有能够对于是否把知识产权保护问题纳入《关税与贸易总协定》，取得基本一致的意见。在这一时期，学术界对这一问题实际上认识也不一致。联邦德国马克斯—普朗克学会的知识产权研究所在这一时期举办过关贸总协定与知识产权问题的学术讨论会，会后汇集的论文集书名叫做《要关贸总协定还是要世界知识产权组织?》。这说明，即使是发达国家的知识产权法学者，也未必从理论上赞成把知识产权等问题纳入关贸总协定。

但是，国际上的许多问题都远远不是纯理论问题。如果不打破乌拉圭回合的僵局，多数国家在对外贸易的实践中都会受到不利影响。在1990年年底乌拉圭回合的布鲁塞尔部长级会议上，把知识产权问题纳入《关税与贸易总协定》基本成为定局。1991年年底，关贸总协定总干事邓克尔提出了乌拉圭回合的最后文本草案的框架。其中的“与贸易(包括假冒商品贸易)有关的知识产权协议”基本获得通过。当时成为最后文本达成一致意见的主要障碍的，是欧共体与美国之间关于农产品出口的问题，而不再是知识产权问题。在1993年12月于日内瓦结束乌拉圭回合谈判之前，几乎使谈判功亏一篑的，也只是欧美之间关于视听制品的自由流通(属于“服务贸易”范围)的争论。在知识产权问题上，则绝大多数国家意见已基本一致了。1994年4月15日，在摩洛哥的马拉喀什部长级会议上，中国代表、对外经贸部副部长谷永红，在乌拉圭回合的全部最后文件上签字，其中包括“与贸易(包括假冒商品贸易)有关的知识产权协议”。

有关知识产权的谈判最初面临极大困难。大部分发展中国家对此问题反应冷淡，而有些发展中国家则表示反对。在1988年蒙特利尔中期审评会议上，各方还没有就知识产权谈判问题达成初步意见。在1989年4月召开的高级官员会议上，经过各方妥协，就知识产权问题达成了一致意见，形成了关于知识产权问题的框架协议。此后知识产权谈判开始进入实质阶段。

在谈判的过程，发展中国家与发达国家的立场差距很大，但由于这次谈判采用“一揽子”谈判方式，不在知识产权问题上作出让步，很难在其他方面让发达国家作出让步，因此，许多发展中国家转而支持就知识产权问题进行谈判。到1991年，当时的总干事邓克尔提出了最后文本草案的框架，其中有关知识产权问题的协定基本获得通过。1993年12月15日，随着乌拉圭回合谈判的全部结束，知识产权问题也最终形成了协议。《TRIPS协议》作为最后文件的一部分(附件1C)，成为世界贸易组织多边贸易体制的一部分。

《TRIPS协议》属于世界贸易组织框架下的多边协定，凡世界贸易组织的成员都必须加入。截止到2016年7月，世界贸易组织成员已有164个。中国于2001年12月11日正式加入世界贸易组织。

背景材料

世界贸易组织简介

世界贸易组织(World Trade Organization,WTO)是一个独立于联合国的永久性国际组织。其前身为关税与贸易总协定(GATT)。1994年4月在摩洛哥马拉喀什举行的关贸总协定部长级会议上正式决定成立世界贸易组织,1995年1月1日世界贸易组织正式开始运作,负责管理世界经济和贸易秩序,总部设在日内瓦莱蒙湖畔的关贸总部大楼内。该组织的基本原则和宗旨是通过实施非歧视、关税减让以及透明公平的贸易政策,来达到推动世界贸易自由化的目标。世界贸易组织由部长级会议、总理事会、部长会议下设的专门委员会和秘书处等机构组成。它管辖的范围除传统的和乌拉圭回合新确定的货物贸易外,还包括长期游离于关贸总协定外的知识产权、投资措施和非货物贸易(服务贸易)等领域。世界贸易组织具有法人地位,它在调解成员争端方面具有更高的权威性和有效性,在促进贸易自由化和经济全球化方面起着巨大作用。

二、世界贸易组织有关知识产权保护的机制

(一) 与贸易有关的知识产权理事会

与贸易有关的知识产权理事会(简称"TRIPS理事会")是世界贸易组织的总理事会之下的一个机构,在世界贸易组织的知识产权保护机制中,它处于核心的地位,负责监督《TRIPS协议》的运作。TRIPS理事会按照《TRIPS协议》规定的职责和总理事会指定的职责进行工作。

《TRIPS协议》第68条规定了TRIPS理事会的职能。依该条规定,TRIPS理事会具有以下六项职能:第一,监督《TRIPS协议》的实施,尤其是对成员履行本协定规定的义务进行监督;第二,就与贸易有关的知识产权问题为成员提供协商的机会;第三,成员指定的其他任务;第四,应成员的请求就争端解决程序为成员提供援助;第五,与有关各方进行协商并向其求得必要的信息;第六,与世界知识产权组织进行协商并签订协定。

自1995年1月1日世界贸易组织正式成立开始,TRIPS理事会也开始了其工作。理事会自1995年成立以来开展的工作主要有以下四个方面:有关通知及通知程序,对实施协议的监督,促进发达国家与发展中国家的技术合作,与世界知识产权组织的合作。

(二) 有关知识产权问题争端的解决

世界贸易组织有关争端解决的机制,对于实施世界贸易组织框架内的协定提供了可靠的保障。根据《TRIPS协议》第64条的规定,就协定而产生的争端适用《关于争端解决规则和程序的谅解》(以下简称《谅解》)。

按《谅解》的规定,与协定有关的争端一般按下列程序进行解决:

(1) 协商。在发生与贸易有关的知识产权争端之后,要求协商的缔约方应以书面形式通知争端解决机构和TRIPS理事会,并说明请求的理由和依据。被请求的成员应在收到请求之日起的10日内作出答复,并在30日内进行善意的协商,以求达成双方满意的解决办法。如果在规定的期限内被请求的成员未作出答复和进行协商,请求方可直接请求进行专

家程序。

(2) 斡旋、调停、调解及仲裁。当事方不愿意直接进行谈判或经谈判未能解决争端时，第三方可以协助当事方解决争端，这就是所谓的斡旋与调停。调解是指将争端提交一个由若干人组成的委员会，委员会在查明事实的基础上提出报告供当事方达成协议。作为当事人自愿选择的程序，除了斡旋、调停与调解之外，《谅解协定》还规定了仲裁程序。

(3) 工作小组审理。工作小组审理程序是世界贸易组织争端解决机制的核心，在实践中使用得最多，在《谅解协定》中也得到最充分的规定。工作小组审理程序在当事方提出请求后即开始进行，具体过程一般包括以下几个环节：设立工作小组，由工作小组对争端进行审理，起草和发布工作小组的报告，上诉机构对工作小组报告进行审查。

(4) 报告或建议的通过与实施。对于争端各方未提出上诉审查要求的工作小组报告，以及上诉机构的报告，均需由争端解决机构通过才能生效。经争端解决机构通过的工作小组或上诉机构的报告和建议，成为争端解决机构的正式裁定或建议。为了保护争端解决机构的裁定或建议的执行，《谅解》规定了一系列程序和措施。裁定或建议首先由争端有关当事方实施，如果在合理时间内未得到实施，控诉方可申请授权采取补偿和中止其减让义务或其他义务的措施。

(三) 与世界知识产权组织的合作

世界知识产权组织是专门致力于知识产权国际保护的国际组织，在知识产权国际保护领域起着举足轻重的作用。《TRIPS 协议》第 68 条要求 TRIPS 理事会在其第一次会议之后的一年内寻求与世界知识产权组织合作的适当安排。经 TRIPS 理事会与世界知识产权组织的共同努力，《世界知识产权组织与世界贸易组织间协定》(以下简称《协定》)于 1995 年 12 月 22 日签订，并于 1996 年 1 月 1 日生效。

《协定》共 5 条，分别涉及缩略语、法律与规章、为《TRIPS 协议》之目的而实施《巴黎公约》第 6 条之三、法律技术协助与技术合作、最后条款。其中最主要的是第 2 条、第 3 条和第 4 条。

《协定》第 2 条规定了世界知识产权组织和世界贸易组织之间在法律和规章的交流与利用方面所进行的合作，其主要内容包括以下五个方面：一是世界贸易组织各成员及其国民对世界知识产权组织所收集的法律和规章的利用；二是世界贸易组织成员及其国民对世界知识产权组织的计算机数据库的利用；三是世界贸易组织秘书处及 TRIPS 理事会对世界知识产权组织所收集的法律和规章的利用；四是世界贸易组织秘书处将其收到的其成员根据《TRIPS 协议》第 63 条第 2 款规定提交的法律和规章以收到时的语文和形式向世界知识产权组织国际局免费提供一份复制件；五是对于那些是世界贸易组织成员但不是世界知识产权组织成员的发展中国家，在按《TRIPS 协议》第 63 条第 2 款应向 TRIPS 理事会提供的法律和规章的翻译方面，世界知识产权组织国际局应像对待其成员国中的发展中国家那样提供帮助。

《协定》第 3 条对于如何落实《巴黎公约》第 6 条之三关于不得作为商标进行注册的徽章和官方印记的规定作出了比较详细的安排。《协定》规定，有关《TRIPS 协议》下的徽章的通知及异议的传送的程序，由国际局按《巴黎公约》第 6 条之三规定的程序进行管理。对于世界贸易组织的一个成员经提出通知的徽章，如果世界贸易组织的另一成员提出了异议，而它们当中至少有一个不是《巴黎公约》的成员，以及对于政府间国际组织的徽章，一个非《巴黎公约》成员或不承担保护政府间国际组织的徽章的义务的成员提出了异议，国际局仍应将异议传送给有关世界贸易组织成员或政府间国际组织。国际局应向世界贸易组织秘书处提供有关由世界贸易组织成员通知国际局的或由国际局通知世界贸易组织成员的任何徽章的信息。

《协定》第4条涉及三个方面的问题：对发展中国家的法律技术援助和技术合作；国际局与世界贸易组织秘书处之间的合作；信息的交流。协定要求，对于那些不是世界知识产权组织成员的发展中国家，世界知识产权组织国际局应像对待作为其成员的发展中国家一样，使它们能够利用世界知识产权组织所提供的与《TRIPS协议》有关的法律技术援助。对于那些不是世界贸易组织的成员的发展中国家，世界贸易组织秘书处应像对待作为其成员的发展中国家一样，使它们能够利用世界贸易组织所提供的与《TRIPS协议》有关的技术合作。协定要求，就向发展中国家提供与《TRIPS协议》有关的法律技术援助和技术合作的活动而言，国际局与世界贸易组织应加强合作，使这些活动发挥最大的效用，并确保它们的互相支持性质。

典型案例

美国、印度药品及农用化学品专利保护纠纷①

一、案件事实与背景

印度是作为发展中国家加入世界贸易组织的，因此依据《TRIPS协议》第6部分第65条“过渡性安排”第2款的规定，从总体上有权自2001年1月1日始实施《TRIPS协议》。在此基础上，第65条第4款规定：“如果一个发展中国家成员按照本协定有义务将产品专利保护扩大到依第2款规定适用协议时，其境内尚未给予保护的技术领域，则该成员可再推迟5年对此类技术领域适用本协定第2部分第5节关于产品专利的规定。”也就是说，对于到2001年1月1日发展中国家成员内国法仍未提供专利保护的技术领域，《TRIPS协议》的有关规定可延至2005年1月1日实施。

此案争议所涉及的药品及农用化学品在印度即属于这样的技术领域。印度1970年《专利法》第15条规定只允许授予有关食品、药品的方法专利，而不授予产品专利。相反，前面提到的《TRIPS协议》第2部分第5节第27条第1款规定：“一切技术领域中的任何发明，无论是产品发明还是方法发明，……都应有可能获得专利。”当然，由于享受《TRIPS协议》对发展中国家的前述特别安排，印度的这一立场得在2005年1月1日前维持不变。

然而，《TRIPS协议》给予的优惠不是无条件的，发展中国家成员必须在相关领域以其他方式改善对知识产权提供的保护。协议第70条第8款(a)规定：“如截至《WTO协定》生效之日，一成员仍未按照其在第27条下的义务对药品和农用化学品进行专利保护的，则尽管有第6部分的规定，该成员应自《WTO协定》生效之日起提供据以提出此类发明的专利申请的途径(Means)。”第9款接着要求授予此类“专利申请的客体”以“专有销售权”。

显然，为履行协议第70条第8、9款规定的义务，印度必须对其国内法作出相应调整。

① 郭雳：《WTO争端解决的个案剖析与启示——以药品及农用化学品专利保护纠纷为例》，载《法学评论》2002年第4期。

而非常不巧,其时印度国会正在休会。于是在《WTO协定》生效前夕,也就是1994年12月31日,印度总统依据该国《宪法》第123条授予其的权限,发布了1994年《专利(修正)条例》,并将此通知了WTO下设的TRIPS理事会。该条例在原专利法中加入了保护药品及农用化学品的专章规定,明确了此类产品可向专利机关提出专利申请,规定了之后专利机关的审查程序,并建立了一套制度授予这些产品"专有销售权"。

不过根据印度宪法,总统上述行为的效力于国会复会后的6个星期到期,因此随着次年印度国会的复会,此条例到1995年3月26日失效。印度政府为能继续实施该条例于1995年3月向国会提交了该修正案,并获下院通过;然而由于随后上院委员会未能在5月10日国会解散前提出报告,对专利法的上述修正也因此而搁浅。此外,对于条例的有效期及其失效的事实,印度并未对外公布,这其中也包括TRIPS理事会。

1996年7月2日,美国根据WTO《关于争端解决规则和程序的谅解》(以下简称"DSU")第4条和《TRIPS协议》第64条,要求与印度进行磋商,声称后者未给予药品及农用化学品应有的保护,违反了其依据《TRIPS协议》第70条所承担的义务。1996年7月27日双方举行了磋商但未达成一致,11月7日美国提请WTO争端解决机构(以下简称"DSB")成立专家组审查其提交事宜,11月20日DSB批准成立专家组。

专家组于1997年4月15日和5月13日分别举行了两次会议,在第一次会议上美国代表又提出请求,指责印度的行为构成了对《TRIPS协议》第63条有关透明度规定的违反,并对其应如何采取措施履行第70条的义务提出了建议,要求专家组审议。1997年6月27日,专家组完成临时报告并分发各方,纠纷双方此后均未提出再召开会议,但印度要求专家组重新审查报告中的部分内容。

归纳起来,美国向专家组提出的诉请主要包括:(1)印度未能履行《TRIPS协议》第70条第8款规定的义务,在过渡期内建立一套机制以保护药品和农用化学品的新颖性;(2)按照协定的要求,任何向这一机制下设置的固定"邮箱系统"提交申请的人都应能顺利完成申请并获得准确的申请日;(3)或者,印度在上述专利申请制度的建立上,违反了《TRIPS协议》第63条关于透明度的规定;(4)印度未能在1995年1月1日WTO协定生效之日起建立授予专有销售权的制度,不符合《TRIPS协议》第70条第9款规定的义务;(5)依据上述第4项所提及的制度,未经权利所有人同意,其竞争者不得在市场上销售相关产品,美国提请专家组建议印度采取措施,以符合《TRIPS协议》的要求。

印度方面则答辩称:(1)印度已经依据《TRIPS协议》第70条第8款的规定,提供了一套符合要求的专利申请途径;(2)在第70条第9款所涉及的专有销售权实际出现之前,印度没有义务事先建立授予该权利的有关制度;(3)美国在诉请2、4项中的所指都并非是对印度既有措施是否符合《TRIPS协议》的讨论,而是指向印度为履行义务将采取的方式,因此美国据此主张的救济不符合DSU第19条的要求。对于美国稍后提出的关于透明度及履行义务措施的问题,印度予以两方面的反驳:(4)该两项事宜未包括在已确定的专家组职责范围之内,依DSU第6条第2款,相关诉请应予驳回;(5)根据《TRIPS协议》第65条第2款,截至2000年1月1日以前,协定第63条不适用于印度;而且无论如何,有关专利申请的途径是规定在印度1970年《专利法》基础之上的,而这部法律早已公布。

二、WTO争端解决机制下的处理(专家组与上诉庭)

不难看出,此案中双方的争议主要是围绕着《TRIPS协议》第70条第8款、第70条第9款、第63条等三个问题展开的。以下依次说明专家组和上诉庭在这些问题上的态度及所作结论，着重介绍其中的推理及论证过程。

（一）第70条第8款

双方对于第70条第8款(a)适用于印度并无异议，争议的焦点在于如何理解该项中所称的"途径"(Means)，以及印度是否已经通过某种方式建立起符合要求的途径。印度提出，作为一个对相关技术领域不提供专利保护的发展中国家成员，其目前依照本款所承担的义务限于建立一个"邮箱"，以接受和保存对药品及农用化学品的专利申请，并根据本款的其他规定适当地授予申请日和优先权日。而事实上，印度已经以行政做法的方式建立了一套"邮箱"机制，提供了协定所要求的途径，履行了应尽的义务。

专家组认为，对途径的理解必须结合第70条第8款(a)的目的和宗旨，即保存药品和农用化学品发明申请的新颖性和优先权，使其在2005年1月1日《TRIPS协议》对印度这一类型发展中国家生效之时，有机会获得专利保护。为达到这一目的，用以确定申请日与优先权日所建立的途径或机制，必须具有充分的法律基础，以消除人们对邮箱申请是否可行或有效的担心与疑虑。

以此为基础，专家组着手评价了印度所建立的机制，认为其提供的途径缺乏必要的法律上的稳定性，无法满足前述目的和宗旨的要求。理由如下：首先，印度未就所称的"行政做法"提供足够的证据，而该做法又与其1970年《专利法》的强行性规定存在直接冲突，此外印度1994年《专利(修正)条例》也已失效，其机制的稳定性受到严重影响。其次，由于行政做法与强行法之间的抵触，即便专利机关确实接收了申请，如果异议人寻求司法救济，法院将如何裁判仍存在疑问。最后，即使印度于过渡期满之前修改了法律，但由于目前没有充分的法律依据以保存新颖性和优先权日，该产品能否取得专利保护仍是未知数。

就专家组的"否定"结论，印度提出上诉，要求上诉庭澄清对"途径"的解释，以及判断专家组认定是否有误。上诉庭基本认可了专家组对第70条第8款(a)的理解，同时肯定了其有关"印度的行政做法违反本国专利法的强行性规定因而不符合《TRIPS协议》"的结论。对于印度提出的"依《TRIPS协议》第1条第1款，其有权决定以何种方式履行《TRIPS协议》项下义务"的申辩，上诉庭认为其未能提供充分证据证明行政做法存在的真实性及合法有效性，不足以改变认定。

值得一提的是，在论证过程中，专家组曾借鉴1969年《维也纳条约法公约》第31条的规定来说明对协定的解释原则；同时还援引DSU第3条第2款、WTO协定第16条、《TRIPS协议》序言等推导出所谓"合理预期"原则，进一步说明印度所建立的机制不符合《TRIPS协议》的要求。对于这些做法，上诉庭并不认同，相反重申了DSU第3条第2款和第19条第2款的规定，特别是"DSB的建议和裁决不能增加或减少适用协定所规定的权利和义务"。

（二）第70条第9款

第70条第9款规定："如某产品系在一成员方境内依本条第8款(a)而提交的专利申请案中的客体，则不论本协定第6部分如何规定，仍应授予专有销售权，期限或为在该成员方获得市场销售许可后5年，或为至该产品专利在该成员方被授予或被拒绝为止，以时间较短者为准；(授予专有销售权的)前提是，在《WTO协定》生效后，该产品已在另一成员方提交了专利申请，并获得了专利保护以及市场销售许可。"

此案双方对印度的这项义务均无异议。实际上，已逾期失效的印度1994年《专利(修正)条例》曾规定过"专有销售权"，但美国认为印度最终未在立法上确认这项权利，因此违反了其《TRIPS协议》下该项之义务。印度则辩称《TRIPS协议》并未要求其在目前就建立该项制度，或在法律上规定这项权利。首先，印度依据该款与第 70 条第 8 款措辞上的细微差异，主张“专有销售权”并不需要立即规定；专家组对此予以否定，通过对两款内容上的衔接、呼应关系的分析，指出两款的生效日应当同为“WTO 协定生效之日”。其次，印度指出该款与第 27 条在表达上存在不同；专家组认为这种不同并无实质影响，而且两条拥有共同基础即要求成员方建立一种特殊权利的授予机制。再次，印度从“专有销售权”的期限及其商业意义入手，推论自己应至 2000 年 1 月 1 日起方有义务对此加以规定；专家组不同意并反驳了这一主张。此外，印度还尝试将授予“专有销售权”解释为成员方可选择的权利；专家组认为此辩解毫无说服力，并从逻辑上论证了“专有销售权”与印度所享受的过渡期优惠之间的联系。

印度又辩称：即使理论上的可能性起点是 1995 年 1 月 1 日，现实中真正出现授予“专有销售权”的请求可能要等上较长的一段时间（平均超过 10 年），到那时再建立起一套制度仍不违反协定的规定。专家组不同意这一观点，认为印度应从 1995 年 1 月 1 日起就做好授予该权利的准备。在这里，专家组还运用了一个“两难推理”来支持自己的主张。根据第 70 条第 9 款，授予“专有销售权”应满足 5 个条件：(1) 该产品专利申请已在另一成员方提交；(2) 已在该另一成员方获得专利保护；(3) 已在该另一成员方获得市场销售许可；(4) 已在印度提交了第 8 款所指的“邮箱”申请；(5) 已在印度获得市场销售许可。美国已证明至少有一家美国药品公司已满足了上述 1 至 3 项条件，而专家组认为(1)至(4)项条件的符合并非印度所能控制；至于第(5)项印度可以控制，但如果其为了推迟建立授予“专有销售权”制度而拒绝给予市场销售许可的话，该行为又将引起其是否善意履行《TRIPS 协议》的争议。

最后，印度提出，就算法律没有规定，行政当局也可以在没有授权的情况下授予符合条件的产品以“专有销售权”。专家组对此依然不依不饶，认为：如果政府执行机构没有得到合法授权去实施第 70 条第 9 款的义务，即使事实上政府的行为与本国立法相左并且符合《TRIPS 协议》该条的要求，其行为仍构成该成员方对协定的违背。

印度在上诉请求中再一次申辩其不应被要求在 WTO 协定生效后就立即建立相应机制，授予“专有销售权”的义务应在所列条件均符合后才对其有拘束力。上诉庭未认可这一看法，维持了专家组报告的意见，即从 WTO 协定生效之日起有关建立“专有销售权”授予机制的规定也随之生效，印度目前的做法违反了《TRIPS 协议》第 70 条第 9 款。

（三）第 63 条

该条要求成员方将有效实施的涉及知识产权的法律、法规、对外协定及普遍适用的司法终局裁决和行政裁定加以公布或以其他方式公开，以使其他成员方政府和权利持有人知晓；同时成员方还应将其中的法律和法规通知 TRIPS 理事会。

印度就此条进行的实体性抗辩未获专家组支持。首先，专家组不同意“过渡期内第 63 条不适用于印度”的主张，因为该条与“争端解决”在《TRIPS 协议》中都被规定在第 5 部分，倘依印度的理解，从逻辑上可推出“争端解决”机制亦不能对其适用。其次，专家组的上述结论曾得到过 TRIPS 理事会的确认。再有，印度辩称其在回答国会质询时曾书面阐述过现行的“邮箱”申请制度，因而履行了公开义务。专家组认为，这种形式并非第 63 条所要求的“公开”(publicly available)；而且由于这一制度与早已公布的现行专利法强行性规定相抵触，受专利法的影响一般人很容易忽略“邮箱”申请制度的存在。据此，专家组认定印度未能在 1994 年《专利(修正)条例》到期后通知 TRIPS 理事会有关现行的“邮箱”申请制度，或使其有效公开，因而违反了第 63 条“透明度”的规定。

印度提出的程序性抗辩同样被专家组否定。印度认为美国就第 63 条的诉请，是在后者第一次、即建立专家组的书面请求之后提出的，不属于专家组的职责范围，应予驳回。美国则称自己的诉请并非是新的“问题”，而且作为对印度第一次书面意见的反驳，已获得过经双方接受的专家组事先“裁定”的认可。专家组倾向于美国的意见，认为其诉请的实质是强化理由，因而作为一项例外可以被增补到专家组的职责范围中。

印度坚持认为专家组受理美国关于第 63 条这一替代诉请并作结论的做法是错误的，于是根据 DSU 第 3、7、11 条，对此提出了上诉。上诉庭认为美国的诉请并非是理由，而是专家组职责范围之外的新的请求；同时美国援引作为论据的所谓专家组事先“裁定”也与 DSU 的措辞和精神不相一致。据此，上诉庭推翻了专家组就第 63 条诉请程序上的认定，因而也就无须继续对其实质问题进行讨论。

综上所述，此案上诉庭得出了如下结论：(1) 维持专家组就印度违反《TRIPS 协议》第 70 条第 8 款(a)的认定，即其在所享有的过渡期内，对药品及农用化学品产品专利的申请，未能建立一套可以保存其新颖性和优先权的有效机制；(2) 维持专家组就印度违反《TRIPS 协议》第 70 条第 9 款的认定；(3) 推翻专家组就印度违反《TRIPS 协议》第 63 条的认定。上诉庭同时建议 DSB 要求印度使其保护药品及农用化学品的法律机制与其所承担的《TRIPS 协议》第 70 条第 8 款和第 9 款的义务相一致。

1998 年 1 月 16 日，此案上诉庭报告及经过修改的专家组报告获得通过。美、印双方协商同意，通知 DSB 执行期为 15 个月。1999 年 4 月 28 日，印度宣布了其执行报告的情况，告知它已通过立法建立了专家组所建议的保护机制。

第二节　《TRIPS 协议》

《TRIPS 协议》共 73 条，分为 7 个部分。第一部分为总则和基本原则，第二部分为知识产权保护的标准，第三部分为知识产权的实施，第四部分为知识产权的取得、维持以及有关当事人之间的程序，第五部分为争端的防止和解决，第六部分为过渡安排，第七部分为机构安排和最后条款。

一、总则和基本原则

(一) 义务的性质与范围

《TRIPS 协议》第 1 条要求，各成员应使本协议的规定生效。协议规定，在实施协议的规定时，成员可以但无义务在其国内法中实行比本协议要求更为广泛的保护，但此种保护不得违反本协议的规定。

成员实施协议所保护的知识产权的范围是本协议第二部分第 1 至 7 节所包含的所有类型的知识产权，即版权及相关权、商标、地理标记、工业品外观设计、专利、集成电路布图设计、未披露信息。

根据《TRIPS 协议》第 1 条第 3 款的规定，各成员应将本协议规定的待遇给予其他成员的国民。为避免可能发生的歧义，协议在此特别加了一个注释：本协议中所指的“国民”一词，对于 WTO 的单独关税区成员，指在该关税区内定居或拥有真实有效的工业或商业机构的自然人或法人。

（二）知识产权公约的适用与保护

《TRIPS协议》第2条第1款规定，对于本协议第二、第三和第四部分而言，成员应遵守《巴黎公约》（1967年文本）第1至12条和第19条。

《TRIPS协议》第2条第2款规定，本协议第一至第四部分的任何规定，均不减损成员根据《巴黎公约》《伯尔尼公约》《罗马公约》和《集成电路知识产权条约》应相互承担的现存义务。

（三）国民待遇

根据《TRIPS协议》第3条的规定，除了前述四条约所各自规定的例外之外，每一成员应给予其他成员国民以不低于其给予本国国民的待遇。对于表演者、唱片制作者和广播组织而言，此项义务仅适用于本协议规定的权利。

（四）最惠国待遇

最惠国待遇原则历来被称为关贸总协定的基石，在《协议》中也予以明确。《TRIPS协议》第4条规定：在知识产权保护方面，某一成员给予其他成员国民的任何利益、优惠、特权或者豁免，应当立即无条件地给予所有其他成员的国民。

最惠国待遇原则是前面提到的有关国际条约所不具备的。它进一步加强了知识产权的国际保护，对知识产权国际保护的发展，无疑具有极为重要的意义。

（五）权利穷竭

《TRIPS协议》第6条规定，受本《协议》第3条和第4条的约束，为根据本协议解决争端之目的，本协议中的任何条款均不得被用以提出知识产权权利穷竭问题。这表明，成员之间在解决有关知识产权而产生的争端时，不得用本协议的规定去支持或否定权利穷竭问题。

（六）知识产权保护的目标与原则

虽然《TRIPS协议》序言第四段明确承认知识产权为“私权”，但也“认识到知识产权保护国内体系的根本公共政策目标，包括发展和技术目标”，因此，《TRIPS协议》第7条规定，知识产权的保护与权利行使，应有助于促进技术创新、技术转让与传播，有助于使技术知识的创造者与使用者互利，而且是以增进社会及经济福利的方式，以及有助于权利义务的平衡。

在确定知识产权保护的公共利益目标之后，《TRIPS协议》第8条规定了两项原则：第一，成员可制定或修订其法律和规章以采取必要措施保护公共健康与营养，并促进对其社会经济发展和技术进步至关重要的领域中的公共利益，但这些措施应符合本协议的规定。第二，在与本协议的规定相符合的条件下，成员可采取适当措施以防止知识产权权利持有人滥用其权利，以及防止采取不合理地限制贸易或对国际技术转让产生不利影响的习惯做法。

二、知识产权保护的标准

《TRIPS协议》第二部分“关于知识产权的有效性、范围及行使的标准”是知识产权问题的核心。该部分共7节，分别涉及版权与有关权、商标、地理标志、工业品外观设计、专利、集成电路布图设计、未披露信息的保护和许可协议中的反竞争控制。

（一）版权与相关权

1. 与《伯尔尼公约》的关系

《TRIPS协议》第9条第1款规定，全体成员应遵守《伯尔尼公约》（1971年文本）第1条至第21条和附件的规定。协议要求全体成员都应遵守这些规定，而不论成员是不是《伯尔尼公约》的成员。

不过,《TRIPS 协议》在该款中同时规定,涉及《伯尔尼公约》第 6 条之二规定的权利及由此而衍生的权利,成员既无权利又无义务。“《伯尔尼公约》第 6 条之二规定的权利及由此而衍生的权利”指的是作者的精神权利。

2. 版权保护的对象

《TRIPS 协议》第 9 条第 2 款规定,版权保护及于表达而不及于思想、过程、操作方法以及数学概念等等。

3. 计算机程序和数据汇编

《TRIPS 协议》第 10 条第 1 款规定,“计算机程序,不论以源代码形式还是目标代码形式,应作为《伯尔尼公约》规定的文字作品受保护”。

《TRIPS 协议》第 10 条第 2 款规定,“数据或其他材料的汇编,无论以机器可读形式还是其他形式,由于其内容的选择和编排而构成智力创作成果的,即应受到保护”。不过,这种保护不及于汇编所包含的数据或其他材料本身,而且也不得减损对这些数据或其他材料本身业已存在的任何版权。

4. 出租权

《TRIPS 协议》第 11 条规定,至少对于计算机程序和电影作品而言,成员应规定作者及其权利继受者有权授权或禁止对其享有版权的作品的原件或复制件向公众进行商业性出租。不过,协定对出租权还施加了限制:其一,对于电影作品,除非向公众的商业出租已导致该作品的大范围的复制,从而使成员授予作者或其权利继受者的复制专有权受到实质损害,该成员可免于承担有关出租权的义务。其二,对于计算机程序,如果程序本身不是出租的实质标的,则不适用上述义务。

5. 保护期

协议规定,除了摄影作品或实用艺术作品外,凡不以自然人的生命为基础来计算作品的保护期的,这一期限不得少于 50 年,自经授权出版的公历年结束时起算。如果在作品创作完成时起 50 年未授权出版的,保护期亦应不少于 50 年,自创作完成的公历年结束时起算。

6. 限制与例外

在版权保护领域中,合理使用已经成为一种重要制度。协议所规定的“限制与例外”实际上是对成员有关合理使用的限制。

《TRIPS 协议》第 13 条规定,成员应将对专有权的限制或例外限制于某些特殊情况,这些特殊情况不得与作品的正常利用相冲突,并且不得不合理地损害权利持有人的合法利益。

7. 表演者、录音制品制作者和广播组织的权利

关于表演者权,《TRIPS 协议》第 14 条第 1 款规定,“就将其表演固定于录音制品而言,表演者应享有制止下列未经其许可而实施的行为的可能性:将未固定的表演进行固定,以及将此种已经固定的表演进行复制。表演者亦应享有制止下列未经其许可而实施的行为的可能性:以无线方式广播其现场表演,以及将其现场表演向公众进行传播”。

关于录音制品制作者权,《TRIPS 协议》第 14 条第 2 款规定,录音制品制作者应享有授权或禁止直接或间接复制其录音制品的权利。另外,根据《TRIPS 协议》第 14 条第 4 款的规定,录音制品制作者还享有出租权。

关于广播组织权,《TRIPS 协议》第 14 条第 3 款授予了广播组织 4 项权利:广播组织有权禁止其他人未经其许可将其广播加以固定,有权禁止其他人未经其许可将经固定的广播进行复制,有权禁止其他广播组织未经其许可而以无线方式转播其广播,有权禁止其他人未

经其许可将其电视广播向公众进行传播。

协议规定,对表演者和录音制品制作者的保护期至少应为50年,自固定或表演举行的公历年结束时起算。对广播组织的保护期至少应为20年,自广播发生的公历年结束时起算。

对表演者、录音制品制作者和广播组织的保护,协议规定,任何成员均可以在《罗马公约》允许的范围内规定各种条件、限制、例外和保留。但是,《伯尔尼公约》第18条关于追溯力的规定应原则上适用于表演者权和录音制品制作者权。

欧共体诉美国《版权法》第110(5)节案①

2000年6月,世界贸易组织(WTO)裁定了一项由欧盟(代表爱尔兰表演权组织)提起的争端。欧盟认为美国违反了其承担的《TRIPS协议》第13条(从内容上看,《TRIPS协议》第13条完全照搬了《伯尔尼公约》第9条第2款)规定的义务,而争端指向的则是美国1998年《公平音乐许可法》(Fairness in Musical Licensing Act 1998,又称《版权法》)第110(5)节。该条款对大范围的零售店和餐馆给予了豁免,允许其公开播放通过无线电和电视机等传播媒介播送的音乐作品,而无需向版权权利持有人支付费用。

根据WTO专家组的最后决议,为了尽量避免WTO成员出现由于第13条而无效的著作权例外,成员方必须要做到:首先,例外必须规定在一个狭窄和特别界定的使用类别(class of uses)之下;其次,根据该例外的使用行为(use conducted)不能与权利人通过使用该项权利所能获得实际或潜在的经济效益相抗争(compete with);最后,根据该例外的使用行为不能不合理地损害权利人的利益,这样的利益来自一般版权法目标或与版权法目标相一致,成员方所制定的法定许可(statutory license)或其他补偿机制(compensation mechanism)条款能够帮助确定上述的不合理性。

WTO争端解决专家组判定美国就其《版权法》第110(5)节规定而言没有满足上述的三项要求,违背了《TRIPS协议》第13条精神。

(二)商标

协议关于商标问题的规定主要包括以下几方面的内容:

1. 可保护的客体

协议规定,任何符号或符号的组合,只要能够将一人提供的货物或服务与其他人提供的货物或服务区别开来,均能构成商标。此种符号,尤其是文字(包括人名)、字母、数字、图形要素和色彩的结合,以及此种符号的组合,均可作为商标予以注册。如果符号本身不能区别相关货物或服务,成员亦可根据通过使用而获得的可识别性来确定其是否可予注册。不过,作为注册的条件,成员可要求该符号能由视觉感知到。

按协议的规定,成员可以基于使用予以注册。不过,协议要求,不得将实际使用作为申

---

① 张曼:《TRIPS协议第13条"三步检验法"对著作权限制制度的影响——兼评欧共体诉美国"版权法110(5)节"案》,载《现代法学》2012年第3期。

请注册的先决条件，不得仅仅以在申请之日起3年以内未发生实际使用为理由拒绝一项申请。另外，协议还禁止成员将商标所适用的货物或服务的性质作为申请注册的限制或障碍。

此外，协议还要求成员在商标获准注册之前或之后应将商标予以公告，并为其他人提供请求撤销的合理机会，或者为提出异议提供机会。

2. 所授予的权利

《TRIPS协议》第16条第1款规定，注册商标所有人应享有专有权以制止所有第三方未经其同意而在贸易活动中在与其商标所注册适用的商品或服务相同或类似的商品或服务上使用相同或类似的符号，以避免由此种使用而可能导致的混淆。如果将相同的符号用于相同的商品或服务上，即可推定存在着混淆的可能性。

不过，协议规定，上述权利不得减损任何已存在的在先权利，也不影响成员依使用而确定权利的可能性。

3. 驰名商标

有关驰名商标的规定，集中在《TRIPS协议》第16条第2款和第3款。其主要内容包括以下几个方面：

第一，服务商标应适用驰名商标的有关规定。《TRIPS协议》规定，关于驰名商标，《巴黎公约》第6条之二原则上应适用于服务商标。

第二，确定驰名商标应考虑的因素。《TRIPS协议》规定，在确定一个商标是否成为驰名商标时，成员应考虑到该商标在相关领域的公众中的知名度，包括在成员内由于商标宣传而获得的知名度。

第三，驰名商标的效力。《TRIPS协议》规定，《巴黎公约》第6条之二原则上应适用于与商标注册使用的商品或服务不相类似的商品或服务，如果在有关商品或服务上使用该商标将使人认为有关商品或服务与注册商标所有人存在关联，而且注册商标所有人的利益由于此种使用而可能受损害。

4. 保护期

《TRIPS协议》规定商标的首次注册及各次续展的保护期不得少于7年，续展注册次数不应受限制。

5. 使用要求

《TRIPS协议》第19条规定，如果成员以使用作为维持注册的条件，只有在一个至少3年的不间断期间期满之后未使用的，商标所有人又未证明此种使用存在着障碍的有效理由，才可以取消商标注册。凡非由于商标所有人的主观意图而产生的对商标使用构成障碍的情形，如进口限制或对商标所保护的商品或服务的其他政府要求，均应作为不使用的有效理由。

《TRIPS协议》规定，在商标处于其所有人控制下时，其他人使用商标应视为为维持注册之目的而进行的商标使用。另外，协议还规定，贸易过程中的商标使用不应受特殊要求的不公平妨碍。

6. 许可与转让

《TRIPS协议》在规定成员可以确定商标许可与转让的条件的同时，强调对商标的强制许可应不予准许，注册商标所有人有权将商标连同或者不连同其所属的营业一起进行转让。

（三）地理标志

1. 地理标志的保护

所谓地理标志，是指这样一种标志，它能够确定一种商品来源于一成员领域或该领域内的一个地区或地方，而该商品的特定品质、声誉或其他特征实质上又有赖于其地理来源。

对于地理标志，协议要求成员为有关利益方提供法律手段以制止下列行为：第一，以任何方式在商品的名称或描述中使用地理标志，以至于明示或暗示该商品来源于某个并非其真实来源地的地理区域，在该商品的地理来源方面对公众产生误导。第二，构成《巴黎公约》第10条之二所规定的不正当竞争行为的任何使用。

将地理标志作为商标或在商标中包含有地理标志，而该商品又不是来源于该地理标志所指示的地域，如果该成员将此种商标使用于商品上使公众对于真实产地产生误导，成员应于其法律允许的情况下以其职权或应有关利益方的请求，拒绝对该商标进行注册或使注册无效。

虽然商品确系来源于地理标志在文字上所指示的领域、地区或地方，但错误地使公众以为该商品来源于另一个领域的，亦在应禁止之列。

2. 对葡萄酒与白酒的地理标志的补充保护

对于葡萄酒和白酒的地理标志，除了上述规定之外，即使在使用某个地理标志时标示出了有关商品的真实产地标志，或者以翻译的方式或以附加"类""式""风格"诸如此类的描述，均在应禁止之列。对于由地理标志构成或包含有地理标志的葡萄酒或白酒的商标，亦应按前述有关规定处理。

（四）工业品外观设计

1. 工业品外观设计保护的要求

《TRIPS协议》对受保护的工业品外观设计提出了两个要求：一是工业品外观设计必须是作者"独立创作"的，二是工业品外观设计必须是"新颖的或独创的"。《TRIPS协议》第25条第1款规定，对独立创作的新颖的或独创的工业品外观设计，成员应提供保护。

《TRIPS协议》还规定，成员可以不保护那些实质上受技术或功能因素支配的外观设计。《协议》对成员对纺织品外观设计可能提出的要求作了限制。《TRIPS协议》规定，成员应保证其对纺织品外观设计的保护要求，尤其是有关成本、检验和公布的要求，不至于对寻求和获得保护的机会造成不合理的损害。

2. 对工业品外观设计的保护

根据《TRIPS协议》第26条第1款的规定，受保护的工业品外观设计的所有人应有权制止第三人未经其同意而出于商业目的实施下列行为：制造带有或含有作为受保护的外观设计的复制品或实质上构成复制品的设计的物品；销售上述物品；进口上述物品。

对于工业品外观设计的上述权利，成员可以选择工业品外观设计法或版权法进行保护。保护期不少于10年。成员可以规定有限的例外，但这种例外不得与受保护的工业品外观设计的正常利用相冲突，且不得不合理地损害受保护的外观设计所有人的合法利益。

（五）专利

1. 可获专利的主题

根据《TRIPS协议》第27条第1款的规定，除了下述两种例外，所有技术领域内的一切发明，不论是产品还是方法，只要具有新颖性、创造性和工业实用性，即可申请获得专利。这两种例外是：第一，成员可将某些发明排除在可获得专利的范围之外，在其域内制止这种发明的商业性开发,以此保护公共秩序或道德(包括保护人类、动物和植物的生命和健康或避免严重的环境损害)。但不得仅仅以该国法律禁止利用某发明为理由将该发明排除在可获专利的范围之外。第二,成员还可将下列发明排除在可获专利的范围之外:人类或动物疾病的诊断、治疗和手术的方法;除了微生物之外的植物、动物,以及生产植物或动物的生物方法,但成员应以适当的方式对植物新品种提供法律保护。

在符合协议有关规定的条件下,专利及专利权不得因发明的地点、技术领域、产品系进口还是在本地制造等而受歧视。

2. 所授予的权利

协议规定了专利所有人的两种不同性质的权利:专利权和对专利处置权。

专利所有人享有的专利权因产品专利和方法专利的不同而有所不同。对产品专利,专利所有人享有制止第三人未经其许可而制造、使用、提供销售、销售专利产品,以及为上述目的而进口该产品的专有权利。对于方法专利,专利所有人享有制止第三人未经其许可使用该方法以及使用、提供销售、销售以及至少为上述目的而进口直接用该方法获得的产品的专有权利。

专利所有人的专利处置权主要包括两项:转让权和许可权。协议规定专利所有人的专利处置权,与协议序言中提出的“知识产权是私权”的原则是一致的。

3. 对申请人的要求

《TRIPS 协议》第 29 条第 1 款规定,成员应要求专利申请人以足够清晰完整的方式披露发明,以使同一技术领域的技术人员能够实施该发明,并可要求申请人说明在申请日或要求优先权时的优先权日已知的实施发明的最佳方式。

该条第 2 款规定,成员得要求专利申请人提供有关申请人的相关外国申请和授予的信息。

4. 专利权的例外

《TRIPS 协议》第 30 条规定,考虑到第三人的合法利益,成员可对所授予的专有权规定有限的例外,但此种例外不得不合理地与专利的正常利用相冲突,也不得不合理地损害专利所有人的合法利益。

5. 未经权利人许可的其他使用

《TRIPS 协议》第 31 条所称“其他使用”不包括上述第 30 条所规定的例外,实际上主要是指专利的强制许可。

《TRIPS 协议》对授权其他使用规定了 12 项条件,实际上是对各国授予强制许可进行了严格限制。

6. 专利的撤销与无效

《TRIPS 协议》第 32 条并未规定专利撤销与宣布无效的具体规则,只是要求成员在作出撤销或宣布无效的决定时,应提供司法审查的机会。

7. 保护的期限

《TRIPS 协议》第 33 条规定,专利的保护期最少应为自申请日起的 20 年。

8. 专利方法的举证责任

《TRIPS 协议》规定,在下述两种情况下,如无相反证据,应推定是使用该专利方法而获得:第一,如果使用该专利方法获得的产品是新产品;第二,如果相同产品极可能使用该方法制造,而专利所有人虽经合理努力也未能确定实际使用的方法。

任何成员得自由规定,只有在满足上述第一种情况所规定的条件或第二种情况所规定的条件的情况下才要求被控侵权者承担举证责任。

在引用相反证据时,应考虑被告在保护其制造和营业秘密方面的合法利益。

（六）集成电路布图设计

对于集成电路布图设计,各成员同意按照《集成电路知识产权条约》第2条至第7条(第6条第3款除外)、第12条和第16条第3款规定进行保护。《集成电路知识产权条约》第2条至第7条为实体条款,其中第6条第3款为有关强制许可的规定,第12条为对《伯尔尼公约》和《巴黎公约》的保护,第16条第3款涉及在条约生效前现存布图设计的保护问题。除了按照《集成电路知识产权条约》的有关规定保护集成电路布图设计之外,《TRIPS协议》还要求成员必须遵守以下规定:

1. 保护的范围

《TRIPS协议》第36条规定,除了第37条第1款另有规定外,成员应将未经权利人授权而实施的下列行为视为非法:进口、销售或以其他方式为商业目的而发行受保护的布图设计、含有受保护的布图设计的集成电路以及使用了含有非法复制的布图设计的此种集成电路的物品。

2. 无需获得权利人许可的行为

《TRIPS协议》第37条第1款规定,尽管有第36条的规定,一个人在获得集成电路或含有此种集成电路的物品时并不知道,而且也没有合理理由知道其中含有非法复制的布图设计的,他对该含有非法复制的布图设计的集成电路或含有此种集成电路的物品所正在实施的或预定实施的第36条所规定的行为,任何成员不得视为非法。

关于强制许可,《TRIPS协议》要求适用第31条第1项至第11项所规定的条件。需要注意的是,协议已明确将《集成电路知识产权条约》中关于强制许可的内容排除在外。

（七）未披露信息的保护

1. 未披露信息受保护的条件

协议规定了未披露信息受保护的三个条件:第一,未披露信息是秘密的,即该信息作为一个整体或作为其各个构成部分的精确构造或集合未被通常从事该信息所属领域的工作的人普遍了解或轻易接触;第二,由于其属于保密状态而具有了商业价值;第三,合法控制信息的人根据有关情况采取了合理措施以保持其秘密状态。

2. 未披露信息持有人的权利

对于符合上述三个条件的未披露信息,协议规定,合法控制该信息的自然人与法人均应享有防止他人以违背诚实信用的商业习惯的方式在未经其同意的情况下披露、获得或使用有关信息的可能性。这里所谓的“以违背诚实信用的商业习惯的方式”,至少应包括如违约、违反信任,以及诱导他人违约或违反信任,也包括第三方在已经知道或应当知道但由于重大过失而未能知道其所取得的未披露信息是他人以上述方式获得的。

3. 对有关数据的保护

在许多国家,法律要求当事人向有关主管当局提交未披露过的实验数据或其他数据,作为批准采用新化学成分的医用或农用化工产品上市的条件。在此情况下,协议要求,如果该数据的最初取得付出了相当的努力,成员应保护此种数据以防止不公正的商业利用。另外,协议还要求,成员应采取措施保护这些数据以防止被披露,除非此种披露是为了保护社会公众所必需的,或已经采取了措施确保数据不被不公正地投入商业利用。

（八）对许可协议中的反竞争惯例的控制

《TRIPS 协议》在第 40 条承认，成员在遵守协议有关规定的情况下，可以对在许可协议中滥用知识产权的行为采取适当措施进行控制。至于如何控制，协议则未作具体规定，由各成员自行处理。协议只要求成员在处理有关问题时进行协商与合作。

三、知识产权的实施

（一）一般义务

《TRIPS 协议》第 41 条对于实施知识产权的程序提出了总体要求，主要包括以下四个方面：第一，成员应保证本部分所规定的实施程序在其法律之下可被利用，以便于对知识产权侵权行为采取有效的行动，包括采取及时防止侵权的救济和制止进一步侵权的救济。协议要求，这些程序不应对合法贸易造成障碍，亦不得被滥用。第二，知识产权的实施程序应公平公正，不得过于复杂或花费过高，不得有不合理的时间限制或无保障的拖延。第三，就个案作出的裁决最好采取书面形式并说明理由。裁决应及时送达有关当事人。个案裁决仅应基于各方有机会对其陈述意见的证据作出。第四，程序的当事人应有机会要求对最终行政裁决进行司法审查，以及在符合成员法律对重要案件的司法管辖权的规定的条件下，至少可以要求对个案的初审司法裁决中的法律问题进行司法审查。但是，对刑事案件中的宣告无罪，成员没有义务提供审查的机会。

（二）行政和民事程序及救济

1. 民事程序

知识产权实施和保护中的民事程序由各国民事诉讼法来决定，《TRIPS 协议》只是就有关知识产权问题的民事程序提出了一些基本的要求。

（1）保障被告的诉讼权利。被告应及时得到书面的通知，该通知中应包含有足够的细节，包括原告提出的请求的依据。

（2）允许律师参与诉讼，不得强制当事人出庭。

（3）保证当事人的证明权。

（4）对秘密信息进行识别和保护。

2. 证据

《TRIPS 协议》第 43 条第 1 款规定，如果一方当事人已提交了有关证据支持其主张而且指出了处于对方控制之下的证明其主张的证据，司法当局应有权要求对方当事人提供该证据，但应对秘密信息提供保护。

《TRIPS 协议》第 43 条第 2 款规定，如果诉讼一方当事人在合理期间内无正当理由故意不允许他人获得必要的信息或者不提供必要的信息，或者严重阻碍了诉讼程序，成员得授权司法当局根据有关方面向其提供的信息，包括因该当事人不允许他人获得必要的信息而受不利影响的一方当事人所提交的诉状或指控书，作出肯定或否定的初步判决或最终判决。但是，应向各方当事人提供对指控或证据进行陈述的机会。

3. 救济

《TRIPS 协议》对民事程序中可以采用的救济作了原则性的规定。这些救济主要包括：

（1）禁令。协议规定，成员司法当局应有权要求当事人停止侵权，但停止侵权的救济不适用于强制许可。

（2）损害赔偿。对于明知或有合理理由知道其行为后果而实施侵权行为的侵权人，司法当局应有权要求侵权人赔偿受害人的损失，包括律师费。对不知或没有合理理由知道其行为后果而实施侵权行为的侵权人，在适当情况下亦可要求其返还所得利润或支付法定赔偿，或二者并处。

(3) 其他救济。除了上述救济外，协议还规定了诸如将侵权物品排除出商业渠道、销毁侵权物品、去掉侵权商标等各种其他救济。

(4) 获得信息。协议规定，在与侵权行为的严重程度相当的情况下，司法当局可有权要求侵权行为人向权利人提供有关生产和销售侵权产品或提供侵权服务的第三人的身份以及销售渠道的信息。

4. 对被告的赔偿

如果一方当事人在其所要求的措施得以实施的情况下滥用实施程序，使另一方当事人错误地遭到禁止或限制，则司法当局应有权命令该当事人向另一方当事人赔偿因其滥用实施程序而给另一方当事人造成的损失。司法当局亦应有权命令原告支付被告的费用，包括适当的律师费。

就执行有关知识产权权利保护和实施的任何法律而言，成员仅得在公共机构和官员在执行该法律的过程中出于善意而采取或意欲采取行动时方可免除公共机构和官员对适当的赔偿措施的责任。

5. 行政程序

在以行政程序来确定民事救济时，该行政程序应符合本节所规定的原则。

(三) 临时措施

《TRIPS 协议》第 50 条规定了有关知识产权保护方面的临时措施。这里所谓的临时措施，是指在民事诉讼程序或行政程序开始之前一方当事人请求司法机关或行政机关采取的保全措施。协议关于临时措施的规定主要包括以下几个方面：

1. 临时措施的目的

《TRIPS 协议》第 50 条第 1 款规定了采取临时措施的两项目的：防止侵害任何知识产权的行为的发生，尤其防止货物包括海关结关之后立即进口的货物在其管辖范围内进入商业渠道；保存与被指控的侵权活动有关的证据。

2. 临时措施的采取

根据《TRIPS 协议》第 50 条第 2 款的规定，在司法当局认为必要时，有权依照一方当事人的请求，在开庭前采取临时措施，尤其是在一旦有任何迟延则很可能给权利持有人造成不可弥补的损害的情况下，或在有关证据显然有被销毁的危险的情况下。

3. 证据与担保

按照《TRIPS 协议》第 50 条第 3 款的要求，决定采取临时措施时，司法当局应有权要求申请人向司法当局提供一些有价值的证据，证明申请人就是权利持有人，证明申请人的权利正在受侵害，或者这种侵害即将发生。为了保护被告和防止滥用权利，司法当局应有权命令申请人提供保证金或与之相当的担保。

4. 通知与复审

《TRIPS 协议》要求，如果开庭前就已经采取临时措施，至少应在实施临时措施之后毫不迟延地通知受影响的一方。应被告的请求，应在将此等措施通知被告之后的合理期间内进行复审，并听取被告的陈述，以决定此等措施是否应被修改、撤销或确定。

5. 其他必要信息

《TRIPS 协议》规定，为了确定有关商品，将要执行临时措施的当局可以要求申请人提供其他的必要信息。

6. 期间起诉

在采取临时措施之后，申请人应在一定期限内提起诉讼。如果在规定的期限内未提出诉讼，协议规定，可应被告的请求撤销或暂停执行临时措施。

7. 赔偿责任

《TRIPS 协议》规定，在临时措施被撤销或因申请人的任何行为与疏忽而导致无效的情况下，以及在事后发现根本不存在对知识产权的侵害或侵害的威胁的情况下，应被告的请求，司法当局应有权责令申请人赔偿被告因采取临时措施而遭受的损失。

（四）有关边境措施的特别要求

为了防止侵权物品和盗版物品的进口，《TRIPS 协议》第三部分第四节对成员应采取的边境措施提出了特别的要求。这些特别要求主要包括 10 个方面：海关当局中止放行、申请、保证金或与之相当的担保、中止放行的通知、中止放行的期限、对进口人及商品所有人的赔偿、检查权及获得信息权、依职权的行为、救济、可忽略不计的进口。

从《TRIPS 协议》的具体规定看，边境措施实质上属于对尚在海关监管之下的货物所采取的临时措施。因此，对边境措施的特别要求实际上也是对临时措施的要求的具体化。有关内容在此不作详细介绍。

（五）刑事程序

《TRIPS 协议》第 61 条要求各成员应采取刑事程序及刑事处罚制止对知识产权的侵犯，起码应对商业规模的故意假冒商标和盗版活动规定刑事程序和刑事处罚。由于刑事程序及刑事处罚通常涉及国家的主权，《协议》只提出了很笼统的要求而没有作具体的规定。

四、知识产权的取得、维持以及有关当事人之间的程序

《TRIPS 协议》第四部分“知识产权的取得、维持以及有关当事人之间的程序”实际上是有关程序的综合性规定。该部分只有一条，即第 62 条，其内容包括以下 5 个方面：

第一，成员可要求把符合合理程序和形式作为取得或维持《协议》第二部分第二至六节所规定的知识产权的一个条件。不过，此种程序和形式应符合本协议的规定。

第二，在依赖核准或注册而获得知识产权的情况下，在符合获得权利的实质条件的前提下，成员应确保核准或注册程序能在一个合理的期间内完成权利的核准或注册，以避免无端地缩短保护的期限。

第三，《巴黎公约》第 4 条原则上应适用于服务商标。《巴黎公约》第 4 条是关于优先权的规定。

第四，有关获得和维持知识产权的程序，以及一成员法律规定的此等程序，行政撤销，以及当事人之间的程序如异议、撤销或取消，均应受第 41 条第 2 款和第 3 款所规定的一般原则的约束。

第五，经本条第 4 款所规定的任何程序作出的最终行政裁决，应受司法或准司法当局的审查。但是，成员对异议不成立或行政撤销不成立的裁决没有义务规定此种审查的机会，除非此种程序的依据能作为无效程序的主题。

五、争端的防止和解决

《TRIPS 协议》第五部分规定了争端的防止与解决方法，主要涉及两部分内容：透明度与争端解决。

（一）透明度

《TRIPS 协议》第 63 条规定，任一成员实施的有关本协定主题（知识产权的有效性、范围、取得、实施以及防止滥用）的法律法规、最终司法判决和普遍适用的行政规则，应当予以公布。

协议还要求，成员应将上述法律法规通知“与贸易有关的知识产权理事会”，以便协助该理事会核查本协议的执行情况。

（二）争端解决

关于争端的解决，依《关税与贸易总协定》第 22 条和第 23 条规定处理。但是，《关税与贸易总协定》第 23 条第 1 款（b）项和（c）项在《建立世界贸易组织协定》生效后的 5 年期间内不适用于解决就本协议而产生的争端。

六、过渡安排

《TRIPS 协议》第六部分“过渡安排”主要规定了对发展中国和最不发达国家的特殊优惠。

《TRIPS 协议》规定，所有成员均应实施协议，但并非在协议生效以后马上实施，而是安排了一个过渡期，以便各方为实施协议做好准备。对一般国家而言，期限为 1 年；对发展中国家、正从中央计划经济转为市场经济或自由企业经济的成员，再延长 4 年；对最不发达国家，宽限期为 10 年。

《TRIPS 协议》第 67 条还要求发达国家应向发展中国家和最不发达国家提供技术和金融合作，以实施本协议。

七、机构安排和最后条款

第七部分“机构安排和最后条款”主要涉及 6 个问题：建立与贸易有关的知识产权理事会，进行国际合作，关于《TRIPS 协议》的追溯力，《TRIPS 协议》的审查与修订，对《TRIPS 协议》的保留以及基于安全理由的例外。其中比较重要的是与贸易有关的知识产权理事会和《TRIPS 协议》的追溯力的规定。

根据《TRIPS 协议》成立与贸易有关的知识产权理事会，负责监督协议的实施，并为成员提供机会，协商与贸易有关的知识产权问题。理事会应完成成员指定的其他任务，尤其应提供成员在争端解决过程中要求的任何协助。协议还要求理事会应与世界知识产权组织进行合作，以加强对知识产权的国际保护。

关于《TRIPS 协议》的追溯力，《TRIPS 协议》第 70 条区别 6 种不同情况进行了规定。总的原则是，《TRIPS 协议》对成员适用本协议之日以前发生的行为不产生任何义务。

八、《知识产权协议》的晚近发展

《知识产权协议》自生效以来一直是发达国家和发展中国家争论的焦点问题之一，在广大发展中国家的积极推动下，世界贸易组织的新一轮谈判共包括以下五个方面的议题：

《TRIPS 协议》与公共健康,《TRIPS 协议》下的传统知识和民间文学艺术作品的保护,《TRIPS 协议》与生物多样性公约,地理标志保护范围的扩大问题以及葡萄酒、烈酒地理标志的多边通报与注册制度。

上述议题的提出旨在平衡有关成员在《TRIPS 协议》下的权利和义务。1948 年《世界人权宣言》第 25 条规定,人人有权享受为维护本人和家属的健康和福利所需的生活水准,包括食物、衣着、住房、医疗和必要的社会服务。1966 年《经济、社会和文化权利国际公约》第 12 条承认人人有权享有能达到的最高标准的身体和心理健康,同时规定缔约方为充分实现这一权利而应采取的目标步骤。按照国际人权公约的人权标准,现今知识产权制度对健康权的实现已经带来消极影响。新药品创造者的专利权与该药品的消费者的健康权存在明显的冲突,健康权应高于包括专利权在内的知识产权。在公共健康领域,经过发展中国家和发达国家的协商,世界贸易组织第五次部长级会议于 2001 年 11 月 14 日通过了多哈部长级会议宣言(即《TRIPS 协议与公共健康多哈宣言》)。成员方重申对《TRIPS 协议》的承诺,同时一致认为对协定的解释和执行能够也应当支持成员国对公众健康的保护,特别是促进所有成员获得药品准入的权利,这实际上扩大了专利强制许可的范围。这一宣言的诞生是国际知识产权领域发生的重大事件,宣言秉承公共利益原则,以人权优先性的尺度,协调药品专利权与健康权之间的冲突,解决公共健康与知识产权利用的矛盾。这一做法无疑是后《TRIPS 协议》时代对知识产权制度的重要调整,这是一个重要的标志,但也仅是一个良好的开端,后《TRIPS 协议》时代的制度改革尚任重道远。广大发展中国家在知识产权领域的国际对话中日益注重运用国际论坛表达利益诉求,提出了传统知识、生物遗传资源的知识产权保护等新议题,随着讨论的深入与拓展,知识产权的国际保护论坛出现了逐渐向世界知识产权组织转移的新动向。与这种趋势相对应的是,以美国为代表的发达国家开始运用双边知识产权协定、区域自由贸易协定的知识产权条款等方式,寻求高于《TRIPS 协议》水平的知识产权保护,这一点非常值得注意。

除此之外,世界贸易组织于 2002 年就药品专利保护的过渡期达成一致,允许最不发达成员在 2016 年前不对药品专利予以保护。又于 2005 年 11 月 29 日作出决定,将最不发达国家实施《TRIPS 协议》的过渡期延长至 2013 年,而根据 1995 年 1 月 1 日生效的《TRIPS 协议》,2006 年 1 月 1 日为最不发达国家实施《TRIPS 协议》的过渡期的最后期限。这一系列重大进步的取得,意味着以《TRIPS 协议》为核心的知识产权国际保护制度面临着新的挑战与变革。

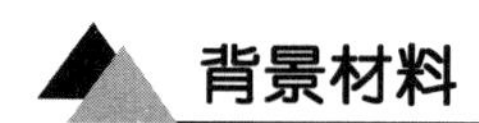

背景材料

知识产权保护与《生物多样性公约》[①]

遗传基因、植物品种等是与人类生命和生存息息相关、涉及人类可持续发展的重要资源,知识产权保护对遗传资源的获取、利益分享、技术转让和传统知识的影响正日益为国际社会所关注,在世界知识产权组织、世界贸易组织、生物多样性组织以及联合国粮农组织主持召开的政府间会议中均涉及知识产权与遗传资源保护的关系问题,尤其是《TRIPS 协议》

① 万鄂湘、冯洁菡:《知识产权国际保护的新发展》,载《法学论坛》2003 年第 7 期。

与《生物多样性公约》(Convention on Biological Diversity,以下简称《CBD公约》)之间的冲突问题。

《CBD公约》明确承认传统知识、发明和实践在生物多样性保护领域与可持续发展方面的作用,以及对之提供保护的需要,无论是采用知识产权还是其他方法。第8条(j)款要求缔约方:“尊重、保护和维持土著和当地社区与生物多样性的保护和可持续利用相关的体现其传统生活方式的知识、发明和实践,促进经这些知识发明和实践的持有人同意并参与的广泛应用,并鼓励在利用这些知识、发明和实践中所产生利益的平等分享。”这一条款暗示持有人对其知识发明和实践享有权利,无论其是否得到知识产权的保护。此外《CBD公约》中直接涉及知识产权的是第16条关于技术的获得和转让的条款。第16.1条和第16.2条规定缔约国有义务在公平和最有利的条件下向其他方提供技术及/或便利技术的获取和转让。这些技术包括生物技术和其他“与生物多样性的保护和可持续使用或与使用遗传资源相关并且不会对环境造成重大损害”的技术。第16.5条要求缔约各方进行合作以确保专利和其他知识产权“支持而不是与公约的目标相对抗”。

《TRIPS协议》与《CBD公约》之间可能存在冲突的根本原因在于,《TRIPS协议》要求对生物物质例如微生物和植物品种提供知识产权保护,而《CBD公约》将以前视为共同遗产的生物资源规定为从属于国家主权的可贸易商品,将其转让给发达国家涉及发展中国家的技术转让、报酬和其他利益。发展中国家多为遗传资源和传统知识的拥有国,而发达国家的跨国公司则往往通过雄厚的资金和市场实力掠夺发展中国家的这些资源而不支付任何代价,因此这直接涉及发达国家与发展中国家之间的权利分配、利益分享与平衡问题,也关系到发展中国家是否能在发达国家长期占有优势的知识产权领域拥有自主知识产权。因此,《CBD公约》和其他与遗传资源、植物品种、传统知识相关的国际条约的谈判和实施已经成为国际知识产权制度发展的又一重大课题,这不仅关系到国际知识产权制度的发展前景,更关系到发展中国家基础产业的未来。

第三节 《TRIPS协议与公共健康多哈宣言》

公共健康危机以及全球舆论对《TRIPS协议》与维护公共健康之间相互关系的关注,促使WTO第四届部长会议最终通过了《TRIPS协议与公共健康多哈宣言》(以下简称《多哈宣言》),明确了WTO成员政府采取措施维护公共健康的主权权利。

一、《多哈宣言》的内容

2001年11月,在卡塔尔多哈召开的WTO第四届部长会议上,与会代表就《TRIPS协议》与公共健康问题进行了激烈的谈判,由墨西哥经济部长德韦斯提出的一份多哈会议关于知识产权与公共健康问题的宣言草案得到了各方的认可。WTO第四届部长会议最终达成了《多哈宣言》,就《TRIPS协议》和公共健康领域的相关问题进行了澄清:

(1) 承认了国家采取措施以维护公共健康是不可减损的权利。《多哈宣言》第4条规定:“我们同意《TRIPS协议》不能够也不应该妨碍各成员采取措施以维护公共健康。因此,在重申对《TRIPS协议》承诺的同时,我们确认该协定能够也应该在解释和执行方面支持

WTO 成员维护公共健康的权利，特别是促进获得药品的权利。由此，我们再次确认 WTO 成员充分使用《TRIPS 协议》中为此目的提供灵活性的条款的权利。”根据该条规定，如果知识产权规则对国家的上述权利造成阻碍，例如专利药品维持高价，国家可采取与《TRIPS 协议》规定相一致的措施中止权利持有人对其独占权利的行使。

（2）明确了《TRIPS 协议》中可以用于保护公共健康、对抗知识产权专有权利的弹性条款，包括：其一，对《TRIPS 协议》应按在其目标和原则中所表述的宗旨和目的来解释；其二，每个成员有权颁布强制许可，也有权自由决定颁布强制许可的理由；每个成员有权不经权利持有人的同意颁布强制许可，并有权自由决定颁布强制许可的理由，这些理由包括引起公共健康危机的国家紧急情势或其他极端紧急情势——包括艾滋病、结核病、疟疾和其他传染病，从而可以尽早和尽快地实施强制许可措施；其三，明确了成员平行进口的权利，规定《TRIPS 协议》中与“知识产权权利用尽”有关的条款的效力允许每一个成员自由地确立自己的权利用尽制度，只要不违背《TRIPS 协议》所规定的最惠国待遇原则和国民待遇原则。

（3）认识到最不发达国家因医药产业生产能力不足或无生产能力的原因而无法有效使用强制许可措施的现状，并责成 TRIPS 理事会探求该问题的解决办法，在 2002 年年底之前向总理事会报告。

（4）将最不发达国家在医药产品方面履行《TRIPS 协议》有关义务的过渡期延长至 2016 年。有关的义务是指根据《TRIPS 协议》的第二部分第 5 节（专利）和第 7 节（未披露信息的保护）所规定的义务。这一规定为最不发达国家重新考虑其与药品相关的知识产权法律以及进口和生产通用药品提供了机会，但其限制性亦很明显，那就是最不发达国家仍有义务对医药方法专利提供保护，而且在除医药产品外的其他方面最不发达国家履行《TRIPS 协议》义务的过渡期仍止于 2006 年 1 月 1 日。

（5）重申了根据《TRIPS 协议》第 66 条第 2 款，发达国家成员应促进和鼓励其企业和机构向最不发达国家转让技术的承诺。

二、《多哈宣言》的意义

《多哈宣言》确认了公共健康应优先于私人财产权，并且明确 WTO 成员充分利用《TRIPS 协议》中的弹性条款的权利。它将给予发展中国家更强的信心使用《TRIPS 协议》中的弹性条款，提高对公共健康的保护，而不用受到发达国家贸易制裁或法律诉讼的威胁。《多哈宣言》同时也为发展中国家在双边或区域贸易协定中协商知识产权条款提供了重要的标准。《多哈宣言》最终可以获得通过，原因是多方面的。首先，发展中国家和最不发达国家紧密团结，立场一致，抓住了美国在南非和巴西事件中妥协的契机，并且为《多哈宣言》的起草和谈判作了充分的准备；其次，非政府组织的积极行动使《TRIPS 协议》和公共健康问题引起国际社会的高度关注，它们通过全球舆论对发达国家进行监督，迫使发达国家改变其在知识产权保护问题上的强硬政策；最后，美国和加拿大面对国内的炭疽病毒以及治疗药品短缺的问题使其难以再坚持原来的立场，西方发达国家之间的不一致也促成了《多哈宣言》的达成。

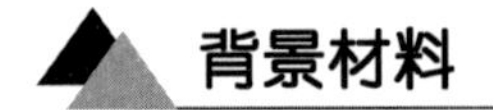

知识产权和公共健康[①]

根据世界卫生组织的报告，全球每年有1400万人死于传染性疾病，其中90%以上发生在非洲、亚洲和南美洲。主要的致死性传染疾病是艾滋病、呼吸传染、疟疾和结核病。而每一天，在发展中国家约有8000人死于艾滋病。造成发展中国家这些问题的原因包括无力支付所需的药品、原有的药品失去药效，以及国内经济发展落后和公共保健措施不完善等等，其中引起公共健康危机的重要因素之一是发展中国家的人民无力购买必需的基础药品。据统计，发展中国家拥有世界3/4的人口，但在全球医药市场的份额却不到10%。世界1/3的人口无力获得最基本的基础药品，而在非洲和亚洲的最贫困地区，这一数字上升到1/2。昂贵的药品价格通常是高水平知识产权保护的结果。

在《TRIPS协议》以前，没有国际条约规定必须对医药产品和方法授予专利。在不承担国际义务的条件下，发展中国家和最不发达国家多采用制造和进口通用药品(generic drugs)的方式向其国民提供廉价药品。而《TRIPS协议》规定了知识产权保护的最低标准，将传统的保护客体范围扩大到一切技术领域的发明，包括对医药产品和方法授予专利，这使得受专利保护的药品价格大幅上扬。根据《TRIPS协议》的规定，发展中国家自2005年1月1日起，最不发达国家自2006年1月1日起，均有义务实施《TRIPS协议》，对医药产品提供专利保护，这极大地限制了对通用药品的制造和进口，也使得发展中国家和最不发达国家的传染病患者更难获得必需的治疗药品。虽然《TRIPS协议》规定成员可采取必要措施维护公共健康，消除滥用知识产权所带来的消极影响，但在实践中，发展中国家和最不发达国家是否能够利用以及如何利用这些保障措施尚不得而知。实际上，当发展中国家的政府试图降低药品的价格以保护其国民的公共健康时，却面临着来自发达国家和跨国医药公司的强大压力。

跨国医药公司与南非药品案[②]

南非470多万人感染了艾滋病毒，而且每天就有1700人被感染，其中包括200个婴儿。然而，几乎所有关键的治疗药品均处于专利保护之下，且其价格是通用同等药品的4—12倍。1997年南非政府通过了《药品和相关物品控制修正案》，规定南非卫生部长有权使用平行进口以从其他国家获得更廉价的药品以及授权对某一受专利保护的药品为非商业的政府使用而进行生产(即强制许可)。这是南非政府为降低药品价格，从而提高对必需药品的获得以降低艾滋病、疟疾、结核病和其他传染疾病发生率所采取的必要措施，是南非为保护其国民的公共健康行使主权权利的行为。然而，在南非颁布该修正案后不久，美国就将南非列

---

① 冯洁涵：《全球公共健康危机、知识产权国际保护与WTO多哈宣言》，载《法学评论》2003年第2期。

② 同上。

入其特别301条款调查名单，并威胁如果南非不对之进行修订，美国将对其实施贸易制裁。1998年2月，南非医药生产者协会和39个跨国医药公司对南非政府提起诉讼，诉称该修正案第15C条违反了《TRIPS协议》和南非宪法。其主要的观点是：

(1) 该修正案第15C条的规定允许卫生部长剥夺知识产权所有人所享有的财产权利，或者利用其知识产权而不给予补偿与《TRIPS协议》不符；

(2) 第15C条的规定对在医药领域所享有的专利权构成歧视，与《TRIPS协议》第27条第1款相冲突。《TRIPS协议》第27条规定"对一切技术领域中的任何发明……其获得专利及享有专利权，不得因发明地点不同、技术领域不同及产品之系进口或系本地制造之不同而给予歧视"；

(3) 第15C条(b)项允许平行进口，这是对《TRIPS协议》第28条的违反，而原告无法通过WTO争端解决程序采取行动，这对医药公司在南非的研发投资将产生严重威胁。

该案发生之时正值南非面临严重的公共健康危机，在此期间有40万人因无力支付昂贵的治疗费用死于艾滋病，因而跨国公司的行为引起了国际社会的强烈抗议。在这种国际背景下，美国的态度发生了转变。1998年12月1日，美国政府将南非从特别301条款调查名单中删除。2000年5月10日，当时的美国总统克林顿发表声明，表示美国将不再对撒哈拉以南非洲地区以贸易制裁相威胁，如果他们采用与《TRIPS协议》相符的措施，如强制许可或平行进口，以促进获得治疗艾滋病的药品。

在庭审过程中，法庭查明该修正案的大部分有争议的条款均是基于世界知识产权组织(WIPO)专家委员会所起草的法律文本草案制定的，这使得医药公司所诉称的南非政府没有履行其根据国际法应承担的国际义务的理由不攻自破。最终，国际社会的舆论压力和无法得到支持的诉讼理由，使得这些公司于2001年4月无条件地撤诉，并自发地降低药品价格，捐赠相关药品。

三、《多哈宣言》的局限性

(1)《多哈宣言》仅具有澄清的性质。除了对发展中国家受到公共健康紧急情势困扰予以政治承认以外，《多哈宣言》并未改变《TRIPS协议》所确定的权利和义务，如何限制知识产权的权利扩张在《多哈宣言》中根本未予提及。《TRIPS协议》将专利保护的范围扩大至医药产品乃至一切技术领域，将专利的保护期限扩展为20年，以及对使用强制许可措施的限制、对平行进口的模糊规定，是导致发达国家的权利持有人滥用其专利权、规定垄断高价的根源，不解决这些问题，发展中国家和最不发达国家所面临的公共健康危机就无法从根本上得到解决。

(2) 只有最不发达国家可从《多哈宣言》第7条所延长的过渡期中受益。在WTO的145个成员中，只有30个是最不发达国家，仅代表了世界人口的10%。而面临公共健康危机的绝不仅仅是最不发达国家。同时过渡期也只限于延期履行根据第5节(专利)和第7节(未披露信息的保护)所应承担的义务，并不适用于与医药专利相关的其他条款，例如第70条所规定的"独占市场权"。而且第7条仅涉及对产品专利的义务，这意味着最不发达国家仍有义务对医药方法专利提供保护。

(3) 通用药品的生产和出口问题仍未得到解决。由于《TRIPS协议》将专利保护扩大到医药产品，因而自2005年1月1日起有生产能力的发展中国家不能再生产受专利保护的药品。而低收入以及在医药产业生产能力不足或没有生产能力的发展中国家和最不发达国家解决公共健康危机的主要方法之一就是依赖进口廉价的通用药品。《TRIPS 协议》的规定实际上使跨国医药公司免于通用药品的竞争,这是受专利保护的药品价格居高不下的主要原因。《多哈宣言》没有对与生产和出口通用药品有关的《TRIPS 协议》第 27 条、第 31 条(f)项、第 30 条、第 6 条作出任何解释,仅要求 TRIPS 理事会探求该问题的解决办法。

第四节 后 TRIPS 时代的知识产权国际保护制度

一、知识产权国际保护制度面临的新问题

知识产权国际保护制度经历了巴黎联盟与伯尔尼联盟时期,世界知识产权组织时期,直到今天的世界贸易组织时期。知识产权国际保护制度的变革趋势,旨在实现保护标准的提高与法律制度的趋同。由于前 TRIPS 时代的知识产权体制缺乏强有力的实施规则与争端解决机制,因此《TRIPS 协议》被用来替代世界知识产权组织的知识产权国际保护制度,以保证成员将公约要求真正体现在本国法律中,成为保护水平最高、影响范围最广、执行效力最强的国际知识产权保护制度。然而,《TRIPS 协议》在显著提高国际知识产权保护质量、促进知识产权贸易的同时,也面临着重重阻碍。对于发展中国家来说,加入世贸组织,接受《TRIPS 协议》与其说是自愿,毋宁说是被迫。发展中国家接受《TRIPS 协议》,不是有心提高知识产权的保护水平,而是为了换来国际市场的准入。《TRIPS 协议》将知识产权保护与贸易问题挂钩,将目标过多集中于经济领域,被批评有悖于知识产权的原有价值目标。发展中国家为了抗拒这种趋势,在相关领域发展出了一些有效的合作机制,如联合国贸易与发展会议的“77 国集团”、东盟、《TRIPS 协议》谈判中的“10 国集团”等,以此在知识产权体制的构建和实施问题上与发达国家抗衡。

以《TRIPS 协议》为框架的知识产权国际保护制度形成后,其超越世界知识产权组织时期的强制性与执行力,为国际领域知识经济的增长作出了不可替代的贡献。然而,同样是由于其强制性,《TRIPS 协议》也在知识产权领域引发了诸多无法自我克服的负面效应。事实上,将知识产权与贸易挂钩是无可厚非的,但以增长看待发展的知识产权体制之弊端,不在于将知识产权与贸易相连,而在于使知识产权保护的范畴与水平脱离一国的发展实际。具言之,《TRIPS 协议》的负面效应主要体现在以下几个方面:

(一)对知识产权制度的“文化排斥性”估计不足

知识产权这一概念主要源自西方世界文化与政治传统。在西方国家的发展进程中,知识产权保护起源于中世纪的著作权制度,并在 18 世纪的启蒙运动中逐步成型,在此期间,知识产权开始被理解为一种激励经济增长的工具。这种对知识产权的定位一直持续到今天,成为西方国家在知识产权观念上的共识。与此相反,非西方国家的知识产权发展历程则全然不同,以中国为代表的发展中国家,有的在发展过程中并未完成从知识特权到知识产权的转变,有的则将知识视为圣言的传达而非财富的创造。

然而,《TRIPS 协议》中的知识产权完全按照西方社会的语境打造,因此,对于发展中国家来说,其在文化认知上对知识产权总是处于被动接受的地位,这使得知识产权全球化的推行成本变高。甚至有学者认为,鉴于文化上的阻碍与隔膜,知识产权体制根本无法在东亚国家有效推行。

（二）与经济增长缺乏直接关系的知识产权缺位

一方面，《TRIPS 协议》为与经济增长具有直接联系的知识产权提供了高水平的保护，但从另一方面看，《TRIPS 协议》又因其明显的倾向性而导致对特定领域的知识产权保护不足。这种与经济增长缺乏直接关系的知识产权缺位体现在了对传统知识的保护上。作为一项非传统的知识产权类型，传统知识可定义为"包含由特定族群继承的传统文化与艺术遗产的产品"，其涵盖了农业、医药、民间文艺等多个领域，而在《TRIPS 协议》中，传统知识却没有占有一席之地。首先，《TRIPS 协议》内的知识产权一般存在保护期限，而对于无法计算保护期限的传统知识，在《TRIPS 协议》内一般被归入公共领域。其次，传统知识的权利主体不明，因此《TRIPS 协议》很难明文规定相关权利的归属。最后，对传统知识的保护在很大程度上不是为了从中获取收益，而是为了维护其纯粹性，并防止过度商品化可能带来的破坏。这种纯粹性保护无疑与《TRIPS 协议》所追求的经济增长是背道而驰的。

（三）在与人权相关的知识产权问题上过于严格

《TRIPS 协议》规制中涉及许多与公共健康相关的知识产权问题，这些问题与其他国际公约中规定的人权紧密相连。"健康权"在多项国际人权公约中均有涉及，例如，《世界人权宣言》第 25 条即规定了"人人有权享受为维持他本人和家属的健康和福利所需的生活水准……"。《经济、社会和文化权利国际公约》第 12 条第 1 款也提出"人人有权享有能达到的最高的体质和心理健康的标准"。上述条款本意味着在公共健康方面，人权在特定情况下应优先于知识产权保护，但在《TRIPS 协议》中，由于专利强制许可的适用需要极为严格的条件，导致许多发展中国家无法利用涉及公共健康的药品，特别是对于一些流行病严重的国家，因无法负担高额的专利费用而无法解决自己的公共健康危机。

二、后 TRIPS 时代知识产权国际保护制度的变革趋势

（一）发达国家对知识产权国际保护制度的推进

随着全球化时代国际竞争的升级，后 TRIPS 时代的国际知识产权制度与国际贸易的关联度也日益提高。为了更好地维护和发挥本国核心竞争力，发达国家不断推进各种超出 TRIPS 标准的多边协定，主要旨在提高国际知识产权执法水平，其中最为重要的成果就是已签署的《反假冒贸易协定》（ACTA）和《跨太平洋伙伴关系协定》（TPP）。TPP 现已为《全面与进步跨太平洋伙伴关系协定》（Comprehensive and Progressive Agreement for Trans-Pacific Partnership，CPTPP）所取代。

首先，《反假冒贸易协定》中的知识产权条款，使得发达国家得以在现有世贸组织和世界知识产权组织构建的多边协商机制之外，另起炉灶构建更符合发达国家知识产权密集型产业利益的知识产权执法体系。《反假冒贸易协定》于 2011 年 10 月 1 日由美国、加拿大、日本、韩国、澳大利亚等国家在东京签署。发起国和缔约国的目的，在于建立一个全面超越《TRIPS 协议》保护标准的新知识产权贸易协定，进一步提高和强化国际知识产权执法水平。为了加快协商进程，《反假冒贸易协定》采取了秘密协商的机制，包括中国在内的诸多贸易大国都被排除在谈判进程之外。采用这种方式旨在保证《反假冒贸易协定》能够更为全面和直接地反映相关国家的知识产权利益诉求。ACTA 不但将执法范围全面涵盖了侵犯专利权和商标权的假冒产品，以及各种形式的盗版作品，还将知识产权民事诉讼中的临时措施扩大到了有司法管辖权的第三方，并且对知识产权刑事责任的承担也不设起点。

其次，《跨太平洋伙伴关系协定》的推进，乃是发达国家试图取代亚太经合组织（APEC）

的新举措。2016年2月4日,美国、日本、澳大利亚、文莱、加拿大、智利、马来西亚、墨西哥、新西兰、秘鲁、新加坡和越南等12个国家在奥克兰正式签署了《跨太平洋伙伴关系协定》(TPP)。知识产权章是《跨太平洋伙伴关系协定》的第十八章,又分为11节83条和5个附件。以美国为主导的TPP谈判从一开始就呈现出覆盖范围广、保护标准高的特点,最终文本中的知识产权章节更是美国强力推行其知识产权保护战略的重要成果。在此背景之下,TPP知识产权章具有如下一些特点:第一,保护内容广泛全面。TPP涵盖了《TRIPS协议》中所涉及的著作权、商标权、专利权、地理标记、工业品外观设计、专利、集成电路布图设计(拓扑图)、商业秘密等类别的知识产权。此外,TPP还对以往《TRIPS协议》中未涉及的一些内容例如传统知识、产地国名称、农业化学品、药品实验数据、版权技术措施、域名、网络服务提供商等进行了规定。第二,保护标准高。与世界贸易组织的《TRIPS协议》相比,TPP对知识产权的保护标准更高,因此又被称为"TRIPS—plus"条款。第三,重视执法措施。TPP非常重视保护知识产权的执法措施,提出了从边境执法、民事执法、行政执法、刑事执法到数字环境下的知识产权执法等包含各个层面的保护措施。从保护措施的内容上来看,比世界贸易组织的《TRIPS协议》更为完备。从保护措施的强度上来看,也比《TRIPS协议》更高。第四,规定也更为具体细化。与其他知识产权国际条约相比,TPP知识产权章的规定非常具体细致,这一方面使得规范的可操作性很强,另一方面也对成员国适用的自由空间形成了较强的限制。

2017年1月23日,特朗普上任后签署行政令,正式宣布美国退出TPP。2017年11月11日,启动TPP谈判的11个亚太国家共同发布了一份联合声明,宣布"已经就新的协议达成了基础性的重要共识"。2018年3月8日,参与谈判的11国代表在智利首都圣地亚哥举行签字仪式。同年12月30日,《全面与进步跨太平洋伙伴关系协定》(CPTPP)正式生效。根据联合声明,CPTPP新架构将保留TPP超过95%的项目,它与TPP在市场准入、贸易便利化、电子商务和服务贸易方面均无差异,最大区别在于新协定冻结了TPP中的20项条款,其中11项与知识产权有关。虽然CPTPP从框架上看依然是迄今为止最高水平的经贸自由机制,但是搁置20项条款后,协议缩水且不再那么全面了。

2021年2月1日,英国申请加入CPTPP。2021年9月16日,中国正式申请加入CPTPP。

上述发达国家抛弃发展中国家另起炉灶的做法,既反映出其不满足于现今世贸组织体制下的知识产权国际保护制度,也意味着发达国家与发展中国家在知识产权制度构建和保护水平上的分歧继续加深。由于两个代表性协定才刚开始进入我们的视野,因此其对国际知识产权制度变革的影响还需要进一步观察。

(二)发展中国家对知识产权国际保护制度的推进

发展中国家在无法摆脱既有《TRIPS协议》控制的前提下,开始在《TRIPS协议》之外寻求解决之道,即发展中国家通过条约协商、立法创新等手段,试图脱离TRIPS体制下的规制方法,进而另起炉灶,形成一种对自己有利的规则体系。从现有进程来看,发展中国家试图将知识产权国际立法从传统的世界知识产权组织和《TRIPS协议》转向生物多样性、基因资源、公共健康与人权等诸多方面。

发展中国家推行的知识产权国际保护体制转换,在一定程度上取得了积极的效果。首先,发展中国家和在既有知识产权体制中被忽略的国家有了表达自己利益诉求的机会;其次,发展中国家获得了发展自身优势产业的平台;最后,发展中国家能够通过新知识产权体制的保护，在一个相对友好的社会与制度环境中进行政策设计。总而言之，无论是发达国家主导的 TRIPS 体制抑或发展中国家推动的“体制转换”，本质上所代表的，是不同经济发展观指引下的国际知识产权战略，美国等发达国家之所以推动《TRIPS 协议》的签署，显然是因为《TRIPS 协议》有利于其国家利益的实现，在全球化的今天，知识产权的强保护有助于强化发达国家通过控制知识进而控制全球经济。发展中国家之所以对《TRIPS 协议》持抵制态度，显然是因为作为知识净进口国，知识产权强保护只能增加它们的负担。在后 TRIPS 时代，发展中国家之所以要在生物多样性、植物基因资源、公共健康和人权等体制内力争建立知识产权新规则，显然是因为这些体制内问题更有利于强化它们的谈判地位与力量。

1. 变革趋势之一：联合国经济、社会和文化权利委员会倡导的知识产权人权化解释

得益于发展中国家争取自身发展空间的努力，近年来，经济、社会与文化的协调发展观逐步得到国际社会的认同与关注。联合国经济、社会和文化权利委员会作为《经济、社会和文化权利国际公约》的推动者与解释者，2001 年首次以人权的视角来解释知识产权，发布了《人权与知识产权报告》，该报告初步分析了《经济、社会和文化权利国际公约》对于知识产权的意义，主张应在经济与社会权利的整体框架下看待知识产权。同时，该报告还为联合国经济、社会和文化权利委员会设立了一个新的目标，即评述《经济、社会和文化权利国际公约》中与知识产权相关的条款。在 2005 年，联合国经济、社会和文化权利委员会发布了对上述公约第 15 条(c)的评述，落实了在人权的框架下解释知识产权。将人权引入对知识产权的解释，旨在实现私人利益与公共利益的平衡。人权视角下的知识产权具有两个特征：第一，将创造者与创造物相联系，将创作者与社会整体文化遗产相联系；第二，保护基础性的物质利益，以保证创造者能够享有充足的生活标准。上述特征旨在维护一个私人自治的领域，该领域的存在，一方面通过保证创造者控制创造性成果来激发其创造性潜能；另一方面又意味着知识产权不得超过特定的限度，不得影响其他经济、社会和文化权利的实现。联合国经济、社会和文化权利委员会以人权解释知识产权，旨在实现的是“以自由看待发展”的整体发展观，人权标准为世界文化的多样性、丰富性提供基准线，使知识产权保护与经济社会领域和文化领域的其他发展目标相配合与协调。

2. 变革趋势之二：联合国教科文组织倡导的“文化多样性”

2005 年 10 月，联合国教科文组织通过了《保护和促进文化表现形式多样性公约》。该公约主要由法语语系的发达国家与发展中国家共同提出，最初目的旨在联合法语语系国家维护自身特有文化传统。

与《经济、社会和文化权利国际公约》类似，《保护和促进文化表现形式多样性公约》同样认为，保护文化多样性是对诸如表达自由、信息与交流自由等人权的尊重，是对开放性与平衡原则的尊重，这种开放性与平衡体现在对本国文化的保持与对外来文化的接纳上。加强文化产品与服务在不同国家之间流动，可以促进文化多样性与一国国内的文化产业发展。在公约制定过程中，其关键争议在于如何正确定义“文化多样性”，在这一问题上的分歧，也是美国强烈反对该公约的原因，美国认为，“文化多样性公约”可能造成该概念在某些国家遭到滥用，是有违联合国教科文组织宗旨的。事实上，该公约与主张自由贸易的《TRIPS 协议》确实存在“矛盾”之处，公约允许缔约国为本国文化产品的生产、发行、传播与消费提供差别待遇。可以说，抛开自由、人权与主权等宏大叙事，文化多样性公约可以视为是一些国家为了保护本国文化产业，企图绕开基于自由贸易的《TRIPS 协议》，从自身发展阶段出发来决定本国知识产权战略的一次尝试。

3. 变革趋势之三:世界知识产权组织倡导的"日内瓦宣言"

早在20世纪60年代成立之初,世界知识产权组织即致力于促进世界各国的知识产权保护,并协助成员国就知识产权保护的标准达成一致。更重要的是,世界知识产权组织极为重视对发展中国家的知识产权保护提供技术支持和培训,并建立健全一系列关于特定知识产权主题的"软法"。进入21世纪后,世界知识产权组织在知识产权软法方面的活动更加频繁,虽然在发达国家的影响下,一些公约在一定程度上代表了发达国家的意志,但在世界知识产权组织的保护体制下,发展中国家仍然在规则的制定和解释方面保留了相当的影响力。

近年来,有鉴于《TRIPS协议》的负面影响,世界知识产权组织的立法方向有所调整,从促进知识产权保护向以非财产权的方式促进创造转型。2004年10月,世界知识产权组织大会采纳了来自阿根廷和巴西的提议,建立了一个新的发展议程。这项提议反映了部分有近似目标的发展中国家组成的"发展之友"和其他非政府组织的观点,最终的成果反映在了"日内瓦宣言"中。宣言认为,人类正面临全球范围内知识、技术与文化的管理危机。因此,知识产权组织应致力于避免垄断特权在知识产权领域的扩大,并重点关注以下几个问题:(1) 知识产权保护带来的经济与社会成本;(2) 如何修正既有的知识产权规则;(3) 非产权化的创新机制,如"维基百科"、知识共享和自由软件等。

[深度阅读]

1. 郑成思:《WTO知识产权协议逐条讲解》,中国方正出版社2001年版。

2. 吴汉东:《知识产权国际保护制度的变革与发展》,载《法学研究》2005年第3期。

3. 孔祥俊:《WTO知识产权协定及其国内适用》,法律出版社2002年版。

4. 张乃根:《国际贸易的知识产权法》(第二版),复旦大学出版社2007年版。

5. 黄玉烨:《知识产权利益衡量论——兼论后TRIPS时代知识产权国际保护新发展》,载《法商研究》2004年第5期。

6. 熊琦:《知识产权国际立法中私人集团的作用》,载《法学》2008年第3期。

7. 冯洁涵:《全球公共健康危机、知识产权国际保护与WTO多哈宣言》,载《法学评论》2003年第2期。

[法条导航]

1.《与贸易有关的知识产权协议》

2.《TRIPS协议与公共健康多哈宣言》

[思考题]

1. 试述《TRIPS协议》所规定的知识产权保护目标与原则。

2.《TRIPS协议》保护的知识产权类型有哪些?

3. 根据《TRIPS协议》的规定,成员在实施知识产权的程序上有哪些义务?